भारत में सामाजिक परिवर्तन एवं सामाजिक समस्यायें

भारत में सामाजिक परिवर्तन एवं सामाजिक समस्यायें

रामनाथ शर्मा
राजेन्द्र कुमार शर्मा

ATLANTIC
PUBLISHERS & DISTRIBUTORS (P) LTD

प्रकाशक :
एटलांटिक पब्लिशर्स एण्ड डिस्ट्रीब्यूटर्स (प्रा॰) लिमिटेड
बी-2, विशाल एन्क्लेव, राजौरी गार्डन के सामने,
नई दिल्ली-110027
दूरभाष : 25413460, 25429987, 25466842

विक्रयकेन्द्र :
7/22, अन्सारी रोड, दरियागंज, नई दिल्ली-110002
दूरभाष : 23273880, 23275880, 23280451
फैक्स : 91-11-23285873
e-mail : info@atlanticbooks.com
web site : www.atlanticbooks.com

मुद्रक : नाईस प्रिन्टर्स, दिल्ली

SOCIAL CHANGE AND SOCIAL PROBLEMS IN INDIA (*in Hindi*)
By Ramnath Sharma & Rajender Kumar Sharma

दो शब्द

भारत में सामाजिक परिवर्तन एवं सामाजिक समस्यायें शीर्षक इस पुस्तक में सबसे पहले सामाजिक परिवर्तन का प्रथम आठ अध्यायों में विवेचन किया गया है। इनके शीर्षक हैं: सामाजिक परिवर्तन की अवधारणा, सामाजिक परिवर्तन के कारक, सामाजिक उद्‌विकास, सामाजिक प्रगति, सामाजिक विकास, सामाजिक क्रान्ति, सामाजिक परिवर्तन के सिद्धान्त और भारत में सामाजिक परिवर्तन अगले अध्यायों में परम्परा, आधुनिकता एवं आधुनिकीकरण, संस्कृतिकरण, पश्चिमीकरण, लौकिकीकरण, ग्रामीण भारत में नियोजित परिवर्तन, नगरीकरण और औद्योगीकरण, सामाजिक आन्दोलन, राष्ट्रीय एकता आदि का विवेचन किया गया है।

अध्याय सत्रह से सामाजिक समस्याओं का विवेचन प्रारंभ किया गया है। इनमें निर्धनता, आवास और गन्दी बस्तियाँ, मद्यपान और नशाखोरी, किशोरापराध, अनुसूचित जाति की समस्यायें, अनुसूचित जनजातियों की समस्यायें, स्त्रियों की समस्यायें आदि का विवेचन किया गया है। अध्याय चौबीस में भारत में सामाजिक गतिशीलता, पच्चीस में कृषक आन्दोलन एवं सामाजिक परिवर्तन तथा छब्बीस में नियोजित सामाजिक परिवर्तन का विवेचन है।

उपरोक्त विवेचन मध्य प्रदेश एवं उत्तर प्रदेश तथा राजस्थान के समस्त विश्वविद्यालयों में बी० ए० (समाजशास्त्र) में सामाजिक परिवर्तन, भारत में सामाजिक परिवर्तन, सामाजिक समस्यायें, भारत में सामाजिक परिवर्तन एवं समस्यायें शीर्षक प्रश्नपत्रों के पाठ्यक्रम को सम्मिलित करता है। आशा है कि यह पुस्तक इन सभी के लिए आदर्श पाठ्य पुस्तक का काम करेगी।

अर्चना
सिविल लाइन्स
मेरठ

डॉ० रामनाथ शर्मा
डॉ० राजेन्द्र कुमार शर्मा

विषय सूची

1

सामाजिक परिवर्तन की अवधारणा
(The Concept of Social Change)

मानव का परिवर्तनशील स्वभाव

मानव स्वभाव से ही एक गतिशील प्राणी है। अत: मानव समाज कभी भी स्थिर नहीं रहता। उसमें सदैव परिवर्तन हुआ करता है। डासन और गेटिस ने ठीक ही लिखा है, ''क्रिया और परिवर्तन सदैव उपस्थित सार्वभौम तथ्य हैं।[1] एक से जीवन से मानव ऊब जाता है। घनिष्ट प्रेममय सम्बन्धों में कुछ न कुछ परिवर्तन की इच्छा मानव स्वभाव है। प्रसिद्ध मनोविश्लेषणवादी फ्रॉयड के अनुसार मनुष्य में परस्पर विरोधी भाव सदैव उपस्थित रहते हैं। जहाँ प्रेम है वहाँ घृणा भी है। इसी कारण बराबर प्रेम बनाये रखने के लिए घनिष्ट प्रेमियों और पति पत्नी को भी जीवन में नये-नये परिवर्तन करते रहने की आवश्यकता पड़ती है। सफल पत्नी नित नये हाव भाव तथा परिर्वतन से पति की रूचि बनाये रखती है। यही सभी मानव सम्बन्धों का हाल है। ग्रीन के शब्दों में, ''परिवर्तन का उत्साहपूर्ण स्वागत प्राय: जीवन का एक ढंग हो गया है।''[2]।

मानव समाज में परिवर्तन

अत: मानव समाज में भी बराबर परिवर्तन होता रहता है। किसी भी देश का इतिहास कभी एक सा नहीं रहा। राज्य बनते बिगड़ते रहते हैं। नई-नई विचारधारायें अपनाई जाती हैं। पुरानी रूढ़ियाँ और परम्परायें टूटती रहती हैं। रीति-रिवाज, फैशन, प्रथायें, तौर तरीके, रहन-सहन के ढंग; पिता, पुत्र, देशी-विदेशी भिन्न-भिन्न व्यक्तियों के परस्पर सम्बन्ध बराबर बदलते रहते हैं। भारत में ही प्राचीन, मध्यकालीन और आधुनिक समाज की तुलना करके यह परिवर्तन देखा जा सकता है। परिवार, विवाह, जाति सभी संस्थाओं में, सामाजिक, आर्थिक, राजनैतिक सभी

1. "Activity and change are ever-present universal facts." --*Dawson and Gettys*
2. "The enthusiastic reception of change has become almost a way of life." --Green

व्यवस्थाओं में धर्म और राज्य में, शिक्षा के आदर्शों में, स्त्री-पुरुष के सम्बन्ध में, जीवन के सभी पहलुओं में यह परिवर्तन देखा जा सकता है।

परिवर्तन सार्वभौम है

परिवर्तन की यह प्रक्रिया सार्वभौम है। औद्योगिक क्रान्ति, नगरीकरण, जीवन के विभिन्न क्षेत्रों में नई-नई प्रविधियों के आविष्कार, नई-नई मशीनों के आविष्कार, यातायात और संदेशवहन की सुविधाओं में अत्यधिक प्रगति से सब कहीं परिवर्तन दिखलाई पड़ता है। स्त्री-पुरुष, मालिक-मजदूर, राजा-प्रजा तथा विभिन्न वर्गों के परस्पर सम्बन्धों में संसार में लगभग सब कहीं कुछ न कुछ परिवर्तन दिखलाई पड़ता है। साम्यवादी विचारधारा ने मानव सम्बन्धों को अत्यधिक प्रभावित किया है। विश्व-महायुद्धों का लगभग सार्वभौम प्रभाव पड़ता है। सामाजिक प्रगति के लिये परिवर्तन आवश्यक भी है। परिवर्तन जीवन का मूलमन्त्र है। उसके बिना जीवन का अस्तित्व तक खतरे में पड़ने का भय है। यह बात जीवन के व्यक्तिगत और सामाजिक दोनों ही पहलुओं के विषय में सत्य है। लम्ले ने ठीक ही लिखा है कि "कई कारणों से सामाजिक परिर्वतन अवश्यम्भावी और अपरिहार्य रहा और रहेगा।"[1]।

इस सार्वभौम परिवर्तन को समझने के लिए केवल एक ही उदाहरण पर्याप्त होगा। परिवार का ही उदाहरण लीजिए। आज संसार में सब कहीं परिवार के छोटे होने की प्रवृत्ति है। सभ्यता के विकास के साथ-साथ संसार में सभी आधुनिक देशों में अन्य समितियाँ परिवार से उसके अनेक कार्य लेती गई हैं। लगभग सभी जगह व्यक्तियों पर परिवार के नियन्त्रण के बन्धन कुछ ढीले पड़ गये हैं। इसी प्रकार विवाह, राज्य, आर्थिक व्यवस्था आदि अन्य अनेक क्षेत्रों के उदाहरणों से सामाजिक परिर्वन की सार्वभौमिकता समझी जा सकती है।

सामाजिक परिवर्तन की परिभाषा
(Definition of Social Change)

1. फेयरचाईल्ड—"सामाजिक परिवर्तन सामाजिक प्रक्रिया, प्रतिमान अथवा स्वरूप के किसी भी पहलू में होने वाला अन्तर या संशोधन है। यह एक व्यापक शब्द है जिससे सामाजिक आन्दोलन के प्रत्येक प्रकार के परिणामों का बोध होता है। सामाजिक परिवर्तन प्रगतिगामी या प्रतिगामी, स्थाई अथवा अस्थाई, नियोजित अथवा अनियोजित, एक-दिशागामी या बहु-दिशागामी, उपयोगी अथवा हानिकारक हो सकते हैं।"[2]

---

1. "Social change has been and is inevitable-unevadable for many reasons."--Lumley
2. "Social changes are variations or modifications in any aspect of social process pattern or form. (It is) a comprehensive term designating the result of every variety of social movement. Social change may be progressive or regressive, permanent or temporary, planned or unplanned, uni-directional or multi-directional, beneficial or harmful." Hanry Pratt Fairchild (ed.) Dictionary of Sociology Ames Iowa : Littlefield, Adams & Co. 1955 p. 277.

2. लुण्डवग (Lundberg); **श्चरेग** (Schrag)तथा **लारसेन** (Larsen)— "सामाजिक परिवर्तन से किसी विशेष अवधि में किसी सामाजिक प्रघटना में होने वाले स्पष्ट अन्तरों का बोध होता है।"[1]

3. किंग्सले डेविस—"सामाजिक परिवर्तन से केवल उन अन्तरों का बोध होता है जो सामाजिक संगठन में घटित होते हैं अर्थात् समाज की संरचना तथा प्रकार्यों में घटित होते हैं। इस प्रकार सामाजिक परिवर्तन को हम सांस्कृतिक परिवर्तन का केवल एक अंश मात्र ही कह सकते हैं। सांस्कृतिक परिवर्तन में तो वह सभी परिवर्तन आ जाते हैं जो संस्कृति की किसी भी शाखा में घटित होते हैं जैसे—कला, विज्ञान, तकनीकी, दर्शन, इत्यादि। इसमें हम उन परिवर्तनों को भी सम्मिलित करते हैं जो सामाजिक संगठन के स्वरूपों तथा नियमों में आते हैं।"[2]

4. वान वीज—"सामाजिक परिवर्तन से अभिप्राय केवल मनुष्य-मनुष्य के सम्बन्धों में होने वाले परिवर्तनों से है, जबकि सांस्कृतिक परिवर्तन से मनुष्य तथा पदार्थ के बीच पाये जाने वाले सम्बन्धों में परिवर्तन का बोध होता है। संस्कृति तो अर्न्तमानवीय क्रियाओं के प्रतिफलों की ओर संकेत करती है जबकि समाज स्वयं इन प्रतिफलों को उत्पन्न करने वाले मानवों से प्रयोजन रखता है।"[3]

5. मैकाइवर तथा पेज—"सामाजिक परिवर्तन से अभिप्राय सामाजिक सम्बन्धों में होने वाले परिवर्तनों से है ... उन रीतियों में परिवर्तन होने से है जिनके द्वारा एक दूसरे व्यक्ति के साथ अपना सम्बन्ध जोड़ते हैं।"[4]

6. मौरिस गिन्सबर्ग—"सामाजिक परिवर्तन में मनोवृत्तियों तथा विश्वासों को भी उस सीमा तक सम्मिलित किया जाना चाहिये जहाँ तक वे संस्थाओं को तथा उनमें होने वाले परिवर्तनों को शक्ति प्रदान करते हैं।"[5]

---

1. "Social change represents any observable difference in any social phenomena over any period of time, "--George A. Lundberg, Clarence C. Schrag and Otto N. Larsen, Sociology, 2nd ed. (New York: Harper & Row, 1958) p. 694.
2. "By social change" is meant only such alterations as occur in social organization—that is, the structure and functions of society. Social change thus forms only a part of what is essentially a broad category called "cultural change". The latter embraces all changes occurring in any branch of culture, as art, science, technology, philosophy, etc., as well as changes in the forms and rules of social organization.
3. "Social change denotes alterations in man-man relationships, while `cultural change' should refer to variations in man-matter connections. Culture is concerned with the products of inter-human activities, society with the producers themselves," Leopold Von Wiese, "The Sociological Study of Social Change." Transactions of the Third World Congress of Sociology (Amsterdam: International Sociological Association, 1956) p. 7.
4. "By social change is meant changes in social relationships...the changing ways in which human beings relate themselves to one another." Robert M. MacIver and Charles H. Page. Society: An Introductory Analysis (New York: Rinehart, 1949) p. 511.
5. "By social change I understand a change in social structure, for example, the size of society, the composition or balance of its parts or the types of its orginization. Examples of such changes are the contraction in the size of the family...the breaking up of the dominal economy... The term social change must also include changes in attitudes or beliefs, insofar as they sustain institutions and change with them."

7. विल्बर्ट ई॰ मूर—"सामाजिक संरचना में होने वाले केवल महत्वपूर्ण परिवर्तन ही सामाजिक परिवर्तन की श्रेणी में आयेंगे। महत्वपूर्ण परिवर्तनों से इनका अभिप्राय सामाजिक क्रियाओं तथा अन्त:क्रियाओं के प्रतिमानों में होने वाले परिवर्तनों से है। इसके अतिरिक्त इन्होंने सामाजिक परिवर्तन में सामाजिक संरचना में निहित आदर्शों (व्यवहार के नियमों), मूल्यों, सांस्कृतिक प्रतिफलों एवं प्रतीकों में होने वाले परिवर्तनों के परिणामों तथा इनकी अभिव्यक्तियों को भी सम्मिलित किया है।[1] मूर ने अपने विचारों को और भी अधिक स्पष्ट करते हुए कहा है कि "समाजशास्त्रियों को 'सामाजिक परिवर्तन' तथा छोटी-छोटी क्रियाओं में पाई जाने वाली क्रमबद्धता में अन्तर स्पष्ट करना चाहिये जो संगठित रूप से एक प्रतिमान, एक व्यवस्था, स्वयं व्यवस्था में परिवर्तन इत्यादि की ओर संकेत करती है।"[2]

9. एलविन बोस्कॉफ—"सामाजिक परिवर्तन एक ऐसी बोधगम्य प्रक्रिया है जिसके द्वारा निश्चित सामाजिक व्यवस्थाओं की संरचना तथा कार्यप्रणाली में होने वाले महत्वपूर्ण अन्तरों का बोध किया जा सकता है।"[3]

10. जॉनसन—"सामाजिक परिवर्तन किसी सामाजिक व्यवस्था की संरचना में होने वाला परिवर्तन है, जो स्थिर अथवा अपेक्षा तथा अपरिवर्तनीय था वह परिवर्तित हो जाता है। इसके अतिरिक्त, संरचनात्मक परिवर्तनों में सबसे महत्वपूर्ण वह परिवर्तन है जिसका व्यवस्था की कार्य-प्रणाली पर प्रभाव पड़ता हो अर्थात इसके लक्ष्यों को और अधिक कुशलतापूर्वक प्राप्त किया जा सकता हो अथवा उन दशाओं को अधिक कुशलतापूर्वक पूरा किया जा सकता हो जो व्यवस्था के अस्तित्व को बनाये रखने के लिए आवश्यक हों।"[4]

---

1. "Social change is the significant alteration of social structure (that is, of patterns of social action and interaction), including consequences and manifestations of such structures embodied in norms (rule of conduct), values and cultural products and symbols." Wilbert E. Moore, "Social Change". an article in the International Encyclopaedia of the Social Sciences. Vol. 14 (New York: The Macmillan Co., and the Free Press, 1968) pp. 3-4.
2. "Mere sequences of small actions, that is sum essentially comprise the pattern, the system, and changes in the system itself, in the magnitude or the boundaries in the prescription for action."--Wilbert E. Moore, "Social Change", (Englewood Cliffs, N.J. : Prentice-Hall, 1963) pp. 5-6.
3. "Scial change is the intelligible process in which we can discover significant alterations in the structure and functioning of determinate social system." Alvin Boskoff, in Howard Becker and Alvin Boskoff, (eds.) Modern Sociological Theory (New York: Dryden Press), p. 263.
4. Social change is the change in the structure of a social system; what has been stable or relatively unchanging changes. Moreover, of structural changes the most important are those that have consequences for the functioning of the system-for attaining its goals more (or less) efficiently or for fulfilling more (or less) efficiently the conditions that must be met if the system is to survive at all.

11. **फ्रैंसिस ऐलन**–"इससे उन परिवर्तनों का बोध होता है जो किसी अवधि में सामाजिक व्यवस्थाओं अथवा किन्हीं उपव्यवस्थाओं की संरचना, उनके प्रकार्यों अथवा उसमें क्रियाशील प्रक्रियाओं में घटित होते हैं।"[1]

सांस्कृतिक परिवर्तन एवं सामाजिक परिवर्तन

सामाजिक परिवर्तन की अवधारणा सांस्कृतिक परिवर्तन की अवधारणा के साथ जुड़ी हुई है। अनेक समाजशास्त्री, यहाँ तक कि अनेक मानवशास्त्री भी सांस्कृतिक परिवर्तन पर ही अधिक बल देते हैं। व्हाईट (Leslie White) ने कहा है कि संस्कृति विज्ञान (Culturology) के अन्तर्गत संस्कृति को स्वतःजनित (Sui-generis) प्रक्रिया माना है जिसका मानवीय वाहकों से कोई सम्बन्ध नहीं है।[2] रॉलफ लिन्टन तथा हर्स्टकोविट्स ने संस्कृति और समाज में अन्तर किया है। समाज ऐसे व्यक्तियों का एक संगठित पुंज है जो एक विशेष प्रकार का जीवन व्यतीत करते हैं। इनके अनुसार, "संस्कृति" शब्द का प्रयोग अत्यन्त ही संकुचित अर्थों में उन हस्तांरित की जा सकने वाली वस्तुओं, मूल्य प्रतिमानों, विचारों तथा अन्य प्रतीकात्मक प्रकार की व्यवस्थाओं के लिये किया जाना चाहिये जो मानवीय व्यवहार को ठोस रूप से ढालने का कार्य करती हैं। इसके विपरीत "समाज" तथा "सामाजिक व्यवस्था" शब्द का प्रयोग व्यक्तियों तथा समूहों के बीच घटित होने वाली अन्तःक्रियाओं की विशेष व्यवस्थाओं के लिये किया जाना चाहिये। यदि यह कहा जाय कि अमुक व्यक्ति किसी संस्कृति का सदस्य है तो यह उसकी पदन्यूनता का द्योतक है क्योंकि इसका अर्थ यह हुआ कि वह समाज की अमुक संस्कृति का सदस्य है।[3] क्रोबर तथा पॉरसन्स के अनुसार समाज तथा संस्कृति दो विभिन्न व्यवस्थाओं की ओर संकेत करते हैं, क्योंकि वह किसी ठोस प्रघटना के दो विभिन्न अमूर्त (Abstract) तथा विश्लेषक (Objective) तत्वों का बोध करते हैं। जिन सम्बन्धों की चर्चा किसी सारकृतिक प्रतिमान (Cultural Pattern) के सन्दर्भ में की जाती है वह उन सम्बन्धों

1. "Social change comprises modifications in social systems or sub-systems in structure, functioning, or process over some period of time." Francies R. Allen, "Socio-cultural Dynamics: An Introduction to Social Change," (New York: Macmillan Co., 1971) p. 39.
2. Leslie A. White, "Culturology" an article in Julius Gould and William L. Kolb (eds.) "A Dictionary of the Social Sciences." (New York: The Free Press of Glencoe. Inc. 1964) pp. 114-175.
3. "We suggest that it is useful to define the concept of `culture' for most usages more narrowly than has been generally the case in the American anthropological tradition, restricting its reference to transmitted and created content and patterns of values, ideas, and other symbolic meaning system as factors in the shaping of human behaviour and the artifacts produced through behaviour. On the other hand, we suggest that the term "Society"—or more generally, `social system'—be used to designate the specifically relational system of interaction among individuals and collectivities. To speak of a member of culture should be understood as an ellipsis meaning a "member of the society of culture' X," A. L. Kroeber and Talcott Parsons, "The Concept of Culture and Social System." *"American Sociological Review"* Vol. 23 No. 5, (October 1958), pp. 582-83.

से भिन्न होते हैं जिनकी चर्चा समाज-सम्बन्धित सम्बन्धों के संदर्भ में की जा सकती है।''[1]

'समाज' तथा 'संस्कृति' के उपरोक्त अन्तर से स्पष्ट है कि सामाजिक परिवर्तन को 'सांस्कृतिक परिवर्तन' नहीं माना जा सकता। सांस्कृतिक परिवर्तन एक संकुचित अवधारणा है जबकि सामाजिक परिवर्तन एक विस्तृत अवधारणा है। एक रूप में सांस्कृतिक परिवर्तन को सामाजिक परिवर्तन का केवल एक भाग ही माना जा सकता है।

सामाजिक और सांस्कृतिक परिवर्तन में भेद

सामाजिक परिवर्तन की परिभाषा करते हुए कुछ समाजशास्त्री सामाजिक परिवर्तन और सांस्कृतिक परिवर्तन में अन्तर करना भूल गये हैं। इस प्रकार गिलिन और गिलिन ने सामाजिक परिवर्तन की परिभाषा करते हुए लिखा है कि ''सामाजिक परिवर्तन जीवन के स्वीकृत प्रकारों में परिवर्तन है चाहे वह भौगोलिक परिस्थितियों में, सांस्कृतिक साधनों में, जनसंख्या की अथवा विचारधारणओं की रचना में परिवर्तन से हुए हों, या समूह के अन्दर ही प्रसार अथवा आविष्कार से लाये गये हों।[2] सामाजिक परिवर्तन की इस परिभाषा में सामाजिक परिवर्तन और सांस्कृतिक परिवर्तन में अन्तर किया गया है। मैकाइवर और पेज ने इन दोनों में अन्तर करने की चेष्टा की है। सामाजिक परिवर्तन सामाजिक सम्बन्धों का परिवर्तन है। सामाजिक सम्बन्ध समाज के जीवन से पृथक् नहीं किये जा सकते। इस प्रकार सामाजिक और सांस्कृतिक परिवर्तनों में एक अन्य बड़ा अन्तर उनके तत्वों को लेकर है। संस्कृति के तत्व ऐसे होते हैं कि समय के परिवर्तन के बाद भी उनको किसी रूप में जीवित रखा जा सकता है। उदाहरण के लिए सभ्य समाजों में प्राचीन संस्कृतियों के अवशेषों को संग्रहालयों और अजायबघरों में सजा कर रखा जाता है। इस प्रकार हजारों साल बीत जाने के बाद भी ये सांस्कृतिक उपकरण ज्यों के त्यों देखे जा सकते हैं। परन्तु सामाजिक परिर्वतन के तत्वों के विषय में ऐसा नहीं है। सामाजिक परिवर्तन में सामाजिक सम्बन्ध बदलते हैं। नये सम्बन्ध आने के बाद पुराने सम्बन्धों को किसी अजायबघर में नहीं देखा जा सकता। यद्यपि इतिहास में समाज की प्राचीन संरचना और दशाओं का कुछ उल्लेख मिल सकता है परन्तु इस प्रकार का ज्ञान एक अप्रत्यक्ष ज्ञान होगा जबकि अजायबघर में रखी वस्तुयें प्रत्यक्ष दिखाई पड़ती हैं। एक नयी मशीन बन जाती है, तो पुरानी मशीन अजायबघर में देखी जा सकती है। इस तरह

1. "They are distinct systems in that they abstract or select two analytically distinct sets of components from the other concrete phenomena. Statements made about relationship within a cultural pattern are thus of a different order from those within "a system of social relationships." *Ibid.*
2. "Social changes are variations from the accepted modes of life, whether due to alteration in geographic conditions, in cultural equipment, composition of the population, or ideologies or whether brought by diffusion or invention within the group."
--Gillin and Gillin.
'Cultural Sociology,' pp. 561-62.

पुरानी मशीन भी कायम रहती है। परन्तु जब एक नई प्रथा या संस्था विकसित होती है तो पुरानी प्रथा और संस्था का कहीं नामोनिशान नहीं रहता। वास्तव में जैसा कि मैकाइवर और पेज ने ठीक ही लिखा है " यदि लोग किसी प्रथा को नहीं मानते तो यह प्रथा पृथ्वी पर अब कहीं नहीं रहती। ... सम्बन्धों को संस्था से अलग नहीं किया जा सकता जिसकी कि वह अभिव्यक्ति है। काल के आघातों से बचाने के लिए एक सामाजिक संरचना को एक अजायबघर में नहीं रखा जा सकता ... ।" समाज और संस्कृति के अन्तर से भी सामाजिक और सांस्कृतिक परिवर्तन का अन्तर स्पष्ट मालूम होता है। समाज सामाजिक सम्बन्धों की व्यवस्था है। इस व्यवस्था में परिवर्तन सामाजिक परिवर्तन हैं। यह व्यवस्था कुछ जनरीतियों, रूढ़ियों, परम्पराओं, प्रथाओं तथा फैशन आदि से चलती है। इन सब में परिवर्तन या इनमें से किसी में भी परिवर्तन सामाजिक परिवर्तन है। इनके परिवर्तन से सामाजिक सम्बन्ध, उनके स्वरूप और व्यवहार प्रभावित होते हैं। दूसरी ओर संस्कृति कला, विज्ञान, साहित्य, दर्शन तथा विचारों और मूल्यों आदि से सम्बन्धित है। इनमें परिवर्तन का समाज पर कुछ न कुछ प्रभाव पड़ सकता है और सामाजिक परिवर्तन से इनमें भी परिवर्तन होता है। परन्तु एक परिवर्तन होने से दूसरे में परिवर्तन होना अनिवार्य नहीं है। उदाहरण के लिए संगीत कला के क्षेत्र में नये-नये रागों, नृत्यों आदि के निकलने से सामाजिक परिवर्तनों में कोई विशेष अन्तर नहीं पड़ता। अतः सामाजिक और सांस्कृतिक परिवर्तन परस्पर सम्बन्धित होते हुए भी अभिन्न नहीं हैं।

वास्तव में संस्कृति एक अधिक व्यापक शब्द है। अतः सांस्कृतिक परिवर्तन सामाजिक परिवर्तन से अधिक व्यापक हैं। सामाजिक परिवर्तन में केवल सामाजिक सम्बन्धों के परिवर्तन आते हैं जबकि सांस्कृतिक परिवर्तन में कला, विज्ञान तथा प्रौद्योगिकी और विचार आदि के परिवर्तन भी आते हैं। इन सबके परिवर्तन का सामाजिक परिवर्तन में उसी सीमा तक महत्व है जिस सीमा तक ये सामाजिक सम्बन्धों को प्रभावित करते हैं। अतः सांस्कृतिक और सामाजिक परिवर्तनों को एक दूसरे से पृथक् समझना चाहिए। डेविड ने ठीक ही लिखा है कि "यह ठीक है कि संस्कृति का कोई भी भाग सामाजिक व्यवस्था से असम्बद्ध नहीं है परन्तु यह सत्य है कि इन शाखाओं में सामाजिक व्यवस्था पर कोई प्रत्यक्ष प्रभाव डाले बिना परिवर्तन हो सकते हैं। अतएव समाजशास्त्रीय दृष्टिकोण से हम सांस्कृतिक परिवर्तन में उसी सीमा तक रूचि लेते हैं जिस सीमा तक वह सामाजिक संगठन से निकलता है या उस पर प्रभाव डालता है। सामाजिक परिवर्तन से अलग हम उसमें उसी के लिए रूचि नहीं लेते।"[1]

---

1. "Of course, no part of culture is totally unrelated to the social order, but it remains true that change may occur in these branches without noticeably affecting the social system. Sociologically, therefore, we are interested in cultural change only to the extent that it arises from or has an affect on soical organisation, we are not interested in it for itself apart from social change." --*Davis, 'Human Society'*, p. 623

समाज सामाजिक सम्बन्धों का जाल है। सामाजिक सम्बन्ध समाज के सदस्यों, नर-नारियों, बाल, युवा और वृद्धों के परस्पर व्यवहार में स्थापित होते हैं। यह व्यवहार परस्पर क्रियाओं के रूप में होता है। इस प्रकार सामाजिक सम्बन्ध समाज के सदस्यों में सामाजिक अन्तःक्रिया पर आधारित हैं। समाज के किन्हीं दो सदस्यों में सम्पर्क होने पर किसी न किसी प्रकार की सामाजिक अन्तःक्रिया आरम्भ हो जाती है। स्त्री पुरुष के सम्पर्क में आने पर आकर्षण भी हो सकता है और विकर्षण भी, सहयोग भी हो सकता है और संघर्ष भी। समाज के विभिन्न समूहों में परस्पर संघर्ष, प्रतियोगिता, सहयोग अथवा समन्वय की प्रक्रियायें चलती रहती हैं। ये सब सामाजिक अन्तःक्रियायें हैं।

इस प्रकार सामाजिक अन्तःक्रियाओं और सामाजिक परिवर्तन का घनिष्ठ सम्बन्ध है। यदि किसी समाज में विभिन्न अन्तःक्रियायें संघर्ष, प्रतियोगिता, सहयोग, समन्वय आदि न हों तो समाज में परिवर्तन नहीं हो सकता। अन्तःक्रियाओं के होने से ही सामाजिक परिवर्तन होता है। परन्तु सामाजिक अन्तःक्रिया और सामाजिक परिवर्तन में अन्तर है। सामाजिक अन्तःकियायें वे प्रक्रियायें हैं जिनसे व्यक्तियों में कुछ अर्थपूर्ण मानसिक व्यवहार स्थापित होते हैं। दूसरी ओर सामाजिक परिवर्तन व्यक्तियों के व्यवहारों में कुछ प्रतिमानों में परिवर्तन की ओर संकेत करता है। यह सामाजिक परिर्वतन सामाजिक जीवन के सभी भागों को प्रभावित करता है। समाज एक गतिशील संरचना हैं। उसमें सामाजिक परिर्वतन सदैव होता रहता है। समाज की इसी प्रकृति के कारण सामाजिक अन्तःक्रियायें दिखाई पड़ती हैं।

सामाजिक स्थायित्व और सामाजिक परिवर्तन

मानव समाज सामाजिक सम्बन्धों की जटिल संरचना हैं यह संरचना सतत परिवर्तनशील है। इसके रूप और प्रतिमान बराबर बदलते रहते हैं। इसमें विभिन्न प्रकार के समूह बनते और बिगड़ते रहते हैं। कहीं विकास होता है तो कहीं क्रान्ति, कहीं संयोजन होता है तो कहीं वियोजन। सच तो यह है कि किन्हीं भी दो मनुष्यों के सामाजिक सम्बन्ध तक कभी भी एक से नहीं रहते। इस प्रकार सामाजिक व्यवस्था का रूप सतत परिवर्तनशील है। परन्तु क्या इससे यह कहा जा सकता है कि सामाजिक स्थायित्व जैसी कोई चीज नहीं है? सामाजिक स्थायित्व से तात्पर्य सामाजिक सम्बन्धों के स्थायित्व से है। तब प्रश्न यंह उठता है कि क्या सामाजिक सम्बन्धों में किसी भी प्रकार का स्थायित्व नहीं पाया जाता ? यह समझाने के लिए सामाजिक स्थायित्व के प्रत्यय को कुछ और अधिक स्पष्ट करना आवश्यक है।

सामाजिक स्थायित्व क्या है?

सामाजिक स्थायित्व (Social Stability) से मनुष्यों के परस्पर सम्बन्धों में न्यूनाधिक स्थायित्व समझना चाहिए। यह एक सापेक्ष धारणा है क्योंकि कोई भी सामाजिक सम्बन्ध न तो पूर्णतया परिवर्तनशील हैं और न ऐसा ही है कि उनमें कोई स्थायित्व न हो। उदाहरण के लिए संसार के सभी देशों में स्त्री पुरुष के परस्पर

वैवाहिक सम्बन्ध परिवर्तनशील होते हुए भी स्थायी होते हैं। उनमें परस्पर संघर्ष के अवसर आते हैं, तनाव भी होते हैं और वैवाहिक सम्बन्ध टूटते भी हैं परन्तु दूसरी ओर कितने ही वैवाहिक सम्बन्ध आजीवन दृढ़ रहते हैं। ऐसा नहीं है कि किसी भी पति-पत्नी के परस्पर सम्बन्धों में कोई परिवर्तन ही न आता हो। वास्तव में यदि ध्यान से देखा जाए तो पति-पत्नी के रूप में भी स्त्री-पुरुष के सम्बन्ध गतिशील होते हैं, उनकी परस्पर भावनाओं, प्रवृत्तियों, संवेगों, अनुभूतियों, आशाओं, आकांक्षाओं आदि मानसिक प्रवृत्तियों में कुछ न कुछ अन्तर होता ही रहता है। परस्पर तनाव भी उत्पन्न होते हैं परन्तु वे सुलझा लिये जाते हैं और तलाक की नौबत नहीं आती। इस प्रकार पति-पत्नी के सम्बन्धों की गतिशीलता वैवाहिक सम्बन्धों के स्थायित्व को समाप्त नहीं करती क्योंकि विवाह की संस्था के अन्तर्गत ही यह सब कुछ होता है। अस्तु, सामान्य रूप से विवाह की संस्था और उसके स्थूल प्रतिमान बने ही रहते हैं।

यही बात परिवार की संस्था में भी देखी जा सकती है। लगभग प्रत्येक समाज में पारिवारिक सम्बन्धों में कुछ न कुछ सामाजिक स्थायित्व सदैव देखा जा सकता है। यद्यपि सब कहीं परिवार के सदस्य आपस में लड़ते-झगड़ते भी हैं, बहुत दिनों तक एक दूसरे से सम्बन्ध भी तोड़ लेते हैं, मिलते-जुलते भी नहीं, परस्पर घृणा, ईर्ष्या और बैर की भावनायें भी रखते हैं परन्तु इन सबसे रिश्तेदारी नहीं टूटती और लड़ने वाले फिर से मिल जाते हैं, उनमें फिर से सम्पर्क होता है। सहयोग और मेल-जोल बढ़ता है। स्पष्ट है कि सामाजिक सम्बन्धों के स्थूल प्रतिमानों, सामाजिक संस्थाओं, सामाजिक नियन्त्रणों के साधनों आदि में बहुत कुछ स्थायित्व होता है यद्यपि सूक्ष्म रूप से इस स्थायित्व की सीमा के अन्दर ही सामाजिक परिवर्तन भी कार्य करता रहता है।

इस प्रकार सामाजिक स्थायित्व और सामाजिक परिर्वतन सामाजिक व्यवस्था के दो विभिन्न पहलू हैं। इन दोनों में से एक के भी अभाव में समाज नहीं रह सकता और न सामाजिक सम्बन्ध ही बन सकते हैं। यह बात बिल्कुल स्पष्ट है कि यदि सामाजिक सम्बन्धों में क्षण-क्षण में परिवर्तन होता हो और कोई भी स्थायित्व न हो तो समाज नहीं बन सकता और न किसी प्रकार की सामाजिक संस्थायें अथवा समितियाँ ही काम कर सकती हैं। इस प्रकार की स्थिति में सामुदायिक जीवन असम्भव है। अस्तु, सामाजिक व्यवस्था में सामाजिक स्थायित्व का मूल्य अत्यधिक है। परन्तु जब कोई संस्था इतनी स्थायी हो जाती है कि उसमें कोई परिवर्तन ही नहीं होता तो उसकी जीवन शक्ति मरने लगती है और परिवर्तन आवश्यक हो जाता है। ऐसा न होने पर सामाजिक संस्था का वह रूप क्रमशः मिट जाता है और उसकी जगह नये रूप ले लेते हैं जो कि अधिक गतिशील हैं और मनुष्यों की परिवर्तनशील मांगों को अधिक अच्छी तरह सन्तुष्ट कर सकते हैं। इस प्रकार परिवर्तन और स्थायित्व दोनों ही सामाजिक सम्बन्धों के महत्वपूर्ण पहलू हैं। इनमें से एक के भी अभाव में सामाजिक सम्बन्ध समृद्ध और पर्याप्त नहीं रह सकते। विवाह की संस्था में स्त्री-पुरुष के परस्पर सम्बन्धों में परिवर्तन भी उतना आवश्यक है जितना स्थायित्व।

परिवर्तन न हो तो कोई नयापन न रहे, मनुष्य ऊब जाये; उसमें तनाव बढ़ने लगे क्योंकि मनुष्य परिवर्तनशील प्राणी है। दूसरी ओर स्थायित्व न हो तो मनुष्य के मूल्य, विश्वास और आस्थायें डिग जायें, उसका जीवन असम्भव हो जाए। इसलिए किन्हीं भी दो व्यक्तियों के परस्पर सामाजिक सम्बन्धों की प्रगाढ़ता, नयापन और जीवनी शक्ति को बनाए रखने के लिए यह आवश्यक है कि उनमें एक गतिशील स्थायित्व हो अर्थात् स्थायित्व के अन्तर्गत सूक्ष्म परिवर्तन होते रहें।

सामाजिक परिवर्तन के कारक
(Factors of Social Change)

स्थूल रूप से सामाजिक परिवर्तन के मुख्य कारक निम्नलिखित हैं—

(1) **सांस्कृतिक कारक**—संस्कृति, मूल्यों, शैलियों, भावात्मक लगावों और बौद्धिक अभियानों का क्षेत्र है। ये मूल्य, शैलियाँ, और विचार आदि सामाजिक परिवर्तन को भी प्रभावित करते हैं विशेष तौर से मूल्यों का सामाजिक परिवर्तनों पर व्यापक प्रभाव पड़ता है। मूल्य का अर्थ उस लक्ष्य से है कि जिसको प्राप्त करने के लिए कोई व्यक्ति और संस्था प्रयत्नशील रहती है। इस प्रकार हर एक सामाजिक संस्था का लक्ष्य कुछ मूल्यों को प्राप्त करना होता है। उदाहरण के लिये हिन्दू विवाह की संस्था का लक्ष्य संतानोत्पत्ति के साथ-साथ धर्म पालन और रति भी है। आधुनिक काल में धर्म का महत्व घट जाने से विवाह में से यह मूल्य लगभग समाप्त हो गया है। मूल्य में इस परिवर्तन से विवाह की संस्था अस्थिर हो गई है। इस प्रकार मूल्यों और विचारों के अन्तर से आधुनिक परिवार में अन्तर देखा जा सकता है। प्राचीन परिवारों में पिता का बड़ा सम्मान था। परिवार के सभी सदस्य उसकी आज्ञा मानना अपना परम कर्तव्य समझते थे। आधुनिक काल में माता-पिता और लड़के-लड़कियों के मूल्यों में अन्तर होता चला जा रहा है जिससे कि उन दोनों के बीच के सम्बन्ध टूटते जाते हैं और पारिवारिक विघटन दिखलाई पड़ता है। शैलियों में परिवर्तन का प्रभाव साहित्य, दर्शन और विशेषतः फैशन में देखा जा सकता है। फैशन का सामाजिक सम्बन्धों पर भी व्यापक प्रभाव पड़ता है। उदाहरण के लिये आजकल वस्त्रों के फैशन विशेषतः स्त्रियों के अंगों का अधिक से अधिक प्रदर्शन करते हैं। स्वाभाविक है कि इससे यौनिकता बढ़ती है और स्त्री-पुरुष के यौन सम्बन्धों में कुछ न कुछ परिवर्तन होता है। इस प्रकार विचार और संस्कृति में परिवर्तन से सामाजिक संरचना और सामाजिक संस्थाओं, विशेष तौर से परिवार और विवाह की संस्थाओं, में परिवर्तन देखा जा सकता है।

मैक्सवेबर ने सांस्कृतिक कारक को सामाजिक परिवर्तन का मुख्य कारक बतलाया है। उसके अनुसार सामाजिक परिवर्तन संस्कृति में परिवर्तन होने के साथ होते हैं। मैक्सवेबर ने अपने इस मत को धर्मों और आर्थिक व्यवस्थाओं के तुलनात्मक अध्ययन से सिद्ध किया। वास्तव में इस बात से कोई इन्कार नहीं कर सकता कि भौतिक और अभौतिक संस्कृति में परिवर्तन से सामाजिक सम्बन्धों पर अवश्य प्रभाव पड़ता है। डॉसन और गेटिस ने लिखा भी है कि इस प्रकार संस्कृति सामाजिक परिवर्तन को गति और निर्देश देती है और वे सीमायें निश्चित करती है, जिनसे परे

सामाजिक परिवर्तन नहीं हो सकते, "परन्तु इससे यह निष्कर्ष निकालना ठीक नहीं है कि सामाजिक परिवर्तन और सांस्कृतिक परिवर्तन में कोई अन्तर नहीं हैं। वास्तव में सामाजिक परितर्वन का क्षेत्र सांस्कृतिक परिवर्तन के क्षेत्र से संकुचित है। मैकाइवर और पेज ने स्पष्ट लिखा है, "इसलिये सामाजिक परिवर्तन, सांस्कृतिक या सभ्यता सम्बन्धी परिवर्तन से भिन्न वस्तु हैं।"[1]

(2) प्रौद्योगिक कारक—सामाजिक परिवर्तन में प्रौद्योगिक कारकों का बड़ा प्रभाव पड़ता है। ऑगबर्न ने लिखा है कि "प्रौद्योगिकी हमारे पर्यावरण को परिवर्तित करके जिससे कि हम अनुकूलन करते हैं, हमारे समाज को परिवर्तित करती है। यह परिवर्तन साधारणतया भौतिक पर्यावरण में होता है और हम परिवर्तनों से जो अनुकूलन करते हैं उससे बहुधा प्रथायें और सामाजिक संस्थायें संशोधित हो जाती हैं।"[2] इस प्रकार विज्ञान के नित नये आविष्कारों से, नये-नये यन्त्रों तथा प्रणालियों के निरन्तर बढ़ते जाने से सामाजिक सम्बन्धों पर भारी प्रभाव पड़ा है। बिजली, भाप तथा पैट्रोल से चलने वाले उत्पादन के यन्त्रों, यातायात, परिवहन और संदेशवहन के साधनों तथा दैनिक जीवन के सैंकड़ो कामों के लिये नई-नई मशीनों के आविष्कारों से समाज का रूप बदलता जा रहा है और परिवार तथा विवाह जैसी संस्थाओं तक पर भारी प्रभाव पड़ा है। प्रौद्योगिक विकास के प्रत्यक्ष प्रभाव श्रम-संगठन, श्रम विभाजन, विशेषीकरण, जीवन की तीव्रगति, उत्पादन में वृद्धि आदि प्रत्यक्ष हैं। अप्रत्यक्ष रूप से नगरीकरण, बेकारी, प्रतिद्वन्द्विता और अपराध भी उसी के कारण हैं। आधुनिक युग में प्रौद्योगिक कारक सामाजिक परिवर्तन के सबसे प्रमुख कारणों में से हैं।

प्रौद्योगिकी में मुख्य रूप से चार कारक काम करते हैं—(1) उद्योगों में मशीनों का प्रयोग, (2) सन्देशवहन के साधनों का विकास, (3) आवागमन के साधनों का विकास, (4) नवीन कृषि प्रविधियों का विकास। उद्योगों में मशीनों के प्रयोग से नगरीकरण बढ़ा और कारखाना पद्धति का उदय हुआ। औद्योगीकरण से नये वर्गों की उत्पत्ति हुई और नवीन विचारधारायें तथा आन्दोलन दिखलाई पड़ने लगे। इससे स्त्रियों की स्थिति में भी परिवर्तन हुआ। प्रौद्योगिकी से मूल्यों में भी व्यापक परिवर्तन होते हैं। भौतिकवाद, व्यक्तिवाद, अत्यधिक विशेषीकरण आदि आधुनिक प्रौद्योगिकी का ही परिणाम है। प्रौद्योगिकी का सामाजिक संस्थाओं पर प्रभाव पड़ता है। नगरीय जीवन में प्रौद्योगिकी का प्रभाव सामुदायिक भावना की कमी, सम्बन्धों में निर्वैयक्तिकता, समय का मूल्य बढ़ जाना, बीमारियों की संख्या

---

1. "Social change is, therefore, a distinct thing from culture or civilisational change..."
--MacIver & Page

2. "Technology changes society by changing our environments to which we in turn adopt. This change is usually in the material environment and the adjustment we make to the changes often modifies customs and social institutions."
--Ogburn W. F.
How Technology Changes Society, in *Annals of the American Academy of Political and Social Science*, 249: 81-88 (Jan. 1947) p. 81

और प्रकारों में वृद्धि, पारिवारिक नियन्त्रण में कमी, नैतिकता का निम्न स्तर, स्त्री पुरुष की जनसंख्या में विषमता, अपराधों की संख्या में वृद्धि तथा सामाजिक और व्यक्तिगत विघटन के रूप में देखा जा सकता है। प्रौद्योगिकी से सामाजिक परिवर्तन किस प्रकार होते हैं यह एक छोटे से उदाहरण से समझा जा सकता है। पहले जब कार को स्टार्ट करने के लिये हैंडिल घुमाने की जरूरत पड़ती थी तब स्त्रियाँ कार नहीं चलाती थीं। जब से कारों में स्वयंचालक यंत्र का प्रयोग होने लगा तब से समृद्ध स्त्रियाँ बड़ी संख्या में कार स्वयं चलाने लगीं। इससे उनकी वेशभूषा, गतिशीलता, रहन-सहन, विचार, मूल्य तथा सामाजिक सम्बन्धों में परिवर्तन हुआ।

(3) जैवकीय कारक—जैवकीय कारकों का भी सामाजिक परिवर्तन पर प्रत्यक्ष रूप से प्रभाव पड़ता है। जैवकीय कारकों में वंशानुसंक्रमण से सम्बन्धित जनसंख्या का गुणात्मक पक्ष आता है। मानव समाज में जैवकीय दशायें जनसंख्या के गुण, दोष, आकार, वितरण रचना आदि में दिखलाई पड़ती हैं। जनसंख्या के इन अंगों में परिवर्तन से अनेक सामाजिक परिवर्तन होते हैं। उदाहरण के लिये जनसंख्या में स्त्री पुरुष के अनुपात में परिवर्तन होने से विवाह की संस्था में और स्त्री पुरुष के परस्पर सम्बन्धों में परिवर्तन देखा जा सकता है। जनसंख्या के आकार के अत्यधिक बढ़ जाने से समाज में स्वास्थ्य का स्तर नीचे गिरता है और निर्धनता बढ़ती है। नगरों में अत्यधिक जनसंख्या बढ़ जाने से सामाजिक सम्बन्धों में परिवर्तन स्पष्ट देखा जा सकता है। जनसंख्या की वृद्धि से सामुदायिक भावना का ह्रास होता है, सामाजिक नियन्त्रण और पारिवारिक नियन्त्रण कम होता है, स्त्रियों की दशा तथा विवाह और परिवार की संस्था में परिवर्तन दिखाई पड़ता है। जनसंख्या अत्यधिक बढ़ने से सामाजिक मूल्यों में भी परिवर्तन होता है। नगरों में अत्यधिक भीड़-भाड़ से गन्दी बस्तियाँ विकसित होती हैं, जिनका लोगों के चरित्र और स्वास्थ्य पर बुरा प्रभाव पड़ता है। जनसंख्या की गुणात्मक योग्यता अर्थात् उसमें स्त्री, पुरुष, बालक, किशोर, वृद्ध तथा युवा, सपंगु तथा अपंगु तथा मानसिक दोष से पीड़ित लोगों के अनुपात का सामाजिक परिवर्तन पर स्पष्ट प्रभाव देखा जा सकता है।

जनसंख्या का गुणात्मक पक्ष महान् और प्रभावशाली व्यक्तियों पर आधारित है और इनका जन्म बहुत कुछ वंशानुसंक्रमण तथा उत्परिवर्तन पर निर्भर है। अतः इस सीमा तक भी जैवकीय कारकों का सामाजिक परिवर्तन में हाथ होता है। इसके अतिरिक्त प्राकृतिक प्रवरण (Natural Selection) और अस्तित्व के लिये संघर्ष (Struggle for Survival) के जैवकीय तत्व समाज में बराबर परिवर्तन उत्पन्न करते रहते हैं।

(4) आर्थिक कारक—सामाजिक परिवर्तन के अन्य प्रभावक आर्थिक हैं। कार्ल मार्क्स तथा उसके अनुयायी विचारकों के अनुसार तो सामाजिक परिवर्तन पूरी तरह से आर्थिक परिवर्तनों से ही निश्चित होते हैं। यह मत तो एकांगी है परन्तु फिर भी इसमें कोई संदेह नहीं कि आर्थिक दशाओं में परिवर्तन सामाजिक परिवर्तनों को अवश्य प्रभावित करते हैं। स्थूल रूप से खेती करने वाले अथवा शिकारी समाजों

में विभिन्न प्रकार के सामाजिक परिवर्तनों के प्रतिमान में अन्तर देखा जा सकता है। जब कोई समाज अथवा समूह शिकारी अवस्था से खेती की अवस्था पर आता है तब उसमें अनेक सामाजिक परिवर्तन होते हैं। यह एक सर्वविदित तथ्य है कि जब घुमक्कड़ जातियाँ केवल पशु पालन तक ही सीमित न रहकर किसी एक स्थान पर जमकर खेती करने लगीं तो उनकी सामाजिक संरचना, संस्थाओं, परम्पराओं, रीतिरिवाजों, जनरीतियों, आदि में व्यापक परिवर्तन हुए। इसी प्रकार से जब कोई समाज अथवा समूह खेती की दशा से उद्योगों की दशा पर पहुँचता है अर्थात् उसमें उद्योगों का तेजी से विकास होता है तब भी समाज के विभिन्न अंगों में परिवर्तन देखे जा सकते हैं। इसके अलावा किसी व्यक्ति अथवा समूह की आर्थिक स्थिति गिरने अथवा उठने से उसके सामाजिक सम्बन्धों में भी परिवर्तन होता। अतः इसमें कोई सन्देह नहीं कि आर्थिक दशाओं का सामाजिकरण परिवर्तन पर व्यापक प्रभाव पड़ता है।

(5) भौगोलिक पर्यावरण सम्बन्धी कारक—भौगोलिकवादियों ने मानव समाज पर भौगोलिक पर्यावरण के परिवर्तन के प्रभाव पर बड़ा जोर दिया है। हटिंगटन ने तो यहाँ तक कह दिया है कि जलवायु का परिवर्तन ही सभ्यताओं और संस्कृतियों के उत्थान पतन का एकमात्र कारण है। भौगोलिकवादियों के इन दावों को न भी स्वीकार किया जाय तो भी इससे कोई इन्कार नहीं कर सकता कि बाढ़, भूचाल, अकाल, अतिवृष्टि, अनावृष्टि, ऋतु परिवर्तन आदि का सामाजिक सम्बन्धों पर भारी प्रभाव पड़ता है और वे इनसे परिवर्तित होते हैं।

हर एक मानव समाज कुछ विशेष भौगोलिक परिस्थितियों में रहता है। जलवायु, पृथ्वी, ऋतुयें, नदी, पहाड़, समुद्र आदि भौगोलिक दशाओं का समाज के जीवन पर अवश्य प्रभाव पड़ता है। उदाहरण के लिये पहाड़ों और मैदानों के निवासियों के सामाजिक जीवन में स्पष्ट अन्तर देखा जा सकता है। ये देखा गया है कि मैदानों में सामाजिक व्यवस्थायें अधिक जटिल और विकसित होती हैं। संसार की सभी महान् सभ्यतायें मैदानों में ही उत्पन्न हुईं और विकसित हुईं। परन्तु सामाजिक जीवन पर भौगोलिक दशाओं के इस प्रभाव के कारण जो कुछ भौगोलिकवादी विचारकों ने यह मान लिया कि भौगोलिक दशायें ही सामाजिक परिवर्तनों को निश्चित करती हैं यह मत एकांगी है क्योंकि जहाँ भौगोलिक दशायें मनुष्य को प्रभावित करती हैं वहाँ मनुष्य जीवन स्वयं भी विज्ञान की सहायता से भौगोलिक दशाओं के प्रभाव को नियन्त्रित करता है। सच तो यह है कि भौगोलिक दशायें सामाजिक परिवर्तन का रंगमंच मात्र है। रंगमंच में परिवर्तन आने से नाटक में भी कुछ न कुछ परिवर्तन अवश्य आता है। परन्तु केवल रंगमंच का परिवर्तन नाटक की घटनाओं को निश्चित नहीं करता।

(6) मनोवैज्ञानिक कारक—उपरोक्त कारकों के अतिरिक्त सामाजिक परिवर्तन के कारकों में मनोवैज्ञानिक कारकों को भी महत्वपूर्ण माना गया है। सामाजिक परिवर्तनों का कारण स्वयं मनुष्य का मनोविज्ञान है। मनुष्य स्वभाव से ही परिवर्तन प्रिय है। जीवन के प्रत्येक पक्ष में वह सदैव नई-नई खोजें किया करता है और नये-नये अनुभवों का इच्छुक रहता है। इस प्रवृत्ति के कारण प्रत्येक मानव

समाज में रूढ़ियों, परम्पराओं, रीति-रिवाज आदि में बराबर परिवर्तन हुआ करता है। इसका अर्थ यह नहीं है कि मनुष्य सदैव नवीन को प्राचीन से बेहतर समझता है। जहाँ एक ओर वह नवीनता की ओर उन्मुख रहता है वहाँ वह प्राचीनता का भी संरक्षण करना चाहता है। इन दोनों ही प्रवृत्तियों की क्रिया प्रतिक्रिया में सामाजिक सम्बन्धों का रूप क्रमशः बदलता रहता है। नई-नई रीतियाँ और प्रथायें बनती रहती हैं और पुरानी परम्पराओं का स्थान लेती जाती हैं। पुरानी परम्पराओं का सम्मान किया जाता है परन्तु समय की माँग के साथ-साथ उनमें परिवर्तन आवश्यक हो जाता है। वास्तव में परिवर्तन ही जीवन है और स्थिरता जीवन के स्वभाव के विरुद्ध है। जब समय आने पर भी परिवर्तन नहीं होते तो क्रान्तियाँ होती हैं, युद्ध होते हैं, महामारियाँ फैलती हैं और परिवर्तन किये जाते हैं।

(7) अन्य कारक—उपरोक्त कारकों के अतिरिक्त नवीन विचारधाराओं की उत्पत्ति भी परिवर्तन का कारण है। उदाहरण के लिए दहेज, जाति प्रथा, स्त्री शिक्षा आदि की ओर विचारों के परिवर्तन से भारी सामाजिक परिवर्तन हुये हैं। वास्तव में अधिकतर सामाजिक क्रान्तियाँ नवीन विचारधाराओं के उत्पन्न होने के कारण होती हैं। इसी प्रकार युद्ध भी सामाजिक परिवर्तन का एक कारण है क्योंकि उससे जनसंख्या, आर्थिक स्थिति, स्त्री पुरुष का अनुपात आदि पर प्रभाव पड़ता है। इसी प्रकार महान् व्यक्ति जैसे गाँधी, मार्क्स आदि के प्रादुर्भाव से भी सामाजिक परिवर्तन होते हैं।

सामाजिक परिवर्तन के परिणाम

सामाजिक परिवर्तन के उपरोक्त कारणों के प्रभाव से सामाजिक जीवन के प्रत्येक पक्ष का रूप परिवर्तित होता रहता है। सामाजिक, आर्थिक, राजनैतिक, सांस्कृतिक सभी क्षेत्रों में नई-नई संस्थायें और समितियाँ बनती बिगड़ती रहती हैं। परिवार, विवाह, राज्य, धर्म सभ्यता, संस्कृति, शिक्षा व्यवस्था, आर्थिक व्यवस्था तथा सामाजिक ढांचे का रूप बदलता रहता है। इससे व्यक्ति के जीवन में और अन्य व्यक्तियों से उसके सम्बन्धों में परिवर्तन आता है। उदाहरण के लिये आदिकाल से लेकर आज तक के परिवार के उद्देश्यों, ढांचे, स्वरूप, महत्व, कार्य आदि के इतिहास को देखकर सामाजिक परिवर्तन के परिणामों का वर्णन करने के लिये तो एक पूरा ग्रन्थ ही होना चाहिये। संक्षेप में, आदिम समाज से आधुनिक समाज में जो कुछ भी अन्तर दिखाई पड़ता है वह सामाजिक परिवर्तन का ही परिणाम है। वेनबर्ग और शेबेत ने ठीक ही लिखा है कि ''सामाजिक परिवर्तन आधुनिक जगत के हृदय में निवास करता है।''[1]

भारत में सामाजिक परिवर्तन

भारतवर्ष के प्राचीन और आधुनिक समाज की तुलना करने से सामाजिक परिवर्तन के इन विभिन्न कारकों का महत्व मालूम हो जायेगा। भारतीय समाज की

---

1. "Social change lies at the heart of the modern world." --Weinberg and Shabat

वर्तमान राजनैतिक, धार्मिक तथा सामाजिक स्थिति में गाँधी जी, स्वामी दयानन्द, राजा राममोहन राय आदि महापुरुषों का कितना बड़ा योगदान है, यह सर्वविदित है। भारतवर्ष की जनसंख्या की लगातार वृद्धि से आज देश के आर्थिक सामाजिक सभी क्षेत्रों में परिवर्तन हो रहे हैं। सरकार परिवार नियोजन के लिये जोर शोर से प्रयत्नशील है। उसके लिये गर्भ निरोधक उपायों की खोज की जा रही है। साथ ही बढ़ती हुई जनसंख्या की भोजन और अन्य आवश्यकताओं की पूर्ति के लिये देश में नित नये आविष्कार हो रहे हैं और नई-नई चीजों के कारखाने खुलते जा रहे हैं। इस औद्योगीकरण से नगरीकरण बढ़ रहा है और नगरीकरण से परिवार, जाति व्यवस्था, सामाजिक संगठन, धर्म, विवाह आदि में बराबर परिवर्तन दिखाई पड़ता है। जहाँ औद्योगिक और जनसंख्या के कारकों से देश में बराबर परिवर्तन हो रहा है वहाँ साम्यवाद और समाजवाद आदि नवीन विचारधाराओं तथा पश्चिमी संस्कृति के प्रभाव से मूल्यों में परिवर्तन आ रहा है और संस्कृति का रूप बदल रहा है। इस सांस्कृतिक परिवर्तन का प्रभाव सामाजिक संस्थाओं और समितियों पर भी पड़ रहा है। पारिवारिक विघटन इसका एक उदाहरण है। भौतिक पर्यावरण का भी भारत के सामाजिक संगठन पर प्रभाव है। भारत कृषि प्रधान और गर्म देश है। यहाँ के सामाजिक सम्बन्धों में धर्म का प्रभाव अधिक है क्योंकि खेती में प्राकृतिक शक्तियों से संघर्ष में धर्म की बड़ी आवश्यकता अनुभव होती है। भारतीय समाज के त्यौहार आदि ऋतु परिवर्तनों के अनुसार निश्चित किए गये हैं। गर्म देश होने के कारण यहाँ शारीरिक अपराध अधिक होते हैं।

सामाजिक परिवर्तन के उपरोक्त कारक अथवा प्रभावक अलग-अलग होते हुए भी एक दूसरे से पृथक् नहीं हैं। जैसा कि पीछे दिए गये विवरण से स्पष्ट होता है सामाजिक परिवर्तन में कौन सा परिवर्तन प्रौद्योगिकी के कारण है अथवा कौन सा आर्थिक दशा में परिवर्तन के कारण है यह सदैव निश्चित नहीं किया जा सकता है। इसी प्रकार सांस्कृतिक और प्रौद्योगिकी कारक भी एक दूसरे को प्रभावित करते हैं। प्रौद्योगिक परिवर्तनों से सांस्कृतिक परिवर्तन होते हैं। इसी प्रकार प्रौद्योगिक परिवर्तनों से आर्थिक परिवर्तन भी होते हैं। जैसा कि पहले बतलाया जा चुका है जैवकीय परिवर्तनों अथवा जनसंख्या की रचना की गुणात्मक योग्यता आदि में परिवर्तन से आर्थिक और सामाजिक परिवर्तन देखे जा सकते हैं। इस प्रकार सामाजिक परिवर्तन के विभिन्न कारक परस्पर निर्भर हैं और एक दूसरे को प्रभावित करते हैं। सामाजिक परिवर्तनों के इन कारकों के विस्तृत अध्ययन से उनकी यह परस्पर निर्भरता और भी स्पष्ट होगी।

सामाजिक परिवर्तन के प्रतिरोध

(Resistances or Restraints to Social Change)

यहाँ पर कुछ ऐसे कारकों का विवेचन भी प्रासंगिक होगा जो कि सामाजिक परिवर्तन की गति को कम करते हैं, रोकते हैं, अथवा उसमें प्रतिरोध उत्पन्न करते हैं। मुख्य प्रतिरोध निम्नलिखित हैं—

(1) आविष्कारों की कमी—आगबर्न और निमकॉफ के अनुसार सामाजिक परिवर्तन में आने वाले प्रतिरोध का एक मुख्य कारण आविष्कारों की सापेक्षिक अनुपस्थिति अर्थात् उनका अपेक्षाकृत कम होना है।

आविष्कार क्या है? Encyclopaedia Americana के अनुसार "एक आविष्कार कोई भी नवीन अथवा उपयोगी यान्त्रिक उपकरण अथवा वस्तु, प्रणाली, खोज, जड़, पदार्थ की रचना अथवा व्यवस्था है जो कि पहले ज्ञात अथवा प्रयुक्त नहीं होती है, अथवा वह किसी भी ज्ञात यन्त्र कला पद्धति या व्यवस्था में कोई भी उन्नति है।"[1] इस प्रकार आविष्कार या तो किसी नई वस्तु, यन्त्र, उपकरण, प्रणाली अथवा व्यवस्था का पता लगाना है या किसी पहले से ही मौजूद यन्त्र, वस्तु, उपकरण, प्रणाली अथवा व्यवस्था में कोई उन्नति करना है। दोनों ही दशाओं में आविष्कार सदैव नया होता है और उपयोगी भी होता है। कहा जाता है कि आवश्यकता आविष्कार की जननी है। इसका आशय भी यही है कि प्रत्येक आविष्कार किसी न किसी रूप में उपयोगी होता है।

आविष्कारों से परिवर्तन—इस प्रकार आविष्कार का मानव समाज में परिवर्तन में महत्वपूर्ण योगदान है। आविष्कारों के द्वारा मनुष्य अपने पर्यावरण से सामंजस्य करने के नये-नये उपाय निकालता है जिससे उसके जीवन और सामाजिक सम्बन्धों पर भी प्रभाव पड़ता है। यदि यह कहा जाये तो अतिश्योक्ति नहीं होगी कि मनुष्य का समस्त सांस्कृतिक विकास आविष्कारों पर आधारित है। यदि उसमें आविष्कार करने की सामर्थ्य न होती तो वह आदिम अवस्था से सभ्य समाज की स्थिति तक न पहुँचता। आविष्कारों ने मानव जीवन के भौतिक पक्ष को ही नहीं बल्कि मानसिक और आध्यात्मिक पक्ष को प्रभावित किया है। मनुष्य का रहन-सहन ही नहीं बल्कि उसकी कला, साहित्य, धर्म, मनोरंजन आदि के क्षेत्र में भी नये-नये आविष्कार होते हैं जिनसे महत्वपूर्ण सामाजिक परिवर्तन हुये हैं। अतः आविष्कारों की कमी से सामाजिक परिवर्तनों का मन्द होना अनिवार्य है। वास्तव में आविष्कार स्वयं परिवर्तन का प्रतीक है। जिस समाज में आविष्कार बहुत कम होते हैं उसमें परिवर्तन भी बहुत कम दिखलाई पड़ता है।

परन्तु आविष्कार के अपेक्षाकृत कम होने के कारण क्या हैं? कुछ समाजों में आविष्कार इतने कम क्यों होते हैं? स्थूल से इसके लिए तीन कारण दिये गये हैं—

आविष्कारों की कमी के कारण

(अ) किसी भी नये आविष्कार के लिये समाज में कुछ आवश्यक तत्वों का होना जरूरी है। इन तत्वों की अनुपस्थिति में आविष्कार नहीं हो सकते। उदाहरण

1. "An invention is recognised to be any new or useful mechanical contrivance or article, method, discovery, composition of matter or system not previously known or used, or any improvement in any known machine, art, method or system."
--Encyclopaedia Americana.

के लिये आविष्कार के लिए परिश्रम के साथ-साथ मानसिक योग्यता और बौद्धिक स्तर की उच्चता भी आवश्यक है। जिस समाज के लोगों में ये गुण अधिक होते हैं वहाँ आविष्कार भी अधिक दिखलाई पड़ते हैं।

(ब) आविष्कार तब होते हैं जबकि उनकी मांग अधिक होती है। अतः ऐसे समाजों में आविष्कार बहुत कम होंगे जहाँ पर कि जनता गतिशील न हो अथवा जीवन के विभिन्न पहलुओं में परिवर्तन न चाहती हो।

(स) समूह के व्यक्तियों में उपलब्ध आविष्कारों को स्वीकार करने की तत्परता का यदि अभाव है तो उन आविष्कारों का प्रचार नहीं हो पाता और फलतः उनसे होने वाले सामाजिक परिवर्तन भी नहीं हो पाते। इसलिये केवल आविष्कार होना ही सामाजिक परिवर्तन के लिए काफी नहीं है। आवश्यकता इस बात की है कि समूह के सदस्य इन आविष्कारों को स्वीकार भी करें। अनेक देशों में तरह-तरह के आविष्कारों का घोर विरोध किया गया है। उदाहरण के लिये भारतवर्ष में जब शुरु-शुरु में रेल चली तो जनता ने उसका घोर विरोध किया। लोगों का विचार था कि उससे वायु दूषित होगी। इसी प्रकार अन्य आविष्कारों का भी विरोध किया गया है। जाँच से पता चला है कि मद्यपान स्वास्थ्य के लिये हानिकारक है परन्तु इस खोज को विभिन्न समाजों के सभी व्यक्तियों ने नहीं अपनाया। अनेक समाजों में मद्य-निषेध का विरोध किया गया। अतः उससे जो सामाजिक परिवर्तन होते वे न हो सके। आविष्कार केवल भौतिक क्षेत्र में ही नहीं होते बल्कि जीवन के अन्य क्षेत्रों में भी उनका उतना ही महत्व है। उदाहरण के लिये भारतवर्ष में वेश्यावृत्ति के विरुद्ध कानून एक वैधानिक आविष्कार था परन्तु क्योंकि जनता ने इसको अभी तक पूरी तरह स्वीकार नहीं किया है अतः देश में वेश्यावृत्ति की दशा में होने वाले परिवर्तन अभी नहीं हो पा रहे हैं। इस प्रकार जब समाज के सदस्य नये-नये सामाजिक विचारों, अनुसंधानों और आविष्कारों को ग्रहण करने के लिए तत्पर नहीं होते तो उनसे होने वाले सामाजिक परिवर्तनों में बाधा पड़ती है और वे सम्भव नहीं हो पाते।

(2) **मनोवैज्ञानिक प्रतिरोध**—सामाजिक परिवर्तन के कुछ प्रतिरोध मनोवैज्ञानिक भी हैं। मनुष्य का स्वभाव है कि वह नई चीजों से डरता है और उसमें सन्देह करता है। मनुष्य स्वभाव से ही पुराने रीति-रिवाजों, प्रथाओं, तौर तरीकों के अनुसार चलना चाहता है क्योंकि वे आजमाये जा चुके हैं और उनमें खतरा कम है। मनुष्य की यह प्रवृत्ति परिवर्तन की विरोधी है। अतः जब तक पर्याप्त विचार और शिक्षा के द्वारा किसी विशेष परिवर्तन के प्रति सन्देह और भय मिटा नहीं दिया जाता तब तक लोग उस परिवर्तन को अपनाने से डरते हैं। वास्तव में परिवर्तन के विरोधी भय और विश्वास के मूल में मनुष्य का अज्ञान ही है। जब यह अज्ञान दूर कर दिया जाता है तो यह भय और अविश्वास भी दूर हो जाता है। इस प्रकार सामाजिक परिवर्तन के प्रतिरोधक मनौवैज्ञानिक कारक ऐसे नहीं हैं जिनको उचित शिक्षा से बदला न जा सकता हो।

(3) **सामाजिक परिस्थितियाँ**—कुछ सामाजिक परिस्थितियाँ भी सामाजिक परिवर्तन में प्रतिरोध उत्पन्न करती हैं। उदाहरण के लिए भारतवर्ष में जातिप्रथा अनेक प्रकार के सामाजिक परिवर्तनों को रोकती है। रूढ़ियाँ सभी जगह पर सामाजिक परिवर्तनों का प्रतिरोध करती हैं। सामाजिक परिवर्तन करने के लिये इन रूढ़ियों को बदलना पड़ता है। सामाजिक प्रथायें और संस्थायें भी सामाजिक परिवर्तन की प्रतिरोधी हैं। सामाजिक परिवर्तन से इनमें परिवर्तन होता हैं परन्तु सामाजिक परिवर्तन को सफल बनाने के लिये इनमें परिवर्तन करने की दशायें उत्पन्न करना भी आवश्यक है।

(4) **राजनैतिक परिस्थितियाँ**—कुछ राजनैतिक परिस्थितियाँ भी सामाजिक परिवर्तन में प्रतिरोध उत्पन्न करती हैं। उदाहरण के लिये निरंकुश राजतन्त्र में राजा लोग ऐसे परिवर्तन नहीं होने देना चाहते जिनसे उनकी अपनी कुछ भी हानि होती हो। भारतवर्ष में राजाओं और बड़े-बड़े जमींदारों ने जनता में समानता लाने वाले अनेक परिवर्तनों का घोर विरोध किया। सर्वसत्ताधिकारी राज्य में राज्य की ओर से ऐसे सामाजिक परिवर्तनों को रोका जाता है जिनसे राज्य को हानि पहुँचने की सम्भावना हो चाहे उसमें जनता को लाभ ही क्यों न होता हो।

(5) **आर्थिक परिस्थितियाँ**—कुछ आर्थिक परिस्थितियाँ भी सामाजिक परिवर्तन में बाधा डालती हैं। उदाहरण के लिए निर्धनता सामाजिक परिवर्तन में सबसे बड़ी बाधा है। भूखे आदमी को रोटी के अलावा कुछ नही सूझता। जिस देश में लोग दोनों समय पेट भर भोजन भी नहीं प्राप्त कर सकते उस देश में सामाजिक परिवर्तनों की बात करना अज्ञान दिखाता है। परन्तु यदि निर्धनता लोगों में क्रान्ति की आग भड़का दे तो कभी-कभी ऐसे सामाजिक परिवर्तन सम्भव हो पाते हैं जो आर्थिक स्थिति अच्छी न होने पर कभी नहीं हो सकते। यहाँ यह ठीक है कि निर्धन व्यक्ति को कुछ नहीं सूझ पड़ता वहाँ यह भी ठीक है कि धन की अधिकता मनुष्य को आलसी और स्थिर बना देती है। अत: अत्यधिक निर्धनता और अत्यधिक धन दोनों ही दशायें परिवर्तन में बाधक कही जा सकती हैं। यद्यपि इस नियम के अपवाद भी देखे जा सकते हैं। सच तो यह है कि यह निश्चित करना बहुत कठिन है कि कौन सी आर्थिक दशा किस तरह के सामाजिक परिवर्तन में बाधा पहुँचायेगी और किस तरह के सामाजिक परिवर्तन को प्रोत्साहित करेगी परन्तु इतना अवश्य कहा जा सकता है कि आर्थिक अवस्थायें जहाँ सामाजिक परिवर्तन को उकसाती भी हैं वहाँ कभी-कभी उसमें भारी प्रतिरोध उत्पन्न करती हैं।

(6) **सांस्कृतिक परिस्थितियाँ**—कुछ सांस्कृतिक परिस्थितियाँ भी सामाजिक परिवर्तन का प्रतिरोध करती हैं। उदाहरण के लिए भारत में दक्षिण में मन्दिरों में देवदासी की प्रथा से वेश्यावृत्ति के उन्मूलन के सामाजिक परिवर्तन में बाधा पड़ती है। इसी प्रकार देश में भिक्षावृत्ति को समाप्त करने में हिन्दू धर्म की अनेक मान्यतायें बाधा डालती हैं।

भारत में सामाजिक परिवर्तन में समाजशास्त्रियों का कार्य

संक्रमण काल—वर्तमान काल में भारतीय समाज एक संक्रमण काल से गुजर रहा है जिसमें सभी प्रकार के अच्छे बुरे परिवर्तन दिखलाई पड़ रहे हैं। निहित स्वार्थों को लेकर गुटबाजी का बाजार गर्म है। एक ओर सुधार-सुधार की चिल्लाहट सुनाई पड़ती है तो दूसरी ओर इस शोरगुल का लाभ उठाकर स्वार्थी लोग राजनैतिक, सामाजिक, आर्थिक सभी क्षेत्रों में अपना उल्लू सीधा कर रहे हैं। समाज की भावी रूपरेखा के विषय में परस्पर विरोधी विचारधाराओं में संघर्ष हो रहा है। कुछ लोग भारत को पश्चिम की एकदम सच्ची प्रतिलिपि (True Copy) बना डालना चाहते हैं तो कुछ लोग वेद और उपनिषदों के काल की ओर लौट चलने का शंख फूंक रहे हैं। जागृति अवश्य है, जीवन भी है, परिवर्तन की इच्छा भी कम नहीं, परन्तु कमी मार्ग दर्शन की।

सामाजिक इन्जीनियर—यह मार्ग दर्शन कौन करेगा? एक व्यक्ति यदि कोई मकान बनवाता है तो पहले कुशल विशेषज्ञों से उसका नक्शा बनवाता है और उस नक्शे के पास हो जाने के बाद कुशल कारीगरों की देख-रेख में मकान बनाया जाता है। सरकार पुल या बाँध बनवाती है तो उसका कार्य इन्जीनियरों को सौंप देती है। पुलिस या न्याय विभाग उसमें कोई हस्तक्षेप नहीं कर सकता क्योंकि आजकल प्रत्येक कार्य का विशेषीकरण हो गया है और इन्जीनियर अपने कार्य का विशेषज्ञ है। परन्तु समाज निर्माण अथवा सामाजिक परिवर्तन जैसे गम्भीर प्रसंग पर सभी अपनी मनमानी राय देने और अपनी मनमानी करने लगते हैं। किसी सीमा तक यह ठीक भी है। क्योंकि समाज के दोषों का पता समाज में रहने वाले समाज के व्यक्तियों को ही चल सकता है। परन्तु इसी प्रकार रोग का पता भी रोगी को ही चलता है। फिर भी उसको डाक्टर कोई नहीं मानता। रोगी स्वयं अपना इलाज नहीं करता वह यह कार्य डाक्टर अथवा शरीर के इन्जीनियर पर सौंप देता है। इसी प्रकार समाज के परिवर्तन की दिशा का निर्देशन भी सामाजिक इन्जीनियरों को सौंप देने की आवश्यकता है ये सामाजिक इन्जीनियर कौन हैं? ये वे लोग हैं जो समाज के ढाँचे, उसके स्वरूप, उसकी प्रक्रियाओं तथा उसके परिवर्तनों आदि के नियमों से भली-भाँति परिचित हैं। कहना न होगा कि समाजशास्त्री ही समाज का इन्जीनियर है। सामाजिक परिवर्तनों को सरलतापूर्वक लाने में निर्देशन करना उसी का काम है।

सामाजिक इन्जीनियर का दोहरा कार्य—भारतीय समाज में सामाजिक परिवर्तनों को सफलतापूर्वक उपस्थित करने में सामाजिक इन्जीनियर को दोहरा कार्य करना पड़ेगा। एक ओर तो उसको प्रत्येक दिशा में परिवर्तन के लिए रचनात्मक सुझाव देने होंगे दूसरी ओर उन सुझावों को कार्यान्वित करने के मार्ग में बाधाओं को हटाने की भी व्यवस्था करनी पड़ेगी। प्रत्येक समाज में विभिन्न वर्गों के तात्कालिक हितों में अनिवार्य रूप से संघर्ष रहता है। प्रत्येक वर्ग अपने पक्ष में

अधिक से अधिक परिवर्तन लाने की चेष्टा करता है और दूसरे के हित में परिवर्तन का उग्र विरोध करता है। इसी प्रकार राजनैतिक दलों तथा आर्थिक वर्गों में भी विभिन्न गुटों में बड़ा उग्र विरोध पाया जाता है। कुछ रूढ़िवादी लोग सामाजिक व्यवस्था में किसी भी प्रकार के परिवर्तन का उग्र विरोध करते हैं। वे पुरानी रूढ़ियों और परम्पराओं से ही चिपटे रहना चाहते हैं और इसी में अपनी और समाज की भलाई मानते हैं। ऐसी परिस्थिति में समाजशास्त्री को केवल सुधार की दिशा में सुझाव ही नहीं देते हैं बल्कि इस बात का प्रयत्न करना है कि समाज के इन परस्पर विरोधी गुटों और दलों में संघर्ष न हो।

प्रचार और शिक्षा—इस दिशा में सबसे पहला कार्य जनता में फैले भ्रम और सामाजिक परिवर्तन विषयक अज्ञान को दूर करना है। यह कार्य बड़ा कठिन है क्योंकि स्वयं समाजशास्त्री इस विषय में सभी बातों पर एक मत नहीं हैं। परन्तु फिर भी सर्वमान्य वैज्ञानिक सिद्धान्तों को लोगों को बतलाया जा सकता है और उन्हें उपयुक्त दृष्टिकोण ग्रहण करने की दिशा में शिक्षा दी जा सकती हैं। क्रन्तिकारियों की गति को सन्तुलित करने और रूढ़िवादियों को परिवर्तन के लाभ बताने के लिए शिक्षा और प्रसार की आवश्यकता है। शिक्षा और प्रसार के इस कार्य में व्याख्यान, प्रेस, रेडियो, समाचार पत्र आदि विविध साधनों का सहारा लिया जा सकता है। इस प्रचार और शिक्षा से जहाँ एक ओर जनता को सामाजिक सुधारों के विषय में जानकारी होगी वहाँ जनता में परिवर्तनों के प्रति विश्वास भी उत्पन्न होगा। समाजशास्त्रियों के इस कार्य में सरकार का सहयोग होना अनिवार्य रूप से आवश्यक है। दोनों के सहयोग से ही यह कार्य हो सकता है प्रचार और शिक्षा के इस कार्य में सामाजिक इन्जीनियरों को भारतीय समाज की रुचियों, इच्छाओं, भावनाओं और स्वभाव का अध्ययन करना पड़ेगा और उसी के अनुरूप अपने विचार उपस्थित करने पड़ेंगे। किसी सामाजिक परिवर्तन को सरल बनाने के लिये यह बड़ा आवश्यक है कि उसको समाज के सामने इस रूप में उपस्थित किया जाय कि लोग उसको देश के लिए निश्चित रूप से कल्याणकारी समझ लें। समाज पर कोई भी परिवर्तन बलात् लादा नहीं जा सकता और यदि ऐसा हो भी जाय तो वह परिवर्तन कभी भी स्थायी नहीं होगा। जब तक वह समाज के स्वभाव का एक अंग नहीं बन जाता तब तक वह कभी भी उखाड़ा जा सकता है। सामाजिक परिवर्तन के इस मूल तत्व को ध्यान में रखकर जनता में प्रचार और शिक्षा से समाजशास्त्री सामाजिक परिवर्तन के कार्य को बड़ा सुगम बना सकते हैं।

सामाजिक इन्जीनियर के रूप में समाजशास्त्री—भारतवर्ष में तलाक, विधवा विवाह, दहेज निरोध, अछूतों की समानता आदि के विषय में कानून बन चुके हैं। परन्तु केवल कानून से कभी स्थायी सामाजिक परिवर्तन नहीं किये जा सकते। इस विषय में लोकमत तैयार करना बड़ा आवश्यक है। तभी देश में इन कानूनों का भली प्रकार पालन हो सकेगा, भारत में आज जातिवाद एक भारी समस्या बन गया है। इससे राष्ट्रीय एकता में और देश की उन्नति में बड़ी बाधा पड़ती है परन्तु इस

विषय में कानून क्या कर सकता है? इसमें तो तभी परिवर्तन हो सकता है जब जातिवाद के विरुद्ध लोकमत तैयार किया जाय। इसी प्रकार साम्प्रदायिकता की समस्या भी जटिल है। पाकिस्तान के बाद हिन्दू-मुस्लिम समस्या अब उतनी उग्र नहीं रह गई है परन्तु फिर भी उनमें तनाव अभी शेष है। हरिजनों के समान ही भारत में आदिवासियों के कल्याण की भी योजनायें बनाई जा रही हैं। इन योजनाओं की सफलता के लिए उनको कार्यन्वित करने वाले अफसरों और सरकारी कर्मचारियों को आदिवासी समाजों के विषयों में पूरा ज्ञान होना चाहिये। इस ज्ञान की अनुपस्थिति में वे कभी-कभी बड़ी भयंकर भूलें कर बैठते हैं जिनसे कल्याण के स्थान पर स्थिति और भी गम्भीर हो जाती है। आदिवासियों की समस्याओं का एक उदाहरण नागा समस्या (Naga Problem) है जिसको सुलझाने में बड़ी समझदारी की आवश्यकता है। इधर औद्योगीकरण तथा नगरीकरण से सम्बन्धित सैकड़ों समस्यायें आज देश के सामने हैं। बाल अपराध की समस्या, वेश्याओं की समस्या, शराबखोरी की समस्या, हड़ताल और तालेबन्दी की समस्या, मिल मालिक और मजदूरों के सम्बन्ध की समस्या, वयस्क अपराधियों की समस्या आदि कितनी ही समस्यायें ऐसी हैं जिनको दूर करने के लिए आवश्यक प्रयत्नों में समाजशास्त्री का निर्देशन बड़ा आवश्यक है।

हर्ष का विषय है कि सामाजिक परिवर्तनों को सरल बनाने में सामाजिक इन्जीनियर के इस महत्व की भारत की वर्तमान सरकार ने उपेक्षा नहीं की है। इधर समाजशास्त्र का अध्ययन और प्रचार बराबर बढ़ रहा है। गांवों में खण्ड विकास अधिकारी (Block Development Officer) अच्छा कार्य कर रहे हैं। शिक्षा के क्षेत्रों में वयस्क शिक्षा अधिकारी (Adult Education Officer) तथा सामाजिक शिक्षा अधिकारी (Social Education Officer) के कार्य से बड़ी सहायता मिली है। सामाजिक शिक्षा के क्षेत्र में खोज को भी प्रोत्साहन दिया जा रहा है। अपराधियों के लिये सुधारगृह (Reformatories) खोले गये हैं। इधर सरकार ने पीड़ित और असहाय स्त्रियों के लिये नारी निकेतनों की व्यवस्था की है। वेश्यावृत्ति उन्मूलन में कानूनी रोक के साथ-साथ वेश्याओं के पुनर्वास की व्यवस्था की गई है।

अभ्यास के लिए प्रश्न

प्रश्न 1. सामाजिक परिवर्तन की मूल धाराओं की संक्षिप्त व्याख्या कीजिये।

प्रश्न 2. किसी भी समुदाय में जिससे आप परिचित हैं, सामाजिक परिवर्तन की प्रक्रिया का विश्लेषण कीजिये।

प्रश्न 3. सामाजिक परिवर्तन की परिभाषा दीजिये तथा उसके मुख्य प्रतिमानों का विश्लेषण कीजिये।

प्रश्न 4. सामाजिक परितर्वन की परिभाषा कीजिए। सामाजिक परिवर्तन और सांस्कृतिक परिवर्तन में अन्तर बतलाइये।

2

सामाजिक परिवर्तन के कारक

(Factors of Social Change)

जैवकीय कारक (Biological Factors)— सामाजिक परिवर्तन में जैवकीय कारकों का बड़ा महत्व है। मानव समाज में ये जैवकीय कारक जनसंख्या के गुण दोषों के रूप में दिखाई पड़ते हैं। जनसंख्या के गुण दोष जन्मदर, मृत्युदर, जनसंख्या में स्त्री पुरुष का अनुपात, जनसख्या में अस्वस्थ मस्तिष्क वाले लोगों का अनुपात, जनसंख्या में प्रौढ़ों और वृद्धों की संख्या, बालकों की संख्या, प्रति माता बालकों की संख्या, विधुर और विधवाओं की संख्या आदि अनेक तत्वों से मालूम पड़ते हैं। जनसंख्या के ये सभी तत्व सामाजिक परिवर्तन को प्रभावित करते हैं।

जनसंख्या का सामाजिक परिवर्तन पर क्या प्रभाव पड़ता है इसको अति जनसंख्या की स्थिति से भली-भांति समझा जा सकता है। जब किसी देश की जनसंख्या अत्यधिक बढ़ जाती है अर्थात् इतनी बढ़ जाती है कि देश में पोषण के लिये खाद्यान्न की कमी हो जाती है तो उस दशा में सामाजिक जीवन में अव्यवस्था उत्पन्न होने लगती है। परन्तु दूसरी ओर जनसंख्या बढ़ने से जनशक्ति बढ़ती है और राष्ट्र शक्तिशाली बनता है। स्मिथ के शब्दों में "एक नियम के रूप में अधिक जनसंख्या का अर्थ शक्तिशाली राष्ट्र है जबकि कम जनसंख्या का परिणाम एक अपेक्षाकृत कमजोर राष्ट्र है।"[1] यहाँ पर यह ध्यान रखने की बात है कि कम या अधिक जनसंख्या राष्ट्र के भौतिक साधनों को देखकर निश्चित की जाती है। उदाहरण के लिये भारत में जितनी जनसंख्या है यह यहाँ के आर्थिक और औद्योगिक विकास को देखते हुए बहुत अधिक है जबकि अन्य समृद्ध और विकासशील देशों के विषय में इतनी जनसंख्या होते हुए भी यह नहीं कहा जा सकता। इस प्रकार अधिक जनसंख्या किसी देश को बलवान तभी तक बनाती है जब तक कि वह अत्यधिक न हो जाय। जैसे ही जनसंख्या उचित सीमा को पार करने लगती है वैसे ही वह देश को सबल बनाने की अपेक्षा निर्बल बनाती जाती है। अत्यधिक जनसंख्या होने पर प्रति व्यक्ति आय कम होती जाती है और गरीबी बढ़ती है। उदाहरण के लिये

1. "A large population as a rule means a powerful nation, whereas a small population results, in a relatively weak nation."
—T. Lynn Smith, *'Population Analysis.'* p. 3

भारतवर्ष में सन् 1921 से देश की जनसंख्या बराबर बढ़ रही है और इसी प्रकार से गरीबी भी बराबर बढ़ती जा रही है।

संक्षेप में किसी भी समाज में अत्यधिक जनसंख्या के निम्नलिखित प्रभाव देखे जा सकते हैं—

(1) **गरीबी का बढ़ना**— जैसा कि पीछे बतलाया जा चुका है, अत्यधिक जनसंख्या का सबसे स्पष्ट प्रभाव गरीबी की वृद्धि के रूप में दिखाई पड़ता है।

(2) **भुखमरी**— अत्यधिक जनसंख्या का दूसरा प्रभाव देश में भुखमरी और अकाल के रूप में दिखाई पड़ता है। उदाहरण के लिये भारतवर्ष में पिछली शताब्दी में अनेक भयंकर अकाल पड़े जिससे लाखों लोगों की मृत्यु हुई।

(3) **जीवन के स्तर का नीचे गिरना**—अत्यधिक जनसंख्या का एक अन्य प्रभाव जीवन के स्तर के लगातार नीचे गिरने में दिखाई पड़ता है। भारतवासियों के जीवन का स्तर पिछले दिनों बराबर नीचे गिरता गया। यद्यपि प्रति व्यक्ति आय कुछ बढ़ी है परन्तु उसकी तुलना में चीजों के दाम इतने अधिक बढ़े हैं कि जीवन का स्तर पहले से नीचा हो गया है। नगरों की जनसंख्या बढ़ने से भीड़ बढ़ती जाती है। दिल्ली जैसे नगरों में जमीन का भाव हजारों रुपये गज तक हो गया। बम्बई, कलकत्ता आदि बड़े-बड़े नगरों में लाखों परिवार एक कमरे के मकान में रहने पर मजबूर हैं। गन्दी बस्तियां अलग बढ़ती जाती हैं। इन गन्दी बस्तियों से केवल स्वास्थ्य ही नहीं बिगड़ता बल्कि लोगों का नैतिक चरित्र भी गिरता है और अपराध की प्रवृति बढ़ती है।

(4) **स्वास्थ्य का स्तर नीचे गिरना**—अत्यधिक जनसंख्या से देश में महामारियाँ फैलती हैं और देश में स्वास्थ्य का स्तर नीचे गिरता है। अनुमान लगाया गया है कि भारत में प्रति वर्ष हैजे से दो लाख, तपेदिक से 5 लाख, चेचक से 71 हजार और प्लेग से 25000 लोग मरते हैं।

(5) **कृषि योग्य भूमि का बंटवारा**—जनसंख्या की अत्यधिक वृद्धि से देश में कृषि योग्य भूमि का बंटवारा होता जाता है और क्रमशः वे अनार्थिक जोतें बन जाती हैं। इससे देश में खेती की दशा खराब होती है और कृषकों का जीवन-स्तर नीचे गिरता है। इससे बहुत से लोग धीरे-धीरे गांव छोड़कर शहर में आने लगते हैं क्योंकि जमीन इतनी छोटी-छोटी बंट जाती है कि न तो उन पर पूरे परिवार के काम करने की जरूरत होती है और न उनकी उपज से पूरे परिवार का गुजारा ही हो सकता है। इसका एक उदाहरण भारतवर्ष में देखा जा सकता है। भूमि के इस प्रकार अत्यधिक अपखण्डन को रोकने के लिये भारत सरकार ने पिछले दिनों नये विधान बनाये हैं और भूमि का पुनर्गठन करने की कोशिश की है।

(6) **पारिवारिक विघटन**— अत्यधिक जनसंख्या से एक अन्य सामाजिक परिवर्तन पारिवारिक विघटन के रूप में दिखाई पड़ता है। जैसा कि पहले बताया जा चुका है, अत्यधिक जनसंख्या निर्धनता बढ़ाती है और स्वास्थ्य का स्तर नीचे

गिराती है। इससे परिवार के सदस्यों में कटुता उत्पन्न होती है। सबके जीवन की सभी आवश्यकतायें पूरी नहीं हो पातीं। अतः पारिवारिक तनाव उत्पन्न होते हैं और परिवार का विघटन होने लगता है।

(7) **व्यक्तिगत विघटन**– अत्यधिक जनसंख्या से एक अन्य समाजिक परिवर्तन व्यक्तिगत विघटन के रूप में दिखाई पड़ता है। निर्धनता अपराध उत्पन्न करती है। अत्यधिक जनसंख्या से स्त्रियों को भी पुरुषों के साथ बाहर काम करना पड़ता है। माता-पिता के घर से बाहर रहने से लड़के-लड़कियाँ आवारा हो जाते हैं। अत्यधिक जनसंख्या से जीवन का स्तर नीचे गिरता है। घोर परिश्रम करने के बाद भी निम्न स्तर के लोग जीवन की आवश्यकतायें पूरी करने के साधन नहीं जुटा पाते। इससे निराशा और हताशा बढ़ती है। परिणामस्वरूप मद्यपान आदि दोष उत्पन्न होने लगते हैं। गांव में जनसंख्या बढ़ने से लोग गाँव छोड़कर शहरों में आने पर मजबूर होते हैं। परिवारों से दूर रहकर मजदूर शहरों में वेश्यागमन आदि दोषों में पड़ जाते हैं। यदि परिवार को अपने साथ ले भी आये तो भी गन्दी बस्तियों में उनके साथ-साथ उनके परिवार के सदस्यों का भी नैतिक पतन होता है। वस्तुओं के मूल्य बढ़ते जाने से और तदनुसार आय के न बढ़ने से लोगों की चिन्तायें बढ़ती ही जाती हैं जिससे उनमें नाना प्रकार के मानसिक रोग उत्पन्न होने लगते हैं।

(8) **वैवाहिक विघटन**–अप्रत्यक्ष रूप से जनसंख्या की अत्यधिक वृद्धि विवाह पर बुरा प्रभाव डालती है और उसका क्रमशः विघटन शुरू हो जाता है। जैसा कि पहले बताया जा चुका है, जनसंख्या अधिक बढ़ने से पारिवारिक सम्बन्ध ढीले पड़ते हैं, जिनका विवाह की स्थिरता पर भी प्रभाव पड़ता है। आर्थिक कठिनाइयां बढ़ती जाने से लोग देर से विवाह करते हैं और बहुत से तो विवाह करते ही नहीं। जीवन का स्तर गिर जाने से एक सामान्य स्थिति का पति अपनी पत्नी और बच्चों की आवश्यकताओं को पूरी करना बहुत कठिन पाता है। इससे पति-पत्नी के सम्बन्धों पर बुरा प्रभाव पड़ता है। पारिवारिक विघटन के समान व्यक्तिगत विघटन से भी वैवाहिक विघटन होता है।

(9) **सामाजिक विघटन**--पारिवारिक, वैयक्तिक और वैवाहिक विघटन से समाज का विघटन होने लगता है। समाज की सारी व्यवस्था ही बिगड़ जाती है। रीति-रिवाज तेजी से टूटने लगते हैं। लोगों में स्वार्थ, चिन्ता, कटुता आदि बढ़ने लगते हैं। जिससे वे अपनी स्थितियों के अनुसार कार्य को भली प्रकार नहीं करते। नगरों की जनसंख्या बढ़ने से सामुदायिक भावना क्षीण होने लगती है। गांवों की जनसंख्या बढ़ने से लोग गाँव छोड़-छोड़ कर नगरों में आने लगते हैं।

जनसंख्या की वृद्धि से होने वाले उपरोक्त सभी परिवर्तनों को भारतीय समाज में देखा जा सकता है। कुछ समाजशास्त्रियों के अनुसार जनसंख्या की वृद्धि का राज्य के स्वरूप पर भी प्रभाव पड़ता है।

प्रौद्योगिक कारक
(Technological Factors)

प्रौद्योगिकी क्या है?

कार्ल मार्क्स के शब्दों में "प्रौद्योगिकी प्रकृति के साथ मनुष्य के व्यवहार करने का प्रकार और उत्पादन की उस प्रक्रिया को प्रकट करती है जिससे वह अपना पालन करता है और इस प्रकार सामाजिक सम्बन्धों के बनने का प्रकार तथा उनसे उत्पन्न होने वाले मानसिक प्रत्ययों के प्रकार को व्यक्त करती है।"[1] इस प्रकार प्रौद्योगिकी यन्त्र (Machine) अथवा उपकरण (Tool) से भिन्न है। वह ऐसा व्यवस्थित ज्ञान है जिसमें यन्त्रों या उपकरणों का प्रयोग किया जाता है। उदाहरण के लिये रेल का इन्जन एक यन्त्र है और उसका प्रयोग करने की प्रक्रिया प्रौद्योगिकी है। इस प्रकार मनुष्य प्रकृति से अपना व्यवहार एक पशु के समान सीधे-सीधे अथवा निश्चेष्ट रूप में न करके अपने ज्ञान और बुद्धिबल के सहारे उसके गुप्त भेदों का उपयोग करते हुये एक विशेष पद्धति से करता है। यही प्रौद्योगिकी है। इसके सहारे वह जमीन से अपने खाने पीने की तथा जीवन के अन्य उपयोग की वस्तुयें उत्पन्न करता है। कार्ल मार्क्स के अनुसार सामाजिक सम्बन्ध और मानसिक धारणाओं का बनना तक इसी पर निर्भर रहता है। प्रौद्योगिक वैज्ञानिक प्रक्रियाओं से भिन्न है। वैज्ञानिक प्रक्रियायें सत्य की खोज करती हैं। प्रौद्योगिकी में उसका उपयोग किया जाता है। इस प्रकार प्रौद्योगिकी व्यावहारिक है। उसमें मानव आदर्शों और आवश्यकताओं का ध्यान रख कर साधनों को विकसित किया जाता है। इस प्रकार प्रौद्योगिकी मनुष्य का प्रकृति से व्यवहार करने का 'साधन' है। इस साधन पर पूंजीवादी देशों में पूंजीपतियों का और साम्यवादी देशों में राज्य का अधिकार रहता है। प्रौद्योगिकी पर अधिकार रहने से ही आर्थिक हित सुरक्षित रह सकते है। इस प्रकार प्रौद्योगिकी आर्थिक उत्पादन के साध्य का 'साधन' है।

प्रौद्योगिकी का विकास

इस प्रौद्योगिकी में बराबर विकास होता रहा है और इसके विकास के साथ-साथ समाज का ढांचा भी बदलता जाता है। उदाहरण के लिये प्रौद्योगिकी के सतत विकास से श्रम विभाजन तथा विशेषीकरण बढ़ता जाता है जिससे समाज में प्रत्येक विषय के विशेषज्ञ दिखाई पड़ते हैं। मानव सभ्यता के विकास में प्रौद्योगिकी के विकास का बड़ा हाथ रहा है। आज यातायात और संदेशवहन के साधन डाक, तार, टेलीफोन, रेल, हवाई जहाज, जलपोत, मोटरें और बाइसिकिल, खेती के यन्त्र तथा जीवन की अन्य उपयोगी वस्तुओं को निर्माण करने की जो हजारों मशीनें दिखाई पड़ती हैं वे प्रौद्योगिकी के विकास का ही फल हैं।

---

1. "Technology discloses man's mode of dealing with nature and the process of production by which he sustains his life and thereby lays bare the mode of formation of social relations and of mental conceptions that flow from them." —Karl Marx *'Capital'*, Vol. 1. (1954), p, 372

प्रौद्योगिक कारक

प्रौद्योगिक कारकों (Technological Factors) में मुख्य निम्नलिखित हैं–

(1) **उद्योगों में मशीनों का प्रयोग** (Introduction of Machines in Industries)– प्रौद्योगिकी का विकास उद्योगों में मशीनों के प्रयोग से ही प्रारम्भ हुआ। यह प्रौद्योगिकी का सबसे महत्वपूर्ण कारक है।

(2) **संदेशवहन के साधनों का विकास** (Development of the Means of Communication)– संदेशवहन के साधनों के विकास से औद्योगीकरण और परिणामस्वरूप प्रौद्योगिकी का विकास हुआ।

(3) **आवागमन के साधनों का विकास** (Development of the Means of Transport)– आवागमन के साधनों के विकास से व्यापार में अभूतपूर्व उन्नति हुई।

(4) **नवीन कृषि सम्बन्धी प्रविधियों का विकास** (Development of New Agricultural Techniques)– कृषि के क्षेत्र में तो प्रौद्योगिक कारकों ने क्रान्ति ही कर दी।

प्रौद्योगिक कारकों के प्रभाव

इन चारों प्रौद्योगिक कारकों ने सामाजिक जीवन में भारी परिवर्तन उत्पन्न कर दिया है। उद्योगों में मशीनों के प्रयोग ने सामूहिक ढांचे में मौलिक परिवर्तन उत्पन्न कियें हैं। इस विषय में मुख्य परिवर्तन निम्नलिखित हैं:–

(1) उद्योगों में मशीन का प्रयोग

(i) **कारखाना पद्धति का उदय**–उद्योगों में मशीनों के प्रयोग का सबसे मुख्य प्रभाव व्यक्तिगत उत्पादन के स्थान पर कारखाना पद्धति (Factory System) का उदय है। मशीनों के आविष्कार से ही आज इतने बड़े-बड़े विशाल कारखाने बन गये हैं जिनमें हजारों लोग काम करते हैं और प्रत्येक काम यन्त्रवत् होता है। भारतवर्ष में पहले जुलाहे लोग अपने-अपने घरों में हाथ करघों पर कपड़ा तैयार करते थे और किसानों के घर में गन्ने के रस से राब और गुड़ बनाया जाता था। आज देश में कपड़े और चीनी की सैकड़ों मिलें हैं जिनमें लाखों मजदूर काम करते हैं।

(ii) **नगरीकरण**–औद्योगीकरण तथा बड़े-बड़े कारखानों के उदय से नगरीकरण हुआ और बड़े-बड़े नगर बन गये। प्रारम्भ में गांवों से आने वाले हजारों श्रमिक कारखाने के आसपास रहने लगे, फिर उनके लिये दुकानें खुलीं, बाजार बने, स्कूल खुले, फिर होटल, कालेज, दफ्तर और व्यापारिक कम्पनियां बनीं और इस प्रकार जहां-जहां बड़े-बड़े कारखाने थे वहाँ बड़े-बड़े नगर बस गये। भारतवर्ष में जमशेदपुर, कानपुर, मोदीनगर, अहमदाबाद आदि सैकड़ों छोटे-बड़े नगरों का उद्गम उनके कारखानों से ही हुआ है।

(iii) **नये वर्गों की उत्पत्ति**– औद्योगीकरण और नगरीकरण से समाज का ढांचा बदल गया। सामाजिक संगठन वर्गों में बंट गया जिनमें परस्पर घोर प्रतिद्वन्द्विता दिखलाई पड़ने लगी। पूंजीपति और श्रमिक वर्ग में नित नये झगड़े बढ़ने लगे। बाबू लोगों का एक मध्यम वर्ग भी विकसित हो गया।

(iv) **नई विचारधारायें और नये आन्दोलन**– इन सब कारकों से नवीन विचारधाराओं का उदय हुआ। भारत में साम्यवादी आन्दोलन अधिकतर औद्योगिक नगरों में ही दिखाई पड़ता है। साम्यवाद और समाजवाद की विचारधाराओं के प्रचार के साथ-साथ व्यापारिक संघ आन्दोलनों (Trade Union Movements) की भी धूम हुई। आये दिन वर्गगत हितों को लेकर तालेबन्दी, हड़तालों और जलूसों तथा सभाओं का बाजार गर्म रहने लगा।

(v) **स्त्रियों की स्थिति में सुधार**–मशीनों के प्रचार से परिवारों में स्त्रियों के काम का बोझ हलका हो गया। कपड़ा धोने, प्रेस करने, बर्तन साफ करने आदि की सुविधाओं से उनको मानसिक तथा व्यावसायिक कार्यों के लिये पर्याप्त समय मिलने लगा और वे भी आर्थिक क्षेत्र में पुरुषों का मुकाबला करने लगीं। भारतवर्ष में पारिवारिक कार्यों में भी मशीनों का प्रचार हो गया है। अतः इस विषय में भारतीय नारी की स्थिति पाश्चात्य नारी के समान हो गई है।

वास्तव में मशीनों के प्रयोग के सामाजिक प्रभावों को गिनाने के लिये तो एक पूरा ग्रन्थ होना चाहिये। इस विषय में स्वतन्त्र रूप से अनेक ग्रन्थ लिखे भी गये हैं।

(2) संदेशवहन के साधनों का विकास

उद्योगों में मशीनों के प्रयोग से बड़े पैमाने पर व्यापार का विकास हुआ जिससे दूर-दूर के व्यापारियों से बातचीत करने की आवश्यकता हुई। इस दिशा में डाक, तार, बेतार का तार, टेलीफोन आदि से बड़ा लाभ हुआ। समाचार पत्रों, रेडियो, टेलीविजन आदि की सहायता से दूर-दर के समाचार घर बैठे ज्ञात होने लगे। इन साधनों से विभिन्न संस्कृतियों का परस्पर आदान-प्रदान भी प्रारम्भ हुआ। इससे नये सिद्धान्तों के प्रचार तथा राजनैतिक दलों के प्रौपेगैन्डा का भी सुभीता हुआ। विभिन्न समाज एक दूसरे के निकट आने लगे और मानव में एकता की भावना बढ़ने लगी।

(3) आवागमन के साधनों का विकास

सन्देशवहन के साधनों के साथ-साथ आवागमन के साधनों का भी आश्यर्चजनक विकास हुआ और 500 मील फी घण्टे की रफ्तार से उड़ने वाले जेट वायुयानों से लोग कुछ ही घण्टों में एक देश से दूसरे देशों में पहुंचने लगे। साइकिल, मोटर, रेल, जहाज और वायुयानों के आविष्कार से माल के एक स्थान से दूसरे स्थान पर पहुंचने में सुविधा हो गई। इससे राष्ट्रीय तथा अन्तर्राष्ट्रीय व्यापार का अभूतपर्व विकास हुआ। विभिन्न देशों के लोगों के परस्पर मिलने-जुलने से उनमें आपस में भेदभाव दूर होने लगे और घृणा तथा द्वेष का स्थान सहानुभूति और सहयोग ने ले लिया।

विभिन्न जातियों और प्रजातियों में सहिष्णुता बढ़ने लगी। इससे एक विश्व राष्ट्र की भावना के विकास में सहायता मिली।

(4) खेती की नवीन प्रविधियों का विकास

प्रौद्योगिक विकास का एक महत्वपूर्ण कारक खेती की नवीन प्रविधियों (Techniques) का विकास है। इससे खेती करने के नये-नंये यन्त्रों का आविष्कार हुआ। बड़े-बड़े विशाल खेतों में टैक्टरों की सहायता से खेती की जाने लगी। नई-नई रासायनिक खादों के प्रयोग से विभिन्न प्रकार की वस्तुओं का उत्पादन बढ़ाया गया। उत्तम बीजों के प्रयोग से उपज की किस्म में भी उन्नति हुई। इन सब बातों से खेती में कम परिश्रम से अधिक उत्पादन होने लगा। खेती के काम के लिये कम लोगों की आवश्यकता पड़ने लगी। इससे बहुत से लोग कल-कारखानों में काम करने लगे और व्यापार आदि में लगे। भारत में तो इस दिशा में प्रौद्योगिकी का प्रभाव सबसे अधिक महत्वपूर्ण है क्योंकि भारत एक कृषि प्रधान देश है और कृषि की उन्नति पर ही देश का भविष्य निर्भर है।

प्रौद्योगिकी के सामाजिक प्रभाव

मुख्य प्रौद्योगिक कारकों के प्रभावों के उपरोक्त विवेचन से यह स्पष्ट हो गया कि इन कारकों का समाज पर कितना भारी प्रभाव पड़ता है। मैकाइवर ने प्रौद्योगिक कारकों के सामाजिक प्रभावों को दो भागों में बांटा है—

(1) **प्रत्यक्ष** (Direct) **प्रभाव**— इसमें नवीन श्रम संगठन, कार्यों का विशेषीकरण, समय पालन तथा शीघ्रतापूर्वक कार्य सम्पादन आदि आते हैं।

(2) **अप्रत्यक्ष** (Indirect) **प्रभाव**— इसमें शहरों की संख्या में वृद्धि, बेकारी, प्रतिद्वन्द्विता, अपराध, जीवन स्तर की धारणा, समाज में नये वर्गों के निर्माण आदि का समावेश है।

इस विषय में अन्य सामाजिक प्रभाव निम्नलिखित हैं—

(1) **मूल्यों में परिवर्तन**— आर्थिक सीमाओं के विस्तार, राज्यों के क्षेत्र के विस्तार, नये वर्गों के निर्माण, लोकतन्त्र के विकास, फैशन के प्रचार, नगरीकरण, नवीन विचारधाराओं के प्रसार तथा नई समितियों के निर्माण से मनुष्यों के विश्वासों, प्रवृत्तियों तथा विचारों पर बड़ा प्रभाव पड़ा है। इससे जीवन के मूल्यों में जबर्दस्त परिवर्तन हुआ है। पुराने मूल्य बिल्कुल बदल गये हैं। धन को लगभग सर्वोच्च स्थान दिया जाने लगा है। उसी से सब पद प्रतिष्ठा आदि होती है। भारतीय समाज में पहले जो आदर ब्राह्मणों तथा बाद में जो क्षत्रियों को प्राप्त था वही अब वैश्यों या पूंजीपतियों को मिलने लगा है। नैतिक मूल्यों का अब उतना अधिक सम्मान नहीं रह गया है। धर्म को निजी मामला समझा जाने लगा है और सामाजिक सम्बन्धों में धर्म-निरपेक्षता पर जोर दिया जाने लगा है। गुणों के स्थान पर संख्या अथवा मात्रा को महत्व दिया जाने लगा है। जीवन बहिर्मुखी होता जा रहा है। विचार के स्थान

पर बाहरी तड़क-भड़क को अधिक महत्व दिया जाने लगा है। दिखावट और बनावट के सामने संस्कृति के मौलिक तत्वों की अवहेलना होने लगी है। मानवीय सम्बन्ध निर्वैयक्तिक और द्वैतीयक होते जा रहे हैं। सब ओर 'मानव यन्त्र' दिखाई पड़ते हैं जिनमें गति है परन्तु मौलिकता नहीं, स्पन्दन है परन्तु भावना नहीं हृदय है परन्तु अनुभूतियां नहीं। सभी दौड़ रहे हैं। किसी को किसी ओर देखने की फुरसत नहीं है। मगर किधर और कहाँ? कौन जाने? कौन सोचे? किसी से पूछो तो यही जवाब मिलेगा "तुम्हें क्या? मुझे क्या?" सामाजिक मूल्यों के इन परिवर्तनों का एरिक फ्रॉम (Erich Fromm) ने अपनी पुस्तक "The Sane Society" में बड़ा अच्छा वर्णन किया है। इस प्रकार ग्रीन ने ठीक ही लिखा है कि "प्रौद्योगिक परिवर्तन सामाजिक मूल्यों और नैतिक नियमों को प्रभावित करते हैं।"[1]

(2) सामाजिक संस्थाओं पर प्रभाव— प्रौद्योगिकी ने सामाजिक संस्थाओं पर भी प्रभाव डाला है। परिवार के अनेक काम दूसरी समितियां करने लगी हैं। परिवार के बहुत से काम मशीनों से होने लगे हैं। इससे स्त्रियों को अधिक अवकाश मिलने लगा है और उनकी अवस्था पहले से बहुत सुधर गई है। अब वे घर से बाहर प्रत्येक क्षेत्र में पुरुषों से कन्धे से कन्धा मिलाकर काम करने लगी हैं। पारिवारिक नियन्त्रण कम होता जा रहा है। विघटन के चिन्ह भी स्पष्ट दिखाई पड़ने लगे हैं। बच्चों की संख्या घटती जा रही है। परिवार के साथ-साथ विवाह के बन्धन भी ढीले पड़ गये हैं क्योंकि विवाह एक धार्मिक संस्कार न रहकर सामाजिक समझौता बन गया है जिसको किसी भी समय तोड़ा जा सकता है। चुनाव का क्षेत्र बढ़ गया है। प्रेम को अधिक महत्व दिया जाने लगा है। तलाकों की संख्या बढ़ रही है। धार्मिक संस्थाओं का महत्व कम होता जा रहा है। राज्य धर्म निरपेक्ष तथा कल्याणकारी बनते जा रहे हैं। प्रौद्योगिकी के विकास से उनका क्षेत्र बराबर बढ़ता जा रहा है और वे अधिक स्थिर होने लगे हैं। विश्व राज्य की कल्पना का प्रचार होता जा रहा है।

(3) **नगरीय जीवन के प्रभाव**— प्रौद्योगिकी का सामाजिक जीवन पर प्रभाव सबसे अधिक नगरीय जीवन में दिखाई पड़ता है क्योंकि नगरों के विकास में प्रौद्योगिक कारकों का भारी महत्व है। नगरों के सामाजिक जीवन में प्रौद्योगिकी के विकास के निम्नलिखित प्रभाव स्पष्ट देखे जा सकते हैं—सामुदायिक भावना की कमी, सम्बन्धों में निर्वैयक्तिकता, समय का मूल्य बढ़ जाना, बीमारियों की संख्या और प्रकारों में वृद्धि, पारिवारिक नियन्त्रण का अभाव, नैतिकता का निम्न स्तर, स्त्री-पुरुषों की जनसंख्या में विषमता, अपराधों की संख्या में वृद्धि, सामाजिक विघटन (Social Disorganization) आदि। दूसरी ओर जीवन की सुविधाओं में तथा अवकाश में वृद्धि, आत्मविश्वास में वृद्धि तथा ज्ञान और सांस्कृतिक तत्वों के प्रसार के रूप में प्रौद्योगिकी के अच्छे प्रभाव भी दिखाई पड़ते हैं।

---

1. "Technological change affects social values and moral norms."

—Green,
'Sociology', pp. 522-23

क्या औद्योगिक समाज प्रगति की ओर जा रहा है

इस प्रकार उपरोक्त वर्णन से यह स्पष्ट होता है कि प्रौद्योगिक विकास से समाज में भारी परिवर्तन होता है। प्रौद्योगिक विकास के साथ सामाजिक संगठन में बराबर परिवर्तन होता जा रहा है। परन्तु क्या इस प्रकार के प्रत्येक परिवर्तन को प्रगति कहा जा सकता है? क्या आधुनिक औद्योगिक समाज प्रगति की ओर जा रहा है? यह एक विवादास्पद विषय है। प्रौद्योगिक विकास से समाज में अनेक लाभदायक परिवर्तन हुए हैं और जीवन के आराम तथा भोग के साधन बढ़ गये हैं। परन्तु जहां तक मानव सम्बन्धों का प्रश्न है, यह प्रभाव अधिक स्वस्थ नहीं हुआ है। ऑल्डस हक्सले (Aldos Huxley), सोरोकिन, (Sorokin), टॉयनबी (Toynbee), श्वाइटजर (Scheweitzer), बर्दयेव (Berdyev) टॉल्सटॉय, महात्मा गांधी, रस्किन, श्री अरविन्द आदि विश्व के कितने ही मनीषियों और विचारकों ने प्रौद्योगिकी के विकास के दुष्परिणामों का चित्र खींचा है और मानव को उनसे बचने की चेतावनी दी है। अतः यह निश्चित रूप से कहा जा सकता है कि औद्योगिक समाज इस प्रकार से प्रगति की ओर नहीं बढ़ रहा है। प्रौद्योगिक विकास में अन्धाधुन्ध दौड़ से मौलिक गलतियां होने की संभावना है। विचारवान् मनुष्यों को रुक कर सोचना है कि वे कहां जा रहे हैं और उन्हें कहाँ जाना है। प्रौद्योगिकी एक साधन है। उसको साध्य समझ बैठना महान् भूल है। साध्य क्या है? इसका पता नीति, दर्शन, धर्म अथवा अनुभव से चलेगा। उसको जान कर उसको प्राप्त करने के लिए प्रौद्योगिकी को साधन रूप में प्रयोग करने से ही प्रौद्योगिकी से लाभ उठाया जा सकेगा।

आर्थिक कारक
(Economic Factors)

उत्पादन प्रणाली का जीवन पर प्रभाव

उत्पादन प्रणाली का जीवन की आर्थिक, राजनैतिक तथा आचरण संबन्धी सभी क्रियाओं पर कुछ न कुछ प्रभाव अवश्य पड़ता है। सभ्यता के आदि काल में जब मनुष्य के पास खेती करने के यन्त्र और भिन्न-भिन्न वस्तुयें बनाने की मशीनें नहीं थीं तब वह सारे काम हाथ से करता था। ऐसी स्थिति में मनुष्य अपनी जरूरत की लगभग सभी चीजें खुद ही पैदा करता था। वह घास-फूंस इकट्ठा करके झोंपड़ी बनाता या पहाड़ों की गुफाओं में रहता, खाने पीने की चीजें और शिकार की तलाश में जंगल में घूमता तथा खाल व छाल आदि से स्वयं कपड़े बनाकर पहनता। इस स्थिति में राजनैतिक संगठन बहुत ही न्यून था। अक्सर सबसे बलवान व्यक्ति ही औरों पर शासन करता था। आचरण के विषय में विशेष नियम नहीं थे। स्त्री-पुरुष सभी काम करते थे, दोनों की स्थिति में अधिक अन्तर न था। मध्ययुग में जब मनुष्य स्थायी रूप से खेती करने लगे तथा चीजें उत्पन्न करने लगे तब क्रमशः छोटे-छोटे राज्य स्थापित हुये। समुदाय ने व्यवहार के नियम बनाए, शारीरिक दृष्टि से कमजोर होने के कारण स्त्री-पुरुष के आधीन हो गई और क्रमशः आर्थिक तथा राजनैतिक

स्वतन्त्रता खो बैठी। मशीनों के आधुनिक युग ने उत्पादन की प्रणाली में क्रान्ति कर दी जिसमें मनुष्य की शक्ति सें अधिक शक्तिशाली मशीनों के बन जाने से मशीनों का महत्व बढ़ गया। यन्त्र स्वामी बन बैठे। मशीनों पर अधिकार रखने वाले कारखानेदार और पूंजीपति ही राजनीति की बागडोर सम्भालने लगे। मशीनें, भाप या बिजली से चलने लगीं जिससे स्त्री बच्चे तक उत्पादन कार्य में हाथ बँटाने लगे। सरसरी नजर से उत्पादन प्रणाली के परिवर्तन के इतिहास पर दृष्टि डालने से जीवन के विभिन्न पक्षों में उसका प्रभाव साफ दिखाई पड़ता है।

अब वर्तमान यन्त्र युग की उत्पादन प्रणाली के जीवन के आर्थिक, राजनैतिक तथा आचरण सम्बन्धी प्रक्रियाओं पर पड़ने वाले प्रभावों का विवेचन करने से यह बात और भी स्पष्ट होगी।

आर्थिक प्रक्रियाओं पर प्रभाव

वर्तमान उत्पादन प्रणाली का सबसे बड़ा आर्थिक प्रभाव यह हुआ कि उत्पादन की इकाइयों का आकार बढ़ने लगा। बड़े-बड़े विशालकाय कारखाने स्थापित हुये जिनमें हजारों लोग काम करते थे। इन लोगों की सत्ता उस बड़े कारखानें में मशीन के एक पुर्जे के समान है जो यनत्रवत् अपना कार्य करता है। इस प्रकार उत्पादन के कार्य में से मानवीय तत्व निकल गया है और वह यान्त्रिक हो गया है। इससे जहां एक ओर कलात्मकता कम हुई है वहां दूसरी ओर कुशलता बढ़ी है। मशीनों के कारण कम दामों में अधिक चीजें बनाई जा सकती हैं। इस प्रकार नवीन उत्पादन प्रणाली के प्रभाव से उत्पादन बराबर बढ़ता जा रहा है। उत्पादन के साथ-साथ वितरण की प्रक्रिया में भी तेजी आई है क्योंकि यातायात और संदेशवहन के साधनों में अभूतपूर्व उन्नति होने से अन्तर्राष्ट्रीय व्यापार में बड़ी प्रगति हुई। व्यापार बड़े पैमाने पर होने लगा है। बड़े पैमाने पर उद्योग और व्यापार होने के कारण विनिमय मुद्रा के माध्यम से होने लगा है। कागजी मुद्रा (Paper Currency) का प्रचार बढ़ गया है। इस प्रकार नवीन उत्पादन प्रणाली के आविष्कार से आर्थिक क्षेत्र में क्रान्ति ही हो गई है। अप्रत्यक्ष रूप में इससे वर्गवाद को जबर्दस्त प्रोत्साहन मिला है क्योंकि मशीन मिल मालिक और मजदूर के मानवीय सम्बन्धों के बीच की एक ऐसी खाई है जो बराबर बढ़ती जा रही है। उत्पादन में मशीन का महत्व बढ़ने से मजदूर का महत्व कम हो गया है जिससे शोषण बढ़ गया है। बड़े पैमाने पर उत्पादन से बर्बादी (Waste) भी बड़े पैमाने पर होती है। बाजारों में एकाधिकार की सहायता से चीजों के भाव कृत्रिम रूप से उतारे चढ़ाये जाते हैं। इस प्रकार वर्तमान आर्थिक ढांचा बड़ा पेचीदा हो गया है।

राजनैतिक संस्थाओं पर प्रभाव

आर्थिक उत्पादन के प्रकार में परिवर्तन से अब उद्योग और व्यापार बड़े विशाल पैमाने पर होने लगे हैं और उनको चलाने के लिये अपेक्षाकृत कम व्यक्तियों की आवश्यकता पड़ती है। इस प्रकार बड़े-बड़े पूंजीपतियों का अभ्युदय होने लगा

है जो राजनैतिक सत्ता भी हथियाते जा रहे हैं। आधुनिक जगत के जनतन्त्रीय देशों की सरकारों में इनका बड़ा भारी प्रभाव है और ये कानून तथा कभी-कभी न्यायपालिका को भी प्रभावित करते हैं। इससे जहाँ शोषण बढ़ा है वहाँ वर्ग संघर्ष को भी प्रोत्साहन मिला है जिससे साम्यवादी और समाजवादी विचारधारायें फैलने लगी हैं और अनेक देशों में सरकारों के रूप बदल कर साम्यवादी सरकारों की स्थापना की गई है। श्रमिक संगठन बनने लगे हैं। राज्यों की सत्ता के लिये राजनैतिक दलों में जबर्दस्त प्रतिद्वन्द्विता रहती है। राज्य कल्याणकारी हो गये हैं और उनका प्रभाव तथा आकार बढ़ता जाता है। व्यापार तथा उद्योग की दृष्टि से विभिन्न देशों के एक दूसरे पर आश्रित होने से अन्तर्राष्ट्रीयता की भावना बढ़ रही है।

राजनैतिक प्रक्रियाओं पर प्रभाव

वर्तमान उत्पादन प्रणाली की विशेषता यह है कि उसमें मशीनों की सहायता से और पैसे के प्रभाव से व्यक्ति बड़े से बड़े कारखाने का काम सम्भाल सकता है। मशीनें पैसे से आती हैं और मशीनें शक्ति हैं। इसलिये आजकल पैसा शक्ति है उसी का सम्मान है। इसी कारण संसार के अधिकांश देशों में पूंजीपति लोग राजनैतिक प्रक्रियाओं पर बड़ा प्रभाव रखते हैं। अमरीका जैसे व्यापारी देश में तो सरकार करीब-करीब पूंजीपतियों के हाथ में ही है। इससे राज्यों का रूप बदल गया है। समाजवादी विचारधारा के प्रभाव से राज्य कल्याणकारी कार्यों को महत्व देने लगे हैं।

सामाजिक संस्थाओं पर प्रभाव

आर्थिक जीवन में उत्पादन के प्रभाव से समाज में सामाजिक संस्थाओं पर बड़ा प्रभाव पड़ता है। इस तथ्य की परीक्षा किसी भी समाज की औद्योगिक क्रांति के पूर्व और पश्चात् की सामाजिक और राजनैतिक संस्थाओं की स्थिति का मुकाबला करने से हो सकती है। भारतवर्ष का उदाहरण लीजिये, भारतवर्ष में आर्थिक उत्पादन में यन्त्रों का बड़े पैमाने पर प्रयोग पाश्चात्य सभ्यता के प्रभाव से और शुरू-शुरू में अंग्रेजों के प्रयास से शुरू हुआ। उसके पहले के भारत में और बाद के भारत में सामाजिक संस्थाओं में मुख्य रूप से निम्नलिखित अन्तर देखे जा सकते है:—

(1) **परिवार**—पहले संयुक्त परिवार की प्रथा थी। जीवन की अधिकांश आवश्यकताओं को परिवार ही पूरा करता था, व्यक्ति पर परिवार का दृढ़ नियंत्रण था परिवार संगठित था और उत्पादन के कार्यों की इकाई था। अब संयुक्त परिवारों का सब कहीं तेजी से विघटन हो रहा है। खेती में मशीनों के प्रयोग से उसमें पूरे परिवार को लगने की आवश्यकता नहीं पड़ती। अत: परिवार के अन्य व्यक्ति नौकरी अथवा अन्य व्यवसाय करते हैं जिसमें बहुधा उनको घर छोड़कर अन्य स्थान पर जाकर बसना पड़ जाता है। इससे परिवार छोटे होते जा रहे हैं। उत्पादन के बड़े-बड़े कारखानों के बन जाने से हजारों ग्रामीण श्रमिक अपने गांवों से आकर शहर में कभी

अकेले और कभी सपरिवार रहते हैं। इससे गांवों में भी संयुक्त परिवार समाप्त होते जा रहे हैं। मशीनों के आविष्कार से स्त्रियों और बच्चों के लिये भी काम निकलने लगे हैं। इससे वे भी कमाई करने लगे हैं। इससे जहां वैयक्तिकता की भावना और आत्म विश्वास बढ़ा है वहां पारिवारिक नियन्त्रण भी ढीला पड़ा है। मशीनों के आविष्कार से पुस्तकों का मिलना सुलभ हो गया है जिससे शिक्षा का प्रचार बढ़ रहा है। सिनेमा यन्त्र युग की देन है। आधुनिक शिक्षा और सिनेमा के प्रभाव का पारिवारिक विघटन में भारी हाथ है। इस प्रकार मध्यकालीन और आधुनिक परिवारों में अन्तर बहुत कुछ आर्थिक जीवन में यन्त्रों के प्रयोग की देन है।

(2) **विवाह की संस्था में परिवर्तन**—आर्थिक उत्पादन के प्रचार में आधुनिक परिवर्तन से आर्थिक क्षेत्र में स्त्रियाँ धीरे-धीरे पुरुषों का मुकाबला करने लगी हैं। आर्थिक समानता के साथ-साथ वे अन्य क्षेत्रों में भी समानता लेती जा रही हैं। इससे वैवाहिक सम्बन्धों में स्त्री पुरुष की समानता स्थापित होने लगी है। विवाह अब धार्मिक संस्कार न रह कर सामाजिक समझौता मात्र रह गया है जिसको इच्छा होने पर तोड़ा जा सकता है। आर्थिक स्वाधीनता प्राप्त कर लेने से स्त्रियां अब केवल प्रेम अथवा यौन सुख भोग आदि कारणों से विवाह करती हैं। इस प्रकार विवाह का आधार परिवर्तित हो गया है। इससे विवाह-पूर्व तथा विवाह से बाहर यौन सम्बन्धों की संख्या बढ़ने लगी है। बच्चों की संख्या कम होती जा रही है और तलाकों की संख्या बढ़ती जा रही है।

(3) **सामाजिक स्थितियों में परिवर्तन**—इस प्रकार आर्थिक उत्पादन के प्रकार में परिवर्तन से स्त्री पुरुष की सामाजिक स्थितियों में परिवर्तन हो गया है। जीवन के लगभग सभी क्षेत्रों में दोनों एक दूसरे के समकक्ष आते जा रहे हैं। आजकल सामाजिक स्थिति को निश्चित करने में धन का बड़ा महत्व है। सामाजिक मूल्यों के परिवर्तन तथा विशेषीकरण के प्रभाव से लोगों की सामाजिक स्थिति में परिवर्तन हो गया है।

(4) **सामाजिक स्तरों में परिवर्तन**—आर्थिक उत्पादन के प्रकार में परिवर्तन होने के साथ-साथ सामाजिक स्तरों में भी परिवर्तन हुआ है। वर्तमान युग में किसान और जमींदार वर्गों के स्थान पर पूंजीपतियों और श्रमिकों के वर्ग दिखाई पड़ते हैं। ये दो वर्ग एक दूसरे के जबर्दस्त प्रतिद्वन्द्वी हैं।

(5) **धार्मिक संस्था में परिवर्तन**—आर्थिक उत्पादन में मशीनों के प्रयोग तथा नवीन अनुसंधानों के कारण मानव के आर्थिक जीवन पर प्रकृति का प्रभाव बहुत कम हो गया है और अनेक अन्धविश्वास दूर होते जा रहे हैं। इससे प्राकृतिक शक्तियों का भय घटने लगता है। धर्म को निजी मामला समझा जाने लगा है और उसकी उपेक्षा होने लगी है।

आचरण सम्बन्धी प्रतिक्रियाओं पर प्रभाव

वर्तमान उत्पादन प्रणाली में स्त्रियाँ भी उत्पादन में महत्वपूर्ण भाग ले सकती हैं, क्योंकि मशीनों की सहायता से काम हल्के हो गये हैं। इस परिवर्तन से आज जीवन के प्रत्येक क्षेत्र में स्त्रियाँ पुरुषों के साथ काम करती दिखाई पड़ती हैं। इससे

जहाँ स्त्रियों की स्थिति पुरुष के समकक्ष आने लगी है वहाँ यौन सम्बन्धों के विषय में विचार अधिक उदार होने लगे हैं। विवाह-पूर्व और विवाह के बाहर यौन सम्बन्धों की संख्या बढ़ने लगी है। विवाह में प्रेम पर जोर दिया जाने लगा है। विवाह अब एक सामाजिक समझौता है जिसको कभी भी तोड़ा जा सकता है। अत: तलाकों की संख्या बढ़ रही है। उत्पादन के क्षेत्र में स्त्री-पुरुष सभी के काम करने से परिवार के काम कम हो गये हैं और अनेक काम दूसरी ऐजेन्सियाँ करने लगी हैं। व्यक्ति पर परिवार का नियन्त्रण कम हो गया है। जीवन यन्त्रवत् होते जाने के कारण जहाँ एक ओर नवीनता और परिवर्तन की प्यास रॉक एन रोल (Rock N Roll) और जाज (Jazz) की ओर ले जा रही है वहाँ दूसरी ओर मनोरंजन तक निष्क्रिय और यन्त्रवत् होते जा रहे हैं। उदाहरण के लिये सिनेमा आज के प्रमुख मनोरंजन के साधनों में से है जिसमें आपको केवल आँख खोलकर सिनेमा हाल में दो तीन घण्टे बैठ जाना भर पड़ता है। वर्तमान उत्पादन प्रणाली के परिणाम औद्योगीकरण और नगरीकरण के प्रभाव भी अप्रत्यक्ष रूप से वर्तमान उत्पादन प्रणाली के ही प्रभाव हैं।

परन्तु इससे यह निष्कर्ष नहीं निकाला जा सकता कि आर्थिक उत्पादन प्रणाली से परिवर्तन ही आर्थिक, राजनैतिक और आचरण सम्बन्धी प्रक्रियाओं के एक मात्र निर्णायक हैं। इस विषय में अनेक कारक भी महत्वपूर्ण काम करते हैं। इस प्रकार मार्क्स तथा वैब्लन आदि निर्णायकवादियों का मत एकांगी है। आर्थिक, राजनैतिक तथा आचरण सम्बन्धी क्रियायें इतनी सरल नहीं हैं कि उन्हें किसी एक कारक से समझाया जा सके। वे जटिल प्रक्रियायें हैं। अत: उनकी व्याख्या के लिये व्यापक दृष्टिकोण से काम लेना पड़ेगा।

सांस्कृतिक कारक

संस्कृति की परिभाषा-

साधारण बोलचाल में संस्कृति का अर्थ सुन्दर, परिष्कृत, रुचिकर या कल्याणकारी व्यवहार या गुणों से लिया जाता है। परन्तु यह संस्कृति की शास्त्रीय परिभाषा नहीं है। समाजशास्त्र में संस्कृति की निश्चित परिभाषा की जाती है। कुछ परिभाषायें निम्नलिखित हैं-

(1) **टायलर**- "संस्कृति एक जटिल सम्पूर्ण है जिसमें ज्ञान, विश्वास, कलायें, नीति, विधि, रीति-रिवाज और समाज के सदस्य होकर मनुष्य द्वारा अर्जित अन्य योग्याताएँ और आदतें शामिल हैं।"[1]

(2) **रेडफील्ड**- "संस्कृति कला और उपकरणों से जाहिर परम्परागत ज्ञान का वह संगठित रूप है जो परम्परा के द्वारा संगठित होकर मानव समूह की विशेषता बन जाता है।"[2]

1. "Culture is that complex whole which includes knowledge, belief, art, morals, law, custom and any other capabilities and habits acquired by man as a member of society." —Tylor, E.B. *'Primitive Culture'*, p. 1
2. "Culture is the organised body of conventional understanding, manifest in art and artifact, which persisting through tradition; characterizes human group."—Redfield 'Unpublished Lectures' Social Sciences Series, University of Chicago

(3) **जोसेफ पीपर**– "संस्कृति प्राणी की तमाम कुदरती चीजों और उन उपहारों तथा गुणों का सार है जो मनुष्य से सम्बन्ध रखते हुये भी उनकी जरूरतों और आवश्यकताओं के तात्कालिक क्षेत्र से परे हैं।"[1]

(4) **ह्वाइट**– "संस्कृति एक प्रतीकात्मक, निरन्तर, संचयी और प्रगतिशील प्रक्रिया है।"[2]

इस प्रकार संस्कृति में वह सब शामिल है जो मानव ने अपने व्यक्तिगत और सामाजिक जीवन के मानसिक और आध्यामिक क्षेत्र में आज तक अर्जित किया है। मैकाइवर और पेज के शब्दों में, "यह मूल्यों, शैलियों, भावात्मक लगावों तथा बौद्धिक अभियानों का क्षेत्र है। इस तरह संस्कृति सभ्यता का बिल्कुल प्रतिवाद है। वह हमारे रहने और सोचने के ढंगों में, दैनिक कार्य कलापों में, कला में, साहित्य में, धर्म में, मनोरंजन और सुखोपभोग में हमारी प्रकृति की अभिव्यक्ति है।"[3]

संस्कृति की आवश्यक विशेषतायें

(1) संस्कृति में मनुष्य निर्मित और वे चीजें शमिल हैं जिनमें मनुष्य संशोधन कर सकता है।

(2) नये तत्वों के समावेश से संस्कृति की जटिलता और गुण बढ़ते हैं।

(3) यह पीढ़ी दर पीढ़ी मानसिक (Psychic) रूप से संचारित होती रहती है।

(4) संस्कृति केवल मानव समाजों में पाई जाती है।

संस्कृति की प्रकृति

संस्कृति की प्रकृति के बारे में महत्वपूर्ण बातें निम्नलिखित हैं:–

(1) **संस्कृति सीखे हुए गुण हैं**– संस्कृति जन्मजात नहीं है। सामाजीकरण के द्वारा सीखे हुए गुण, आदतें तथा विचार आदि ही संस्कृति कहलाती है। मनुष्य में प्रतीकात्मक संचार (Symbolical Communication) की योग्यता होने के कारण वह सांस्कृतिक व्यवहार को ग्रहण कर लेता है।

---

1. "Culture is the quintessence of all natural goods of the world, and of those gifts and qualities which, while, belonging to man, lie, beyond the immediate sphere of his needs and wants," —Joseph Pieper.
Leisure, the Basis of Culture,' (1952), p. 20
2. "Culture is a symbolic, continuous, cumulative and progressive process.
—"White, L.A.'*American Sociological Review*. (Dec. 1947)
3. "This is the realm of styles, of values, of emotional attachments, of intellectual adventures. Culture, then, is the antithesis of civilization. It is the expression of our nature in our modes of living and thinking, in our everyday intercourse, in art, in literature, in religion, in recreation and enjoyment." —MacIver and Page, *'Society : an Introductory Analysis,'* p.499.

(2) **संस्कृति संचारशील है**—इस प्रकार संस्कृति का एक पीढ़ी से दूसरी पीढ़ी को संचार होता है। इससे संस्कृति में बराबर वृद्धि होती रहती है। संचार के कारण नई पीढ़ी पिछली पीढ़ी के अनुभवों से लाभ उठाती है। इस प्रकार संस्कृति अर्द्धस्थायी हो जाती है और किसी व्यक्ति या समूह के रहने से उस पर कोई विशेष प्रभाव नहीं पड़ता ।

(3) **संस्कृति वैयक्तिक नहीं बल्कि सामाजिक है**—संस्कृति के सम्वर्द्धन और संचार में हर एक व्यक्ति कुछ न कुछ भाग लेता है परन्तु संस्कृति वैयक्तिक न होकर सामाजिक है। उसमें समूह के सदस्यों की सामान्य अपेक्षतायें (Expectations) शामिल होती हैं। समूह से बाहर रहकर व्यक्ति संस्कृति की सृष्टि नहीं कर सकता।

(4) **संस्कृति आदर्शात्मक है**—संस्कृति में व्यवहार के वे आदर्श प्रतिमान (Ideal Patterns) या आदर्श नियम (Ideal Norms) शामिल हैं जिनके अनुसार समाज के सदस्य आचरण करने की चेष्टा करते हैं। इन आदर्श नियमों तथा प्रतिमानों को समाज स्वीकार करता है।

(5) **संस्कृति कुछ आवश्यकताओं को पूरा करती है**—संस्कृति मनुष्य की उन नैतिक तथा सामाजिक आवश्यकताओं को पूरा करती है जो स्वयं साध्य हैं। संस्कृति में सामूहिक आदतें शामिल हैं। आदतें उन्हीं कामों की पड़ती हैं जिनसे कुछ न कुछ आवश्यकतायें पूरी होती हों। इन आवश्कताओं को पूरा किये बिना संस्कृति का जीवित रहना असम्भव है। संस्कृति का जो अंश सामाजिक सन्तोष में सहायक नहीं होता वह गायब हो जाता है।

(6) **संस्कृति में उपयोजन की योग्यता होती है**—पर्यावरण के अनुसार संस्कृति बराबर बदलती रहती है और इस परिवर्तन से बाहरी शक्तियों से उसका उपयोजन होता रहता है। परन्तु विकसित होने पर प्राकृतिक पर्यावरण का प्रभाव घटता जाता है। इसके अलावा संस्कृति के विभिन्न अंगों का भी विकास होता रहता है और उनमें आन्तरिक उपयोजन की जरूरत पड़ती है।

(7) **संस्कृति में एकीभूत** (Integrated) **होने का गुण है**—संस्कृति में एक क्रम और एक संगठन होता है। उसके भिन्न-भिन्न भाग आपस में एकीभूत रहते हैं और जो भी नया तत्व आता है वह भी उनमें मिल जाता है। जिन संस्कृतियों पर बाहरी प्रभाव अधिक पड़ता है वे अधिक विजातीय (Heterogeneous) होती हैं। परन्तु सभी संस्कृतियों में कुछ न कुछ एकभूतता (Integration) की प्रवृत्ति अवश्य दिखाई पड़ती है।

इस प्रकार संस्कृति सामाजिक, आदर्शात्मक और सीखी हुई होती है तथा मनुष्य की बहुत सी आवश्यकताओं को पूर्ण करती है। उसमें संचार, उपयोजन तथा एकभूतता के गुण होते हैं। वह मनुष्य का विशेष गुण है, उसकी सामाजिक विरासत है, उसकी श्रेष्ठता का सबूत है।

संस्कृति की अन्तर्वस्तु
(Contents of Culture)

संस्कृति के तत्व क्या हैं? संस्कृति में क्या-क्या शामिल है? साधारण बोलचाल की भाषा में समूह के विश्वासों, आदर्शों, विचारों, व्यवहारों, रीति-रिवाजों आदि व्यवहार के अनेक उपकरणों तथा साधनों को संस्कृति कहा जाता है। बोगार्डस के अनुसार ''संस्कृति एक समूह से सम्बद्ध रीति-रिवाजों, परम्पराओं और चालू व्यवहार प्रतिमानों से बनती है। संस्कृति एक समूह का मूलधन है। वह मूल्यों की एक ऐसी पूर्ववर्ती समष्टि है जिसमें प्रत्येक व्यक्ति पैदा होता है। वह एक माध्यम है जिससे व्यक्ति पैदा होते और विकसित होते हैं।''[1] अलैग्जैण्डर ए० गोल्डनवाइजर ने संस्कृति में निम्नलिखित तत्व माने हैं– ''हमारी प्रवृत्तियाँ, विश्वास और विचार, हमारे निर्णय और मूल्य, हमारी संस्थायें–राजनैतिक और कानूनी, धार्मिक और आर्थिक, हमारी नैतिक संहितायें और शिष्टाचार के नियम, हमारी पुस्तकें और मशीनें हमारे विज्ञान, दर्शन और दार्शनिक, ये सब और दूसरी बहुत सी चीजें तथा प्राणी, स्वयं भी और अपने विविध सम्बन्धों में भी।''[2] जे० एल० गिलिन तथा जे० पी० गिलिन ने एक सामाजिक समूह के सामान्य सीखे हुए व्यवहार (The Learned Behaviour Common to a Social Group of Human Beings) को संस्कृति कहा है। इस तरह मोटे तौर से संस्कृति में यह सब कुछ शामिल है जो कुछ मनुष्य समाज में सीखता है जैसे ज्ञान, धार्मिक विश्वास, कला, कानून, नैतिकता, रीति-रिवाज, व्यवहार के तौर-तरीके, साहित्य, संगीत, भाषा इत्यादि। सहज (Instinctive) व्यवहार को संस्कृति नहीं कहा जायेगा। स्वाभाविक तथा जन्मजात व्यवहार जैसे सांस लेना आदि संस्कृति में शामिल नहीं किये जाते। ए० डब्लू० ग्रीन के शब्दों में ''संस्कृति ज्ञान, व्यवहार, विकास की उन आदर्श पद्धतियों को तथा ज्ञान और व्यवहार से उत्पन्न हुए साधनों की व्यवस्था को कहते हैं जो सामाजिक रूप से एक पीढ़ी से दूसरी पीढ़ी को दी जाती है।''[3] इस प्रकार संस्कृति में वह सब शामिल है जो कि सामाजिक विरासत में गिना जाता है।

---

1. "Culture is composed of integrated customs, traditions and current behaviour-patterns of a human group. Culture is the 'stock in trade' of a group. It is an antecedent complex of values into which every individual is born. It is a medium within which individuals develop and mature." —Bogardus
2. "Our attitudes, beliefs and ideas, our judgements and values; our institutions—Political and legal, religious and economic; our ethical codes and codes of etiquette, our books and machines, our sciences, philosophies and philosophers, all of these and many other things and beings within themselves and in their multi-form inter-relations." —Alexander A. Goldenweiser
3. "Culture is the socially transmitted system of idealized ways in knowledge, practice and belief along with the artifacts that knowledge and practice maintain as they change in type." —Green A. W.

संस्कृति के प्रकार

समाजशास्त्रियों ने संस्कृति के दो प्रकार माने हैं– भौतिक संस्कृति और अभौतिक संस्कृति।

(1) **भौतिक संस्कृति** (Material Culture)– इसमें भौतिक या पार्थिव वस्तुएं आती हैं जो कि मनुष्य के व्यवहार में आती हैं जैसे रहने के मकान, घरों का सामान, विविध प्रकार के उपकरण, औजार, हथियार, बर्तन, आवागमन के साधन इत्यादि।

(2) **अभौतिक संस्कृति** (Non-Material Culture)– इसमें अमूर्त (Intangible) वस्तुएं शामिल हैं जैसे समाज के विभिन्न रीति-रिवाज, रूढ़ियाँ, विधियाँ कलाएं, ज्ञान और धर्म आदि।

संस्कृति के सार्वभौम तत्व

क्लार्क विजलर (Clark Wissler) ने मानव जाति के प्रत्येक समूह की संस्कृति में ये सार्वभौम तत्व माने हैं– (1) बोली, (2) पार्थिव उपकरण जैसे भोजन, मकान, आवागमन के साधन, वेशभूषा, हथियार, बर्तन, वस्त्र, उद्योग और धन्धे, (3) कलायें, (4) पौराणिक और वैज्ञानिक ज्ञान, (5) धार्मिक रीतियाँ और अन्ध-विश्वास, (6) कुटुम्ब और विवाह, सामाजिक नियन्त्रण, खेल-कूद जैसी सामाजिक संस्थायें, (7) सम्पत्ति, मूल्य, विनिमय और व्यापार, (8) सरकार और विधि (Government and Law), (9) युद्ध।

संस्कृति के ये सार्वभौम तत्व सभी संस्कृतियों में पाये जाते हैं परन्तु इनके रूप भिन्न-भिन्न होते हैं। भिन्न-भिन्न समाजों में विवाह के भिन्न-भिन्न रूप पाये जाते हैं जैसे बहुपति विवाह, बहुपत्नी विवाह, समूह विवाह, एक विवाह इत्यादि। खान-पान में तो भिन्न-भिन्न संस्कृतियों में भारी भेद दिखाई पड़ता है। North West Amazons में विफेन (Whiffen) ने लिखा है कि पश्चिमी अमेजन प्रदेश की इस्साजपुरा (Issa-Japura) नामक जाति के बोरो (Boro) तथा विटोटो (Witoto) लोग बन्दर, मेंढक और छिपकली को बड़ा स्वादिष्ट भोजन समझते हैं। ये बर्रें, मधु-मक्खियों की इल्लियाँ (Larvae) और पड़ौसियों के सर की जूएं भी खा जाते हैं। गोरर (Gorrer) के अनुसार दक्षिणी पूर्वी एशिया की कुछ जातियों के लोग कोबरा आदि विषैले सांपों और अजगर की कढ़ी बड़े शौक से खाते हैं।

संस्कृति और प्रौद्योगिकी

संस्कृति का प्रौद्योगिकी से बड़ा घनिष्ठ सम्बन्ध है। इस सम्बन्ध में दोनों एक दूसरे को प्रभावित करते हैं। इस प्रकार इस परस्पर प्रभाव के दो पहलू हैं– (1) प्रौद्योगिकीय परिवर्तन सांस्कृतिक परिवर्तन को जन्म देते हैं। (2) सांस्कृतिक स्थिति

प्रौद्योगिकीय दिशा एवं रूप को प्रभावित करती है। अब इन दोनों पहलुओं का विस्तृत विवेचन किया जायेगा।

(1) प्रौद्योगिकीय परिवर्तन सांस्कृतिक परिवर्तन को जन्म देते हैं

मैकाइवर ने कहा है कि मनुष्य जिन उपकरणों का उपयोग करता है, केवल उनके लाभदायक होने से ही सन्तोष नहीं कर लेता बल्कि वह उनकी लाभप्रदता में सौंदर्य भी देखना चाहता है। इस प्रकार प्रौद्योगिकीय परिवर्तन सांस्कृतिक परिवर्तन को जन्म देते हैं। एक उदाहरण लीजिये। पहले मोटर का इन्जन स्टार्ट करने के लिये उसके सामने हैण्डल लगाकर जोर से घुमाना पड़ता था। यह काम कठिन और कष्ट-साध्य था। अत: स्त्रियां मोटर बहुत कम चलाती थीं। अब मोटर में इस हैंडिल के स्थान पर स्वयंचालक यंत्र (Self-Starter) होता है जिससे गाड़ी आसानी से स्टार्ट की जा सकती है। इस सुविधा से अब स्त्रियाँ खूब मोटर चलाने लगी हैं। इस साधारण प्रौद्योगिक परिवर्तन का केवल इतना ही प्रभाव नहीं पड़ा। इससे स्त्रियों पर और भी सांस्कृतिक प्रभाव पड़े। इससे उनकी गतिशीलता, आदतों, गृह-जीवन, संतान के पालन-पोषण, होटलों के प्रयोग, अवकाश मनाने के तरीकों में भी जबर्दस्त अन्तर हुआ है। इस एक उदाहरण से स्पष्ट है कि एक साधारण से प्रौद्योगिक परिवर्तन से भी कितने दूरवर्ती सांस्कृतिक परिवर्तन हो सकते हैं। ऑगबर्न और निमकॉफ के शब्दों में "कभी-कभी यह अनेक प्रभाव डालता है जो विभिन्न दिशाओं में एक पहिये की तीली के समान फैल जाते हैं।"[1]

प्रौद्योगिक परिवर्तन से सांस्कृतिक परिवर्तन का एक और भी उत्तम और जीता जागता उदाहरण रेडियो और टेलीविजन का आविष्कार है। इनकी सहायता से मामूली हैसियत के लोग भी घर बैठे विभिन्न देशों और अलग-अलग संस्कृतियों के विचारों, कहानियों, लोक गीतों, समाचारों, साहित्य, संगीत तथा रहन-सहन, रीति-रिवाज आदि का परिचय पाते रहते हैं। जिन घरों में ये साधन उपलब्ध हैं उनके सांस्कृतिक वातावरण में स्पष्ट अन्तर दिखाई पड़ता है। यह बात दूसरी है कि उस परिवर्तन को आप प्रगति कहना चाहें या अवनति परन्तु परिवर्तन से कोई इन्कार नहीं कर सकता। यह परिवर्तन केवल उनके रहन-सहन, तौर-तरीके, बोलचाल में ही नहीं बल्कि विचारों और जीवन के मूल्यों तक में देखा जा सकता है।

इसी प्रकार का जबर्दस्त सांस्कृतिक परिवर्तन सिनेमा के आविष्कार से हुआ है। सिनेमा के द्वारा यह परिवर्तन एक साधारण रिक्शे वाले के जीवन तक में देखा जा सकता है। सिनेमा के प्रभाव से वह अधिक साफ सुथरा, तन्दुरुस्त, चुस्त और "सुन्दर" दिखाई पड़ने की कोशिश करता है। उसको अपने जीवन में रस आने लगता है। उसके सोचने समझने, बोलने, भावभंगिमा आदि सभी पर सिनेमा का

1. "Sometimes it exerts many influences which spread out in different directions like the spokes of a wheel." —Ogburn and Nimkoff

स्पष्ट प्रभाव दिखाई पड़ता है। इस प्रकार के उदाहरण आपको राह चलते मिल जायेंगे।

यातायात और सन्देशवहन के साधनों के विकास से भी भारी सांस्कृतिक परिवर्तन हुए हैं। इनके प्रभाव से विभिन्न संस्कृति के व्यक्तियों को एक दूसरे से मिलने-जुलने, बोलने-चालने, समझने-पहचानने के अवसर मिले जिससे एक विश्व संस्कृति की भावना क्रमशः बढ़ रही है।

इस प्रकार प्रौद्योगिकी ने हमें यातायात और सन्देशवहन के साधन, उद्योगों में प्रयोग होने वाली मशीनें और कृषि सम्बन्धी प्रविधियां दी हैं जिनसे हमें नाना प्रकार के यन्त्रों और उपकरणों को नए-नए रूपों में प्रयोग करने का अवसर मिला है। ये यन्त्र, उपकरण तथा इनसे सम्बन्धित अन्य क्रियायें मानव की संस्कृति की अभिव्यक्ति करते हैं। वन्य जातियों के लोग अब भी हाथ की बनाई 'डोंगियो' में नदियाँ पार करते हैं, सभ्य देशों में स्टीमरों का प्रयोग होता है। नाव और स्टीमर के अन्तर से संस्कृति का अन्तर स्पष्ट दिखाई पड़ता है। इस प्रकार प्रौद्योगिकी में परिवर्तन के साथ-साथ संस्कृति में भी परिवर्तन हो जाता है क्योंकि प्रौद्योगिकी से सांस्कृतिक अभिव्यक्ति के उपकरण मिलते हैं। आजकल जो संस्कृति में तेजी से परिवर्तन दिखाई पड़ता है उसका कारण प्रौद्योगिकी का तीव्र परिवर्तन है। जब प्रौद्योगिकी के परिवर्तन की गति धीमी होती है तब सांस्कृतिक परिवर्तन की गति भी कुछ न कुछ मन्द हो जाती है। प्रौद्योगिक परिवर्तन सांस्कृतिक प्रतिमानों के स्वरूपों को बदलते रहते हैं। केवल व्यक्तियों पर ही नहीं बल्कि सामूहिक जीवन में संस्थाओं और समितियों पर भी प्रौद्योगिक परिवर्तन का प्रभाव पड़ता है।

(2) सांस्कृतिक स्थिति प्रौद्योगिकीय दिशा एवं रूप को प्रभावित करती है

डासन और गेटिस ने लिखा है कि "संस्कृति में सामाजिक परिवर्तन की दिशा निश्चित करने और उसे गति प्रदान करने तथा उन सीमाओं को निश्चित करने की प्रवृत्ति होती है जिनके परे सामाजिक परिवर्तन नहीं जा सकता।"[1] मैकाइवर ने सभ्यता के उपकरणों में प्रौद्योगिकी की एक जहाज से उपमा देते हुये कहा है कि जहाज स्वयं यह निश्चित नहीं करता कि वह कहां जायेगा। मैकाइवर और पेज के शब्दों में "वह बन्दरगाह जहां की हम यात्रा करते हैं एक सांस्कृतिक चुनाव रहता है।"[2] यह ठीक है कि जहाज के बिना यात्रा नहीं की जा सकती और यात्रा का तीव्र

1. "Thus, culture tends to give direction and momentum to social change and to set limits beyond which social change may not go."
—Dawson and Gettys, *'Introduction to Sociology'*, p. 580
2. "The port we sail to remains a cultural choice."
—MacIver & Page, *'Society : An Introductory Analysis'*, p. 580

या मध्यम गति से होना भी जहाज की प्रकृति पर निर्भर है परन्तु जहाज का डिजाइन यह निश्चय नहीं करता कि यह कहां पहुंचेगा। जहाज जितना अच्छा होगा उतने ही अधिक बन्दरगाह चुने जाने के लिये उसकी सीमा में आयेंगे, परन्तु कौन सा बन्दरगाह चुना जायेगा यह संस्कृति पर आधारित है। इस प्रकार सांस्कृतिक स्थिति प्रौद्योगिकीय परिवर्तन की दिशा और प्रकृति को प्रभावित करती है। विज्ञान के आविष्कारों का किस दिशा में प्रयोग किया जायेगा यह संस्कृति पर निर्भर है, क्योंकि मानव के चालक कारक संस्कृति में हैं। अंग्रेजी में एक कहावत है कि "It is not the gun which fights but the man who fights. It is not the man who fights but the tiny heart in him which fights." अर्थात् ''बन्दूक नहीं लड़ती, मनुष्य लड़ते हैं, मनुष्य नहीं लड़ते दिल लड़ते हैं।'' आज के विज्ञान ने अणुशक्ति को मानव के हाथ में रख दिया है। उसका उपयोग रचनात्मक कार्यों में होगा या विनाश की दिशा में, इसका निश्चय स्वयं अणुशक्ति या विज्ञान नहीं करेगा बल्कि राजनीतिज्ञों के मूल्य करेंगे, उनकी नैतिकता तथा विचारशीलता करेगी। मैकाइवर ने ठीक ही लिखा है कि ''सभ्यता की सामग्री का हम अभीष्ट उपयोग कर सकते हैं, उत्पादक उद्देश्यों में लगाई गई शक्तियों से हम जो चाहें पैदा कर सकते हैं। हमारे औद्योगिक कारखाने जीवन के लिये आवश्यक वस्तुयें तैयार कर सकते हैं, भोग विलास की सामग्री बना सकते हैं और युद्ध की सामग्री का भी निर्माण कर सकते हैं। हमारे कारखाने इनमें क्या तैयार करें इसका निर्णय और निर्धारण हमारी संस्कृति करती है।''

वास्तव में प्रौद्योगिकी एक साधन मात्र है। उसको स्वयं साध्य नहीं माना जा सकता और न उससे साध्य का कुछ पता ही लगता है। साध्य का निश्चय मूल्यों और विचारधाराओं से होता है जो कि संस्कृति के अंग हैं। अतः संस्कृति से प्रौद्योगिकी के विकास का मानव के विनाश के लिये भी प्रयोग हो सकता है। प्रौद्योगिक परिवर्तन के रूप को भी संस्कृति ही निश्चित करती है। प्रौद्योगिक परिवर्तन किस प्रकार का होगा यह मूल्यों और विचारधाराओं पर निर्भर है। रूस में प्रौद्योगिकी की दिशा और रूप पर मार्क्स के विचारों और आदर्शों की स्पष्ट छाप है।

अभ्यास के लिये प्रश्न

प्रश्न 1. संक्षिप्त टिप्पणी लिखिए—जनसंख्या तथा सामाजिक परिवर्तन।

प्रश्न 2. सामाजिक परिवर्तन के कारक के रूप में जनसंख्या के महत्व पर विचार कीजिए।

प्रश्न 3. जनसंख्या तथा सामाजिक परिवर्तन का सम्बन्ध स्पष्ट कीजिए।

प्रश्न 4. जनसंख्या के आधार का सामाजिक परिवर्तन से क्या सम्बन्ध है? अपना उत्तर भारतीय उदाहरणों द्वारा स्पष्ट कीजिए।

प्रश्न 5. सामाजिक परिवर्तन के जनांककीय कारक की भूमिका की व्याख्या कीजिए।

प्रश्न 6. सामाजिक परिवर्तन में आर्थिक कारणों के महत्व की विवेचना कीजिए।

प्रश्न 7. सामाजिक परिवर्तन के आर्थिक कारकों का विश्लेषण कीजिए।

प्रश्न 8. विचार कहां तक सामाजिक परिवर्तन को आरम्भ करते हैं?

प्रश्न 9. सामाजिक परिवर्तन में विचारों की विवेचना कीजिए।

प्रश्न 10. सामाजिक परिवर्तन क्या है? उचित उदाहरण सहित सामाजिक परिवर्तन के सांस्कृतिक कारक बताइए।

3

सामाजिक उद्विकास
(Social Evolution)

जिस प्रकार सामाजिक परिवर्तन की अवधारणा के विषय में विद्वानों में मतभेद पाया जाता है उसी प्रकार सामाजिक परिवर्तन के प्रारूपों (Typologies) के विषय में अनेक मतभेद पाये जाते हैं। कुछ विद्वान उद्विकास (Evolution) को ही सामाजिक परिवर्तन मानते हैं, कुछ दूसरे सामाजिक परिवर्तन से प्रगति (Progress) या विकास (Development) का अर्थ लगाते हैं। कुछ विद्वान समय के आधार पर सामाजिक परिवर्तन को लघुकालीन तथा दीर्घकालीन प्ररुपों में बांटते हैं। कुछ अन्वेषण (Innovation) तथा प्रसार (Diffusion) प्रकार के सामाजिक परिवर्तन बतलाते हैं तो कुछ अन्तर्वलन (Involution) और पश्चजनन (Epegenesis) प्रकार के। इस प्रकार सामाजिक परिवर्तन के अनेक भेद किये गये हैं।

मूर ने "परिवर्तन की दिशा" (Direction of Change) के आधार पर सामाजिक परिवर्तनों को निम्नलिखित प्ररुपों (Typologies) में बाँटा है।

(1) संचित अथवा क्रमविकासवादी प्रकार के सामाजिक परिवर्तन
(Cumulative or Evolutionary Type of Social Change)

(2) संचित पूर्वव्यापी क्रमविकास प्रकार के सामाजिक परिवर्तन
(Cumulative Retroactive Evolutionary Type of Social Change)

(3) सामाजिक परिवर्तन का अन्तवर्ती प्ररुप
(Transitional Model of Social Change)

(4) दिशाहीन चक्रिय प्रकार के सामाजिक परिवर्तन
(Trendless Cycles Type of Social Change)

(5) आदिमवादी व्यवस्था की ओर होने वाले सामाजिक परिवर्तन
(Primitivism Type of Social Change)

संक्षेप में सामाजिक परिवर्तन के प्रमुख प्रकार निम्नलिखित हैं–

(1) सामाजिक उद्विकास (Social Evolution)

(2) सामाजिक विकास (Social Development)

(3) सामाजिक प्रगति (Social Progress)

(4) नियोजित सामाजिक अन्वेषण (Planned Social Change)

(5) सामाजिक अन्वेषण (Social Innovation)

(6) सामाजिक प्रसार (Social Diffusion)

(7) सामाजिक अन्तर्वलन (Social Involution)

(8) सामाजिक पश्चजनन (Social Epegenesis)

(9) सामाजिक क्रान्ति (Social Revolution)

सामाजिक उद्विकास की अवधारणा

सामाजिक परिवर्तन की सबसे प्राचीनतम अवधारणा सामाजिक उद्विकास प्रकार के परिवर्तन के रूप में विकसित हुई। **डारविन** के विचरों से प्रेरित होकर थॉमस हॉब्स, फरगूशन (Ferguson), स्पेन्सर, जॉन लॉक जैसे विद्वानों ने सामाजिक उद्विकास प्रकार के परिवर्तन की अवधारणा व्यक्त की। इनका कहना था कि विभिन्न समाजों की संरचनाओं में, अर्थव्यवस्थाओं में तथा तकनीकी में काफी अन्तर देखने को मिलते हैं जिनको एक क्रमव्यवस्था में सजाया जा सकता है। किसी भी सामाजिक व्यवस्था में प्रारम्भ में एकीकरण (Integration) तथा विषमता (Heterogeneity) को अस्पष्ट रूप में ही देखा जा सकता है। धीरे-धीरे एकीकरण तथा विषमता बढ़ती है। इसके साथ-साथ समूहों में सामंजस्य (Equilibrium) भी बढ़ता है। प्रथायें कानून का रूप ले लेती हैं, जो विभिन्न क्रियाओं के लिए विशेष स्वरूप में ढल जाता है। प्रारम्भ में जो प्रथायें अस्पष्ट सी दीख पड़ती हैं वह धीरे-धीरे एक दूसरे से अलग होकर स्पष्ट दिखने लगती हैं।

सामाजिक उद्विकास की परिभाषा

1. नोर्थ ने लिखा है कि ''जब किसी समय में होने वाले परिवर्तनों का क्रम न केवल परिवर्तन के बाद परिवर्तन की क्रिया की ओर संकेत करता है, बल्कि निरन्तर घटित होने वाली प्रक्रिया को बतलाता है जिसके द्वारा समदृश्यता का धागा स्पष्ट रूप में दृष्टिगोचर होता है, तब परिवर्तनों के ऐसे क्रम को क्रमविकास कहा जाता है।''[1]

2. ऑगबर्न तथा **निमकॉफ** के अनुसार सामाजिक उद्विकास को एक ऐसे परिवर्तन के रूप में परिभाषित किया जा सकता है जो एक विशेष दिशा में घटित होता है।[2] सामाजिक उद्विकास सामान्य उद्विकास का ही एक पहलू है। यह

---

1. "We have evolution when the series of changes that occur during a period of time appear to be, not mere succession of changes but a continuous process," C. C. North Social Problems and Social Planning, 1952, p. 56.
2. W.F. Ogburn & M. E. Nimkoff, "A Handbook of Sociology." p. 603.

जैविक उद्विकास के सिद्धान्त को सामाजिक प्रघटना में लागू करता है। यह स्वतः ही घटित होता है। यह व्यक्तियों के द्वारा अपनी परिस्थितियों से निरन्तर समायोजन के कारण उत्पन्न होता है। यह एक प्राकृतिक प्रक्रिया है। इसको नियंत्रित नहीं किया जा सकता।

3. **हरबर्ट स्पेन्सर**—"उद्विकास पदार्थ तथा सहकारी गति के निप्रथन (Dissipation) का एक संकलन है जिसमें पदार्थ एक आपेक्षिक, अनिश्चित और बेमेल सजातीय से एक आपेक्षिक रूप से निश्चित तथा समन्वित विजातीय में बदल जाता है जिसमें कि स्थापित गति में भी समानान्तर रूपान्तरण हो जाता है।"[1] हरबर्ट स्पेन्सर की उद्विकास की इस व्याख्या के अनुसार सामाजिक उद्विकास का अर्थ होगा अनिश्चित तथा बेमेल सजातीय से निश्चित और समन्वित विजातीयता की ओर प्रगति। इस प्रगति में तीन बातें स्पष्ट दिखाई पड़ती हैं। सामाजिक उद्विकास में अनिश्चित समिति, संस्थायें आदि निश्चित रूप ग्रहण कर लेती हैं। सामाजिक उद्विकास में समन्वय की प्रक्रिया शामिल है अर्थात् समाज के विभिन्न अंगों में समन्वय होता चलता है। अतः सामाजिक उद्विकास कोरा परिवर्तन मात्र नहीं है। तीसरे, सामाजिक उद्विकास के साथ-साथ समाज में विजातीयता बढ़ती है अर्थात् नईं -नई समितियाँ, समुदाय और संस्थायें बढ़ती जाती हैं।

सामाजिक उद्विकास की विशेषतायें

हरबर्ट स्पेन्सर ने सामाजिक उद्विकास के सम्बन्ध में चार महत्वपूर्ण सिद्धांत उपस्थित किये। वे सिद्धान्त निम्नलिखित हैं—

(1) सामाजिक उद्विकास सम्पूर्ण ब्रह्माण्ड के उद्विकास (Cosmic Evolution) के परिवर्तन के नियम का एक सांस्कृतिक या मानवीय पहलू है। (2) अतः सामाजिक उद्विकास सब स्थानों पर समान प्रकार से होता है और कुछ निश्चित तथा अनिवार्य स्तरों से गुजरता है। (3) सामाजिक उद्विकास क्रमिक (Gradual) है। (4) सामाजिक उद्विकास प्रगतिशील (Progressive) है।

सामाजिक उद्विकास की इन चार महत्वपूर्ण विशेषताओं के अलावा उसकी उपरोक्त परिभाषा से उसकी निम्नलिखित तीन विशेषतायें भी स्पष्ट होती हैं— (1) सामाजिक उद्विकास भिन्नता (Differentiation) की प्रक्रिया से होता है। इसको समझने के लिए किसी भी समाज के लम्बे इतिहास पर नजर डालिये तो आपको उसमें समितियाँ, संस्थायें, आदि बराबर विकसित होती मिलेंगी। सामाजिक उद्विकास में नई-नई समस्यायें नई-नई परिस्थितियाँ बराबर आती रहती हैं, जिनके कारण नई-नई समितियाँ और संस्थायें विकसित होती रहती हैं। किसी एक नगर के

---

1. "Evolution is an integration of matter and concomitant dissipation of motion, during which the matter passes from a relatively indefinite, incoherent homogeneity to a relatively definite coherent heterogeneity and during which the retained motion undergoes a parallel transformation."
—Herbert Spencer
'Principles of Sociology,' Vol. V

समाज को लीजिये। पहले जब वह नगर एक छोटा सा गाँव या कस्बा होगा तो उसका प्रबन्ध एक पंचायत या टाउन एरिया कमेटी करती होगी। अब वह शहर एक बड़ा व्यापारिक केन्द्र बन गया है अतः उसके प्रबन्ध के लिए बीसों अलग-अलग कमेटियाँ हैं। कोई शिक्षा का प्रबन्ध करती है, कोई सफाई का, कोई चुंगी का प्रबन्ध करती है, तो कोई बाजारों की देखरेख करती है। इस प्रकार शहर के उद्‌विकास के साथ-साथ यह भिन्नता भी बढ़ती जाती है (2) परन्तु समन्वय (Integration) के बिना यह भिन्नता किसी भी ओर नहीं ले जा सकती। अतः भिन्नता के साथ-साथ समन्वय भी आवश्यक है। शहरों में जहाँ आपको कायस्थ समाज, महाराष्ट्रीय समिति आदि मिल जायेंगी वहाँ ऐसी संस्थायें भी मिलेंगी जो विभिन्न जातिगत और वर्गगत भेदों पर आधारित इन समितियों का समन्वय करती हों। आज मानव समाज में जहाँ नये-नये राष्ट्र उत्पन्न होते जा रहे हैं वहाँ इन राष्ट्रों का समन्वय करके एक विश्व राज्य की स्थापना के प्रयत्न भी कम जोर-शोर से नहीं किये जा रहे हैं। (3) भिन्नता तथा समन्वय की इस दोहरी प्रक्रिया से समाज की कुशलता बराबर बढ़ती जाती है। श्रम-विभाजन (Division of Labour) आधुनिक आर्थिक उद्‌विकास का मूलमंत्र है। समाज में भी भिन्न-भिन्न संस्थाओं और समितियों के बढ़ते जाने से विभिन्न क्षेत्रों में काम अधिक सफलता से होता है और समन्वय की प्रक्रिया के कारण विभिन्न क्षेत्र एक दूसरे की कुशलता से लाभ भी उठाते हैं।

सामाजिक उद्‌विकास के सम्बन्ध में हरबर्ट स्पेन्सर ने डार्विन (Darwin) के योग्यतम की विजय (Survival of the Fittest) और अस्तित्व के लिए संघर्ष (Struggle for Survival) के जैवकीय सिद्धान्तों को समाज पर लागू किया है। सामाजिक उद्‌विकास के इस सिद्धान्त को बहुत से विद्वानों ने स्वीकार किया है और उसकी अपनी-अपनी परिभाषायें प्रस्तुत की हैं। हाबहाउस ने लिखा है "मैं उद्‌विकास किसी भी प्रकार की वृद्धि समझता हूँ। सामाजिक प्रगति से सामाजिक जीवन के उन गुणों की वृद्धि समझता हूँ, जिनसे मानव प्राणी बुद्धिपूर्वक कुछ मूल्य जोड़ सकें।"[1] सामाजिक उद्‌विकास का सिद्धान्त समाज में क्रमिक प्रगति मानता है। परन्तु सभी विद्वान सामाजिक उद्‌विकास को क्रमिक नहीं मानते। कुछ विद्वान उसे समरैखिक (Unilinear) और कुछ अन्य विद्वान् चक्रिय (Cyclical) मानते हैं। मॉर्गन, वैखोफन, हैडन और इंगेल्स के अनुसार प्रत्येक समाज का उद्‌विकास इन तीन अवस्थाओं से होकर होता है—(1) वन्यावस्था (Savagery) (2) बरर्बता Barbarism) और (3) सभ्यता (civilization)। इसी प्रकार इन विद्वानों ने प्रत्येक समाज के आर्थिक विकास की चार अवस्थायें मानी हैं—(1) आखेट (Hunting), (2) पशुपालन (Pastoral), (3) कृषि अवस्था (Agricultural), तथा (4) औद्योगिक (Industrial) अवस्था। विकासवादी सिद्धांत के अनुसार प्रौद्योगिकी (Technology)

1. "By evolution I mean any sort of growth, by social progress the growth of social life in respect of those qualities to which human beings can attach or can rationally attach values."
—Hobhouse

के विकास में निम्नलिखित तीन स्तर माने गये हैं—प्रस्तर युग (Stone Age), कांसा युग (Bronze Age), तथा लौह युग (Iron Age)। इसी प्रकार विवाह, परिवार, धर्म, सम्पत्ति, कानून, राज्य आदि मानव समाज के विभिन्न अंगों में भी विकासवादियों ने विकास की विभिन्न अवस्थायें दिखाने की कोशिश की।

विकासवादी मत के विरुद्ध प्रतिक्रिया

परन्तु कुछ विद्वानों ने इस मत की कटु आलोचना की। The History and Prospects of the Social Sciences में गोल्डनवाइज़र (A. Goldenweiser) ने इस मत का प्रबल समर्थन किया। इन विद्वानों के अनुसार सामाजिक क्षेत्र में उद्‌विकास की कल्पना भ्रामक है। समाज के विकास की अवस्थाओं का वर्णन कोरी कल्पना है। प्रौद्योगिकी, आर्थिक अथवा सांस्कृतिक विकास की इन अवस्थाओं का कोई भी ऐतिहासिक प्रमाण नहीं है। सभी समाजों में एक ही प्रकार का क्रमिक विकास मानना तो एकदम गलत है। क्योंकि प्रत्येक समाज की अपनी-अपनी परिस्थिति होती हैं और उसमें उसी के अनुसार परिवर्तन होता है। ये परिस्थितियाँ सदैव बदलती रहती हैं, इसलिये यह परिवर्तन भी क्रमबद्ध नहीं रहता।

मैकाइवर का मत

मैकाइवर ने अपनी प्रसिद्ध पुस्तक Scoiety में सामाजिक उद्‌विकास के सिद्धांत का समर्थन किया है। मैकाइवर के अनुसार "सामाजिक उद्‌विकास वह क्रिया है जिससे वस्तु में प्रच्छन्न सभी भावनायें क्रमशः अथवा धीरे-धीरे प्रकट हो जाती हैं। उद्‌विकास सीधी वृद्धि को नहीं क़हते हैं। उद्‌विकास से वस्तु के आधार में वृद्धि होने के अलावा उसकी रचना में भी परवर्तन होता है। यह संख्यात्मक और गुणात्मक परिवर्तन यह निरन्तर और एक दिशा में ले जाने वाली प्रक्रिया है। जिससे वस्तु (या समाज) की आन्तरिक विशेषतायें प्रकट होकर भिन्न और स्पष्ट हो जाती हैं अतः उद्‌विकास की मौलिक विशेषता विभेदीकरण (Differentiation) है। (जिसमें एकीकरण का अर्थ भी शामिल है)। समाज में विभेदीकरण अधिकतर श्रम विभाजन, कार्यात्मक समितियों की संख्या और विविधता में वृद्धि तथा समाजिक संचार के साधनों (विशेषकर भाषा) में अधिकतर विभिन्नता और उत्कृष्टता में जाहिर होता है।" मैकाइवर ने सामाजिक उद्‌विकास को काल्पनिक मानने के सिद्धान्त की जबर्दस्त आलोचना की है।

सामाजिक उद्‌विकास की वास्तविकता

सामाजिक उद्‌विकास की वास्तविकता क्या है? इस विषय में कुछ निश्चिय करने के लिये सामाजिक उद्‌विकास की वास्तविकता के पक्ष में मैकाइवर और पेज के तर्कों को जान लेना लाभदायक होगा। मोटे तौर से ये तर्क निम्नलिखित हैं—

(1) आदिम तथा सभ्य समाजों में जो विविधता और भेद दिखलाई पड़ता है वैसी ही विविधता और भेद पशु समाज में भिन्न-भिन्न प्रकार के पशुओं में देखा

जा सकता है। अतः जब पशुओं में उद्विकास का सिद्धान्त लागू हो सकता है तो फिर मानव समाज के क्षेत्र में वह क्यों नहीं लागू किया जा सकता है। इस प्रकार मानव समाज की विविधता से यह नतीजा नहीं निकाला जा सकता कि उद्विकास के सिद्धान्त में वास्तविकता नहीं है।

(2) सामाजिक जीवन में विभेदीकरण की क्रिया के अस्तित्व से ही समाज में उद्विकास का होना सिद्ध होता है। वास्तव में जैसा कि पीछे बतलाया जा चुका है, मैकाइवर के अनुसार यह विभेदीकरण (Differentiation) की क्रिया ही सामाजिक उद्विकास की मौलिक विशेषता है। अतः मैकाइवर समरैखिक उद्विकास (Unilinear Evolution) के रूप में उद्विकास के सिद्धान्त को नही मानता। उसने स्पष्ट कह दिया है कि यदि उद्विकास का मतलब यह लगाया जाए कि समाज की कुछ विशेष संस्थायें एक निश्चित क्रम के अनुसार अनेक दशाओं से गुजर कर उन्नत समाजों की विशेष अवस्थायें बन जाती हैं तो इस रूप में उद्विकास की वास्तविकता को स्वीकार नहीं किया जा सकता। सामाजिक उद्विकास की वास्तविकता त्रिभेदीकरण की प्रक्रिया में है। इसी क्रिया के कारण प्रत्येक समाज में कालान्तर में भिन्न-भिन्न काम करने के लिए नई-नई समितियाँ, व्यवस्थायें, संघ और संस्थायें विकसित होती रहती हैं। इस प्रकार समाज के राजनैतिक, आर्थिक, धार्मिक, संस्कृतिक सभी दलों का विकास होता चलता है। इतिहास यह बतलाता है कि प्रारम्भ में मानव समाज में विभिन्न कार्यों के लिए यह विभेदीकरण नहीं था। सभ्यता और सांस्कृति की प्रगति के साथ-साथ यह विभेदीकरण हुआ और यह अब भी बराबर बढ़ता जा रहा है। यह ऐतिहासिक तथ्य ही इस बात का साक्षी है कि सामाजिक उद्विकास के सिद्धान्त में कितनी वास्तविकता है?

(3) सामाजिक उद्विकास की यह वास्तविकता आदिम समाजों की आधुनिक समाजों में तुलना करने पर और भी स्पष्ट होती है। आदिम समाजों में हर एक परिवार या अधिक से अधिक हर एक बन्धुवर्ग (Kin Group) सामूहिक रूप में मिल कर खेती, शिकार, युद्ध आदि सभी काम करते हैं। न उनमें आधुनिक समाज जैसे वर्ग पाये जाते हैं और न विशेष कामों को करने के लिए विशेष समितियाँ। धार्मिक, सांस्कृतिक तथा शैक्षिक संस्थायें तक अलग-अलग नहीं होतीं। इसके विपरीत आधुनिक समाज में धार्मिक, आर्थिक, सांस्कृतिक सभी क्षेत्रों में विभेदीकरण दिखाई पड़ता है। जाहिर है कि आदिम (Primitive) और आधुनिक (Modern) समाजों का यह अन्तर सामाजिक उद्विकास की वास्तविकता के कारण हैं।

सामाजिक उद्विकास का एक उदाहरण

सामाजिक उद्विकास की वास्तविकता का समर्थन करने के लिये केवल एक उदाहरण ही पर्याप्त होगा। मैकाइवर ने इस विषय में सामाजिक उद्विकास की वास्तविकता को धर्म के उद्विकास का उदाहरण देकर स्पष्ट किया है। उसके अनुसार धर्म का उद्विकास निम्नलिखित अवस्थाओं से होकर हुआ—

(1) **धार्मिक तत्व का अन्य सांस्कृतिक तत्वों के साथ मिश्रण होना** (The Fusion of Religious and Other Cultural Elements)– लूसियन लेवी ब्रहल ने लिखा है, ''विभिन्न वस्तुयें तथा प्राणी जिन रहस्यमय गुणों से युक्त होते हैं वे आदिम व्यक्ति के विचार का एक अविभाज्य अंग होते हैं जो कि उसकी एक समन्वित पूर्ण सभ्यता है।''[1] इस प्रकार आदिम व्यक्ति में धार्मिक तत्व अन्य सांस्कृतिक तत्वों से मिला होता है। वास्तव में इस समय धर्म सभी महत्वपूर्ण मामलों में आदिम व्यक्ति के चिन्तन की पद्धति थी। यह एक प्रकार का मानसिक वातावरण था जो जीवन की सभी प्रधान घटनाओं में काम करता था। इस प्रकार जन्म, मृत्यु, महामारी, प्रकृति की विभिन्न शक्तियों के आकस्मिक प्रगटीकरण, सामाजिक रीति-रिवाजों, फसलों, ॠतुओं, मुखिया की संस्था, सभी को धर्म के आधार पर समझा जाता था। आदिम मानव ने प्राकृतिक और आध्यात्मिक शक्तियों में भेद करना नहीं सीखा था। पोलीनीशिया के माना (Mana) की तरह उस समय के विचार में अच्छी और बुरी शक्तियां, मनुष्य तथा उसके नाम आदि में कोई भेद नहीं था।

(2) **सम्प्रदाय और जादू** (Cult and Magic)– इस खिचड़ी अवस्था से धर्म सम्प्रदाय और जादू की अवस्था में आया। इस अवस्था में अज्ञात शक्तियों को निश्चित रूप दिया जाने लगा था तथा अस्पष्ट रहस्यवादी भावना विशेष चीजों के साथ बंध कर स्पष्ट होने लगी थी। अब इन निश्चित रूप वाली शक्तियों को समाज स्वीकार करने लगा था और उनके साथ विशेष कर्मकाण्ड, दन्तकथायें तथा विश्वास जुड़ने लगे थे। इस प्रकार सम्प्रदाय (Cults) उत्पन्न हुए। पृथ्वी, आकाश, आंधी, तूफान और प्रकृति की जड़ चेतन वस्तुओं से सम्बन्धित रूढ़ शक्तियाँ पृथक् और विशिष्ट सत्तायें बन गईं। उनके पास पहुँचने की विशेष विधियां बनीं। इन विधियों को जानने वाले पुरोहितों का आविर्भाव हुआ। इनके साथ-साथ समाज में जादू करने वाले ओझों का भी जन्म हुआ। इस प्रकार धर्म ने एक संस्था का रूप धारण कर लिया और जीवन के एक विशेष पहलू में ही सीमित हो गया। इस अवस्था में अभी शरीर की आत्मा, सामाजिक और आध्यात्मिक तत्व, जादू टोना और धर्म में भेद नहीं किया गया था।

(3) **विशिष्ट धार्मिक संस्थाओं का निर्माण** (The Formation of Specifically Religious Institutions)–तीसरी अवस्था विशिष्ट धार्मिक संस्थाओं के निर्माण की अवस्था थी। इसमें मनुष्य ने संसार की अच्छाई और बुराई को देखकर उनके अलौकिक कारण देवताओं और राक्षसों की कल्पना की। इस अवस्था में निम्नलिखित दो घटनायें महत्वपूर्ण है:–

(क) **सामूहिक अथवा जातीय देवता** (Communal Deities)– धर्म के संस्थात्मक रूप धारण कर लेने से उसको समूचे समाज या जाति की सम्पत्ति समझा

---

1. "The mystic properties with which things and beings are imbued form an integral part of the idea to the primitive who views it as a synthetic whole."
—Lucien Levy Bruhl

जाने लगा। इससे जाति के पुराने काल्पनिक या वास्तविक पूर्वज और महापुरुष तथा कभी-कभी वर्तमान राजा भी देवता मान लिये गये। इस प्रकार बहुदेववाद (Polytheism) का प्रचार हुआ और क्रमशः एकदेववाद (Monotheism) की ओर प्रवृत्ति हुई।

(ख) **पवित्र और अपवित्र के विचार का आविर्भाव** (The Emergence of the Sacred and Profane)– जातीय या सामूहिक देवताओं के साथ धर्म की एक पृथक् संस्था बन गई और उसके साथ विशेष धार्मिक कर्मकाण्ड, धार्मिक विधियों, धार्मिक पुरोहितों आदि का भी आविर्भाव हुआ। क्रमशः इन सबसे सम्बन्धित वस्तुयें पवित्र (Sacred) और इनसे विरुद्ध वस्तुयें अपवित्र (Profane) समझी जाने लगीं।

(4) **धार्मिक संस्थाओं से विशेष धार्मिक समितियां बनना** (From Religious Institutions to Specifically Religious Associations)– धर्म की चौथी अवस्था में धार्मिक समितियों का उदय हुआ। समिति बनने से धर्म को मानना न मानना व्यक्ति की इच्छा पर निर्भर हो गया। यह धर्म की वर्तमान अवस्था है। परन्तु संस्थाओं से समितियों की अवस्था तक धर्म के विकास में लाखों-करोड़ों मानवों को भारी संघर्ष करना पड़ा है। मध्यकालीन यूरोप में सब जगह प्रजा को राजा का धर्म मानना पड़ता था। इस रिवाज को समाप्त करने के लिये सदियों तक घोर संघर्ष हुआ। अब अधिकांश सभ्य समाजों में राज्य और धर्म को अलग-अलग समितियां मान लिया गया है। धर्म की सदस्यता ऐच्छिक है अनिवार्य नहीं।

सामाजिक उद्विकास के सम्बन्ध में धर्म का उपरोक्त उदाहरण उद्विकास की एक मोटी रूपरेखा ही उपस्थित करता है जिसमें स्थान-स्थान पर विद्वानों में मतभेद होना स्वाभाविक ही है। परन्तु इस एक उदाहरण से इतना अवश्य स्पष्ट होता है कि सामाजिक उद्विकास का सिद्धान्त बालू की दीवार नहीं है। कम से कम इतना तो बहुत से विरोधी मत रखने वाले भी मानते हैं कि इस दृष्टि से देखने से सामाजिक संस्थाओं और समितियों के अध्ययन पर एक नया प्रकाश पड़ता है। ऐसी स्थिति की कल्पना करना कठिन है जब सामाजिक उद्विकास की वास्तविकता में किसी को भी सन्देह नहीं होगा क्योंकि इस बात को समझना बहुत कुछ विशेष विद्वान् के अपने दृष्टिकोण पर आधारित है। परन्तु फिर भी इतना तो जाहिर ही है कि दृष्टिकोण के निकट भूतकाल में और वर्तमान समय में मानव समाज के विभिन्न अंगों, संस्थाओं और समितियों के जो अध्ययन किये गए हैं वे केवल रूचिकर ही नहीं बल्कि प्रेरणा देने वाले भी हैं।

सामाजिक उद्विकास की अवस्थायें

मैकाइवर का वर्गीकरण

प्रसिद्ध समाजशास्त्री मैकाइवर के अनुसार यद्यपि सामाजिक उद्विकास की ऐतिहासिक प्रक्रिया का वर्णन नहीं किया जा सकता परन्तु उसकी एक मोटी

रूप-रेखा अवश्य पेश की जा सकती है। मैकाइवर ने इस उद्विकास की अवस्थाओं का निम्नलिखित वर्गीकरण किया है।

(1) सामूहिक प्रथायें (Cummunal Customs)।

(2) विभेदीकृत सामूहिक संस्थायें (Differentiated Communal Institutions)।

(3) विभेदीकृत समितियां (Differentiated Associations)।

1. सामूहिक प्रथायें—आदिम समाजों में बहुत सी सामूहिक प्रथायें होती थीं जिनको समाज के सभी व्यक्ति मानते थे। ये सामूहिक प्रथायें ही आदिम समाजों पर शासन करती थीं। ये ही आदिम मानव के सामाजिक जीवन का नियन्त्रण करती थीं। इस समय में सामाजिक जीवन के भिन्न-भिन्न अंगों की व्याख्या करने के लिये अलग-अलग प्रथायें नहीं थीं। इस प्रकार आर्थिक, धार्मिक और राजनैतिक सभी कार्य सामूहिक रीति-रिवाजों से ही लिये जाते थे, जैसे समाज में मुखिया की प्रथा होने पर मुखिया ही धार्मिक, सामाजिक, राजनैतिक सभी कामों में अध्यक्ष का काम करता था। वही समाज का राजा था, वही पुजारी और वही समाज का अगुआ। इस प्रकार के कामों के लिये अलग-अलग समितियों, संस्थाओं आदि का इस अवस्था में विकास न हुआ था।

2. विभेदीकृत सामूहिक संस्थायें—सामाजिक उद्विकास के क्रम में मैकाइवर के अनुसार दूसरी अवस्था विभेदीकृत सामूहिक संस्थाओं की है। कालान्तर में धीरे-धीरे समाजों का विकास होता है, जनसंख्या बढ़ती है, नई-नई समस्यायें उत्पन्न होती हैं, नई-नई आवश्यकतायें बढ़ती जाती हैं। रुचियों और प्रवृत्तियों के रूप बदलते हैं और उनमें विविधता आती है। अतः इन विभिन्न स्वार्थों, रुचियों, आवश्यकताओं तथा प्रवृत्तियों को संतुष्ट करने के लिये कार्य का विभाजन किया जाता है और ये काम भिन्न-भिन्न संस्थाओं को सौंप दिये जाते हैं। प्रत्येक वर्ग की अपनी-अपनी संस्थायें विकसित होती हैं और उनके संचालन का भार विशेष व्यक्तियों को सौंपा जाता है। इस प्रकार समाज में भिन्न-भिन्न कामों की विशेष प्रणालियाँ प्रकट होती हैं, विशेष विधि निषेध (Taboos) लागू होने लगते हैं। प्राकृतिक शक्तियों का नियन्त्रण करने और उनके गुप्त भेदों का पता लगाकर लाभ उठाने के लिये नई-नई संस्थायें पैदा होती हैं। इस प्रकार उदाहरण के लिये जादू-टोना करने वाले ओझे, जाति की आवश्यकताओं को पूरा करने के वाले कर्म-काण्ड, मन्त्र-तन्त्र तथा अभिचार की विधियों को करने वाले व्यक्ति समाज में अपने विशेष वर्ग बना लेते हैं। इसी प्रकार परिवार, विवाह, आर्थिक तथा राजनैतिक आदि समाज के विभिन्न कामों के लिये अलग-अलग संस्थायें बन जाती हैं।

3. विभेदीकृत समितियाँ—सामाजिक उद्विकास में तीसरी अवस्था को मैकाइवर ने विभेदीकृत समितियाँ (Differentiated Associations) कहा है। इस

अवस्था में उपरोक्त संस्थायें क्रमशः समितियों का रूप धारण कर लेती हैं। इस प्रकार राज्य, आर्थिक संगठन, परिवार, स्कूल, चर्च, आदि विभिन्न समितियाँ पैदा होती हैं। संस्थाओं की अवस्था से समितियों की अवस्था तक समाज के उद्विकास में बहुत समय लगता है। वास्तव में आदिम समाजों में संस्थाओं से समितियों के विकास की अवस्था बहुत कम आ पाती है क्योंकि उनमें इस विकास के लिये आवश्यक लचीलेपन का अभाव होता है और आर्थिक तथा सामाजिक जीवन में विशेषीकरण कम होता है। उनमें सामूहिक प्रथाओं का अधिक मान होता है और जीवन के विभिन्न क्षेत्रों में अधिकतर इन्हीं का जोर होता है। इसके विपरीत आधुनिक समाजों में ज्ञान की वृद्धि तथा श्रम-विभाजन के कारण समितियों के निर्माण के उपयुक्त परिस्थिति उत्पन्न हो गई है। अतः जीवन के भिन्न-भिन्न काम अलग-अलग समितियों को सौंप दिये गये हैं। उदाहरण के लिये प्राचीन काल में सन्तानोत्पत्ति, मनोरंजन, शिक्षा, आर्थिक उत्पादन आदि अनेक काम अकेले परिवार की संस्था करती थी। अब मनोरंजन, शिक्षा तथा आर्थिक उत्पादन आदि के काम परिवार से अन्य समितियों ने ले लिये हैं। इसी प्रकार जीवन के अन्य क्षेत्रों में भी यह उद्विकास देखा जा सकता है। उदाहरण के लिये दूसरी अवस्था में प्रायः धार्मिक और राजनैतिक संस्थायें एक दूसरे के साथ सम्बद्ध होती हैं। तीसरी अवस्था में राज्य धर्म निरपेक्ष हो जाता है और धार्मिक समितियाँ पृथक् हो जाती हैं। इस प्रकार सामाजिक उद्विकास की इस अवस्था में धार्मिक संस्थायें बन जाती हैं।

समाज के उद्विकास की उपरोक्त व्याख्या को सभी समाजशास्त्री नहीं मानते। उदाहरण के लिये गिन्सबर्ग (Ginsberg) ने इसमें गम्भीर सन्देह प्रकट किया है कि उद्विकास समाज को सरल से जटिल बनाने की क्रमिक गति है। कुछ समाजशास्त्रियों ने सामाजिक उद्विकास की जैवकीय उद्विकास (Biological Evolution) के आधार पर व्याख्या की है। ऑगबर्न (Ogburn) ने सामाजिक उद्विकास के निम्नलिखित चार कारक बतलाये हैं—(1) आविष्कार (Invention), (2) संचय (Accumulation), (3) प्रसार (Diffusion), (4) सामंजस्य (Adjustment)। वास्तव में सामाजिक उद्विकास की अवस्थाओं के विषय में जितने सिद्धान्त प्रस्तुत किये गये हैं उन सभी की कुछ न कुछ आलोचना की जा चुकी है। इस विषय में कोई सर्वसम्मत सिद्धान्त उपस्थित करना है भी कठिन क्योंकि सामाजिक उद्विकास की प्रक्रिया अत्यधिक जटिल है।

उद्विकास, प्रगति, प्रक्रिया और अनुकूलन

प्रगति क्या है?

स्थूल रूप से प्रगति का मतलब आगे बढ़ना है। मैकाइवर ने लिखा है कि "जब हम प्रगति के बारे में बात करते हैं तो हमारा मतलब केवल किसी दशा मात्र से नहीं होता बल्कि किसी निश्चित लक्ष्य की दिशा की ओर ऐसा गन्तव्य जो केवल काम करने वाली शक्तियों मात्र के विचार से नहीं बल्कि आदर्श रूप से निश्चित

किसी लक्ष्य की ओर ले जाता है।''[1] बरगेस के अनुसार ''कोई परिवर्तन या एक उपस्थित पर्यावरण से किसी प्रकार का अनुकूलन जो कि एक व्यक्ति या व्यक्तियों के समूह अथवा जीवन के किसी अन्य संगठित रूप के लिए जीवन को अधिक आसान बना देता है, प्रगति का प्रतिनिधित्व करता कहा जा सकता है।''[2] ऑगबर्न ने लिखा है ''कि प्रगति का अर्थ बेहतर के लिए परिवर्तन है और इसलिये उसमें एक मूल्यात्मक निर्णय होना आवश्यक है।''[3] इस प्रकार प्रगति का निश्चय किसी मूल्य की कसौटी से किया जाता है। प्रत्येक विचारक के सामने कुछ मूल्यों का एक मानदण्ड होता है जिनसे वह जीवन की श्रेष्ठता का निश्चय करता है। यदि उन मूल्यों की वृद्धि होती दिखाई पड़ती है तो वह उस परिवर्तन को प्रगति मानता है, यदि उन मूल्यों की अवनति दिखाई पड़ती है तो वह उसे पतन मानता है। देशकाल तथा व्यक्ति के अनुसार इन मूल्यों में अन्तर हो सकता है और इस कारण प्रगति है या नहीं इस विषय में भी दृष्टिकोण भिन्न-भिन्न हो सकते हैं। इस प्रकार प्रगति मूल्यों पर आधारित है।

उद्विकास

इसके विपरीत उद्विकास में सभी प्रकार की वृद्धि आती है। यह प्रच्छन्न तत्वों की अभिव्यक्ति होता है। अतः प्रगति उद्विकास से संकीर्ण है। लम्ले ने लिखा है 'प्रगति एक अधिक संकीर्ण शब्द है। वह परिवर्तन है परन्तु वह किसी भी दिशा में नहीं बल्कि एक वांछित अथवा अभीप्सित दिशा में परिवर्तन है।''[4] इस प्रकार जहाँ प्रगति केवल वाँछित दिशा में वृद्धि को ही कहते हैं, उद्विकास में किसी भी दिशा में वृद्धि हो सकती है। अतः उद्विकास की कसौटी मूल्य नहीं है। दूसरे, जैसा कि पहले कहा जा चुका है, प्रगति की कसौटी आत्मगत (Subjective) है। वह व्यक्ति-व्यक्ति अथवा देशकाल के अनुसार बदलती रहती है। इसके विपरीत उद्विकास की कसौटी वस्तुगत (Objective) है। हो सकता है कि उद्विकास प्रगति हो अर्थात् वांछित दिशा में परिवर्तन हो परन्तु हो सकता है कि वह प्रगति न हो। वास्तव में यह कहना अधिक आसान है कि किसी समाज में उद्विकास हुआ है या नहीं जबकि यह सर्वमान्य रूप से निश्चित नहीं किया जा सकता कि उस समाज ने प्रगति की है अथवा नहीं। प्रगति उद्विकास का ही एक प्रकार है।

---

1. "When we speak of progress, we imply not merely direction, but direction towards some final goal, some destination determined ideally not simply by the objective consideration of the forces at work." —MacIver
2. "Any change or adaptation to an existent environment that makes it easier for a person or group of persons or other organised form of life to live may be said to represent progress." —Burgess
3. "Progress means change for the better and hence must imply a value judgement." —Ogburn & Nimkoff
4. "Progress is a narrower concept. It is change but it is change in a desired or approved direction, not any direction." —Lumley *'Principles of Socilogy'*, p. 387.

प्रक्रिया

मैकाइवर तथा पेज ने प्रक्रिया की परिभाषा इन शब्दों में की है, "एक प्रक्रिया का अर्थ प्रारम्भ से ही परिस्थिति में उपस्थित शक्तियों के फलस्वरूप एक निश्चित रूप से होने वाले एक लगातार परिवर्तन से है।"[1] इस परिभाषा को और भी स्पष्ट करने के अभिप्राय से मैकाइवर ने आगे कहा है "प्रक्रिया का एक मात्र अभिप्राय एक निश्चित चरण-अनुचरण पद्धति से है जिससे एक अवस्था में सीढ़ी दूसरी में विलीन हो जाती है।" इस प्रकार प्रक्रिया में एक अवस्था में दूसरी अवस्था में परिवर्तन के प्रकार, पद्धति या क्रिया का अध्ययन किया जाता है। अनुकूलन, विघटन आदि ऐसी ही प्रक्रियायें हैं। इस प्रकार प्रक्रिया एक निश्चित और निरंतर परिवर्तन है चाहे यह आगे की ओर हो या पीछे की ओर, संगठनकारी हो या विघटनकारी, प्रगति की दिशा में हो या अवनति की दिशा में।

अनुकूलन

अनुकूलन (Adaptation) एक जैवकीय क्रिया है। इससे व्यक्ति अथवा प्राणी अपने पर्यावरण अथवा अन्य वस्तुओं के अनुकूल होने के लिये परिवर्तित होता है। इस प्रकार अनुकूलन का सम्बन्ध दो या दो से अधिक वस्तुओं से होता है। इस प्रक्रिया में ये पदार्थ एक दूसरे के अनुरूप होने की कोशिश करते हैं। अत: अनुकूलन प्रगति या उद्विकास से भिन्न है। वह एक प्रकार का परिवर्तन है जिसमें प्रगति भी हो सकती है और अवनति भी, वृद्धि भी हो सकती है और कमी भी। उसका एक मात्र लक्ष्य अन्य वस्तु या परस्थिति अथवा पर्यावरण के अनुकूल बनना है। उदाहरण के लिये अनेक पशुओं के शरीर पर पहाड़ों में बड़े-बड़े बाल उग आते हैं और मैदानों में उतर आने पर या गर्मियों में झड़ जाते हैं।

आदिम से सभ्य समाज तक विभिन्न अवस्थायें

सभ्यता के विकास क्रम को सभी विद्वानों ने एक दृष्टिकोण से नहीं देखा है। अत: आदिम समाज से सभ्य समाज तक विकास में कौन सी विभिन्न अवस्थायें हैं इसके बारे में सभी एक मत नहीं हैं। सभी लोगों ने संस्कृति के विकास के तीन स्तर माने हैं। ये तीन स्तर निम्नलिखित हैं :–

(1) पाश्विकता (Savagery)

(2) बर्बरता (Barbarism)

(3) सभ्यता (Civilization)

प्रौद्योगिकी (Technology) के विकास से सभ्यता का विकास समझाने वाले विचारक आदिम समाज से सभ्य समाज तक निम्नलिखित तीन अवस्थायें मानते हैं :–

---

1. "A process means continuous change taking place in a definite manner through the operation of forces present from the first within the situation."—MacIver & Page

(1) प्रस्तर युग (Stone Age)

(2) कांस्य युग (Bronze Age)

(3) लौह युग (Iron Age)

आर्थिक जीवन के उद्विकास को सभ्यता का उद्विकास मानने वाले विद्वानों ने आदिम जीवन से वर्तमान सभ्यता तक विकास की अग्रलिखित चार अवस्थायें मानी हैं :-

(1) शिकारी अवस्था (Hunting Stage)

(2) चरवाही अवस्था (Pastoral Stage)

(3) कृषि अवस्था (Agricultural Stage)

(4) औद्योगिक अवस्था (Industrial Stage)

मार्क्स तथा इंगेल्स (Marx and Engels) ने इन अवस्थाओं को वास्तविक ऐतिहासिक क्रम का सूचक माना है अर्थात् सभी मानव सभ्यतायें इसी निश्चित क्रम से इन अवस्थाओं से गुजरी हैं। परन्तु फ्रेडरिक रजल (Fredrick Ratzel), एडवर्ड हान (Edward Han) तथा एलेग्जेण्डर वॉन हमबोल्ट (Alexander Von Humboldt) आदि विद्वानों ने इस मत का खण्डन किया है। फिर भी यह मत बहुत प्रसिद्ध है। अतः यहाँ पर इसी का वर्णन किया जायेगा।

1. **शिकारी अवस्था**—मनुष्य की सभ्यता की पहली अवस्था शिकारी अवस्था है। इस अवस्था में लोग जंगलों में अथवा नदियों तथा समुद्रों के किनारे रहा करते थे और पशु-पक्षियों तथा मछलियों का शिकार करते थे। इन्हीं पशुओं की खालों से तथा पेड़ों की छालों से वे अपने वस्त्र बनाते थे। गर्म देशों में वस्त्र लगभग नहीं के बराबर प्रयोग होते थे और अधिकतर लोग एक लंगोटी बांधते या नग्न रहते थे। इस समय तक मनुष्य समूहों में गांव बनाकर नहीं रहते थे। वे प्राकृतिक शक्तियों से डरते थे और उनकी उपासना करने तथा जादू के जोर से उनको अपने पक्ष में करने की कोशिश करते थे। शिकार के हथियार पत्थर, लकड़ी तथा हड्डी आदि और बाद में लोहे के भी होने लगे थे। गर्म देशों में लोग पेड़ों पर या झोंपड़ियों में रहते थे। ठण्डे देशों में गुफाओं का प्रयोग किया जाता था। व्यापार के रूप में कुछ वस्तुओं की अदला बदली (Barter) मात्र होती थी। सामूहिक और स्थायी जीवन के अभाव में सामाजिक और राजनैतिक जीवन का विकास नहीं हुआ था।

2. **चरवाही अवस्था**— शिकार करने के साथ-साथ मानव ने कुछ जंगली पशुओं को पालना भी सीखा। इस प्रकार बकरियाँ, भेड़ें, गाय, भैंस, घोड़े, रेनडियर, कुत्ते, आदि पाले जाने लगे। घास खाने वाले जानवरों को चारे की जरूरत रहती थी। अतः चरवाही अवस्था में मनुष्य अधिकतर घुमक्कड़ थे। वे अपने पशुओं के लिये चारे की तलाश में एक स्थान से दूसरे स्थान को घूमते रहते थे। जब एक स्थान पर घास आदि की कमी हो जाती थी तो वे वह स्थान छोड़कर आगे बढ़ जाते थे। इस अवस्था में फल और गोश्त के साथ-साथ खाने पीने में दूध से बनी चीजों का भी प्रयोग होने लगा। जानवरों की खालों के तम्बू रहने के लिये प्रयोग किये जाने

लगे। इस अवस्था में परिवार के परिवार चारे की तलाश में इधर-उधर घूमा करते थे।

3. **कृषि अवस्था**– खेती की अवस्था से मानव ने सभ्यता की सीढ़ी में महत्वपूर्ण कदम आगे बढ़ाया क्योंकि अब वह स्थायी रूप से खेती के योग्य मैदानों में रहने लगा। स्थायी रूप से बहुत से लोगों के एक स्थान पर रहने से और प्राकृतिक आपत्तियों के विरुद्ध लड़ने में एक दूसरे के साथ भाग लेने से उनमें क्रमशः सामुदायिक भावना का विकास हुआ और धीरे-धीरे छोटे-छोटे गाँव बस गये। इन गाँवों में एक दूसरे से भी सम्पर्क आने लगा। गाँव में सामूहिक जीवन के विकास से राजनैतिक जीवन का विकास हुआ। सामाजिक और राजनैतिक संस्थाओं का विकास हुआ। स्थायी रूप से एक स्थान पर रहने और खेती करने से जीविकोपार्जन से कुछ अवकाश मिला और साहित्य, कला, दर्शन और धर्म का विकास हुआ। इस प्रकार संसार के प्रसिद्ध उपजाऊ मैदानों में मानव की खेती की अवस्था में महान् सभ्यताओं का उदय हुआ। मिस्त्र, भारत तथा चीन की सभ्यताओं की किसी भी आधुनिक पाश्चात्य सभ्यता से तुलना की जा सकती है।

4. **उद्योगिक अवस्था**– परन्तु उद्योग की अवस्था ने मानव सभ्यता के विकास में क्रांति ही कर दी। औद्योगिक क्रांति के प्रभाव से सामाजिक, राजनैतिक, आर्थिक जीवन के सभी पक्षों में सभ्यता की तेजी से प्रगति हुई। बड़े-बड़े नगर बसने लगे और वे ही अब सभ्यता के केन्द्र हो गये। विज्ञान की अभूतपूर्व प्रगति से मानव ने प्राकृतिक शक्तियों, जल, वाष्प, विद्युत, अणुशक्ति आदि पर अधिकार करके धरती का रूप बदलना शुरू किया। वह पवन से भी तेज गति से हवा में उड़ने लगा। सागर की छाती पर हजारों मन बोझ लेकर जहाज इधर का माल उधर करने लगे। यातायात और संदेशवहन के साधनों में अभूतपूर्व विकास हुआ। औद्योगीकरण से वर्गवाद बढ़ा। साम्यवाद और समाजवाद जैसी नवीन राजनैतिक विचारधारायें फैलने लगीं। जनसाधारण के जीवन का स्तर ऊंचा उठा। सामाजिक और राजनैतिक ढाँचा और भी जटिल हो गया।

आज मानव सभ्यता उद्योग की अवस्था में है। हमारा युग अणु युग अथवा औद्योगिक युग है। जीवन की गति तीव्र होती गई है जिसमें सभी दिशाओं में समान रूप से प्रगति नहीं हुई है। इससे सब कहीं सांस्कृतिक विलम्बना दिखाई पड़ने लगी है। भौतिकता बढ़ती जाती है। इसके साथ अभौतिक संस्कृति में इतनी प्रगति नहीं हुई है। इस असन्तुलन से मानव सभ्यता को जबर्दस्त खतरा है। यदि यह असन्तुलन दूर न हुआ तो शायद विशालकाय मैमथों (Mammoths) और डाइनोसरों (Dinosaures) के समान भविष्य में हमारा भी पता न लगे। परन्तु यदि यह संकट टल गया तो मानव सभ्यता इस धरती से ऊपर उठकर चांद सितारों तक पहुँचेगी।

अभ्यास के लिए प्रश्न

1. सामाजिक उद्विकास की परिभाषा दीजिये।
2. सामाजिक उद्विकास, प्रगति, प्रक्रिया और अनुकूलन में अन्तर बतलाइये।

4

सामाजिक प्रगति

(Social Progress)

प्रगति की व्याख्या

प्रगति का शाब्दिक अर्थ किसी लक्ष्य की ओर आगे बढ़ना है या केवल आगे बढ़ना है। परन्तु आगे बढ़ना या पीछे हटना, प्रगति या अवनति सापेक्षिक शब्द हैं। यदि यह कहा जाय कि यह देश आगे बढ़ा तो इस बात का तब तक कोई अर्थ समझ में नहीं आ सकता जब तक यह न मालूम हो कि किस तरफ आगे बढ़ा अथवा उसने किस मूल्य या लक्ष्य को प्राप्त करने में प्रगति की। इस प्रकार प्रगति केवल परिवर्तन मात्र नहीं है। वह किसी विशेष दिशा में परिवर्तन है। प्रत्येक दिशा में परिवर्तन को प्रगति नहीं कहा जा सकता। उदाहरण के लिये यदि किसी देश में खेती की दशा खराब हो गई और अकाल पड़ गया तो यह परिवर्तन तो हुआ परन्तु इसे प्रगति कोई नहीं कहेगा। अत: प्रगति का अर्थ किसी लक्ष्य को प्राप्त करने में आगे बढ़ना है। इस प्रकार इसका अर्थ उद्विकास (Evolution) से संकीर्ण है। मोटे रूप में उस परिवर्तन को प्रगति कहा जा सकता है जिससे किसी व्यक्ति, संस्था अथवा समूह के जीवन में सहायता मिले क्योंकि जीवित रहना (To Live) यद्यपि सर्वोच्च नहीं परन्तु सर्वप्रथम और अनिवार्य मूल्य है। जब जीवन ही नहीं रहा तब फिर मूल्य किस का और कैसा? अत: प्रगति का नाम पाने की इच्छा रखने वाले प्रत्येक परिवर्तन को कम से कम जीवनदायक तो होना ही चाहिये।

सामाजिक प्रगति क्या है?

1. **वार्ड का मत**— लैस्टर वार्ड के अनुसार "प्रगति वह है जो कि मानव सुख में वृद्धि उत्पन्न करती है।"[1] जैसा कि वार्ड ने ठीक ही कहा है समाज के सदस्यों के सुख में उत्तरोत्तर वृद्धि सामाजिक प्रगति की एक निश्चित पहचान है और इसकी अनुपस्थिति में किसी भी परिवर्तन को प्रगति नहीं कहा जा सकता। मानव सुख की वृद्धि सामाजिक प्रगति की एक कसौटी है। यदि समाज के लोग अधिक सुखी हैं तो स्पष्ट है कि समाज प्रगति की ओर जा रहा है। यदि समाज के लोग

---

1. "Progress is that which secures the increase of human happiness."—Lester Ward

दुखी हैं तो प्रगति नहीं मानी जा सकती। यहाँ पर यह ध्यान रखने की बात है कि सामाजिक सुख एक सापेक्ष शब्द है। प्रगति की कसौटी के रूप में सामाजिक सुख का अर्थ केवल यह है कि लोग पहले की अपेक्षा अधिक सुखी हैं, यह सुख कितना कम है या अपर्याप्त है यह दूसरी बात है। यहां पर यह भी ध्यान रखने की बात है कि यदि समाज के थोड़े से लोग ही सुखी दिखाई पड़ते हैं तो उसको प्रगति की अवस्था नहीं माना जा सकता क्योंकि वे थोड़े से लोग ही तो समाज नहीं बनाते। सामाजिक प्रगति के लिये यह आवश्यक है कि समाज के अधिकतर सदस्यों के सुख में वृद्धि हो।

2. **ग्रोब्ज और मूर का मत**– ग्रोब्ज और मूर के अनुसार ''प्रगति स्वीकृत मूल्यों के आधार पर एक वांछित लक्ष्य की ओर गति को कहते हैं।''[1] जैसा कि प्रगति के नाम से स्पष्ट है प्रगति का निश्चय किसी न किसी लक्ष्य के प्रसंग में ही किया जा सकता है। प्रगति वह गति है जो किसी लक्ष्य की ओर होती है। परन्तु सभी तरह के लक्ष्य की ओर गति को भी प्रगति नहीं कहेंगे क्योंकि इनमें से कुछ लक्ष्य वांछनीय हो सकते हैं जबकि अन्य कुछ लक्ष्य अवांछनीय भी हो सकते हैं। अवांछनीय लक्ष्यों की गति को कोई भी प्रगति नहीं कहेगा। इसलिये प्रगति के लिये किसी वांछनीय लक्ष्य की ओर गति आवश्यक है।

यहाँ एक प्रश्न उठता है कि वांछनीय अथवा अवांछनीय की कसौटी क्या है? उसका निश्चय कैसे किया जाय? यह एक तथ्य है कि भिन्न-भिन्न मानव समाजों में और एक ही समाज में भिन्न-भिन्न व्यक्तियों में भिन्न-भिन्न तरह की चीजों को वांछनीय कहा जाता है। कभी-कभी जो चीज एक समाज में वांछनीय मानी जाती है वही दूसरे समाज में अवांछनीय मानी जाती है। केवल यही क्यों बल्कि एक ही समाज में भी एक समय में जो चीज वांछनीय मानी जाती है वही चीज दूसरे समय में अवांछनीय मानी जाती है। इसी तरह एक ही समाज में उसी समय में समाज के भिन्न-भिन्न व्यक्ति भिन्न-भिन्न समय में और कभी परस्पर विरोधी चीजों को वांछनीय मानते हैं। ये सब मतभेद भिन्न-भिन्न समाजों में और भिन्न-भिन्न व्यक्तियों में तथा एक ही समाज में भिन्न-भिन्न कालों में मूल्यों के भेद के कारण हैं। इस तरह सामाजिक मूल्य यह निश्चित करते हैं कि क्या वांछनीय है और क्या अवांछनीय तथा वांछनीय का विचार सामाजिक लक्ष्य सिद्ध करता है जिनकी ओर गति से सामाजिक प्रगति मानी जाती है। स्पष्ट है कि सामाजिक प्रगति मूल्यों के अनुसार सापेक्ष है। मूल्य बदलने के साथ प्रगति की धारणा भी बदलती है।

यहाँ पर यह कठिनाई हो सकती है कि मूल्यों के इस भेद में आखिरकार किन मूल्यों को ऊँचा माना जाय। इसके विषय में भिन्न-भिन्न समाजशास्त्री एक मत नहीं हैं। यद्यपि सामान्य रूप से यह कहा जा सकता है कि आध्यात्मिक मूल्य मानसिक

1. "Progress is movement towards a desired end in terms of accepted values."
--Groves and Moore

मूल्यों से और मानसिक मूल्य भौतिक मूल्यों से ऊंचे हैं। उदाहरण के लिये मानसिक दृष्टिकोण से प्रगति यद्यपि भौतिक प्रगति का स्थान नहीं ले सकती परन्तु फिर भी इसको भौतिक प्रगति से ऊंचा माना जाता है। मूल्यों के संस्तरण में इस क्रम को मानने का आधार स्वयं मनुष्य की अपनी संरचना है। जहाँ तक भौतिक लक्ष्यों का सवाल है मनुष्य और पशु में अधिक अन्तर नहीं है। मानसिक लक्ष्य, कला, विज्ञान, साहित्य आदि और आध्यात्मिक मूल्य धर्म, नीति आदि मनुष्य को पशु से ऊपर उठाते हैं। यदि भौतिक मूल्य प्राप्त कर लिये गये तो इसमें कोई मानवोचित श्रेष्ठता नहीं है उनको तो पशु भी प्राप्त कर सकते हैं। मानवोचित श्रेष्ठता तो तभी होगी जबकि मानसिक अथवा आध्यात्मिक मूल्य प्राप्त किये जायें। इस प्रकार मूल्यों में ऊंचे नीचे का निश्चय मनुष्य की श्रेष्ठता के आधार पर किया जाता है। दूसरे जैसे-जैसे मूल्य सूक्ष्म, जटिल और व्यापक होते जाते हैं वैसे-वैसे ही उनको ऊंचा मानना पड़ेगा। भौतिक मूल्यों से मानसिक मूल्य अधिक व्यापक, जटिल और सूक्ष्म हैं तथा मानसिक मूल्यों से आध्यात्मिक मूल्य अधिक व्यापक, जटिल और सूक्ष्म हैं। इस प्रकार उपरोक्त परिभाषा में यह बात ठीक नहीं जंचती कि किसी भी समाज के समकालीन लोगों द्वारा माने गये मूल्यों से ही प्रगति की परीक्षा कर ली जाय। जैसा कि मूल्यों के उपरोक्त विवेचन से स्पष्ट है स्वयं मूल्यों में उतार चढ़ाव का एक क्रम है। अतः यह कहना अधिक बेहतर होगा कि निम्न से उच्चतर मूल्यों को प्राप्त करने की ओर गति को प्रगति कहा जा सकता है।

(3) **मैकाइवर का मत**—मैकाइवर के अनुसार "जब हम प्रगति की बात करते हैं तो हमारा तात्पर्य किसी भी दिशा से नहीं होता बल्कि किसी परम शुभ, किसी गन्तव्य स्थान से होता है जो कि आदर्श रूप में निर्धारित होता है और केवल काम करती हुई शक्तियों के विचार से नहीं निर्धारित होता।"[1] इस परिभाषा में मैकाइवर ने यह ठीक ही कहा है कि प्रगति का लक्ष्य आदर्श रूप में निश्चित होता है। जैसा कि पीछे विश्लेषण किया जा चुका है मूल्यों के क्रम के अनुसार प्रगति का विचार निश्चित होगा। मूल्यों के इस संस्तरण को आदर्श रूप में ही निश्चित किया गया है। समाज किस ओर जा रहा है अथवा उसमें कौन सी शक्तियां कार्य कर रही हैं इससे यह निश्चय नहीं होगा कि उसको किस ओर जाना चाहिये। जो कुछ है (What is) वह जो कुछ होना चाहिये (What ought to be) उसका निश्चय नहीं कर पाता। इसलिये सामान्य शुभ क्या है, अथवा मूल्य क्या हैं इनका निश्चय विज्ञान के क्षेत्र में न आकर नीति और दर्शन के क्षेत्र में आता है। वास्तव में जैसा कि प्लेटो (Plato) ने हजारों साल पहले ठीक ही कहा था जगत के वैषयिक तत्व अपने आदर्श रूपों की भद्दी प्रतिलिपि मात्र हैं। किस वस्तु को क्या होना चाहिये, किस व्यक्ति को क्या करना चाहिये, यह एक आदर्श की बात है। वह वस्तु क्या है अथवा वह व्यक्ति क्या है इससे इस आदर्श में कोई अन्तर नहीं पड़ता। परन्तु आदर्श का तात्पर्य यह नहीं है कि वह कभी यथार्थ हो ही न सके। सच तो यह है

---

1. "When we speak of progress, we simply do not mean direction but direction towards some final good, some destination determined ideally not simply by the objective consideration of the force at work".
--MacIver

कि यद्यपि यथार्थ और आदर्श का अन्तर पूरी तरह नहीं मिटता परन्तु ये दोनों सापेक्ष हैं और आदर्श अधिकाधिक यथार्थ बनाया जा सकता है। इसीलिये आदर्श रूप में निर्धारित लक्ष्य यथार्थ रूप में प्राप्त किये जा सकते हैं।

(4) **पार्क और बर्गेस का मत**– पार्क और बर्गेस के अनुसार "किसी उपस्थित पर्यावरण के प्रति अनुकूलन के लिये कोई भी परिवर्तन जो कि एक व्यक्ति अथवा व्यक्तियों के समूह अथवा जीवन के अन्य संगठित रूप के लिये जीवन आसान बना देता है प्रगति का प्रतिनिधित्व करता हुआ कहा जा सकता है।"[1] पीछे दिये गये विश्लेषण की पृष्ठभूमि में यह स्पष्ट है कि प्रगति की परिभाषा एकांगी और अपूर्ण है। वास्तव में यह प्रगति के जैवकीय विचार को उपस्थित करती है। यह ठीक है कि मनुष्य के सामने सबसे बड़ी समस्या जीवन का संघर्ष है और इस संघर्ष में सहायता देने वाली हर चीज आमतौर से वांछनीय है परन्तु यदि मानव जीवन के लक्ष्य को यहीं तक सीमित कर दिया जाये तो मनुष्य और पशु में अन्तर ही क्या है। कोई भी विचारक जिसने मनुष्य और पशु के अन्तर पर विचार किया है केवल अस्तित्व के लिये संघर्ष मात्र ही मानव जीवन का लक्ष्य नहीं मान सकता। मनुष्य का लक्ष्य जीना है। परन्तु यह जीना कीड़े-मकोड़े की तरह जीना न होकर मनुष्य की तरह जीना है मनुष्य की तरह जीने का अर्थ कोई आसान या सरल जीवन न होकर एक ऐसा जीवन है जिसमें मानव सुलभ मूल्यों का समुचित विकास हो सके और ये मानव सुलभ मूल्य, जैसा कि पहले बतलाया जा चुका है, मानसिक और आध्यात्मिक मूल्य हैं। दूसरे, मनुष्य केवल पर्यावरण से अनूकूलन ही नहीं करता बल्कि पर्यावरण को भी अपने अनुकूल बदल देता है। यही मानवीय अनुकूलन और पाश्विक अनुकूलन में अन्तर है। अत: केवल अनुकूलन मात्र में सहायता देने वाली चीज को वांछनीय नहीं कहा जा सकता। फिर भी प्रगति की उपरोक्त परिभाषा से इतना सत्य अवश्य है कि पर्यावरण से अधिक से अधिक अनुकूलन प्रगति की एक महत्वपूर्ण कसौटी है।

(5) लम्ले का मत– सामाजिक उद्विकास और सामाजिक प्रगति में अन्तर बतलाते हुए लम्ले ने लिखा है। "प्रगति एक अधिक संकीर्ण प्रत्यय है। वह परिवर्तन है, परन्तु वह किसी भी दिशा में परिवर्तन न होकर एक वांछित अथवा स्वीकृत दिशा में परिवर्तन है।"[2] प्रगति की यह परिभाषा सामाजिक उद्विकास से उसका अन्तर स्पष्ट करती है। प्रगति का जो विश्लेषण पीछे दिया गया है उससे इस परिभाषा को समझने में कठिनाई नहीं होगी।

---

1. Any change or adaptation to an existent environment that makes it easier for a person or group of persons or other organised forms of life may be said to represent progress."
—Park and Burgess
'An Introduction to Science of Sociology', p. 382.
2. "Progress is a narrower concept. It is change but it is change in a desired or approved direction not any direction.
—Lumley,
Principals of Socilogy, p. 38

प्रगति की विशेषतायें

प्रगति की सामान्य विशेषताओं को जानने से प्रगति का विचार और भी स्पष्ट होगा। प्रगति की मुख्य सामान्य विशेषतायें निम्नलिखित हैं—

(1) प्रगति में परिवर्तन है—प्रगति, जैसा कि उसके नाम से स्पष्ट है किसी न किसी दिशा में गति अथवा परिवर्तन है। अतः परिवर्तन उसकी अनिवार्य विशेषता है।

(2) प्रगति में वांछित उद्देश्य की पूर्ति होती है—परन्तु केवल परिवर्तन मात्र को प्रगति नहीं कहा जा सकता। प्रगति कहलाने के लिये परिवर्तन वांछित उद्देश्य की पूर्ति करने वाला भी होना चाहिये। वह वांछित उद्देश्य कुछ भी हो सकता है परन्तु यह कल्याणकारी और लाभदायक तो होगा ही क्योंकि कोई भी अपना अकल्याण अथवा हानि नहीं चाहता।

(3) प्रगति सामूहिक होती है—प्रगति नैतिक अथवा अन्य अर्थों में व्यक्तिगत भी होती है। परन्तु समाजशास्त्र में प्रगति के इस अर्थ को नहीं लिया जाता है क्योंकि समाजशास्त्र समाज का शास्त्र है और उसमें व्यक्ति को समाज के एक अंग के रूप में ही स्थान दिया जाता है। अतः समाजशास्त्र के अनुसार प्रगति सामूहिक होती है अर्थात् उसमें समस्त समूह किसी वांछित दिशा में आगे बढ़ता है।

(4) प्रगति में हानि लाभ दोनों सम्भव हैं—ऐसा नहीं है कि प्रगति में केवल लाभ ही लाभ हो और हानि बिल्कुल नहीं, परन्तु हाँ इतना अवश्य है कि अन्त में हानि की अपेक्षा लाभ अवश्य ही अधिक होता है। लाभ से हानि अधिक होने पर सामाजिक परिवर्तन को प्रगति नहीं कहा जा सकता। हर एक प्रगति में समूह को कुछ न कुछ कष्ट उठाने पड़ते हैं और त्याग करने पड़ते हैं। स्वतन्त्रता प्राप्त करने में भारत को भारी कष्ट उठाने पड़े और कितनी हानि सहन करनी पड़ी। परन्तु फिर भी स्वतन्त्रता के इतिहास में प्रत्येक संघर्ष प्रगति की ओर ही एक कदम था।

(5) प्रगति ऐच्छिक होती है—प्रगति अपने हाथ पर हाथ धर कर बैठने से नहीं होती। उसके लिये इच्छा और संकल्प की आवश्यकता है। वह ऊपर चढ़ने का काम (Uphill Task) है, उसके लिये कोशिश करनी पड़ती है और जब उस कोशिश में सफलता मिलती है तब उसे प्रगति कहते हैं। ध्यान रहे कि यह आवश्यक नहीं है कि प्रयत्न प्रगति हो क्योंकि बहुधा प्रयत्न व्यर्थ भी जाते हैं और भरसक कोशिश करने पर भी कभी-कभी हम एक कदम भी आगे नहीं बढ़ पाते।

(6) प्रगति की धारणा परिवर्तनशील है—सभी देश कालों में प्रगति की धारणा एक ही नहीं होती। आज जो प्रगति का चिन्ह माना जाता है वही कल अवनति का प्रतीक माना जा सकता है। भारत में एक ही बात को अवनति माना जा सकता है जबकि पश्चिमी समाज में उसे ही प्रगति माना जा सकता है। ऑगबर्न और निमकॉफ लिखते हैं "हमारा देश एक शताब्दी पहले से अधिक धनी है। परन्तु क्या

धन की प्राप्ति प्रगति है? हम शीघ्रतापूर्वक संसार में भ्रमण कर सकते हैं परन्तु क्या इससे अधिक सुख या स्वास्थ्य या आराम या मानसिक शान्ति प्राप्त होती है? पूर्व की प्राचीन सभ्यताओं से आने वाले व्यक्ति और सुदूर स्थानों के कम उन्नतिशील व्यक्ति हमारी भौतिक सफलता पर आश्चर्य करते हैं और बहुधा पूछते हैं कि क्या यह वास्तव में प्रगति है।''

प्रगति और सामाजिक मूल्य

प्रगति की परिभाषा करते हुए लम्ले ने लिखा है, ''प्रगति हमारे सामाजिक उद्देश्यों की प्राप्ति है।''[1] इस प्रकार प्रगति सामाजिक मूल्यों द्वारा निर्धारित होती है। जिस देश काल में जो सामाजिक मूल्य (Social Values) होंगे उसी के अनुसार उनका प्रगति का विचार होगा। समाजशास्त्र में मूल्य शब्द का प्रयोग विशेष अर्थों में किया गया है। Patterns of Culture में गिलिन और गिलिन लिखते हैं ''एक वस्तु का मूल्य किसी अन्य वस्तु की तुलना में उसका महत्व या वांछनीयता है। मूल्य (1) समूह अथवा समूह की एक बड़ी संख्या या बड़े भाग की आवश्यकताओं को पूरा करने वाली क्रियाओं और रूखों के चारों ओर, अथवा (2) जीवन के उन तरीकों के चारों ओर केन्द्रित है जो कि आदत या प्रथा बन चुकी हैं और इसलिये रोज-रोज बहुत कम चेतन अवधान चाहती हैं, अथवा (3) वे संस्कृति के अन्य तत्वों से इतने घुल-मिल गये हैं कि संकुल के किसी एक भाग में विघ्न अन्य सभी में भी विघ्न का खतरा उत्पन्न कर लेते हैं।''[2] इस प्रकार मूल्य वह है जो वांछनीय है। वह उन क्रियाओं या विचारों पर आधारित होता है जो सामूहिक जीवन की आवश्यकताओं को पूरा करती हैं। मूल्य उन क्रियाओं से सम्बन्धित है जो हमारी आदत बन चुकी है तथा संस्कृति में घुल-मिल गये हैं। इस प्रकार स्पष्ट है कि मूल्य सामाजिक हैं और हम उनकी वृद्धि चाहते हैं अथवा समूह को उनकी वृद्धि की आवश्यकता है। अतः जितनी ही अधिक मूल्यों की प्राप्ति होगी समूह उतना ही वांछित दिशा में बढ़ेगा। स्पष्ट है कि प्रगति सामाजिक मूल्यों पर ही आधारित है। किसी परिवर्तन को प्रगति कहा जायेगा या अवनति, यह उस समाज के सामाजिक मूल्यों पर निर्भर है और ये मूल्य सदा बदलते रहते हैं। अतः कोई भी चीज ऐसी नहीं है जो सभी देश काल में एक ही रूप में मूल्यवान मानी जाय। इसीलिये मैकाइवर और पेज ने लिखा है ''प्रगति का विचार एक गिरगिट है जब हम पर्यावरण के अनुकूल होते हैं तब उसका रंग ग्रहण कर लेता है और जब हम अनुकूलन नहीं कर

---

1. Progress is the realisation of our social ideals." --Lumley
2. "The value of a thing is its worth or desirability as compared with something else. Value clusters around (1) activities and attitudes which serve needs of the group, or a large or dominant portion of the group, or (2) about ways of life which have become habitual or customary and, therefore, require little conscious adjustment from day to day or they are (3) so intertwined with other elements in the culture that disturbance of one part of the complex threatens others." --Gillin and Gillin

पाते तब विपरीत रंग ग्रहण कर लेता है।''[1] इस प्रकार प्रगति का विचार गिरगिट के समान रंग बदलता रहता है। यहाँ पर यदि कुछ लोग यह कहें कि प्रगति के कुछ विचार सदैव एक से रहते हैं जैसे चोरी न करना, हिंसा न करना, शोषण न करना आदि प्रगति के चिन्ह हैं। परन्तु गौर करने से यह स्पष्ट हो जायेगा कि इन शब्दों के अर्थ भिन्न-भिन्न देश काल में भिन्न-भिन्न होते हैं। उदाहरण के लिये जैन धर्म में कीड़े या मच्छर को मारना भी हिंसा माना जाता था जबकि राजनैतिक क्षेत्र में शत्रु को मार डालना भी हिंसा नहीं माना जाता है। इसी प्रकार किसी समय में दास प्रथा तक को शोषण नहीं माना जाता था। आज भी साम्यवादी और पूंजीवादी देशों में शोषण के अर्थ भिन्न-भिन्न हैं। इस प्रकार प्रगति का अर्थ विशिष्ट सामाजिक मूल्यों पर निर्भर है। मूल्यों की इस परिवर्तनशीलता का अर्थ यह नहीं है कि प्रगति का विचार निश्चित ही नहीं है। इसका अर्थ केवल यह है कि प्रगति का विचार सब देश कालों में एक सा नहीं होता और सामाजिक मूल्यों के अनुसार निर्धारित होता है। ये सामाजिक मूल्य बदलते रहते हैं परन्तु इनके बदलने की गति बहुत मन्द होती है और बहुत से मूल्यों में तो सैकड़ों सालों में भी बहुत कम अन्तर पड़ता है। अत: उस सीमा तक प्रगति का विचार स्थिर रहता है। अत: यह स्पष्ट है कि प्रगति का विचार सामाजिक मूल्यों से निर्धारित होता है। मूल्यों का विवेचन पीछे भी किया जा चुका है।

सामाजिक प्रगति में सहायक दशायें

सामाजिक प्रगति में सहायक दशायें भी सभी देश काल में एक सी नहीं हो सकतीं। इसके अलावा प्रगति के भिन्न-भिन्न क्षेत्रों के लिये सहायक दशायें भी भिन्न-भिन्न होंगी। विभिन्न देशों में प्रगति के स्तर के अनुसार उनकी प्रगति में सहायक अवस्थायें भी बदलती रहती हैं। उदाहरण के लिये भारतवर्ष में वर्तमान अवस्था में जनता के लिये शिक्षा, आजीविका के साधन, खाद्य सामग्री आदि का प्रबन्ध प्रगति में सहायक दशायें हैं। ये चीजें प्रत्येक समाज के लिये आवश्यक हैं परन्तु जहाँ ये चीजें पहले से उपलब्ध हों वहाँ प्रगति इन क्षेत्रों के अलावा अन्य क्षेत्रों में होगी। अत: उसके लिये भिन्न दशाओं की आवश्यकता होगी। उदाहरण के लिये अमरीका में मानसिक और यौन सम्बन्धी व्याधियों का दूर होना प्रगति की आवश्यक दशा है सांस्कृतिक विकास के कार्यक्रम उस देश की प्रगति में सहायक दशा हो सकती है जहाँ लोगों को पर्याप्त भोजन उपलब्ध हो। जिस देश में लोगों को खाने को भी न हो वहाँ सांस्कृतिक कार्यक्रम केवल समय और शक्ति बर्बाद करेंगे। इस प्रकार सामाजिक प्रगति में सहायक दशाओं को सब देश काल के लिये निश्चित नहीं किया जा सकता। इस सापेक्ष रूप को सामने रखते हुये कुछ मुख्य सामान्य दशायें अग्रलिखित हो सकती हैं :—

1. "The concept of progress is a chameleon that takes on the colour of the environment when we are adjusted to that environment and some contrasting colour when we feel maladjusted."
--MacIver and Page

(1) **शारीरिक और मानसिक स्वास्थ्य**—स्वस्थ मन और शरीर किसी भी प्रकार की प्रगति की पहली शर्त है। इसी से भावी पीढ़ी भी स्वस्थ होगी और देश का भाविष्य उज्ज्वल बनेगा।

(2) **भौतिक वस्तुओं का संचय**—स्वास्थ्य के साथ ही गरीबी और अभाव से मुक्ति मिलना परमावश्यक है। गरीबी और भुखमरी में स्वास्थ्य भी क्या ठीक रहेगा? अतः जीवन की आवश्यकता की चीजों का संचय प्रगति की आवश्यक दशा है।

(3) **सार्वभौम शिक्षा**—पर्याप्त साधनों के साथ ही सार्वभौम शिक्षा भी प्रगति में सहायक दशा है। इसके बिना ज्ञान विज्ञान की प्रगति नहीं हो सकती।

(4) **सामाजिक सुरक्षा** (Social Security)—प्रगति में सहायक एक अन्य महत्वपूर्ण दशा, रोग, आपत्ति, वृद्धावस्था तथा बेकारी आदि के बीमों की व्यवस्था है।

(5) **स्वतन्त्रता और समानता**—स्वतन्त्रता और समानता के बिना लोग प्रगति की दिशा में सफलतापूर्वक काम नहीं कर सकते। ये प्रगति में बड़ी सहायक दशायें हैं।

(6) **प्रगति की सम्भावना**—लोगों को प्रगति की सम्भावना में विश्वास होना चाहिये और किसी प्रकार का भय नहीं होना चाहिये। जब प्रगति की सम्भावना ही नहीं होगी तो प्रगति के लिये प्रेरणा कहां से मिलेगी? परन्तु दूसरी ओर प्रगति की सम्भावना अनिवार्य भी न मालूम पड़े अन्यथा लोग उसके लिये प्रयत्न करना बन्द कर देंगे।

(7) **न्यूनतम बाधायें**—मनुष्यों के आने-जाने, व्यवहार तथा जीवन में आगे बढ़ने के रास्ते में बाधाओं का कम से कम होना प्रगति में सहायक दशा है। उनको कार्य करने की अधिक से अधिक स्वतन्त्रता होनी चाहिये।

कहना न होगा कि प्रगति में सहायक दशाओं का उपरोक्त वर्णन संक्षिप्त और अपूर्ण है। देशकाल के अनुसार इसमें बहुत सी बातें बढ़ाई जा सकती हैं। इसमें केवल मौलिक दशायें बतलाई गई हैं जो प्रगति के लिये अनिवार्य हैं। आगे प्रगति की कसौटियों के विचार से उसकी दशायें और भी स्पष्ट होंगी।

प्रगति की कसौटियाँ

प्रगति की दशाओं के समान प्रगति की कसैटियों का भी वर्णन कठिन है और देश काल की परिस्थितियों में सापेक्ष है। प्रगति की कसौटियाँ सामाजिक मूल्य हैं और सामाजिक मूल्य देश काल के अनुसार बदलते रहते हैं। अतः प्रगति की सर्वमान्य कसौटी निश्चित करना कठिन है। फिर भी मोटे तौर से इसकी अग्रलिखित कसौटियां बतलाई जा सकती हैं :—

(1) **स्वास्थ्य और दीर्घ जीवन**—ए० जे० टॉड ने लिखा है कि एक डाक्टर के मतानुसार "जीवन की औसत लम्बाई ही केवल एक मात्र और निश्चित कसौटी है कि दुनिया बेहतर हो रही है।"[1] परन्तु यह आवश्यक नहीं है कि अधिक लम्बा जीवन अधिक सुखी और अच्छा भी हो, अतः यह कसौटी अपूर्ण है।

(2) **धन सम्पत्ति**— कुछ विद्वानों के अनुसार धन सम्पत्ति अथवा आर्थिक उन्नति प्रगति की कसौटी है। परन्तु स्वास्थ्य के अभाव में धन का क्या लाभ? भारत जैसे धर्म-प्रधान देश में धर्म अथवा नैतिकता को सदैव धन से ऊपर माना गया है।

(3) **जनसंख्या**—कुछ लोगों के अनुसार जनसंख्या में वृद्धि प्रगति का चिन्ह है। परन्तु यदि ऐसा है तो भारत जोर-शोर से परिवार नियोजन द्वारा जनसंख्या की वृद्धि को रोकने में क्यों लगा है? यदि जनसंख्या ही कसौटी हो तो इंग्लैण्ड और अमरीका तथा रूस नहीं बल्कि चीन और भारत ही संसार में सबसे अधिक प्रगतिशील देश माने जाने चाहियें।

(4) **नैतिक आचार**—महात्मा गांधी जैसे कुछ विचारकों के अनुसार नैतिक आचरण ही प्रगति की कसौटी है। यह मत सामान्य रूप से ठीक है परन्तु इसमें कठिनाई यही है कि नैतिक आचार क्या है, यही निश्चित नहीं है।

उपरोक्त विवेचन से यह स्पष्ट हो गया होगा कि प्रगति की कोई एक कसौटी नहीं बनाई जा सकती क्योंकि जीवन बहुरंगी है।

किसी निष्कर्ष पर पहुँचने से पहले इस सम्बन्ध में कुछ मुख्य मतों पर दृष्टि डालना उपयुक्त होगा। कुछ मुख्य मत निम्नलिखित हैं :—

1. **बोगार्डस का मत**—बोगार्डस के अनुसार सामाजिक प्रगति के निम्नलिखित 14 आधार होते हैं, जिनको देखकर यह निश्चित किया जा सकता है कि प्रगति हो रही है अथवा नहीं :—

(1) प्राकृतिक सम्पत्ति का सार्वजनिक हित के लिये उपयोग।

(2) शारीरिक और मानसिक दृष्टि से स्वस्थ व्यक्तियों की वृद्धि।

(3) स्वास्थ्यप्रद पर्यावरण में वृद्धि।

(4) उपयोगी मनोरंजन में वृद्धि।

(5) संगठित परिवारों में वृद्धि।

(6) अधिकाधिक लोगों को रचनात्मक कार्य के लिये अवसर।

(7) उद्योगों और व्यापारों के जनतन्त्रीयकरण की वृद्धि।

(8) दुर्घटनाओं, बीमारियों, मृत्यु, बेकारी आदि के विरुद्ध सामाजिक बीमे की वृद्धि।

---

1. "...the average length of life is the one and only sure index of whether the world is growing."
--Quoted by A.J. Todd

(9) अधिक से अधिक लोगों के रहन-सहन के स्तर में वृद्धि।

(10) सरकार के साथ सहयोग में अधिक से अधिक वृद्धि।

(11) कला का अधिक से अधिक प्रसार।

(12) मानव प्रकृति के धार्मिक और आध्यात्मिक पहलुओं का विशेष विकास।

(13) व्यावसायिक, अव्यावसायिक और कल्याणकारी शिक्षा का प्रसार।

(14) संश्लिष्ट अथवा सहकारी जीवन में वृद्धि।

सामाजिक प्रगति के इन आधारों में भौतिक, मानसिक और आध्यात्मिक सभी तरह के मूल्यों को स्थान देने का प्रयास किया गया है। अतः काम चलाऊ रूप से प्रगति की इन कसौटियों को माना जा सकता है।

(2) **लम्ले का मत**– लम्ले ने सामाजिक प्रगति के निम्नलिखित आठ आधार माने हैं। इन आधारों को उसने मानव प्रगति की दशायें कहा है अर्थात् इन दशाओं में किसी समाज में गति को प्रगति कहा जा सकता है। ये आठ दशायें निम्नलिखित हैं :–

(1) प्रगति की पहली दशा यह है कि लोगों को यह विश्वास हो कि संघर्ष से वांछित फल होगा। इससे वे परिवर्तन की चेष्टा करेंगे। इसके न होने पर परिवर्तन की सम्भावना और इसलिये प्रगति की संभावना कम रहती है।

(2) प्रगति की दूसरी दशा में लोगों का यह विश्वास है कि प्रगति अनिवार्य नहीं है अर्थात् वह स्वयं नहीं होती। ऐसा विश्वास होने पर लोग प्रगति के लिये चेष्टा करेंगे और इसके न होने पर वे हाथ पर हाथ धर कर बैठे रहेंगे।

(3) प्रगति की तीसरी दशा लोगों का यह विश्वास है कि प्रगति सम्भव है। इस विश्वास से वे प्रगति के लिये कोशिश करेंगे और ऐसा न होने पर वे भाग्यवादी बन जायेंगे।

(4) प्रगति की चौथी दशा यह है कि मनुष्य को मनुष्येतर शक्तियों का भय न हो। इसके होने पर वे बहुत से परिवर्तन करते हुए डरेंगे जिससे प्रगति में बाधा पड़ेगी। भय न होने पर वे निशंक होकर नये-नये प्रयोग और आविष्कार करेंगे।

(5) प्रगति की पाँचवीं दशा भौतिक पदार्थों का पर्याप्त मात्रा में संग्रह है। निर्धनता बढ़ने को अवनति ही कहा जायेगा। भौतिक पदार्थों के संग्रह के साथ प्रगति के लिये उसका अधिक से अधिक व्यक्तियों में वितरण भी आवश्यक है।

(6) प्रगति की छठी दशा शिक्षा का सार्वभौम रूप से प्रसार है जिससे कि अधिक से अधिक लोग उसका लाभ उठा सकें।

(7) प्रगति की सातवीं दशा आनुवंशिक रूप से दोषपूर्ण व्यक्तियों की संख्या में बराबर कमी होना है। इस कमी से समाज में शक्ति और सम्पत्ति की भारी बचत होगी जिसको रचनात्मक कार्यों में उपयोग किया जा सकेगा।

(8) प्रगति की आठवीं दशा व्यक्ति को दुनिया में कहीं भी घूमने फिरने की स्वतन्त्रता है। उससे भिन्न-भिन्न समाजों में मेल-जोल बढ़ेगा तथा भिन्न-भिन्न व्यक्तियों को एक दूसरे के सम्पर्क में आने का अवसर मिलेगा।

प्रगति की उपरोक्त आठों दशायें प्रगति की कसौटियां न होकर वे परिस्थितियां हैं जिनमें कोई समाज प्रगति कर सकता है। परन्तु इन आठों परिस्थितियों में सामाजिक प्रगति के लिये आवश्यक सभी परिस्थितियाँ नहीं आतीं। इनके अलावा और बहुत सी परिस्थितियाँ ऐसी हो सकती हैं जो सामाजिक प्रगति के लिये आवश्यक हों और इन आठों दशाओं के रहने पर भी यह आवश्यक नहीं कि प्रगति अवश्य है।

(3) **हार्ट का मत**—हारनेल हार्ट (Harnel Hart) ने सामाजिक प्रगति के निम्नलिखित तीन आधार माने हैं :-

(1) आयु का अधिक होना।

(2) मानसिक स्वास्थ्य।

(3) अवकाश का अधिक समय।

सामाजिक प्रगति के लिये ये तीन आधार तो आवश्यक हैं ही परन्तु इनके अलावा और कितने ही ऐसे आधार हैं जो सामाजिक प्रगति के लिये आवश्यक है। अतः हार्ट का मत एकांगी और अपूर्ण है।

(4) **डेवाइन का मत**— ई० टी० डेवाइन (E. T. Devine) ने सामाजिक प्रगति की निम्नलिखित कसौटियां मानी हैं :-

(1) प्राकृतिक साधनों का संरक्षण और कुछ थोड़े से चतुर व्यक्तियों के लिये नहीं बल्कि सभी व्यक्तियों के लाभ के लिये उनका अपेक्षाकृत अधिक उपयोग।

(2) अपेक्षाकृत अधिक स्वस्थ, मानसिक और शारीरिक आनुवंशिकता, दुर्बल मस्तिष्क या शराबी माता पिता से उत्पन्न होने वाले नष्ट धर्मी (Degenerate) सन्तानों की संख्या में अपेक्षाकृत कमी।

(3) स्वास्थ्य के लिये अधिक अनुकूल परिस्थिति और हानिप्रद मकानों, सफाई की असन्तोषजनक व्यवस्था तथा संक्रामक रोगों का अभाव।

(4) स्वास्थ्यप्रद मनोरंजन में वृद्धि और हानिकारक मनोरंजन में कमी तथा नागरिक जीवन को थकाने वाली गति में कमी।

(5) स्वास्थ्य और सम्पन्न परिवारों और शिक्षित बालकों की संख्या में वृद्धि और माता पिता द्वारा तिरस्कृत बच्चों की संख्या में कमी तथा उद्योग में बालकों के साथ होने वाले अत्याचार में कमी।

(6) अपेक्षाकृत अधिक व्यक्तियों के लिये रचनात्मक कार्यों के अवसर, ऐसे व्यक्तियों की संख्या में कमी जो कि अपने काम को ईमानदारी के साथ करते हैं और कमजोरी नहीं रखते तथा ऐसे व्यक्तियों की संख्या में कमी जो अपने जीवन के मध्य काल में बेकार हो जाते हैं।

(7) उद्योग और व्यापार का अधिक जनतन्त्रीयकरण। इसमें उद्योग और व्यापार में नियन्त्रण में मजदूर, पूंजीपति, जनता सभी का महत्व हो और ऐसे मजदूर कारीगर तथा मालिकों की संख्या में वृद्धि हो जो दूसरों की भलाई और तब अपनी भलाई के लिये काम करें।

(8) दुर्घटनाओं, रोगों, बुढ़ापा, मृत्यु और बेकारी के सामाजिक बीमे में वृद्धि।

(9) अपेक्षाकृत अधिक व्यक्तियों के जीवन स्तर में वृद्धि जिसमें पौष्टिक भोजन, ताजगी लाने वाले मनोरंजन और रचनात्मक कार्यों के अवसर शामिल हैं।

(10) इस बात पर अपेक्षाकृत कम जोर दिया जाता है कि मैं सरकार से क्या प्राप्त कर सकता हूँ बल्कि इस बात पर अधिक जोर दिया जाना चाहिये कि मैं सरकार के लिये क्या कर सकता हूँ। अच्छे संगीत, चित्रकला, काव्य, मूर्तिकला तथा अन्य कलाओं में अधिक रुचि।

(11) व्यावसायिक, अव्यावसायिक और जनकल्याण सम्बन्धी शिक्षा का प्रसार।

(12) अपेक्षाकृत अधिक व्यक्तियों के आध्यात्मिक और धार्मिक पहलुओं का अपेक्षाकृत अधिक विकास।

इस प्रकार सामाजिक प्रगति एक सापेक्ष परिवर्तन है। यदि किसी वांछित लक्ष्य की ओर परिवर्तन पहले की अपेक्षाकृत अधिक है तो उसको प्रगति कहा जायेगा। स्पष्ट है कि यह प्रगति कभी भी खत्म नहीं होती। सामाजिक प्रगति कोई गन्तव्य स्थान नहीं है जहां पहुँचने के बाद कुछ अन्य करना शेष रह न जाय। वास्तव में वह स्वयं यात्रा है। वह अभीष्ट लक्ष्यों की ओर लगातार बढ़ते जाना है। इस यात्रा में अभीष्ट लक्ष्यों की ओर यह परिवर्तन की गति ही प्रगति है। इस प्रकार किसी समाज ने प्रगति की है या नहीं यह उसकी वर्तमान अवस्था की भूतकालीन अवस्था से तुलना करने से मालूम हो सकता है। लक्ष्य की ओर कितना आगे बढ़े हैं यह एक अलग बात है परन्तु यदि उस दिशा में कुछ भी परिवर्तन हुआ है तो सामाजिक प्रगति अवश्य है।

सामाजिक प्रगति की कसौटियों के विषय में उपरोक्त मतों से उसके विभिन्न पहलुओं का आभास होता है। समाज सामाजिक सम्बन्धों की व्यवस्था है। ये

सामाजिक सम्बन्ध केवल शारीरिक न होकर मानसिक और आध्यात्मिक भी होते हैं। ये सामाजिक सम्बन्ध शून्य में नहीं होते। इन पर राजनैतिक, आर्थिक तथा अन्य परिस्थितियों का प्रत्यक्ष अप्रत्यक्ष प्रभाव अवश्य पड़ता है। अतः सामाजिक प्रगति में इन सभी दिशाओं में प्रगति आवश्यक है। यह एक सर्वांगीण विचार है। जैसा कि पहले बतलाया जा चुका है, इसमें जैविक, मानसिक और आध्यात्मिक सभी मूल्यों का समुचित स्थान होना चाहिये। परन्तु फिर भी सामाजिक प्रगति की कसौटियों को पूरी तरह से निश्चित नहीं किया जा सकता क्योंकि जैसे-जैसे मनुष्य मानसिक और आध्यात्मिक दृष्टि से विकसित होता है उसको प्रगति के विचार में और भी अन्तर्दृष्टि मिलती रहती है। स्पष्ट है कि सामाजिक प्रगति का प्रत्यय एक विकासमान प्रत्यय है। फिर सामाजिक प्रगति का निश्चय भी बड़ा कठिन है। किसी विशेष समाज ने प्रगति की है अथवा नहीं या मानव समाज पहले से प्रगति की ओर जा रहा है या अवनति की ओर? इस प्रश्न का पूरी तरह उत्तर देना बड़ा कठिन है क्योंकि सामाजिक प्रगति का निश्चय करने के लिये समाज के सभी क्षेत्रों के विकास का चित्र उपस्थित करना पड़ेगा। अव्वल तो पूरे समाज का चित्र उपस्थित ही नहीं किया जा सकता और यदि किया भी जाय तो उसे देखने से यह मालूम पड़ेगा कि परिवर्तन सब कहीं एक सा नहीं है। सामाजिक जीवन के किसी पहलू में वांछित परिवर्तन दिखाई पड़ेगा तो कहीं अवांछित परिवर्तन दिखाई पड़ेगा। ऐसी स्थिति में यह निश्चय करना कठिन होगा कि समाज प्रगति कर रहा है अथवा नहीं। सामाजिक, आर्थिक और औद्योगिक सभी क्षेत्रों में जब कि कुछ कारक आगे बढ़ते हैं तो दूसरे तत्वों में विलम्बना दिखाई पड़ती है। इन सब बातों की वजह से सामाजिक प्रगति का निश्चय करना कठिन होता है। जैसा कि फैरिस ने कहा है "आधुनिक मस्तिष्कों के सामने उपस्थित समस्या के रूप में प्रगति के तथ्य को प्रदर्शित करने की कठिनाई बहुत वास्तविक हो गई है। यह सिद्ध करना तो सम्भव है कि दुनिया अधिक जटिल हो गई है। यह सिद्ध करना मुश्किल से ही सम्भव है कि वह बेहतर हो गई है और यह सिद्ध करना तो बिलकुल असम्भव ही है कि वह ऐसा करती रहेगी।"[1] फैरिस के इस कथन में इतना सत्य तो अवश्य है कि अन्तिम रूप से और पूरी तरह संतोषजनक दशा में यह निश्चय करना कठिन है कि मानव समाज प्रगति कर रहा है अथवा नहीं परन्तु यदि मूल्यों के संस्तरण को ध्यान में रखा जाय तो किसी छोटे-मोटे विशेष ***सामाजिक प्रगति*** समाज के बारे में यह निश्चय अवश्य किया जा सकता है कि उसमें परिवर्तन किस ओर जा रहे हैं। सामाजिक प्रगति की कसौटियों में मतभेद होने

---

1. "The difficulty in demonstrating the fact of progress has become very real as the problem is presented to modern minds. It is possible to prove that world has become more complex. It is hardly possible to prove that it will continue to do so."
Ellsworth Faris
Quoted by Park Burgess in "*An Introduction to the Science of Sociology.*" p. 916

का एक बड़ा कारण यह भी है कि सभी विचारक प्रगति के लक्ष्यों के विषय में एक मत नहीं है। कुछ उसे आर्थिक बतलाते हैं तो कुछ आध्यात्मिक, कुछ उसे धार्मिक बताते हैं तो कुछ धर्म को बिल्कुल बेकार समझते हैं। इस मतभेद में कोई ऐसा सिद्धान्त उपस्थित करना सम्भव नहीं है जो सभी को मान्य हो और न ऐसा करना आवश्यक ही है। मूल्य आदर्श रूप में निर्धारत किये जाते हैं अत: उनके विषय में मतभेद होना स्वाभाविक ही है। परन्तु यदि गौर किया जाय तो यह मालूम पड़ेगा कि यह मतभेद इतना अधिक नहीं है कि भिन्न-भिन्न मत परस्पर विरोधी हो जायें। सामान्य रूप से यह कहा जा सकता है। कि सामाजिक प्रगति में समाज की सर्वांगीण प्रगति निहित है और इस सर्वांगीण प्रगति में भिन्न-भिन्न पहलुओं का समान नहीं बल्कि अनुपातिक (Proportionate) महत्व है।

सामाजिक प्रगति के सिद्धान्त

सामाजिक प्रगति के विचार और आधार की पृष्ठिभूमि में अब उसके विषय में प्रचलित कुछ मुख्य सिद्धान्तों का विवचेन किया जा सकता है।

1. कार्ल मार्क्स का सिद्धान्त—सामाजिक प्रगति के विषय में सबसे प्रसिद्ध सिद्धान्त कार्ल मार्क्स ने उपस्थित किया है। कार्ल मार्क्स ने मानव इतिहास की आर्थिक व्यवस्था उपस्थित की। उनके अनुसार मानव समाज के लक्ष्य आर्थिक हैं और इन आर्थिक लक्ष्यों की ओर विकास को देखकर ही समाज की प्रगति का निश्चय किया जा सकता है। मार्क्स के अनुसार सामाजिक जीवन के सभी पहलुओं के स्वरूप आर्थिक कारकों द्वारा निर्धारित होते हैं। उत्पादन और वितरण का प्रकार सामाजिक संरचना और सामाजिक संस्थाओं का स्वरूप निश्चित करता है। इस प्रकार कार्ल मार्क्स के अनुसार मानव सभ्यता की व्याख्या आर्थिक शब्दों में की जा सकती है।

मार्क्स के इस सिद्धान्त में यह सत्य है कि सामाजिक प्रगति आर्थिक प्रगति के बिना असम्भव है। परन्तु फिर आर्थिक प्रगति स्वयं कोई साध्य नहीं है। व्यक्ति और समाज दोनों के जीवन में आर्थिक विकास एक साधन मात्र है जिससे कि वे मानसिक और आध्यात्मिक विकास करते हैं। यह ठीक है कि आर्थिक कारक मानव जीवन को बहुत अधिक प्रभावित करते हैं परन्तु फिर दूसरी ओर यह भी गलत नहीं है कि आर्थिक से अधिक मानव जीवन को मनोवैज्ञानिक कारक प्रभावित करते हैं। अत: सामाजिक प्रगति के विषय में कार्ल मार्क्स का आर्थिक सिद्धान्त एकांकी है।

2. मानवशास्त्रीय भौगोलिक सिद्धान्त—सामाजिक प्रगति के विषय में दूसरा महत्वपूर्ण सिद्धान्त मानवशास्त्रीय भौगोलिक सिद्धान्त है। बकल के अनुसार सामाजिक प्रगति में दो कारक कार्य करते हैं एक तो बाहरी अथवा भौगोलिक कारक और दूसरे आन्तरिक अथवा मनुष्य से सम्बन्धित कारक। इन दोनों ही कारकों ने

मनुष्य की प्रगति में हाथ बंटाया है। मनुष्य की बौद्धिक श्रेष्ठता और प्रकृति की उदारता दोनों ही मिलकर महान् सभ्यताओं का सूत्रपात करते हैं। बकल का यह सिद्धान्त बहुत ठीक मालूम पड़ता है परन्तु इस सिद्धान्त से यह नहीं मालूम पड़ता कि सामाजिक प्रगति की कसौटियाँ क्या-क्या हैं? यह तो केवल यही बतलाता है कि सामाजिक प्रगति की दशायें क्या हैं अथवा किन हालतों में सामाजिक प्रगति होती है और इस दृष्टि से भी इस सिद्धान्त में सभी कारकों का उल्लेख नहीं किया गया है। मानव समाज इतना जटिल है और मानव इतिहास में इतने विविध कारकों का महत्व रहा है कि उसको इस प्रकार दो कारकों में बाँट देना अथवा दो प्रकार की दशाओं के कारण मान लेना अति सरलीकरण (Over Simplification) है।

3. मनोवैज्ञानिक सिद्धान्त—सामाजिक प्रगति के विषय में एक अन्य सिद्धान्त मनोवैज्ञानिक कहलाता है। इस सिद्धान्त को मानने वाले विचारकों ने सामाजिक प्रगति में मनोवैज्ञानिक तत्वों पर जोर दिया है। इस मत के अनुसार सामाजिक जीवन के विकास में स्थायी भावों का महत्वपूर्ण य़ोगदान है। मानव समाज की वर्तमान प्रगति मनुष्य की श्रेष्ठ बौद्धिक सामर्थ्य के कारण है। अपनी बौद्धिक सामर्थ्य से ही मनुष्य ने प्रकृति के रहस्यों का पता लगाया और उनका अपनी प्रगति के लिए उपयोग किया। इस सिद्धान्त के अनुसार सामाजिक विकास में मनोवैज्ञानिक कारण प्रधान होते हैं और प्राकृतिक कारण गौण होते हैं।

मनोवैज्ञानिक सिद्धान्तों के बारे में भी वही कहा जा सकता है जो पिछले दोनों सिद्धान्तों के बारे में कहा गया है। यह सिद्धान्त गलत नहीं है परन्तु एकांगी और अपर्याप्त हैं यह सामाजिक प्रगति की कुछ थोड़ी सी दशाओं को बतलाता है जबकि अन्य बहुत सी दशायें इससे छूट जाती हैं। इससे सामाजिक लक्ष्यों के विषय में अन्तदृष्टि नहीं मिलती।

4. मनोवैज्ञानिक समाजशास्त्रीय सिद्धान्त—सामाजिक प्रगति का एक अन्य सिद्धान्त मनोवैज्ञानिक समाजशास्त्रीय सिद्धान्त कहलाता है। जैसा कि इसके नाम से स्पष्ट है, इसमें मनोवैज्ञानिक और समाजशास्त्रीय दृष्टिकोण का समन्वय किया गया है। यह सिद्धान्त सामाजिक प्रगति के लिए अनेक कारकों को महत्वपूर्ण मानता है। इनमें भौगोलिक, आर्थिक, जैवकीय, मनोवैज्ञानिक और सामाजिक सभी कारक आ जाते हैं। सामाजिक प्रगति के आधार के विषय में जिन सिद्धान्तों का पीछे उल्लेख किया गया है उनको इसी वर्ग में रखा जा सकता है। जैसा कि पहले बतलाया जा चुका है इस दिशा में अन्तिम रूप से कुछ नहीं कहा जा सकता। इस सिद्धान्त का दृष्टिकोण अन्य सिद्धान्तों से कहीं अधिक व्यापक और संतुलित है।

अभ्यास के लिए प्रश्न

प्रश्न 1. संक्षिप्त टिप्पणी लिखिये—सामाजिक प्रगति।

प्रश्न 2. सामाजिक प्रगति क्या है? क्या यह एक वैज्ञानिक अवधारणा है?

प्रश्न 3. क्या सामाजिक प्रगति का निर्णय करने की कोई वैज्ञानिक कसौटियाँ हो सकती हैं? विवेचना कीजिये।

प्रश्न 4. सामाजिक विकास और सामाजिक प्रगति के भेद को समझाइये। आपके मत से सामाजिक परिवर्तन की कौन सी कसौटियाँ हैं?

प्रश्न 5. सामाजिक प्रगति क्या है? क्या आधुनिक सभ्यता प्रगतिशील है।

प्रश्न 6. सामाजिक प्रगति के महत्वपूर्ण आधारों का वर्णन कीजिये। क्या आधुनिक युग प्रगतिशील है?

प्रश्न 7. सामाजिक प्रगति के महत्वपूर्ण आधारों की आलोचनात्मक विवेचना कीजिये।

प्रश्न 8. सामाजिक विकास और सामाजिक प्रगति में अन्तर बतलाइये।

5

सामाजिक विकास

(Social Development)

अपनी पुस्तक 'The Concept of Development' में जे० पी० नेटल (J. P. Nettle) ने विकास को निम्नलिखित चार अर्थों में प्रयोग किया है।

1. पभिाषाओं के समूह में विकास के अर्थों का निर्माण किया गया है जिनका अभिप्राय विकसित और अविकसित राज्य से है।

2. मूल्यों का एक समूह जो कि विकास को अनिवार्य नहीं तो वांछनीय बनाता है।

3. विकसित और अविकसित समाजों के मध्य परस्पर सम्बन्ध।

4. कम से कम विश्लेषक के मस्तिष्क में विकास में अन्तर्निहित क्रम की मान्यता। किन्तु सम्भवतया भाग लेने वालों के मन में यह भी मान्यता होती है।

यूं तो विकास का तात्पर्य किसी भी समूह में अन्तर्निहित अनभिव्यक्त शक्तियों का अभिव्यक्त होना है किन्तु आधुनिक काल में विकास की अवधारणा को समाजों और राज्यों की प्रगति के प्रसंग में प्रयोग किया गया है। प्रगति और विकास में प्रमुख अन्तर यह होता है कि जबकि प्रगति कुछ सुनिश्चित लक्ष्यों की ओर आगे बढ़ने को कहते हैं, विकास में ये लक्ष्य बाहर से लादे गये न होकर समूह की आन्तरिक प्रवृत्तियों की ही वृद्धि को कहा जाता है। अस्तु, विकास प्रगति से कहीं अधिक व्यापक अवधारणा है। प्रगति में विकास सम्मिलित है।

विकास की अवधारणा के उपरोक्त अर्थों में यह स्पष्ट किया गया कि विकास कुछ मूल्यों को आगे बढ़ाता है जो कि वांछनीय माने जाते हैं। आधुनिक काल में विकसित और अल्पविकसित समाजों में विकास की कसौटियों के आधार पर ही अन्तर किया गया है। इस प्रकार की अवधारणा सामाजिक व्यवस्थाओं के स्तर दिखलाती हैं। इससे सामाजिक व्यवस्थाओं की प्रगति की दिशा भी निर्धारित होती है। अन्त में विकास की अवधारणा उन समाजशास्त्रियों और राज्य शास्त्रियों के मस्तिष्क की उपज है जो कि समाज अथवा राज्य का विश्लेषण करके उनमें अन्तर्निहित उन तत्वों को स्पष्ट करते हैं जो अभिव्यक्त नहीं हैं और जिनकी अभिव्यक्ति को ही विकास की संज्ञा दी जाती है।

सामाजिक विकास विषयक मतभेद के कारण

समाजशास्त्रियों में सामाजिक विकास की कोई एक अवधारणा प्रचलित नहीं है। इसके निम्नलिखित कारण हैं–

(1) **आधुनिक काल में भिन्न-भिन्न समाजों में भिन्न-भिन्न जीवन मूल्य प्रचलित हैं।** अस्तु, अपने-अपने जीवन मूल्यों के आधार पर वे सामाजिक विकास की व्याख्या करते हैं। यदि पाश्चात्य समाज को ही विकसित समाज कहा जाये तो एशिया की अनेक विकसित सभ्यताओं वाले समाज अविकसित माने जायेंगे।

(2) **विद्वानों में इस विषय पर मतभेद है कि कौन से मूल्यों को विकसित जीवन का चिन्ह कहा जाना चाहिये।** उदाहरण के लिये आधुनिक पाश्चात्य समाज में व्यक्तिवाद, अवसरवाद, धनलोलुपता, नौकरशाही का विकास, संगठित अपराध आदि ऐसे अनेक तत्व दिखलायी पड़ते हैं जिन्हें विकास का लक्षण नहीं कहा जा सकता। ऐसी स्थिति में विकसित समाज का नमूना निश्चित करना सम्भव नहीं है।

हॉबहाउस की अवधारणा

सामाजिक विकास की अवधारणा हाबहाउस ने सन् 1929 में प्रकाशित अपनी पुस्तक (Social Development) में उपस्थित की। हाबहाउस की सामाजिक विकास की अवधारणा पर जीव शास्त्र का प्रभाव स्पष्ट रूप में दिखलायी पड़ता है। जैविक विकास में जीवधारी के शरीर में क्रमशः नये-नये अंगों का विकास होता है और वे नये-नये कार्य करते हैं। इसके अतिरिक्त जैविक विकास आगे बढ़ने के साथ-साथ जीवधारी के विभिन्न अंगों में समायोजन भी बढ़ता जाता है। आकार प्रकार में भी आयु बढ़ने के साथ-साथ जीवधारी में विकास दिखलायी पड़ता है। संक्षेप में जैविक विकास जीवधारी की सब दिशा में वृद्धि है। इसी प्रकार सामाजिक विकास की व्याख्या करते हुए हाब़हाउस ने उसे सामाजिक संस्थाओं और इन संस्थाओं के कार्यों में विकास कहा है। विकास की इस परिभाषा में समाज में समायोजन बढ़ने को विकास का प्रमुख चिन्ह माना गया है।

किसी भी समाज में आरम्भ से ही अनेक वर्ग होते हैं। इन वर्गों में परस्पर सम्पर्क होता है। इस सम्पर्क में समायोजन का बढ़ना विकास का चिन्ह है। इस प्रकार विकास के साथ-साथ समाज के विभिन्न सदस्य एक दूसरे के जीवन में भागीदार होने लगते हैं। दूसरे विकास बढ़ने के साथ-साथ समाज में नये-नये कार्य करने वाले व्यक्ति, समूह और संस्थाओं का भी जन्म होता है। इन दो चिन्हों के अतिरिक्त विकास का तीसरा चिन्ह संस्था और परिणाम की दृष्टि से समाज की वृद्धि है। इस प्रकार विकास की परिभाषा में हाबहाउस ने संस्था की वृद्धि, नये कार्यों का उत्पन्न होना और समायोजन ये तीन तत्व माने हैं। किन्तु किसी भी समाज में ये तीनों तत्व एक साथ उत्पन्न नहीं होते और न तीनों एक साथ बढ़ते ही हैं। कहीं पर संख्या बढ़ती है तो समायोजन नहीं हो पाता, कहीं समायोजन होता है तो नये कार्यों का अभाव दिखलायी पड़ता है।

सामाजिक विकास और नैतिक विकास

हॉबहाउस ने सामाजिक विकास को नैतिक विकास के अनुरूप माना है। इस प्रकार सामान्य रूप से किसी भी समाज में सामाजिक विकास बढ़ने के साथ-साथ नैतिक विकास भी बढ़ता है। साधारणतया समाज के विकास की दशा अच्छी ही होती है। हेज (Hayes) ने ठीक ही लिखा है कि जीवन के प्रति एक अच्छा दृष्टिकोण सामाजिक विकास की एक अनिवार्य दशा है। सामाजिक विकास में आन्तरिक चेतना का विकास सम्मिलित है। सामाजिक विकास के साथ-साथ समाज के सदस्य कुछ आधारभूत नैतिक सिद्धान्तों को मानने लगते हैं। नैतिक गुणों के अभाव में किसी भी समाज का विकास नहीं हो सकता। इस प्रकार सामाजिक विकास में नैतिक चेतना का विकास भी सम्मिलित है। यह सामाजिक विकास सृजनात्मक सदस्यों के द्वारा होता है। ये सदस्य नये-नये आविष्कारों के द्वारा समाज को आगे बढ़ाते हैं।

हॉबहाउस के अनुसार भी सामाजिक विकास का विचार नैतिक विकास से मिलता जुलता है और दोनों में सम्बन्ध भी है किन्तु फिर, जैसा कि पीछे दिखलाया गया है, हॉबहाउस ने सामाजिक विकास और नैतिक विकास में अनिवार्य सम्बन्ध नहीं माना है। कभी-कभी किसी विकसित समाज में नैतिक मूल्यों का स्तर नीचा हो सकता है। वास्तव में समाजिक विकास की अवधारणा नैतिक विकास से कहीं अधिक व्यापक है। उसमें समाज के सभी सदस्यों का सन्तुलित विकास सम्मिलित है। यह विकास नैतिक के अतिरिक्त भी होता है। सामाजिक और नैतिक विकास के सम्बन्ध से यह स्पष्ट होता है कि सामाजिक विकास के साथ-साथ स्वतन्त्रता और समानता के तत्व भी बढ़ते हैं। चिन्तन और विचारों की स्वतन्त्रता विकसित समाज का अनिवार्य लक्षण है। इसी प्रकार सामाजिक विकास के साथ-साथ सदस्यों में समानता की भावना का भी विकास होता है। अनेक समाजशास्त्रियों ने जनतन्त्रीय मूल्यों को आगे बढ़ाने को सामाजिक विकास का लक्षण माना है।

हॉबहाऊस के अनुसार केवल परिमाणात्मक उन्नति का होना विकास की ओर संकेत नहीं करता, किन्तु यदि इसको संगठन की कुशलता में वृद्धि के साथ जोड़ दिया जाय तो इसका ठोस महत्व हो जाता है। उन्नति के स्तर बढ़ जाने से विभेदीकरण बढ़ जाता है तथा एकीकरण की समस्यायें उठ खड़ी होती हैं। इसलिए यदि कुशलता समान हो तो एक छोटे समुदाय की अपेक्षा एक बड़े समुदाय का संगठन बड़ा तथा व्यापक उपलब्धि वाला होता है। कुशलता अपने में विशेषीकरण (Specialization) की माँग करती है, किन्तु केवल विशेषीकरण को ही विकास का प्रत्यक्ष आधार मानना ठीक नहीं होगा। वास्तव में, जब नये कार्य उत्पन्न होकर एक दूसरे के साथ उचित समायोजन करते हैं तब सामान्य उपलब्धि की वृद्धि विकास कहलाती है।

स्वतन्त्रता तथा समानता के तत्व स्वयं अपने में 'सामाजिक विकास' के विचार को स्पष्ट नहीं करते। स्वतन्त्रता केवल सामान्य जीवन के शिथिल होने से किन्हीं नियन्त्रणों के हट जाने में निहित हो सकती है। इसी प्रकार समानता में किसी विशेष

प्रयास अथवा बड़ी उपलब्धि का अभाव होना भी पाया जा सकता है। इसलिए यदि किसी संगठन की उच्च कुशलता का स्तर बहुत बड़ा मान लिया जाए, जो उन व्यक्तियों की स्वतन्त्र तथा बुद्धिमतापूर्ण स्वीकृति पर निर्भर हो जो इसको संचालित करते हैं, ओर इसके परिणामस्वरूप जो लाभ उत्पन्न हों, उनमें सभी अपनी आवश्यकताओं तथा अपनी-अपनी भूमिकाओं के योगदान के आधार पर भाग लें, तब जिस प्रकार का समन्वय देखा जायेगा वह सामाजिक विकास के विचारों को अच्छी प्रकार प्रस्तुत करेगा।[1]

सामाजिक तत्वों का विकास—हॉबहाउस ने समाज की कल्पना इसके उन समस्त सदस्यों के रूप में की है जो पीढ़ी-दर-पीढ़ी पारस्परिक सम्बन्धों में जुड़े होते हैं। किन्तु समाज केवल सदस्यों तथा इनके एकान्त में रहने अथवा विभिन्न सम्बन्धों में बंधे रहने से ही नहीं बनता। सदस्यों में अन्तर्सम्बन्धों के अतिरिक्त एक और ऐसा तत्व भी है जो समाज को उत्पन्न करता है। वह तत्व है इन सम्बन्धों का 'सामाजिक' होना। 'सामाजिक' से तात्पर्य मनुष्य का मनुष्य से सम्बन्ध है, न कि मनुष्य का सम्बन्ध से अतिरिक्त होना, न ही सम्बन्ध का मनुष्य से अतिरिक्त होना। इस प्रकार 'सामाजिक विकास' से तात्पर्य मनुष्यों के उनके पारस्परिक सम्बन्धों के सन्दर्भ में विकसित होने से है। मनुष्य के सम्बन्ध इनकी प्रकृतियों से उत्पन्न हो सकते हैं अथवा एक दूसरे की किन्हीं आवश्यकताओं एवं क्षमताओं की पूर्ति पर आधारित हो सकते हैं। इनको सामाजिक सम्बन्धों में साम्य के रूप में भी समझा जा सकता है।

इस प्रकार कोई भी समुदाय यदि अपने स्तर, कुशलता, स्वतन्त्रता तथा पारस्परिकता (Mutuality) में आगे बढ़ता है तो विकास की ओर उन्मुख समझा जाना चाहिये। किन्तु इनमें कोई भी एक तत्व स्वयं अपने में विकास का परिचायक नहीं होगा। सभी तत्वों का समन्वय विकास के लिए आवश्यक है।

आंशिक विकास

हॉबहाउस के अनुसार कोई भी विकास प्रायः एकांगी तथा आंशिक होता है, क्योंकि उपरोक्त तीनों तत्वों का एक साथ पाया जाना सम्भव नहीं है। यहाँ यह भी उल्लेखनीय है कि सामाजिक विकास वास्तव में आंशिक विकासों का योगफल है। यह आवश्यक रूप से एक साथ नहीं होता और कभी-कभी एक दूसरे का विरोधी भी हो सकता है। इस प्रकार के आंशिक विकास नैतिक आवश्यकताओं के लिये पर्याप्त नहीं होते और कभी कभी उपरोक्त विरोध के कारण एक दूसरे के विपरीत हो सकते हैं।

---

1. "If on the other hand we suppose high efficiency of organisation on a great scale resting on the free and intelligent acceptance of those who work in it and securing benefits in which all share in accordance with their needs and the functions thus perform, we have a synthesis which gives more complete account of social development, than any of its elements teken severally," *Ibid.* p 75

सामाजिक विकास का विचार समाज के सदस्यों द्वारा किन्हीं वांछनीय उपलब्धियों की ओर संकेत करता है। हॉबहाउस के सामाजिक सिद्धांत का मुख्य सार ही सामाजिक विकास का विचार है। हॉबहाउस के अनुसार सामाजिक विकास से अभिप्राय अपेक्षाकृत अच्छे तथा सम्पूर्ण जीवन के लिये परिवर्तन होना भी है। इसका अभिप्राय एक प्रगतिशील समाज के सदस्यों के लिए व्यक्तित्व का विकास होना भी है। एक प्रगतिवादी समाज के व्यक्तियों में सामंजस्य पाया जाता है, क्योंकि नैतिकता का मुख्य आधार ही सामाजिक सामंजस्य में निहित होता है।[1]

सामाजिक विकास की अवधारणा एक जैविक अवधारणा ही कही जा सकती है, जिसमें किसी समाज के सदस्यों का सन्तुलित विकास निहित होता है। इस प्रकार किसी समाज के सदस्यों का विकास ही सामाजिक विकास की पूर्व आवश्यकता कहीं जा सकती है। सामाजिक विकास तथा सामाजिक प्रगति में सह-सम्बन्ध पाया जाता है। किसी समाज में विकास तभी सम्भव होता है जब उसके सदस्य सामाजिक प्रगति में पर्याप्त योगदान देते हैं।

हेज के विचार

हेज (E. C. Hayes) के अनुसार सामाजिक विकास का समाज के सदस्यों की सामाजिक गतिविधियों से घनिष्ट सम्बन्ध होता है। इनके विचार में समाज के सदस्यों द्वारा जो आविष्कार किये जाते हैं वह सामाजिक विकास के लिए उपयुक्त वातावरण का निर्माण करते हैं। इनको समाज के सृजनात्मक सदस्य और अधिक उन्नत एवं पूर्ण करते हैं। यदि किन्हीं प्रकार की आवश्यकताओं को स्पष्ट किया जाये तो एक विकासशील समाज में प्राय: अनेक आविष्कार किये जाते हैं। उदाहरण के लिए युद्ध के समय अनेक प्रकार के विनाशकारी अस्त्र-शस्त्रों का आविष्कार होता है।[2]

हेज के अनुसार जीवन के प्रति एक अच्छा दृष्टिकोण होना सामाजिक विकास की एक आवश्यक दशा है। आन्तरिक चेतना का विकास तथा समाज के सदस्यों द्वारा किन्हीं आधारभूत नैतिक सिद्धांतों को मानना भी सामाजिक विकास की पूर्ण आवश्यकता है। नैतिक गुणों के अभाव में कोई भी समाज विकसित नहीं हो सकता। इसलिये सामाजिक विकास के लिए नैतिक चेतना का विकास भी आवश्यक है।

मौरिस गिन्सबर्ग का विचार

मौरिस गिन्सबर्ग ने सामाजिक विकास की व्याख्या प्रयोजन के रूप में की है। इनके विचार में समुदायों का विकास अपने सदस्यों की सामान्य आवश्यकताओं तथा आकांक्षाओं की पूर्ति के लिए होता है। समुदाय अपने सदस्यों के पारस्परिक सहयोग के द्वारा विकसित होते हैं।[3]

1. "Social development coincides with ethical development. But social development is a union of partial developments which do not necessarily go together, and may be opposed. Such partial development is not adequate to ethical requirements, and may through the said opposition be in antagonism to them." *Ibid.* p. 94.
2. L. T. Hobhouse, *Social Evolution and Political Theory*, p. 86.
3. E. C. Hayes, *Introduction to the Study of Sociology*, p. 283.

सामाजिक विकास तथा व्यक्तियों का विकास दोनों साथ-साथ घटित होते हैं। यदि सदस्यों में सहयोग करने की तत्परता हो तो समाज का विकास होता है। लेकिन सदस्यों में एकीकरण का पाया जाना सामाजिक विकास के लिए एक आवश्यक पूर्प-दशा है।

अन्त में सामाजिक विकास से अभिप्राय किसी भी समाज में होने वाले उन परिवर्तनों से होता है जो समाज की आधारभूत संस्थाओं में होते है, जो सामाजिक प्रक्रियाओं तथा सामाजिक संगठनों से सम्बन्धित होते हैं, जो अन्ततः सामाजिक कल्याण में वृद्धि से सम्बन्धित होते हैं। यह सभी परिवर्तन समाज में उत्पन्न होने वाले विघटनकारी तत्वों को हठाकर समाज को एक निर्दिष्ट दिशा की ओर ले जाते हैं। यह समाज को स्वावलम्बी तथा सर्वोदय के निकट ले जाते हैं। इस प्रकार चाहे समाज का विकास साम्यवादी समाज की ओर हो, अथवा पूंजीवादी समाज की ओर या सर्वोदय समाज की ओर, सभी विकास की दिशा के द्योतक हैं। देखना केवल यह है कि मानवीय सुख एवं कल्याण की मात्रा अधिकतम होनी चाहिये। इस प्रकार एरिक फ्रॉम की स्वस्थ (Sence Society) की परिकल्पना, अमिताई ईटज्योनी (Amitai Etzioni) की सक्रिय समाज (Active Society) की परिकल्पना तथा विनोबा भावे की सर्वोदय समाज की कल्पना सामाजिक विकास की सर्वोत्कृष्ट अवस्थायें हैं।

शैफ्फ का मत

ऐ० शैफ्फ (A. Schaff) ने सामाजिक विकास को समझाने के लिए 'गति' (Movement), परिवर्तन (Change), विकास (Development) तथा प्रगति (Progress) में अन्तर किया है। जहाँ तक सामाजिक परिवर्तन का प्रश्न है यह एक ऐसी प्रक्रिया का बोध कराता है जिसमें पृथक्-पृथक् समय बिन्दुओं में समाज की संरचना भिन्न होती चली जाती है। लेकिन जब हम 'गति' की बात करते हैं तो हम बड़े ही संकुचित अर्थों में स्थान में होने वाले स्थिति में परिवर्तन की ओर संकेत करते हैं। यह लगभग एक यान्त्रिक गति (Mechanical Motion) के समान है। 'विकास का विचार भी संकुचित ही है। जब कभी हम विकास की चर्चा करते हैं उससे हमारा अभिप्राय किसी प्रकार के परिवर्तन से अवश्य होता है लेकिन जब हम परिवर्तन का अनुमान लगाना चाहते हैं तो हमें विकास पर विचार करने की आवश्यकता नहीं होती। इस प्रकार शैफ्फ के अनुसार ''विकास से अभिप्रायः उन परिवर्तनों से है जो एक विशेष सन्दर्भ में और एक विशेष पैमाने पर किसी प्रघटना में होने वाली उन्नति के परिमाणात्मक तत्व की ओर संकेत करते हैं जिन्हें मूल्यों की एक विशेष व्यवस्था में हम संकारात्मक समझते हैं।[1]

1. The term "development" designates a certain type of changes : those which, within a given frame of reference and scale of measurement, represent a quantitative growth of a phenomenon considered positive under a given system of values. A. Schaff," The Marxitsts Theory of Social Development" in S. N. Eisenstadt (Ed.), Readings in Social Evolution and Development. (New York : Pergamon Press, 1970) pp. 74-75.

सामाजिक विकास का अर्थ

1. **ऑक्सफोर्ड इंगलिश डिक्शनरी** में विकास को "एक क्रमिक उन्मूलन (A Gradual Unfolding), किसी भी वस्तु की अधिकतम जानकारी, जीवाणु का विकास" आदि के अर्थ में बताया गया है। उदाहरणार्थ, एक बच्चे द्वारा युवा अवस्था को प्राप्त करने पर उसमें होने वाले शारीरिक एवं मानसिक परिवर्तन को विकास कहा जायेगा। इसी प्रकार शरीर में बीमारी की बढ़ोत्तरी को भी विकास कहेंगे। किन्तु विकास का यह अर्थ सामाजिक विकास से भिन्न है।

विकास परिवर्तन की एक ऐसी प्रक्रिया है जिसमें विभेदीकरण की वृद्धि होती है तथा यह सदैव ऊपर की ओर होता है। विकास का सम्बन्ध सामाजिक मूल्यों से नहीं है। अतः यह अच्छाई और बुराई दोनों ही ओर से हो सकता है। यह तो एक अवस्था से दूसरी अवस्था में परिवर्तन की गति को प्रकट करता है। साामजिक जीवन के उदाहरण द्वारा हम इसे और भली-भाँति समझ सकते हैं। विकास में अच्छाई व बुराई दोनों ही हो सकती हैं। उदाहरण के लिए मानव ने शिकारी, पशुपालन व कृषि अवस्था से आज की औद्योगिक अवस्था तक विकास की एक लम्बी यात्रा तय की है। प्रत्येक अवस्था के अपने गुण व दोष, लाभ व हानि, अच्छाई तथा बुराई है जिसका मूल्यांकन विकास में नहीं किया जाता। विकास का सम्बन्ध तो मानव जीवन में उत्तरोत्तर परिवर्तन एवं एक अवस्था के दूसरी ओर आगे बढ़ने से ही है।

2. मार्क्सवादी विचारकों ने भी विकास और प्रगति शब्द का समान अर्थों में ही प्रयोग किया। **स्कॉफ** ने विकास को परिभाषित करते हुए लिखा है, "माप के पैमाने और सन्दर्भ के एक निश्चित ढाँचे में एक निश्चित प्रकार के परिवर्तनों को बताने वाला शब्द विकास है जो मूल्यों की एक निश्चित व्यवस्था के अन्तर्गत स्पष्ट रूप से एक घटना की परिमाणात्मक वृद्धि का प्रतिनिधित्व करता है।"[1]

इस परिभाषा से विकास की तीन विशेषताएँ प्रकट होती हैं-(i) विकास में एक निश्चित ढाँचे में एक निश्चित प्रकार के परिवर्तन आते हैं, (ii) इस परिवर्तन के कारण समाज में परिमाणात्मक वृद्धि होती है जिसकी माप का पैमाना भी निश्चित होता है, (iii) विकास मूल्यों से घनिष्ट रूप से सम्बद्ध है। इस परिभाषा में प्रगति एवं विकास की अवधारणा को घुला-मिला दिया गया है।

3. **बॉटोमोर** कहते हैं कि अनेक नवीन समाजशास्त्रीय रचनाओं में विकास शब्द का एक प्रयोग ग्रामीण एवं कृषि प्रधान तथा औद्योगीकृत समाजों में भेद प्रकट करने के लिए किया गया है। विकास शब्द के द्वारा इन दोनों प्रकार के समाजों में पाये जाने वाले आय के अन्तर तथा ग्रामीण एवं कृषि प्रधान समाज के औद्योगीकृत हो जाने की प्रक्रिया को प्रकट किया जाता है। इस प्रकार विकास शब्द का प्रयोग नवीन विचारधारा में दो विशेषताओं को बताने के लिए किया गया है—(i) वर्तमान

1. A Schaff, *In Reading in Social Evolution and Development*, (ed.) by N. Eisenstadt.

समय में देखे जाने वाले विशिष्ट प्रकार के परिवर्तनों की चर्चा के लिए, तथा (ii) उन आर्थिक परिवर्तनों के लिए जिन्हें नापा एवं पहचाना जा सके। इस अर्थ में यदि मानव अपने ज्ञान में वृद्धि कर नवीन आविष्कारों द्वारा प्रकृति पर नियन्त्रण बढ़ाने में सफल होता है तो निश्चिय ही वह विकास कहलायेगा। विकास को तुलनात्मक एवं ऐतिहासिक अर्थ में प्रयोग अनेक लेखकों ने किया है। एक महत्वपूर्ण नवीन गोष्ठी में (The Challenge of Development) विकास शब्द का प्रयोग कम आय वाले देशों में हो रहे औद्योगीकरण और उसकी तुलना पश्चिमी देशों में हो रहे औद्योगीकरण से करने के सन्दर्भ में किया।

इस प्रकार आधुनिक समय में विकास शब्द का प्रयोग अधिकाँशतः आर्थिक अर्थों में किया गया है। प्रति व्यक्ति आय में वृद्धि, श्रम-विभाजन एवं विशेषीकरण में वृद्धि, बाजारों का विस्तार, उत्पादन एवं उद्योगों में वृद्धि, पूँजी निर्माण में वृद्धि प्राकृतिक स्रोतों का अधिकाधिक दोहन तथा मानवीय ज्ञान द्वारा प्रकृति पर अधिकाधिक नियन्त्रण आर्थिक विकास को इंगित करते हैं। किन्तु विकास शब्द के प्रयोग को आर्थिक एवं औद्योगिक क्षेत्रों में होने वाले कुछ विशिष्ट परिवर्तनों तक ही सीमित कर देना उचित नहीं है। यह धर्म, प्रथाओं, परिवार, राजनीति, संस्कृति, आदि अनेक क्षेत्रों में प्रयुक्त किया जा सकता है। सामाजिक विकास में सामाजिक सम्बन्धों का विस्तार होता है, प्राचीन सामाजिक संरचनाओं, मूल्यों, मनोवृत्तियों एवं विचारों में परिवर्तन एवं वृद्धि होती है। सामाजिक विकास में व्यक्ति की स्वतन्त्रता, पारस्परिक सहयोग एवं नैतिकता की भावना तथा समुदाय की आय एवं सम्पत्ति में वृद्धि होती है। आर्थिक विकास सामाजिक विकास का ही एक अंग है जिसे विभिन्न आधारों पर मापना सरल है।

संक्षेप में सामाजिक विकास समाज का विकासोन्मुख परिवर्तन है जिसमें निश्चित उद्देश्यों की पूर्ति के नियन्त्रित एवं जागरूक प्रयत्न किये जाते हैं।

सामाजिक विकास की विशेषतायें

(1) **एक सार्वभौमिक प्रक्रिया** (A Universal Process)—विश्व में शायद ही ऐसा कोई समाज मिले जो विकास की प्रक्रिया से न गुजर रहा हो। इस प्रकार विकास एक सार्वभौमिक प्रक्रिया है। आदिम समाज से औद्योगिक समाज की रचना विकास की प्रक्रिया का ही परिणाम है।

(2) **जागरूक एवं अजागरूक प्रक्रिया** (Conscious and Unconscious Process)—विकास के लिए सतत् प्रयास भी किये जाते हैं जिसके फलस्वरूप विकास होता है परन्तु प्रयासों के दौरान कई बार स्वतः भी विकास हो जाता है। इस प्रकार विकास एक जागरूक एवं अजागरूक दोनों ही प्रकार की प्रक्रिया है।

(3) **वैचारिक आधार** (An Ideological Basis)—किसी भी क्षेत्र में विकास करने के लिए सर्वप्रथम उसकी वैचारिक रूपरेखा तैयार करनी पड़ती है और तभी उसके आधार पर विकास की प्रक्रिया प्रारम्भ होती है।

(4) अनेक विकल्पों की विद्यमानता (Presence of Many Options)—विकास के अन्तर्गत विकल्पों का अतुल भण्डार उपलब्ध होता है। हम विकास की किसी भी तकनीक, रूप, साधन और तरीके को सुविधानुसार अपना सकते हैं।

(5) लौकिक परिवर्तन का परिचायक (An Introducer of Worldly Change) —विकास का सम्बन्ध धर्म व आध्यात्मिकता से नहीं है। विकास का सम्बन्ध केवल सांसारिक परिवर्तनों से ही है। विश्व में क्या-क्या परिवर्तन आ रहे हैं, यह सब कुछ हमें विकास की प्रक्रिया के दौरान ही ज्ञात होते है।

सामाजिक विकास के मापदण्ड

हॉरॉविज (Horowitz) ने विकास के चार मापदण्ड बताये हैं—

(i) शिक्षा की मात्रा व स्वरूप, (ii) कल्याण का स्तर, (iii) मनोवृत्ति और कार्यों में अन्तर, (iv) विकास की लागत तथा उपलब्धियाँ।

मिचेल ने विकास के छः प्रमुख मापदण्ड बताये हैं—

(i) अशिक्षा से सार्वभौमिक शिक्षा की ओर रूपान्तर, (ii) एकतंत्र से प्रजातन्त्र तथा सार्वभौमिक व्यस्क मताधिकार की ओर परिवर्तन, (iii) कानून के समक्ष सभी की समानता में वृद्धि, (iv) राष्ट्रीय प्रभुसत्ता में वृद्धि, (v) धन के केन्द्रीयकरण से उचित और न्यायपूर्ण वितरण की ओर परिवर्तन, (vi) स्त्रियों की स्थिति में दासी के स्थान पर साथी के रूप में परिवर्तन।

सामाजिक विकास की दशायें

हॉबहाउस ने सामाजिक विकास की कुछ दशाओं का उल्लेख किया है जिनके अभाव में किसी भी समाज का विकास सम्भव नहीं है। ये दशाएँ निम्नांकित हैं—

(1) पर्यावरण सम्बन्धी दशाएँ (Environmental Conditions)—किसी भी समाज में विकास के लिए पर्यावरण सम्बन्धी उचित दशाओं का होना आवश्यक है। जिस समाज का उपयुक्त भौगोलिक वातावरण हो तथा जिसे प्राकृतिक साधन प्रचुर मात्रा में उपलब्ध हों, खनिज पदार्थ काफी मात्रा में पाये जाते हों तो ऐसे समाज में विकास की सम्भावनाओं पर सन्देह नहीं किया जा सकता। भौगोलिक व प्राकृतिक साधनों की उपलब्धि कार्यक्षमता व कार्यकुशलता को भी बढ़ाती है।

(2) जैवकीय दशाएँ (Biological Conditions)—रुग्ण एवं अस्वस्थ जनसंख्या वाले समाज की तुलना में स्वस्थ जनसंख्या वाले समाज में विकास अधिक होगा। इसका कारण यह है कि शारीरिक स्वस्थता कार्यक्षमता की अधिकता की परिचायक है और अधिक कार्यक्षमता से उत्पादन तथा राष्टीय आय में वृद्धि होती है, जीवन-स्तर उच्च होता है, जो विकास का द्योतक है।

(3) मनोवैज्ञानिक परिस्थितियाँ (Mental or Psychological Conditions)—विकास के लिए मनोवैज्ञानिक परिस्थितियाँ भी उत्तरदायी होती हैं क्योंकि जब तक हम किसी कार्य के लिए मानसिक रूप से तैयार नहीं होंगे तब तक कोई भी कार्य सम्पन्न नहीं होगा। अत: किसी भी समाज को विकास करने हेतु अपने सदस्यों को सर्वप्रथम मानसिक रूप से तैयार करना होगा, तभी वह अपना लक्ष्य प्राप्त कर सकता है।

(4) सामाजिक दशाएँ (Social Conditions)—समाज की संस्थाएँ, मूल्य, धर्म, राजनीति, आर्थिक परिस्थितियाँ, सांस्कृतिक परिस्थितियाँ व रीति-रिवाज भी विकास पर प्रभाव डालते हैं। यदि हमारा सामाजिक पर्यावरण विकास की प्रक्रिया के अनुकूल होगा तभी विकास सम्भव हैं। फिर हमारी समाज व्यवस्था भी इस प्रकार की होनी चाहिए जो प्रत्येक सदस्य को उचित अवसर, स्वतन्त्रता, विशेषत: उचित सामाजिक न्याय और उन्नति के अवसर प्रदान करे। जहाँ इन सब का अभाव होता है, उस समाज में विकास की कल्पना करना निरर्थक है।

विकास के विभिन्न सिद्धान्त

विकास की व्याख्या विभिन्न सिद्धान्तों के आधार पर की गई है। इनमें मुख्य हैं आदर्शवादी, ऐतिहासिक तथा मार्क्सवादी।

(1) आदर्शवादी सिद्धान्त (Idealist Approaches)—प्लेटो और हीगेल तथा भारत में श्री अरविन्द की अवधारणाओं के अनुसार विकास परम तत्व का क्रमश: अनावरण है जिसमें उसके अनाभिव्यक्त तत्व अभिव्यक्त होते रहते हैं। परम तत्व के प्रमुख लक्षणों की अभिव्यक्ति ही विकास की कसौटी है। जिस समाज में ये लक्षण जितने होंगे वह उतना ही विकसित होगा। आधुनिक समाजशास्त्र में आदर्शवादी सिद्धान्तों का कोई विशेष महत्व नहीं है। फिर भी सोरोकिन और टायनबी की विकास की सांस्कृतिक अवधारणाओं को आदर्शवादी कहा जा सकता है।

(2) ऐतिहासिक सिद्धान्त (Historical Approaches)—अधिकतर समाजशास्त्रियों ने विकास की ऐतिहासिक व्याख्या की है जिसके अनुसार मानव समाज सब कहीं विकास की कुछ अवस्थाओं से होकर आगे बढ़ता है। इस प्रकार की अवस्थाओं का एक सरल प्रतिमान परम्परागत समाज (Traditional Society), संक्रमणवादी समाज (Transitional Society) तथा आधुनिक समाज (Modern Society) है। विकास का यह वर्गीकरण इतिहास की आर्थिक अवस्थाओं पर आधारित है। उत्पादन की क्रिया और साधनों का इसमें विशेष महत्व है। आधुनिक काल में विकसित और विकासशील समाजों के अनेक तुलनात्मक अध्ययन किये गये हैं। बहुधा इन ऐतिहासिक विवरणों में विकास की स्थितियों को पूरी तरह सुनिश्चित करने का प्रयास किया है। इनका आग्रह है कि सभी समाजों में विकास इन्हीं स्थितियों से होकर होगा। उदाहरण के लिये यह कहा जाता है कि सब कहीं अन्न संग्रह (Food Gathering), चरवाही (Pastoral), कृषि प्रधान (Agricultural)

और औद्योगिक (Industrial) अवस्थाओं से होकर विकसित होते हैं जबकि वास्तव में ऐसा नहीं है। इसी प्रकार आधुनिक औद्योगिक समाजों में विकास की कुछ विचारकों ने पूँजीवाद से समाजवाद की ओर अनिवार्य प्रगति माना है जबकि वर्तमान काल में सोवियत साम्यवाद के पूर्ण विघटन से इस बात का खण्डन होता है। इसी प्रकार वैरिंगटन मूर की पुस्तक Social Origins of Dictatorship and Democracy के अनुसार आधुनिक जगत को पहुँचाने के तीन मार्ग हैं बुर्जुआ क्रान्ति, फात्सीवादी क्रान्ति और कृषक क्रान्ति अथवा जन आन्दोलन। यहाँ पर हरबर्ट स्पेन्सर और एल० टी० हाबहाउस के सिद्धान्तों का विशेष महत्व है।

(3) **मार्क्सवादी विचारधारा** (Marxist Approach)—आधुनिक काल में विकास की व्याख्या का एक प्रसिद्ध सिद्धान्त मार्क्सवादी विचारधारा है जिसके प्रमुख सिद्धान्त हैं आर्थिक निर्धारणवाद (Economic Determinism), द्वन्द्वात्मक भौतिकवाद (Dialectical Materialism) तथा वर्ग संघर्ष का सिद्धान्त (Theory of Class Conflict) सोवियत रूस में साम्यवाद के पतन और जनतन्त्र की स्थापना से विकास की मार्क्सवादी अवधारणा को आघात लगा है फिर भी चीन तथा अन्य देशों में अनेक विचारक आज भी मार्क्सवाद के समर्थक हैं।

अभ्यास के लिए प्रश्न

1. सामाजिक विकास के सम्बन्ध में हाबहाउस की अवधारणा स्पष्ट कीजिये?

2. सामाजिक विकास का क्या अर्थ है? उसके अर्थ के विषय में मतभेद क्यों पाये जाते हैं?

3. सामाजिक विकास की विशेषतायें क्या हैं? उसके मापदंड और दशायें बतलाइये?

4. सामाजिक विकास की व्याख्या के विभिन्न सिद्धान्त बतलाइये।

6

सामाजिक क्रान्ति

(Social Revolution)

सामाजिक क्रान्ति क्या है?

सामाजिक क्रान्ति के विषय में निम्नलिखित विद्वानों के विचार उल्लेखनीय हैं—

1. **ब्रूम-सेल्जनिक**—सामाजिक क्रान्ति एक प्रकार की सामूहिक क्रिया है जिसके द्वारा किसी विद्यमान कानूनी व्यवस्था को पलटने का प्रयत्न किया जाता है या पलट दिया जाता है। यह आधारभूत परिवर्तनों की एक माँग है जिसे सीधी कार्यवाही द्वारा प्राप्त किया जाता है।

2. **पीटर काल्वर्ट**—सामाजिक क्रान्ति से अभिप्राय ऐसे राजनीतिक परिवर्तन लाने से है जिसके द्वारा जीवन के प्रत्येक पहलू में आकस्मिक परिवर्तन लाया जाता है। प्रक्रिया, घटना, योजना तथा राजनीतिक गाथा इसके प्रमुख तत्व होते हैं।

3. **मार्क्स-एंजिल्स**—उत्पादन सम्बन्धों में जनसंघर्ष के द्वारा ऐतिहासिक परिवर्तन लाना क्रान्ति है।

4. **सल्वाडोर गिनर**—सामाजिक क्रान्ति एक गहन एवं तीव्र सामाजिक प्रक्रिया है जिसके द्वारा सामाजिक संरचना में तेजी से व्यापक परिवर्तन लाये जाते हैं या आ जाते हैं।

5. **आर्थर बौर**—जो परिवर्तन समाज में बलपूर्वक लाये जाते हैं या जिनके द्वारा सामाजिक संरचना में आमूल-चूल परिवर्तन लाने का प्रयत्न किया जाता है, सामाजिक क्रान्ति कहलाते हैं।

6. **एडमंड बुर्क**—सामाजिक क्रान्ति का सम्बन्ध सामाजिक व्यवस्था से है जिसमें तेजी से परिवर्तन घटित होता है।

7. **अरस्तू**—समाज के आधारभूत मूल्यों में परिवर्तन लाना क्रान्ति कहलाता है।

8. **सोरोकिन**—जब किसी सामाजिक व्यवस्था की विद्यमान व्यवस्था अथवा संस्थाओं में तीव्रता, गहनता तथा भयंकर परिवर्तन लाये जाते हैं तब उन परिवर्तनों को हम सामाजिक क्रान्ति कहते हैं।

9. क्रेन ब्रिन्टन—सामाजिक क्रान्ति समाज का एक बुखार है जिसके समाप्त हो जाने पर समाज की व्यवस्था स्वस्थ तो हो जाती है लेकिन पूर्ववत् नहीं रहती।

सामाजिक क्रान्ति की परिभाषायें

1. आर्नोल्ड एम० रोज—"सामाजिक क्रान्ति से अभिप्राय किसी समाज में घटित होने वाले आमूल-चूल तथा दूरगामी परिवर्तनों की शृंखला से है, जो प्रायः तेजी से घटित होते हैं लेकिन यह आवश्यक नहीं है कि वह हिंसात्मक हों।"[1]

2. बिल्बर्ट मूर—सामाजिक क्रान्ति से अभिप्राय समाज के सामाजिक ढाँचे में बड़े पैमाने पर होने वाले अनियमित परिवर्तनों से है।[2] ध्रुवीकरण की प्रक्रिया (Polarization) आने वाली क्रान्ति का मुख्य अग्र-सूचक होती है।

2. एन्थोनी वैलेस—"यह जान बूझकर संगठित रूप में किया गया एक प्रयास है जो समाज के कुछ सदस्यों द्वारा किन्हीं नवीन विचारों के प्रतिमान को तेजी से ग्रहण करके ऐसी संस्कृति को स्थापित करने के रूप में किया जाता है जो अपेक्षाकृत अधिक सन्तुष्टि प्रदान कर सके।"[3]

आजकल "क्रान्ति" शब्द का प्रयोग करना एक फैशन सा हो गया है और इसको इतने ढीले-ढीले अर्थों में प्रयोग किया जाने लगा है कि "सामाजिक क्रान्ति" की वास्तविक अवधारणा अस्पष्ट होकर रह गई है। एक ओर जहाँ हम फ्रांस की क्रान्ति की चर्चा करते हैं वहाँ दूसरी ओर औद्योगिक क्रान्ति, सामाजिक क्रान्ति, धार्मिक क्रान्ति, हरित क्रान्ति, वैचारिक क्रान्ति, रहन-सहन तथा वेषभूषा के ढंग में क्रान्ति, फैशन में क्रान्ति इत्यादि की चर्चा करते हैं।

वास्तव में सामाजिक क्रान्ति की परिभाषा केवल ऐतिहासिक रूप में ही की जानी चाहिए तथा इसमें मुख्य रूप से राजनीतिक पहलू की प्रधानता होनी चाहिए। ऐतिहासिक रूप में विचार करने पर फ्रांस की 1789 की क्रान्ति के बाद से आधुनिक क्रान्ति के युग का इतिहास शुरू होता है। आधुनिक काल में हम रूस, चीन, इंगलैण्ड, फ्रांस, अमेरिका, क्यूबा, वीयतनाम, अफ्रिकाई देशों, एशियाई देशों, कोरिया, इत्यादि में हुई राजनीतिक क्रान्तियों का उल्लेख कर सकते हैं।

सामाजिक क्रान्ति के मूल तत्व

(1) इसमें सामाजिक परिवर्तन होते है;

---

1. Revolution refers to "a radical and far-reaching series of changes in a society, usually occurring rapidly but not necessarily with violence." Arnold M. Rose, *Sociology* (New York: Alfred A. knopf, 1965), p. 730
2. Revolutions refer to "large scale discontinuous changes in the social fabric of society...Polarization is the key indicator of incipient revolution." Wilbert E. Moore, *Order and Change* (New York. John Wiley & Sons, 1967), p. 264.
3. "A deliberate organised attempt by some members of a society to construct a more satisfying culture by speedy acceptance of a pattern of new ideas." Anthony Wallace.

(2) इसमें परिवर्तन राजनीतिक व्यवस्था में आते हैं जिनके परिणामस्वरूप एक विद्यमान राजनीतिक व्यवस्था के स्थान पर दूसरी राजनीतिक व्यवस्था स्थापित हो जाती है।

(3) इसमें परिवर्तन धीरे-धीरे नहीं आते बल्कि अचानक, तेजी से तथा तीव्रता से आते हैं।

(4) इन परिवर्तनों से न केवल राजनीतिक ढाँचा ही प्रभावित होता है बल्कि सामाजिक संस्थायें तथा इनसे सम्बन्धित मूल्य-व्यवस्था भी प्रभावित होती है।

(5) इनसे महत्वपूर्ण मनोवैज्ञानिक परिवर्तन भी घटित होते हैं, यहाँ तक कि कालान्तर में सामाजिक चरित्र की प्रकृति में ही अन्तर आ जाते हैं।

(6) ये परिवर्तन सम्पूर्ण सामाजिक संरचना में परिवर्तन की ओर संकेत करते हैं, जिसमें राजनीतिक एवं मनोवैज्ञानिक व्यवस्थायें भी सम्मिलित होती हैं। ये परिवर्तन साधारण न होकर व्यापक तथा आमूल-चूल आकार के होते हैं।

(7) परिवर्तन लाने की विधि में बल तथा हिंसा का प्रयोग भी किया जाता है जिसमें अनेक प्रकार से जान-माल की हानि तथा रक्तपात भी सम्मिलित है।

इस प्रकार सामाजिक क्रान्ति एक ऐसा राजनीतिक परिवर्तन है जिसमें सम्पूर्ण सामाजिक संरचना अचानक, तेजी एवं तीव्रता से आमूल-चूल रूप से परिवर्तित हो जाती है जिसमें आवश्यकतानुसार बल तथा हिंसा का प्रयोग भी होता है।

सामाजिक क्रान्ति की अवस्थायें

क्रेन ब्रिन्टन ने फ्रांस, अमेरिका, इंग्लैंड तथा रूस की क्रान्तियों का तुलनात्मक अध्ययन करके इनके विकास की निम्नलिखित अवस्थाएँ बताई हैं।

1. प्रथम अवस्था—आर्थिक दृष्टि से उपरोक्त चारों देश क्रांति से पहले अच्छी स्थिति में थे। यहाँ क्रान्तियाँ उन असमृद्धशाली व्यक्तियों ने नहीं की जो अपने को नियंत्रण में बंधा, या असन्तुष्ट या असहाय समझते थे, बल्कि क्रान्तियाँ शासकों की भयंकर दमनकारी नीति के कारण उत्पन्न हुई। इन क्रान्तियों में भाग लेने वाले भूखे-नंगे, दलित लोग नहीं थे, ये निराश व्यक्ति भी नहीं थे। ये क्रान्तियाँ तो आशा की लहर से उत्पन्न हुईं और इनका दर्शन आशावादी था।

2. दूसरी अवस्था—क्रांति से पूर्व के इन समाजों में निश्चित रूप से तीव्र वर्ग का विरोध विद्यमान था। यह प्रतिरोध 1640, 1776 तथा 1789 की क्रान्तियों में सामन्तवादियों का बुर्जुओं के प्रति, या 1917 की क्रांति में बुर्जुओं का श्रमिकों के प्रति नहीं था। क्रान्ति की तीव्र भावना उन पुरुषों और स्त्रियों के मन में उपजी जिनके पास जीवन-निर्वाह के लिये पर्याप्त धन था और जिन्होंने सामाजिक रूप से सुविधा-सम्पन्न कुलीनतंत्र की असमानताओं पर गहन चिन्तन किया था। क्रान्तियाँ उस समय अधिक सम्भव होती हैं जब सामाजिक वर्ग एक दूसरे से अधिक दूर होने

की अपेक्षा काफी निकट होते हैं। अस्पृश्य व्यक्ति कदाचित ही ईश्वरीय कुलीनतंत्र के विरुद्ध विद्रोह करते हैं। परन्तु धनिक व्यापारियों की पुत्रियाँ जिनके विवाह कुलीनों से हो सकते हैं यह सोचने की स्थिति में अधिक होती हैं कि ईश्वर के लिये तो व्यापारी तथा कुलीन एक समान ही हैं। यह कहना कठिन है कि सामाजिक रूप से जो वर्ग लगभग समान होते हैं उनमें कुछ समाजों में दूसरों की अपेक्षा क्रांति के भाव इतनी तीव्रता में क्यों उत्पन्न होते हैं। सामान्य रूप से यह देखने में आया है कि क्रान्तिपूर्व के समाजों में इस प्रकार के वर्ग-प्रतिरोध तीव्र रूप में विद्यमान थे।

3. तीसरी अवस्था—सभी समाजों की क्रान्तियों में एक सामान्य तत्व बुद्धिजीवियों का अलगाव देखा गया।

4. चौथी अवस्था—उपरोक्त सभी समाजों में क्रान्तिपूर्व काल में यह देखा गया कि सरकारी व्यवस्था स्पष्ट रूप से अकुशल थी, जिसका कारण आंशिक रूप में लापरवाही था तथा आंशिक रूप में पुरानी संस्थाओं में आवश्यक परिवर्तन न करना था। इन सभी समाजों में यह देखा गया कि आर्थिक विस्तार तथा विकास की नई दशाओं नये धनिक वर्गों के प्रादुर्भाव, यातायात के नवीन साधनों के विकास, व्यापार की नई पद्धतियों, इत्यादि नवीन दशाओं ने एक ऐसा दवाब डाला जिसको साधारण, अपेक्षाकृत आदिम दशाओं में अनुकूलित सरकारी व्यवस्था सहन न कर सकी।

5. पाँचवीं अवस्था—पहले से जो शासक वर्ग चला आ रहा था उस शासक वर्ग के अनेक व्यक्ति स्वयं अपने पर विश्वास खो बैठे अथवा अपने वर्ग की प्रथाओं तथा परम्पराओं में आस्था खो बैठे, तथा बुद्धिजीवियों के रूप में विकसित हो गये या उन्होंने मानवीय दृष्टिकोण अपना लिया या स्वयं विरोधी वर्गों में जाकर मिल गए। इनमें से अधिकाँश व्यक्ति अनैतिक जीवन व्यतीत करते थे। दूसरे शब्दों में शासक वर्ग राजनीतिक रूप से बिल्कुल निरर्थक एवं अयोग्य हो गया था।

क्रान्तियों के सामाजिक परिणाम

सोरोकिन ने भी आधुनिक काल की अनेक क्रान्तियों का विस्तृत अध्ययन करके कुछ सामाजिक परिणाम निकाले हैं जो इस प्रकार हैं—

1. क्रान्ति का चक्र (Cycle of Revolution)—क्रान्तिकारी परिवर्तनों में प्रायः एक पुनरावृत्ती चक्र देखने को मिलता है। प्रत्येक क्रान्ति में दो अवस्थायें होती हैं, एक तो 'विनाशकारी अवस्था' जिसमें क्रांति न केवल शुष्क संस्थाओं तथा मूल्यों को, बल्कि उन संस्थाओं तथा सांस्कृतिक मूल्यों को भी नष्ट करती है जो महत्वपूर्ण, सृजनात्मक तथा विकासगामी होते हैं। इनको अस्थाई रूप से छिन्न-भिन्न कर दिया जाता है और उनका विकास रोक दिया जाता है। दूसरी अवस्था होती है 'अवनति अवस्था' जिसमें महत्वपूर्ण संस्थायें तथा मूल्य पुनः उभरने लगते हैं, विकसित होते हैं तथा क्रान्ति की विनाशकारी शक्तियों को पीछे हट जाने को प्रोत्साहित करते हैं।

2. ध्रुवीकरण का सिद्धान्त (Law of Polarisation)—लगभग सभी क्रान्तियों में ध्रुवीकरण का नियम क्रियाशील देखा जा सकता है। इस नियम का सम्बन्ध क्रान्ति में जनसंख्या के विभिन्न तत्वों तथा स्वयं उसकी अपनी गतिविधियों पर विपरीत प्रभाव से है। सामान्य समय में अधिकाँश जनसंख्या न तो स्पष्ट रूप से बुरी, न ही स्पष्ट रूप से भली, न अत्यधिक सामाजिक और न ही अत्यन्त समाज-विरोधी, न स्पष्ट रूप से धार्मिक या अधार्मिक होती है। क्रांति के समय ये उदासीन विरोधी ध्रवों की ओर चल पड़ते हैं, कुछ पापी, कुछ सन्त, कुछ सामाजिक परमार्थवादी तथा कुछ समाज-विरोधी अहंमवादी हो जाते हैं। इस प्रकार का ध्रुवीकरण समस्त सामाजिक तथा सांस्कृतिक क्षेत्रों में देखा जा सकता है।

3. महत्वपूर्ण प्रक्रियाओं में परिवर्तन (Changes in Vital Processes)—प्रमुख क्रान्तियों में जनसंख्या में जन्म दर गृह युद्ध के लगभग नौ माह बाद घटने लगती है। विनाशकारी अवस्था का अन्त होने के बाद यह पुनः बढ़नी शुरू होती है और बाद के दो तीन वर्षों के दो तीन वर्षों में क्रान्ति पूर्व काल के स्तर से भी ऊपर चली जाती है। तब इसके बाद वह अपने क्रान्ति पूर्व के स्तर पर आती है। इसी प्रकार मृत्यु दर भी घटती-बढ़ती हैं। यही बात विवाह-दर तथा तलाक या परित्याग दर के साथ भी लागू होती है। आत्म-हत्याओं की दर में भी इसी प्रकार के उतार चढ़ाव आते हैं।

4. मनोविज्ञान तथा व्यवहार में परिवर्तन (Changes in Psychology and Behaviour)—ये परिवर्तन निम्न रूप में समझे जा सकते हैं—

(i) व्यक्तित्व संरचना का छिन्न-भिन्न होना (Breakdown of Personality Structure);

(ii) प्रत्यक्ष व्यवहार पर प्रभाव (Effect on Overt Behaviour);

(iii) विचारों की प्रतिक्रिया तथा सम्बन्धित वैचारिकी का प्रभावित होना (Speech Reactions and Corresponding Ideologies);

(iv) सम्पत्ति सम्बन्धों पर प्रभाव (Effect on Property Relations);

(v) लैंगिक व्यवहार तथा सम्बन्धों पर प्रभाव (Effect on Sexual Behaviour and Relationships);

(vi) नैतिक एवं धार्मिक आवरण पर प्रभाव (Effect on Ethical and Religious Conduct).

5. सामाजिक संरचनाओं में परिवर्तन (Changes in Social Structures) क्रान्तियों में सामाजिक संरचनाओं में महत्वपूर्ण परिवर्तन आते हैं जिन्हें निम्न रूप में देखा जा सकता है—

(i) अन्तःसमूह सामाजिक विभेदीकरण (Intergroup Social Differentiation)

(ii) अन्तर्समूह संस्तरण (Intergroup Stratification);

(iii) अन्तर्समूहों में विभेदीकरण (Intragroup Differentiation),

(iv) पारस्परिक संस्तरण (Intragroup Stratification)

6. व्यक्तियों के सामाजिक परीक्षण, चुनाव तथा वितरण की यांत्रिकी में परिवर्तन आना (Changes in the Mechanism of Social Testing, Selection and Distribution of Individuals)—क्रांति की प्रथम अवस्था में सम्पूर्ण जन-जीवन प्रभावित होने लगता है। न तो आर्थिक, राजनीतिक, वैज्ञानिक, तकनीकी, सांस्कृतिक प्रकार्य और न ही सैनिक प्रकार्य ही संतोषजनक रूप से सम्पादित होते हैं। इसके परिणामस्वरूप जनता में तीव्र असमायोजन एवं उत्पीड़न उत्पन्न हो जाता है जो सत्ताधारी दल की शक्ति के लिए हानिकारक स्थिति होती है। इस लिए यह आवश्यक हो जाता है कि सदस्यों के परीक्षण, चुनाव तथा वितरण की यांत्रिकी को कम से कम कुछ अंशों तक तो पुनः स्थापित कर दिया जावे। यह प्रक्रिया पहली अवस्था के अंत तक प्रारम्भ हो जाती है और दूसरी अवस्था तक चलती रहती है। दूसरी अवस्था के अंत तक विभिन्न स्तरों पर जो व्यक्ति होते हैं वे पुराने तथा नये तत्वों का मिश्रण होते हैं।

7. सामाजिक एवं सांस्कृतिक प्रक्रियाओं में परिवर्तन (Changes in Social and Cultural Processes)—सभी क्रांतियों में यह देखा गया कि ऐच्छिक तथा विशेष रूप से अनैच्छिक प्रवासिता, सामान्य तथा विभेदीकृत गतिशीलता तथा रैखिक गतिशीलता बड़े पैमाने पर होने लगती हैं। क्रांति की पहली अवस्था में आर्थिक जीवन छिन्न-भिन्न हो जाता है। जीवन स्तर गिर जाता है। गरीबी, बेकारी, भुखमरी बढ़ जाती हैं। राजनीतिक जीवन भी अनिश्चित सा हो जाता है। संस्कृति के समस्त क्षेत्रों विज्ञान तथा दर्शन, धर्म तथा नैतिकता, साहित्य तथा कला, राजनीति तथा कानून, सभी पर क्रांति की छाप होती है। सांस्कृतिक मूल्यों में भारी परितर्वन आते हैं।

क्रान्तियों के कारण

सामाजिक क्रान्तियों के सिद्धान्तों ने क्रान्तियों के सामाजिक कारणों का जो विश्लेषण किया है उसमें तीन कारणों पर विशेष रूप से प्रकाश डाला गया है—(1) शक्ति पतन (Power Deflation); (2) नेताओं का व्यवहार (Behaviour of Leaders); तथा (3) आकस्मिक घटना (Chance)।

तकावली तथा मार्क्स के विचारों का सम्मिश्रण करके जे॰ डेविस (J. Davis) ने सामाजिक क्रान्ति होने के लिए निम्न सैद्धान्तिक प्रतिस्थापना व्यक्त की है। **''क्रान्तियाँ होने की सम्भावना उस समय अधिक होती है जब एक लम्बी अवधि के स्पष्ट आर्थिक एवं सामाजिक विकास के बाद एक छोटी सी अवधि आती है जिसमें तीव्र विपरीत प्रक्रिया दृष्टिगोचर होती है। पहले की स्थिति में समाज के व्यक्तियों में यह विश्वास उत्पन्न हो जाता था कि उनमें अपनी बढ़ती हुई आवश्यकताओं को सन्तुष्ट करने की योग्यता है; लेकिन बाद की स्थिति में वे मानसिक चिन्ता एवं निराशा का अनुभव करने लगते हैं कि वास्तविकता वह नहीं है जो स्पष्ट दिखती है। यह स्थिति क्रान्तियों को उत्पन्न करती है।''**

सामाजिक क्रान्तियों के प्रकार

सारोकिन ने निम्नलिखित छः प्रकार की क्रान्तियों की चर्चा की है—

(1) **राजनीतिक क्रान्ति** (Political Revolution)—जब कोई क्रान्तिकारी परिवर्तन विशेष रूप से केवल किसी समूह की राजनीतिक सत्ता के विरुद्ध होता है, जिसमें राजप्रसादों में होने वाली क्रान्तियों से लेकर शासक वर्ग तथा सरकार में तीव्र परिवर्तन सम्मिलित किया जाता है, तब ऐसे परिवर्तनों को ''राजनीतिक क्रान्ति'' की संज्ञा दी जाती है।

(2) **आर्थिक क्रान्ति** (Economic Revolution)—जब कोई क्रान्तिकारी आन्दोलन किसी समूह की आर्थिक व्यवस्था सम्पत्ति के स्वरूप तथा स्वामित्व, उत्पादन, वितरण तथा उपभोग में तीव्र परिवर्तन लाने का प्रयास करता है तब उसे ''आर्थिक क्रान्ति'' कहा जाता है।

(3) **धार्मिक क्रान्ति** (Religious Revolution)—जब किसी क्रान्तिकारी आन्दोलन द्वारा समूह के धार्मिक मूल्यों में तीव्र परितर्वन लाये जाते हैं तब इन्हें ''धार्मिक क्रान्ति'' कहा जाता है।

(4) **पारिवारिक क्रान्ति** (Family Revolution)—जब किसी समूह की पारिवारिक तथा वैवाहिक व्यवस्था में आमूल-चूल परिवर्तन लाने की चेष्टा की जाती है तब इन्हें ''पारिवारिक क्रान्ति'' कहा जाता है।

(5) **प्रजातीय या राष्ट्रवादी क्रान्ति** (Racial or Nationalistic Revolutions)—जिन संस्थाओं, सम्बन्धों तथा मूल्यों को बदलने की कोशिश की जाती है यदि वे प्रजातीय अथवा राष्ट्रीय हों तब ऐसी क्रान्तियों को प्रजातीय या राष्ट्रवादी क्रान्ति कहा जाता है।

(6) **सम्पूर्ण क्रान्ति** (Total Revolution)—जब सम्पूर्ण स्थापित कानून, समूह की समस्त संस्थाओं एवं मूल्य-व्यवस्था में परिवर्तन लाने का प्रयत्न किया जाता है तब उन्हें ''सम्पूर्ण क्रान्ति'' कहा जाता है।

इनके अतिरिक्त इन निम्न प्रकार की क्रान्तियों की चर्चा भी हम कर सकते हैं—

(1) **प्रतिक्रान्ति** (Counter-Revolution)—म्यूजल (Meusel) ने प्रतिक्रान्ति की चर्चा करते हुए बतलाया है कि क्रांति के काल में उच्च वर्ग को हटाकर एक नवीन वर्ग सत्तारूढ़ हो जाता है। परन्तु जब यह उच्च वर्ग पुनः क्रान्ति करके सफलता प्राप्त कर लेता है, अपनी पहले की सत्ता स्थिति को प्राप्त कर लेता है, तथा क्रान्ति काल में घटित हाने वाले सभी परिवर्तनों को पलट देता है, तब इस प्रकार की घटना प्रतिक्रान्ति कहलाती है।[1]

1. "An attempt to reverse the transformations effected in a revolution its succees signalizes the triumph of the upper class, which has been endangered and temporarily displaced by the revolution." Alfred Meusel, qouted by Charles Tilly, *"The Analysis of a Counter Revolution"* (1963-64, p. 30.

(2) वाममार्गी, दक्षिणमार्गी तथा मध्यमार्गी क्रांतियाँ (Leftist, Rightist and Centralist Revolutions)– एस॰ एम॰ लिप्सेट (S. M. Lipset) ने क्रान्तियों के मुख्य रूप से तीन प्रकारों की चर्चा की है–वाममार्गी, दक्षिणमार्गी तथा मध्यमार्गी। इस प्रकार साम्यवाद तथा पैरोवाद (Peronism) प्रकार की क्रान्तियाँ वाममार्गी क्रान्तियाँ हैं जिनमें एक सम्पूर्ण राजनीतिक व्यवस्था के स्थान पर दूसरी राजनीतिक व्यवस्था स्थापित कर दी जाती है। परम्परागत सत्तावाद (Traditional Authoritarianism) प्रकार की क्रान्ति दक्षिणमार्गी होती है जिसमें विद्यमान व्यवस्था में ही आवश्यक संशोधन अथवा सुधार करके उभरती हुई माँगों की सन्तुष्टि के योग्य बनाया जाता है। फासिस्टवाद प्रकार की क्रान्ति मध्यमार्गी क्रान्ति कहलाती हैं। जिसमें एक ओर वैयक्तिक स्वतंत्रता की माँग की जाती है और दूसरी ओर स्थापित सत्ता को बनाये रखने का प्रयत्न किया जाता है।

(3) उदारवादी तथा उग्र क्रान्तियाँ (Liberal and Extremist Revolutions)–दक्षिणमार्गी तथा वाममार्गी क्रान्तियों को कुछ विद्वानं उदारवादी (Liberal) तथा उग्रवादी क्रान्तियों की संज्ञा भी देते हैं। दक्षिण मार्गी प्रकार की क्रान्ति को उदारवादी क्रान्ति इसलिए कहा जाता है क्योंकि इस प्रकार की क्रान्ति का उद्देश्य वर्तमान राजनीतिक अथवा सामाजिक व्यवस्था में क्रान्तिकारी परिवर्तन लाना नहीं होता। इस प्रकार की क्रान्ति में पहले विद्यमान राजनीतिक व्यवस्था में जो दोष उत्पन्न हो जाते हैं अथवा इसके नेता जिस प्रकार की नीतियों का अनुसरण करते हैं उनसे असन्तोष दूर करने के लिए क्रान्ति के नेता एक ऐसा सामूहिक प्रयास करते हैं जिसमें प्रचलित नीतियों अथवा विद्यमान राजनीतिक व्यवस्था में आवश्यक संशोधन, परिवर्तन या सुधार करने के लिए सत्तारूढ़ नेताओं को विवश किया जाता है तथा उन संशोधनों को प्रभावोत्पादक ढंग से क्रियान्वित करवाया जाता है। इस प्रकार की क्रान्ति के नेता एक विरोधी दल या ''दबाव समूह'' (Pressure Group) के रूप में काम करते हैं। अनेक प्रजातांत्रिक देशों में इस प्रकार का उदारवादी समूह सदैव विद्यमान रहता है। यह समूह जब सत्ता प्राप्त कर लेता हैं तब भी यह विद्यमान व्यवस्था को बिलकुल उखाड़ कर नहीं फेंक देता बल्कि उसमें अपनी नीतियों के अनुसार आवश्यक हेर-फेर कर देता है।

इसके विपरीत वाममार्गी क्रान्ति को उग्रवादी क्रान्ति इसलिए कहा जाता है क्योंकि इसके नेता यह विश्वास करते हैं कि समाज में जो व्यापक असन्तोष विद्यमान है उसको केवल वर्तमान राजनीतिक व्यवस्था का जड़ से उन्मूलन करके और उसके स्थान पर एक नई राजनीतिक व्यवस्था स्थापित करके ही दूर किया जा सकता है। उग्रवादी नेता अपने उद्देश्य की प्राप्ति के लिए हिंसात्मक कार्यवाहियाँ करने में संकोच नहीं करते बल्कि सम्पूर्ण क्रान्ति के काल में अनेक बार हिंसा का प्रयोग किया जाता है, क्योंकि उदारवादी नीतियों के द्वारा उद्देश्य की पूर्ति असम्भव सी प्रतीत होती है। उदारवादी हिंसात्मक नीतियों में विश्वास नहीं करते, वे शांति एवं समझौते तथा दबाव की यांत्रिकी अपनाते हैं।

(4) सांस्कृतिक क्रान्ति (Cultural Revolution)—1950-1960 के दशक में चीन में एक नये प्रकार की क्रान्ति का सूत्रपात हुआ जो सांस्कृतिक क्रान्ति के नाम से जानी जाती है। इस क्रान्ति का उद्देश्य उन सभी तत्वों को जड़ से उखाड़ कर फेंकना था जो साम्यवादी संरचना के विरुद्ध उत्पन्न हो गये।

अभ्यास के लिए प्रश्न

प्रश्न 1. क्रान्ति क्या है? उसके विभिन्न रूपों की व्याख्या कीजिये।

प्रश्न 2. सामाजिक क्रान्ति किन अवस्थाओं से होकर गुजरती है? उसके परिणाम बतलाइये।

प्रश्न 3. सामाजिक क्रान्ति के कारण और प्रकार बतलाइये?

7

सामाजिक परिवर्तन के सिद्धान्त

(Theories of Social Change)

समाज में सामाजिक परिवर्तन किन कारणों से तथा किन नियमों के अन्तर्गत होता है, उनकी गति एवं दिशा क्या होती है, इन प्रश्नों को लेकर प्राचीन समय से आज तक विद्वान अपने-अपने मत व्यक्त करते रहे हैं। 16वीं सदी में **जीन बोडिन** ने विश्व की विभिन्न सभ्यताओं के ऐतिहासिक अध्ययन के आधार पर यह मत व्यक्त किया कि समाज में परिवर्तन चक्रीय रूप में घटित होते हैं। यद्यपि उनकी यह बात उस समय पूर्णतया स्वीकार नहीं की गयी किन्तु बाद में कुछ विद्वानों ने परितर्वन के चक्रीय सिद्धान्तों को स्वीकार किया। 18वीं सदी में फ्रांस में यह मत प्रचलित हुआ कि विचार और चिन्तन समाज में परिवर्तन उत्पन्न करते हैं। 19वीं सदी में कॉम्टे, हीगल एवं कार्ल मैनहीम ने सामाजिक परिवर्तन में विचारों की भूमिका को बहुत महत्व दिया। कॉम्टे, स्पेंसर एवं हॉबहाउस आदि विद्वानों ने कहा कि सामाजिक परिवर्तन एक सीधी रेखा में कुछ निश्चित स्तरों से होकर गुजरता है और प्रत्येक समाज को इन स्तरों से गुजरना होता है। ये स्तर कौनसे होंगे, इस बारे में उनमें मतभेद है। बाद में आने वाले समाज वैज्ञानिकों जैसे मॉर्गन, टायलर, हेनरीमेन, वेस्टरमार्क, हेड्डन एवं लेविब्रुहल आदि ने भी यह मत स्वीकार किया और इस आधार पर परिवार, विवाह, धर्म, कला एवं संस्कृति में परिवर्तन की उद्विकासीय प्रवृत्ति का उल्लेख किया। उस समय यह अवधारणा बनी कि परिवर्तन सदैव सरलता से जटिलता, समानता से असमानता तथा बुराई से अच्छाई की ओर होता है।

परिवर्तन की उद्विकासीय एवं चक्रीय व्याख्या के बाद कुछ विद्वानों ने किसी एक ही कारक को परिवर्तन के लिए उत्तरदायी ठहराकर परिवर्तन की निर्धारणवादी (Deterministic) व्याख्या प्रस्तुत की। मार्क्स एवं वेबलिन ने प्रौद्योगिक एवं आर्थिक कारकों को, ऑगबर्न ने संस्कृति को, मैक्स वेबर ने धर्म को तथा माल्थस एवं सैडलर ने जनसंख्यात्मक कारकों को सामाजिक परिवर्तन के लिए उत्तरदायी ठहराया।

सामाजिक परिवर्तन के चक्रीय सिद्धान्त
(Cyclical Theories of Social Change)

चक्रीय सिद्धान्तकारों के अनुसार समाज में परिवर्तन का एक चक्र चलता है। हम जहाँ से प्रारम्भ होते हैं, घूम-फिर कर पुनः वहीं पहुँच जाते हैं। इस प्रकार के विचारों की प्रेरणा इन विद्वानों को प्रकृति से मिली। प्रकृति में ऋतु का एक चक्र चलता है और सर्दी, गर्मी एवं वर्षा की ऋतुएँ एक के बाद एक पुनः-पुनः आती हैं। इसी प्रकार से रात के बाद दिन एवं दिन के बाद रात का चक्र चलता रहता है। प्राणी भी जन्म लेते हैं, युवा होते हैं, वृद्ध होते हैं और मर जाते हैं। मरकर फिर जन्म लेते हैं, और पुनः वही क्रम दोहराते हैं। परिवर्तन के इस चक्र को कई विद्वानों ने समाज पर भी लागू किया और कहा कि परिवार, समाज और सभ्यताएँ उत्थान और पतन के चक्र से गुजरते हैं। इसकी पुष्टि के लिए उन्होंने विश्व की अनेक सभ्यताओं का उल्लेख किया और कहा कि इतिहास इस बात का साक्षी है कि जो सभ्याताएँ आज फल-फूल रही हैं और प्रगति के उच्च शिखर पर हैं, वे कभी आदिम और पिछड़ी अवस्था में थीं और आज जो सभ्यताएँ नष्ट प्रायः दिखायी दे रही हैं, वे भूतकाल में विश्व की श्रेष्ट सभ्यताएँ रह चुकी हैं। इस प्रकार चक्रीय सिद्धान्तकार सामाजिक परिवर्तन को जीवन-चक्र के रूप में देखते हैं। चक्रीय सिद्धान्तकारों में स्पेंगलर, टॉयनबी, पेरेटो एवं सोरोकिन प्रमुख हैं।

(1) **स्पेंगलर का सिद्धान्त** (Theroy of Oswald Spengler)– सामाजिक परिवर्तन के बारे में अपना चक्रीय सिद्धान्त जर्मन विद्वान **ओस्वाल्ड स्पेंगलर** ने सन् 1918 में अपनी पुस्तक *'The Decline of the West'* में प्रस्तुत किया। इस पुस्तक में उन्होंने सामाजिक परिवर्तन के उद्विकासीय सिद्धान्तों की आलोचना की। उन्होंने कहा कि परिवर्तन कभी भी एक सीधी रेखा (Straight Line) में नहीं होता है। सामाजिक परिवर्तन का एक चक्र चलता है, हम जहाँ से प्रारम्भ होते हैं, घूम-फिर कर पुनः वहीं पहुँच जाते हैं। जैसे मनुष्य जन्म लेता है, युवा होता है, वृद्ध होता है और मर जाता है तथा फिर जन्म लेता है, यही चक्र मानव समाज एवं सभ्यताओं में भी पाया जाता है। मानव की सभ्यता एवं संस्कृति भी उत्थान और पतन, निर्माण और विनाश के चक्र से गुजरती है। वे भी मानव शरीर की तरह जन्म, विकास और मृत्यु को प्राप्त होती हैं। अपनी बात को सिद्ध करने के लिए स्पेंगलर ने विश्व की आठ सभ्यताओं यथा अरब, मिश्र, मेजियन, माया, रूसी एवं पश्चिमी संस्कृतियों आदि का उल्लेख किया और उनके उत्थान एवं पतन को दर्शाया। पश्चिमी सभ्यता के बारे में स्पेंगलर ने कहा कि यह अपने विकास की चरम सीमा पर पहुँच गयी है। उद्योग एवं विज्ञान के क्षेत्र में उसने अभूतपूर्व प्रगति की है किन्तु अब वह धीरे-धीरे क्षीणता एवं स्थिरता की स्थिति में पहुँच रही है, अतः इसका विनाश अवश्यम्भावी है। उन्होंने जर्मन संस्कृति के बारे में भी ऐसे ही विचार प्रकट किये और कहा कि यह भी अपनी चरम सीमा पर पहुँच गयी है और अब इसका पतन निकट है। स्पेंगलर की भविष्यवाणी उस समय सही प्रतीत हुई जब द्वितीय विश्व युद्ध के समय जर्मनी का

पतन हुआ। स्पेंगलर ने कहा कि युद्ध एवं शहरों का निर्माण सभ्यता के पतन के सूचक हैं। उनके अनुसार पश्चिमी समाजों का आज जो दबदबा है, वह भविष्य में समाप्त हो जायेगा और उनकी सभ्यता एवं शक्ति नष्ट हो जायेगी। दूसरी ओर एशिया के देश जो अब तक पिछड़े हुए कमजोर एवं सुस्त हैं वे अपनी आर्थिक एवं सैन्य शक्ति के कारण प्रगति एवं निर्माण के पथ पर बढ़ेंगे तथा पश्चिमी समाजों के लिए एक चुनौती बन जायेंगे।

समालोचना—स्पेंग्लर के इस सिद्धान्त ने बहुत समय तक लोगों को अपनी ओर आकर्षित किया किन्तु इसे पूरी तरह स्वीकार नहीं किया जा सका। स्पेंग्लर ने संस्कृति एवं सभ्यता की तुलना सावयव से की जिसे आज कोई स्वीकार नहीं करता। ऐतिहासिक तथ्यों को तोड़-मरोड़ कर उन्होंने अपने पक्ष की पुष्टि की तथा युद्धों से पश्चिमी समाज के विनाश की घोषणा की। उन्होंने यह नहीं बतलाया कि किसी सभ्यता, समाज व संस्कृति का अन्तिम बिन्दु कौन सा है जिसके बाद ह्रास प्रारम्भ हो जाता है उनका यह कहना भी त्रुटिपूर्ण है कि पश्चिमी समाज विकास के चरम स्वरूप को प्राप्त कर चुका है क्योंकि अब भी उसके विकास का कार्य जारी है। स्पेंग्लर के सिद्धान्त को वैज्ञानिक नहीं माना जा सकता। उनके सिद्धान्त से उनका निराशावाद प्रकट होता है।

(2) टॉयनबी का सिद्धान्त (Theory of Toynbee)—अंग्रेज इतिहासकार अर्नाल्ड जे० टॉयनबी (Arnold J. Toynbee) ने विश्व की 21 सभ्यताओं का अध्ययन किया तथा अपनी पुस्तक 'A Study of History' में सामाजिक परिवर्तन का अपना सिद्धान्त प्रस्तुत किया। टॉयनबी के सिद्धान्त को 'चुनौती एवं प्रत्युत्तर का सिद्धान्त' (Challenge and Response Theory of Social Change) भी कहते हैं। उनके अनुसार प्रत्येक सभ्यता को प्रारम्भ में प्रकृति एवं मानव द्वारा चुनौती दी जाती है। इस चुनौती का सामना करने के लिए व्यक्ति को अनुकूलन की आवश्यकता होती है इस चुनौती के प्रत्युत्तर में व्यक्ति सभ्यता व संस्कृति का निर्माण करता है। जब भौगोलिक चुनौतियों के स्थान पर सामाजिक चुनौतियाँ दी जाती हैं तो ये चुनौतियाँ समाज की भीतरी समस्याओं के रूप में अथवा बाहरी समाजों द्वारा दी जाती हैं। जो समाज इन चुनौतियों का सामना सफलतापूर्वक कर लेता है, वह जीवित रहता है और जो ऐसा नहीं कर सकता, वह नष्ट हो जाता है। इस प्रकार एक समाज निर्माण एवं विनाश तथा संगठन एवं विघटन के दौर से गुजरता है। सिन्ध व नील नदी की घाटियों में ऐसा ही हुआ। प्राकृतिक पर्यावरण ने वहाँ लोगों को चुनौती दी जिसका प्रत्युत्तर उन्होंने निर्माण के द्वारा दिया। गंगा व वोल्गा नदी ने भी ऐसी चुनौती दी किन्तु वहाँ के लोगों ने प्रत्युत्तर नहीं दिया, अत: वहाँ की सभ्यताएँ नहीं पनपी।

समालोचना—टॉयनबी का सिद्धान्त वैज्ञानिकता से दूर एक दार्शनिक सिद्धान्त है। किन्तु टॉयनबी स्पेंग्लर की तुलना में अधिक आशावादी हैं। उन्होंने परिवर्तन की समाजशास्त्रीय व्याख्या करने का प्रयास किया।

(3) पेरेटो का सिद्धान्त (Theory of Pareto)—बिलफ्रेडो पेरेटो ने सामाजिक परिवर्तन का वह चक्रीय सिद्धान्त दिया जिसे अभिजात वर्ग के परिभ्रमण का सिद्धान्त (Theory of Circulation of Elites) कहते हैं। उन्होंने इसका प्रतिपादन अपनी पुस्तक 'Mind and Society' में किया। सामाजिक परिवर्तन को उन्होंने वर्ग व्यवस्था में होने वाले चक्रीय परिवर्तनों के आधार पर समझाया है प्रत्येक समाज में दो वर्ग दिखायी देते हैं—उच्च या अभिजात वर्ग तथा निम्न वर्ग। ये दोनों वर्ग स्थिर नहीं हैं वरन् इनमें परिवर्तन का चक्रीय क्रम पाया जाता है। निम्न वर्ग के व्यक्ति अपने गुणों एवं कुशलता में वृद्धि करके अभिजात वर्ग (Elite Class) में सम्मिलित हो जाते हैं। अभिजात वर्ग के लोगों की कुशलता एवं योग्यता में धीरे-धीरे ह्रास होने लगता है और वे अपने गुणों को खो देते हैं तथा भ्रष्ट हो जाते हैं। इस प्रकार वे निम्न वर्ग की ओर बढ़ते हैं। उच्च या अभिजात वर्ग में रिक्त स्थानों को भरने के लिए निम्न वर्ग के बुद्धिमान, चरित्रवान, कुशल, योग्य एवं साहसी व्यक्ति ऊपर की ओर जाते हैं। इस प्रकार उच्च वर्ग से निम्न वर्ग में तथा निम्न वर्ग से उच्च वर्ग में जाने की प्रक्रिया चलती रहती है। इस चक्रीय गति के कारण सामाजिक संरचना में भी परिवर्तन आता है। चूँकि यह परिवर्तन चक्रीय गति से होता है, इसलिए इसे सामाजिक परिवर्तन का 'चक्रीय सिद्धान्त' अथवा 'अभिजात परिभ्रमण का सिद्धान्त' (Circulation of Elite Theory) कहते हैं। पेरेटो ने सामाजिक परिवर्तन के चक्रीय सिद्धान्त का उल्लेख राजनीतिक, आर्थिक एवं आदर्शात्मक तीनों क्षेत्रों में किया है।

(i) **राजनीतिक क्षेत्र**—इसमें दो प्रकार के व्यक्ति दिखाई देते हैं-शेर तथा लोमड़ियाँ। 'शेर' लोगों का आदर्शवादी लक्ष्यों में दृढ़ विश्वास होता है जिन्हें प्राप्त करने के लिए वे शक्ति का सहारा लेते हैं। 'शेर' वे लोग हैं जो सत्ता में होते हैं। चूँकि 'शेर' लोग शक्ति का प्रयोग करते हैं अत: समाज में भयंकर प्रतिक्रिया हो सकती है। अत: वे कूटनीति का सहारा लेते हैं और शेर से अपने को 'लोमड़ियों' में बदल लेते हैं तथा लोमड़ियों की तरह चालाकी से शासन चलाते हैं एवं सत्ता में बने रहते हैं। किन्तु निम्न वर्ग में भी कुछ लोमड़ियाँ होती हैं जो सत्ता को हथियाने की फिराक में होती हैं। एक समय ऐसा अवसर आता है कि उच्च वर्ग की लोमड़ियों से सत्ता निम्न वर्ग की लोमड़ियों के हाथ में आ जाती है। ऐसी स्थिति में सत्ता परिवर्तन के कारण राजनीतिक व्यवस्था एवं संगठन में भी परिवर्तन आता है। पेरेटो का मत है कि सभी समाजों में शासन के लिए तर्क के स्थान पर शक्ति का प्रयोग अधिक होता है। शासन करने वाले लोगों में जब बल का प्रयोग करने की इच्छा व शक्ति कमजोर हो जाती है तब वे शक्ति के स्थान पर लोमड़ियों की तरह चालाकी से काम लेते हैं। शासित वर्ग की लोमड़ियाँ उनसे अधिक चतुर होती हैं, अत: वे उच्च वर्ग की लोमड़ियों से सत्ता छीन लेती हैं। अत: जब शासन बदलते हैं एवं सत्ता परिवर्तित होती है तो समाज में परिवर्तन आता है।

(ii) **आर्थिक क्षेत्र** –इसमें भी पेरेटो ने दो वर्गों-सट्टेबाजों (Speculators) तथा निश्चित आय वर्ग (Rentiers) का उल्लेख किया है। पहले वर्ग के लोगों की आय अनिश्चित –कभी कम तो कभी ज्यादा होती है। इस वर्ग के लोग अपनी बुद्धि के द्वारा धन कमाते हैं। इसके विपरीत, दूसरे वर्ग की आय निश्चित होती है। प्रथम वर्ग के लोग आविष्कारक, उद्योगपति एवं कुशल व्यवसायी होते हैं। इस वर्ग के लोग अपने हितों की रक्षा के लिए शक्ति एवं चालाकी का प्रयोग करते हैं। भ्रष्ट तरीके अपनाते हैं। इस कारण उनका पतन हो जाता है और उनका स्थान दूसरे वर्ग के लोग ले लेते हैं जो ईमानदार होते हैं। इस वर्ग परिवर्तन के साथ-साथ समाज की अर्थ-व्यवस्था में भी परिवर्तन आता है।

(iii) **आदर्शात्मक क्षेत्र**–इसमें भी दो प्रकार के व्यक्ति पाये जाते हैं–विश्वासवादी एवं अविश्वासी। कभी समाज में विश्वासवादियों का प्रभुत्व होता है किन्तु जब वे रूढ़िवादी हो जाते हैं तो उनका पतन हो जाता है और उनका स्थान दूसरे वर्ग के लोग ले लेते हैं।

समालोचना–पेरेटो ने अपने चक्रीय सिद्धान्त को व्यवस्थित एवं बुद्धिमत्तापूर्ण ढंग से प्रस्तुत किया है फिर भी ये उन कारणों को स्पष्ट करने में असमर्थ रहे हैं जो वर्गों की स्थिति को परिवर्तित करते हैं।

(4) सोरोकिन का सांस्कृतिक गतिशीलता का सिद्धान्त (Sorokin's Theory of Cultural Dynamics)–सोरोकिन ने अपनी पुस्तक 'Social and Cultural Dynamics' में सामाजिक परिवर्तन का सांस्कृतिक गतिशीलता का सिद्धान्त प्रस्तुत किया। इसका वर्णन आगे दिया गया है।

सामाजिक परिवर्तन के रेखीय सिद्धान्त
(Linear Theories of Social Change)

सामाजिक परिवर्तन के रेखीय सिद्धान्तकार उद्‌विकासवादियों से प्रभावित थे। वे यह नहीं मानते थे कि परिवर्तन चक्रीय गति में होता है। उनके अनुसार परिवर्तन सदैव एक सीधी रेखा में नीचे से ऊपर की ओर विभिन्न चरणों में होता है। रेखीय सिद्धान्तकारों में कॉम्टे, स्पेंसर, हॉबहाउस, मार्क्स तथा वेबलिन आदि प्रमुख हैं। कॉम्टे समाज के उद्‌विकासीय रूप को तीन स्तरों (धार्मिक से वैज्ञानिक तक), सपेन्सर चार स्तरों (शिकारी से औद्योगिक तक), तथा मार्क्स पाँच स्तरों (आदिम साम्यवादी से आधुनिक साम्यवादी तक) के रूप में मानते हैं। मार्क्स एवं वेबलिन दोनों ही आर्थिक एवं प्रौद्योगिक कारकों को अधिक महत्व देते हैं, अतः इनके सिद्धान्तों को निर्धारणवादी सिद्धान्त (Deterministic Theories) भी कहते हैं।

(1) **कॉम्टे का सिद्धान्त** (Theory of Auguste Comte)–कॉम्टे ने सामाजिक परिवर्तन का सम्बन्ध मानव के बौद्धिक विकास से जोड़ा है। उन्होंने बौद्धिक विकास एवं सामाजिक परिवर्तन के तीन स्तर माने हैं–

(i) धार्मिक स्तर (Theological State),

(ii) तात्विक स्तर (Metaphysical Stage),

(iii) वैज्ञानिक स्तर (Positive State)।

(i) **धार्मिक स्तर**—यह समाज की प्राथमिक अवस्था थी। इसमें मानव प्रत्येक घटना को ईश्वर एवं धर्म के सन्दर्भ में समझने का प्रयत्न करता था। विश्व की सभी क्रियाओं का आधार धर्म और ईश्वर को ही माना जाता था। उस समय अलग-अलग स्थानों पर धर्म के विभिन्न रूप जैसे बहुदेववाद, एकदेववाद अथवा प्रकृति पूजा प्रचलित थे।

(ii) **तात्विक स्तर**—इसमें घटनाओं की व्याख्या उनके गुणों के आधार पर की जाती थी। इस अवस्था में अलौकिक शक्ति में विश्वास कम हुआ और प्राणियों में विद्यमान अमूर्त शक्ति को ही समस्त घटनाओं के लिए उत्तरदायी माना गया।

(iii) **वैज्ञानिक स्तर**—यह वर्तमान में विद्यमान है। इसमें मानव सांसारिक घटनाओं की व्याख्या धर्म, ईश्वर एवं अलौकिक शक्ति के आधार पर नहीं करता वरन् वैज्ञानिक नियमों एवं तर्क के आधार पर करता है। वह कार्य और कारण के सह-सम्बन्धों को ज्ञात कर नियमों एवं सिद्धान्तों का प्रतिपादन करता है। वह घटनाओं का अवलोकन कर उनकी तार्किक एवं वैज्ञानिक व्याख्या करके सत्य तक पहुँचने का प्रयास करता है। इस प्रकार चिन्तन के विकास के साथ-साथ सामाजिक संरचना, संगठन एवं व्यवस्थाओं का भी विकास एवं परिवर्तन हुआ है।

समालोचना—समाज में होने वाले परिवर्तनों की एक योजनाबद्ध एवं क्रमबद्ध व्याख्या में कॉम्टे का प्रयास सराहनीय है किन्तु उनके इस सिद्धान्त को पूरी तरह सही नहीं माना जा सकता। उन्होंने चिन्तन और सामाजिक विकास के जिन तीन स्तरों का उल्लेख किया है उन स्तरों से विश्व के सभी समाज गुजरें हों, यह आवश्यक नहीं है। ये स्तर किसी समाज में पहले व किसी में बाद में अथवा दो स्तर साथ-साथ भी चल सकते हैं। कॉम्टे के इस समरेखीय विकास के विचार से स्पेन्सर, दुर्खीम एवं अन्य उद्विकासवादी प्रभावित हुए और उन्होंने समाज, संस्कृति और इसके विभिन्न पक्षों का उद्विकासीय क्रम प्रस्तुत किया।

(2) स्पेन्सर का सिद्धान्त (Spencer's Theory)—स्पेन्सर ने सामाजिक परिवर्तन को प्राकृतिक प्रवरण (Natural Selection) के आधार पर समझाया है। स्पेन्सर डार्विन के उद्विकास से प्रभावित थे। डार्विन ने जीवों के उद्विकास का सिद्धान्त प्रतिपादित किया जिसे स्पेन्सर ने समाज पर भी लागू किया। डार्विन के अनुसार जीवों में अस्तित्व के लिए संघर्ष (Struggle for Existence) पाया जाता है। इस संघर्ष में वे ही प्राणी बचे रहते हैं जो शक्तिशाली होते हैं और प्रकृति से अनुकूलन कर लेते हैं, कमजोर इस संघर्ष में समाप्त हो जाते हैं। चूँकि प्रकृति भी ऐसे जीवों का वरण करती है जो योग्य एवं सक्षम होते हैं अतः इस सिद्धान्त को प्राकृतिक प्रवरण का सिद्धान्त कहते हैं। मनुष्य एक सामाजिक प्राणी है, अतः उसके प्रवरण अथवा

जन्म और मृत्यु-दर पर सामाजिक कारकों जैसे प्रथाओं, मूल्य एवं आदर्शों का भी प्रत्यक्ष व अप्रत्यक्ष प्रभाव पड़ता है। इस प्रवरण में श्रेष्ठ मनुष्य ही बचे रहते हैं जो समाज का निर्माण करते और उसमें परिवर्तन लाते हैं। ज्ञान और विज्ञान के क्षेत्र में हर नयी पीढ़ी पुरानी पीढ़ी से अधिक उन्नत होती है और समाज को आगे की ओर बढ़ाती है। इस प्रकार समाज क्रमशः आगे बढ़ता और परिवर्तित होता जाता है। इस प्रकार स्पेन्सर सामाजिक परिवर्तन के लिए अप्राकृतिक एवं सामाजिक प्रवरण को आधार मानते हैं।

स्पेन्सर के अतिरिक्त जैविकीय कारकों को सामाजिक परिवर्तन के लिए उत्तरदायी मानने वालों में गोबिन्यू (Gobineau) व लापोज आदि प्रमुख है। इन विद्वानों की मान्यता है कि समाज का निर्माण और प्रगति उन लोगों द्वारा सम्भव है जो प्रजातीय दृष्टि से श्रेष्ठ होते हैं। जब किसी समाज में प्रजातीय दृष्टि से हीन व्यक्ति होते हैं तो वह समाज पतन की ओर जाता है और जब उसमें शारीरिक व मानसिक दृष्टि से श्रेष्ठ व्यक्ति होते हैं तो वह समाज प्रगति करता है।

स्पेन्सर आदि जीववादियों के सिद्धान्तों की अनेक विद्वानों ने यह कहकर आलोचना की कि मानव समाज में प्राकृतिक प्रवरण को लागू नहीं किया जा सकता तथा इन्होंने परिवर्तन के अन्य सिद्धान्तों की अवहेलना की है।

(3) कार्ल मार्क्स का सिद्धान्त (Theory of Karl Marx)—कार्ल मार्क्स ने सामाजिक परिवर्तन को प्रौद्योगिक एवं आर्थिक कारकों से जनित माना है। अतः उनके सिद्धान्त को अर्थिक निर्धारणवाद (Economic Determinism) अथवा सामाजिक परिवर्तन का प्रौद्योगिक सिद्धान्त (Technological Theory of Social Change) कहा जाता है। इस सिद्धान्त का सविस्तार उल्लेख आगे दिया गया है।

(4) थॉर्सटीन वेबलिन का सिद्धान्त (Theory of Thorstien Veblen)—वेबलिन भी सामाजिक परिवर्तन के लिए प्रौद्योगिक दशाओं को उत्तरदायी मानते हैं। उनका मत है कि प्रौद्योगिक दशाएँ प्रत्यक्ष रूप से सामाजिक परिवर्तन के लिए उत्तरदायी हैं। इसलिए उनके सिद्धान्त को 'प्रौद्योगिक निर्णयवाद' (Technological Determinism) कहा जाता है। वेबलिन के सिद्धान्त का सविस्तार उल्लेख आगे दिया गया है।

चक्रीय तथा रेखीय सिद्धान्तों में अन्तर

(1) चक्रीय सिद्धान्त के अनुसार परिवर्तन का एक चक्र चलता है। हम जहाँ से प्रारम्भ होते हैं, घूम-फिर कर पुनः उसी स्थिति में आ जाते हैं। रेखीय सिद्धान्त यह विश्वास करता है कि परिवर्तन एक सीधी रेखा में होता है। हम क्रमशः आगे बढ़ते जाते हैं और जिस चरण को हम त्याग चुके होते है, पुनः वहाँ कभी नहीं लौटते हैं।

(2) चक्रीय सिद्धान्त में परिवर्तन उच्चता से निम्नता और निम्नता से उच्चता की ओर होता है। किन्तु रेखीय सिद्धान्त यह मानता है कि परिवर्तन सदैव निम्नतम से उच्चता की ओर तथा अपूर्णता से पूर्णता की ओर होता है।

(3) चक्रीय सिद्धान्त के अनुसार परिवर्तन का चक्र तेज व मन्द दोनों ही हो सकता है जबकि रेखीय सिद्धान्त परिवर्तन की मन्द गति में विश्वास करता है।

(4) चक्रीय सिद्धान्त की अपेक्षा रेखीय सिद्धान्त उद्‌विकासवादियों से अधिक प्रभावित है।

(5) चक्रीय सिद्धान्तकारों ने परिवर्तन के चक्र को ऐतिहासिक एवं अनुभवसिद्ध प्रमाणों के आधार पर प्रकट करने का प्रयास किया है जबकि रेखीय सिद्धान्तकारों ने रेखीय परिवर्तन को एक सैद्धान्तिक जामा पहनाया है।

(6) चक्रीय सिद्धान्तकार यह मानते हैं कि परिवर्तन का चक्र मानवीय प्रयत्नों एवं प्राकृतिक प्रभावों का परिणाम है। रेखीय सिद्धान्तकार यह मानते हैं कि सामाजिक परिवर्तन मानवीय प्रयत्न व इच्छा से स्वतन्त्र है तथा ऐसे परिवर्तन स्वतः उत्पन्न होते हैं।

(7) चक्रीय सिद्धान्तकार परिवर्तन को अनेक कारकों का प्रतिफल मानते हैं, और साथ ही कहते हैं कि परिवर्तन प्रकृति का नियम है। अतः यह स्वतः ही घटित होता रहता है। रेखीय सिद्धान्तकार परिवर्तन के किसी एक प्रमुख कारण पर अधिक बल देते हैं, इस अर्थ में वे निर्धारणवादियों के अधिक निकट हैं।

(8) चक्रीय सिद्धान्त की यह मान्यता है कि विभिन्न सामाजिक संगठनों व संरचनाओं की सामाजिक परिवर्तन की प्रक्रिया एवं प्रकृति में अन्तर पाया जाता है। रेखीय सिद्धान्तकार यह मानते हैं कि परिवर्तन के चरण एवं क्रम विश्व के सभी समाजों में एक समान रहते हैं; जैसे शिकारी अवस्था, पशुचारण अवस्था, कृषि अवस्था और औद्योगिक अवस्था सभी समाजों में आती है।

सामाजिक परिवर्तन का कार्ल मार्क्स का आर्थिक सिद्धान्त

कार्ल मार्क्स ने सामाजिक परिवर्तन को आर्थिक कारकों से जनित माना है। अतः उनके सिद्धान्त को आर्थिक निर्धारणवाद अथवा सामाजिक परिवर्तन का आर्थिक सिद्धान्त कहा जाता है। इनका सिद्धान्त वर्तमान समय में सर्वाधिक महत्वपूर्ण एवं क्रांतिकारी सिद्धान्त माना जाता है। उन्होंने इतिहास की भौतिक व्याख्या की और कहा कि मानव इतिहास में अब तक जो परिवर्तन हुए हैं, वे उत्पादन प्रणाली (Mode of Production) में परिवर्तन के कारण ही हुए हैं, जनसंख्या, भौगोलिक परिस्थितियों एवं अन्य कारकों का मानव के जीवन पर प्रभाव तो पड़ता है, किन्तु वे परिवर्तन के निर्णायक कारक नहीं हैं। निर्णायक कारक तो आर्थिक कारक अर्थात् उत्पादन-प्रणाली ही है।

मनुष्य को जीवित रहने के लिए भौतिक मूल्यों (जैसे रोटी, कपड़ा और निवास आदि) की आवश्यकता होती है। इन मूल्यों या आवश्यकताओं को जुटाने के लिए मानव को उत्पादन करना होता है। उत्पादन करने के लिए उत्पादन के साधनों

की आवश्यकता होती है। जिन साधनों के द्वारा व्यक्ति उत्पादन करता है, उन्हें प्रौद्योगिकी कहते हैं। इस में छोटे-छोटे औजार तथा बड़ी-बड़ी मशीनें सम्मिलित हैं। प्रौद्योगिकी में जब परिवर्तन आता है तो उत्पादन-प्रणाली में भी परिवर्तन आता है। मानव अपनी आवश्यकता की पूर्ति के लिए किसी न किसी उत्पादन-प्रणाली को अपनाता है। उत्पादन प्रणाली दो पक्षों से मिलकर बनी होती है, एक उत्पादन के उपकरण या प्रौद्योगिकी, श्रमिक, उत्पादन का अनुभव एवं श्रम-कौशल और दूसरा उत्पादन के सम्बन्ध। किसी भी वस्तु के उत्पादन के लिए औजार, श्रम, अनुभव एवं कुशलता की आवश्यकता होती हे। जो लोग उत्पादन के कार्य में लगे होते हैं, उनके बीच कुछ आर्थिक सम्बन्ध भी पैदा हो जाते हैं, जैसे किसान कृषि क्षेत्र में उत्पादन करने के दौरान मजदूरों, लुहार एवं उसके द्वारा उत्पादित वस्तु के खरीददारों से सम्बन्ध बनाता है। जब उत्पादन प्रणाली में परिर्वतन होता है तो सामज में भी परिवर्तन आता है। उत्पादन प्रणाली किसी भी अवस्था में स्थिर नहीं रहती सदैव बदलती रहती है। वह समाज का मूल है और उसी पर समाज की सामाजिक सांस्कृतिक, धार्मिक, राजनीतिक संरचनाएँ, विश्वास, कला, साहित्य, प्रथाएँ, विज्ञान एवं दर्शन टिके हुए हैं। जिस प्रकार की उत्पादन प्रणाली होती है समाज की ऊपरी संरचना (Super-Structure) अर्थात् धर्म, प्रथाएँ, राजनीति, साहित्य, कला, विज्ञान एवं संस्कृति भी उसी प्रकार की बन जाती है। जब उत्पादन प्रणाली बदलती है तो समाज की ऊपरी संरचना में भी परिवर्तन आता है। समाज की संस्थाएँ बदलती हैं तथा सामाजिक परिवर्तन घटित होता है। जब हाथ की चक्की से उत्पादन किया जाता था तो दूसरे प्रकार का समाज था और आज जब बिजली की चक्की है तो दूसरे प्रकार का समाज है। इसी प्रकार कृषि का कार्य जब हल एवं बैलों की सहायता से तथा उत्पादन का कार्य कुटीर उद्योगों में छोटे-छोटे औजारों से किया जाता था तो एक दूसरे प्रकार का समाज, संस्कृति, धर्म एवं राजनीति थी और आज जबकि कृषि में ट्रैक्टर एवं वैज्ञानिक साधनों का प्रयोग किया जाता है तथा बड़ी-बड़ी मशीनों एवं कारखानों द्वारा औद्योगिक उत्पादन हो रहा है तो एक भिन्न प्रकार का समाज पाया जाता है। इन दोनों अवस्थाओं की राजनीति, धर्म, संस्कृति, कला, साहित्य, दर्शन, प्रथा, नैतिकता एवं लोकाचारों में बहुत अन्तर है। उत्पादन-प्रणाली में परिवर्तन होने पर उत्पादन में लगे लोगों के पारस्परिक सम्बन्धों में भी परिवर्तन आ जाता है। आज के युग में पूँजीपति व श्रमिकों में जो सम्बन्ध पाये जाते हैं, वे कृषि युग के भूस्वामियों एवं मजदूरों के सम्बन्धों से भिन्न हैं।

उत्पादन के सम्बन्धों के सम्पूर्ण योग से ही समाज की आर्थिक सरंचना का निर्णय होता है। उदाहरण के लिए, कृषि युग में जमीदारों, कृषकों एवं कृषि-श्रमिकों के बीच पाये जाने वाले सम्बन्धों से एक विशेष प्रकार की आर्थिक संरचना का निर्माण हुआ जिसे कृषि अर्थव्यवस्था कहते हैं। वर्तमान समय में पूँजीपतियों, कारखानों के स्वामियों एवं श्रमिकों के सम्बन्धों से मिलकर बनने वाली आर्थिक संरचना कृषि युग की आर्थिक संरचना से भिन्न है, इसे औद्योगिक आर्थिक संरचना या औद्योगिक अर्थव्यवस्था कहा जाता है। संक्षेप में, उत्पादन-प्रणाली में परिवर्तन

ही सामाजिक परिवर्तन के लिए उत्तरदायी है। जब उत्पादन के उपकरणों (प्रौद्योगिकी), उत्पादन के कौशल, ज्ञान उत्पादन के सम्बन्ध आदि में परिवर्तन आता है तो सम्पूर्ण सामाजिक-सांस्कृतिक अधि-संरचना (Super-Structure) में भी परिवर्तन आता है जो सामाजिक परिवर्तन कहलाता है।

मार्क्स के अनुसार इतिहास के प्रत्येक युग में दो वर्ग रहे हैं। मानव समाज का इतिहास इन दो वर्गों के संघर्ष का ही इतिहास है। उन्होंने समाज के विकास को पाँच युगों में बाँटा और प्रत्येक युग में पाये जाने वाले दो वर्गों का उल्लेख किया। एक वह वर्ग जिसका उत्पादन के साधनों पर स्वामित्व रहा है और दूसरा वह जो श्रम के द्वारा जीवनयापन करता है। इन दोनों वर्गों में अपने-अपने हितों को लेकर संघर्ष होता रहा है। प्रत्येक वर्ग-संघर्ष का अन्त नये समाज एवं नये वर्गों के उदय के रूप में हुआ है। वर्तमान में भी पूँजीपति और श्रमिक दो वर्ग हैं जो अपने अपने हितों को लेकर संघर्षरत हैं। वर्गों की रचना एवं प्रकृति ही सामाजिक-व्यवस्था का निर्धारण करती है। एक युग के वर्ग-संघर्ष के परिणामस्वरूप नये वर्गों का जन्म होता है जो नयी समाज व्यवस्था को जन्म देता है। इस प्रकार वर्ग-संघर्ष एवं उसके परिणामस्वरूप नये वर्गों के जन्म के कारण ही समाज में परिवर्तन होते हैं। इस तरह मार्क्स ने सामाजिक परिवर्तन में वर्ग-संघर्ष की भूमिका को महत्वपूर्ण माना है।

समालोचना–(i) मार्क्स ने सामाजिक परिवर्तन के लिए केवल एक ही कारक आर्थिक कारक (उत्पादन-प्रणाली) को उत्तरदायी मानकर परिवर्तन के अन्य कारकों की अवहेलना की है। सामाजिक, धार्मिक, भौगोलिक एवं जनसंख्यात्मक कारकों का भी सामाजिक परिवर्तन में महत्वपूर्ण हाथ होता है और स्वयं आर्थिक कारक भी अन्य कारकों से प्रभावित होते हैं।

(ii) मार्क्स कहते हैं कि सामाजिक परिवर्तन प्रौद्योगिकी, आर्थिक सम्बन्ध एवं आर्थिक संरचना में परिवर्तन के कारण आते हैं किन्तु वे यह स्पष्ट करने में असमर्थ रहे हैं कि प्रौद्योगिकी आदि में परिवर्तन क्यों होता है या उसे परिवर्तित करने वाले कौन से कारक हैं?

(iii) मार्क्स द्वारा प्रयुक्त अनेक शब्दों जैसे आर्थिक कारक, उत्पादन की शक्तियाँ तथा सम्बन्ध, आर्थिक आधार, प्रौद्योगिकी आदि की स्पष्टतः व्याख्या नहीं की गयी है। कुछ विद्वान् इसमें केवल आर्थिक प्रविधियों को ही सम्मिलित करते हैं जबकि ऐन्जिल एवं सैलिगमैन आदि ने उत्पादन से सम्बन्धित सभी दशाओं को आर्थिक कारकों में सम्मिलित किया है।

(4) मार्क्स ने वर्ग-संघर्ष पर अधिक जोर दिया है किन्तु समाज की नींव संघर्ष पर नहीं वरन् सहयोग पर आधारित है।

मार्क्स ने सामाजिक परिवर्तन के सिद्धान्त को वैज्ञानिक व ठोस बनाने का पूरा प्रयास किया फिर भी उन्होंने आर्थिक कारकों पर आवश्यकता से अधिक बल दिया है। सोरोकिन कहते हैं कि "मार्क्स एवं एन्जिल्स ने सामाजिक विज्ञान को प्रगतिशील बनाने के स्थान पर इसके विकास में अनेक बाधाएँ उत्पन्न की हैं।"

मैक्स वेबर ने मार्क्स के सिद्धान्त की आलोचना की है क्योंकि वे इन आर्थिक कारकों के स्थान पर धर्म को सामाजिक परिवर्तन का आधार मानते हैं। मैकाइवर एवं पेज के अनुसार मार्क्स के सिद्धान्त की सच्ची शक्ति केवल इस बात में है कि उसने संसार को पूँजीवादी सभ्यता के गम्भीर आन्तरिक दोषों से परिचित कराया है।

वेबलिन का सामाजिक परिवर्तन का प्रौद्योगिक सिद्धान्त

वेबलिन सामाजिक परिवर्तन के लिए प्रौद्योगिक दशाओं को उत्तरदायी मानते हैं। प्रौद्योगिक दशाएँ प्रत्यक्ष रूप से सामाजिक परिवर्तन के लिए उत्तरदायी हैं। इसलिए उनके सिद्धान्त को 'प्रौद्योगिक निर्णयवाद' (Technological Determinism) भी कहा जाता है। वेबलिन ने मानवीय विशेषताओं को दो भागों में विभाजित किया है–

(i) **स्थिर विशेषताएँ**–जिनका सम्बन्ध मानव की मूल प्रवृत्तियों और प्रेरणाओं से है जिनमें बहुत कम परिवर्तन होता है।

(ii) **परिवर्तनशील विशेषताएँ**–जैसे आदतें, विचार एवं मनोवृत्तियाँ आदि। सामाजिक परिवर्तन का सम्बन्ध मानव की इन दूसरी विशेषताओं, विशेष रूप से मानव की विचार करने की आदतों से है।

मनुष्य अपनी आदतों द्वारा नियन्त्रित होता है और उनका दास है। ये आदतें किस प्रकार की होंगी, यह मानव के भौतिक पर्यावरण विशेषकर प्रौद्योगिकी पर निर्भर है। जब भौतिक पर्यावरण अर्थात् प्रौद्योगिकी में परिवर्तन आता है तो मानव की आदतें भी बदलती हैं। मानव जिस प्रकार के कार्य तथा प्रविधि द्वारा जीवनयापन करता है, उसी प्रकार की उसकी आदतें एवं मनोवृत्तियाँ होती हैं। जीवनयापन के लिए मनुष्य जिस प्रकार की प्रविधि को अपनाता है, अपनी आदतों को भी वह उनके अनुकूल ढालता है। ये आदतें व्यक्ति को एक निश्चित प्रकार का जीवन व्यतीत करने को बाध्य करती हैं और उसके द्वारा किया जाने वाला कार्य उसके विचारों को प्रभावित करता है। मानव जिस प्रकार का कार्य करता है, वैसा ही सोचता भी है। उदाहरण के लिए, सैनिक, कृषक, डॉक्टर, इन्जीनियर आदि जिस प्रकार का कार्य करते हैं उनके विचार एवं आदतें भी वैसी ही हो जाती हैं। भौतिक पर्यावरण मानव के कार्य को एवं कार्य मानव के विचारों एवं आदतों को निश्चित करता है। उदाहरण के लिए, कृषि कार्य के आधार पर ही मानव जीवनयापन के लिए एक विशेष प्रौद्योगिकी को काम में लाता था, उसी के अनुसार उसका भौतिक पर्यावरण भी बना हुआ था। कृषि कार्य के आधार पर ही मानव की आदत एवं मनोवृत्तियाँ बनी हुई थीं। किन्तु जब मशीनों का आविष्कार हुआ तो मानव का भौतिक पर्यावरण बदला, प्रौद्योगिकी बदली, काम की प्रकृति बदली और उसके साथ-साथ मानव की आदतों एवं मनोवृत्तियों में भी परिवर्तन आया।

आदतें ही धीरे-धीरे स्थापित एवं सुदृढ़ होकर संस्थाओं का रूप ग्रहण करती हैं। संस्थाएँ ही सामाजिक ढाँचे का निर्माण करती हैं। अतः आदतों में परिवर्तन होता है तो सामाजिक संस्थाओं एवं ढाँचे में परिवर्तन आता है जिसे हम सामाजिक परिवर्तन कहते हैं।

सामाजिक संरचना में परिवर्तन ही सामाजिक परिवर्तन है। इस प्रकार वेबलिन सामाजिक परिवर्तन को नवीन प्रविधियों एवं प्रौद्योगिक कारकों से उत्पन्न मानते हैं। इसलिए उन्हें प्रौद्योगिक निश्चयवादी कहा जाता है।

समालोचना (i) वेबलिन के सिद्धान्त में भी लगभग वहीं कमियाँ हैं जो मार्क्स के सिद्धान्त में हैं क्योंकि उन्होंने भी मार्क्स की तरह प्रौद्योगिकी को ही सामाजिक परिवर्तन का कारक माना है।

(ii) वेबलिन ने मानव को अपनी आदतों द्वारा नियन्त्रित प्राणी माना है, लेकिन यह सही नहीं है। मानव आदत के बजाय अपने विवेक से अधिक नियन्त्रित होता है।

(iii) प्रौद्योगिकी परिवर्तन से ही सामाजिक परिवर्तन आता है, यह कहना उचित नहीं है क्योंकि कभी-कभी भौतिक पर्यावरण बिल्कुल नहीं बदलता फिर भी नैतिक, धार्मिक एवं अन्य कारकों के कारण समाज में परिवर्तन आ जाता है।

(iv) वेबलिन का सिद्धान्त एक पक्षीय है। सामाजिक परिवर्तन किसी एक ही कारक का प्रतिफल न होकर कई कारकों का परिणाम है। यह एक जटिल प्रक्रिया है जिसे वेबलिन ने अति सरल रूप में प्रस्तुत किया है।

मार्क्स एवं वेबलिन के सिद्धान्तों की तुलना

(1) मार्क्स ने सामाजिक परिवर्तन के सिद्धान्त का प्रतिपादन एक विशेष उद्देश्य को लेकर किया। वे पूँजीवादी व्यवस्था को समाप्त करके उसके स्थान पर समाजवादी एवं वर्ग-विहीन समाज की स्थापना करना चाहते थे। इस कारण उनका सिद्धान्त पक्षपातपूर्ण एवं अवैज्ञानिक भी बन गया। इसके विपरीत, वेबलिन का ऐसा कोई लक्ष्य नहीं था, वे तो परिवर्तन को एक निरन्तर प्रक्रिया के रूप में प्रकट करना चाहते थे। साथ ही वे सामाजिक उद्विकास तथा प्रौद्योगिकी के प्रभाव को भी बताना चाहते थे।

(2) मार्क्स ने सामाजिक परिवर्तन के लिए वर्ग-संघर्ष को आवश्यक माना है जबकि वेबलिन ने नहीं।

(3) मार्क्स ने प्रौद्योगिकी को सामाजिक परिवर्तन का अप्रत्यक्ष कारक माना है जबकि वेबलिन ने नहीं माना।

(4) मार्क्स आर्थिक संरचना को सामाजिक-सांस्कृतिक संरचना का आधार मानते हैं जबकि वेबलिन भौतिक पर्यावरण एवं प्रौद्योगिक दशाओं को आदतों एवं संस्थाओं को निर्धारित करने वाला कारक।

(5) वेबलिन सामाजिक परिवर्तन के लिए आदतों में परिवर्तन को महत्वपूर्ण मानते हैं जबकि मार्क्स ने इस मनोवैज्ञानिक तथ्य की अवहेलना की है।

वेबर का सांस्कृतिक सिद्धान्त

वेबर ने सामाजिक परिवर्तन के लिए सांस्कृतिक कारक विशेषतया धर्म को उत्तरदायी माना है। विश्व के प्रमुख धर्मों का विशद् अध्ययन करके वेबर ने यह जानने का प्रयत्न किया कि धर्म व आर्थिक-सामाजिक घटनाओं में क्या सम्बन्ध है। उन्होंने अध्ययन के आधार पर यह दर्शाने का प्रयत्न किया कि आधुनिक पूँजीवाद केवल पश्चिमी देशों में सबसे पहले क्यों आया, अन्य देशों में क्यों नहीं? इसके लिए आपने विभिन्नं धर्मों में पाये जाने वाले धार्मिक आधारों का तुलनात्मक अध्ययन किया और उनका आर्थिक व सामाजिक संगठनों से सम्बन्धों का विश्लेषण किया। धर्म एवं आर्थिक जीवन के सम्बन्धों के अध्ययन को आपने 'दी प्रोटेस्टेण्ट स्प्रिट एण्ड इथिक दि ऑफ कैपिटलिज्म' नामक पुस्तक में प्रकाशित किया है। धर्म सम्बन्धी अपने अन्वेषण के आधार पर वेबर ने यह बतलाया कि किस प्रकार कुछ धार्मिक सिद्धान्तों के प्रभाव से आर्थिक जीवन की तार्किकताा बढ़ी और कुछ के प्रभाव से घटी।

वेबर ने धर्म की समाजशास्त्रीय विवेचना में निम्नांकित तीन प्रमुख समस्याओं को लेकर अध्ययन आरम्भ किया—

(1) एक औसत अनुयायी की धर्म निरपेक्ष नीति और आर्थिक व्यवहार पर प्रमुख धार्मिक विचारों का प्रभाव।

(2) समूह की रचना पर धार्मिक विचारों का प्रभाव।

(3) विभिन्न सभ्यताओं में धार्मिक सभ्यता के कारणों और प्रभाव की तुलना के बाद पश्चिमी सभ्यता के तत्वों का निर्णय करना।[1]

वेबर ने पश्चिमी पूँजीवाद के विकास का अध्ययन किया। उन्होंने यह जानने का प्रयत्न किया कि पूँजीपति लोगों में धार्मिक रूझान का प्रारूप क्या है। उन्होंने यह पाया कि सभी समाजों में बड़े व्यापारियों के मस्तिष्क में यह नैतिक कल्पना होती है कि देवता व्यक्ति से अच्छे कार्य की अपेक्षा करते हैं तथा उसे समुचित पुरस्कार भी देते हैं तथा बुरे कार्यों के लिए व्यक्ति को दण्ड दिया जाता है। वेबर के अनुसार मनुष्य धार्मिक विश्वासों के अनुसार इसलिए कार्य करता है जिससे उसकी उन्नति हो तथा वह दीर्घायु हो। वेबर ने अपने इस अध्ययन में धार्मिक कारकों को परिवर्तनीय तत्त्व माना है और उनका आर्थिक तथा सामाजिक घटनाओं पर क्या प्रभाव पड़ता है, इसका कार्य-कारण के आधार पर विश्लेषण किया है।

अपनी पद्धतिशास्त्रीय अन्तर्दृष्टि के द्वारा वेबर ने प्रोटेस्टेण्ट धर्म के उन आचारों को ढूँढा जिन्होंने आधुनिक पूँजीवाद की आत्मा को विकसित किया।

---

1. R. Bendix, Max Weber, *An Intellectual Portrait*, (1969, Hindi), p. 90.

उन्होंने धर्म को एक परिवर्तनीय तत्त्व माना और यह दर्शाया कि धर्म किस प्रकार मानव के सामाजिक और आर्थिक जीवन को प्रभावित करता है। अपने अध्ययन के आधार पर वेबर ने निम्नांकित निष्कर्ष दिये–

(1) धार्मिक एवं आर्थिक घटनाएँ परस्पर एक दूसरे से सम्बन्धित और एक दूसरे पर निर्भर हैं। इनमें से किसी एक को दूसरे का निर्णायक मानना उचित नहीं है। वास्तव में ये दोनों एक दूसरे को प्रभावित करती रहती हैं।

(2) घटनाओं के विश्लेषण में एकतरफा दृष्टिकोण नहीं अपना लेना चाहिए, केवल आर्थिक या धार्मिक आधार पर ही किसी घटना की विवेचना नहीं करनी चाहिए वरन् अन्य कारकों के प्रभाव को भी ध्यान में रखना चाहिए।

(3) धार्मिक कारक को एक परिवर्तनीय तत्त्व मानकर वेबर उसका आर्थिक तथा अन्य सामाजिक घटनाओं पर प्रभाव मालूम करने का प्रयत्न करते हैं।

(4) वेबर ने सभी धर्मों के सभी तत्त्वों का उल्लेख न करके उनके केवल आदर्श प्रारूपों (Ideal Type) का ही उल्लेख किया है। इसी प्रकार से आपने आर्थिक कारकों के भी आदर्श प्रारूपों को ज्ञात किया। धर्म के अध्ययन में उन्होंने आदर्श-प्रारूपों के अवधारणा का प्रयोग किया है।

धार्मिक और आर्थिक कारकों के सम्बन्धों को जानने के लिए वेबर ने विश्व के छः प्रमुख धर्मों (हिन्दू, बौद्ध, ईसाई, कन्फ्युशियस, इस्लाम तथा यहूदी धर्म) का अध्ययन किया और प्रत्येक धर्म में पाये जाने वाले उन आर्थिक विचारों को ज्ञात किया जो उस धर्म से सम्बन्धित लोगों के आर्थिक व सामाजिक जीवन को प्रभावित करते हैं। अपने अध्ययन के आधार पर वेबर ने यह प्रकट किया कि केवल प्रोटेस्टेण्ट धर्म में ही कुछ ऐसे आर्थिक विचार पाये जाते हैं जिन्होंने आधुनिक पूँजीवाद को जन्म दिया, यद्यपि इसके लिए अन्य कारक भी उत्तरदायी रहे हैं। वेबर कहते है कि यूरोप में जब रोमन कैथोलिक धर्म प्रचलित था तो पूँजीवाद नहीं पनपा किन्तु धार्मिक सुधार आन्दोलन के कारण जब प्रोटेस्टेण्ट धर्म का उदय हुआ तो आधुनिक पूँजीवाद का भी उदय हुआ।

वेबर ने अपनी पुस्तक 'द प्रोटेस्टेण्ट इथिक एण्ड दि स्प्रिट ऑफ कैपीटलिज्म' में धर्म सम्बन्धी, विचारों की विवेचना में 'पूँजीवाद' तथा प्रोटेस्टेण्ट नीति' को विशेष महत्व दिया है, इन दोनों की संक्षिप्त व्याख्या निम्नलिखित है–

पूँजीवाद का सार (Essence of Capitalism)

मानव के आर्थिक आचरणों पर धार्मिक प्रभावों को स्पष्ट करने के लिए वेबर ने 1904 और 1905 में जो लेख लिखे, उन्हीं के आधार पर उनकी सबसे प्रसिद्ध विवादग्रस्त पुस्तक 'दि प्रोटेस्टेण्ट इथिक एण्ड दि स्पिरिट ऑफ़ केपिटलिज्म' प्रकाशित हुई। इस पुंस्तक में वेबर ने इस समस्या पर प्रकाश डाला है कि किस प्रकार प्रोटेस्टेण्ट धर्म की नीतियाँ पूँजीवाद के विकास को प्रभावित करती हैं।

वेबर को अपने पारिवारिक जीवन में ही व्यक्तिवाद तथा आर्थिक आचरणों से सम्बद्ध नैतिकता का एक अनूठा समिश्रण देखने को मिला। वेबर के चाचा कार्ल डेविड एक ऐसे उद्यम के संस्थापक थे जो गाँव के घरेलू उद्योग पर आधारित था। वेबर ने देखा कि उनके रहन-सहन के तरीकों में कठिन परिश्रम, दिखावे का अभाव, दयालुता और तर्कनापरकता के गुण थे जो आधुनिक पूँजीवाद के प्रारम्भिक भाग के बड़े उद्यमकर्त्ताओं में झलकते थे। इस बात से वेबर को यह विश्वास हो गया कि पूँजीवाद एक विशेष प्रकार की नैतिकता है जिसमें अनेक विचारों का समावेश देखा जा सकता है।

वेबर के अनुसार आधुनिक औद्योगिक जगत के मनुष्य की एक विशेषता यह है कि वह कठोर परिश्रम करता है। कठोर कार्य एक कर्तव्य है और इसका फल इसी में निहित है। मनुष्य अपने व्यवसाय में अच्छी तरह काम करे, इस भावना से नहीं कि उसे यह काम करना पड़ रहा है वरन् इसलिए कि वह भी ऐसा चाहता है। यही मनुष्य के शील और वैयक्तिक सन्तुष्टि का आधार है। अमरीका में एक कहावत प्रसिद्ध है—"यदि कोई काम करने योग्य है तो उसे सबसे अच्छे ढंग से पूरा करना चाहिए।" वेबर के अनुसार यह कहावत पूँजीवाद का सार है क्योंकि इस धारणा का सम्बन्ध व्यक्ति को आर्थिक जीवन में मिलने वाली सफलता से है।

परंपरावाद से तुलना

पूँजीवाद के सार को स्पष्ट करने के लिए वेबर ने इसकी तुलना एक अन्य आर्थिक क्रिया से की है जिसका नाम उसने 'परम्परावाद' रखा। आर्थिक क्रियाओं में परम्परावाद वह स्थिति है जिसमें व्यक्ति कम काम और प्रतिफल अधिक चाहता है, काम के दौरान आराम अधिक पसन्द करता है, कार्य की नई प्रविधियों से अनुकूलन करने की इच्छा नहीं करता, कम आय से सन्तुष्ट हो जाता है, अकस्मात लाभ प्राप्त करने का प्रयत्न करता है तथा सिद्धान्तहीन रूप से धन का संचय करता है। ये सभी विशेषताएँ पूँजीवाद के सार के विपरीत हैं। आधुनिक पूँजीवाद अन्तर्सम्बन्धित संस्थाओं का एक ऐसा संकुल है जिसका आधार तार्किक आर्थिक प्रयत्न है न कि सटोरियों की तरह के प्रयत्न। पूँजीवाद के अन्तर्गत व्यापारिक निगमों का कानूनी रूप; संगठित विनिमय केन्द्र, सरकारी ऋण पत्रों के रूप में सार्वजनिक ऋण देने की प्रणाली तथा ऐसे उद्यमों के संगठनों का समावेश है जिसका उद्देश्य वस्तुओं का तार्किक आधार पर उत्पादन करना होता है, न कि उनका व्यापार करना। वेबर ने दक्षिण यूरोप, एशिया के विशेषाधिकार सम्पन्न समूहों, चीन के अधिकारियों, रोम के अभिजात वर्ग तथा एल्वी नदी के पूर्व के जमींदारों की आर्थिक क्रियाओं को अकस्मात लाभ की क्रियाएँ माना है। क्योंकि उनमें नैतिक विचारों तथा आर्थिक लाभ के तार्किक प्रयत्नों का अभाव था, इसलिए उन्हें पूँजीवाद के समकक्ष नहीं रखा जा सकता।

जिन पूँजीवादी विशेषताओं का उल्लेख ऊपर किया गया है, वे पश्चिमी समाजों में ही अधिक पायी जाती है। पश्चिमी समाजों में यह एक व्यक्तिगत गुण

न होकर जीवनयापन का एक सामान्य तरीका हो गया। इस प्रकार जनसामान्य में व्याप्त कठोर परिश्रम, व्याापारिक आचार, सार्वजनिक ऋण व्यवस्था, पूँजी का निरन्तर विनियोजन तथा परिश्रम के प्रति स्वैच्छिक प्रवृत्ति पूँजीवाद का सार है, इसके विपरीत अकस्मात आर्थिक लाभ पाने का प्रयत्न, परिश्रम को बोझ और अभिशाप समझकर उससे दूर भागना, सिद्धान्तहीन रूप से पूँजी का संचय करना तथा जीवनयापन के लिए साधारण आय से सन्तुष्ट हो जाना, सामान्य आर्थिक परिस्थितियाँ अथवा 'परम्परावाद' है।

प्रोटेस्टेण्ट नीति (Protestant Ethics)

पूँजीवाद के सार को स्पष्ट करने के बाद वेबर ने ऐसे कारणों को प्रस्तुत किया जिनके आधार पर इनकी उत्पत्ति को धार्मिक सुधार आन्दोलनों के विचारों में खोजा जा सके। वेबर से पूर्व पेटी, माण्टेस्क्यू, बकल, कीट्स, आदि ने प्रोटेस्टेण्ट धर्म तथा व्यापारिक प्रवृत्ति के विकास के सह-सम्बन्धों पर अपने विचार प्रकट किये थे। वेबर ने अनेक अध्ययनों के आधार पर यह निष्कर्ष दिया कि धार्मिक नीति आर्थिक क्रियाओं व आर्थिक विकास के बीच एक सहसम्बन्ध पाया जाता है। वेबर ने यह भी देखा कि जिन प्रदेशों और नगरों ने प्रोटेस्टेण्ट धर्म स्वीकार कर लिया था, वे आर्थिक लाभ के प्रयत्नों को बढ़ावा दे रहे थे। वेबर ने यह भी गवेषणा की कि प्रोटेस्टेण्ट धर्म की नीतियाँ किस प्रकार उन लोगों के लिए प्रेरणा-स्रोत बन गयीं जो तार्किक दृष्टि से आर्थिक लाभों को प्राप्त करने के पक्ष में थे। प्रोटेस्टेण्टवाद वह धार्मिक विचारधारा है जो पोप के अधिकार को स्वीकार नहीं करता और जिसमें विवेक का तत्त्व विशेष रूप से पाया जाता है। नैतिकतावादी दृष्टिकोण, संग्रह की प्रवृत्ति, ईमानदारी, श्रम के प्रति निष्ठा, ये सभी प्रोटेस्टेट धर्म के प्रमुख तत्त्व हैं जिनके कारण यूरोप के विभिन्न देशों में आर्थिक विकास, विशेषत: पूँजीवाद का विकास हुआ।

प्रोटेस्टेण्ट धर्म की नीति के रूप में सेण्ट पॉल के इस आदेश को व्यापक रूप से ग्रहण किया गया—''जो व्यक्ति काम नहीं करेगा, वह रोटी नहीं खायेगा तथा निर्धन की तरह धनवान भी ईश्वर के गौरव को बढ़ाने के लिए किसी न किसी व्यवसाय में अवश्य जुटे।'' इस कथन में प्रोटेस्टेण्ट धर्मावलम्बियों को परिश्रम की प्रेरणा दी गयी है। ऐसे ही कुछ अन्य वाक्य और भी हैं जैसे रिचार्ड वैकस्टर ने कहा था, ''केवल कर्म के लिए ही ईश्वर हमारी और हमारी क्रियाओं की रक्षा करता है, परिश्रम ही शक्ति का नैतिक तथा प्राकृतिक उद्देश्य है केवल परिश्रम से ही ईश्वर की सबसे अधिक सेवा तथा सम्मान हो सकता है।'' सेण्ट जॉन बनियन ने भी कहा था, ''यह नहीं कहा जायेगा कि तुम क्या विश्वास करते थे, केवल यह कहा जायेगा कि क्या तुम कुछ परिश्रम भी करते थे, या केवल बातूनी ही थे।'' इस प्रकार प्रोटेस्टेण्ट धर्म में सक्रिय जीवन, परिश्रम, समय का सदुपयोग, व्यर्थ की बातचीत न करना, अधिक न सोना तथा ईश्वर के ध्यान के स्थान पर कार्य करना आदि को व्यक्ति के जीवन की नियमावली के अन्तर्गत रखा गया है जिन्हें प्रोस्टेस्टेण्ट नीति कह सकते हैं और इसी नीति ने आर्थिक विकास में योग किया।

वेबर ने प्रोटेस्टेण्ट धर्म में पाये जाने वाले उन आचारों का भी उल्लेख किया है जिन्होंने आधुनिक पूँजीवाद को जन्म दिया। बेंजामिन फ्रेंकलिन ने आधुनिक पूँजीवाद की उन शिक्षाओं एवं उपदेशों का उल्लेख किया है जो सफल व्यवसायी एवं पूँजीपति बनने के लिए आवश्यक हैं। वे हैं–''समय ही धन है'' ''धन से धन कमाया जाता है'', ''एक पैसा बचाना एक पैसा कमाना है'', ईमानदारी सबसे अच्छी नीति है'', ''जल्दी सोना और जल्दी उठना व्यक्ति को स्वस्थ, धनी और बुद्धिमान बनाता है'', ''कार्य ही पूजा है।'' प्रोटेस्टेण्ट धर्म के आचारों की तुलना दुनियाँ के दूसरे धर्मों से करके वेबर इस निष्कर्ष पर पहुँचे कि केवल प्रोटेस्टेण्ट धर्म ही ऐसा है कि जिसके, आर्थिक परिणाम अधिक स्पष्ट एवं दूरगामी हैं। यह धर्म लोगों को ईमानदार एवं उत्साही होने, परिश्रम करने, मितव्ययिता बरतने एवं पैसा बचाने पर जोर देता है जो पूँजीवाद लाने के लिए आवश्यक है। यदि ये सिद्धान्त एवं उपदेश न होते तो आधुनिक पूँजीवाद भी सम्भव नहीं होता।

अपनी बात की पुष्टि करने के लिए वेबर ने यूरोप के विभिन्न देशों से ऐतिहासिक प्रमाण जुटाये। इटली व स्पेन में जहाँ पर कैथोलिक धर्म के अनुयायी अधिक हैं, पूँजीवाद का विकास इंग्लैंण्ड, अमेरीका व हालैण्ड की अपेक्षा कम हुआ। इंग्लैंण्ड, अमरीका व हालैण्ड में प्रोटेस्टेण्ट धर्न के अनुयायी अधिक हैं। वेबर ने गैर-पश्चिमी देशों में प्रचलित धर्मों जैसे कन्फ्यूशियस, बौद्ध, हिन्दू, इस्लाम और यहूदी धर्मों का अध्ययन किया और कहा कि इन धर्मों के आर्थिक आचारों में वे तत्त्व नहीं हैं जो आधुनिक पूँजीवाद को जन्म दे पाते। उदाहरण के लिए, इस्लाम में ब्याज लेना अनुचित माना गया है।

हिन्दू धर्म भौतिकवाद के स्थान पर आध्यात्मवाद पर अधिक जोर देता है। कर्मवाद के सिद्धान्त के आधार पर पिछले जन्म के कर्म के आधार पर ही इस जन्म गें फल मिलता है। इसी प्रकार से, जाति के कठोर नियम व्यक्ति को अपनी जाति के व्यवसाय को त्यागने की इजाजत नहीं देते और प्रत्येक जाति के लिए एक व्यवसाय भी निश्चित है। हिन्दू धर्म एक ऐसी समाज-व्यवस्था को जन्म देता है जिसमें सामाजिक गतिशीलता सम्भव नहीं है। आजकल आधुनिकीकरण के प्रभाव से भारत आर्थिक विकास की दिशा में तेजी से आगे बढ़ता जा रहा है। आजकल धर्म और आर्थिक विकास के बीच सम्बन्ध कमजोर पड़ता जा रहा है। वेबर ने प्रोटेस्टेण्ट आचार और आधुनिक पूँजीवाद के विकास को कार्य-कारण के आधार पर स्पष्ट करने का प्रयत्न किया और प्रोटेस्टेण्ट आचारों को पूँजीवाद के विकास के लिए एक प्रभावशाली कारक माना यद्यपि अन्य कारक भी इसके विकास के उत्तरदायी रहे हैं।

पूँजीवाद एवं प्रोटेस्टेण्ट आचार का सम्बन्ध

'पूँजीवाद के सार' तथा 'प्रोटेस्टेण्ट' नीतियों के अध्ययन से वेबर को इनके आधारों में कई समानताएँ ज्ञात हुईं। इसी आधार पर आपने प्रोटेस्टेण्ट नीति के कारण और पूँजीवाद को परिणाम माना। वेबर ने सोलहवीं और सत्रहवीं शताब्दी में धर्म संघों तथा उनकी मान्यताओं में होने वाले परिवर्तनों के मानव व्यवहार पर प्रभाव का

अध्ययन किया। प्रारम्भ में तो कई धर्म संघों ने धन और भौतिक वस्तुओं के संग्रह को उचित माना किन्तु बाद में इसे अधार्मिकता की श्रेणी में रखा गया और वैराग्य को उचित ठहराया गया। वैराग्य की इस धारणा ने आधुनिक पूँजीवादी अर्थव्यवस्था को भी प्रभावित किया। वेबर ने ऐतिहासिक प्रमाणों के आधार पर यह स्पष्ट करने का प्रयत्न किया कि यूरोप के कई देशों में पूँजीवाद के आरम्भ और विकास के लिए प्रोटेस्टेण्ट धर्म की नीतियाँ सहायक रही हैं। प्रोटेस्टेण्ट धर्म, नैतिक शिक्षाएँ धीरे-धीरे इसके सभी अनुयायियों के जीवन में ढल गयीं। वे परिश्रम से आजीविका कमाने को उचित मानने लगे। इस धारणा ने पूँजीवाद के विकास में महत्वपूर्ण भूमिका निभायी।

वेबर की रूचि धार्मिक नीतियों का आर्थिक क्रियाओं पर पड़ने वाले प्रभावों को ज्ञात करने में थी। उन्होंने धार्मिक नीतियों और आर्थिक क्रियाओं के पारस्परिक सम्बन्धों को ही स्पष्ट नहीं किया वरन् धार्मिक विचारों के सामाजिक संस्तरण पर पड़ने वाले प्रभावों को भी ज्ञात किया। उन्होंने यह बताया कि विभिन्न धर्मों के पैगम्बरों, प्रचारकों और विद्वानों आदि की एक विशेष जीवन-शैली थी और उन्होंने अपनी धार्मिक नीतियों का प्रचार करके सामाजिक संस्तरण तथा आर्थिक क्रियाओं को एक विशेष रूप देने का प्रयत्न किया। इस सम्पूर्ण विवेचन के द्वारा वेबर ने मार्क्स से पूर्णतया भिन्न धार्मिक आचारों की भिन्नता को ही विभिन्न समाजों की आर्थिक अभिवृत्तियों की भिन्नता का कारण मान लिया है। पारसन्स का कथन है कि धर्म के समाजशास्त्र की व्याख्या में वेबर का महत्वपूर्ण योगदान एक व्यवस्थित पद्धति शास्त्रीय अन्तर्दृष्टि है जिसके द्वारा उन्होंने विभिन्न कारकों को एक-दूसरे से पृथक् करके उनके कारण और प्रभावों को एक दूसरे की तुलना में स्पष्ट किया।

सोरोकिन का सांस्कृतिक सिद्धान्त

अपनी पुस्तक 'Social and Cultural Dynamics' में सोरोकिन ने सामाजिक परिवर्तन व सांस्कृतिक गतिशीलता का सिद्धान्त प्रस्तुत किया। उन्होंने मार्क्स, पेरेटो एवं वेबलिन के परिवर्तन सम्बन्धी सिद्धान्तों की आलोचना की। उनका मत है कि सामाजिक परिवर्तन उतार-चढ़ाव के रूप में घड़ी के पेण्डुलम की भाँति एक स्थिति से दूसरी स्थिति के बीच होता रहता है। उन्होंने प्रमुख रूप से दो संस्कृतियों—भावात्मक एवं चेतनात्मक का उल्लेख किया। प्रत्येक समाज संस्कृति की इन दो धुरियों अर्थात् चेतनात्मक से भावात्मक की ओर तथा भावात्मक से चेतनात्मक की ओर आता जाता रहता है। एक स्थिति से दूसरी स्थिति में जाने के दौरान मध्य में एक स्थिति ऐसी भी होती है जिसमें चेतनात्मक एवं भावात्मक संस्कृति का मिश्रण होता है। इसे सोरोकिन आदर्शात्मक संस्कृति कहते हैं। विभिन्न संस्कृतियों के दौर से गुजरने पर समाज में भी परिवर्तन आता है।

(1) **चेतनात्मक संस्कृति** (Sensate Culture)—चेतनात्मक संस्कृति को भौतिक संस्कृति भी कहते हैं। इस संस्कृति का सम्बन्ध मानव चेतना अथवा इन्द्रियों

से होता है अर्थात् इसका ज्ञान देखकर, सूँघकर एवं छूकर कर सकते हैं। ऐसी संस्कृति में ऐन्द्रिक आवश्यकताओं व इच्छाओं की पूर्ति पर अधिक जोर दिया जाता है। इस संस्कृति में वैज्ञानिक आविष्कारों, प्रौद्योगिकी, भौतिक वस्तुओं एवं विलास की वस्तुओं का अधिक महत्व होता है। इसमें धर्म, नैतिकता, प्रथा, परम्परा एवं ईश्वर आदि को अधिक महत्व नहीं दिया जाता है। व्यक्ति एवं सामूहिक पक्ष भी चेतनात्मक संस्कृति के रंग में रंगे होते हैं। पश्चिम समाज चेतनात्मक संस्कृति का उदाहरण है।

(2) **भावात्मक संस्कृति** (Ideational Culture)—यह चेतनात्मक संस्कृति के बिल्कुल विपरीत होती है। इसका सम्बन्ध भावना, ईश्वर, धर्म, आत्मा व नैतिकता से होता है। यह संस्कृति आध्यात्मवादी संस्कृति कही जा सकती है। इसमें इन्द्रिय सुख के स्थान पर आध्यात्मिक उन्नति, मोक्ष एवं ईश्वर प्राप्ति को अधिक महत्व दिया जाता है। इसमें सभी वस्तुओं को ईश्वर कृपा का फल माना जाता है। विचार, आदर्श, कला, साहित्य, दर्शन एवं कानून सभी में धर्म एवं ईश्वर की प्रमुखता पायी जाती है। प्रथा और परम्परा पर अधिक बल दिया जाता है। इस संस्कृति में प्रौद्योगिकी एवं विज्ञान पिछड़ जाता है।

(3) **आदर्शात्मक संस्कृति** (Ideal Culture)—यह संस्कृति चेतनात्मक एवं भावात्मक दोनों का मिश्रण होती है, अतः इसमें दोनों विशेषताएँ पायी जाती हैं। इसमें धर्म एवं विज्ञान, भौतिक एवं आध्यात्मिक सुख दोनों का संतुलित रूप पाया जाता है। सोरोकिन इस प्रकार की संस्कृति को ही उत्तम मानते हैं। वे इसे आदर्शात्मक संस्कृति कहते हैं।

सोरोकिन के अनुसार विश्व की सभी संस्कृतियाँ चेतनात्मक से भावात्मक के झूले में झूलती रहती हैं। प्रत्येक संस्कृति अपनी चरम सीमा पर पहुँचकर पुनः दूसरे प्रकार की संस्कृति की ओर लौट जाती है। चेतानात्मक एवं भावात्मक संस्कृतियाँ केवल परिवर्तन की सीमाएँ हैं, समाज में अधिकाँश समय तो आदर्शवादी संस्कृति ही प्रचलित रहती है। संस्कृति में इस परिवर्तन के लिये सोरोकिन ने प्राकृतिक नियमों एवं संस्कृति के आन्तरिक कारणों को उत्तरदायी माना है। परिवर्तन प्रकृति का नियम है। संस्कृति भी इसी नियम के कारण परिवर्तित होती है। संस्कृति की आन्तरिक परिस्थितियाँ भी उसमें परिवर्तन के लिए उत्तरदायी हैं। सोरोकिन के अनुसार बीसवीं सदी की पश्चिमी सभ्यता चेतनात्मक संस्कृति की चरम सीमा पर पहुँच गयी है, अब वह पुनः भावात्मक संस्कृति की ओर लौट जायेगी। चूँकि संस्कृति का समाज से घनिष्ट सम्बन्ध है, अतः जब संस्कृति में परिवर्तन होता है तो समाज में भी परिवर्तन आता है।

समालोचना—सोरोकिन ने अपने सिद्धान्त को वैज्ञानिक बनाने का प्रयत्न किया है, फिर भी उसमें निम्नलिखित दोष हैं।

(i) संस्कृति को एक अवस्था से दूसरी अवस्था तक पहुँचने में इतना लम्बा समय लग जाता है कि इस आधार पर सामाजिक परिवर्तन की प्रकृति को प्रकट करना कठिन है।

(ii) ऐतिहासिक प्रमाणों के आधार पर इस बात को सिद्ध करना सम्भव नहीं कि सभी समाज एक प्रकार की संस्कृति से दूसरे प्रकार की संस्कृति के बीच परिवर्तन के दौर से गुजरते हैं।

(iii) सोरोकिन सांस्कृतिक परिवर्तन के बीच कारकों को भी स्पष्ट करने में असमर्थ रहे हैं। यह कह देना एक वैज्ञानिक के लिए पर्याप्त नहीं है कि परिवर्तन प्राकृतिक कारणों से होते हैं।

अभ्यास के लिए प्रश्न

प्रश्न 1. सामाजिक परिवर्तन के सिद्धान्तों का उल्लेख कीजिए।

प्रश्न 2. सामाजिक परिवर्तन के चक्रीय सिद्धान्तों का उल्लेख कीजिए?

प्रश्न 3. सामाजिक परिवर्तन के रेखीय एवं चक्रीय सिद्धान्तों का संक्षेप में उल्लेख करते हुए दोनों में अन्तर बताइये।

प्रश्न 4. सामाजिक परिवर्तन के किसी एक सिद्धान्त की चर्चा कीजिए जो आपके विचार में वर्तमान भारतीय समाज पर सर्वाधिक घटित होती है?

प्रश्न 5. सामाजिक परिवर्तन के बारे में कार्ल मार्क्स के सिद्धान्त का आलोचनात्मक परीक्षण कीजिए।

प्रश्न 6. सामाजिक परिवर्तन के बारे में वेबलिन के विचारों का उल्लेख कीजिए? मार्क्स एवं वेबलिन के विचारों में अन्तर बतलाइये?

प्रश्न 7. सामाजिक परिवर्तन के बारे में वेबर के धार्मिक सिद्धान्तों का उल्लेख कीजिए?

प्रश्न 8. सामाजिक परिवर्तन के बारे में सोरोकिन के सांस्कृतिक सिद्धान्त की समालोचना कीजिए?

8

भारत में सामाजिक परिवर्तन
(Social Change in India)

कोई भी मानव सदैव एक सा नहीं रहता। सामाजिक परिवर्तन समाज का स्वभाव है। भारतीय समाज भी इसका अपवाद नहीं है। इसलिए ऐतिहासिक सर्वेक्षण में प्रत्येक काल में आर्थिक, राजनीतिक, विचारधारात्मक तथा अन्य परिवर्तनों के साथ-साथ सामाजिक परिवर्तन देखे जा सकते हैं। देश में राज्य सदैव बनते-बिगड़ते रहे। कभी छोटे-छोटे राज्य मिलकर बड़े-बड़े राज्य बन गए, तो कभी साम्राज्यों का विघटन होकर छोटे-छोटे राज्यों की स्थापना हुई। इन दोनों ही प्रकार की प्रवृत्तियों का सामाजिक संरचना पर भिन्न-भिन्न प्रभाव पड़ा। बड़े राज्य बनने से सामाजिक एकता बढ़ी और छोटे राज्य बनने से विविधता में वृद्धि हुई। भारत में सामाजिक दार्शनिक विचारधारा के अनुशीलन से यह स्पष्ट होता है कि यहाँ पर विचार के क्षेत्र में बराबर परिवर्तन होता है। यह ठीक है कि पश्चिम की तुलना में भारत में विचारों के क्षेत्र में परिवर्तन की गति बहुत मन्द दिखलाई पड़ती है जैसा कि इस पुस्तक में आगे 'परम्परा और आधुनिकता' नामक अध्याय में स्पष्ट किया जाएगा। फिर भी इससे यह अनुमान नहीं लगाना चाहिए कि भारत में विचारों के क्षेत्र में परिवर्तन हुआ ही नहीं है। जब कभी सामाजिक-दार्शनिक विचारों में कोई प्रवृत्ति अत्यधिक बढ़ गई तो उसकी विरोधी प्रवृत्ति का जन्म हुआ। उदाहरण के लिए जैन, बौद्ध और चार्वाक जैसे नास्तिक दर्शन वैदिक कर्मकाण्ड के विरोध में उत्पन्न हुए। इन्होंने धर्म और दर्शन के क्षेत्र में प्राचीन परम्पराओं का विरोध किया। इस विरोध से अनेक सामाजिक परिवर्तन हुए। कालान्तर में ये परिवर्तन देश के लिए हानिकारक सिद्ध हुए; विशेषतया बौद्ध धर्म के प्रचार से राष्ट्र की सुरक्षा-शक्ति बहुत कम हो गई। इसलिए समाज को फिर से शक्तिशाली बनाने के लिए वेदान्त दर्शन का जन्म हुआ। शंकराचार्य ने प्राचीन भारतीय दर्शन को एक नये शक्तिशाली रूप में स्थापित किया जिससे बौद्ध दर्शन की जन्मभूमि भारत से बौद्ध दर्शन का प्रभाव लगभग उठ गया। आधुनिक काल में अंग्रेजों की आधीनता में लम्बे काल तक दबे रहने के बाद भारतीय विचारधारा में फिर से क्रान्ति उत्पन्न हुई। समकालीन भारत में श्री अरविन्द, महात्मा गाँधी, रवीन्द्रनाथ ठाकुर, राधाकृष्णन, विवेकानन्द, रामकृष्ण, दयानन्द इत्यादि विभिन्न समकालीन भारतीय दार्शनिकों ने प्राचीन वेदान्त दर्शन को नवीन युग के

अनुसार नए रूप में उपस्थित किया। इसमें दो विचारधाराएँ स्पष्ट दिखलाई पड़ती हैं—एक ओर दयानन्द जैसे दार्शनिकों ने प्राचीन वैदिक दर्शन को फिर से पुनर्जीवित किया और अरविन्द, राधाकृष्णन इत्यादि ने आधुनिक युग की चेतना के साथ उसका समन्वय किया। दूसरी ओर एम॰ एन॰ राय जैसे समकालीन विचारकों ने साम्यवाद, भौतिकवाद, मार्क्सवाद आदि से प्रभावित होकर नवीन विचार उपस्थित किए। भारतीय दार्शनिक-सामाजिक विचारों की इस सूक्ष्म रेखा से यह स्पष्ट होता है कि देश में विचारों के क्षेत्र में परिवर्तन होता रहा है। यद्यपि इसकी गति कभी भी तीव्र नहीं हुई और विचारों के क्षेत्र में कोई भी ऐसी क्रान्ति नहीं हुई जिससे अति प्राचीन विचारों से तारतम्यता टूट जाती । इस दृष्टि से यह कहा जा सकता है कि विचारधारा में परिवर्तन बहुत कुछ परम्परा से बंधा रहा है।

सामाजिक संस्थाओं में परिवर्तन

भारतवर्ष में रूढ़ियों और परम्पराओं के क्षेत्र में बराबर परिवर्तन देखा जा सकता है। परिवार, विवाह, जाति की संस्था, सामाजिक, आर्थिक और राजनीतिक व्यवस्था सभी में महत्वपूर्ण परिवर्तन हुए हैं। संयुक्त परिवार क्रमशः छोटे होते गए हैं और अब केन्द्रक परिवार उनका स्थान लेते जा रहे हैं। स्त्रियों से सम्बन्धित सामाजिक विधान बनने के बाद से विवाह की संस्था में तेजी से परिवर्तन हुआ है। बाल-विवाह की प्रथा लगभग समाप्त हो गई है, विधवा-पुनर्विवाह होने लगे हैं, सम्पत्ति में स्त्रियों को अधिकार मिल चुका है। अब उन्हें दत्तक पुत्र ग्रहण करने की भी सुविधा है। स्त्रियों में शिक्षा बढ़ने के साथ-साथ वे सभी क्षेत्रों में पुरुषों के बराबर आ रही हैं। नगरीय क्षेत्रों में उनकी गतिशीलता में बहुत परिवर्तन हुआ। घर से बाहर स्त्रियों के धनोपार्जन के हेतु काम करने से स्त्री-पुरुष के सम्बन्ध विषयक मूल्यों में परिवर्तन दिखलाई पड़ता है। इससे परिवार की संरचना में भी अन्तर हुआ है और स्त्री-पुरुष की स्थितियों और कार्यों पर प्रभाव पड़ा है।

जाति व्यवस्था में परिवर्तन

आधुनिक भारत में जाति की संस्था वर्ण व्यवस्था से हजारों साल के विकास का परिणाम है। इस विकास में बराबर परिवर्तन होते रहे हैं। इस परिवर्तन में नई-नई जातियाँ बनती रही हैं और इन जातियों में सामाजिक स्तरीकरण में ऊँचा स्थान प्राप्त करने के लिए बराबर संघर्ष होते रहे हैं। इस संघर्ष में अनेक जातियों ने पहले से अधिक ऊँचा स्थान प्राप्त किया है। इस प्रकार जाति व्यवस्था के अन्तर्गत सामाजिक संस्तरण में विशिष्ट जाति का स्थान बदलता रहा है परन्तु कुल मिलाकर जाति व्यवस्था के लक्षणों में अधिक परिवर्तन नहीं हुआ है। जातियों की पंचायतों का सामाजिक नियन्त्रण में महत्व पहले से बहुत कम हो गया है। क्रमशः इस प्रकार की पंचायतों की संख्या बहुत कम हो गई है। राजनीतिक कारणों से एक ओर जातिवाद के फिर से बढ़ने की प्रवृत्ति दिखलाई पड़ती है किन्तु दूसरी ओर शिक्षा के प्रसार, औद्योगीकरण, नगरीयकरण, लौकिकीकरण इत्यादि विभिन्न प्रक्रियाओं से जातिवाद कम हो रहा है। भविष्य में जाति व्यवस्था का स्वरूप क्या होगा यह

अनिश्चित है। किन्तु स्पष्ट है कि जाति व्यवस्था कभी भी एक सी नहीं रही होगी। उसमें परिवर्तन होता रहा है।

जजमानी व्यवस्था

भारतवर्ष में आर्थिक व्यवस्था कभी भी सामाजिक व्यवस्था से पूरी तरह अलग नहीं होती। बहुधा आर्थिक और सामाजिक सम्बन्ध परस्पर घनिष्ट रूप से मिले रहे हैं। उदाहरण के लिए गाँवों में विभिन्न जातियों के सदस्यों के परस्पर सम्बन्ध जजमानी व्यवस्था से नियन्त्रित होते रहे हैं। जजमानी व्यवस्था से लोगों के आर्थिक और सामाजिक दोनों ही प्रकार के सम्बन्ध निर्धारित होते हैं। इनमें कुछ जातियाँ अन्य जातियों की जजमान होती हैं। जजमानी सम्बन्ध परम्परागत रूप से चलते हैं किन्तु वे हस्तान्तरित भी किए जा सकते हैं। आधुनिक काल में जातियों में परिवर्तन होने के कारण तथा पिछड़े वर्गों में जागृति फैलने से जजमानी सम्बन्ध खत्म होते जा रहे हैं। अब विभिन्न व्यक्तियों के परस्पर सम्बन्ध जजमानी प्रथा से नहीं किन्तु उनकी आर्थिक-राजनीतिक स्थिति से निर्धारित होते हैं।

औद्योगिक परिवर्तन

भारत में सामाजिक परिवर्तन की प्रक्रिया औद्योगिक और प्रौद्योगिक परिवर्तनों से प्रभावित हुई है। अन्य देशों की तुलना में यहाँ पर सामाजिक परिवर्तन प्रौद्योगिक परिवर्तनों से पीछे छूट गए दिखलाई पड़ते हैं। पाश्चात्य देशों के सम्पर्क में आने से भारत में नई-नई प्रविधियाँ, नई-नई मशीनों, यातायात और सन्देशवाहन के साधन इत्यादि प्रौद्योगिकी की विभिन्न वस्तुएँ तेजी से अपनायी जा रही हैं। बड़े-बड़े भारतीय नगर प्रौद्योगिक दृष्टि से पश्चिम के नगरों से किसी भी प्रकार से कम नहीं हैं। किन्तु दूसरी ओर सामाजिक सम्बन्ध अभी पश्चिम के सामाजिक सम्बन्धों से बहुत भिन्न हैं। यह ठीक है कि सब-कहीं सामाजिक सम्बन्धों में परिवर्तन हुआ है। किन्तु अभी भी यह परिवर्तन पश्चिम देशों से बहुत पीछे है। एशिया में जापान का जैसा आधुनिकीकरण और पश्चिमीकरण हुआ है, वैसा भारत का नहीं हुआ। सामाजिक परिवर्तन के प्रौद्योगिक परिवर्तन के पिछड़ जाने का एक महत्वपूर्ण कारण राजनीतिक ही है। आधुनिक काल में 'अंग्रेजों' के विरुद्ध स्वतन्त्रता का युद्ध छेड़ने वाले नेताओं ने स्वदेशी का आन्दोलन उठाया। अंग्रेज भारत में पश्चिमीकरण और आधुनिकीकरण बढ़ाना चाहते थे। स्वदेशी आन्दोलन ने इस प्रक्रिया में बाधा उत्पन्न की और सामाजिक संस्थाओं, संरचना, वेशभूषा, तौर-तरीके, रीति-रिवाज आदि सभी में फिर से प्राचीन भारतीय मूल्यों को स्थापित करने की चेष्टा की गई। श्री अरविन्द जैसे विचारकों ने प्राचीन भारतीय संस्कृति के महत्व को फिर से स्पष्ट किया और पश्चिमी आलोचकों को मुँह-तोड़ जवाब दिया। राजनीतिक दृष्टि से स्वदेशी आन्दोलन से राष्ट्रीय चेतना जागृत हुई किन्तु सामाजिक दृष्टि से सामाजिक परिवर्तन की प्रक्रिया पीछे रह गई। समकालीन भारतीय सामाजिक परिवर्तन में जनतन्त्रीय मूल्यों की ओर सामान्य प्रवृत्ति देखी जा सकती है। आर्थिक, राजनीतिक, सामाजिक सभी क्षेत्रों में स्वतन्त्रता और समानता के मूल्य बढ़ते जा रहे हैं। सामाजिक नियन्त्रण

ढीला पड़ रहा है, लोग अपनी मर्जी से स्वयं सोच-विचार कर काम करना चाहते हैं। परिवार का अनुशासन बहुत कम हो गया है, नई पीढ़ी के युवक-युवतियाँ अपनी पसन्द के विवाह सम्बन्ध करना और व्यवस्था ग्रहण करना उचित समझते हैं तथा इन्हें बुजुर्गों के द्वारा निर्धारित करना नहीं चाहते।

बुद्धिजीवी वर्ग का महत्व

भारत में सामाजिक परिवर्तन की रूपरेखा को समझने में बुद्धिजीवी वर्ग के महत्व को ध्यान में रखना चाहिए। यह बुद्धिजीवी वर्ग नगरीय औद्योगिक संस्कृति से प्रभावित है। इस पर पश्चिम की वैज्ञानिक विचारधारा का विशेष प्रभाव है। ज्ञान-विज्ञान के प्रत्येक क्षेत्र में हम पश्चिम के विचारों से परिचित हैं। इस प्रकार बुद्धिजीवी वर्ग में आधुनिकीकरण की प्रक्रिया काम कर रही है किन्तु अभी इस प्रक्रिया का कार्य बहुत अधूरा है और कुछ पहलू में बुद्धिजीवी वर्ग परम्परा के ही अनुसार चलता है। जीवन के अनेक क्षेत्रों में पुराने अन्धविश्वास, रूढ़ियाँ और परम्पराएँ आज भी देखे जा सकते हैं। अनेक वैज्ञानिक संस्थाओं के उद्घाटन पर यज्ञ आदि प्राचीन संस्कार किए जाते हैं। इस प्रकार बुद्धिजीवी वर्ग में परम्परा और आधुनिकता दोनों की ही प्रवृति एक साथ देखी जा सकती है। इसका एक बड़ा कारण हिन्दू धर्म की इस विशेषता में है कि उसमें परस्पर विरोधी प्रवृत्तियाँ एक साथ पलती हैं। प्राचीन काल से ही हिन्दू धर्म में प्रवृत्ति और निवृत्ति के मूल्य एक साथ पलते रहे हैं। इस स्थिति का जहाँ अपना लाभ है वहाँ वर्तमान काल में यह स्थिति देश की प्रगति में बाधक है और सामाजिक परिवर्तन की गति को अवरुद्ध करती है।

भारत में सामाजिक परिवर्तन के कारक

सामाजिक परिवर्तन में अनेक कारक काम करते हैं जिनमें सांस्कृतिक, प्रौद्योगिक, जैविकीय, आर्थिक, भौगोलिक परिवेश सम्बन्धी, मनोवैज्ञानिक तथा विचारधारात्मक कारक मुख्य कारक हैं। भारतवर्ष में सामाजिक परिवर्तन का सर्वेक्षण करने से इन सभी कारकों का प्रभाव स्पष्ट होगा। ये सभी कारक परस्पर निर्भर हैं और एक-दूसरे को प्रभावित करते हैं। किसी भी विशिष्ट परिवर्तन के कारणों का विश्लेषण करने से उसके मूल में अनेक कारक उलझे हुए मिलते हैं। ये सभी कारक मिलकर सामाजिक परिवर्तन उत्पन्न करते हैं। और विशिष्ट परिवर्तन में किस कारक का कितना योगदान है यह पता लगाना सदैव सरल नहीं होता। संक्षेप में, भारत में सामाजिक परिवर्तन में निम्नलिखित मुख्य कारक देखे जा सकते हैं।

सांस्कृतिक कारक

संस्कृति मूल्यों, शैलियों, भावात्मक लगावों और बौद्धिक अभियानों का क्षेत्र है। ये मूल्य, शैलियाँ और विचार आदि सामाजिक परिवर्तन को प्रभावित करते हैं। मूल्य से यहाँ तात्पर्य उस लक्ष्य से है जिसको प्राप्त करने के लिए कोई व्यक्ति अथवा

संस्था प्रयत्नशील रहती हैं। उदाहरण के लिए हिन्दू विवाह की संस्था का लक्ष्य धर्म-पालन, प्रजोत्पत्ति और रति हैं। आधुनिक काल में धर्म का महत्व घट जाने से और परिवार नियोजन पर जोर दिए जाने के कारण रति ही विवाह की संस्था का सबसे महत्वपूर्ण लक्ष्य रह गया है। मूल्यों में इस परिवर्तन से विवाह की संस्था अस्थिर हुई है। इससे पारिवारिक विघटन बढ़ा है। प्राचीन परिवारों में पिता का बड़ा सम्मान था। परिवार के सभी सदस्य उसकी आज्ञा मानना अपना परम कर्त्तव्य समझते थे। आधुनिक काल में पिछली और नई पीढ़ियों के मूल्यों में अत्यधिक अन्तर होने के कारण उनके सम्बन्ध टूटते जा रहे हैं।

भारतीय समाज में परिवर्तन करने वाले सांस्कृतिक कारकों में मुख्य निम्नलिखित हैं—

(अ) संस्कृतिकरण (Sanskritization)—भारतीय साामाजिक संरचना जाति-व्यवस्था पर आधारित है। इन जातियों में उतार-चढ़ाव का एक क्रम माना जाता है जिसमें कुछ जातियाँ अन्य जातियों से ऊँची समझी जाती हैं। वर्ण-व्यवस्था के अनुसार ब्राह्मण सामाजिक संरचना में सबसे ऊँचे थे क्योंकि वे ही समाज की संस्कृति को जीवित रखते थे। उनके बाद क्षत्रिय, फिर वैश्य और तब शूद्रों का नम्बर आता था। अन्य जातियाँ-वर्ण व्यवस्था से बाहर गिनी जाती थीं। यह वर्ण-व्यवस्था सांस्कृतिक मूल्यों पर आधारित थी। जो वर्ण जितना ऊँचा था वह सांस्कृतिक दृष्टि से भी उतना ही ऊँचा था। जाति-व्यवस्था में वर्ण-व्यवस्था के अनुसार यह सामाजिक क्रम नहीं बना रह सका। कहीं पर ब्राह्मण ऊँचें माने गए तो कहीं आर्थिक और राजनीतिक दृष्टि से शक्तिशाली होने के कारण कोई क्षत्रिय जाति ही प्रमुख जाति मानी गई। प्रमुख जाति जहाँ अन्य जातियों पर सामाजिक नियन्त्रण करती है और उनके परस्पर सम्बन्धों को व्यवस्थित करती है वहाँ अन्य जातियाँ उसका अनुकरण करने का प्रयास करतीं हैं। प्रमुख जाति का अनुकरण करने की यह प्रवृत्ति ही संस्कृतिकरण कहलाती हैं। डॉ० एम० एन० श्रीनिवास के अनुसार संस्कृतिकरण का अर्थ केवल नए रिवाजों और आदतों को ग्रहण करना नहीं है बल्कि नए विचारों और मूल्यों को भी अभिव्यक्त करना है। संस्कृतिकरण से विशिष्ट जाति को सामाजिक संस्तरण में ऊँचा स्थान मिलता है। किन्तु ऊँची जाति का अनुकरण करने में नीची जाति सावधानी से काम लेती है क्योंकि अधिक स्पष्ट रूप से अनुकरण करने के कभी-कभी बुरे परिणाम भी होते हैं जैसा कि डॉ० मजूमदार ने दिखलाया है, भारतीय जातियों में जहाँ एक ओर संस्कृतिकरण की प्रक्रिया दिखलाई पड़ रही है वहाँ दूसरी ओर असंस्कृतिकरण की प्रक्रिया भी देखी जा सकती है। संस्कृतिकरण का विस्तारपूर्वक वर्णन पुस्तक के इस भाग के दसवें अध्याय में दिया गया हैं।

(ब) पश्चिमीकरण (Westernization)—आधुनिक काल में भारत में पाश्चात्य संस्कृति के प्रभाव से व्यापक सामाजिक परिवर्तन हुए हैं। इस प्रकार पश्चिमीकरण सामाजिक परिवर्तन का एक महत्वपूर्ण कारक है। इसका विस्तृत

वर्णन इस पुस्तक में आगे ग्यारहवें अध्याय में दिया गया है। पश्चिमीकरण के द्वारा भारतीय समाज में परिवार की संस्था, विवाह की संस्था, समाज के विभिन्न सदस्यों के परस्पर सम्बन्ध, यौन-सम्बन्धी मूल्य, स्त्रियों की शिक्षा और गतिशीलता, वेशभूषा, मूल्य और विचार, सामाजिक नियन्त्रण के साधन इत्यादि विभिन्न तत्वों में महत्वपूर्ण परिवर्तन दिखलाई पड़ता है। पश्चिमीकरण के साथ-साथ पश्चिम का भौतिकवाद, विज्ञानवाद, उपयोगितावाद, व्यवहारवाद, व्यक्तिवाद इत्यादि विभिन्न प्रवृत्तियाँ पाश्चात्य संस्कृति से प्रभावित भारतीय नर-नारियों में देखी जा सकती हैं। फिर भी पाश्चात्य सभ्यता से जितना अधिक ग्रहण किया गया है उसकी तुलना में सांस्कृतिक प्रभाव अभी बहुत कम है। इस क्षेत्र में सांस्कृतिक विडम्बना दिखलाई पड़ती है।

(स) **लौकिकीकरण** (Secularization)—प्राचीन भारतीय संस्कृति धर्मप्राण संस्कृति कहलाती है किन्तु आधुनिक काल में पश्चिमीकरण के प्रभाव से देश में लौकिकीकरण बढ़ता जा रहा है। लौकिकीकरण से सामाजिक संस्थाओं, रीति-रिवाजों और व्यवहारों के तरीकों में धर्म का प्रभाव कम होता जा रहा है और उसके स्थान पर उपयोगिता या व्यक्तिगत रुचि के आधार पर काम होता है। स्वतन्त्रता के बाद से भारत सरकार ने धर्मनिरपेक्षता का आदर्श अपनाया है। इससे भी भारत में लौकिकीकरण की प्रक्रिया तीव्र हुई है। सामाजिक परिवर्तन में एक कारक के रूप में लौकिकीकरण का महत्व आगे अध्याय 12वें में विस्तारपूर्वक बतलाया गया है।

(द) **जनतन्त्रीकरण** (Democratization)—आधुनिक काल में पश्चिम के अधिकतर देशों में राजनीतिक व्यवस्था में जनतन्त्र को ही सर्वोत्तम प्रणाली माना जाता है। इसका मुख्य कारण यह है कि जनतन्त्र के मूल तत्व 'स्वतन्त्रता, समानता और भ्रातृत्व' आधुनिक मानव-चेतना के अनुकूल हैं। देश को स्वतन्त्रता मिलने के बाद से भारतवर्ष में भी जनतन्त्रीय सरकार की स्थापना हुई है। यद्यपि अभी सामाजिक क्षेत्र में जनतन्त्रीकरण बहुत दूर की बात है किन्तु फिर भी अनेक क्षेत्रों में इस दिशा में प्रगति हो रही है। राजनीतिक सत्ता के अधिकाधिक विकेन्द्रीकरण और जनतन्त्रीय मूल्यों को मान्यता दिए जाने से जात-पांत, धर्म, क्षेत्र, लिंग, आयु आदि के आधार पर व्यक्तियों में भेदभाव कम होता जा रहा है। जनतन्त्रीय आदर्श के अनुसार भारत सरकार ने अस्पृश्यता को अपराध घोषित कर दिया है तथा समाज के अन्य अंगों के समकक्ष में लाने में सहायता देने के लिए समाज के पिछड़े वर्गों को विशेष अधिकार दिए गए हैं। देश के प्रत्येक नागरिक को कानून की दृष्टि में अन्य नागरिकों के समान माना जाता है। प्रत्येक को व्यवसाय, विवाह, शिक्षा, विचारों की अभिव्यक्ति, शासन में भाग लेने, समिति बनाने आदि की पूरी स्वतन्त्रता है। इससे समाज के पिछड़े वर्गों और स्त्रियों की स्थितियों और कार्यों में महत्वपूर्ण परिवर्तन हुए हैं। स्त्रियों की दशा में सामाजिक परिवर्तन होने से परिवार और विवाह की संस्था में महत्वपूर्ण सामाजिक परिवर्तन हुए हैं।

(य) **राजनीतिकरण** (Politicization)—भारत को स्वतन्त्रता मिलने के बाद से और देश में वयस्क मताधिकार दिए जाने से छोटे-से-छोटे गाँव से लेकर बड़े-से-बड़े नगर तक सब कहीं राजनीति का बोलबाला है। गाँव-गाँव में रेडियो पहुँच जाने से बहुत से लोग राजनीतिक गतिविधियों में रुचि लेने लगे हैं। चुनाव के दिनों में यह रुचि और भी बढ़ जाती है। चुनाव जीतने के लिए विभिन्न राजनीतिक दल और उनके द्वारा खड़े किए गए उम्मीदवार समाज में सब प्रकार से अपनी सत्ता बनाए रखने का प्रयास करते हैं। बड़े-बड़े जमींदारों और रियासतों के राजाओं के समाप्त हो जाने के बाद अब अधिकतर शक्ति राजनीतिक नेताओं के हाथ में आ गई है, इसलिए अब राजनीति ही अनेक सामाजिक परिवर्तनों का निर्णय करती है। राजनीतिक कारणों से ही कुछ लोग अस्पृश्यता उन्मूलन के पक्ष में और कुछ विपक्ष में बोलते देखे जाते हैं। राजनीतिक कारणों से ही जातिवाद, सम्प्रदायवाद, क्षेत्रवाद, भाषावाद आदि विभिन्न विघटनकारी शक्तियाँ बढ़ी हैं। दूसरी ओर राजनीतिक कारणों से अनेक सामाजिक समूहों में सुदृढ़ता और संगठन भी बढ़ा है। आज देश का इतना राजनीतिकरण हो गया है कि छोटे-से-छोटे गाँव से लेकर बड़े-से-बड़े नगर में अधिकतर गतिविधियाँ राजनीतिक कारणों से निर्धारित होती हैं।

आर्थिक कारक

समकालीन समाज में सामाजिक परिवर्तन में विभिन्न कारकों में सबसे अधिक महत्वपूर्ण कारक आर्थिक हैं। केवल भारत में ही नहीं बल्कि संसार के सभी समाजों में आधुनिक काल में आर्थिक कारकों से ही सबसे अधिक सामाजिक परिवर्तन हुआ है। संक्षेप में ये आर्थिक कारक निम्नलिखित हैं—

(अ) **औद्योगीकरण** (Industrialization)—सामाजिक परिवर्तन के इस कारक का विस्तृत विवेचन इस पुस्तक के 14वें अध्याय में किया गया है। औद्योगीकरण संसार में सामाजिक परिवर्तन का सबसे अधिक प्रमुख कारण है। औद्योगीकरण ही आधुनिकता का आधार है और संसार का कोई भी देश इसकी अवहेलना नहीं कर सकता क्योंकि इसी से मनुष्य और प्रकृति का सम्बन्ध निश्चित होता है। इस दृष्टि से यह सांस्कृतिक प्रगति का एक मापदण्ड है और बढ़ती हुई जनसंख्या के कारण कोई भी देश इसके बिना प्रगति नहीं कर सकता। सच तो यह है कि जिस देश में औद्योगीकरण जितना ही अधिक हुआ है वह देश अन्य देशों की तुलना में सब प्रकार से उतना ही आगे दिखलाई पड़ता है। भारतवर्ष में औद्योगीकरण से नगरीकरण बढ़ा, व्यापार बढ़ा, लोगों के मिलने-जुलने के अवसर बढ़े, आर्थिक क्षेत्र में व्यापक परिवर्तन हुए और सामाजिक तथा सांस्कृतिक क्षेत्र में संस्थाओं और मूल्यों का रूप बदल गया।

(ब) **नगरीकरण** (Urbanization)—यद्यपि नगरों का विकास आर्थिक के अलावा अन्य कारणों से भी हुआ है किन्तु आर्थिक कारण और उनमें भी औद्योगीकरण नगरीकरण का प्रमुख कारण है। संसार में सब-कहीं नगरों की संख्या और बड़े-बड़े नगरों का विस्तार बढ़ता जा रहा है। भारतवर्ष भी इसका अपवाद

नहीं है। नगरों की संख्या और विस्तार बढ़ने से देश में नगरीय समाज की विशेषताएँ जैसे भौतिकवाद, व्यक्तिवाद, जीवन की तीव्र गति, निर्वैयक्तिक सामाजिक सम्बन्ध, सामाजिक गतिशीलता में वृद्धि, स्त्री-पुरुष का अधिक सामाजिक सम्पर्क, बड़े परिवारों का विघटन और संयुक्त परिवार के स्थान पर केन्द्रक परिवार की स्थापना, विवाह-पूर्व और विवाह से बाहर यौन-सम्बन्धों में वृद्धि इत्यादि अनेक सामाजिक लक्षण दिखलाई पड़ते हैं। सामाजिक परिवर्तन के कारक के रूप में नगरीकरण का विवेचन इस पुस्तक के 14वें अध्याय में किया है।

प्रौद्योगिक परिवर्तन (Technological Changes)—सामाजिक परिवर्तन के कारकों में आधुनिक युग में प्रौद्योगिकी का महत्वपूर्ण प्रभाव पड़ा है। भारतवर्ष में बिजली, भाप तथा पैट्रोल से चलने वाले उत्पादन के यन्त्रों, यातायात और सन्देशवहन के साधन तथा दैनिक जीवन के सैकड़ों कामों के लिए नई-नई मशीनों के आविष्कार से समाज का रूप बदलता जा रहा है और परिवार तथा विवाह जैसी संस्थाओं पर महत्वपूर्ण प्रभाव पड़ा है। औद्योगिक विकास के प्रत्यक्ष प्रभाव श्रम संगठन, श्रम विभाजन, विशेषीकरण, जीवन की तीव्र गति तथा उत्पादन में वृद्धि आदि हैं। अप्रत्यक्ष रूप से देश में नगरीकरण और उससे बढ़ने वाली बेकारी, अपराध, किशोरापराध, वर्ग-संघर्ष आदि भी प्रौद्योगिकी के परिणाम हैं। उद्योगों में मशीनों के प्रयोग से देश में नगरीकरण बढ़ा और कारखाना-पद्धति का उदय हुआ। इससे नए वर्गों की उत्पत्ति हुई और नवीन विचारधाराएँ तथा आन्दोलन दिखलाई पड़ने लगे। स्त्रियों की स्थिति में भारी परिवर्तन हुआ। मूल्यों पर व्यापक प्रभाव पड़ा। भौतिकवाद, व्यक्तिवाद, विशेषीकरण आदि आधुनिक प्रौद्योगिकी का ही परिणाम है। नगरीय जीवन में प्रौद्योगिकी का प्रभाव साम्प्रदायिक भावना में कमी, समय का मूल्य बढ़ जाना, सामाजिक नियन्त्रण की न्यूनता, नैतिकता का निम्न स्तर, अपराधों की संख्या में वृद्धि तथा सामाजिक और व्यक्तिगत विघटन के रूप में देखा जा सकता है। प्रौद्योगिकी से सामाजिक परिवर्तन को एक छोटे से उदाहरण से समझाया जा सकता है। पहले जब कार को स्टार्ट करने के लिये हैण्डिल घुमाने की जरूरत पड़ती थी तब स्त्रियाँ कार नहीं चलाती थीं। जब से कारों में स्वयंचालक यन्त्र का प्रयोग होने लगा तब से समृद्ध स्त्रियाँ बड़ी संख्या में कार स्वयं चलाने लगीं। इससे उनकी वेशभूषा, गतिशीलता, रहन-सहन, विचार, मूल्य तथा सामाजिक सम्बन्धों में व्यापक परिवर्तन हुये।

जैविकीय कारक

सामाजिक परिवर्तन के जैविकीय कारकों में जनसंख्या का गुणात्मक पहलू आता है। जनसंख्या के गुण-दोष, आकार, वितरण, रचना आदि में परिवर्तन से व्यापक सामाजिक परिवर्तन होते हैं। उदाहरण के लिये भारत में बड़े-बड़े औद्योगिक नगरों में लाखों की संख्या में मजदूर पुरुषों के बाहर से नगर में आने से नगर में स्त्री-पुरुष की संख्या का अनुपात बिगड़ जाता है जिसका परिणाम वेश्यावृत्ति और वेश्यागमन, अपराध, मानसिक रोग, किशोरापराध आदि में वृद्धि के रूप में दिखलाई

पड़ता है। देश में जनसंख्या अत्यधिक बढ़ जाने पर समाज का स्वास्थ्य नीचे गिरता और निर्धनता बढ़ती है। यह भारत में सब कहीं दिखलाई पड़ता है। जनसंख्या अत्यधिक बढ़ने से सामाजिक मूल्यों में भी परिवर्तन हुआ है। भारत में बड़े-बड़े नगरों में अत्यधिक भीड़-भाड़ और गन्दी बस्तियों की समस्या है जिनसे लोगों के चरित्र और स्वास्थ्य पर बुरा प्रभाव पड़ता है। इसीलिये सरकार परिवार नियोजन के लिये जोर शोर से प्रयत्नशील है। गर्भ-निरोधक उपायों का विज्ञापन किया जा रहा है। इससे यौन-सम्बन्धी मूल्यों में परिवर्तन हुआ है क्योंकि अवैध यौन-सम्बन्ध पहले से अधिक सम्भव हो गये हैं। बढ़ती हुई जनसंख्या की भोजन और अन्य आवश्यकताओं की पूर्ति के लिये देश में नित्य नये आविष्कार हो रहे हैं और नई-नई चीजों के कारखाने खुल रहे हैं। खेती को अलग प्रोत्साहन दिया जा रहा है। इन सबसे भी सामाजिक परिवर्तन हो रहे हैं। भारतीय जनसंख्या में अनेक गुणात्मक दोष हैं जैसे—नगरीय जनसंख्या की तुलना में ग्रामीण जनसंख्या का अधिक होना, अधिक जन्मदर अधिक मृत्युदर इत्यादि। इन सब दोषों से विभिन्न सामाजिक संस्थाओं पर महत्वपूर्ण प्रभाव पड़ता है।

परम्परा और आधुनिकता

भारतीय समाज में सामाजिक परिवर्तन में परम्परा और आधुनिकता दोनों की ओर प्रवृति दिखाई पड़ती है। परम्परावादी प्रवृत्ति पश्चिमीकरण, लौकिकीकरण, जनतन्त्रीकरण, नगरीकरण और औद्योगीकरण में बाधा पहुँचाती है जबकि आधुनिकतावादी प्रवृत्ति इनमें सहायक है। आधुनिकतावाद विज्ञान, प्रौद्योगिकी और पाश्चात्य संस्कृति का प्रभाव है। परम्परावाद के पीछे स्वदेशी की प्रवृत्ति है। इन दोनों ही प्रवृत्तियों को लेकर देश में विभिन्न प्रकार के राजनीतिक दल दिखलाई पड़ते हैं जो अपने-अपने समाज-दर्शन के अनुसार समाज के विभिन्न क्षेत्रों में कार्य कर रहे हैं। अधिकतर आधुनिक विचारक देश में वांछित परिवर्तन लाने के लिये परम्परा और आधुनिकता के समन्वय के पक्षपाती हैं।

भारत में सामाजिक परिवर्तन की प्रवृत्ति, दिशाओं और कारकों के उपरोक्त संक्षिप्त दिग्दर्शन से यह स्पष्ट होता है कि देश में पश्चिम के देशों के नमूने के अनुरूप सामाजिक परिवर्तन हो रहा है। यह ठीक है कि इस सामाजिक परिवर्तन को स्थानीय परिस्थितयों के अनुसार अधिक से अधिक मोड़ना वांछनीय है परन्तु परिवर्तन के मार्ग की बाधाओं, विशेष रूप से परम्परागत अन्धविश्वासों, रूढ़ियों और अवैज्ञानिक दृष्टिकोण को बदले बिना परिवर्तन की गति पर्याप्त रूप से तीव्र नहीं की जा सकती। समकालीन भारतीय समाज और संस्कृति एक संक्रमणकालीन स्थिति से गुजर रहे हैं। भविष्य की रूपरेखा क्या होगी यह निश्चित रूप से नहीं कहा जा सकता किन्तु यदि देश की समस्याओं के अनुसार सामाजिक परिवर्तन की दिशाओं को नियन्त्रित करना है तो परिवर्तन की वांछित दिशाओं और लक्ष्यों को पहले से निश्चित करके नियोजनपूर्वक परिवर्तन लाना होगा। इसमें सरकार और जनता दोनों के सहयोग की आवश्यकता है किन्तु सबसे अधिक महत्वपूर्ण योगदान समाज के पढ़े-लिखे और

बौद्धिक वर्ग का होगा क्योंकि वे ही अन्य लोगों का मार्ग-दर्शन करते हैं, अन्य लोग उन्हीं का अनुकरण करते हैं। देश में इस प्रकार के सुदृढ़ बौद्धिक वर्ग का निर्माण नहीं हो सका है। बौद्धिक वर्ग में वामपन्थी और दक्षिणपन्थी दोनों ही प्रकार की प्रवृत्तियाँ दिखलाई पड़ रही हैं। इनका कहाँ तक सन्तुलन बना रहेगा और कौन सी प्रवृत्ति कहाँ तक दूसरी प्रवृत्ति पर हावी हो जायेगी—इस विषय में निश्चित रूप से कुछ भी नहीं कहा जा सकता।

अभ्यास के लिये प्रश्न

1. भारत में आजकल कौन से सामाजिक परिवर्तन हो रहे हैं? उनमें कौन से वांछित और कौन से अवांछित हैं?

2. समकालीन भारत में सामाजिक परिवर्तन के कारकों का विवेचन करो।

9

परम्परा, आधुनिकता एवं आधुनिकीकरण

Tradition, and Modernity and Modernization

भारतवर्ष में वर्तमान काल में विभिन्न पहलुओं में सामाजिक परिवर्तन देखा जा सकता है। इस सामाजिक परिवर्तन के लक्ष्यों की अनेक प्रकार से व्याख्या की गई है। यह सामाजिक परिवर्तन औद्योगीकरण, नगरीकरण, पश्चिमीकरण, लौकिकीकरण और जनतन्त्रीकरण तथा संस्कृतीकरण आदि विभिन्न प्रक्रियाओं के माध्यम से हो रहा है। सामाजिक परिवर्तन के लक्ष्यों को दृष्टि में रखते हुये अनेक समाजशास्त्रियों ने भारत में समकालीन समाज में परम्परा और आधुनिकता की अन्तक्रिया की ओर संकेत किया है। एक ओर समकालीन समाज में कुछ धाराएँ परम्परा के अनुसार चल रही हैं और प्राचीन मूल्यों को बनाये रखने का आधार हैं; दूसरी ओर संसार के अन्य प्रगतिशील देशों के समान भारतवर्ष में भी आधुनिकता की लहर आ रही है। आधुनिकता की इस लहर में परम्परागत मूल्यों, सामाजिक संस्थाओं और सामाजिक संरचना के प्रकारों आदि में से क्या बचेगा और क्या बचना चाहिये। इस विषय में भिन्न-भिन्न समाजशास्त्रियों ने भिन्न-भिन्न मत उपस्थित किये हैं। प्रस्तुत अध्याय में परम्परा और आधुनिकता के प्रत्ययों की व्याख्या करने के पश्चात् भारतवर्ष में समकालीन सामाजिक परिवर्तनों में इन दोनों के प्रभाव का विवेचन किया जायेगा।

जून सन् 1960 में बर्लिन में 'सांस्कृतिक स्वतन्त्रता की कांग्रेस' (Congress for Cultural Freedom) का दसवां अधिवेशन मनाया गया। इस कांग्रेस की स्थापना दस वर्ष पूर्व बर्लिन में हुई थी। इस दसवें अधिवेशन में आधुनिक समाज की मुख्य समस्याओं के विषय में पिछले दस वर्षों में हुई प्रगति का सर्वेक्षण किया गया। इस सर्वेक्षण में यह देखने का प्रयास किया गया कि राजनीतिक, सामाजिक, सांस्कृतिक और विचारों के क्षेत्र में स्वतन्त्रता के आदर्श की और कहाँ तक प्रगति हुई है। कहना

न होगा कि यह स्वतन्त्रता ही आधुनिकता का मूल तत्व है। इस अधिवेशन में चार अध्ययन-समूह बनाये गये जिनमें से एक ने सामाजिक प्रगति, संस्कृति, सभ्यता और परम्परा का अलग-अलग विशेष अध्ययन किया। इस अध्ययन-समूह में शिकागो विश्वविद्यालय के प्रोफेसर एडवर्ड शिल्स (Edward Shils) की अध्यक्षता में छः सत्रों में कार्य किया गया। इनमें से एक सत्र में एशिया और अफ्रीका के नवीन राज्यों में परम्परा और आधुनिकता की समस्या पर वाद-विवाद किया गया। इस वाद-विवाद में अनेक महत्वपूर्ण प्रश्न उठाये गये। उदाहरण के लिये आधुनिक प्रौद्योगिकी का जीवन और संस्कृति पर क्या प्रभाव पड़ा है, एशिया और अफ्रीका के जो समाज आधुनिकीकरण की प्रक्रिया में हैं उनकी मूल्यवान परम्पराओं का लाभ उठाने के लिये क्या किया जा सकता है इत्यादि। यह प्रश्न भारतवर्ष के विषय में विशेष रूप से महत्वपूर्ण था। यह विचार-विमर्श अधिक विस्तारपूर्वक नहीं हो सका। क्योंकि यह अध्ययन-समूह का मुख्य विषय नहीं था बल्कि उसके सामान्य विषय 'सामाजिक प्रगति' का एक अंग मात्र था। इसके अतिरिक्त एशिया और अफ्रीका के नये समाजों में आधुनिकता और परम्परा के समन्वय की समस्या की ओर अब तक विशेष विचार-विमर्श नहीं किया गया था, इसलिये भी अध्ययन-समूह ने अधिक विस्तार से वाद-विवाद नहीं किया।

नवम्बर सन् 1961 में 'सांस्कृतिक स्वतन्त्रता की भारतीय समिति' (Indian Committee for Cultural Freedom) ने सांस्कृतिक स्वतन्त्रता की कांग्रेस के एशियन मामलों के दफ्तर (Office for Asian Affairs) के साथ मिलकर नई दिल्ली में "भारत में परम्परा और आधुनिकता" पर वाद-विवाद करने के लिये एक सेमिनार का आयोजन किया इसमें डॉ॰ सी॰ डी॰ देशमुख की अध्यक्षता में लगभग बीस भारतीय बुद्धिजीवियों ने विचार-विमर्श में भाग लिया। यह विचार-विमर्श बाद में ए॰ बी॰ शाह (A. B. Shah) और सी॰ आर॰ एम॰ राव (C. R. M. Rao) द्वारा सम्पादित 'Tradition and Modernity in India' नामक पुस्तक के रूप में प्रकाशित किया गया। इस सेमिनार के वाद-विवाद से भारत में परम्परा और आधुनिकता की समस्या और इनके समन्वय के विषय में महत्वपूर्ण विचार प्राप्त हुये; यद्यपि ये लोग सर्वसम्मति से कोई ऐसा प्रस्ताव पास नहीं कर सके जिस आधार पर भाव विकास का निर्देशन किया जा सकता हो।

सेमिनार में जिन प्रश्नों पर विचार-विमर्श किया गया उनमें से मुख्य थे—परम्परा और आधुनिकता का क्या अर्थ है? आजकल किस अर्थ में परम्परा और आधुनिकता की परस्पर अन्तर्क्रिया विशेष समस्या उपस्थित करती है? भारतीय परम्परा कहाँ तक आधुनिकता से समन्वित हो सकती है ? हिन्दू धार्मिक परम्परा कहाँ तक आधुनिकता से समीचीन है? परम्परा और आधुनिकता का समन्वय करने में भारतीय परम्परा के कौन से तत्व बनाये रखे जा सकते हैं और किन तत्वों को छोड़ना पड़ेगा इत्यादि। जैसा कि पीछे बतलाया जा चुका है, इन प्रश्नों पर विचार विमर्श करने में सेमिनार ने कोई अन्तिम निष्कर्ष नहीं निकाले।

परम्परा क्या है?

उपरोक्त सेमिनार में 'परम्परा' का कोई भी निश्चित अर्थ नहीं दिया गया, फिर भी स्थूल रूप से इसका क्षेत्र अवश्य बतलाया गया। परम्परा और आधुनिकता दोनों में ही विचारों की एक व्यवस्था, मूल्यों की एक व्यवस्था और संस्थाओं की व्यवस्था सम्मिलित है। ये विचार, मूल्य और संस्थायें परम्परा में अलग और आधुनिकता में अलग होते हैं। इस प्रकार परम्परा और आधुनिकता के जगत अलग-अलग हैं किन्तु कोई भी वास्तविक समाज न तो केवल परम्परागत है और न पूरी तरह से आधुनिक ही कहा जा सकता है इसलिए परम्परा और आधुनिकता का यह भेद केवल सैद्धान्तिक रूप से ही किया जा सकता है अन्यथा प्रत्येक समाज में परम्परा और आधुनिकता परस्पर मिले-जुले रूप में दिखलाई पड़ते हैं। डॉ० योगेन्द्रसिंह ने भारत में 'परम्परा और आधुनिकता' पर सेमिनार में अपना लेख प्रस्तुत करते हुए उसमें परम्परा की व्याख्या करने का प्रयास किया है। उनके अपने शब्दों में, "परम्परा समाज की एक सामूहिक विरासत है जो कि सामाजिक संगठन के सभी स्तरों में व्याप्त होती है, उदाहरण के लिए मूल्य-व्यवस्था, सामाजिक संरचना और व्यक्तित्व की संरचना।"[1] इस प्रकार परम्परा सामाजिक विरासत को कहा जाता है। इस सामाजिक विरासत के तीन तत्व हैं– मूल्यों की व्यवस्था, सामाजिक संरचना और उसके परिणामस्वरूप व्यक्तित्व की संरचना। यह परम्परा का समाजशास्त्रीय अर्थ है। इसके अतिरिक्त भी परम्परा को अनेक अर्थ दिए गए हैं जैसे– अध्यात्मशास्त्रीय अर्थ अथवा ऐतिहासिक अर्थ। परम्परा का समाजशास्त्रीय अर्थ सामाजिक सांस्कृतिक और कार्यात्मक (Functional) होता है। अध्यात्मशास्त्रीय (Metaphysical) अथवा दार्शनिक दृष्टि से परम्परा से तात्पर्य उन सत्यों से है जो अति प्राचीन काल में अभिव्यक्त हुए थे और जो शाश्वत सत्य हैं। इन सत्यों में आध्यात्मिक एकता पाई जाती है। ऐतिहासिक दृष्टि से प्रत्येक परम्परा उद्विकास के बाद पतन की सीढ़ी पर पहुँचती है। परम्परा आध्यात्मिक शक्तियों में निहित होती है जो कि मानव शक्तियों से परे होती हैं, इसलिए उसका विकास भी दैवी शक्ति पर निर्भर है। भिन्न-भिन्न परम्पराएँ परस्पर समन्वित नहीं होतीं बल्कि अपने-अपने भाग्य के अनुसार आगे बढ़ती, विकसित होती या पतन की ओर अग्रसर होती हैं। परम्परा का ऐतिहासिक अर्थ ऐतिहासिक दर्शन पर आधारित है। इसमें यथासम्भव अनुभवात्मक और वस्तुगत दृष्टिकोण ग्रहण करने का प्रयास किया जाता है।

परम्परा के अध्यात्मशास्त्रीय और ऐतिहासिक दोनों ही अर्थ समाजशास्त्र की दृष्टि से उपयुक्त नहीं हैं। समाजशास्त्र में परम्परा का सामाजिक-सांस्कृतिक अथवा

---

1. "Tradition is the cumulative heritage of a society which permeates through all levels of social organization, for example, the value system, the social structure and the structure of personality." -Yogendra Singh, A. B. Shah and C. R. M. Rao (Ed), *Tradition and Modernity in India', Manaktalas,* Bombay (1965), p 52.

कार्यात्मक दृष्टिकोण अपनाया जाता है। परम्परा यह अर्थ अपेक्षाकृत आधुनिक काल में विकसित हुआ है। किसी भी समाज में संस्कृति में बराबर विकास होता रहता है, फिर भी कुछ मूल्य, संस्थाएँ और सामाजिक संरचना के कुछ अंग न्यूनाधिक रूप से स्थायी बने रहे हैं। इन्हें ही परम्परा कहा जा सकता है। परम्परा का यह प्रत्यय भारतवर्ष में परम्परागत संस्कृति के विवेचन से और भी अधिक स्पष्ट होगा।

आधुनिकता का प्रत्यय

भारत में परम्परा और आधुनिकता की समस्या को समझने से पहले यह जानना जरूरी है कि आधुनिकता क्या है। आधुनिकता की धारणा पश्चिमी देशों की आधुनिक प्रगति विशेषतया संयुक्त राज्य अमरीका अथवा ब्रिटेन की सामाजिक संरचना के नमूने के आधार पर बनाई गई है। डॉ॰ लर्नर ने अपनी पुस्तक "The Passing of Traditional Society—Modernizing the Middle East" में आधुनिकता का पश्चिमी नमूना उपस्थित करते हुए उसके पांच मुख्य लक्षण बतलाए हैं : पहला बढ़ता हुआ नगरीकरण, दूसरा बढ़ती हुई साक्षरता, तीसरा साक्षरता में वृद्धि के साथ-साथ सामाचारपत्र, पुस्तकों, रेडियो इत्यादि सन्देशवहन के भिन्न-भिन्न साधनों के द्वारा पढ़े-लिखे व्यक्तियों का परस्पर अर्थपूर्ण विचार-विमर्श, चौथा इससे कौशलों में वृद्धि और मानवीय शक्ति का निर्माण जिस पर किसी देश का आर्थिक विकास और प्रति व्यक्ति आय की वृद्धि निर्भर होती है, पाँचवा इससे राजनीतिक जीवन का विकास होता है।

आधुनिकता औद्योगीकरण का परिणाम है। औद्योगीकरण के परिणामस्वरूप जो सांस्कृतिक क्रान्ति हुई उसको आधुनिकता के अन्तर्गत वर्णन किया जाता है। यह औद्योगिक क्रान्ति ही पश्चिमी देशों के आधुनिकीकरण का आधार है। चूँकि यह औद्योगीकरण पूर्व के देशों की तुलना में पश्चिम के देशों में पहले और अधिक व्यापक हुआ है इसलिए पश्चिमी समाज ही आधुनिक समाज का नमूना उपस्थित करते हैं।

आधुनिकता की धारणा आधुनिकीकरण (Modernization) से अधिक व्यापक है। आधुनिकीकरण से तात्पर्य सभ्यता और साक्षरता तथा नगरीयता के उच्च स्तर से है इसमें भौगोलिक गतिशीलता बढ़ जाती है, प्रति व्यक्ति आय बढ़ जाती है और अधिकतर क्षेत्रों में यन्त्रीकरण होता है। दूसरी ओर आधुनिकता संस्कृति की एक विशेष प्रकार की परिचायक है जिसका गुण विवेकशीलता, उदारता, विविधता, अनेकता, स्वतन्त्रता, लौकिकता, तथा व्यक्ति के सम्मान आदि से निर्धारित होता है। इस प्रकार आधुनिकता में दूसरों के मतों का सम्मान किया जाता है और प्रत्येक को अपने मत का अनुगमन करने की स्वतन्त्रता होती है।

आधुनिकता का एक महत्वपूर्ण लक्षण बहुतत्ववाद (Pluralism) विशेष रूप से सांस्कृतिक अथवा मूल्यात्मक बहुतत्ववाद है। जैसे-जैसे कोई समाज परम्परा से आधुनिकता की ओर बढ़ता है वैसे-वैसे उसमें नए-नए प्रकार का ज्ञान, अनुभव और विविध प्रकार के मूल्य बढ़ते रहते हैं। परम्परागत यूरोपीय समाज में धर्मशास्त्र

का बोलबाला था, आधुनिक यूरोपीय समाज विज्ञान पर आधारित है। इस प्रकार आधुनिकता में ज्ञान और अनुभव का विभागीकरण होता है तथा नए-नए क्षेत्र खुलते हैं।

आधुनिकता व्यावहारिक विज्ञानों के विकास का परिणाम है। व्यावहारिक विज्ञानों की प्रगति से औद्योगीकरण, व्यक्तिवाद, जनतन्त्र, स्वतन्त्रता, और अध्यात्म शास्त्र-विरोधी तथा धर्मशास्त्र-विरोधी दर्शनों का विकास हुआ। उससे सामाजिक व्यवहार की नई आदतों का सूत्रपात हुआ। आधुनिकता सब प्रकार के रूढ़िवाद के विरुद्ध है। उसमें किसी भी बात को इसलिए नहीं माना जाता है कि वह परम्परा से मानी जाती रही है बल्कि विवेक और विज्ञान के आधार उसकी परीक्षा की जाती है। आधुनिकता का लक्ष्य शक्ति, यौवन, कौशल और विवेक हैं। उसमें इन्हीं पर अधिक जोर दिया जाता है।

आधुनिकता और परम्परा की सापेक्षता

अन्त में आधुनिकता औद्योगीकरण के परिणामस्वरूप संस्कृति की वर्तमान स्थिति है। औद्योगीकरण बढ़ने के साथ-साथ आधुनिकता बढ़ती जाती है। यह ठीक है कि चूँकि पश्चिम में औद्योगीकरण अधिक बढ़ा है इसलिए पश्चिमी समाज ही आधुनिकता का नमूना उपस्थित करते हैं किन्तु इसका यह अर्थ नहीं है कि आधुनिक बनने के लिए भारतीय समाज का पूरी तरह पश्चिमीकरण होना अति आवश्यक है यद्यपि जापान जैसे कुछ एशियाई समाजों ने आधुनिक बनने के प्रयास में पश्चिमी नमूने को पूरी तरह से अपना लिया है। भारतवर्ष में आधुनिक समाज की स्थापना के लिए परम्परागत संस्कृति की पूरी तरह अवहेलना न उचित है, न अनिवार्य है। परम्परागत सामाजिक विरासत में बहुत से ऐसे तत्व मिल सकते हैं जो आधुनिक औद्योगिक समाजों के सांस्कृतिक तत्वों से मिलते-जुलते हैं। किसी भी देश के सांस्कृतिक विकास के लिए यह आवश्यक होता है कि पुरानी स्थितियों से निरन्तरता बनाई रखी जाए। भूत के आधार पर ही भविष्य का विकास किया जा सकता है। फिर हजारों सालों के व्यावहारिक अनुभवों से जो सामाजिक संस्थाएँ मानव-जीवन में मूल्यवान पाई गई हैं उनको औद्योगिक क्रान्ति से पूरी तरह छोड़ देने की आवश्यकता नहीं है, केवल नई परिस्थितियों के अनुसार उनका रूप बदलना आवश्यक है।

यह बात इसलिए भी सत्य है क्योंकि परम्परा और आधुनिकता सापेक्ष तत्व हैं। जैसा कि पीछे बतलाया जा चुका है, समकालीन समाजों में किसी भी समाज को पूरी तरह परम्परावादी और दूसरे समाज को पूर्णतया आधुनिक नहीं कहा जा सकता। कोई भी समाज दूसरे समाज की तुलना में परम्परावादी या आधुनिक हो सकता है। अमरीका की तुलना में भारतीय समाज अधिक परम्परावादी है जबकि भारतीय समाज की तुलना में अमरीकी समाज अधिक आधुनिक है। यह नहीं कहा जा सकता कि निरपेक्ष रूप से भारतीय समाज परम्परावादी और अमरीकी समाज आधुनिक है।

प्रोफेसर शिल्स ने लिखा है, ''यह दिखलाने से कोई भी अच्छा प्रयोजन पूरा नहीं होता मानो कि परम्परागत समाज और आधुनिक समाज में कोई अनुल्लंघनीय खाई है अथवा दूसरे का आधुनिक रूप जनसमाज में। परम्परागत समाज किसी भी प्रकार से पूरी तरह परम्परागत नहीं है, आधुनिक समाज किसी भी प्रकार से परम्परा से मुक्त नहीं है।'' परम्परा सामाजिक विरासत है यह हो सकता है कि किसी समाज की परम्पराएँ कुछ सौ वर्ष की और दूसरे समाज की परम्पराएँ हजारों साल पुरानी हों किन्तु कोई भी समाज परम्परा के नितान्त अभाव में नहीं चल सकता। इसी प्रकार कहीं पर परम्पराओं का परिवर्तन तीव्र गति से और कहीं मन्द गति से होता है किन्तु मानव-समाज संसार में सब-कहीं गतिशील है और परम्पराओं में परिवर्तन होता ही रहता है। दूसरे शब्दों में, परम्परा से आधुनिकता की ओर परिवर्तन सामाजिक परिवर्तन का स्वाभाविक रूप है, कभी यह तीव्र गति से होता है और कभी मन्द गति से, कहीं यह कम मालूम पड़ता है और कहीं ज्यादा। आधुनिक काल में औद्योगिक क्रान्ति के कारण परम्परा से आधुनिकता की ओर विकास तेजी से बढ़ रहा है और समकालीन सामाजिक, आर्थिक, राजनीतिक और अन्तर्राष्ट्रीय परिस्थितियों के कारण आधुनिकता की ओर यह विकास अनिवार्य हो गया है। परम्परा का महत्व यह है कि वह हमें जीवन के प्रत्येक क्षेत्र में कार्य करने के अनुभव-सिद्ध प्रतिमान देती है। उदाहरण के लिए विवाह के अवसर पर परम्परा के अनुसार विवाह संस्कार सम्पन्न किया जाता है और प्रत्येक व्यक्ति को नए सिरे से यह विचार नहीं करना पड़ता कि स्त्री-पुरुष में विवाह-सम्बन्ध स्थापित करने के लिए क्या संस्कार किए जाने चाहिएँ। भिन्न-भिन्न समाजों में अपनी-अपनी परम्पराओं के अनुसार विवाह संस्कार किए जाते हैं। युग की मांगों के साथ-साथ ये परम्पराएँ बदलती हैं किन्तु फिर बदलती हुई परम्पराओं से काम लिया जाता है। आप एक नई परम्परा छोड़कर दूसरी परम्परा ग्रहण कर सकते हैं या पुरानी परम्परा के स्थान पर नई परम्परा स्थापित कर सकते हैं किन्तु परम्परा के अभाव में सामाजिक जीवन नहीं चल सकता। यह परम्परा का कार्यात्मक महत्व है।

परम्परागत सांस्कृतिक प्रतिमान

परम्परा के पीछे दिए गए अर्थ के अनुसार भारतीय परम्परागत सांस्कृतिक प्रतिमान का निम्नलिखित पहलुओं में वर्णन किया जा सकता है—

(1) **सामाजिक व्यवस्था**—भारतीय सामाजिक व्यवस्था के मुख्य लक्षण जाति-व्यवस्था, संयुक्त परिवार, ग्रामीण पंचायतें तथा ग्रामीण जनतन्त्रीय संस्थाएँ हैं। परम्परागत सामाजिक व्यवस्था में सामाजिक सम्बन्धों, स्थितियों और कार्यों को निर्धारित करने के लिए अत्यन्त प्रभावशाली संरचना बनाई गई थी। इससे भारतवर्ष में एक स्थायी सामाजिक संगठन की स्थापना हुई। सामाजिक व्यवस्था के मौलिक मूल्यों के अनुरूप ही समाज में मान्यताओं और पुरस्कारों की व्यवस्था बनाई गई। गाँव में जाति-पंचायतों से लेकर राज्य के स्तर तक केन्द्रीकरण और विकन्द्रीकरण

में सन्तुलन कायम किया गया। जाति-व्यवस्था भारतीय परम्परागत सामाजिक स्तरीकरण का आधार है। जाति से हिन्दू मूल्य-व्यवस्था के अनुरूप व्यक्तियों को सामाजिक स्थिति प्रदान की जाती है। जाति से व्यवसाय निश्चित होते हैं जिससे जाति पर आधारित सामाजिक संरचना और भी स्थायी बन जाती है। भारतीय ग्रामों में विभिन्न जातियों के व्यक्तियों के परस्पर सम्बन्ध जजमानी व्यवस्था से निर्धारित होते हैं। जजमानी व्यवस्था से समाज के विभिन्न अंगों में परम्परा के अनुसार श्रम-विभाजन होता है। जजमानी व्यवस्था से सामाजिक स्थिति निर्धारित होती है और विभिन्न व्यवसायों में लगे व्यक्तियों के परस्पर सम्बन्ध निर्धारित होते हैं। जाति-व्यवस्था ने परम्परागत सामाजिक स्तरीकरण को वर्ग-संघर्ष से बचाए रखा। भारतवर्ष में सामाजिक और राजनीतिक संघर्ष अधिकतर समाज में उच्च स्तर के लोगों में ही होते रहे, उन्होंने सामान्य जनसमाज को प्रभावित नहीं किया, यहाँ तक कि एक साम्राज्य के बाद दूसरा साम्राज्य स्थापित होते रहने पर भी भारत के ग्रामीण समाजों पर उसका कोई प्रभाव नहीं पड़ा। पश्चिमी समाजों में आर्थिक और सामाजिक स्तरीकरण के सिद्धान्त अलग-अलग होते हैं जिससे वर्ग-संघर्ष बढ़ता है और स्तरीकरण स्थायी, नमनीय तथा गतिशील बन जाता है। भारतवर्ष में जाति-व्यवस्था के रूप में आर्थिक और सामाजिक स्तरीकरण के आधार में तादात्मय बना रहा।

(2) **यन्त्र और गृह उद्योग अर्थव्यवस्था**—भारतीय परम्परागत आर्थिक व्यवस्था यन्त्रों और गृह उद्योगों पर आधारित है। उसमें मुद्रा का बहुत कम महत्व है; अधिकतर विनिमय वस्तुओं की अदला-बदली के रूप में होता है। उसमें बड़े पैमाने पर उद्योग नहीं होते इसलिए आर्थिक कारणों से व्यापक सामाजिक परिवर्तन नहीं होते। आधुनिकीकरण आधुनिक औद्योगीकरण का परिणाम है। परम्परागत भारतीय अर्थव्यवस्था में औद्योगीकरण न होने के कारण उससे आधुनिकता को प्रोत्साहन नहीं मिलता। ज्यों-ज्यों यह परम्परागत आर्थिक व्यवस्था औद्योगिक अर्थ-व्यवस्था में बदलती जाएगी त्यों-त्यों भारतवर्ष में परम्परा से आधुनिकता की ओर विकास होगा। औद्योगिक समाज-व्यवस्था परम्परागत समाज-व्यवस्था से बिल्कुल भिन्न होती है। उसमें विज्ञान और प्रौद्योगिकी की तेजी से प्रगति होती है जिससे विचारों, सम्बन्धों और सामाजिक संस्थाओं पर प्रभाव पड़ता है। उसमें मनुष्य के विचार और गतियाँ अपने से नहीं बल्कि दूसरों से निर्धारित होती है। जनसमाज औद्योगिक अर्थव्यवस्था का ही परिणाम है। केवल आर्थिक दृष्टि से ही नहीं बल्कि नैतिक, संगठनात्मक तथा अन्य दृष्टि से भी औद्योगिक समाज परम्परागत समाज से भिन्न होता है। समकालीन भारतीय समाज में एक ओर परम्परा और दूसरी ओर आधुनिकता में संघर्ष परम्परागत अर्थव्यवस्था के स्थान पर औद्योगिक अर्थ-व्यवस्था की स्थापना के रूप में दिखलाई पड़ता है। औद्योगिक अर्थव्यवस्था के साथ-साथ राष्ट्रवाद, लौकिकवाद, ऊर्ध्वोन्मुख (Vertical) सामाजिक गतिशीलता, व्यापक शिक्षा और प्राविधिक प्रशिक्षण और अनुसन्धान में प्रगति दिखलाई पड़ती है। वर्ग-संघर्ष उसका अनिवार्य परिणाम है। वह व्यक्तिवाद की ओर ले जाती है। उसमें सामाजिक संस्थाओं में व्यक्तिगत सम्बन्ध होते हैं और सामाजिक नियन्त्रण कम हो जाता है।

औद्योगिक समाज में व्यक्तिवाद परम्परा अथवा अन्तर्रात्मा से निर्देशित न होकर अन्य लोगों के व्यवहार से निर्देशित होता है। उसमें व्यक्ति-सामाजीकरण और व्यक्तित्व निर्माण की प्रक्रियाएँ परम्परागत समाज से भिन्न होती हैं। परम्परागत और औद्योगिक समाज का यह अन्तर केवल प्राचीन भारतीय और आधुनिक अमरीकन समाज की तुलना में भी नहीं बल्कि प्राचीन भारतीय और आधुनिक भारतीय समाज की तुलना में देखा जा सकता है क्योंकि प्राचीन भारतीय समाज की तुलना में आधुनिक भारतीय समाज तेजी से आधुनिकता की ओर बढ़ रहा है। वर्तमान भारतीय संस्कृति नमनीय समन्वयवादी है जैसा कि 'भारतीय संस्कृति में एकता और अनेकता' नामक अध्याय में दिखलाया गया है। भारतीय संस्कृति समन्वयवादी है। यह समन्वयवाद औद्योगिक परिवर्तन के लिए अनुकूल परिस्थिति है। जैसा कि पीछे बतलाया जा चुका है परम्परागत संस्कृति और औद्योगिक संस्कृति में अन्तर है किन्तु जिस तरह भारतीय संस्कृति भिन्न-भिन्न संस्कृतियों के सम्पर्क में आकर उनसे समन्वय करती रही और उसका रूप बदलता रहा उसी तरह आधुनिक काल में औद्योगीकरण के प्रभाव से भी उसमें संघर्ष न होकर रूपान्तर की सम्भावना हो सकती है। आधुनिक भारतीय संस्कृति संक्रमण काल से गुजर रही है। इस संक्रमण में प्राचीन परम्परावादी और आधुनिक औद्योगिक व्यवस्थाओं और मूल्यों में संघर्ष हो रहा है। इस संघर्ष से नवीन सामाजिक व्यवस्था और नए मूल्यों की स्थापना हो रही है। देश को स्वतन्त्रता मिलने के बाद से इस दिशा में विशेष प्रगति हुई है। इस संक्रमण काल में सबसे बड़ी आवश्यकता देश में एक ऐसे बौद्धिक वर्ग के निर्माण करने की है जो कि औद्योगिक और समाजिक परिवर्तन को उपयुक्त प्रतीकों में बाँधकर जनसमाज में फैला सके। यह परिवर्तन भी क्रमशः हो रहा है यद्यपि अभी भी भारतवर्ष में इस प्रकार के बौद्धिक वर्ग की बड़ी कमी है। पंचवर्षीय योजनाओं तथा शिक्षा के प्रसार से और बढ़ते हुए औद्योगीकरण तथा नगरीकरण के कारण ग्रामीण जनता में भी क्रमशः परम्परागत संस्कृति के स्थान पर आधुनिकता की ओर प्रगति देखी जा सकती है।

(3) **व्यक्ति के कार्य और प्रेरणा के लिए परम्परागत मान्यताओं का महत्व**—भारतवर्ष में परम्परागत संस्कृति में व्यक्तियों के सभी कार्यों और प्रेरणाओं के लिए कुछ मान्यताएँ (Sanctions) प्रचलित हैं। उदाहरण के लिए पुरुषार्थ-विचार भारतीय व्यक्ति को जीवन के परम्परागत लक्ष्य प्रदान करता है। धर्म, अर्थ, काम और मोक्ष के लक्ष्य को प्राप्त करने की प्रेरणा से व्यक्ति, ब्रह्मचर्य, गृहस्थ, वानप्रस्थ और संन्यास आश्रमों में भिन्न-भिन्न कार्य करता है। धर्मशास्त्रों में नित्य और नैमित्तिक कर्मों की लम्बी सूची दी गई है। भिन्न-भिन्न आयु में भिन्न-भिन्न संस्कारों की व्यवस्था की गई है और ये संस्कार न्यूनाधिक रूप से अलग-अलग वर्ग के अनुसार अलग-अलग होते हैं। जहाँ तक व्यक्ति का व्यवहार इस प्रकार की परम्परागत मान्यताओं के आधार पर निर्धारित होता है वहाँ तक उसे परम्परागत कहा जाना चाहिए। उदाहरण के लिए यदि किसी परिवार में विद्या आरम्भ करने, विवाह करने इत्यादि प्रत्येक महत्वपूर्ण अवसर पर यह प्रश्न उठता हो कि

परम्परा के अनुसार ऐसे अवसर पर क्या किया जाना चाहिए तो वह परिवार परम्परावादी है। परम्परावादी व्यक्ति प्रत्येक अवसर पर परम्परा की ओर देखता है; और जैसी परम्परा होती है उसी का अनुगमन करता है। वह परम्परा की आलोचना नहीं करता और न अपने विवेक से सोच-विचार ही करता है। चूंकि किसी भी समाज में परम्पराएँ सबके लिए एक-सी होती हैं इसलिए परम्परा से सामाजिक व्यवहार में समानता देखी जाती है, उससे व्यक्तिवाद को प्रोत्साहन नहीं मिलता। सभी लोग उसी तरह व्यवहार करते हैं जैसा दूसरे करते हैं और जैसा कि पहले से होता आया है। उदाहरण के लिए भारतवर्ष में हिन्दुओं में विवाह के अवसर पर बूढ़े-बूढ़ियों से बराबर यह पूछा जाता है कि कौन सा संस्कार किस तरह किया जाएगा, किस अवसर पर किस रीति का पालन होना चाहिए। वेदी पर लड़की-लड़के के बाई ओर बैठेगी या दाई ओर इत्यादि। इस तरह चौक पूरने से लेकर सप्तपदी तक विवाह के सभी विधि-विधान परम्परा के आधार पर पूरे किए जाते हैं, भले ही उनके पीछे कोई बौद्धिक कारण हो या नहीं। दूसरी ओर आधुनिकता से प्रभावित व्यक्ति प्रत्येक अवसर पर अपनी बुद्धि और व्यक्तिगत रुचि, स्वभाव, व्यक्तित्व आदि के अनुसार कार्य करने का प्रयास करता है। भारतीय धर्मशास्त्रों में विभिन्न वर्णों, आश्रमों और आयु के नर-नारियों के लिए उनके कार्यों और प्रेरणाओं के विषय में विस्तारपूर्वक विधान किया गया है। क्या उचित है या अनुचित, क्या करना चाहिए और क्या नहीं करना चाहिए, परिवार के विभिन्न सदस्यों के अधिकार और कर्त्तव्य क्या हैं आदि से लेकर खाने-पीने, सोने-जागने, उठने-बैठने आदि, दिनचर्या के विभिन्न कार्यों तक के विषय में शास्त्रों में विस्तारपूर्वक विधान किया गया है। यह परम्परावादी संस्कृति का सबसे अधिक महत्वपूर्ण चिन्ह है।

(4) **मानव-प्रकृति और व्यक्तित्व की क्रमबद्ध** (Hierarchical) **धारणा**—भारतीय संस्कृति के अनुसार वर्ण-व्यवस्था मानव-प्रकृति और व्यक्तित्व के मौलिक अन्तर पर आधारित है। ब्राह्मण, क्षत्रिय, वैश्य और शूद्र मनुष्यों में स्वभाव और व्यक्तित्व का अन्तर पाया जाता है। दूसरे शब्दों में, स्वभाव और व्यक्तित्व के अन्तर के आधार पर ही वर्ण-व्यवस्था की स्थापना की गई थी किन्तु स्वभाव और व्यक्तित्व का यह निश्चय किसी वैज्ञानिक विधि से नहीं होता था। यह ठीक है कि ऐसे अनेक उदाहरण मिलते हैं जिनमें गुरुकुलों में गुरु विद्यार्थी का वर्ण निश्चित करता था और ऐसा करने में उसकी प्रकृति और व्यक्तित्व का ध्यान रखता था किन्तु इस वर्गीकरण का कोई वैज्ञानिक आधार नहीं था। यह गुरु के अपने व्यक्तिगत अनुमान पर आधारित था। दूसरे शब्दों में, इस वर्गीकरण की तुलना आधुनिक व्यावसायिक निर्देशन की मनोवैज्ञानिक व्यवस्था से नहीं की जा सकती क्योंकि यह व्यवस्था किसी व्यक्ति के अनुभव पर नहीं बल्कि वस्तुगत वैज्ञानिक परीक्षणों पर आधारित होती है। यही कारण था कि वर्ण-व्यवस्था को जाति-व्यवस्था के रूप में रूढ़ बन जाने में अधिक समय नहीं लगा और मानव-प्रकृति तथा व्यक्तित्व का वर्गीकरण व्यक्ति की जन्मजात जाति के आधार पर होने लगा।

(5) **पवित्र** (Sacred) **मूल्य-व्यवस्था का प्रभाव**—भारतवर्ष में मूल्यों की व्यवस्था व्यावहारिक आधार पर नहीं बल्कि अव्यावहारिक, अनुपयोगितावादी धार्मिक और आध्यात्मिक आधार पर बनी हुई है। पुरुषार्थ-विचार में मूल्यों की व्यवस्था में मोक्ष को सर्वोच्च स्थान दिया गया है। भले ही भारतीय दार्शनिकों ने जीवित रहते हुए मोक्ष प्राप्त करने की सम्भावना को माना है किन्तु मोक्ष का लक्ष्य सब प्रकार से अतिभौतिक (Extra-terrestrial) लक्ष्य है।

परम्परा और आधुनिकता के समन्वय की समस्या

पश्चिमी देशों में औद्योगीकरण के परिणामस्वरूप आधुनिकता की ओर प्रवृत्ति उत्पन्न हुई। जैसे-जैसे औद्योगीकरण बढ़ता गया वैसे-वैसे आधुनिकता भी बढ़ती गई। भारतीय समाज में गांधी जी जैसे विचारकों ने यह सोचा था कि औद्योगीकरण के बिना ही देश की सामाजिक-आर्थिक समस्याओं को सुलझाया जा सकता है और इसलिए उन्होंने परम्परावाद का समर्थन किया किन्तु स्वतन्त्रता प्राप्त करने के पश्चात् से, भले ही नेतागण गांधी जी के अनुयायी होने का कितना भी दम्भ करते रहे हों, देश में औद्योगीकरण तेजी से बढ़ता रहा है। अब तो यह स्पष्ट है कि सामाजिक आर्थिक समस्याओं को सुलझाने के लिए यह औद्योगीकरण और भी तेजी से बढ़ाना होगा। किन्तु जब तक हम परम्परा से आधुनिकता की ओर जाने के लिए तैयार नहीं होंगे तब तक औद्योगीकरण की नवीन परिस्थितियों से हमारा समायोजन नहीं हो सकेगा। अमरीका में औद्योगीकरण के साथ-साथ आधुनिकता की दिशा में परिवर्तन हुआ। यही भारत में भी होना है, यदि इस बात को समझ लिया जाए तो यह आयोजित रूप में किया जा सकता है जिससे प्राचीन परम्परा के मूल्यवान तत्वों को बनाए रखा जा सकता है और आधुनिक समाज के अनेक दोषों से बचा रहा जा सकता है। किन्तु यदि यह आयोजनपूर्वक न हुआ तो यह साम्यवादी अथवा अन्य उपायों से होगा।

भारत में औद्योगिक परिवर्तन में भारतीय समाज द्वारा चुनाव, परिवर्तन के प्रति हमारी प्रतिक्रिया और इस प्रक्रिया से ऐतिहासिक-सांस्कृतिक परम्पराओं का योगदान महत्वपूर्ण है। ऐतिहासिक दृष्टि से भारतीय संस्कृति में सदैव विभिन्न संस्कृतियों का समन्वय होता रहा है। पाश्चात्य सभ्यता के सम्पर्क में आने पर कुछ परम्परागत विचारकों ने उसकी पूर्ण अवहेलना की, कुछ लोगों ने पूरी तरह पश्चिमीकरण को ग्रहण किया और सबसे अधिक प्रवृत्ति, पश्चिमी और भारतीय परम्पराओं के समन्वय की रही। इस विषय में इस पुस्तक में आये पश्चिमीकरण नामक अध्याय में विस्तार से बतलाया गया है। औद्योगीकरण भारतवर्ष में 'अंग्रेजों' द्वारा शुरू किया गया और उससे भारत की परम्परागत अर्थव्यवस्था छिन्न-भिन्न हो गई जिसका भारतीय सामाजिक संगठन पर भी प्रभाव पड़ा। वास्तव में यह औद्योगीकृत और औद्योगिक संस्कृतियों में मुठभेड़ थी। इससे समाज में परस्पर विरोधी प्रवृत्तियाँ उत्पन्न हुई। कुछ समय तक गांधीवाद और सर्वोदय का बोलबाला रहा किन्तु अब यह प्रवृति

कमजोर पड़ती जा रही है। दूसरी ओर पश्चिमीकरण की दिशा में तेजी से परिवर्तन हो रहा है। यह परिवर्तन केवल वेशभूषा और भौतिक पहलुओं में ही नहीं किन्तु विचारों में भी देखा जा सकता है। शुरू-शुरू में उच्च वर्ग के लोगों में स्वदेशी की ओर प्रवृत्ति थी किन्तु अब यह प्रवृत्ति कम होती जा रही है। स्वतन्त्रता के बाद से भारत में विचारवान लोगों का एक समूह वैज्ञानिक और प्रौद्योगिक प्रगति का तीव्र समर्थन करता रहा है। इसीलिए देश में पंचवर्षीय योजनाओं के द्वारा नियोजित आधुनिकता उत्पन्न करने का प्रयास किया गया। किंग्सले डेविस के अनुसार किसी भी समाज के आर्थिक आधुनिकीकरण के लिए राष्ट्रवाद, लौकिकीकरण, सामाजिक गतिशीलता, शिक्षा और प्रौद्योगिक प्रशिक्षण की आवश्यकता होती है। भारवर्ष में यह सब तेजी से बढ़ रहा है।

आधुनिकीकरण क्या है ?

कुछ लोगों ने आधुनिकीकरण को एक प्रक्रिया (Process) के रूप में माना है तो कुछ ने एक प्रतिफल (Product) के रूप में। आइजनस्टेड ने इसे एक प्रक्रिया मानते हुए लिखा है, ''ऐतिहासिक दृष्टि से आधुनिकीकरण उस प्रकार की सामाजिक, आर्थिक एवं राजनीतिक व्यवस्थाओं की ओर परिवर्तन की प्रक्रिया है जो कि सत्रहवीं से उन्नसवीं शताब्दी तक पश्चिमी यूरोप तथा उत्तरी अमेरिका में और बीसवीं शताब्दी तक दक्षिणी अमेरिकी, एशियाई व अफ्रीकी देशों में विकसित हुई।''[1] आधुनिकीकरण की प्रक्रिया किसी एक ही दिशा या क्षेत्र में होने वाले परिवर्तन को प्रकट नहीं करती वरन् यह एक बहु दिशा वाली प्रक्रिया (Multidimensional Process) है। साथ ही यह किसी भी प्रकार के मूल्यों से भी बँधी हुई नहीं है (Value Free)। परन्तु कभी-कभी इसका अर्थ अच्छाई और इच्छित परिवर्तन से लिया जाता है।[2] उदाहरण के लिए, जब कोई यह कहता है कि सामाजिक, आर्थिक और धार्मिक संस्थाओं का आधुनिकीकरण हो रहा है, तब उसका उद्देश्य आलोचना करना नहीं है, वरन् अच्छाई बताना है।

आधुनिकीकरण पर अपने विचार प्रकट करने वाले विद्वानों में कुछ प्रमुख ये हैं : Weiner, Apter, Lerner, Black, Inkees, Bendix, Marrion J. Levy, Smelser, Eisenstadt, Nettle, A. R. Desai, Y. Singh, S.C. Dube, M. N. Srinivas, Edward Shils, W. C. Smith, आदि। आधुनिकीकरण शब्द के पर्यायवाची रूप में, अंग्रेजीकरण (Anglicization), यूरोपीयकरण (Europeanization), पश्चिमीकरण (Westernization), शहरीकरण (Urbanization), उद्विकास (Evolution), विकास (Development), प्रगति (Progress) आदि शब्दों का प्रयोग भी हुआ है। औद्योगीकरण, नगरीकरण एवं पश्चिमीकरण की तरह आधुनिकीकरण भी एक जटिल प्रक्रिया है।

---

1. "Historically modernisation is the process of change towards the type of social, economic and political systems that have developed in Western Europe and North America from the seventeenth century to the nineteenth and twentieth centuries to the South American, Asian and African countries."
—*Eisenstadt, Modernisation* : Protest and Change.
2. M. N. Srinivas, *Social Change in India*, Hindi edition, p. 65.

आधुनिकीकरण का प्रारूप
(Model for Modernization)

साधारणत: आधुनिकीकरण के आदर्श पाश्चात्य देश एवं उनमें होने वाले परिवर्तन ही रहे हैं। जैसा कि बैनडिक्स कहते हैं, "आधुनिकीकरण से मेरा तात्पर्य उस किस्म के सामाजिक परिवर्तनों से है जो 1760–1830 में इंग्लैण्ड की औद्योगिक क्रान्ति तथा 1789–1794 में फ्रांस की राजनैतिक क्रान्ति के दौरान उत्पन्न हुए।"[1] वर्तमान प्रजातन्त्र, शिक्षा-प्रणली और औद्योगिक क्रान्ति का प्रारम्भ अधिकांशत: पश्चिमी देशों में ही हुआ है। अत: यदि उन परिवर्तनों का जो सामाजिक, आर्थिक राजनैतिक और अन्य क्षेत्रों में पश्चिमी देशों में हुए, दूसरे देशों में अनुकरण होता है तो वह आधुनिकीकरण के नाम से जाना जायेगा। अत: इस बात से इन्कार नहीं किया जा सकता कि प्रारम्भ में आधुनिकीकरण का प्रारूप पश्चिमी देश ही रहे हैं, अब चाहे रूस, चीन, जापान या अन्य देश भी आधुनिकीकरण के आदर्श के रूप में हों। रूडोल्फ एवं रूडोल्फ ने भी इस बात की पुष्टि की है।[2] लर्नर का मत है कि पश्चिमी मॉडल केवल ऐतिहासिक दृष्टि से पश्चिमी है, समाजशास्त्रीय दृष्टि से विश्वव्यापी। (The Western Model is only Historically Western, Sociologically it is Global.)

आधुनिकीकरण की परिभाषा

1. मैरियन जे. लेवी (Marrion J. Levy) —"मेरी आधुनिकीकरण की परिभाषा शक्ति के जड़ स्रोतों (Inanimate Sources of Power) और प्रयत्न के प्रभाव को बढ़ाने के लिए उपकरणों के प्रयोग पर आधारित है। मैं इन दो तत्वों में से प्रत्येक को सातत्य (Continuum) का आधार मानता हूँ।"[3]

2. **डेनियन लर्नर** (Daniel Lerner)—ने अपनी पुस्तक *'The Passing of Traditional Society : Modernizing the Middle East'* में आधुनिकीकरण का पश्चिमी मॉडल स्वीकार किया है। वे आधुनिकीकरण में निहित निम्नलिखित विशेषताओं का उल्लेख करते हैं :

(अ) बढ़ता हुआ नगरीकरण (Increasing Urbanization)

(ब) बढ़ती हुई साक्षरता (Increasing Literacy)

(स) बढ़ती हुई साक्षरता विभिन्न साधनों जैसे समाचारपत्रों, पुस्तकों, रेडियो आदि के प्रयोग द्वारा शिक्षित लोगों के अर्थ पूर्ण विचार विनिमय में सहभागिता को

---

1. Bendix, *Tradition and Modernity Recognised,* p. 329
2. Rudolph and Rudolph, *The Modernity of Tradition*, p. 7.
3. "My definition of modernisation hinges on the use of Inanimate sources of power and the use of tools to multiply the effect of. I conceive each of these two elements as the basis of a continuum"
—Marrion J. Levy, *Contrasting Factors in the Modernisation of China and Japan*, (1955).

बढ़ाती है (Increasing literacy tends to increase participation of literate people in a meaningful discourse through various media, like newspapers, books, radio and so on.)

(द) इन सभी से मनुष्य की क्षमता में वृद्धि होती है, राष्ट्र का आर्थिक लाभ होता है जो प्रति व्यक्ति आय को बढ़ाने में योग देता है (Economic development of the country helps to increase per capita income)।

(य) राजनैतिक जीवन की विशेषताओं को उन्नत करने में सहायता देता है (It helps in improving the qualities of political life)।

लर्नर उर्पयुक्त विशेषताओं को शक्ति, तरुणाई, निपुणता तथा तार्किकता (Power, Youth, Skill and Rationality) के रूप में व्यक्त करते हैं। वे आधुनिकीकरण को प्रमुखतः मस्तिष्क की एक स्थिति के रूप में स्वीकार करते हैं, प्रगति की अपेक्षा, वृद्धि की ओर झुकाव तथा परिवर्तन के अनुरूप अपने को ढालने की तत्परता के रूप में मानते हैं (Modernity is primarily a state of mind, expectation of progress, propensity to growth, readiness to adopt ourself to change)। परानुभूति (Empathy) भी आधुनिकीकरण का एक मुख्य तत्व है जिसमें अन्य लोगों के सुख-दुख में भाग लेने और संकट के समय उनको सहायता देने की प्रवृत्ति बढ़ती है।

3. **आइजनस्टेड** (Eisenstadt)—इन्होंने अपनी पुस्तक 'Modernization : Protest and Change' (1966) में विभिन्न क्षेत्रों में आधुनिकीकरण को निम्न प्रकार से व्यक्त किया है—

(अ) **आर्थिक क्षेत्र में**—प्रौद्योगिकी का उच्च स्तर।

(ब) **राजनीतिक क्षेत्र में**—समूह में शक्ति का प्रसार तथा सभी वयस्कों को शक्ति प्रदान करना (मताधिकार द्वारा) एवं संचार के साधनों द्वारा प्रजातन्त्र में भाग लेना।

(स) **सांस्कृतिक क्षेत्र में**—विभिन्न समाजों के साथ अनुकूलन की क्षमता में वृद्धि तथा दूसरे लोगों की परिस्थितियों के प्रति परानुभूति (Empathy) में वृद्धि।

(द) **संरचना के क्षेत्र में**—सभी संगठनों के आकार का बढ़ना, उनमें जटिलता एवं विभेदीकरण की दृष्टि से वृद्धि।

4. **सी. ई. ब्लेक** (C. E. Black)[1] —इन्होंने आधुनिकीकरण को ऐतिहासिक रूप में स्वीकार किया है और इसे परिवर्तन की एक ऐसी प्रक्रिया माना है जो पश्चिमी यूरोप और उत्तरी अमेरिका में सत्रहवीं सदी में विकसित, सामाजिक, आर्थिक एवं राजनैतिक व्यवस्थाओं से बीसवीं सदी के अमेरिका तथा यूरोप आदि देशों की ओर अग्रसर होती है। आधुनिकीकरण एक ऐसी मनोवृत्ति का परिणाम है

1. C. E. Black, *The Dynamics of Modernisation* (New York,) 1966.

जिसमें यह विश्वास किया जाता है कि समाज को बदला जा सकता है और बदला जाना चाहिए तथा परिवर्तन वांछनीय हैं। आधुनिकीकरण में व्यक्ति को संस्थाओं के बदलते हुए कार्यों के अनुरूप समायोजन करना होता है, इससे व्यक्ति के ज्ञान में वृद्धि होती है जिसके परिणामस्वरूप वह पर्यावरण पर नियन्त्रण प्राप्त कर लेता है। ब्लेक के अनुसार आधुनिकीकरण का प्रारम्भ तो यूरोप व अमेरिका से हुआ परन्तु बीसवीं सदी तक इसका प्रसार सम्पूर्ण विश्व में हो गया और इसने मानवीय सम्बन्धों के स्वरूप को ही परिवर्तित कर दिया।

5. **डॉ. एस. सी. दुबे** (Dr. S. C. Dube)—इन्होंने "Modernization : Its Meaning and Models' (1964) तथा 'Modernization and Education' (1969) में आधुनिकीकरण पर अपने विचार प्रकट किये हैं। आपने अपनी पुस्तक 'Contemporary India and Its Modernization' में भारत के सन्दर्भ में आधुनिकीकरण की प्रक्रिया को दर्शाने का प्रयत्न किया है। डॉ० दुबे आधुनिकीकरण को मूल्यों से मुक्त मानते हैं। आप इसके लिए कोई एक निश्चित मॉडल या मार्ग भी नहीं मानते, जैसा कि कुछ विद्वानों ने माना है। भारत में हमने राजनैतिक क्षेत्र में प्रजातन्त्र, धर्म-निरपेक्षता तथा समाजवाद को अपनाया है तथा पश्चिम को मॉडल माना है, वहीं हमने समतावादी समाज के लिए रूस और चीन को मॉडल माना है।[1] आधुनिकीकरण के फलस्वरूप व्यक्तियों में तर्क, परानुभूति, गतिशीलता एवं सहभागिता बढ़ती है। डॉ० दुबे इसमें प्रमुखतः तीन बातों को सम्मिलित करते हैं :—

(1) मानव समस्याओं के हल के लिए जड़ शक्ति का प्रयोग।

(2) ऐसा व्यक्तिगत रूप से न करके सामूहिक रूप से किया जाता है, परिणामस्वरूप जटिल संगठनों का निर्माण होता है।

(3) इस प्रकार के जटिल संगठनों को चलाने के लिए व्यक्तित्व, समाज और संस्कृति में परिवर्तन लाना आवश्यक है।[2] डॉ० दुबे शिक्षा को आधुनिकीकरण का एक सशक्त साधन मानते हैं क्योंकि शिक्षा ज्ञान की वृद्धि करती है एवं मूल्यों तथा धारणाओं में परिवर्तन लाती है जो आधुनिकीकरण के उद्देश्य तक पहुँचने के लिए बहुत आवश्यक है।

6. **डॉ० एम० एन० श्रीनिवास** (M. N. Srinivas)— इन्होंने 'Social Change in Modern India' (1966) तथा 'Modernization : A Few Queries' (1969) में आधुनिकीकरण के सम्बन्ध में अपने विचार व्यक्त किये हैं। आप आधुनिकीकरण को एक तटस्थ शब्द नहीं मानते। आपके अनुसार आधुनिकीकरण का अर्थ अधिकांशतः 'अच्छाई' से लिया जाता है। किसी भी पश्चिमी देश के प्रत्यक्ष या परोक्ष सम्पर्क के कारण किसी गैर-पश्चिमी देश में होने वाले परिवर्तनों के लिए

1. S. C. Dube, *Contemporary India and its Modernisation,* p. 15.
2. S. C. Dube, *Modernisation and Education,* quoted by A. R. Desai *op. cit,* pp. 505-506.

प्रचलित शब्द आधुनिकीकरण है। आप आधुनिकीकरण में निम्नलिखित बातों को सम्मिलित करते हैं: बढ़ा हुआ नगरीकरण, साक्षरता का प्रसार, प्रति व्यक्ति आय में वृद्धि, वयस्क मताधिकार तथा तर्क का विकास।

डॉ० श्रीनिवास ने आधुनिकीकरण के तीन प्रमुख क्षेत्र बताये हैं:

(1) भौतिक संस्कृति का क्षेत्र (इसमें तकनीकी भी सम्मिलित की जाती है);

(2) सामाजिक संस्थाओं का क्षेत्र; और

(3) ज्ञान, मूल्य एवं मनोवृतियों का क्षेत्र।

ऊपरी तौर पर तो ये तीनों क्षेत्र भिन्न-भिन्न मालूम पड़ते हैं, परन्तु ये परस्पर सम्बन्धित हैं। एक क्षेत्र में होने वाले परिवर्तन दूसरे क्षेत्र को भी प्रभावित करते हैं।

आधुनिकीकरण पर भारतीय और पश्चिमी विद्वानों के उपर्युक्त विचारों से स्पष्ट है कि उन्होंने इस अवधारणा का प्रयोग परम्परात्मक, पिछड़े तथा उपनिवेश वाले देशों की पश्चिमी, पूँजीवादी एवं औद्योगीकरण व शहरीकरण कर रहे देशों के साथ तुलना करने के लिए किया है जो कि उनमें हो रहे नवीन परिवर्तनों की ओर इंगित करती है। बौद्धिक क्षेत्र में आधुनिकीकरण का अर्थ भौतिक एवं सामाजिक घटनाओं की तार्किक व्याख्या करना तथा उन्हें कार्य-कारण के आधार पर स्वीकार करना है। सामाजिक क्षेत्रों में आधुनिकीकरण होने पर गतिशीलता बढ़ती है, पुरानी प्रथाओं के स्थान पर नवीन मूल्य पनपते हैं, जटिल संस्थाओं का जन्म होता है, परिवार, रक्त-सम्बन्ध आदि में शिथिलता आती है। राजनैतिक क्षेत्र में सत्ता को अलौकिक शक्ति की देन नहीं माना जाता, सत्ता का लोगों में विकेन्द्रीयकरण और वयस्क मताधिकार द्वारा सरकार का चयन होता है। आर्थिक क्षेत्र में मशीनों का उपयोग बढ़ता है तथा उत्पादन जड़-शक्ति के प्रयोग द्वारा होता है। यातायात के साधनों का विकास होता है और औद्योगीकरण बढ़ता है। परिस्थिति जन्य क्षेत्र में नगरीकरण बढ़ता है। सांस्कृतिक क्षेत्र में आधुनिकीकरण का तात्पर्य नये सांस्कृतिक दृष्टिकोण का विकास और व्यक्ति में नवीन गुणों के प्रादुर्भाव से है।

आधुनिकीकरण के सूचक
(Indicators of Modernization)

किसी भी समाज का आधुनिकीकरण हो रहा है अथवा नहीं या कितनी मात्रा में हुआ है, इसका पता हम आधुनिकीकरण के सूचकों द्वारा लगा सकते हैं, जो निम्नांकित हैं :

(1) घटनाओं की विवेकपूर्ण व्याख्या,

(2) सामाजिक गतिशीलता में वृद्धि,

(3) धर्मनिरपेक्षता एवं लौकिकीकरण,

(4) प्रजातन्त्र की स्थापना, लोगों को वयस्क मताधिकार की प्राप्ति एवं लोगों की राजनैतिक सत्ता का हस्तान्तरण,

(5) नगरीकरण में वृद्धि,

(6) औद्योगीकरण,

(7) प्रति व्यक्ति आय में वृद्धि,

(8) शिक्षा का प्रसार,

(9) वैज्ञानिक दृष्टिकोण,

(10) परानुभूति में वृद्धि,

(11) उत्पादन में जड़ शक्ति का प्रयोग,

(12) प्रदत्त के स्थान पर अर्जित पदों के महत्व में वृद्धि,

(13) श्रम-विभाजन एवं विशेषीकरण में वृद्धि,

(14) यातायात एवं सन्देशवहन के साधनों में वृद्धि,

(15) चिकित्सा एवं स्वास्थ्य में वृद्धि,

(16) कृषि के प्राचीन तरीकों के स्थान पर नवीन प्रविधियों के प्रयोग में वृद्धि,

(17) मशीन, तकनीकी एवं नवीन औजारों एवं यन्त्रों के प्रयोग में वृद्धि,

भारत में आधुनिकीकरण
(Modernization in India)

1. **डॉ॰ एस॰ सी॰ दुबे के विचार**—भारत में परम्परा और आधुनिकता विरोधाभास के रूप में मौजूद हैं। विकास की योजनाओं में परम्पराएँ बाधक सिद्ध हुई हैं। जातीयता व साम्प्रदायिकता ने राष्ट्रीय दृष्टिकोण में रोड़ा पैदा किया है। पवित्रता और अपवित्रता की प्राचीन धारणा धर्म-निरपेक्षता के मार्ग में बाधक रही है। धर्म और धार्मिक संस्कार तथा कर्म-काण्ड विवेक के विकास में बाधक हैं। प्रदत्त व अर्जित पदों का तालमेल नहीं बैठ पाया है। परम्परा प्रदत्त पदों को चाहती है तो आधुनिकता अर्जित पदों की पुष्टि करती है। आधुनिकता तटस्थता चाहती है तो परम्परा भावात्मकता चाहती है। हिन्दुओं के प्राचीन सिद्धान्त जैसे कर्म का सिद्धान्त, जीवन चक्र का सिद्धान्त, संस्तरण खण्डात्मकता, परलोकवाद, पवित्रता-अपवित्रता की धारणा, पुरुषों की प्रधानता तथा कौटुम्बिकता आदि आधुनिकीकरण में बाधक है। आज का भारत परम्परा और आधुनिकता की दुविधा में फँस गया है। उसके सामने एक द्वन्द है कि वह किस सीमा तक परम्परा को छोड़े एवं किस सीमा तक आधुनिकता को अपनाये। 80 प्रतिशत लोग जो गाँवों में रहते हैं, परम्परावादी हैं। दूसरी ओर गाँव आधुनिकता से बिल्कुल अछूते भी नहीं हैं। यातायात, रेल, मोटर, सड़क, संचार, रेडियो, समाचारपत्र, शिक्षा, प्रशासन, सामुदायिक योजनाएँ आदि ने वहाँ आधुनिकीकरण की प्रक्रिया को बढ़ावा दिया है। गाँवों में भौतिक और

सांस्कृतिक परिवर्तन हो रहे हैं और नये मूल्य, सम्बन्ध व आकांक्षायें भी पनप रहे हैं। वर्तमान में गाँवों में भी परिवर्तन की हवा चलने लगी है, अब उन्हें हम स्थिर और जड़ नहीं कह सकते।

गाँवों की समाज व्यवस्था, भाई-चारा, जाति एवं स्थानीयता पर आधारित थी। परिवार, वंश एवं जाति से जुड़ा हुआ था, अब उसका स्वरूप बदला है। परिवार में व्यक्तिवाद उभर रहा है, जबकि पहले सामूहिकता को महत्व दिया जाता था। अब समूह में लिंग, आयु व सम्बन्ध के आधार पर अधिकार का निर्धारण न होकर योग्यता, अनुभव तथा ज्ञान के आधार पर होता है। संयुक्त परिवार के सदस्यों के पारस्परिक सम्बन्ध बदले हैं। स्त्रियों का परिवार में महत्व बढ़ा है। जाति के क्षेत्र में विवाह, व्यवसाय, संस्तरण, कर्म-काण्ड व पवित्रता की धारणा में परिवर्तन हुआ है, अन्तर्विवाह की धारणा यद्यपि अभी भी दृढ़ है। जातियों में छुआछूत को कम करने के आन्दोलन हुए हैं तथा नगरों में विभिन्न जातियों के मेलजोल के अवसर बढ़े हैं। गाँवों में भी जजमानी प्रथा व व्यवसाय में परिवर्तन हुए हैं। राजनीति में अन्तर्जातीय समझौते हुए हैं। अल्पसंख्यक उच्च जातियों के पास सत्ता और शक्ति है। साथ ही वे बहुसंख्यक निम्न जातियों के दबाव के सामने झुकी हैं और उनसे समझौते भी किये हैं। जातियों की पारस्परिक दूरी कम हुई है। जातियाँ नये रूप में संगठित हो रही हैं तथा उनके स्थानीय, प्रान्तीय और राष्ट्रीय संगठन बने हैं। धार्मिक विश्वास के क्षेत्र में भी परिवर्तन हुए हैं। कर्मकाण्ड व भाग्यवादिता में विश्वास कम हुआ है एवं नास्तिकता बढ़ी है। नयी शिक्षा-प्रणाली, नयी अर्थव्यवस्था, प्रशासन, सामुदायिक विकास योजना, नगरीकरण, औद्योगीकरण, यातायात व संचार, प्रेस, अखबार तथा नये सामाजिक एवं धार्मिक आन्दोलनों ने उपरोक्त परिवर्तनों को संजोया है।

2. **डॉ० योगेश अटल के विचार**—डॉ० अटल के अनुसार भारत में परम्परा व आधुनिकता साथ-साथ चल रही हैं। नयी शिक्षा और नये व्यवसाय के कारण लोग शहरों में आकर रहते हैं तथा यहाँ उनकी परिवार व्यवस्था में भी परिवर्तन आते है। स्थानीय दूरी ने पारिवारिक दूरी अधिक नहीं बढ़ायी है और सदस्यगण, विवाह, त्यौहार, उत्सव, जन्म, मृत्यु और छुट्टियों के अवसर पर मिलते हैं। विवाह पर खर्च चाहे केन्द्रीय परिवार करे परन्तु विवाह निमन्त्रण पत्रिका पर पितृवंशीय कुल के बुजुर्ग के नाम अंकित रहते हैं। करों ने भी परिवार के ढांचे को बदला है। आय-कर के कारण दुकानों के खाते अलग-अलग सदस्यों के नाम से चलते हैं। वे मकान और भूमि का बँटवारा कर देते हैं। घर और कार्यालय की परिस्थितियाँ भिन्न-भिन्न हैं। ऑफिस से लौटकर नयी पोशाक के साथ ही आधुनिकता को भी लोग खूंटी पर टाँग देते हैं और धोती पहनकर भोजन करते हैं। इस बात का उल्लेख आन्द्रे बैते ने अपनी पुस्तक 'Caste, Class and Power' में भी किया है। स्त्रियाँ घर में परम्परात्मक हैं तो दूसरी ओर आधुनिक प्रसाधनों जैसे गैस का चूल्हा, प्रेशर कुकर का प्रयोग, चप्पल पहने खड़े-खड़े खाना बनाना, पार्टियों व होटलों में जाना, स्त्रियों द्वारा नौकरी

करना, मम्मी-पापा आदि शब्दों का प्रयोग, अंग्रेजी भाषा का प्रयोग तथा प्रेम-विवाह की आकांक्षाएँ आदि और आधुनिकता का मिश्रित रूप प्रकट करते हैं।

(3) **रूडोल्फ एवं रूडोल्फ के विचार**—रूडोल्फ एवं रूडोल्फ के अनुसार अंग्रेजों ने भारत में आधुनिकीकरण की नींव रखी। उन्होंने भारत को नयी अर्थव्यवस्था और राजनैतिक एकता दी। प्रेस व नयी शिक्षा प्रणाली ने भारत में नये शिक्षित वर्ग को जन्म दिया। नवीन प्रविधियों, सिंचाई के साधनों तथा यातायात की वर्तमान सुविधाओं ने कृषि में क्रान्ति ला दी। गाँवों की पृथकता व जड़ता सड़कों ने समाप्त कर दी। रेल यातायात ने उद्योगों को जन्म दिया जिससे परम्परात्मक जाति-व्यवस्था पर आधारित समाज व्यवस्था में कई परिवर्तन आये। एक तरफ जाति ने प्राचीन ग्राम्य व्यवस्था को बनाये रखा तो दूसरी तरफ प्रजातन्त्र को भी। भारत में राजनीति व जाति के सम्बन्ध तीन रूपों में देखने को मिलते हैं—

(i) **उदग्र गतिशीलता** (Vertical Mobility)—इसमें उच्च जाति के और प्रभावशाली लोग निम्न जातियों का सहारा परम्परात्मक वफादारी व अर्थव्यवस्था के नाम पर लेते हैं।

(ii) **क्षैतिज गतिशीलता** (Horizontal Mobility —के अन्तर्गत प्रत्येक जाति ने अपने जातीय संगठन बनाये हैं और अपने सदस्यों के सामाजिक, आर्थिक एवं राजनैतिक हितों को प्रोत्साहन दिया है। नये जातीय संगठनों का नेतृत्व नवीन एवं शिक्षित पीढ़ी के हाथ में है जो जनतान्त्रिक विचारों से ओतप्रोत हैं और जिनमें परम्परात्मक व आधुनिक विशेषताओं का सम्मिश्रण है।

(iii) **विभेदमूलक गतिशीलता** (Differential Mobility) के अन्तर्गत राजनैतिक दल प्रत्यक्ष या अप्रत्यक्ष रूप से बहुमत पाने के लिए मतदाताओं से प्रार्थना करते हैं। इसके लिए वे जाति का सहारा भी लेते हैं। उम्मीदवारों का चुनाव करते समय राजनैतिक दल क्षेत्र की जातीय स्थिति को भी ध्यान में रखते हैं।

रूडोल्फ ने भारत में कानून व न्याय व्यवस्था के आधुनिकीकरण का भी उल्लेख किया है। कानून का शासन एवं वर्तमान न्याय-व्यवस्था भारत को अंग्रेजों की देन है। अंग्रेजों के समय में ही पहली बार सम्पूर्ण भारत एक ही प्रकार के कानून व न्याय-व्यवस्था द्वारा प्रशासित हुआ। अंग्रेजों के समय में ही बाल-विवाह, विधवा पुनर्विवाह, स्त्री सम्पत्ति अधिकार, उत्तराधिकार एवं सती-प्रथा निरोधक कानून बने जिन्होंने परम्परात्मक व्यवस्था को आधुनिकता का पुट प्रदान किया।

आधुनिक भारत में आधुनिकीकरण के लक्षण

(1) **नवीन वर्गों का उदय** (Rise of New Classes)—भारतीय समाज में नवीन वर्गों, विशेष रूप से मध्यम वर्ग (Middle Class) का तथा विशिष्टजन वर्ग (Elite Class) का जन्म हुआ है। आधुनिक सुविधाओं के कारण सर्वप्रथम उच्च जातियों के लोगों ने व्यवसायिक सुविधाओं का ही लाभ नहीं उठाया अपितु नौकरशाह एवं तकनीकी विशेषज्ञों जैसे पदों पर नियुक्ति के कारण वे अपनी परम्परागत सत्ता

को मजबूत बनाये रखने में सफल रहे। फिर भी इस नवीन मध्यम एवं विशिष्टजन वर्ग की भारतीय समाज को आगे बढ़ाने में महत्वपूर्ण भूमिका रही है।

(2) **जनता का राजनीतिकरण** (Politicization of Masses) –आज भारतीय समाज के विभिन्न वर्गों का राजनीतिकरण अत्यन्त तीव्रता से हो रहा है तथा इससे गाँव, जाति, धर्म इत्यादि में महत्वपूर्ण परिवर्तन हो रहे हैं। प्रजातन्त्र के आधुनिक मूल्यों को पंचायतें तथा प्रादेशिक एवं राष्ट्रीय स्तर पर होने वाले चुनाव सुदृढ़ बना रहे हैं तथा जनता के राजनीतिकरण में राजनीतिक दल भी महत्वपूर्ण भूमिका निभा रहे हैं।

(3) **शिक्षा एवं गतिशीलता में वृद्धि** (Increase in Education and Mobility)–शिक्षा प्राप्ति से सम्बन्धित परम्परागत दृष्टिकोण एवं निषेध समाप्त हो रहे हैं तथा इससे शिक्षा का विस्तार हुआ है और सामाजिक गतिशीलता में वृद्धि हुई है। शिक्षा सुविधाओं से निम्न जातियों में आत्म-सम्मान बढ़ा है तथा उन्हें आगे बढ़ने के अधिक अवसर प्राप्त हुये हैं।

(4) **औद्योगीकरण** (Industrialization)–भारतीय समाज में औद्योगीकरण भी तीव्रता से हुआ है। वास्तव में आधुनिकीकरण तभी सम्भव है जबकि राष्ट्रीय स्तर पर आर्थिक विकास हो। आज भारत औद्योगीकरण की दृष्टि से संसार का दसवां देश है।

(5) **नगरीकरण** (Urbanization)–आधुनिकीकरण ने नगरीकरण की प्रक्रिया को भी प्रोत्साहन दिया है क्योंकि इससे परम्परागत व्यवसायों की समाप्ति ही नहीं हुई है अपितु गतिशीलता एवं नौकरी की सम्भावनाओं में भी वृद्धि हुई है क्योंकि अधिकांश उद्योग नगरीय क्षेत्रों में ही खुले हैं, अतः नगरों में ग्रामीण लोगों को रोजगार मिलने की सम्भावनाओं में वृद्धि हुई है।

(6) **लौकिकीकरण** (Secularization)–आधुनिकीकरण तार्किक एवं वैज्ञानिक दृष्टिकोण से सम्बन्धित है अतः इसने भारतीय समाज में लौकिकीकरण अथवा धर्म निरपेक्षीकरण लाने में भी काफी सहायता दी है। आज भारत एक लौकिक राज्य है।

(7) **नियोजित सामाजिक परिवर्तन** (Planned Social Change)–आधुनिकीकरण का लक्ष्य आर्थिक सम्पन्नता एवं राजनीतिक स्थिरता लाकर देश को विकसित देशों की तरह आगे बढ़ने में सहायता देना है। अतः इससे नियोजित सामाजिक परिवर्तन को प्रोत्साहन मिला है ताकि हम अपने लक्ष्यों को समयबद्ध योजनाओं द्वारा प्राप्त कर सकें।

(8) **समस्याओं में वृद्धि** (Increase in Problems)–आधुनिकीकरण के अच्छे परिणामों के साथ-साथ इसका एक दूसरा पक्ष भी है। इससे हमारे समाज में अनेक समस्यायें भी उत्पन्न हो गई हैं। उदाहरणार्थ इससे व्यक्तिवादिता में वृद्धि हुई है तथा संयुक्त परिवार एवं विवाह की संस्थायें इससे प्रभावित हुई हैं। जनता

में विकसित नवीन आशाओं एवं मांगों में वर्तमान स्थिति के प्रति असन्तोष बढ़ा है। नवीन तथा परम्परावादी मान्यताओं में संघर्ष ने भी मानसिक तनाव एवं असामंजस्य बढ़ाने में सहायता दी है।

अभ्यास के लिए प्रश्न

1. समकालीन भारतीय परिस्थिति में पारिवारिक जीवन में परम्पराओं के कार्य की व्याख्या कीजिये।

2. परम्परा और आधुनिकता में अन्तर कीजिए। उनके सूत्रकोष बतलाइये।

3. समकालीन हिन्दू जीवन में परम्परा और आधुनिकता का विरोध दिखाइये।

4. भारतीय समाज में आधुनिकता लाने की मुख्य समस्या की विवेचना कीजिये।

5. भारत जैसे परम्परागत समाज में आधुनिकता लाने में बुद्धिजीवियों के कार्य की विवेचना कीजिये।

6. क्या पुराने हिन्दू मूल्य आधुनिकीकरण के मूल्यों से समीचीन हैं? अपने उत्तर का तर्कों से समर्थन कीजिये।

10

संस्कृतीकरण

(Sanskritization)

वर्ण-व्यवस्था की विशेषतायें

भारत में जाति-व्यवस्था का उद्गम वर्ण-व्यवस्था में बताया जाता है। वर्ण-व्यवस्था की कुछ विशेषतायें जाति-व्यवस्था में मिलती हैं। इनमें मुख्य निम्नलिखित हैं–

(1) समस्त भारतवर्ष में बिना किसी प्रादेशिक अन्तर के एक ही सामाजिक संस्तरण पाया जाता है।

(2) वर्ण केवल चार हैं और यदि हरिजनों को सम्मिलित कर लिया जाए तो वे पाँच कहे जा सकते हैं।

(3) वर्ण-व्यवस्था में विभिन्न वर्गों के उतार-चढ़ाव का क्रम स्पष्ट है।

(4) यह क्रम अपरिवर्तनीय है।

जाति और वर्ण में अन्तर

इस प्रकार वर्ण-व्यवस्था पर आधारित होने के कारण जाति भी समस्त भारतवर्ष में पाई जाती है, किन्तु फिर भी वर्ण-व्यवस्था के विरुद्ध उसमें प्रादेशिक अन्तर भी देखे जा सकते हैं उदाहरण के लिये कुछ जातियाँ देश के कुछ विशेष भागों में पाई जाती हैं-जैसे-भड़भूजा, कहार, बारोट अथवा चारण इत्यादि। इसके अतिरिक्त कुछ जातियों की सामाजिक स्थिति प्रत्येक प्रदेश में अलग-अलग है। वास्तव में अनेक जातियाँ प्रादेशिक व्यवस्था के रूप में काम करती हैं। हरिजन जाति व्यवस्था के ही अनिवार्य अंग हैं।

जैसा कि पीछे बतलाया गया है, वर्ण आदर्श में प्रत्येक वर्ण का स्थान निश्चित है किन्तु व्यवहार में जातियों का स्थान निश्चित नहीं है। भारत में अंग्रेजी शासन से पहले भी राजाओं के सामने जाति की स्थिति-विषयक झगड़े आते रहते थे और वे नई जातियों के पद निर्धारित करते थे। इस प्रकार जबकि वर्ण-व्यवस्था में प्रत्येक वर्ण का स्थान अटल है जाति-व्यवस्था में वह बदलता रहता है, अन्त में जाति का

वर्ण आदर्श इस अर्थ में सचमुच एक सोपान है कि उसमें पुरोहित वर्ण सबसे ऊपर होता है और पद निर्धारण की कसौटी धार्मिक आधार से प्राप्त होती है। प्राचीन वर्ण-व्यवस्था बनाने वाले लेखकों ने प्रथम तीन वर्णों के अधिकार और कर्त्तव्य निश्चित किए जो उपनयन संस्कार के कारण द्विज कहलाते थे। इस प्रकार वर्ण-धर्म निश्चित था। इसमें ब्राह्मणों को स्र्वोच्च स्थान प्राप्त था। अंग्रेजी राज्यकाल में भारत में विभिन्न परिस्थितियों के फलस्वरूप वर्ण आदर्श अधिक लोकप्रिय हो गया और विभिन्न जातियाँ संस्कृतीकरण के द्वारा अपनी जाति के सुधार करने के लिए प्रयत्नशील दिखलाई पड़ती थीं।

संस्कृतीकरण की परिभाषा

संस्कृतीकरण की परिभाषा करते हुए डॉ॰ एम॰ एन॰ श्रीनिवास ने अपनी पुस्तक 'Social Change in Modern India' में लिखा है, ''संस्कृतीकरण वह प्रक्रिया है जिसके द्वारा कोई 'निम्न' हिन्दू जाति या कोई जनजाति अथवा अन्य समूह, किसी उच्च और प्राय: द्विज जाति की दिशा में अपने रीति-रिवाज, कर्मकाण्ड, विचारधारा और जीवन-पद्धति को बदलना है।''[1] संस्कृतीकरण की इस परिभाषा में इस प्रक्रिया की निम्नलिखित विशेषताओं पर जोर दिया गया है—

(1) संस्कृतीकरण के द्वारा कोई भी जाति, जनजाति या समूह उतार चढ़ाव के सामाजिक क्रम में वर्तमान से ऊँचा स्थान प्राप्त करने का प्रयास करता है।

(2) संस्कृतीकरण की प्रक्रिया निम्न जाति के उच्च जाति का अनुकरण करने से चलती है।

(3) संस्कृतीकरण की प्रक्रिया केवल जाति में ही नहीं बल्कि जनजाति अथवा अन्य सूमह में भी देखी जा सकती है।

(4) संस्कृतीकरण में केवल ब्राह्मणों का ही अनुकरण नहीं किया जाता बल्कि क्षत्रियों या वैश्यों का भी अनुकरण किया जा सकता है, किन्तु प्रत्येक स्थिति में नीची जाति ऊँची जाति का अनुकरण करती है।

(5) संस्कृतीकरण की प्रक्रिया में जाति अथवा समूह के रीति-रिवाज, कर्मकाण्ड, विचारधारा और जीवन-पद्धति किसी द्विज जाति के अनुरूप परिवर्तित हो जाते हैं।

संस्कृतीकरण के आदर्श

इस प्रकार संस्कृतीकरण के द्वारा सामाजिक संरचना में ऊँचे पद पर दावा किया जाता है और बहुधा इसका परिणाम ऊर्ध्वोन्मुख गतिशीलता के रूप में देखा

---

1. "Sanskritization is the process by which a `low' Hindu caste or tribal or other group, changes its customs, ritual ideology, and way of life in the direction of a high, and frequently, `twice born' caste." —Srinivas, M. N., *Social Change in Modern India'.* University of California Press (1966), p.6.

जाता है किन्तु संस्कृतीकरण से सम्बद्ध गतिशीलता के परिणामस्वरूप व्यवस्था में केवल पदमूलक परिवर्तन ही होते हैं, कोई संरचनामूलक परिवर्तन नहीं होते। भारतवर्ष में जातियों के अतिरिक्त जनजातियों जैसे राजस्थान के भीलों में मध्यभारत के गोण्डों और ओरांवों में तथा हिमालय की पहाड़ी जनजातियों में भी संस्कृतीकरण दिखलाई पड़ता है। संस्कृतीकरण के परिणामस्वरूप जनजाति हिन्दू जाति होने का दावा करती है। अपनी कुर्ग सम्बन्धी पुस्तक में डॉ० श्रीनिवास ने संस्कृतीकरण में ब्राह्मण आदर्श पर अनावश्यक बल दिया था। आधुनिक भारत में सामाजिक परिवर्तन पर अपनी पुस्तक 'Social Change in Modern India' में उन्होंने यह माना है कि ब्राह्मण आदर्श के अतिरिक्त क्षत्रिय, वैश्य और शूद्र आदर्श भी संस्कृतीकरण के आदर्श हो सकते हैं। डी० एफ० कोकाक ने ब्राह्ममण आदर्श के साथ-साथ क्षत्रिय आदर्श की उपस्थिति का भी संकेत किया है।

उदग्र और क्षैतिज एकीकरण

वर्ण-व्यवस्था में पहले तीन वर्णों को द्विज कहते हैं क्योंकि उपनयन संस्कार के समय, जिसे दूसरा जन्म माना जाता है, केवल उन्हें ही यज्ञोपवीत धारण करने का अधिकार है। ब्राह्मण वर्ण में भी विभिन्न जातियों में विविधता देखी जाती है। एक ही क्षेत्र में रहने के कारण विभिन्न जातियाँ एक ही भाषा बोलने लगती हैं, समान त्यौहार मनाती हैं और कुछ स्थानीय देवताओं और मान्यताओं को स्वीकार करती हैं। डॉ० श्रीनिवास ने उसको उदग्र एकीकरण कहा है और यह क्षैतिज एकीकरण से भिन्न है जो एक ही जाति या वर्ण के लोगों में पाया जाता है। फिर भी कुल मिलाकर यह कहा जा सकता है कि ब्राह्मणों की अपेक्षा क्षत्रिय, वैश्य और शूद्र वर्णों की संस्कृति में स्थानीय संस्कृति के तत्व अधिक मिलते हैं। देश के विभिन्न भागों में क्षत्रिय और वैश्य होने का दावा करने वाली जातियों में परस्पर गहरी भिन्नतायें मौजूद हैं। वर्ण आदर्श और वर्तमान स्थानीय सोपान के बीच सहमति का अभाव शूद्रों के विषय में और भी स्पष्ट दिखाई पड़ता है। शूद्रों की व्यापक श्रेणी में कुछ जातियों की जीवन-शैली का अत्यधिक संस्कृतीकरण हुआ है और कुछ का केवल अल्पतम संस्कृतीकरण हुआ है किन्तु अधिकतर किसान प्रभु जातियाँ ही अनुकरण के स्थानीय आदर्श उपस्थित करती हैं।

प्रभु जाति

भारत के विभिन्न भागों में देहाती जीवन की विशेषता प्रभुतासम्पन्न भूस्वामी जातियों की उपस्थिति है। प्रभु जाति होने के लिये किसी भी जाति में निम्नलिखित विशेषतायें होनी चाहियें।

(1) उपलब्ध स्थानीय कृषि योग्य भूमि में से एक बड़े अंश पर उस जाति का स्वामित्व हो।

(2) उस जाति की सदस्य-संख्या यथेष्ट हो।

(3) स्थानीय सोपान में उस जाति को उच्च स्थान प्राप्त हो।

(4) प्रभुता के उपरोक्त गुण उपस्थित होने पर कोई जाति प्रभु जाति कहलाती है। कभी-कभी किसी गाँव में एक से अधिक जातियों की प्रभुता होती है और कालान्तर में प्रभुता एक जाति से दूसरी जाति के पास पहुँच सकती है। पिछली शताब्दी में प्रभुता पर प्रभाव डालने वाले अनेक तत्व प्रकट हुए हैं। जैसे-पश्चिमी शिक्षा, प्रशासन में नौकरियाँ, आमदनी के शहरी साधन इत्यादि। स्वतन्त्रता प्राप्ति के बाद से वयस्क मताधिकार के कारण निम्न जातियों, विशेषतया हरिजनों में, आत्म-सम्मान और शक्ति का नया भाव उत्पन्न हुआ है। अब ग्रामीण भारत के बहुत से भागों में सत्ता संख्या की दृष्टि से बड़ी भूस्वामी किसान जातियों के हाथों में पहुँच गई है और कुछ ऐसे गाँवों को छोड़कर जहाँ हरिजन बहुसंख्यक हैं अभी वह कुछ समय तक उन्हीं के पास रहेगी। जिस जाति को केवल एक गाँव में प्रभुता प्राप्त हो उसे उस जाति का अवश्य ख्याल रखना पड़ता है जिसे प्रादेशिक प्रभुता प्राप्त है। इस प्रकार प्रभु जातियों में भी स्थानीय प्रभु जाति प्रादेशिक प्रभु जाति की तुलना में कम शक्तिशाली होती है। प्रभुता स्थापित करने में भूस्वामित्व एक बड़ा निर्णायक तत्व है। भूस्वामित्व से न केवल शक्ति प्रतिष्ठा भी बढ़ती है। भूस्वामी जातियों के अधिकार और प्रतिष्ठा का अन्य जातियों के साथ उनके सम्बन्धों पर प्रभाव पड़ता है, जैसे—पंजाब के कुछ भागों में जाट भूस्वामी ब्राह्मणों को अपना सेवक समझते हैं और पूर्वी उत्तर प्रदेश के माधोपुर गाँव में किसी समय प्रभुता सम्पन्न ठाकुर अपने गुरुओं और पुरोहितों के अतिरिक्त अन्य किसी ब्राह्मण के हाथ का बना भोजन नहीं खाते थे, किन्तु प्रभु जाति की लौकिक कसौटियाँ महत्वपूर्ण होने पर भी कर्मकाण्डीय श्रेष्ठता का अपना स्वतन्त्र अस्तित्व और अपनी अलग ही शक्ति है। कभी-कभी कर्मकाण्डीय और लौकिक पद के बीच विच्छेद दिखाई पड़ता है, फिर भी लौकिक कसौटी से कर्मकाण्डीय कसौटी अधिक ऊँची है। लखपती गुजराती बनिया कभी भी उस रसोई में पैर नहीं रखता जहाँ ब्राह्मण रसोइया काम करता हो क्योंकि ऐसा करने से ब्राह्मण और रसोई के बर्तन अपवित्र हो जाते हैं। स्थानीय प्रभु जाति का संस्कृतीकरण के विभिन्न आदर्शों के लिये मध्यमान होना सांस्कृतिक संचरण की प्रक्रिया में उस जाति के महत्व का सूचक है। इस भाँति यदि स्थानीय प्रभु जाति ब्राह्मण या लिंगायत हो तो उसकी प्रवृत्ति संस्कृतीकरण के ब्राह्मण आदर्श की ओर होगी और यदि वह राजपूत अथवा बनिया हो तो क्षत्रिय या वैश्य आदर्श की ओर संरचण होगा। प्रत्येक स्थानीय प्रभु जाति की ब्राह्मण, क्षत्रिय या वैश्य आदर्शों की अपनी-अपनी अलग धारणा होती हैं।

जाति-व्यवस्था की दो प्रवृत्तियाँ

जाति-व्यवस्था में निम्नलिखित दो प्रवृत्तियाँ स्पष्ट दिखलाई पड़ती हैं—

(1) किसी स्थानीय समाज में नैतिक और धार्मिक प्रतिमानों सहित बहुत सी संस्कृतियों के अस्तित्व को मान्यता दी जाती है।

(2) उच्च जातियों के रंग-ढंग का अनुकरण किया जाता है।

परन्तु फिर भी यह याद रखना आवश्यक है कि स्थानीय ग्राम व्यवस्था अखिल भारतीय व्यवस्था से पूरी तरह स्वतन्त्र नहीं होती। आचरण के आदर्श तीर्थयात्राओं, हरिकथाओं और धार्मिक नाटकों जैसे महान परम्परा के स्रोतों से ही प्राप्त होते हैं। गाँव में प्रभु जाति के बुजुर्ग ही एक बहुतत्वादी संस्कृति और मूल्य-व्यवस्था के प्रहरी होते हैं। प्रभु जातियाँ अपने प्रभाव क्षेत्र में रहने वाली विभिन्न जातियों के बीच संरचनात्मक दूरी बनाये रखती हैं, किन्तु प्रभु जाति का कार्य केवल बहुतत्ववादी संस्कृति के संरक्षक होने तक ही सीमित नहीं है। वह निम्न जातियों में प्रभु जाति की प्रतिष्ठादायक जीवन-शैली का अनुकरण करने की इच्छा भी जगाती है। अनुकरण का यह कार्य घुमा-फिराकर किया जाता है क्योंकि जल्दबाजी करने से उच्च जातियों द्वारा दण्ड मिलने का भय रहता है।

पंजाब में संस्कृतीकरण

डी० आर० चानना ने एक ऐसे क्षेत्र में संस्कृतीकरण के प्रसार का विवेचन किया है जो 1947 में देश के विभाजन तक इस्लाम और कुछ पश्चिम एशियाई सांस्कृतिक रूपों से बहुत अधिक प्रभावित था; वहाँ सिख धर्म को गौण प्रभुता प्राप्त थी।[1] धर्म के मामले में हिन्दू इस्लाम में विशेषतया सूफी सन्तों के उपदेशों से बहुत गहरे प्रभावित थे। भूतपूर्व पंजाब और उत्तरी-पश्चिमी सीमा प्रान्त में मुसलमानों की प्राथमिक प्रभुता थी और इस प्रदेश के कुछ इलाकों में सिखों की गौण प्रभुता थी। हिन्दुओं में ब्राह्मणों में न धन था और न विद्या इसलिए व्यापारी जातियाँ अधिक महत्वपूर्ण थीं। आर्य समाज और उसकी प्रतिद्वन्दी सनातन धर्म सभा और उनके द्वारा स्थापित दोनों प्रकार की पारस्परिक और आधुनिक शिक्षा संस्थाओं ने पंजाब के हिन्दुओं में विद्या का प्रसार किया। इससे पंजाबी हिन्दुओं में संस्कृतीकरण बढ़ा। प्रभु जाति का प्रभाव सामाजिक जीवन के सभी क्षेत्रों तक फैला हुआ जान पड़ता है।

जनजातियों में संस्कृतिकरण

जैसा कि पीछे बतलाया जा चुका है, अनेक जनजातियों में भी संस्कृतीकरण की प्रक्रिया दिखलाई पड़ती है। दूसरी ओर जैसा कि एस० एल० कालिया ने दिखलाया है, उत्तर प्रदेश की जौनसार बावर और मध्य प्रदेश के बस्तर क्षेत्र की जातियों में जनजातिकरण (Tribalization) की प्रक्रिया दिखलाई पड़ती है।[2] प्रभु जाति के बुजुर्ग लोग गाँव में लोगों को नियम तोड़ने पर जुर्माने, शारीरिक कष्ट या जाति-बहिष्कार की सजा देते हैं। किन्तु इससे परिवर्तन की गति कम नहीं होती। फिर भी कभी-कभी महान् परम्पराओं (Great Traditions) के प्रतिनिधि द्विज वर्ण

---

1. D. R. Chanana, "Sanskritization, Westernisation and India's North West." *Economic Weekly,* Vol. XIII, No. 9, March 4, 1961. pp. 409.414.
2. S. L. Kalia, "Sanskritization and Tribalization." *Bulletin of the Tribal Research Institute,* Chindwara, (M.P.), Vo. No. 2, No. 4., April 1959, pp. 43-53.

लघु परम्पराओं (Little Traditions) के सामने घुटने टेकते दिखलाई पड़ते हैं; किन्तु यह मानना सही नहीं होगा कि ब्राह्मणों की संस्कृति में संस्कृतीकरण सदा ही अधिक होता है। जैसा कि मैरियट ने किशनगढ़ी गाँव के अध्ययन में लिखा है "इस क्षेत्र में ब्राह्मणों के अपेक्षातया अल्प संस्कृतीकरण में ही इस बात का सूत्र छिपा है कि किशनगढ़ी की बाकी जातियों में संस्कृतीकरण की इतनी धीमी गति का और उनके धर्म में महान् परम्परा के तत्वों के अपेक्षातया इतने अल्प अनुपात का क्या कारण है।"[1]

प्रभु जातियों के उदाहरण

ग्रामीण भारत का एक ऐसा नक्शा बनाया जा सकता है जिसमें प्रत्येक गाँव की प्रभु जातियाँ दिखाई गयी हों परन्तु इसके लिए बड़े भारी परिश्रम की आवश्यकता होगी। फिर भी कुछ प्रभु जातियों के नाम गिनाये जा सकते हैं। उत्तर भारत में गाँव के लोग प्रभु जातियों को 'अजगर' का नाम देते हैं जो दलित अल्पसंख्यक जातियों में प्रभु जातियों के आतंक का सूचक है। अजगर चार प्रभु जातियों के नामों के पहले अक्षरों को लेकर बना है। ये हैं—अहीर, जाट, गूजर और राजपूत। पश्चिमी बंगाल के कुछ भागों में सदगोप, गुजरात में पाटीदार और राजपूत, महाराष्ट्र में मराठा, आन्ध्र में कस्म और रेड्डी, मैसूर में औक्कलिजग और लिंगायत, मद्रास में वेल्लास, गाऊडर पड़याची और कल्लर और केरल में नायर, सीरियाई ईसाई तथा इजवन प्रभु जातियाँ हैं। देहातों में रहने वाले बहुसंख्यक लोगों के लिए और कभी-कभी ब्राह्मणों के लिए भी प्रभु जातियाँ ही आदर्श उपस्थित करती हैं। पाटीदार का पिछले सौ वर्षों में अधिक संस्कृतीकरण हुआ है और गुजरात के कैरा जिले में बारिया सहित अन्य सभी समूहों की संस्कृति पर उनका प्रभाव पड़ा है।

क्षत्रियों की भाँति ब्राह्मणों ने भी ग्रामीण तथा नगरीय भारत में बहुत दिनों तक प्रभुता बनाये रखी है। तीर्थस्थान और मठ भी संस्कृतीकरण के श्रोत थे। संस्कृतीकरण का प्रसार तीर्थस्थान या मठ वाले क्षेत्र में रहने वाली अप्रभु जातियों में उदग्र (Vertical) रूप में और अन्य क्षेत्रों में क्षैतिज (Horizontal) के रूप में होता था।

वर्ण आदर्शों में संघर्ष

जैसा कि पहले कहा जा चुका है, भारत में संस्कृतीकरण के आदर्श एक नहीं बल्कि तीन-चार रहे हैं और भारतीय इतिहास के प्रारम्भिक रूप में विभिन्न आदर्शों के बीच प्रतिस्पर्द्धा दिखलाई पड़ती है। उदाहरण के लिए परवर्ती वैदिक ग्रन्थों में ब्राह्मणों और क्षत्रियों में संघर्ष का उल्लेख मिलता है। यह संघर्ष जैन और बौद्ध धर्मों में देखा जा सकता है। जैन और बौद्ध धर्मों में अधिकतर वे ही व्यापारी लोग सम्मिलित हुए जो ब्राह्मणों की प्रभुता से क्षुब्ध थे और जाति-व्यवस्था द्वारा उन पर

1. M. Marriott, "Little Communities in an Indigenous Civilization" in *Village India*, p. 211.

थोपी गई अक्षमताओं को दूर करने का कोई मार्ग चाहते थे। यह मार्ग उन्हें जैन और बौद्ध धर्मों के रूप में मिला।

जाति-सोपान के वर्ण आदर्श में प्रत्येक वर्ण की स्थिति निश्चित थी किन्तु वैदिक युग में ब्राह्मण जीवन-पद्धति से महत्वपूर्ण परिवर्तन हुए। ये परिवर्तन इसलिए महत्वपूर्ण हैं क्योंकि अन्य जातियाँ इसी ब्राह्मण आदर्श का अनुसरण करती रही हैं। वैदिक युग के अन्त के दिनों में ब्राह्मण वर्ण के सदस्यों को संन्यासी श्रेणियों में भर्ती करने के चिन्ह प्रकट होने लगे थे। वैदिकोत्तर ब्राह्मणों में जैन और बौद्ध धर्मों के प्रभाव से परिवर्तन हुए। 'भक्ति आन्दोलन' के प्रसार से निम्न जातियों के कुछ व्यक्ति भी धार्मिक नेता बन सके। इनमें हरिजन जातियों के भी लोग थे। अनेक भक्त महिलायें भी सन्तों की कोटि में गिनी जाने लगीं। इस प्रकार भक्त आन्दोलन ने निम्न जातियों के उच्च जातियों से समानता प्राप्ति के लिए अवसर प्रदान किया है और उच्च जातियों को व्यापक आक्रमण के लिए तैयार किया। भक्ति आन्दोलन ने संस्कृतीय हिन्दू धर्म को प्रादेशिक भाषाओं में विशाल और अनपढ़ जनता तक पहुँचाया।

शुद्धतावादी आदर्श का महत्व

संस्कृतीकरण के ब्राह्मणीय और शुद्धतावादी आदर्श को सबसे अधिक प्रधानता प्राप्त होती रही है और मदिरा सेवन तथा माँसाहारी क्षत्रिय व अन्य समूह भी इस आदर्श की श्रेष्ठता को स्वीकार करते रहे हैं। अधिकतर क्षेत्रों में माँसाहार और मदिरा सेवन निम्न जातियों के चिन्ह माने जाते रहे हैं। दिल्ली, पंजाब में केवल पुरुष ही माँस खाते हैं; स्त्रियाँ शाकाहारी होती हैं। जहाँ स्त्री-पुरुष दोनों ही माँसाहारी हैं वहाँ भी पुरोहित शाकाहारी होते हैं। इस प्रकार शाकाहारी और मदिरा त्याग के शुद्धतावादी आदर्श को जाति-व्यवस्था में सदैव ही अन्य आदर्शों से ऊँचा माना जाता रहा है।

ब्राह्मणों द्वारा वैधीकरण

उपरोक्त विवेचन से स्पष्ट है कि पारम्परिक भारतीय समाज में जाति व्यवस्था का वर्ण-मूलक आदर्श किस प्रकार विकृत चित्र उपस्थित करता है। डॉ० श्रीनिवास के अनुसार जाति-व्यवस्था की परम्परागत रचना में भी कुछ गतिशीलता की गुंजायश थी। सबसे पहले तो संस्कृतीकरण की प्रक्रिया ही गतिशीलता उत्पन्न करती रही है। मध्ययुगीन भारत के अध्येता बर्टन स्टीन ने लिखा है कि, "दक्षिणी भारत में विजयनगर राज्य के शक्तिशाली शासकों को भी ब्राह्मणों की वैधतादायी क्षमता को मानना और उसका मूल्य चुकाना पड़ता था।"[1] यदि किसी भी जाति का कोई व्यक्ति राजा बनने के बाद अपने को उच्च जाति का घोषित करना चाहता था तो यह तभी सम्भव था जबकि कोई ब्राह्मण किसी संस्कार के द्वारा उसके दावे को वैधता प्रदान करे। भारतीय इतिहास में इस प्रकार के बहुत से उदाहरण मिलते हैं। जबकि निम्न

1. B. Stien in J. Silverberg (Ed.), *'Social Mobility in Caste in India'.*

जाति के किसी व्यक्ति ने अपनी सैनिक शक्ति के आधार पर सत्ता की स्थापना की और ब्राह्मणों ने उसका राज्याभिषेक संस्कार करके उसे क्षत्रिय जाति का घोषित किया। चारण जातियाँ उच्च जातियों से उसका सम्पर्क जोड़ने और उसका उद्गम ऊँची जातियों से दिखाने का काम करती थीं। जो भी अपने-आपको राजपूत कहना चाहता था उसे किसी-न-किसी प्राचीन राजपूत वंश से सम्बन्ध दिखलाना होता था और यह कार्य चारण जातियाँ ही कर सकती थीं। चारणों ने केवल राजपूतों के लिए ही नहीं बल्कि जनजातीय कोलियों सहित दूसरी जातियों के लिए भी वैधीकरण का यह कार्य किया है।

अनुलोमगमन

साधारणतया प्रत्येक जाति समूह अन्तर्गामी होता है परन्तु कभी-कभी अन्तर्गमन और अनुलोमगमन एक साथ पाये जाते हैं। अनुलोमगमन एक अन्य प्रकार से भी गतिशीलता का महत्वपूर्ण आधार है। कोई जाति अथवा जाति की शाखा अपनी जीवन-पद्धति का संस्कृतीकरण करके जाति के ढाँचे में अपने आसपास की जातियों से श्रेष्ठ होने का दावा करती है। इस प्रकार जाति के इतिहास में संस्कृतीकरण के द्वारा मूल समूह के विखण्डन के परिणामस्वरूप निरन्तर नई जातियों का उदय होता रहा है; किन्तु जैसा कि पीछे बतलाया जा चुका है, ये परिवर्तन केवल पदमूलक परिवर्तन थे, इससे परम्परागत जाति-व्यवस्था के ढाँचे में कोई परिवर्तन नहीं हुआ अर्थात् अलग-अलग जातियाँ तो ऊपर उठी या नीचे गिरीं परन्तु सम्पूर्ण ढाँचा वैसा का वैसा ही बना रहा। प्राचीन और मध्य युग में जाति-व्यवस्था के इतिहास में ऐसे अनेक उदाहरण मिलते हैं जिनसे जातियों में सामाजिक गतिशीलता दिखलाई पड़ती है। वर्ण-व्यवस्था क्रमशः वैदिक काल में विकसित हुई। वैदिक काल के अन्त तक ब्राह्मण की स्थिति अजेय हो चुकी थी। जैन और बौद्ध धर्मों ने क्षत्रियों की स्थिति को फिर से ऊँचा उठाया। इससे ब्राह्मणों में फिर से असन्तोष उत्पन्न हुआ और उन्होंने वैदिक संस्कृति को फिर से स्थापित करने का प्रयत्न किया। वैदिक काल में वैश्य को जाति के सोपान में बहुत नीचा स्थान प्राप्त था। बौद्ध और जैन धर्म ग्रहण कर लेने से उसकी स्थिति ब्राह्मणों और क्षत्रियों के समान हो गई।

संस्कृतीकरण में राजनीतिक तत्व

अंग्रेजों से पहले के भारत में राजनीतिक व्यवस्था की अस्थिरता सामाजिक गतिशीलता का शक्तिशाली स्रोत थी। अठारहवीं शताब्दी में राजनीतिक व्यवस्था के चार स्तर थे—साम्राजिक, माध्यमिक, प्रादेशिक और स्थानीय। साम्राजिक स्तर पर मुगल शहंशाह होते थे। माध्यमिक स्तर पर अवध के नवाब जैसे नवाब थे। इनके अधीन जागीरदार लोग थे जो कि प्रादेशिक स्तर पर सर्वोपरि थे। जागीरदार स्थानीय 'आमिल' लोगों के द्वारा शासन करते थे। इस प्रकार मुगल शहंशाह के अधीन अवध का नवाब और अवध के नवाब के अधीन बनारस का राजा था, तथा बनारस का राजा स्थानीय मुखियों की सहायता से शासनकार्य करता था। प्रत्येक स्तर पर निम्न

स्तर के पद वाले व्यक्ति को उच्च स्तर की राजनीतिक व्यवस्था के लिए धन और सैनिक जुटाने पड़ते थे। कोहन की भाँति शाह ने भी अठारहवीं शताब्दी के गुजरात में राजनीतिक व्यवस्था में अनेक स्तर माने हैं जैसे साम्राजिक, प्रादेशिक तथा स्थानीय स्तर इत्यादि। अठारहवीं शताब्दी में गुजरात तथा बनारस प्रदेश की परिस्थितयों में राजनीतिक व्यवस्था भूमिहार, ब्राह्मण, राजपूत, पाटीदार और कोली जैसे स्थानीय प्रभु समूहों के नेताओं की गतिशीलता के लिए अनुकूल थी। अंग्रेजों से पूर्व के भारत में सामाजिक गतिशीलता का उदाहरण देने के लिए डॉ० श्रीनिवास ने उत्तर प्रदेश, गुजरात और केरल से उदाहरण दिए हैं। इन तीनों ही क्षेत्रों में राजनीतिक सत्ता के विभिन्न स्तर दिखलाई पड़ते हैं और राजनीतिक व्यवस्था गतिशीलता दिखाई पड़ती है। राजनीतिक अस्थिरता के परिणामस्वरूप विशेषतया प्रभु जातियों के लिए सामाजिक गतिशीलता उत्पन्न हुई। अंग्रेज-पूर्व राजनीतिक व्यवस्था कुछ महत्वपूर्ण स्थिति वाले व्यक्तियों और समूहों की गतिशीलता के लिए अधिक अनुकूल थी। राजा को अपने राज्य में बसने वाली जातियों को उठाने या गिराने का अधिकार था। यह अधिकार इस बात से उत्पन्न हुआ था कि अंग्रेजों से पहले भारतीय राजा, चाहे वे हिन्दू हों या मुसलमान, जाति-व्यवस्था के शिखर पर स्थित माने जाते थे। राज्य के अन्दर जातियों के पदों को राजा की सहमति प्राप्त होती थी और किसी अपराध के लिए जाति से निकाला गया व्यक्ति राजा से पुनरावेदन कर सकता था। राजा को अधिकार था कि वह फिर से सब प्रमाणों की जाँच करे और निर्णय को मान ले या बदल दे। पद के बारे में झगड़े तय करने और किसी अपराध के लिए उपयुक्त दण्ड निर्धारित करने में राजा विद्वान् ब्राह्मणों से परामर्श लेता था परन्तु वे केवल नियम को घोषित अथवा निर्धारित करते थे। दूसरी ओर राजा ही उस निर्णय को लागू करता था।

संस्कृतीकरण के आर्थिक कारण

अंग्रेजों के राज्य से पहले केवल राजनीतिक कारणों से ही नहीं बल्कि आर्थिक कारणों से भी जाति व्यवस्था में गतिशीलता दिखलाई पड़ती है। खेतों में मेहनत करने का काम कम हैसियत का चिन्ह माना जाता था। जो जमींदार जितना ही बड़ा होता था उस पर यह निषेध उतना ही अधिक लागू होता था। इस प्रकार भूमि पर अधिकार और आर्थिक स्थिति जाति-व्यवस्था में ऊँचा स्थान दिलाने का एक कारण थी। मध्य युग में सामाजिक गतिशीलता स्थान-विषयक गतिशीलता के साथ जुड़ी हुई थी। स्थान परिवर्तन कर लेने से अनेक नई जातियों का जन्म हुआ और क्रमशः वे मूल जाति से भिन्न हो गईं। एक ही जाति की विभिन्न क्षेत्रों में रहने वाली प्रशाखाओं में क्रमशः सांस्कृतिक भिन्नता दिखलाई पड़ने लगी।

इस प्रकार सामाजिक, राजनीतिक, आर्थिक अनेक कारणों से भारत की जाति-व्यवस्था में विभिन्न जातियों के पद परिवर्तित होते रहे हैं। किन्तु इस परिवर्तन को ध्यान में रखते हुए यह याद रखना आवश्यक है कि जाति-व्यवस्था में यह

परिवर्तन व्यवस्था के अन्दर परिवर्तन है। कुल मिलाकर इस व्यवस्था में कोई परिवर्तन नहीं होता। परिवर्तन की यह प्रक्रिया समझने के लिए डॉ॰ श्रीनिवास ने संस्कृतीकरण के प्रत्यय को प्रयोग किया है। यह प्रत्यय कहाँ तक समीचीन है, इसकी डॉ॰ डी॰ एन॰ मजूमदार तथा अन्य समकालीन समाजशास्त्रियों ने परीक्षा की है। इस परीक्षा के विवेचन से इस प्रत्यय का महत्व और सीमाएँ स्पष्ट होंगी।

संस्कृतीकरण के प्रत्यय में दोष

संस्कृतीकरण समाजशास्त्रीय साहित्य में कोई नया शब्द नहीं है, परन्तु एम॰ एन॰ श्रीनिवास ने कुछ विशेष अर्थों में इसका प्रयोग किया है। श्रीनिवास के शब्दों में "संस्कृतीकरण का अर्थ केवल नए रिवाजों और आदतों को ग्रहण करना नहीं है बल्कि नए विचारों और मूल्यों को अभिव्यक्त करना है, जो कि धार्मिक और धर्मनिरपेक्ष संस्कृत साहित्य के विशाल शरीर में बहुधा अभिव्यक्त हुए हैं। कर्म, धर्म, पाप, पुण्य, माया, संसार और मोक्ष कुछ सामान्य संस्कृतीय धार्मिक विचारों के उदारहण हैं और जब कोई समाज सुसंस्कृत बन जाता है तो शब्द उनकी बातचीत में बहुधा दिखाई पड़ते हैं। संस्कृतीय पौराणिक कथाओं और कहानियों के द्वारा ये विचार सामान्य लोगों तक पहुँचते हैं।"[1] जैसा कि इस उदाहरण से स्पष्ट है। संस्कृतीकरण का अर्थ सुसंस्कृत समाज के विचारों और मूल्यों को ग्रहण करना है।

परन्तु प्रो॰ एम॰ एन॰ श्रीनिवास ने संस्कृतीकरण को एक उपयोगी प्रत्यय (Concept) मानते हुए भी बहुत स्पष्ट नहीं माना है। श्रीनिवास के अनुसार इस प्रत्यय से उनको दक्षिणी भारत में कुर्ग के लोगों के सामाजिक और धार्मिक जीवन का विश्लेषण करने में सहायता मिलती है। श्रीनिवास ने यह आशा प्रकट की है कि इस प्रकार अन्य मानवशास्त्रीय अध्ययनों में भी इस प्रत्यय का लाभ उठाया जा सकता है परन्तु साथ ही उन्होंने यह भी माना है कि "संस्कृतीकरण निस्सन्देह एक भौण्डा (Awkward) शब्द है; परन्तु कुछ कारणों से ब्राह्मणीकरण से बेहतर पाया गया।"[2] संस्कृतीकरण पर अपने एक लेख में वे लिखते हैं, "भारतीय समाज के विश्लेषण में एक यन्त्र के रूप में संस्कृतीकरण की उपयोगिता इस प्रत्यय की जटिलता और ढीलेपन के कारण बहुत ही सीमित हो गई है।" "संस्कृतीकरण एक अत्यन्त जटिल और विषम प्रत्यय है। यह भी सम्भव है कि इसको प्रत्ययों का एक ढेर मानना अकेले प्रत्यय मानने से अधिक उपयोगी होगा। यह एक विस्तृत सामाजिक और सांस्कृतिक

---

1. "Sanskritization means not only the adoption of new customs and habits but also exposure of new ideas and values which have found frequent expression in the vast body of Sanskrit literature, sacred as well as secular. Karma, dharma, papa, punya, maya, samsara and moksha are examples of some of the most common sanskritic theological ideas, and when a people become sanskritised these words occur frequently in their talk. These ideas reach the common people, through sanskritic myths and stories." —M.N. Srinivas.
2. "Sanskritization is no doubt an awkard term, but it was preferred to Brahmanisation for several reasons." —Srinivas.

प्रक्रिया के लिए केवल एक नाम-भर है।'' ''प्रत्यय के भौण्डेपन और अस्पष्टता के बावजूद भी मैं उसको बिना किसी पश्चाताप के इस्तेमाल करता रहूँगा।''

संस्कृतीकरण की प्रक्रिया

संस्कृतीकरण को आगे समझाते हुए श्रीनिवास ने लिखा है—संस्कृतीकरण के साधन सदैव ब्राह्मण नहीं थे। ''सामान्य रूप से संस्कृतीकरण एक जाति को संस्तरण में ऊँचा पद प्राप्त करने योग्य बनाता है।'' ''वंश-समूह के क्षेत्र में संस्कृतीकरण वंश के महत्व पर जोर देता है जो कि ब्राह्मणों में पैतृक आनुवंशिकता है। संक्षेप में संस्कृतीकरण का परिणाम पुत्रों को एक धार्मिक आवश्यकता बताते हुए उनके महत्व को बढ़ाने में होता है। उसी समय उसका प्रभाव कन्याओं के मूल्य को नीचा करने में होता है।'' श्रीनिवास के अनुसार ब्रिटिश राज्य में भारत में संस्कृतीय धार्मिक विचार फैले। यातायात और सन्देहवहन के विकास के फलस्वरूप संस्कृतीकरण ऐसे क्षेत्रों में भी फैल गया जहाँ कि पहले कभी नहीं था। शिक्षा के प्रसार के कारण और साक्षरता बढ़ने से वह जातिगत संस्तरण में निम्नतम समूहों तक पहुँच गया। श्रीनिवास के अनुसार संस्कृतीकरण के प्रसार में पाश्चात्य प्रौद्योगिकी, रेलवे, इण्टरनल कम्बशन एन्जिन (Internal Combustion Engine), प्रेस, रेडियो, हवाई जहाज आदि ने भी सहायता की है। ब्रिटिश लोगों ने भारत में संसदीय जनतंत्र जैसी पाश्चात्य राजनीतिक संस्था को प्रारम्भ किया। इससे भी देश के संस्कृतीकरण में सहायता मिली। श्रीनिवास के अनुसार संस्कृतीकरण के लिए किसी विशेष आर्थिक स्तर की आवश्यकता नहीं है और न उसका किसी समूह की आर्थिक स्थिति पर कोई अनिवार्य प्रभाव पड़ता है, यद्यपि यह ठीक है कि आर्थिक स्तर ऊँचा होने से, शिक्षा बढ़ने से, नेतृत्व का अवसर मिलने से और जातीय संस्तरण ऊँचे उठने की आकांक्षा से संस्कृतीकरण में सहायता मिलती है। श्रीनिवास ने माना है कि संस्कृतीकरण से स्वभावतः ही किसी समूह को जातीय संस्तरण में ऊँचा स्थान नहीं मिल जाता। श्रीनिवास के शब्दों में, ''किसी अस्पृश्य समूह का संस्कृतीकरण कितना भी पूर्ण क्यों न हो वह अस्पृश्यता की बाधा को पार करने में असमर्थ है।'' दूसरी ओर उन्होंने यह आशा प्रकट की है कि जातियों का लगातार होता हुआ संस्कृतीकारण अन्त में सम्पूर्ण हिन्दू समाज में भारी सांस्कृतिक और संरचनात्मक परिवर्तन उत्पन्न करेगा। यह प्रश्न उत्पन्न हो सकता है कि संस्कृतीकरण केवल एक ही ओर से होता है अथवा उसमें दोनों पक्ष कुछ न कुछ काम करते हैं। श्रीनिवास के अनुसार संस्कृतीकण एक दुमुखी प्रक्रिया (Two-way Process) है। इसमें दोनों ही संस्कृतियाँ परस्पर आदान-प्रदान करती हैं यद्यपि स्थानीय संस्कृति देने से अधिक ग्रहण करती मालूम पड़ती है।

संस्कृतीकरण सार्वदेशिक नहीं है

इस प्रकार श्रीनिवास के अनुसार संस्कृतीकरण की प्रक्रिया एक ऐसी प्रक्रिया है जिससे कि नीची जातियाँ ऊँची जातियों की संस्कृतियों को क्रमशः ग्रहण करती हैं। इससे उनकी जाति तो नहीं बदल जाती परन्तु स्पष्ट है कि वे ऊँची जातियों

के अधिक निकट आ जाती हैं। यहाँ यह ध्यान रखने की बात है कि जाति-व्यवस्था में नीची जातियों के द्वारा ऊँची जातियों की संस्कृति को ग्रहण करने का निषेध है। ''संक्षेप में, उसने जहाँ तक सम्भव हो सका ब्राह्मणों के रिवाज, संस्कार और विश्वास ग्रहण कर लिए और नीची जाति के द्वारा ब्राह्मण जीवन के तरीकों का ग्रहण बहुधा दिखाई पड़ता है यद्यपि सैद्धान्तिक रूप में इसका निषेध है।''[1] यहाँ पर एक कठिनाई है। श्रीनिवास यह मानते हैं कि हिन्दू समाज में नीची जातियाँ ऊँची जातियों की संस्कृति को ग्रहण कर रही हैं। यह बात किसी विशेष समुदाय में भले ही सच मालूम पड़े परन्तु सम्पूर्ण देश पर लागू नहीं की जा सकती। जैसा कि डॉ॰ डी॰ एन॰ मजूमदार ने मोहाना गाँव के अध्ययन में दिखलाया है कि नीची जातियों में ऊँची जातियों की संस्कृति को ग्रहण करने की कोई प्रवृत्ति नहीं दिखलाई पड़ती और न ही किसी नीची जाति के आचार-विचार में परिवर्तन होने से उसको सामाजिक संस्तरण में कोई ऊँचा स्थान मिलने का कारण दिखाई पड़ता है। यह ठीक है कि कुछ स्थानों पर नीची जाति के लोग ऊँची जाति के मान लिए जाते हैं? यदि कोई चमार ब्राह्मण के समान तिलक छापा लगाने लगे तो क्या उसको ब्राह्मण कहा जाएगा? डॉ॰ डी॰ एन॰ मजूमदार के अनुसार, ''यदि वह (संस्कृतीकरण) एक प्रक्रिया है तो वह कहाँ रुकती है और क्यों रुकती है''?[2] मोहाना गाँव के अध्ययन में डॉ॰ मजूमदार ने यह दिखलाया है कि सामाजिक संस्तरण में जातियों की प्रगति ऊर्ध्वोन्मुख (Vertical) न होकर क्षैतिज (Horizontal) होती है, अर्थात् एक जाति में ही अनेक जातियाँ देखी जा सकती हैं जिन सबका जातीय संस्तरण में एक ही स्थान होते हुए भी जो परस्पर एक-दूसरे को ऊँचा-नीचा मानती हैं। उदाहरण के लिए सभी ब्राह्मण अन्य जातियों से ऊँचे माने जाते हैं परन्तु ब्राह्मणों में भी गौड़, कान्यकुब्ज, सारस्वत आदि भिन्न-भिन्न उपजातियाँ हैं जो एक-दूसरे को ऊँचा-नीचा मानती हैं अथवा किसी को निकट और किसी को दूर मानती हैं। यह विभिन्न ब्राह्मण-समूहों का क्षैतिज विस्तार है। इसी तरह शूद्रों में भी अनेक जातियाँ देखी जा सकती हैं। केवल शूद्रों में ही क्यों बल्कि शूद्रों की विशेष जातियों में जैसे चमारों में अनेक उप-जातियाँ देखी जा सकती हैं। एक क्षत्रिय के लिए तो हर एक चमार चमार है; परन्तु चमार के लिए हर एक चमार एक जैसा नहीं है। जहाँ तक सामाजिक दूरी का प्रश्न है हर एक चमार से हर एक क्षत्रिय की और हर एक ब्राह्मण की सामाजिक दूरी एक सी होगी। परन्तु फिर चमारों की विभिन्न उपजातियों में एक दूसरे से सामाजिक दूरी दिखलाई पड़ती है। इसी तरह बनियों में भी बहुत सी उपजातियाँ देखी जा सकती हैं। इन सब उदाहरणों से स्पष्ट है कि आचार-विचार के परिवर्तन से जो नई-नई उपजातियाँ बनती हैं वे ऊर्ध्व रूप में सामाजिक संस्तरण में ऊपर नहीं उठतीं बल्कि क्षैतिज रूप में एक ही स्तर पर फैल जाती हैं। इस प्रकार

1. "In short, it took over, as far as possible, the customs, rites and beliefs of the Brahmins, and the adoption of the Brahmanic way of life by a low caste seems to have been frequent, though theoretically forbidden." —M. N. Srinivas.
2. "It is a process, where does the process stop, and why? —D. N. Majumdar.

क्षैतिज रूप में किसी भी उपजाति का स्थान चाहें कुछ भी हो ऊर्ध्व रूप से ऊँची जातियों से उसकी सामाजिक दूरी एकसी रहती है।

संस्कृतीकरण से अधिक असंस्कृतीकरण

डॉ० मजूमदार केवल संस्कृतीकरण की आलोचना ही नहीं करते बल्कि यह दिखलाते हैं कि संस्कृतीकरण से अधिक भारत के सभी लोगों में असंस्कृतीकरण (Desanskritization) दिखलाई पड़ता है। यह संस्कृतीकरण की विरोधी प्रक्रिया है। उसमें ऊँची जातियाँ ही अपने विशेष आचार-विचार, रीति-रिवाज, वेशभूषा आदि छोड़ती दिखाई पड़ती हैं। उदाहरण के लिए काश्मीरी पंडितों में बहुत से लोगों ने अपने परम्परागत आचार-विचार और तरीकों को छोड़ दिया। असंस्कृतीकरण का एक अन्य उदाहरण ऊँची जातियों के द्वारा नीची जातियों के व्यवसाय ग्रहण करना है। आज बहुत से ब्राह्मण अन्य व्यवसाय करते देखे जा सकते हैं। इसी तरह बहुत से क्षत्रिय दूसरे लोगों का व्यवसाय करने लगे हैं। डॉ० मजूमदार के अनुसार विभिन्न जातियों की सामाजिक दूरी कम होने का कारण संस्कृतीकरण नहीं बल्कि ऊँची जातियाँ ही नीची जातियों के आचार-विचार को ग्रहण कर रही हैं और अपने आचार-विचार छोड़ती जाती हैं।

पाश्चात्य संस्कृति का प्रभाव

असंस्कृतीकरण की इस प्रक्रिया में पाश्चात्य संस्कृति ने भी सहायता की है। पाश्चात्य संस्कृति के प्रभाव से लोग अपनी जातिगत विशेषताओं को छोड़ते जा रहे हैं। सभी जातियों में सभी पढ़े-लिखे लोगों में पाश्चात्य संस्कृति का प्रभाव देखा जा सकता है। बंगाल में कुलीनता के विचार के समाप्त होने का उदाहरण देते हुए डॉ० मजूमदार ने बतलाया है कि किस तरह अपनी विशेषताओं को छोड़ने से ऊँची जातियों का विघटन हो सकता है। डॉ० मजूमदार इस बात से इन्कार नहीं करते कि असंस्कृतीकरण कहीं-कहीं पर स्पष्ट देखा जा सकता है परन्तु उनके मतानुसार असंस्कृतीकरण की प्रक्रिया अधिक व्यापक और तीव्र है। उन्होंने यह दिखलाया है कि जातियों की प्रगति ऊर्ध्वोन्मुख न होकर क्षैतिज अधिक हो रही है। इस प्रकार डॉ० मजूमदार संस्कृतीकरण को वैज्ञानिक प्रत्यय नहीं मानते। उनके अनुसार, ''संस्कृतीकरण प्रत्ययों के एक समूह को अभिव्यक्त करता है और अधिक से अधिक एक ढीला प्रत्यय है जिसमें कोई विशेषता नही है।''[1] डॉ० मजूमदार सांस्कृतिक परिवर्तन में संस्कृतीकरण शब्द के प्रयोग करने के विरुद्ध हैं। विशेष तौर से जातियों की ऊर्ध्वोन्मुख और क्षैतिज गतिशीलता में तो इसका प्रयोग होना ही नहीं चाहिये। फिर भी अन्य उपयुक्त प्रत्ययों के अभाव में सीमित अर्थ में इसका प्रयोग हो सकता है। डॉ० मजूमदार ने यह माना है कि जब तक भारतीय समाज में, विशेषतया हिन्दू समाज में, होते हुए सांस्कृतिक परिवर्तन को समझाने के लिए

---

1. "Sanskritization connotes a group of concepts and at best a loose one, devoid of any special merit." —D.N. Majumdar.

अधिक उपयुक्त शब्द न मिलें तब तक संस्कृतीकरण और उसका विरोधी असंस्कृतीकरण प्रत्यय इस्तेमाल किया जा सकता है। जैसा कि पहले बतलाया जा चुका है, मोहाना गाँव में अध्ययन के आधार पर डॉ० मजूमदार इस निष्कर्ष पर पहुँचे हैं कि हिन्दू संस्कृति में संस्कृतीकरण की अपेक्षा असंस्कृतीकरण की प्रक्रिया अधिक तीव्र है।

निष्कर्ष

वास्तव में, यदि गौर से देखा जाये तो अभी भारत में सांस्कृतिक परिवर्तन की प्रक्रिया का इतना व्यापक अध्ययन नहीं किया गया है कि इस विषय में कोई निष्कर्ष दिया जा सके। यह तो मानना ही पड़ेगा कि देश में संस्कृतीकरण और असंस्कृतीकरण दोनों ही प्रक्रियायें देखी जा सकती हैं और किसी विशेष स्थान पर इनमें से एक अथवा दूसरी प्रबल हो सकती है; परन्तु पर्याप्त वैज्ञानिक सामग्री के अभाव में यह निश्चित रूप से नहीं कहा जा सकता कि सम्पूर्ण भारत में इनमें से कौन सी प्रक्रिया अधिक तीव्र है। जहाँ तक अनुमान का प्रश्न है डॉ० मजूमदार का मत अधिक उपयुक्त जंचता है परन्तु केवल अनुमान के आधार पर कही हुई बात पूर्ण रूप से वैज्ञानिक नहीं कही जा सकती। इस सम्बन्ध में निष्कर्ष पर पहुँचने के लिए अभी देश के विभिन्न भागों में और भी बहुत से वैज्ञानिक अध्ययन करने की आवश्यकता है।

अभ्यास के लिए प्रश्न

प्रश्न 1. आधुनिक भारत में परिवर्तन के प्रसंग में संस्कृतीकरण और पश्चिमीकरण की प्रक्रियाओं की विवेचना कीजिये?

प्रश्न 2. संस्कृतीकरण और पश्चिमीकरण में अन्तर कीजिये। वे भारत में सामाजिक परिवर्तन के लिए कहाँ तक उत्तरदायी हैं?

प्रश्न 3. सामाजिक परिवर्तन में संस्कृतीकरण के कार्य भार की विवेचना कीजिये।

प्रश्न 4. संस्कृतीकरण से आप क्या समझते हैं? क्या यह जाति गतिशीलता की व्याख्या करता है।

प्रश्न 5. संस्कृतीकरण के प्रत्यय की परिभाषा कीजिये।

प्रश्न 6. संस्कृतीकरण पर एक टिप्पणी लिखिये।

11

पश्चिमीकरण

(Westernization)

आधुनिक काल में भारतवर्ष में सामाजिक परिवर्तन उत्पन्न करने में पश्चिमीकरण का महत्वपूर्ण योगदान है। पश्चिमीकरण का अर्थ पाश्चात्य संस्कृति के रंग में रंगने से है। पाश्चात्य संस्कृति का यह प्रभाव भारतवर्ष में अंग्रेजों के शासन काल में पड़ा। इसलिए डॉ० एम० एन० श्रीनिवास ने 'पश्चिमीकरण' शब्द की परिभाषा करते हुए लिखा है, "मैंने 'पश्चिमीकरण' शब्द को अन्य स्थान पर ब्रिटिश राज्य के डेढ़ सौ वर्ष के शासन के परिणामस्वरूप भारतीय समाज और संस्कृति में उत्पन्न हुए परिवर्तनों के लिए प्रयोग किया है, और यह शब्द प्रौद्योगिकी, संस्थाओं, विचारधारा और मूल्यों—विभिन्न स्तरों पर उत्पन्न होने वाले परिवर्तनों को सम्मिलित करता है।"[1] संक्षेप में पश्चिमीकरण से प्रौद्योगिकी, समाज और संस्कृति के विभिन्न पहलुओं में परिवर्तन हुए।

पश्चिमीकरण और नगरीकरण

भारतवर्ष में पश्चिमीकरण का प्रभाव मुख्य रूप से नगरों में देखा जा सकता है परन्तु इसका अर्थ यह नहीं है कि पश्चिमीकरण नगरीकरण (Urbanization) है। भारत के बहुत से गाँवों में बहुत से लोगों के जीवन में नगरों में रहने वाले बहुत से लोगों की तुलना में अधिक पश्चिमीकरण देखा जा सकता है। नगरों की तुलना में गाँवों में पश्चिमीकरण कम होने पर भी बहुत से लोगों में वह नगरों से भी अधिक है। अस्तु, पश्चिमीकरण नगरीकरण का अनिवार्य परिणाम अथवा लक्षण नहीं है। इसलिए इन दोनों को अलग-अलग समझा जाना चाहिये। प्रस्तुत पुस्तक में इसी कारण आधुनिक भारतीय परिवर्तन की इन दोनों प्रक्रियाओं का अलग-अलग वर्णन किया गया है।

---

1. "I have used elsewhere the term 'Westernization' to characterise the changes brought about in Indian society and culture as a result of over 150 years of British rule and the term subsumes changes occurring at different levels-technology, institutions, ideology, values"

--Srinivas, M. N, *Social Change in Modern India*, University of California Press (1966), p. 47.

पश्चिमीकरण और आधुनिकीकरण

बहुत से लोग पश्चिमीकरण को आधुनिकीकरण (Modernization) मान बैठते हैं क्योंकि पाश्चात्य संस्कृति आधुनिक मानी जाती है; किन्तु वास्तव में इन दोनों में अन्तर किया जाना चाहिए। डेनियल लर्नर ने पश्चिमीकरण को आधुनिकीकरण से अधिक सीमित माना है। सभी देशों में पश्चिम के प्रभाव से ही आधुनिकीकरण नहीं हुआ है। उदाहरण के लिए कुछ देशों में पश्चिम की तुलना में जापान और सुदूर-पूर्व के देशों की संस्कृति से आधुनिकीकरण हुआ है। अस्तु, आधुनिकीकरण में वे सभी परिवर्तन आ जाते हैं जो किसी भी संस्कृति के प्रभाव से सन्देशवहन के साधनों में क्रान्ति, नगरीकरण में वृद्धि, साक्षरता में वृद्धि, प्रति व्यक्ति आय में वृद्धि, अधिक लोगों को मतदान देने का अधिकार और सामाजिक गतिशीलता में वृद्धि इत्यादि परिवर्तनों के रूप में दिखलाई पड़ते हैं।

पश्चिमीकरण के लक्षण

चूंकि भारतवर्ष में आधुनिकीकरण पश्चिमीकरण के परिणाम से हुआ है इसलिये यहाँ पर उपरोक्त आधुनिक परिवर्तनों को पश्चिमीकरण का परिणाम माना जा सकता है। पश्चिमीकरण के प्रत्यय को और भी स्पष्ट रूप से समझने के लिए उसकी प्रकृति को समझना आवश्यक है। डॉ॰ श्रीनिवास के अनुसार पश्चिमीकरण की प्रकृति निम्नलिखित लक्षणों से स्पष्ट होती है—

(1) **नैतिक रूप से तटस्थ**—आधुनिकीकरण को सामान्य रूप से अच्छा माना जाता है किन्तु पश्चिमीकरण के साथ में यह अनिवार्य नहीं है। पश्चिमीकरण अच्छे और बुरे दोनों ही प्रकार के हुए हैं। वास्तव में पश्चिमीकरण नैतिक रूप से तटस्थ प्रत्यय है, उस पर अच्छे-बुरे का निर्णय नहीं दिया जा सकता।

(2) **पश्चिमीकरण की सीमायें**—पश्चिमीकरण और पाश्चात्य संस्कृति में भी अन्तर किया जाना चाहिए। पाश्चात्य संस्कृति के सभी तत्व पश्चिम में उत्पन्न नहीं हुए हैं। उदाहरण के लिए ईसाई धर्म की उत्पत्ति एशिया में हुई। दशमलव पद्धति भारतवर्ष में उत्पन्न हुई और अरब से होते हुए यूरोप में पहुँची। बारूद, छापाखाना और कागज का आविष्कार चीन में हुआ। ये सब पाश्चात्य संस्कृति के महत्वपूर्ण अंग हैं परन्तु ये पश्चिम की उपज नहीं हैं। फिर पश्चिमी से जो अनेक देशों का बोध होता है उन सब में कोई सामान्य संस्कृति नहीं मिलती। उदाहरण के लिए संयुक्त राज्य अमरीका, कनाडा, ग्रेट ब्रिटेन, फ्रांस, जर्मनी, इटली और रूस आदि पश्चिमी देशों में भारी सांस्कृतिक अन्तर दिखलाई पड़ता है। भारतवर्ष में सामाजिक परिवर्तन के रूप में पश्चिमीकरण की जो प्रक्रिया काम करती है उसे ब्रिटिश संस्कृति का प्रभाव समझा जाना चाहिये।

(3) **व्यापक, जटिल और बहुस्तरीय प्रत्यय**—पश्चिमीकरण का प्रत्यय एक व्यापक प्रत्यय है। इसमें वे सभी परिवर्तन आते हैं जो पाश्चात्य प्रौद्योगिकी और आधुनिक विज्ञान का परिणाम है। दूसरे, पश्चिमीकरण की प्रक्रिया से समाज

और संस्कृति के विभिन्न पहलुओं पर भिन्न-भिन्न प्रभाव पड़े हैं, इस प्रकार वह एक जटिल प्रक्रिया है। तीसरे, पश्चिमीकरण का प्रभाव अनेक स्तरों पर हुआ है। उदाहरण के लिए पहले लोग जमीन पर बैठकर धातु के बर्तन में पत्तों पर भोजन किया करते थे, अब मेज-कुर्सी पर बैठकर छुरी-काँटे से खाना खाते हैं, इससे भोजन धार्मिक क्रिया नहीं रह गई और उसका लौकिकरण हो गया। जहाँ पश्चिमीकरण का व्यापक प्रभाव हुआ है वहाँ अनेक क्षेत्रों में पश्चिमीकरण के प्रभाव की सर्वथा अवहेलना की गई है। इस प्रकार पश्चिमीकरण करने से यह नहीं समझा जाना चाहिए कि उसका सब कहीं एकसा प्रभाव पड़ा है।

(4) चेतन-अचेतन प्रक्रिया—पाश्चात्य संस्कृति के प्रभाव को भारत में सब कहीं जान-बूझकर नहीं अपनाया गया है। जहाँ कुछ क्षेत्रों में जान-बूझकर अंग्रेजों का अनुकरण किया गया है वहाँ अन्य क्षेत्रों में अचेतन रूप से ही ऐसा हुआ है। जो लोग अंग्रेजों के निकट सम्पर्क में आए उन पर अंग्रेजों का प्रभाव पड़ना स्वाभाविक ही था, भले ही वे जानबूझकर ऐसा न करें।

पश्चिमीकरण के परिणाम

भारतवर्ष में पाश्चात्य संस्कृति के प्रभाव के परिणामस्वरूप निम्नलिखित परिवर्तन देखे जा सकते हैं। इस विषय में विस्तार से आगे बतलाया जाएगा। यहाँ पर पश्चिमीकरण के परिणामों के विषय में डॉ० श्रीनिवास का मत संक्षेप में बतलाना पर्याप्त है।

(1) संस्थाओं पर प्रभाव—पश्चिमीकरण के प्रभाव से जाति-प्रथा, संयुक्त परिवार इत्यादि अनेक पुरानी संस्थाओं में महत्वपूर्ण परिवर्तन हुए, दूसरी ओर समाचारपत्र, मतदान, ईसाई मिशनरी जैसी नई संस्थाओं का जन्म हुआ।

(2) मूल्यों में परिवर्तन—पश्चिमीकरण के परिणामस्वरूप भारतवर्ष में मानवतावाद, समानतावाद तथा लौकिकवाद के मूल्य बढ़े। ब्रिटिश, सिविल और पीनल कानून ने हिन्दू और मुस्लिम कानून में व्यापक परिवर्तन किए। सभी लोगों को न्याय और कानून के सामने समानता दी गई। दास-प्रथा को समाप्त कर दिया गया और प्रत्येक धर्म, प्रजाति तथा जाति के लोगों को विद्यालयों में प्रवेश की अनुमति दी गई। क्रमशः स्त्रियों में भी शिक्षा का प्रचार हुआ। सैद्धान्तिक रूप से सभी लोगों को सामान्य आर्थिक अवसर दिए गए। अनेक तथाकथित धार्मिक प्रथाओं को समाप्त कर दिया गया जो मनुष्य में अन्तर फैलाती थीं। इस प्रकार की प्रथाओं में अस्पृश्यता उल्लेखनीय है।

(3) सरकारी सुधार—पश्चिमीकरण के प्रभाव से समस्त देश में राज्यों की ओर से अनेक सुधार किए गए जिनसे महामारियों को रोकने, अकालों से बचाव और शिक्षा के प्रसार की दिशा में महत्वपूर्ण कार्य हुआ।

(4) हिन्दुत्व की पुनः व्याख्या—पाश्चात्य संस्कृति के प्रभाव से आर्य-समाज, ब्रह्म-समाज, प्रार्थना-समाज, थियोसोफिकल सोसाइटी, रामकृष्ण विवेकानन्द मिशन

आदि अनेक समाज-सुधारक आन्दोलनों ने हिन्दू धर्म और संस्कृति की जाँच की और उसके अनेक पहलुओं की आधुनिक विज्ञान की प्रगति के प्रकाश में व्याख्या की। हिन्दू धर्म की व्याख्या करने में महर्षि दयानन्द, रामकृष्ण परमहंस, विवेकानन्द, रवीन्द्रनाथ ठाकुर, श्री अरविन्द, महात्मा गाँधी और राजा राममोहन राय ने महत्वपूर्ण कार्य किया। इससे हिन्दू धर्म के अनेक ऐसे पहलुओं की ओर संकेत किया गया जिनमें परिवर्तन आवश्यक था। इससे सती प्रथा-निषेध, बाल-विवाह पर रोक, विधवा पुनर्विवाह की अनुमति, अस्पृश्यता उन्मूलन जैसे महत्वपूर्ण सामाजिक सुधार हुए।

(5) विविध राजनीतिक और सांस्कृतिक आन्दोलन—उपरोक्त समाज-सुधार आन्दोलनों के अतिरिक्त पश्चिमीकरण के प्रभाव से भारतवर्ष में राजनीति और संस्कृति के क्षेत्र में अनेक आन्दोलन प्रारम्भ हुए। जहाँ एक ओर राष्ट्रीय आन्दोलन का जन्म हुआ वहाँ दूसरी ओर साम्प्रदायिक, जातिवादी, क्षेत्रवादी, भाषावादी और प्राचीन परम्परावादी आन्दोलन उत्पन्न हुए। इन आन्दोलनों ने अनेक विचारों के प्रचार के लिए शिक्षा, पुस्तकें, समाचारपत्र, पत्रिकायें आदि के माध्यम अपनाए।

(6) शिक्षा का प्रचार—पश्चिमीकरण का सबसे अधिक महत्वपूर्ण प्रभाव आधुनिक शिक्षा के व्यापक प्रचार के रूप में दिखलाई पड़ता है। अंग्रेजी शासनकाल में नाना प्रकार के विद्यालय, कालिज और विश्वविद्यालय खुले। देश में अनेक पत्र-पत्रिकायें विभिन्न विचारधाराओं को फैलाने लगीं। साक्षरता आन्दोलन बढ़ा और एक ऐसे शिक्षित वर्ग का निर्माण हुआ जो आधुनिक भारतीय क्रान्ति का अग्रदूत बन गया।

पश्चिमीकरण के वाहक

भारत में पश्चिमीकरण की प्रक्रिया को अंग्रेज और भारतीय दोनों ने ही फैलाया। अस्तु दोनों ही पश्चमीकरण के वाहक कहे जा सकते हैं। अंग्रेजों में तीन वर्ग के लोगों का प्रभाव देखा जा सकता है, एक तो सैनिक और सिविलियन अधिकारी जो सबसे ऊँचे स्तर पर थे; दूसरे, सौदागर व्यापारी और बगीचों के मालिक जोकि इनसे नीचे स्तर पर थे और तीसरे, मिशनरी अंग्रेजों का वर्ग। इन तीनों ही वर्गों के अंग्रेजों ने भारतवर्ष में पश्चिमीकरण फैलाया दूसरी ओर अनेक भारतीयों ने भी पश्चिमीकरण की प्रक्रिया में योगदान दिया। इनमें निम्नलिखित दो वर्गों के लोग सम्मिलित हैं—

(1) अंग्रेजों के प्रत्यक्ष सम्पर्क में आने वाले—जो भारतीय अंग्रेजों के प्रत्यक्ष सम्पर्क में आए उन पर अंग्रेजों का प्रभाव पड़ना स्वाभाविक था। इनमें एक ओर वे लोग थे जो अंग्रेजों के यहाँ चपरासी, खानसामा आदि की नौकरी करते थे, दूसरी ओर वे लोग थे जो हिन्दू-धर्म छोड़कर ईसाई बन गये थे। इन दोनों का पश्चिमीकरण की प्रक्रिया में गौण महत्व है।

(2) अप्रत्यक्ष रूप से प्रभावित—भारतवर्ष में पश्चिमीकरण की प्रक्रिया में उन भारतीयों का अधिक योगदान है जो पाश्चात्य संस्कृति से अप्रत्यक्ष रूप से

प्रभावित थे। इनमें एक ओर वे भारतीय सम्मिलित हैं जिन्होंने नई शिक्षा पाई, विभिन्न व्यवसायों में दाखिल हुये, अंग्रेजी नौकरशाही में नौकरी की अथवा बड़े-बड़े नगरों में उद्योग और व्यापार चलाए। इन लोगों में सभी मध्यम वर्ग के नहीं थे। उदाहरण के लिए राजा राममोहन राय और रवीन्द्र नाथ ठाकुर उच्च वर्ग के परिवार में उत्पन्न हुए थे। इन अंग्रेजी पढ़े-लिखे लोगों ने हिन्दू समाज और संस्कृति में व्यापक परिवर्तनों की ओर अनेक आन्दोलन चलाकर उन परितर्वनों को उत्पन्न किया। मुस्लिम समाज में सर सैयद अहमद खाँ इसी वर्ग के भारतीय लोगों में आते हैं जिन्होंने मुस्लिम समाज के पश्चिमीकरण में महत्वपूर्ण कार्य किया। पिछड़े वर्गों में डॉ० भीमराव अम्बेडकर ने पश्चिमीकरण की दिशा में महत्वपूर्ण कार्य किया। इन उल्लेखनीय महापुरुषों के अलावा हिन्दुओं में अनेक जातियों का विशेष रूप से पश्चिमीकरण हुआ जिनमें उत्तरी भारत के कायस्थ, बंगाल के वैद्य, पश्चिमी भारत के पारसी और बनिया, उत्तर प्रदेश के कुछ मुसलमानों और केरल के नायर लोगों में पाश्चात्य शिक्षा का विशेष प्रभाव पड़ा।

भारतीयों के द्वारा पश्चिमीकरण का विस्तार अंग्रेजी अस्पतालों में रहने वाले रोगियों, अंगेजी न्यायालय में जाने वाले वादियों और प्रतिवादियों तथा समाचारपत्रों और पुस्तकों को पढ़ने वालों के माध्यम से भी हुआ। उदाहरण के लिए कलकत्ता, बम्बई और मद्रास में सबसे पहले पश्चिमीकरण हुआ और क्रमशः यह प्रक्रिया देश के बाकी भागों में फैली।

जैसा कि पीछे बतलाया जा चुका है, भारतवर्ष में पश्चिमीकरण से जो कुछ भी ग्रहण किया गया उसमें बहुत कुछ का चुनाव किया गया और कुछ को छोड़ दिया गया, कुछ का विस्तार किया गया और कुछ की फिर व्यवस्था की गई। पश्चिमीकरण की भारवतर्ष में सफलता भारतीय संस्कृति की परम्परागत सहिष्णुता का परिणाम था। भारतवर्ष में उदारता, सहिष्णुता और आत्मालोचन की अति प्राचीन परम्परा रही है। आधुनिक पश्चिमीकरण से प्रभावित विवेकानन्द, रानाडे, गोखले, तिलक, टैगौर, श्री अरविन्द, पटेल, गाँधी, नेहरू, राधाकृष्णन जैसे महापुरुषों ने प्राचीन भारतीय संस्कृति और दर्शन का पाश्चात्य विज्ञान और आधुनिक चेतना से समन्वय करने की चेष्टा की। पूर्व और पश्चिम की संस्कृति के इस मिलन का विश्लेषण इस अध्याय में आगे किया गया है जिससे यह स्पष्ट होगा कि पश्चिमीकरण भारतवर्ष में किस रूप में ग्रहण किया गया है और किस रूप में ग्रहण किया जाना चाहिये।

भारतीय समाज पर पश्चिम का प्रभाव

भारतीय जीवन पर पश्चिम के प्रभाव के सम्बन्ध में श्री हुमायूँ कबीर ने लिखा है, ''चपल यूरोपीय भावनाओं ने प्रत्येक वस्तु की सूक्ष्म परीक्षा की। एक ओर तो भौतिक जीवन की अवस्थाओं में परिवर्तन हो गया। दूसरी ओर विश्वासों और परम्पराओं के आधारों को नष्ट कर दिया गया।'' पश्चिम का यह प्रभाव भारतीय जीवन में जाति-प्रथा, शिक्षा, सामाजिक जागृति, राजनीतिक जागृति, संयुक्त परिवार

व्यवस्था, अर्थ-व्यवस्था, विवाह की संस्था, अस्पृश्यता तथा रीति-रिवाजों आदि पर पड़ा।

भारत में जाति-प्रथा पर पश्चिम के प्रभाव में निम्नलिखित उपकरण महत्वपूर्ण कारक थे–

1. जाति-प्रथा पर पश्चिम का प्रभाव

(1) औद्योगीकरण–अंग्रेजों के आने से भारत में नए-नए उद्योग-धन्धे बढ़े। कारखानों में सभी धर्म और जातियों के लोग एक साथ काम करते हैं। उनकी समस्यायें एक हैं और उनके स्वार्थ भी एक हैं। साथ-साथ काम करने आदि से परस्पर मिलना-जुलना आवश्यक हो गया। ऐसी परिस्थिति में ऊँच-नीच का भाव चल नहीं सकता। अतः जातिगत भेदभाव के बन्धन ढीले पड़ने लगे।

(2) नगरीकरण–औद्योगीकरण के कारण देश में सैकड़ों छोटे-बड़े नगर बढ़ने लगे और लाखों मजदूर गाँवों को छोड़कर नगरों में काम करने लगे। नगरों की भीड़भाड़ से दूर-दूर से आए हुए लोगों का जात-पांत का विचार कम होने लगा। उन पर जातीय पंचायतों का नियन्त्रण उठ जाने से भी जातीय बन्धन ढीले पड़ने लगे। इस प्रकार नगरीकरण (Urbanization) ने जाति-प्रथा को बड़ा निर्बल किया।

(3) आवागमन के साधन–आवागमन के साधनों से जाति के बन्धन ढीले पड़े। आवागमन के साधन रेल, बस, टैक्सी, रिक्शा आदि में यात्रा करने वाले छुआछूत का विचार नहीं रखते। इसलिए जब पहले रेलगाड़ी चली तो लागों ने घोर विरोध किया, परन्तु अब सभी लोग रेलों और बसों का प्रयोग करते हैं।

(4) अंग्रेजी शिक्षा–भारत में अंग्रेजी शिक्षा के प्रचार से जाति-प्रथा को बड़ा धक्का लगा। अंग्रेजी पढ़ने से लोगों में उदार विचारों का प्रचार हुआ। उनके रहन-सहन, खान-पान, वेशभूषा के साथ-साथ उनके विचारों पर भी पश्चिम के विचारों, स्वतन्त्रता, समानता आदि का प्रभाव पड़ा। इससे पढ़े-लिखे लोगों में अन्तर्जातीय विवाह होने लगे। पढ़ाई के लिए विदेश जाने वाले लोग तो बहुधा पूरे साहब बनकर लौटते थे। प्रारम्भ में विदेश जाने का बड़ा विरोध था परन्तु अब धीरे-धीरे इस प्रकार की संकीर्णता उठती जा रही है। अंग्रेजी शिक्षा के प्रचार से स्त्रियों में स्वतन्त्रता और समानता की भावना फैली।

(5) पाश्चात्य सभ्यता का प्रभाव–पाश्चात्य सभ्यता के प्रभाव से भारत में जाति-प्रथा के बन्धन टूटने लगे। पाश्चात्य सभ्यता के रंग में रंगकर सभी जातियों का खान-पान, वेशभूषा, रहन-सहन, रीति-रिवाज आदि एक से हो गए। उनमें जाति के स्थान पर वर्ग का भेद दिखाई देने लगा। कलकत्ता में जब पहला मैडिकल कालिज खुला तो मुर्दा चीरना अधर्म और जाति भ्रष्ट करने वाला माना जाता था। बाद में यह मान लिया गया कि शिक्षा की दृष्टि से मुर्दा चीरना बुरा नहीं है। पानी के पाइपों तथा होटलों ने खान-पान में छुआछूत के विचार को बहुत कम कर दिया। डॉ० भगवानदास ने लिखा है, "जब काशी में नल लगाए गए तो लोगों ने उनका इस

आधार पर विरोध किया कि जल विभाग में न जाने किन-किन जातियों के लोग काम करेंगे और ऊँची जाति के लोगों को उनके हाथ का पानी पीकर भ्रष्ट होना पड़ेगा, परन्तु अब सभी नल (Pipe) का पानी प्रयोग करते हैं।'' प्रारम्भ में अंग्रेजों के लाए हुए आलू, टमाटर आदि को खानें में भी लोग संकोच करते थे। अब ब्राह्मण लोग बिस्कुट, आइस-क्रीम, अण्डों वाला केक आदि बेधड़क खाते हैं।

2. अस्पृश्यता पर पश्चिम का प्रभाव

जाति-प्रथा को दुर्बल बनाने के साथ-साथ पश्चिम के प्रभाव ने भारत में अस्पृश्यता के विचार को मिटाने में भी सहायता की। आवागमन के साधनों, नगरीकरण, औद्योगीकरण आदि के कारण भी अस्पृश्यता का विचार ढीला पड़ा क्योंकि सड़कों पर बसों, रेलों और रिक्शों में, स्टेशनों और होटलों में और कल-कारखानों में किसी की जात पूछकर उठना-बैठना, खाना-पीना आदि नहीं हो सकता। पाश्चात्य शिक्षा के प्रचार से लोगों में समानता की भावना उत्पन्न हुई। देश में सामाजिक राजनीतिक जागृति फैली।

3. स्त्रियों पर पश्चिम का प्रभाव

भारतवर्ष में पश्चिम का प्रभाव स्त्रियों पर बहुत अधिक पड़ा। पाश्चात्य विचारों के प्रकाश में हिन्दू स्त्रियों ने समाज में अपनी स्थिति का मूल्यांकन किया। अंग्रेजी शिक्षा के प्रभाव से उन्होंने यह अनुभव किया कि वे पुरुषों से किसी भी प्रकार कम नहीं हैं। आधुनिक मनोवैज्ञानिक खोजों ने यह सिद्ध कर दिया है कि स्त्री-पुरुष की शक्ति, योग्यता, विचार, रहन-सहन आदि के भेद किसी मौलिक अथवा प्राकृतिक भेद के कारण नहीं हैं बल्कि मनुष्य के बनाये हुए सांस्कृतिक परिवेश के कारण हैं। अतः पाश्चात्य विचारों के प्रभाव से स्त्रियों ने जीवन के प्रत्येक क्षेत्र में पुरुष से समानता की माँग की। भारत में स्त्रियों को ऊँची शिक्षा प्राप्त करने की अनुमति नहीं थी। उनके लिये रामायण बाँचने का ज्ञान होना ही बहुत समझा जाता था। स्त्रियों की शिक्षा के लिए सुधारकों को बड़ा संघर्ष करना पड़ा। सबसे पहले कलकत्ता विश्वविद्यालय ने स्त्रियों को उच्च शिक्षा की स्वीकृति दी। क्रमशः स्त्रियों में उच्च शिक्षा बढ़ने लगी। अंग्रेजी शिक्षा के माध्यम से भारतीय स्त्रियों पर अंग्रेजी सभ्यता का प्रभाव पड़ा। इस प्रभाव से कुछ महत्वपूर्ण परिवर्तन दिखाई पड़े जैसे (1) पर्दे का बहिष्कार, (2) पुरुष के साथ समानता की माँग।

4. सामाजिक संरचना पर पश्चिम का प्रभाव

भारतीय सामाजिक संरचना पर भी पश्चिम का महत्वपूर्ण प्रभाव पड़ा है। भारतीय सामाजिक संगठन जाति-व्यवस्था पर आधारित है। ये जातियाँ अन्तर्विवाही समूह हैं और जन्म से निर्धारित की जाती हैं। ये विशेषतः ग्रामीण सामाजिक ढाँचे पर आधारित हैं। पश्चिम के प्रभाव से जाति-व्यवस्था निर्बल पड़ रही है और उसका स्थान पश्चिमी देशों की वर्गव्यवस्था ले रही है। इस परिवर्तन का एक बड़ा कारण ग्रामीण सामाजिक ढाँचे का विघटन भी है। देश में मशीनों के प्रभाव से बढ़े हुए

औद्योगीकरण से ग्रामीण अर्थव्यवस्था के स्थान पर औद्योगिक अर्थव्यवस्था स्थापित हो रही है। पश्चिमी विचारों के प्रभाव से समाज अधिक गतिशील (Dynamic) हो गया है और उसमें पुरानी रूढ़ियाँ बड़ी तेजी से टूट रही हैं। नगरीय व्यवस्था में जात-पाँत के बन्धन चल भी नहीं सकते। मण्डियों, बाजारों, कल-कारखानों, होटलों, चाय की दुकानों, बसों और ट्रामों में जाति का भेदभाव नहीं होता। पश्चिम के प्रभाव से जाति के स्थान पर धन का आदर होने लगा है। अतः अब जाति का विचार छोड़कर सभी लोग धन की दृष्टि से व्यवसाय करते हैं। पाश्चात्य शिक्षा धर्म-निरपेक्ष (Secular) है, अतः उससे धार्मिक कर्मकाण्ड का महत्व कम हो जाता है। आज देश में व्यवसायों के आधार पर संगठन बन रहे हैं। जातीय चेतना का स्थान वर्ग-चेतना ले रही है।

5. विवाह की संस्था पर पश्चिम का प्रभाव

सामाजिक संस्थाओं में भारत में पश्चिम का प्रभाव विवाह की संस्था पर सबसे अधिक पड़ा। इस विषय में उल्लेखनीय परिवर्तन निम्नलिखित हैं—

(1) **विवाह के आधार में परिवर्तन**—आज भारत में विवाह का आधार धर्म नहीं अपितु प्रेम और दाम्पत्य प्रीति हो गया है।

(2) **विवाह पद्धति में परिवर्तन**—विवाह के आधार के साथ ही साथ विवाह पद्धति में भी थोड़ा बहुत परिवर्तन देखने में आता है। अभी भारत में सिविल मैरिज अधिक नहीं होती हैं परन्तु फिर भी इस ओर प्रवृत्ति अवश्य दिखाई पड़ती है। हिन्दू-विवाहों में पूजा पाठ कम और सजावट आदि अधिक होने लगी है। अब बारातों में अधिक लोग नहीं जाते, विवाह के अपव्यय कम करने का भी प्रयास किया जा रहा है।

(3) **जीवन साथी के चुनाव की स्वतन्त्रता**—पहले माँ-बाप ही विवाह के लिए लड़का देखते और विवाह तय करते थे। अंग्रेजी शिक्षा और पाश्चात्य सभ्यता के प्रभाव से अब युवक-युवतियाँ स्वयं अपना जीवन-साथी चुनना पसन्द करते हैं, क्योंकि उस पर सारे जीवन का सुख और सफलता निर्भर है।

(4) **बाल-विवाह का बहिष्कार**—पाश्चात्य विचारों के प्रभाव से और स्त्रियों में उच्च शिक्षा के प्रसार से भारत में बाल-विवाह का बहिष्कार हुआ क्योंकि स्त्रियों के स्वास्थ्य, शक्ति तथा जीवन की बड़ी हानि होती थी, शिक्षा में बाधा पड़ती थी और अवांछित सन्तानें उत्पन्न होती थीं।

(5) **अधिक आयु में विवाह**—बाल विवाह के बहिष्कार के साथ ही पश्चिम के प्रभाव से विवाह की आयु बढ़ती जाती है। पश्चिम में साधारणतया लोग शिक्षा समाप्त करके और व्यवसाय, नौकरी आदि निश्चित हो जाने के बाद ही विवाह करते हैं।

(6) **विवाह का अस्थायित्व**—'तलाक कानून' पास हो जाने, स्त्रियों की आर्थिक स्वतन्त्रता बढने और विवाह का आधार प्रेम होने के कारण विवाहों का

अस्थायित्व (Impermanency) बढ़ रहा है। अब विवाह एक ऐसा धार्मिक बन्धन नहीं रह गया जो कभी भी तोड़ा न जा सकता हो बल्कि वह एक सामाजिक समझौता बन गया है जिसको विशेष परिस्थितियों में तोड़ा जा सकता है।

(7) अन्तर्जातीय विवाह—पाश्चात्य सभ्यता के प्रभाव से तथा प्रेम को विवाह का एक मात्र आधार मान लेने से अब अन्तर्जातीय (Inter-Caste) विवाह होने लगे हैं। कहीं-कहीं अन्तर्धर्म (Inter-Religion) विवाह भी होते देखे जाते हैं।

(8) एक विवाह की प्रवृत्ति—पश्चिम के सभ्य देशों में सब-कहीं एक विवाह (Monogamy) की ही प्रथा है। पश्चिम के प्रभाव से भारत में भी एक विवाह की माँग की गई। 1955 के 'हिन्दू विवाह अधिनियम' से कोई भी व्यक्ति अपना जीवन साथी जीवित रहते हुए कोई दूसरा विवाह नहीं कर सकता।

(9) उन्मुक्त भोग की प्रवृत्ति—पश्चिम के प्रभाव से कुछ पढ़े-लिखे लोगों में उन्मुक्त भोग (Free Enjoyment) और विवाह को झंझट समझकर उससे बचने की प्रवृत्ति बढ़ती जाती है। स्त्री-पुरुष सभी में आजकल आजन्म कुँवारे रहने वाले व्यक्तियों की संख्या बढ़ती जाती है। क्योंकि विवाह के बिना भी यौन-सम्बन्ध सम्भव होने लगे हैं तथा विवाह के बन्धन अवांछनीय माने जाने लगे हैं।

6. परिवार की संस्था पर पश्चिम का प्रभाव

विवाह की संस्था के साथ-साथ पश्चिमी विचारों और आदर्शों ने भारत में परिवार की संस्था को भी प्रभावित किया है। इस विषय में उल्लेखनीय परिवर्तन निम्नलिखित हैं—

(1) संयुक्त परिवार का विघटन—पाश्चात्य विचारों के प्रभाव से भारत में संयुक्त परिवार प्रणाली विघटित होती जा रही है। संयुक्त परिवार के विघटन में पाश्चात्य व्यक्तिवादी (Individualistic) भावनाओं का बड़ा हाथ है। इससे आधुनिक युवक-युवती अपने को परिवार के लिए बलिदान कर देना और बड़ों के नियन्त्रण में जीवन व्यतीत कर देना मूर्खता समझते हैं। आधुनिक नारी सास-सुसर आदि की दासता से घृणा करती है। संयुक्त परिवार में फैशन आदि की भी स्वतन्त्रता नहीं रहती; एकान्त मिलने में भी कठिनाई होती है। इन सब मनोवैज्ञानिक कारकों के अतिरिक्त नगरीकरण, औद्योगीकरण आदि के कारण उत्पन्न हुई सामाजिक गतिशीलता का भी संयुक्त परिवार के विघटन में महत्वपूर्ण हाथ है।

(2) परिवार का छोटा होना—पश्चिम के प्रभाव से केवल संयुक्त परिवार का विघटन ही नहीं हुआ है बल्कि परिवार छोटे भी होने लगे हैं। विवाह का आधार परिवर्तित हो जाने के कारण अब परिवार में बच्चों की संख्या कम होने लगी है। पश्चिम के प्रभाव से भारत में भी अब गर्भ-निरोधक (Contracetpive) औषधियों का प्रभाव बढ़ने लगा है। इन सब कारणों से भारत में भी परिवार बराबर छोटा होता जा रहा है।

(3) परिवार का अस्थायित्व—पाश्चात्य स्त्रियों के समान भारत में पढ़ी-लिखी स्त्रियाँ भी पुरुषों के समान नौकरियाँ करने लगी हैं। स्त्री-पुरुष दोनों के नौकरी करने से उनके जीवन के क्षेत्र बंट जाते हैं। वैयक्तिकता तथा स्वतन्त्रता बढ़ने और विवाह का आधार प्रेम होने के कारण और बच्चों का मोह कम होने में विवाह-विच्छेद अब इतना कठिन नहीं रह गया है। इन सब कारणों से भारत में परिवार का स्थायित्व कम होता जा रहा है।

7. रीति-रिवाजों पर पश्चिम का प्रभाव

भारत में सामाजिक रीति-रिवाजों, खान-पान, रहन-सहन, वेशभूषा आदि पर पश्चिम का अत्यधिक प्रभाव पड़ा है। वेषभूषा में कोट-पैण्ट, जूता, मोजा आदि का रिवाज बढ़ रहा है। रहन-सहन में पश्चिम का स्पष्ट प्रभाव दिखाई पड़ता है। बम्बई और कलकत्ता में कुली भी गोराशाही हिन्दी बोलता है। मद्रास आदि में भंगी भी अंग्रेजी बोलने की चेष्टा करता है। नगरों में रिक्शे वाले तक पैण्ट, कोट, बुशशर्ट आदि का प्रयोग करने लगे हैं। प्रसाधन की सामग्रियों—लिपस्टिक, पाउडर, क्रीम आदि का प्रयोग तो गाँवों की स्त्रियों तक में फैलने लगा है। अंग्रेजी फैशन के बाल रखना एक आम रिवाज हो गया है। स्त्रियों में ऊँची एड़ी के सैंडिल, कमर तक का ब्लाउज, खुला सिर आदि का प्रचार हो गया है। पढ़े लिखे लोग अपने घर में अधिकतर कामों में, मकान की सजावट आदि में पश्चिम का अनुकरण करने लगे हैं और शहरी लोग ही नहीं बल्कि बेपढ़े-लिखे और गाँव के लोगों में भी परिवर्तन दिखाई पड़ते हैं।

8. भारतीय संस्कृति पर पाश्चात्य संस्कृति का प्रभाव

भारतीय रीति-रिवाजों के साथ ही भारतीय संस्कृति के अन्य अंगों पर भी पाश्चात्य संस्कृति का बड़ा प्रभाव पड़ा है। यह प्रभाव 'भाषा साहित्य', संगीत, कला, धर्म, नैतिकता आदि में दिखलाई पड़ता है।

(1) भाषा—भारतीय भाषाओं पर पश्चिम का भारी प्रभाव पड़ा है। भारतीय भाषाओं में जितने अधिक अंग्रेजी के शब्द आये हैं उतने अन्य भाषा के नहीं आये। इतना ही नहीं बल्कि इन शब्दों के बिना भारतीय भाषाओं का शब्द-भण्डार बड़ा अपूर्ण है। वास्तव में आधुनिक सभ्यता के विभिन्न उपकरण, वस्त्र, फैशन की वस्तुएँ, फर्नीचर, यातायात के साधन, सन्देशवहन के साधन, मशीनें, खेती के औजार आदि नागरिक जीवन में सब कहीं दिखलाई पड़ने वाली लाखों वस्तुएँ भारत को पश्चिम की देन हैं, और इस भण्डार में तीव्र गति से वृद्धि हो रही है। पश्चिम ही आधुनिक विज्ञान की प्रगति का केन्द्र है। विज्ञान के क्षेत्र में भारत को उससे बहुत कुछ सीखना है। अतः आधुनिक विज्ञान की देन सब वस्तुओं के नाम थोड़े-बहुत परिवर्तित होकर भारतीय बोलचाल की भाषा में अपना लिए गए हैं। इस प्रकार भारत में बोलचाल की भाषा में अंग्रेजी के हजारों शब्द प्रयोग किए जाते हैं जैसे प्लेटफार्म, लैटरबक्स, स्टेशन, कार, बस, रेल, टिकट, सिनेमा, रिक्शा, मोटर, स्कूल, कालिज, मीटिंग इत्यादि-इत्यादि।

(2) साहित्य—पाश्चात्य साहित्य का भारतीय साहित्य पर बड़ा प्रभाव पड़ा है। पश्चिमी साहित्य की रोमांचवाद (Romanticism), अस्तित्ववाद (Existentialism), मनोविश्लेषण (Psycho-Analysis) आदि प्रवृत्तियों का स्पष्ट प्रभाव भारतीय साहित्य में उपन्यासों और कहानियों तथा नाटकों में दिखाई पड़ता है। काव्य में पश्चिम का प्रभाव अतुकान्त और प्रगतिवादी कविताओं में दिखाई पड़ता है। पश्चिम के प्रभाव से साहित्य में छोटी कहानियों और एकांकी नाटकों का प्रचार हुआ। इसके अतिरिक्त साहित्य में धर्म-निरपेक्षता, नास्तिकता, भोगवाद, साम्यवाद, प्रगतिवाद तथा स्वतन्त्रता, समानता आदि की प्रवृत्तियाँ पश्चिमी संस्कृति का प्रभाव है। इस विषय में अधिक विस्तार से वर्णन करने की अपेक्षा इतना ही कह देना पर्याप्त होगा कि पश्चिमी साहित्य की प्रत्येक प्रवृत्ति का अनुकरण भारतीय साहित्य में हो रहा है और यदि अभी नहीं हुआ तो भविष्य में होने की सम्भावना है। हिन्दी में खड़ी बोली का साहित्य पाश्चात्य संस्कृति के प्रभाव से ओतप्रोत है।

(3) कला—भाषा और साहित्य के समान कला के क्षेत्र में भी भारतीय संस्कृति पर पश्चिम का प्रभाव स्पष्ट दिखलाई पड़ता है। कला के क्षेत्र में भारतीय फिल्म संसार में नृत्य, संगीत तथा अन्य अनेक बातों में पश्चिम का स्पष्ट अनुकरण मिलता है। पश्चिम के अनेक वाद्यों का भारत में खूब प्रसार हुआ है। इनमें वायलिन, गिटार, बैंजो, माउथ ऑर्गन तथा प्यानों इत्यादि अनेक सर्व-विदित हैं। इन वाद्यों के अतिरिक्त भारतीय संगीत विशेषतः सिनेमा संगीत में लय (Tuning) पर पश्चिम का प्रभाव पड़ा है। मेक-अप (Make-up) की कला भारत में पश्चिम के अनुकरण पर ही विकसित हुई है। नृत्य में पश्चिमी नृत्यों का प्रचार भी बढ़ रहा है, यद्यपि इस दिशा में पश्चिम का अनुकरण बहुत कम हुआ है। चित्रकला में पाश्चात्य विचारधाराओं की स्पष्ट छाप है। माडर्न आर्ट (Modern Art) के नाम से भारतीय चित्रकला में आज जो प्रयोग हो रहे हैं वे अधिकतर पश्चिम के अनुकरण पर ही हो रहे हैं। भवन-निर्माण कला में भारत पश्चिम का बड़ा ऋणी है। इस दिशा में भारत ने पश्चिम से कितना लिया है यह जानने के लिए अंग्रेजों के भारत से चले जाने के बाद बने सरकारी और गैर-सरकारी भवनों तथा नए नगरों पर दृष्टि डालना ही पर्याप्त होगा।

(4) धर्म—भारतीय धर्म पर भी पाश्चात्य संस्कृति का प्रभाव पड़ा है। पश्चिम के बुद्धिवाद (Intellectualism) के प्रभाव से भारतीय लोगों में अनेक धार्मिक अन्धविश्वास उठ गये हैं। कर्मकाण्ड का प्रभाव धीरे-धीरे कम हो रहा है। धर्म या तो दार्शनिक या यन्त्रवत् और व्यावसायिक हो रहा है। जो लोग धार्मिक रीति-रिवाजों को मानते हैं, वे अधिकतर रूढ़ियों के रूप में ही उसको माने जाते हैं। बहुत से पढ़े-लिखे लोग अब ईश्वर में विश्वास छोड़ते जा रहे हैं। पुराण और धार्मिक ग्रन्थों पर से विश्वास उठता जा रहा है।

भारतीय संस्कृति और सामाजिक व्यवस्था के विभिन्न अंगों पर पश्चिम के प्रभाव के उपरोक्त विवेचन से यह स्पष्ट है कि भारतीय जीवन में पाश्चात्य संस्कृति

का प्रभाव तेजी से बढ़ रहा है। पाश्चात्य संस्कृति के प्रभाव से अनेक लोग तो इतने चकाचौध हो गये हैं कि उनको भारतीय संस्कृति में सब-कुछ गया-बीता मालूम पड़ता है। यह प्रवृत्ति उन लोगों में है जिनको भारतीय संस्कृति के वास्तविक मूल्य का पता नहीं है। स्वतन्त्र भारत में नेतागण इस ओर प्रयत्नशील हैं कि भारत की प्राचीन संस्कृति को प्रकाश में लाकर देश में उसका सम्मान बढ़ाया जाये और भारत विदेश से जो कुछ ले उसको अपनी संस्कृति में पूर्णतः आत्मसात (Assimilate) कर ले।

अभ्यास के लिए प्रश्न

प्रश्न 1. संस्कृतीकरण और पश्चिमीकरण के प्रत्ययों का मूल्यांकन कीजिये जहाँ तक कि वे भारतीय समाज में परिवर्तन का वर्णन करते हैं?

प्रश्न 2. संक्षिप्त टिप्पणी लिखिये—हिन्दू समाज पर पाश्चात्य प्रभाव।

प्रश्न 3. संक्षिप्त टिप्पणी लिखिये—पश्चिमीकरण।

प्रश्न 4. हिन्दू सामाजिक जीवन पर पाश्चात्य संस्कृति के प्रभाव की व्याख्या कीजिये।

12

लैकिकीकरण

(Secularization)

किसी भी आधुनिक शहर में मिलों में काम करने वाले मजदूरों, आफिसों में काम करने वाले बाबुओं, दुकानदारों, डाक्टरों, वकीलों और सरकारी कर्मचारियों आदि के दैनिक जीवन पर दृष्टि डालिए तो आप देखेंगे कि भारत के धर्मप्राण देश कहलाने के बावजूद भी आधुनिक काल में उनके जीवन में धर्म का महत्व बहुत कम रह गया है। अधिकतर पढ़े-लिखे लोग अपने जीवन में विभिन्न क्रियाओं को धार्मिक उद्देश्य से नहीं बल्कि वैज्ञानिक अथवा अन्य उद्देश्यों से करते हैं। वे जिन पुरानी परम्पराओं को मानते भी हैं उनको इस कारण नहीं मानते कि धर्म के द्वारा उनका विधान किया गया है बल्कि वे उनके मूल में किसी न किसी कारण की तलाश कर लेते हैं और उसे व्यक्ति अथवा समाज के लिये लाभदायक मानकर मानते हैं। केवल पढ़े-लिखे लोगों में नहीं बल्कि बेपढ़े-लिखे लोगों में भी धर्म का सम्मान कम होता जा रहा है यद्यपि निश्चय ही पढ़े-लिखे लोगों की तुलना में भारत में उनके जीवन में आज भी धर्म का कहीं अधिक महत्व है। जीवन का यह लौकिकीकरण केवल नगर में ही दिखाई पड़ता हो ऐसी बात नहीं है, गाँवों में भी दिनचर्या में विभिन्न त्यौहारों और रीति-रिवाजों में धर्म का महत्व कम होता जा रहा है।

वर्तमान भारत में नगरों और गाँवों में सब कहीं लौकिकीकरण का प्रभाव अन्य धर्मों की तुलना में हिन्दू धर्म में अधिक दिखलाई पड़ता है। आज भी मुस्लिमों, सिखों, जैनों तथा अन्य धर्मों के अनुयायियों की तुलना में हिन्दुओं में लौकिकीकरण अधिक हुआ है, इसके कारणों का विवेचन आगे किया जायेगा। इस विवेचन से पूर्व यह जान लेना आवश्यक है कि आधुनिक भारत में सामाजिक परिवर्तन की प्रक्रिया यह लौकिकीकरण क्या है?

लौकिकीकरण क्या है?

डॉ० एम० एन० श्रीनिवास ने लौकिकीकरण की परिभाषा करते हुए लिखा है, ''लौकिकीकरण शब्द से यह तात्पर्य है कि जो कुछ पहले धार्मिक माना जाता था, वह अब वैसा नहीं माना जा रहा है और उसका तात्पर्य विभेदीकरण की एक प्रक्रिया से भी है जो कि समाज के विभिन्न पहलुओं, आर्थिक, राजनीतिक, कानूनी और

नैतिक के एकदूसरे के प्रति सम्बन्ध में अधिक से अधिक पृथक् होने में दिखलाई पड़ती है।''[1] इस प्रकार लौकिकीकरण की प्रक्रिया धार्मिकता की विरोधी है। दूसरे शब्दों में, ज्यों-ज्यों लौकिकीकरण बढ़ता है त्यों-त्यों धार्मिकता कम होती है। जैसा कि पीछे दिए गए उदाहरणों में दिखलाया गया है, भारतवर्ष में गाँवों और नगरों में विशेषतया हिन्दू समाज में धर्म का प्रभाव घटने के अनुपात में लौकिकीकरण बढ़ा है। संक्षेप में इसके निम्नलिखित लक्षण माने जा सकते हैं–

(1) **धार्मिकता का ह्रास**–जैसा कि पीछे कहा जा चुका है, लौकिकीकरण का मुख्य लक्षण उसकी वृद्धि के साथ-साथ धार्मिकता का ह्रास है। हिन्दू-समाज में आधुनिक काल में जीवन के विभिन्न कार्यों में धार्मिक व्याख्याओं का महत्व कम हो जाने से लौकिकीकरण बढ़ा दिखाई पड़ता है।

(2) विभेदीकरण की प्रक्रिया–लौकिकीकरण बढ़ने से समाज में विभिन्न पहलुओं में विभेदीकरण बढ़ा है। इस प्रकार आधुनिक काल में पढ़ा-लिखा हिन्दू आर्थिक, राजनीतिक, कानूनी और नैतिक प्रश्नों को एक-दूसरे से अलग मानता है और इन पर धर्म का कोई प्रभाव नहीं मानता। जीवन के प्रत्येक क्षेत्र में उस क्षेत्र के नियमों के अनुसार विचार किया जाता है। इस प्रकार धर्म के रूप में जीवन के विभिन्न क्षेत्रों को बाँधने वाला बन्धन समाप्त हो जाता है।

(3) विवेकशीलता–लौकिकीकरण का एक मुख्य लक्षण विवेकशीलता है। इसमें व्यक्ति अपने जीवन में उठने वाली प्रत्येक समस्या पर अपने विवेक से विचार करता है और उस सम्बन्ध में धर्मपुस्तक में लिखी हुई बातों को विशेष महत्व नहीं देता। विवेकशील व्यक्ति व्यक्तिगत और सामाजिक जीवन में प्रत्येक बात को विवेक के द्वारा निश्चित करने का प्रयास करता है। वह धार्मिक परम्पराओं और रूढ़ियों को बिना सोचे-समझे नहीं मानता बल्कि उनके मूल में छिपे हुए कारणों की आलोचना करता है और यदि वे विवेकयुक्त होते हैं तो उन्हें मानता है अन्यथा उनका परित्याग कर देता है।

(4) वैज्ञानिक दृष्टिकोण–लौकिकीकरण का एक मुख्य लक्षण जीवन के प्रति वैज्ञानिक दृष्टिकोण है। फ्रायड तथा अन्य विचारकों के अनुसार मनुष्य के जीवन पर ज्यों-ज्यों विज्ञान का प्रभाव बढ़ता जाता है त्यों-त्यों धर्म का प्रभाव कम होता जाता है। फ्रायड का यह मत न भी माना जाए तो भी इसमें कोई सन्देह नहीं कि विज्ञान की नई-नई खोजों से जीवन के अनेक क्षेत्रों में जैसे भौगोलिक, सामाजिक, आर्थिक, राजनीतिक आदि क्षेत्रों में धार्मिक व्याख्याओं का प्रभाव बहुत कम होता जा रहा है क्योंकि उनका स्थान वैज्ञानिक व्याख्यायें लेती जा रही हैं। यही

---

1. "The term "secularization" implies that what was previously regarded as religious is now ceasing to be such, and it also implies a process of differentiation which results in the various aspects of society, economic, political, legal and moral, becoming increasingly discrete in relation to each other."

--Srinivas, M. N., *Social Change in Modern India*, p. 119.

कारण है कि आधुनिक भारत में शिक्षा के प्रसार के साथ-साथ लौकिकीकरण बढ़ा है। पश्चिम के जिन देशों में विज्ञान की जितनी अधिक प्रगति हुई वहाँ पर लौकिकीकरण का प्रभाव उतना ही अधिक दिखाई पड़ता है।

लौकिकीकरण से परिवर्तन

लौकिकीकरण के उपरोक्त लक्षणों से उसकी प्रकृति स्पष्ट होती है। आधुनिक भारत में लौकिकीकरण की प्रक्रिया अंग्रेजी शासनकाल में विशेष रूप से विकसित हुई और नगरीकरण तथा औद्योगीकरण के बढ़ने के साथ-साथ तेजी से बढ़ती गई। लौकिकीकरण के कारणों की विवेचना करने के पूर्व यह देखना उपयुक्त होगा कि सामाजिक परिवर्तन की इस प्रक्रिया से भारत में जीवन के विभिन्न क्षेत्रों में क्या-क्या परिवर्तन हुआ है। संक्षेप में, लौकिकीकरण से होने वाले मुख्य परिवर्तन तीन क्षेत्रों में दिखलाई पड़ते हैं—जाति-व्यवस्था, परिवार की संस्था और ग्रामीण समुदाय। इन तीनों ही क्षेत्रों में हिन्दू समाज में लौकिकीकरण दिखलाई पड़ता है। डॉ॰ एम॰ एन॰ श्रीनिवास ने अपनी पुस्तक 'Social Change in Modern India' में इन्हीं क्षेत्रों में लौकिकीकरण के प्रभाव का विश्लेषण किया है। यहाँ पर इन तीनों क्षेत्रों में लौकिकीकरण के प्रभाव का संक्षेप में विवेचन किया जायेगा।

जाति-व्यवस्था पर लौकिकीकरण का प्रभाव

हिन्दू जाति-व्यवस्था में लौकिकीकरण का प्रभाव निम्नलिखित क्षेत्रों में देखा जा सकता है।

(1) अशुद्धता और शुद्धता की धारणायें—हिन्दू समाज में धर्म का प्रभाव सबसे अधिक अशुद्धता और शुद्धता की धारणाओं में दिखाई पड़ता है। धार्मिक दृष्टिकोण से समाज में कुछ कार्यों को अशुद्ध ठहराया गया है, विशेषतया नीची जातियों के उन्हें करने से वे अशुद्ध मानी जाती हैं। उदाहरण के लिए हिन्दू सामाजिक संस्तरण में अनेक कार्य जिन्हें शूद्र करते हैं उन्हें करने से ब्राह्मण को अपवित्र हुआ समझा जाता है। अपवित्रता की भावना के साथ-साथ छुआछूत की भावना भी लगी हुई है। उच्च जातियों के व्यक्तियों के लिए निम्न जातियों अथवा अछूत कहलाने वाली जातियों के साथ खाना-पीना, उठना-बैठना तो क्या, केवल सम्पर्क होने मात्र से भी उच्च जाति का व्यक्ति अपवित्र हुआ माना जाता है। सम्पर्क के अतिरिक्त भोजन, व्यवसाय और जीवन के अनेक कार्यों से भी शुद्धता की धारणायें लगी हुई हैं। उदाहरण के लिये उच्च जाति के व्यक्ति निम्न जातियों के व्यक्तियों के हाथ का छुआ हुआ भोजन नहीं खाते क्योंकि वह अपवित्र माना जाता है। सामाजिक कार्यों में मैला उठाना, झाड़ू लगाना, कसाई का कार्य आदि अपवित्र माने जाते हैं और उन कार्यों को करने वाले व्यक्ति को छूने से अपवित्रता होती है। सामाजिक जीवन में अनेक अवसरों पर स्त्री-पुरुष में अपवित्रता मानी जाती है। उदाहरण के लिए परिवार में किसी की मृत्यु के अवसर पर विभिन्न सम्बन्धियों पर विभिन्न समय के लिए अपवित्रता मानी जाती है। स्त्रियों में मासिक रक्त स्राव की

अवधि में अपवित्रता मानी जाती है और उनको परिवार के अन्य लोगों से अलग रहने और घर के बर्तन आदि न छूने का आदेश दिया जाता है। स्त्री-पुरुष से निकलने वाले सभी पदार्थों को अपवित्र माना जाता है और इसलिए हिन्दू-संस्कृति में धार्मिक कार्यों के अवसरों के पूर्व स्नान करने का आदेश है। अनेक धार्मिक अवसरों पर यौन-प्रसंग का निषेध होता है।

हिन्दू स्त्री-पुरुष की दिनचर्या में भी पवित्रता की धारणा का बड़ा महत्व है। उदाहरण के लिए पहले दाढ़ी के बालों और बाल बनाने वाले नाई दोनों को ही अपवित्र माना जाता था। मुण्डन के समय उस स्थान को शुद्ध करने के लिए गोबर से लीपा जाता था। अंग्रेजी शिक्षा के प्रभाव से जब लोग स्वयं सेफ्टी रेजर से हज़ामत बनाने लगे तो प्रारम्भ में धार्मिक विचारों के व्यक्तियों ने इसका बड़ा विरोध किया। हिन्दू समाज में पवित्रता और अपवित्रता के विचार सबसे अधिक ब्राह्मणों में पाए जाते हैं। इनमें भी विशेषतया वृद्ध व्यक्ति और उनमें भी स्त्रियाँ और विधवायें इन बातों को अधिक मानती हैं। पवित्रता से पुण्य मिलता है जबकि अपवित्रता से पाप होता है।

लौकिकीकरण के प्रभाव से आधुनिक काल में हिन्दू समाज में पवित्रता और अपवित्रता की भावना में भारी अन्तर दिखलाई पड़ता है। पहले उच्च जाति के लोग निम्न जाति के व्यवसायों को नहीं करते थे। आजकल ब्राह्मण भी जूते बेचने की दुकान चलाते हैं और इसमें कोई अपवित्रता नहीं मानी जाती। आधुनिक घरों में पढ़ी-लिखी स्त्रियाँ मासिक धर्म की अवधि में छुआछूत के नियमों का बिलकुल पालन नहीं करतीं और न अन्य लोग ही उनको अपवित्र मानते हैं। अस्पृश्यता-विरोधी प्रचार से अछूतों के साथ बैठकर खाने-पीने आदि पर कोई रोक-टोक नहीं रह गई है और विभिन्न जातियों के परस्पर सम्पर्क, खाने-पीने, उठने-बैठने आदि से पवित्रता का कोई सम्बन्ध नहीं माना जाता। अंग्रेजी पढ़े और पाश्चात्य संस्कृति से प्रभावित स्त्री-पुरुष अपने जीवन में किसी भी बात में धार्मिक पवित्रता और अपवित्रता, पाप और पुण्य के विचारों को नहीं मानते। यह बात ब्राह्मण जाति के शिक्षित व्यक्तियों और स्त्री-पुरुषों के बारे में भी कही जा सकती है। शिक्षा, विवेकशीलता और विज्ञान के प्रभाव से आजकल पवित्रता और अपवित्रता की धारणाओं को धार्मिक दृष्टि से नहीं बल्कि सफाई के दृष्टिकोण से देखा जाता है। अनेक परम्परागत बातों को आज भी माना जाता है; इसलिए नहीं कि उनका धार्मिक विधान है बल्कि इसलिए कि सभी सफाई से रहना चाहते हैं क्योंकि वह आरोग्य का पहला नियम है। इस प्रकार पवित्रता और अपवित्रता के विचार से सम्बन्धित क्रियाओं का लौकिकीकरण किया गया है और वे धार्मिक नहीं रह गई हैं।

(2) **संस्कारों में परिवर्तन**—संस्कार हिन्दू जाति-व्यवस्था की एक मुख्य विशेषता है। विभिन्न जातियों के लिए विभिन्न अवसरों पर विभिन्न संस्कार आवश्यक माने गए हैं। उदाहरण के लिये उपनयन संस्कार के बिना कोई भी ब्राह्मण द्विज नहीं माना जा सकता। प्राचीन काल में विद्याध्ययन प्रारम्भ होने के कुछ ही समय

बाद संस्कार कर दिया जाता था। हिन्दू धर्म के मनुष्यों के लिए जन्म से मृत्यु तक अनेक संस्कारों की व्यवस्था है जिनमें मुख्य हैं गर्भाधान, पुंसवन, जातकर्म, नामकरण, उपनयन, समावर्तन, विवाह और अंत्येष्टि। इन सभी संस्कारों के अवसरों पर विधि-विधान का विस्तार से वर्णन किया गया है और संस्कार को भली प्रकार पूरा करने के लिए उन सब विधि-विधानों को मानना आवश्यक समझा जाता है। आधुनिक काल में लौकिकीकरण के प्रभाव से संस्कारों के महत्व और विधि-विधानों में भारी परिवर्तन हो गया है। उदाहरण के लिए गर्भाधान, पुंसवन और जातकर्म नामक संस्कार तो लगभग समाप्त हो गए हैं और पढ़े-लिखे लोग इनका अर्थ भी नहीं जानते। इस प्रकार सबसे पहला संस्कार नामकरण संस्कार रह गया है। यह भी धार्मिक से अधिक सामाजिक अवसर बन गया है जिसमें सगे-सम्बन्धी एकत्रित होते हैं, मिलकर खाते-पीते और बालक के जन्म का हर्ष मनाते हैं। नामकरण के अवसर पर अब भी पंडित को बुलाया जाता है और वह कुछ यज्ञ आदि विधि-विधान करता है परन्तु उपस्थित लोग उसकी ओर कोई विशेष ध्यान नहीं देते। उपनयन संस्कार की प्रथा पढ़े-लिखे और नगरीय परिवारों में विवाह के संस्कार के साथ जोड़ दी गई है। अधिकतर विवाह के कुछ ही दिन पूर्व उपनयन संस्कार किया जाता है। जिसमें अधिकतर पुरुष केवल कुछ समय के लिए जनेऊ धारण करते हैं। संस्कार के विधि-विधानों में सबसे अधिक परिवर्तन विवाह संस्कार में दिखलाई पड़ता है। आजकल हिन्दू विवाह संस्कार के प्राचीन विधानों में केवल सप्तपदी और कन्यादान ही रह गए हैं। इनके अतिरिक्त अन्य सब कार्य सुविधा अथवा रुचि के अनुसार किए जाते हैं। सप्तपदी में भी कम-से-कम समय देने की चेष्टा की जाती है और लड़के के साथ आए हुए बाराती उसमें विशेष रुचि नहीं दिखलाते। विवाह का अवसर धार्मिक से अधिक एक सामाजिक अवसर हो गया है जिसमें सगे-सम्बन्धियों के मिलने-जुलने, खाने-पीने आदि को अधिक महत्व दिया जाता है। विवाह के संस्कार में लौकिकीकरण का प्रभाव सबसे अधिक दहेज की प्रथा में दिखाई पड़ता है। विवाह-सम्बन्ध दहेज की मात्रा से तय किए जाते हैं; उनमें धार्मिक बातों को उतना अधिक महत्व नहीं दिया जाता।

उपरोक्त विवेचन से स्पष्ट है कि लैकिकीकरण के प्रभाव से भारतीय जाति-व्यवस्था में भारी परिवर्तन हो गया है। आजकल व्यवसाय जाति के आधार पर निश्चित नहीं किए जाते बल्कि अन्य कारकों के द्वारा निश्चित होते हैं। 'अस्पृश्यता उन्मूलन आन्दोलन' के प्रभाव से उच्च और निम्न जातियों के मध्य परस्पर सम्पर्क में पवित्रता और अपवित्रता का विचार उठता जा रहा है। जातियों के संगठन निर्बल हो गए हैं और उनका स्थान व्यवसायों तथा अन्य कारकों पर आधारित संगठनों ने ले लिया है। लौकिकीकरण के कारण लोग अपने नाम से जाति-सूचक शब्द भी निकालते जा रहे हैं। अन्तर्जातीय विवाहों की संख्या बढ़ रही है और हिन्दुओं के जीवन में जाति-व्यवस्था का महत्व बराबर कम होता जा रहा है।

परिवार में लौकिकीकरण

परिवार और विवाह की संस्थाएँ मुख्य सामाजिक संस्थाएँ हैं। इनमें विवाह की संस्था पर लौकिकीकरण के प्रभाव का पीछे वर्णन किया जा चुका है। विवाह विच्छेद की व्यवस्था और सिविल मैरिज की व्यवस्था हो जाने से हिन्दू विवाह का और भी अधिक लौकिकीकरण हो गया है। परिवार की संस्था में लौकिकीकरण का प्रभाव सबसे अधिक सदस्यों की दिनचर्या में दिखलाई पड़ता है। हिन्दू धर्म विभिन्न जातियों के व्यक्तियों के लिए विशेष दिनचर्या निर्धारित करता है। ब्राह्मणों के लिए पूजा-पाठ, सन्ध्या, यज्ञ आदि का विधान है परन्तु लौकिकीकरण के प्रभाव से ब्राह्मण परिवारों में भी बहुत ही कम लोग नित्य कर्म में निर्धारित इन कार्यक्रमों को करते देखे जाते हैं। स्त्रियों में शिक्षा के प्रभाव से परिवार में चूल्हे-चौके का लौकिकीकरण हुआ है और उसमें धर्म का प्रभाव तथा शुद्धि और अशुद्धि का विचार लगभग उठ ही गया है। परिवार में खान-पान आदि में धार्मिक विचारों का प्रभाव बहुत कम रह गया है। विभिन्न त्यौहार अब भी मनाए जाते हैं परन्तु उनके धार्मिक महत्व के स्थान पर उनके सामाजिक पहलू पर अधिक जोर दिया जाता है। पढ़े-लिखे लोग होली, दीवाली आदि त्यौहारों को उनके धार्मिक महत्व के कारण नहीं बल्कि उनके सामाजिक और मनोवैज्ञानिक महत्व के कारण मानते हैं। अनेक त्यौहारों, रीति-रिवाजों और परम्पराओं के मूल में छिपे हुए वैज्ञानिक तथ्यों का उद्घाटन होने से उनका महत्व पहले से भी अधिक बढ़ गया है। परन्तु इसके कारण धार्मिक न होकर लौकिक हैं। समय-समय पर यज्ञ आदि अब भी किए जाते हैं परन्तु उनसे पुण्य कमाने के स्थान पर वायु के स्वच्छ होने के महत्व पर अधिक जोर दिया जाता है। देश में उत्तर, दक्षिण, पूर्व, पश्चिम में दूर-दूर फैले हुए तीर्थों की यात्रा आधुनिक भारत में पहले से भी अधिक की जाने लगी है परन्तु अधिकतर यात्रियों का लक्ष्य धार्मिक न होकर देशाटन और मनोरंजन है। लोग दूर-दूर के मन्दिरों को देखने जाते हैं, गंगा में स्नान करते हैं, ऊँचे-ऊँचे पहाड़ों पर बसे हुए हए तीर्थस्थानों की यात्रा करते हैं, क्योंकि इनसे जीवन में परिवर्तन होता है, ताजगी आती है, ज्ञान बढ़ता है और देश के विविध रूपों का परिचय मिलता है। लौकिकीकरण में परिवार की संस्था का योगदान सबसे अधिक है क्योंकि आधुनिक परिवारों में न केवल दिनचर्या में धर्म का महत्व कम है बल्कि साधु-सन्तों के सत्कार करने की प्रथा भी उठ गई है। इससे समाज में धर्म का प्रभाव कम हुआ। नगरीय क्षेत्रों में परिवार के धार्मिक कार्य क्रमशः समाप्त होते जा रहे हैं। परिवार की संस्था में तेजी से परिवर्तन हो रहा है और उसके अनेक कार्य अन्य समितियाँ लेती जा रही हैं। विभिन्न परिवारों का परस्पर मेल-मिलाप धार्मिक कारणों से नहीं बल्कि सामाजिक कारणों से होता है।

ग्रामीण समुदाय पर लैकिकीकरण का प्रभाव

भारतीय नगरों में तो लौकिकीकरण अत्यधिक मात्रा में दिखाई पड़ता ही है किन्तु ग्रामीण समुदायों में भी उसका प्रभाव कम नहीं है। ग्रामीण समुदाय में जाति-पंचायतों की शक्ति घटती जा रही है और जहाँ-कहीं ये पंचायतें हैं भी वहाँ

वे धार्मिक लक्ष्यों से नहीं बल्कि राजनीतिक लक्ष्यों को लेकर संगठित की गई हैं। ग्रामीण समाज में सम्मान का आधार धार्मिकता अथवा जाति न रहकर धन और सम्पत्ति हो गए हैं। इस कारण जमींदार और साहूकार का जितना सम्मान है उतना ब्राह्मण का नहीं है। पैसा हो जाने पर निम्न जाति के व्यक्तियों को भी उच्च जाति के व्यक्तियों से अधिक सम्मान दिया जाता है। परिवार की संस्था में धर्म का प्रभाव कम होता जा रहा है। इस सम्बन्ध में ग्रामीण परिवार में भी वे ही परिवर्तन दिखलाई पड़ते हैं जिनका उल्लेख पीछे किया जा चुका है। फिर भी नगरीय परिवार की तुलना में ग्रामीण परिवार का लौकिकीकरण बहुत कम हुआ है। ग्रामीण समुदाय में विवाह के मामले में उपजातियों का विचार नहीं किया जाता। यद्यपि अन्तर्जातीय विवाह बहुत कम होते हैं फिर भी लौकिकीकरण के प्रभाव से ब्राह्मण के घर में बनैनी और क्षत्रिय के घर में ब्राह्मणी स्त्री देखी जा सकती है। ग्रामीण पंचायत में अधिकतर समस्याओं पर धार्मिक दृष्टि से नहीं बल्कि सामाजिक और राजनीतिक दृष्टि से विचार किया जाता है। धार्मिक उत्सव अधिकतर सामाजिक उत्सवों के रूप में मनाए जाते हैं। सभी जातियों के व्यक्ति खेती और व्यापार तथा पशुपालन के व्यवसाय करते देखे जा सकते हैं। व्यवसाय में एक मात्र लक्ष्य अधिक से अधिक पैसा कमाना है और उसमें धार्मिक प्रश्न नहीं उठाए जाते।

लौकिकीकरण के कारण

आधुनिक भारत में सामाजिक परिवर्तन की प्रक्रिया के रूप में लौकिकीकरण के उपरोक्त विवेचन से उसके कुछ कारणों पर भी प्रकाश पड़ता है। भारत में लौकिकीकरण के मुख्य कारण निम्नलिखित हैं—

(1) आधुनिक शिक्षा—लौकिकीकरण का सबसे बड़ा कारण आधुनिक शिक्षा है जो कि अंग्रेजों के साथ भारत में आई। इस शिक्षा के साथ भारत में पाश्चात्य संस्कृति का प्रवेश हुआ। अंग्रेजी भाषा, ज्ञान-विज्ञान और पाश्चात्य संस्कृति की जानकारी बढ़ने के साथ-साथ देश में परम्परागत हिन्दू धर्म का प्रभाव कम होने लगा। इसीलिए वर्तमान लौकिकीकरण की धारा को अंग्रेजी शासनकाल में शुरू हुआ माना जा सकता है। आधुनिक शिक्षा ने सबसे अधिक विभिन्न समस्याओं की ओर वैज्ञानिक और विवेकयुक्त दृष्टिकोण को प्रोत्साहित किया। जहाँ पढ़े-लिखे स्त्री-पुरुषों ने अनेक परम्परागत विधि-विधानों, संस्कारों, विश्वासों आदि को छोड़ दिया वहाँ दूसरी ओर उन्होंने उनके मूल में निहित कारणों की तलाश की और यदि ये कारण वैज्ञानिक जँचे तो उनको मान्यता दी गई। सहशिक्षा के प्रभाव से अन्तर्जातीय विवाह की सम्भावनाएँ बढ़ीं। शिक्षा के प्रभाव से व्यवसाय, विवाह, दिनचर्या आदि विभिन्न क्षेत्रों में धार्मिक के स्थान पर लौकिक दृष्टिकोण अपनाया गया। शिक्षा संस्थाओं में विभिन्न जातियों और धर्मों के युवक-युवतियों के साथ-साथ पढ़ने से छूआछूत, शुद्धि-अशुद्धि तथा परस्पर खान-पान, सम्पर्क आदि के बन्धन टूटने लगे।

(2) यातायात और सन्देशवहन के साधनों का विकास—लौकिकीकरण में यातायात और सन्देशवहन के साधनों के विकास का महत्वपूर्ण योगदान है। रेलों, बसों, टैक्सियों आदि के व्यापक प्रचार से लोग एक स्थान से दूसरे स्थान पर जाने लगे जिससे उनको नए-नए लोगों से मिलने का अवसर मिला और उनके विचारों में उदारता आई। इससे जाति व्यवस्था को धक्का लगा और उस पर आधारित छुआछूत के विचार समाप्त होने लगे। यातायात के साधनों के विकास से ग्रामीण समुदाय के लौकिकीकरण में बड़ी सहायता मिली है क्योंकि गाँव के स्त्री-पुरुष जब नगरों और दूर-दूर फैले हुए विभिन्न जातियों और धर्मों के लोगों के सम्पर्क में आए तो उन पर अपने धर्म का प्रभाव कम होने लगा। सन्देशवहन के साधनों के विकास से सामाजिक सम्बन्धों का दायरा बढ़ने लगा। इससे विवाह का क्षेत्र बढ़ा और उपजाति-विवाह तो अब एक सामान्य बात हो गई है। सन्देशवहन के साधनों के विकास से लौकिक आधारों पर संगठनों का विकास हुआ और उनका महत्व धार्मिक संगठनों से कहीं अधिक हो गया।

(3) सामाजिक और धार्मिक सुधार आन्दोलन—अंग्रेजी शासनकाल में भारतवर्ष में राजाराम मोहन राय, सर सैयद अहमद खाँ, केशवचन्द्र सेन, महादेव गोविन्द रानाडे, महात्मा गाँधी, स्वामी दयानन्द इत्यादि महापुरुषों ने सामाजिक और धार्मिक सुधार के अनेक आन्दोलों को उठाया जिनसे हिन्दू धर्म में व्यापक सुधार हुए, जाति-पाँति और छुआछूत के विचार समाप्त होने लगे और लौकिकीकरण की प्रक्रिया को प्रोत्साहन मिला। इन आन्दोलनों में ब्रह्म समाज, आर्य समाज, प्रार्थना-समाज, रामकृष्ण मिशन, थियोसोफिकल सोसाइटी तथा सर्वोदय आन्दोलन विशेष उल्लेखनीय हैं।

(4) वैधानिक सुधार—आधुनिक काल में हिन्दू विवाह की संस्था पर हिन्दू कोड द्वारा किए गए वैधानिक परिवर्तनों का महत्वपूर्ण प्रभाव पड़ा है। हिन्दू विवाहित स्त्रियों के पृथक् निवास और निर्वाह व्यय अधिनियम, हिन्दू विवाह अधिनियम, हिन्दू उत्तराधिकार अधिनियम, हिन्दू दत्तक पुत्र ग्रहण और निर्वाह व्यय अधिनियम तथा हिन्दू अल्पवयस्कता और संरक्षकता अधिनियम से हिन्दू परिवार और विवाह की संस्थाओं का लौकिकीकरण हुआ है। इनसे परिवार और विवाह की संस्थाओं का स्थायित्व कम हुआ है और उनके धार्मिक आधार के स्थान पर कानूनी आधार को विशेष बल मिला है। हिन्दू परिवार और विवाह की संस्थाओं को प्रभावित करने वाले इन कानूनों के अतिरिक्त भारतीय संविधान में दिए गये नागरिकों के मूल अधिकारों और राज्य-नीति के निर्देशनों से भी लौकिकीकरण को प्रोत्साहन मिला है। सन् 1955 ई० के अस्पृश्यता अपराध अधिनियम से हिन्दू समाज में छुआछूत एवं पवित्रता और अपवित्रता की धारणाओं को गहरा आघात लगा है। आधुनिक भारत में सभी वयस्क-स्त्री-पुरुषों को कानून की दृष्टि में समान माना गया है। सभी को मतदान करने का अधिकार है और सभी के लिए सभी व्यवसायों के दरवाजे खुले हुए हैं। इन वैधानिक व्यवस्थाओं के अलावा भारतीय राज्य को लौकिक राज्य

की घोषणा किए जाने से देश में लौकिकीकरण को सबसे अधिक प्रोत्साहन मिला है। इस प्रकार लौकिकीकरण में सरकार और कानून का महत्वपूर्ण योगदान है। ब्रिटिश सरकार ने तो लौकिकीकरण को प्रोत्साहन दिया ही था किन्तु स्वतन्त्र भारत की सरकार ने उसको और भी प्रोत्साहन दिया है। अस्पृश्यता, बहुविवाह, विवाह-विच्छेद, अन्तर्जातीय विवाह, विधवा-पुनर्विवाह तथा हिन्दू मन्दिरों के प्रबन्ध सम्बन्धी अधिनियमों से आधुनिक सरकार ने देश में लौकिकीकरण को बढ़ाया है।

(5) राजनीतिक संगठनों का योगदान—आधुनिक काल में जहाँ अनेक राजनीतिक संगठनों ने हिन्दू धर्म पर सीधा आघात किया है वहाँ हिन्दू महासभा, राष्ट्रीय स्वयं सेवक संघ और जनसंघ जैसे दक्षिणपंथी संगठनों ने हिन्दू धर्म के सुधार पर जोर देकर लौकिकीकरण को प्रोत्साहित किया है। इस प्रकार वामपंथी और दक्षिणपंथी दोनों ही प्रकार के राजनीतिक संगठनों ने देश में धर्म के महत्व को कम करने और लौकिकीकरण की प्रक्रिया को प्रोत्साहित करने का कार्य किया है।

(6) नगरीकरण—जैसा कि पीछे बतलाया जा चुका है, गाँवों की तुलना में नगरों में लौकिकीकरण अधिक हुआ है क्योंकि नगरीय जीवन की भीड़भाड़, मकानों की कमी, यातायात और संदेहवहन के साधनों की अधिकता और आर्थिक समस्याओं की प्रमुखता, फैशन, शिक्षा, राजनीतिक और सामाजिक संगठन, पाश्चात्य संस्कृति का प्रभाव, भौतिकवाद, व्यक्तिवाद, विवेकवाद इत्यादि से लौकिकीकरण बढ़ता है।

(7) पाश्चात्य संस्कृति का प्रभाव—जैसा कि पीछे कहा जा चुका है, भारत में पाश्चात्य संस्कृति का प्रभाव बढ़ने के साथ-साथ हिन्दू धर्म का व्यापक प्रभाव कम होता गया है। पाश्चात्य संस्कृति के प्रभाव से भौतिकवाद, व्यक्तिवाद, भोगवाद, अधार्मिकता, स्वच्छन्दता आदि प्रवृत्तियों को प्रोत्साहन मिला है। इससे स्त्री-पुरुष सभी में लौकिकीकरण बढ़ा है।

(8) हिन्दू धार्मिक संगठन का अभाव—धार्मिक दृष्टि से ईसाई, मुस्लिम, जैन, सिख आदि जितने संगठित हैं वैसा संगठन हिन्दू धर्म में नहीं दिखलाई पड़ता। हिन्दू धर्म के विशाल क्षेत्र में अनेक मत सम्प्रदाय हैं जिनके अलग-अलग मठ धार्मिक नेता और धार्मिक संगठन हैं। इन सभी सम्प्रदायों के हिन्दू होते हुए भी सामान्य रूप से इनका परस्पर कोई सम्बन्ध नहीं रहता। इसलिये इन सम्प्रदायों के संगठनों के रहते हुए भी सम्पूर्ण हिन्दू धर्म का कोई संगठन नहीं है। बहुत से हिन्दू तो ऐसे हैं जिनके केवल नाम हिन्दुओं जैसे है अन्यथा वे हिन्दू धर्म की किसी भी बात को नहीं मानते। हिन्दू धर्म एक ऐसा धर्म है जिसमें किसी भी धार्मिक विश्वास को मानते हुए और कैसे भी जीवन व्यतीत करते हुए व्यक्ति हिन्दू ही रहता है। इस ढ़ीले संगठन के कारण भारतवर्ष में हिन्दू धर्म का प्रभाव कम होता चला जा रहा है। जहाँ एक ओर बहुत से लोग अन्य धर्मों के अनुयायी बनते जा रहे हैं वहाँ दूसरी ओर ऐसे पढ़े लिखे लोगों संख्या बढ़ रही है जो केवल नाममात्र के हिन्दू हैं और यहाँ तक कि अपने को हिन्दू कहने से भी शर्माते हैं। अस्तु, हिन्दू समाज में लौकिकीकरण की प्रक्रिया तेजी से बढ़ती जा रही है। पढ़े-लिखे हिन्दुओं में एक

बहुत बड़ी संख्या ऐसे ही हिन्दुओं की है जिनका पूर्णतया लौकिकीकरण हो चुका है और जो न केवल हिन्दू धर्म की बातों को नहीं मानते बल्कि उसकी प्रत्येक बात की कटु आलोचना भी करते हैं।

(9) भारतीय संस्कृति का लौकिकीकरण—यूँ तो भारतीय संस्कृति धर्मप्राण कहलाती रही है, परन्तु आजकल उसका तेजी से लौकिकीकरण होता जा रहा है। इस लौकिकीकरण में आधुनिक शिक्षा, फिल्म, रेडियो, समाचारपत्र आदि अनेक कारकों का महत्वपूर्ण हाथ है। आधुनिक काल में अनेक सांस्कृतिक क्रियाओं की धार्मिक व्याख्या का खण्डन करके लौकिक व्याख्या की स्थापना की गई है। और विज्ञान के कारण शिक्षित समाज में यह लौकिक व्याख्या ही अधिक प्रचलित है। इस प्रकार साहित्य, कला और संस्कृति के अन्य पहलुओं पर धर्म का प्रभाव कम होता जा रहा है और जनतंत्रीय, लौकिक, वैज्ञानिक तथा विवेकयुक्त विचार बढ़ते जा रहे हैं। भारत एक लौकिक राज्य है। अस्तु सरकार के समस्त प्रचार-यन्त्र लौकिकीकरण के पक्ष में प्रचार करते हैं।

(10) व्यवसायों का लौकिकीकरण—प्राचीन हिन्दू समाज में व्यवसायों का चुनाव धार्मिक आधार पर किया जाता था। धर्म पुस्तकों ने विभिन्न वर्ण के व्यक्तियों के व्यवसाय निश्चित कर दिये थे और धर्मपुस्तकों के आदेशों का पालन किया जाता था। आजकल नई पीढ़ी के लोग व्यवसायों के चुनाव में अपने परम्परागत व्यवसाय को करना आवश्यक नहीं समझते और जो भी व्यवसाय आर्थिक दृष्टि से अधिक उपयुक्त दिखलाई पड़ता है वही व्यवसाय करने लगते हैं। यह प्रवृत्ति सबसे अधिक ब्राह्मण जाति में दिखलाई पड़ती है। स्वाभाविक है कि इससे ब्राह्मणों के जीवन का लौकिकीकरण हुआ है।

(11) राजनीतिक सहायता का अभाव—प्राचीन काल में हिन्दू राजा हिन्दू धर्म को सब प्रकार की सहायता देते थे जिससे जनता पर उसका प्रभाव बना रहता था। अंग्रेजी शासन काल में ट्रावनकोर-कोचीन, मैसूर, बड़ौदा, जयपुर, जम्मू और काश्मीर इत्यादि अनेक राज्यों में हिन्दू राजे हिन्दू धर्म का पोषण करते थे। इन हिन्दू राज्यों के समाप्त हो जाने और 'भारतीय संघ शासन' की स्थापना होने के बाद हिन्दू धर्म को यह राजकीय सहायता समाप्त हो गई। आजकल केवल नेपाल ही विश्व का एकमात्र हिन्दू राज्य है जबकि भारतवर्ष में हिन्दुओं की जनसंख्या सबसे अधिक है। राजकीय सहायता के अभाव में जनता पर हिन्दू धर्म का प्रभाव घटने लगा। हिन्दुओं के शिक्षा के केन्द्र तथा धार्मिक स्थान आदि को आर्थिक सहायता न मिलने से उसकी दशा बिगड़ने लगी है। इधर पिछले दिनों मठों में लगी हुई सम्पत्ति पर भी विभिन्न राज्यों द्वारा अधिकार कर लिया गया है। अनेक मठाधीश धर्म की सत्ता कम होने के कारण राजनीति के क्षेत्र में उतरने लगे हैं। इन सब कारणों से लौकिकीकरण बढ़ता जा रहा है।

भारतवर्ष में लौकिकीकरण की प्रक्रिया की लगातार वृद्धि के कारणों के उपरोक्त विवेचन से यह स्पष्ट है कि निकट भविष्य में इस प्रक्रिया के कम होने

की कोई सम्भावना दिखलाई नहीं पड़ती। इधर 'विश्व हिन्दू परिषद्' के नाम से एक नई संस्था समस्त विश्व के हिन्दुओं को संगठित करने का प्रयास कर रही है। इस प्रयास से हो सकता है कि विश्व में बिखरे हुए हिन्दू राजनीतिक दृष्टि से संगठित हो जायें, किन्तु यह आशा नहीं की जा सकती कि पढ़े-लिखे हिन्दुओं के जीवन में बढ़ती हुई लौकिकीकरण की प्रक्रिया किसी भी प्रकार कम हो जायेगी। वास्तव में लौकिकीकरण की वृद्धि का मूल कारण यह है कि हिन्दू धर्म में हिन्दू कहलाने के लिए किसी भी धार्मिक नियम को मानना आवश्यक नहीं है। जीवन के प्रत्येक क्षेत्र में हिन्दू को पूर्ण स्वतन्त्रता है। विचारों और क्रियाओं की इस स्वतन्त्रता से और विज्ञान के प्रभाव से अधिकतर शिक्षित हिन्दू स्त्री-पुरुष कोई भी धार्मिक क्रिया नहीं करते और बहुत से कम धार्मिक विश्वास रखते हैं। यदि भविष्य में हिन्दू समाज का धार्मिक संगठन सुदृढ़ हो जाये और कुछ धार्मिक नियमों का पालन प्रत्येक हिन्दू के लिए आवश्यक मान लिया जाये तो भले ही लौकिकीकरण की यह प्रक्रिया किसी सीमा तक मन्द हो सकती है। वास्तव में हिन्दू के अलावा प्रत्येक धर्म में उस धर्म का अनुयायी कहलाने के लिए कुछ नियमों का पालन आवश्यक माना जाता है। उदाहरण के लिए मुसलमान के लिए अल्लाह की एकता में यकीन करना आवश्यक है और यह भी मानना जरूरी है कि मोहम्मद अल्लाह का पैगम्बर था। अल्लाह और उसके रसूल पर यकीन लाए बिना कोई भी व्यक्ति मुस्लिम नहीं कहला सकता। इसी कारण मुसलमानों में लौकिकीकरण उतना नहीं हुआ है जितना हिन्दओं में दिखाई पड़ता है। वास्तव में यदि हिन्दू धर्म को हिन्दू समाज के जीवन में महत्वपूर्ण योगदान देना है तो कुछ धार्मिक नियमों का पालन प्रत्येक हिन्दू कहलाने वाले व्यक्ति के लिए अनिवार्य कर देना चाहिए जिससे कि एक ओर हिन्दू धर्म को अन्य धर्मों से अलग पहचाना जा सके और दूसरी ओर इस धर्म के मानने वालों को परस्पर धार्मिक एकता का अनुभव हो।

अभ्यास के लिए प्रश्न

प्रश्न 1. धर्म निरपेक्षता से आप क्या समझते हैं? धर्म निरपेक्षता के रुख का समाजशास्त्रीय विश्लेषण कीजिए।

प्रश्न 2. भारतीय संस्कृति पर लौकिकीकरण के प्रभाव की विवेचना कीजिए।

प्रश्न 3. भारत एक लौकिक राज्य है। मूल्यांकन कीजिए।

प्रश्न 4. भारतीय संविधान ने एक लौकिक राज्य की स्थापना की है। मूल्यांकन कीजिये।

13

ग्रामीण भारत में नियोजित परिवर्तन

(Planned Changes in Rural India)

मानव समुदाय में सब कहीं सदैव कुछ-न-कुछ परिवर्तन होते ही रहते हैं। परिवर्तन प्रकृति का नियम है। परिवर्तन जीवन की माँग है। जहाँ कहीं जीवन है वहाँ परिवर्तन भी है। पूर्ण गतिहीनता का ही दूसरा नाम मृत्यु है। अस्तु मानव समुदायों में परिवर्तन स्वाभाविक है। नगरीय समुदायों की अपेक्षा गाँव के समुदाय कम गतिशील होते हैं। परन्तु इससे किसी को यह न समझ बैठना चाहिये कि उनमें गति होती ही नहीं। ग्रामीण समुदाय भी सतत् परिवर्तनशील हैं। चाहे उनमें परिवर्तन की गति कितनी भी मन्द क्यों न होती हो। भारत के किसी भी क्षेत्र में ग्रामीण समुदायों के इतिहास पर नजर डालकर यह तथ्य परखा जा सकता है।

ग्रमीण समुदाय में परिवर्तन के कारकों तथा प्रतिमानों के अध्ययन से ग्रामीण क्षेत्र में कल्याण कार्य के विकास में अन्तर्दृष्टि मिलेगी, क्योंकि विकास वांच्छित दिशा में परिवर्तन का ही दूसरा नाम है। गाँव में सामाजिक, आर्थिक, राजनैतिक किसी भी प्रकार का विकास करने के लिए उनमें परिवर्तन की आवश्यकता है, उनको बदलने की जरूरत है। यह परिवर्तन कैसे लाया जा सकता है, यह समझने के लिये यह जानना जरूरी है कि ग्रामीण समुदायों में यह प्रभाव किस प्रकार का पड़ता है, किस दिशा में, कैसे और क्यों परिवर्तन होता है।

परिवर्तन के कारक

यूँ तो ग्रामीण क्या किसी भी समुदाय में परिवर्तन के सभी प्रत्यक्ष अप्रत्यक्ष कारकों का विश्लेषण बड़ा कठिन है, परन्तु फिर भी स्थूल रूप से परिवर्तन के मुख्य कारकों को अवश्य पहचाना जा सकता है। ग्रामीण क्षेत्र में परिवर्तन के मुख्य कारकों को निम्नलिखित वर्गों में रखा जा सकता है।—

(1) प्राकृतिक कारक (Natural Factors)

(2) प्राविधिक कारक (Technological Factors)

(3) सामाजिक कारक (Social Factors)

(4) आर्थिक कारक (Economic Factors)

(5) सांस्कृतिक कारक (Cultural Factors)

(6) राजनैतिक कारक (Political Factors)

अब ग्रामीण जीवन में परिवर्तन के इन कारकों का संक्षेप में अध्ययन करना लाभदायक होगा।

(1) प्राकृतिक कारक—ग्रामीण समुदाय में परिवर्तन के प्राकृतिक कारकों में वे सभी प्राकृतिक तत्व आते हैं जो कि विशिष्ट ग्रामीण समुदाय के रहने के स्थान पर पाए जाते हैं। उदाहरण के लिए नदियों के किनारे बसे हुए गाँवों पर नदियों और पहाड़ों पर बसे ग्रामीण समुदायों पर पहाड़ों का प्रभाव प्रत्यक्ष दिखलाई पड़ता है। बाँस के जंगलों में रहने वाले ग्रामीण समुदायों के सामाजिक, आर्थिक और सांस्कृतिक तथा धार्मिक जीवन पर भी बाँस का प्रभाव दिखलाई पड़ता है। जहाँ भूचाल अधिक आते हैं वहाँ लकड़ी के मकान बनाये जाते हैं, जहाँ जो वनस्पति और पशु अधिक मिलते हैं, वहाँ उन्हीं का अधिक उपयोग किया जाता है। इसी प्रकार जहाँ जो खनिज पदार्थ मिलते हैं वहाँ उन्हीं को लेकर कुटीर-उद्योग विकसित हो जाते हैं। इस प्रकार नदी, समुद्र, बाढ़, तुफान, ओले, वर्षा, भूकम्प, पहाड़, वनस्पति तथा पशु आदि ग्रामीण समुदाय को प्रभावित करने वाले प्राकृतिक कारक हैं। इनमें से किसी में भी परिवर्तन होने से ग्रामीण समुदाय के जीवन में भी परिवर्तन होता है। मानव जीवन पर भौगोलिक पर्यावरण के विषय में भौगोलिकवादियों ने ग्रन्थ के ग्रन्थ लिख डाले हैं। प्राकृतिक कारक भौगोलिक पर्यावरण बनाते हैं। उनके प्रभाव सर्वविदित हैं। गंगा के किनारे के किसी गाँव से यदि गंगा अपना रास्ता बदल कर मीलों दूर हो जाए तो उससे ग्रामीण समुदाय के आर्थिक जीवन में ही नही; बल्कि जीवन के अन्य पहलुओं में भी अन्तर आ जायेगा।

(2) प्राविधिक कारक—केवल प्राकृतिक पर्यावरण ही मानव समुदायों को नहीं बदलता, मनुष्य अपना बहुत सा पर्यावरण स्वयं बनाता है और उसका भी उसके जीवन पर व्यापक प्रभाव पड़ता है। प्राविधिक कारकों की सहायता से मनुष्य एक नया पर्यावरण निर्माण करता है और प्राकृतिक पर्यावरण को अपने अनुकूल बदलता है। इन प्राविधिक कारकों में सभी प्रकार के आविष्कार आते हैं। जहाँ कहीं गाँवों में बिजली पहुँच गई है वहाँ उसने ग्रामीण समुदायों की शक्ल ही बदल दी है। प्रो॰ ऑगबर्न के अनुसार अकेले रेडियो के आविष्कार ने ही सामाजिक जीवन में लगभग 150 परिवर्तन किये हैं। भारत के ग्रामों में अभी मशीनों का प्रयोग उतना अधिक नहीं हुआ है जितना पश्चिम के गाँवों में, परन्तु फिर भी आटा पीसने, कपास ओटने, दाल बनाने आदि की मशीनों के चलन से ग्रामीण परिवारों में इन कामों को घर में करने का रिवाज उठता जा रहा है। इससे स्त्रियों के जीवन और स्थिति पर प्रभाव पड़ा है। वाष्प और बिजली की शक्ति के आविष्कार से मानव जीवन के सभी पहलुओं में कुछ न कुछ परिवर्तन हुआ है।

(3) सामाजिक कारक—ग्रामीण समुदाय के सामाजिक जीवन पर सामाजिक कारकों का व्यापक प्रभाव पड़ता है। उदाहरण के लिये सती-प्रथा, बाल-विवाह, विधवा-विवाह निषेध आदि के होने और न होने का ग्रामीण समुदाय में विशेषतया स्त्रियों की दशा पर स्पष्ट प्रभाव देखा जा सकता है। भारतीय ग्रामीण समुदाय के जीवन को प्रभावित करने वाले मुख्य सामाजिक कारक हैं—जाति-व्यवस्था, संयुक्त-परिवार, जजमानी प्रथा, विवाह के विषय में विभिन्न नियम तथा स्थानीय और धार्मिक रीति-रिवाज व परम्परायें आदि। इनमें से किसी भी कारक में परिवर्तन से ग्रामीण समुदाय में परिवर्तन होता है। उदाहरण के लिए जाति पंचायतों के निर्बल हो जाने अथवा समाप्त हो जाने से गाँवों में अन्तर्जातीय सम्बन्धों में बराबर परिवर्तन हो रहा है। इसी प्रकार जजमानी सम्बन्ध टूटने से भी विभिन्न जातियों के परस्पर सम्बन्धों में अन्तर देखा जा सकता है।

(4) आर्थिक कारक—आर्थिक कारकों में कृषि, व्यवसाय तथा उद्योग आदि से सम्बन्धित कारक आते हैं। गाँवों में जमीनों पर बोझ बढ़ते जाने से बहुत से लोग शहर में जाकर नौकरी करने लगे हैं। इससे संयुक्त-परिवार टूटने को हैं। शहर में रहकर ग्रामीण युवकों के नैतिक जीवन और मूल्यों में अन्तर आता है और वे गाँव में आकर अन्य लोगों के चरित्र तथा मूल्यों में भी अन्तर उत्पन्न करते हैं। जहाँ-जहाँ गाँवों के बीच में ही खानें या मिलें खुल गई हैं वहाँ इनमें स्त्री-पुरुष के साथ-साथ काम करने का स्त्री-पुरुष के सम्बन्धों पर प्रभाव हुआ है। गरीबी एक आर्थिक कारक है और समुदाय के जीवन पर उसके होने न होने के व्यापक प्रभाव सर्वविदित हैं।

(5) सांस्कृतिक कारक—सांस्कृतिक कारकों में विश्वास, धारणायें, मूल्य आदि आते हैं। इसके परिवर्तन से सामाजिक जीवन में व्यापक परिवर्तन होते रहते हैं। भारत में जहाँ-जहाँ हिन्दू-मुस्लिम अथवा ईसाई संस्कृतियों के मिलने का अवसर आया है वहाँ ग्रामीण समुदाय के सांस्कृतिक जीवन पर स्पष्ट प्रभाव देखा जा सकता है। पाश्चात्य संस्कृति के प्रभाव के कारण अनेक जनजातीय गाँवों में कुमार गृह की संस्था लुप्त होती जा रही है। पाश्चात्य संस्कृति से प्रभावित ग्रामीण युवक-युवतियों में व्यक्तिवाद, भोगवाद और नियन्त्रण की प्रवृत्ति आ जाती है। जिससे परिवार, विवाह, जाति-व्यवस्था आदि ग्रामीण संस्थाओं पर व्यापक प्रभाव पड़ते हैं।

(6) राजनैतिक कारक—राजनैतिक कारकों से ग्रामीण समुदायों पर व्यापक प्रभाव पड़ता है। उदाहरण के लिये हिन्दू, मुस्लिम तथा अंग्रेज सरकारों के अधीन ग्रामीण समुदायों में स्पष्ट अन्तर देखा जा सकता है। देश को स्वतन्त्रता मिलने के बाद से गाँवों में बड़ी जागृति देखी जा सकती है। सरकार के अलावा राजनैतिक दलबन्दी का भी गाँवों पर प्रभाव पड़ता है। भारत एक गणतन्त्र है जिसमें जनता ही शासन चलाने वाले प्रतिनिधियों को चुनती है। इससे गाँव वालों में राजनैतिक चेतना जाग्रत होती जा रही है।

परिवर्तन की प्रणालियाँ

ग्रामीण समुदाय में परिवर्तन लाने वाले उपयुक्त कारकों के अध्ययन के साथ-साथ यह जानना भी जरूरी है कि सामाजिक संगठन अथवा दल किन उपायों से ग्रामीण समुदाय में परिवर्तन उत्पन्न करते हैं। इन प्रणालियों के विवेचन से यह भी स्पष्ट होगा कि ग्रामीण कल्याण कार्य के विकास में ग्रामीण समुदाय में वांछित परिवर्तन लाने के लिये कौन-सी पद्धति इस्तेमाल की जानी चाहिये। इस प्रकार की मुख्य प्रणालियों में सिम्स (Sims) तथा अन्य मुख्य समाजशास्त्रियों ने निम्नलिखित को गिनाया है—

(1) समझाने-बुझाने की पद्धति—कुछ लोग ग्रामीण समुदाय में कोई परिवर्तन लाने के लिए गाँव वालों को समझाने-बुझाने अथवा तर्क द्वारा अपनी बात सिद्ध करने में विश्वास रखते हैं। इस पद्धति से कुछ लाभ अवश्य होता है, परन्तु इसमें सबसे बड़ा दोष यह है कि इसका प्रयोग करने वाले क्रियात्मक रूप से स्वयं कुछ नहीं करते। अतः उनकी बात का उतना प्रभाव नहीं पड़ता।

(2) **प्रदर्शन विधि** (Demonstrative Method)—अतः प्रदर्शन विधि का समझाने-बुझाने की विधि से अधिक महत्व है। इसमें गाँव वालों के सामने उदाहरण पेश किया जाता है। उदाहरण के लिए किसी खेती के औजारों को प्रचलित करने के लिए उसके विषय में समझाने से इतना लाभ नहीं हो सकता, जितना कि उसका किसी खेत में उपयोग शुरू कर देने से हो सकता है। इससे किसान लोग उसके काम को देखकर स्वयं उसमें रूचि लेंगे और उसको अपनायेंगे।

(3) अनिवार्य पद्धति (Compulsory Method)—जैसा कि इसके नाम से प्रकट है इस विधि में परिवर्तन को अनिवार्य रूप से ग्रामीण जनता पर लाद दिया जाता है। दूसरे शब्दों में इसमें जनता को वांछित परिवर्तन ग्रहण करने के लिए बाध्य किया जाता है। स्पष्ट है कि इस पद्धति को राज्य ही इस्तेमाल कर सकता है और राज्यों ने इस पद्धति का इस्तेमाल किया भी खूब है। उदाहरण के लिए भारत में अनेक राज्यों ने अस्पृश्यता को अपराध घोषित करके गाँव वालों को अस्पृश्यों के प्रति सद्व्यवहार करने को मजबूर किया है। इस पद्धति में यह लाभ है कि परिवर्तन अति शीघ्र हो जाते हैं, परन्तु फिर इसमें यह दोष भी है कि यह आन्तरिक परिवर्तन नहीं उत्पन्न कर सकती। आन्तरिक परिवर्तन तो समझाने-बुझाने अथवा प्रदर्शन की विधि से ही लाये जा सकते हैं।

(4) सामाजिक दबाव की विधि (Social Pressure Method)—सामाजिक संगठन और संस्थायें व्यक्तियों के व्यवहार पर नियन्त्रण रखने के लिए अथवा उसमें परिवर्तन करने के लिए सामाजिक दबाव की विधि का सबसे अधिक उपयोग करते हैं। जैसा कि इसके नाम से स्पष्ट है इसमें व्यक्ति पर सामाजिक दबाव डालकर उसको बाध्य किया जाता है। उदाहरण के लिए गाँवों में जाति पंचायतें हुक्का-पानी बन्द करने का भय दिखलाकर जाति के सदस्यों को उनके निर्णय मानने के लिए बाध्य करती हैं। मानव की सामाजिकता के कारण यह विधि काफी प्रभावशाली

सिद्ध होती है, परन्तु इसमें भी यही दोष है कि इससे आन्तरिक परिवर्तन नहीं हो सकता। आन्तरिक परिवर्तन के लिये पहली दो विधियाँ अधिक उपयुक्त हैं।

(5) **सम्पर्क विधि** (Contact Method)—यह एक सामान्य बात है कि सम्पर्क से मनुष्य में परिवर्तन उत्पन्न होता है। व्यक्ति जैसे लोगों में उठता-बैठता है, जैसे लोगों के सम्पर्क में आता है वह उनसे अनेक बातें ग्रहण कर लेता है। इसी प्रकार जहाँ-जहाँ ग्रामीण समुदाय नगरीय समुदायों के सम्पर्क में आये हैं वहाँ-वहाँ उनमें बहुत से परिवर्तन देखे जा सकते हैं। जनजातीय ग्रामीणों के हिन्दू अथवा ईसाई संस्कृति के सम्पर्क में आने से, आदिम लोगों के सभ्य लोगों के सम्पर्क में आने से और गाँव वालों के पाश्चात्य सभ्यता के सम्पर्क में आने से उनके रहन-सहन, वेशभूषा, रीति-रिवाज तथा मूल्यों आदि में परिवर्तन दिखलाई पड़ता है।

(6) **शैक्षिक विधि** (Education Method)—शिक्षा व्यक्ति के व्यक्तित्व के विकास में अत्यन्त महत्वपूर्ण कारक है। बालक को जो कुछ बनाना हो उसमें उसकी आनुवंशिक प्रवृत्तियों के साथ-साथ उसकी समुचित शिक्षा का भी ध्यान रखना बड़ा जरूरी है। यही बात न्यूनाधिक रूप से समुदायों के विषय में भी सत्य है। भारत के गाँवों में बुनियादी शिक्षा और समाज शिक्षा आदि से परिवर्तन लाने की चेष्टा की जा रही है और इसमें काफी सफलता भी दिखलाई पड़ रही है। गाँव वालों में सामुदायिक अथवा राजनैतिक चेतना उत्पन्न करने में तदानुसार शिक्षा देना बड़ा आवश्यक है।

ग्रामीण समुदायों में परिवर्तन लाने की उपर्युक्त विधियों की अपनी सीमायें (Limitations) हैं। अत: कोई भी विधि अकेली काम नहीं दे सकती। इसलिए बहुधा एक से अधिक विधियों के प्रयोग की आवश्यकता होती है। ग्रामीण विकास की दिशा में वांछित परिवर्तनों के लिए समझाने-बुझाने के साथ-साथ प्रदर्शन भी आवश्यक है। जहाँ कुछ लोग समझने के लिए तैयार ही नहीं वहाँ अनिवार्य विधि और सामाजिक दबाव की विधि से काम लेना उचित है। प्रत्येक परिवर्तन में तदनुकूल शिक्षा दी जानी चाहिये। इस प्रकार सभी विधियों को भली प्रकार समझकर अवसर और आवश्यकता के अनुसार उनका उपयोग करने से ग्रामीण समुदाय में वांछित परिवर्तन लाये जा सकते हैं।

परिवर्तन के क्षेत्र

परिवर्तन के कारकों और परिवर्तनों की विधियों के अध्ययन के बाद अब ग्रामीण सामुदायिक जीवन के विभिन्न पहलुओं में हो रहे परिवर्तन का सिंहावलोकन किया जायेगा। यह परिवर्तन निम्नलिखित क्षेत्रों में देखा जा सकता है—

(1) जाति-व्यवस्था (Caste System)
(2) जजमानी प्रथा (Jajmani System)
(3) परिवार (Family)
(4) विवाह (Marriage)
(5) रीति-रिवाज (Customs)
(6) खान-पान (Food Habits)
(7) वेशभूषा (Clothing)
(8) आवास (Housing)

(9) सफाई (Sanitation)

(10) रोग (Diseases)

(11) साक्षरता (Literacy)

(12) आर्थिक क्षेत्र (Economic Field)

(13) राजनैतिक क्षेत्र (Political Field)

(1) जाति-व्यवस्था—ब्रिटिश शासन में गाँवों में जाति-व्यवस्था को बड़ा धक्का लगा। ब्रिटिश आर्थिक नीति तथा नये कानूनों के कारण विभिन्न जातियाँ अपने परम्परागत व्यवसाय छोड़कर अन्य व्यवसाय करने लगी। बहुत से ब्राह्मण और क्षत्रिय भी खेती करने लगे। अस्पृश्य जाति के लोग कृषक दास बन गये। जातिय पंचायतों का नियन्त्रण ढीला पड़ने लगा। आजकल यह देखा जाता है कि गाँव में व्यक्ति की स्थिति उसकी जाति से ही निश्चित न होकर उसके अपने व्यक्तित्व, आर्थिक स्थिति और कामों से भी निश्चित होती है। यद्यपि उच्च जाति का होने से ब्राह्मण को लोग नमस्कार करते हैं, परन्तु धनिक शूद्र नीची जाति का होकर भी कम सम्मान नहीं पाता। कहीं-कहीं तो उसका सम्मान निर्धन ब्राह्मण से अधिक होता है। सरकारी कानूनों का सहारा पाकर नीची जातियाँ अब अपने को नीचा नहीं समझतीं। दक्षिण भारत में तो कहीं-कहीं शूद्र जातियाँ ब्राह्मणों के स्पर्श से अपवित्र मानती है। ब्राह्मण के उनके मुहल्ले में पहुँच जाने पर उनको झाड़ुओं से पीटा जाता है। कहीं-कहीं तो उनके छुए हुए स्थान को शुद्ध करने के लिए गोबर से लीपा भी जाता है। इस प्रकार आजकल सभी जातियाँ अपना-अपना संगठन फिर से सुदृढ़ बनाने में लगी हुई हैं। इधर कुछ जातियों ने अपनी सभायें आदि करके अपने कुछ औपचारिक संगठन भी बनाये हैं जो उनके हितों को सुरक्षित रख सकें। परन्तु फिर भी जाति पंचायतों की शक्ति व्यक्ति के रहन-सहन, खान-पान, व्यवहार आदि पर नियन्त्रण के रूप में बिल्कुल ही समाप्त हो गई है। गाँव में जहाँ-जहाँ किसी जाति में छूआछूत के नियमों का पालन आवश्यक भी माना जाता है वहाँ भी नगरों में जाकर जातीय नियमों को भंग करने वालों को छूट दे दी जाती है। यद्यपि विवाह अब भी अधिकतर अपनी ही जाति में किये जाते हैं, परन्तु विभिन्न जातियों में उठने-बैठने, खाने-पीने, व्यवहार आदि में कोई रोक-टोक नहीं है। परन्तु यद्यपि इस प्रकार एक ओर जाति व्यवस्था दुर्बल हो रही है तथापि दूसरी ओर वह और भी सुदृढ़ होती दिखलाई पड़ती है। निहित स्वार्थों के कारण जातिवाद बढ़ रहा है। हाल में चुनावों में यह देखा गया कि अधिकतर लोगों ने जाति के सदस्य को ही वोट दिया। राजनैतिक दलों ने भी ऐसे व्यक्तियों को टिकट दिया जिनकी जाति का उस चुनाव क्षेत्र में बहुमत था। पिछले चुनावों में भी ही ऐसा हुआ था और चुने हुए व्यक्तियों ने अपनी जाति को लाभ पहुँचाने की भरसक चेष्टा भी की थी। इस प्रकार राजनैतिक तथा अन्य स्वार्थों के कारण जातिवाद (Casteism) बढ़ता जाता है। सरकारी और गैर-सरकारी सभी तरह के कारखानों, दफ्तरों, विद्यालयों तथा अन्य कार्यों में अधिकतर अधिकारीगण अपने जाति भाईयों को ही नौकरी देना सबसे अधिक जरूरी समझते हैं।

(2) **जजमानी व्यवस्था**—इस प्रकार जाति-व्यवस्था के विषय में तो निर्बलता और सबलता दोनों प्रकार की प्रवृत्तियाँ दिखलाई पड़ती हैं। परन्तु जजमानी व्यवस्था निश्चित रूप से टूट रही है। जजमानी व्यवस्था जजमान द्वारा कमीन के शोषण पर आधारित थी। स्वतन्त्र भारत में सभी नागरिकों के समान अधिकार घोषित किये जाने और सरकार की ओर से पिछड़े वर्गों को उठाने का प्रसत्न किये जाने के कारण अब पिछड़े वर्गों में धीरे-धीरे आत्म-सम्मान की भावना आती जा रही है और उनके अन्य जातियों से जजमानी सम्बन्ध टूटते जा रहे हैं। दूसरे, गाँवों में भी अब सेवाओं के बदले में मुद्रा देने का चलन होने से भी जजमानी व्यवस्था को धक्का लगा है। तीसरे, जाति पंचायतों की शक्ति क्षीण होने और व्यवसाय जाति पर आधारित न रह जाने के कारण भी जजमानी सम्बन्ध टूट रहे हैं। फिर नगरों के पास के लोग नगरों में जाकर नौकरियाँ करने लगे। यातायात की सुविधायें बढ़ जाने से ग्रामीण क्षेत्रों में भी गतिशीलता बढ़ रही है। इन सब कारणों से भी जजमानी व्यवस्था को धक्का लगा है। परन्तु इसका अर्थ यह नहीं है कि गाँवों से जजमानी प्रथा बिल्कुल ही उठ गई हो। ग्रामीण समुदायों के हाल के सभी अध्ययनों में उनमें जजमानी प्रथा दिखलाई पड़ी है। यद्यपि उसके निर्बल होते जाने के चिन्ह भी अधिकतर अध्ययनों में देखे गये हैं।

(3) परिवार—यद्यपि गाँवों में संयुक्त-परिवार अब भी सम्मान की दृष्टि से देखे जाते हैं परन्तु फिर भी अब वे ग्रामीण समुदाय की इकाई नहीं रहे। उनका स्थान एकांगी परिवारों ने ले लिया है। वंश पर आधारित समूहों के स्थान पर हितों पर आधारित समूह दृढ़ होते जा रहे हैं। व्यक्तिवाद बढ़ने से परिवार छोटे होते जा रहे हैं। सदस्यों पर परिवार का नियन्त्रण भी कम होता जा रहा है। परन्तु परिवार पर वंश समूह का नियन्त्रण पूरी तरह समाप्त नहीं हुआ है। शहरों की तरह गाँवों में भी परिवार के अनेक काम अन्य समितियाँ लेने लगी हैं। उदाहरण के लिए जिन गाँवों में आटे की चक्की लग गई है वहाँ आटा घरों में न पीसा जाकर अधिकतर चक्की पर पिसवाया जाता है। स्त्रियों की शिक्षा बढ़ाने से और उनको अनेक सामाजिक, आर्थिक, राजनैतिक अधिकार मिलने से उनमें जाग्रति आ रही है। परिवार में उनकी स्थिति पहले से बेहतर होती जा रही है।

(4) विवाह—परिवार के समान ही विवाह की संस्था भी परिवर्तित होती जा रही है। विवाह का क्षेत्र बढ़ता जा रहा है। यद्यपि जाति से बाहर विवाहों के उदाहरण अब भी बहुत कम हैं, परन्तु नजदीक के गाँवों में और एक ही गाँव में भी विवाह होते हैं। विवाह अब भी अधिकतर माता-पिता ही तय करते हैं परन्तु अब उनमें लड़के-लड़की विशेषतया लड़की की राय लेना बुरा नहीं समझा जाता। प्रेम विवाहों और तलाकों की संख्या भारत के अधिकतर गाँवों में अभी नगण्य है। वर के चुनाव के आधार में भी कुछ परिवर्तन हो रहा है। यद्यपि विवाह सम्बन्ध में खानदान को अब भी महत्व दिया जाता है, परन्तु लड़के की पढ़ाई और निजी आर्थिक स्थिति तथा लड़की के रूप-गुण आदि को अधिक महत्व दिया जाने लगा है। हिन्दुओं में

दहेज और मुसलमानों में मेहर की माँग बढ़ती जा रही है। इधर विवाहों में अन्य प्रकार की फिजूलखर्ची कम हो रही है। अनेक कारणों से बारातें अब छोटी होती हैं। विवाह के रीति-रिवाजों में भी कुछ परिवर्तन हो रहा है। यद्यपि इस सम्बन्ध में कोई सार्वभौम प्रतिमान उपस्थित करना कठिन है। विवाह अब अधिक बड़ी आयु में किये जाने लगे हैं। बाल-विवाह की प्रथा उठती जा रही है। विधवा विवाह भी होने लगे हैं।

(5) रीति-रिवाज—ग्रामीण सामाजिक जीवन के रीति-रिवाजों में बराबर अन्तर हो रहा है। जाति के पंचों का सम्मान कम होता जा रहा है। सामाजिक तथा अन्य उत्सवों पर खर्च को कम करने का प्रयास दिखलाई पड़ता है। मृत्यु, नामकरण आदि विभिन्न संस्कारों के अवसरों पर खर्चे घटे हैं। दहेज के कारण विवाह में खर्चे बढ़ गये हैं। गाँव में पर्दे का रिवाज अब भी काफी है, परन्तु अब उसका उतनी कठोरता से पालन नहीं किया जाता। बालकों को पढ़ाने का रिवाज बढ़ता जा रहा है। लड़कियों में भी शिक्षा बढ़ रही है। इधर गाँवों में गाँधी चबूतरे बढ़ते जा रहे हैं। शिक्षा के प्रसार से अन्धविश्वास कम होते जा रहे हैं।

(6) खान-पान सम्बन्धी आदत—जैसा कि पहले बतलाया जा चुका है, विभिन्न जातियों में परस्पर खान-पान सम्बन्धी नियम ढ़ीले पड़ते जा रहे हैं। गाँवों में सब्जी, गेहूँ और दूध आदि का उपयोग बढ़ रहा है, यद्यपि शहरों के पास के गाँवों में इनमें से अधिकाँश शहरों में जाकर बेच दिया जाता है। गाँव में घी का उपयोग भी बढ़ता जा रहा है। कम से कम ऊँचे वर्गों में इसका प्रयोग अधिक देखा जा सकता है। गाँव में चाय, चीनी और तम्बाकू का प्रयोग निश्चय ही पहले से बढ़ा है। गाँव में कुछ परिवारों में तो साल भर चाय पी जाती है। गाँव में वनस्पति घी का प्रयोग भी बढ़ता जाता है।

(7) वेशभूषा—गाँव के स्त्री-पुरुष तथा बालकों की वेशभूषा में अन्तर होता जा रहा है। पुरुषों में साफे के स्थान पर गाँधी टोपी का रिवाज बढ़ रहा है। लड़कियों में फ्रॉक अधिक पहनाये जाने लगे हैं। लड़के हॉफ पैन्ट भी पहनने लगे हैं। औरतें ब्लाउज पहनने लगी हैं। लहँगों का रिवाज कम होता जा रहा है। पहले लोग अधिकतर हाथ का बुना हुआ कपड़ा पहनते थे, अब अधिकतर मिल का बुना हुआ कपड़ा इस्तेमाल किया जाता है। गाँव की स्त्रियों में कृत्रिम सिल्क (Artificial Silk) के कपड़ों, रोल्ड गोल्ड के जेवर तथा सस्ते प्रसाधन की खपत बढ़ती जा रही है। चाँदी के भारी जेवरों का रिवाज कम होता जा रहा है। लड़कों के नंगे सिर रहने का रिवाज भी बढ़ रहा है। पढ़े-लिखे नवयुवक कोट-पैन्ट पहनते भी देखे जा सकते हैं। खादी का इतना अधिक प्रचार किये जाने पर भी गाँवों में मोटे कपड़े की खपत कम और बारीक कपड़े की खपत अधिक होती जा रही है।

(8) आवास—यद्यपि गाँवों में आवास की दशा अब भी बहुत खराब है परन्तु फिर भी आवास पहले से बेहतर होते जा रहे हैं। गाँवों में पक्के मकानों की संख्या बढ़ती जा रही है। मकान पहले से अधिक हवादार और साफ दिखलाई पड़ते हैं। मकानों में आराम के साधन पहले से अधिक हैं। जहाँ-जहाँ गाँवों में बिजली पहुँच गई है वहाँ कुछ समृद्ध घरों में रेडियो और बिजली के पंखे भी देखे जा सकते हैं।

मकानों में नक्काशी का रिवाज कम होता जा रहा है, क्योंकि इसमें व्यर्थ अधिक खर्चा होता है। मकान बनाते समय अब रोशनी और हवा का भी ध्यान रखा जाता है। अधिकतर नये घरों में रसोई और उसमें धुआँ निकलने की जगह देखी जा सकती है। कुछ घरों में अलग गुसलखाने भी मिलेंगे। गाँवों में हाथ के नलों का रिवाज भी बढ़ता जा रहा है। परन्तु गाँव में अब भी अधिकतर घरों में पाखाने नहीं होते और जहाँ होते भी हैं उनमें केवल स्त्रियाँ ही और वे भी कभी-कभी जाती हैं। पहले घरों में फर्श कच्चे होते थे, अब बहुत से घरों में ईंटों के या सीमेन्ट के फर्श देखे जा सकते हैं। मकानों में सीमेन्ट का इस्तेमाल बढ़ता जा रहा है। मकानों की छतें पहले फूँस या खपरैल की होती थीं, अब छतें पक्की होने लगी हैं। सम्पन्न घरों में मकानों की बैठकों में मेज-कुर्सी आदि देखी जा सकती हैं। पहले मकानों में देवी-देवताओं के चित्र ही अधिक दिखलाई पड़ते थे, अब गाँधी जी, सरदार पटेल, पं० नेहरू तथा अन्य नेताओं के चित्र भी देखे जा सकते हैं। पहले अधिकतर रोशनी के लिए कड़वे तेल का दिया जलाया जाता था, अब मिट्टी के तेल की लालटेनों के रिवाज अधिक हैं। कुछ घरों में चाय आदि बनाने के लिए स्टोव का भी इस्तेमाल किया जाता है।

(9) **सफाई**—यद्यपि गाँव में अब भी सफाई का बहुत कम ध्यान रखा जाता है, परन्तु फिर भी इस दिशा में पहले से अधिक ध्यान दिया जाने लगा है। कभी-कभी स्कूलों, पंचायतों, विकास खण्डों अथवा अन्य सार्वजनिक संस्थाओं की ओर से पूरे गाँव की सफाई की जाती है। व्यक्तिगत सफाई की ओर भी पहले से अधिक ध्यान दिया जाने लगा है। गाँव में नहाने और कपड़े धोने के साबुनों की खपत बढ़ती जा रही है। सेफ्टी रेजरों का इस्तेमाल बढ़ रहा है। गोबर की खाद बनाने का प्रचार बढ़ने से अब गोबर और कूड़ा गलियों में सड़ता कम दिखलाई पड़ता है। परन्तु कुल मिलाकर अब भी गाँवों में सफाई की दशा में थोड़ी ही उन्नति हुई है यद्यपि पंचायतों ने गाँवों की गलियों, कुओं, सार्वजनिक स्थानों आदि की सफाई की ओर ध्यान दिया है।

(10) **रोग**—सफाई में उन्नति होने से और गाँवों में डॉक्टरों की संख्या बढ़ जाने से गाँव के स्वास्थ्य में कहीं-कहीं सुधार हुआ है। यद्यपि औषिधीय सुविधायें पहले से निश्चय ही अधिक हैं; परन्तु दूसरी ओर नई-नई बीमारियाँ भी बढ़ी हैं। सरकार द्वारा सन्तति निरोध और परिवार नियोजन के प्रचार से अभी गाँवों में इस दिशा में विशेष जागृति नहीं फैली है। परन्तु पर्याप्त शिक्षा से गर्भ शिक्षा निरोध के आसान उपायों के सुलभ होने से स्त्रियों के स्वास्थ्य की दशा पहले से अवश्य सुधरेगी। देश में खाद्य समस्या उपस्थित होने के कारण गाँव के गरीब लोगों को पौष्टिक और पर्याप्त भोजन नहीं मिल पाता, अतः उनका स्वास्थ्य अच्छा नहीं है। सरकार की ओर से टीकों और पेटेन्ट दवाओं का प्रबन्ध होने से चेचक, मलेरिया आदि पर रोकथाम अवश्य हुई है। पर्दे की प्रथा हटने से तथा मकानों की दशा सुधरने से स्त्रियों का स्वास्थ्य पहले से कुछ अच्छा कहा जा सकता है। परन्तु दूसरी ओर चाय, तम्बाकू, वनस्पति घी का बढ़ता हुआ प्रयोग ग्रामीण लोगों के स्वास्थ्य का स्तर गिर रहा है।

(11) **साक्षरता**—गावों में स्त्री-पुरुष, लड़के-लड़कियाँ सभी में साक्षरता बढ़ रही है। बुनियादी शिक्षा तथा समाज शिक्षा बढ़ती जा रही है। अनेक राज्य प्रत्येक गाँव में प्रत्येक बालक-बालिका के लिये मुफ्त अनिवार्य शिक्षा का आयोजन करने के लिये प्रयत्नशील हैं। गाँव के बहुत से युवक उच्च शिक्षा प्राप्त करने नगरों में जाने लगे हैं। बड़े-बड़े गाँवों में केवल हाई स्कूल नहीं, बल्कि इण्टरमीडिएट कालिज भी देखे जा सकते हैं। ग्रामीण क्षेत्रों में अनेक ग्रामीण संस्थायें (Rural Institutes), कृषि कालेज और डिग्री कालेज भी स्थापित किये गये हैं।

(12) **आर्थिक क्षेत्र**—गाँवों में रहन-सहन का स्तर बढ़ रहा है। जिससे नई-नई चीजों की माँग पैदा हो रही है और फलस्वरूप गाँवों में उनकी दुकानें खुल रही हैं। शिक्षित ग्रामीण नवयुवकों का नौकरी की ओर अधिक झुकाव है। कृषि में नवीन औजारों का प्रयोग बढ़ रहा है। नये औजार, नये बीजों और खेती के नये तरीकों से उपज बढ़ी है। गाँवों में सहकारी समितियों के खुलने से छोटे व्यवसायों की दशा में सुधार हुआ है। सहकारी उधार समितियों, अनाज बैंकों और सहकारी बैंकों के खुलने से पूँजी की दशा पहले से बेहतर है और ऋण-ग्रस्तता कम है। सरकारी सहायता से कुटीर उद्योगों को प्रोत्साहन मिला है। प्रति व्यक्ति आय बढ़ी है, परन्तु साथ ही चीजों के दाम भी बढ़े देखे जाते हैं। मध्यवर्तियों के हट जाने से किसानों तथा छोटे व्यवसायियों की दशा सुधरी है।

(13) **राजनैतिक क्षेत्र**—पंचायतों की स्थापना से गाँवों में राजनीतिक चेतना बढ़ी है। वयस्क मताधिकार से गाँव वाले भी सरकार के कार्यों की आलोचना करने लगे हैं। कहीं-कहीं गाँवों में अखबार वाले भी पहुँचते हैं। अखबार और रेडियो की सहायता से अब गाँव वालों का राजनैतिक ज्ञान भी बढ़ रहा है। परन्तु राजनैतिक दलों ने गाँव में फूट और गुटबन्दी भी उत्पन्न की है। देश की आजादी के बाद अब गाँव वाले सरकारी कर्मचारियों से उतना नहीं डरते जितना पहले डरते थे। पंचायतें होने पर भी इधर गाँवों में मुकदमें बाजी बढ़ी है। राष्ट्रीय चेतना जाग्रत होने पर भी सामुदायिक भावना कम हुई है। सहकारिता बढ़ने पर भी स्वार्थ पर व्यक्तिवाद बढ़ता गया।

हमारे गाँवों के बदलते हुये दृश्यों को उपर्युक्त झाँकी से यह अवश्य मालूम पड़ता है कि भारतीय गाँव परिवर्तनशील हैं। डॉ० अल्टेकर (Altekar) के शब्दों में, "(1) हमारा इतिहास बतलाता है कि भारतीय ग्रामीण समुदायों के अपरिवर्तनीय होने के विषय में मेटकॉफ और मेन जैसे प्रारम्भिक लेखकों के निर्णय सीमित अर्थों में ही माने जाने चाहियें (अ) पिछले खण्ड में बतलाया गया पश्चिमी और उत्तरी समुदायों का अन्तर इसी तथ्य के कारण था कि उत्तर में समुदाय उन कारकों के कारण बदल गये हैं, जो पश्चिमी भारत में काम नहीं कर रहे थे। (ब) एलफिंस्टन और मेटकॉफ के दिनों से हमने स्वयं अपनी आँखों से देखा है कि कैसे हमारी प्रशंसा की पात्र ग्राम की अधिकतर संस्थायें अन्तर्ध्यान हो गईं इसलिए इन समुदायों के अपरिवर्तित रहने की कल्पना छोड़ दी जानी चाहिये। (स) न ही यह माना जा सकता

है कि मुस्लिम और ब्रिटिश प्रभाव से उत्पन्न हुये परिवर्तनों को छोड़कर हिन्दू काल में कोई परिवर्तन नहीं हो रहे थे। क्योंकि हमने देखा है कि किस प्रकार ब्राह्मण युग में वैदिक सभा का प्रभाव समाप्त हो गया, किस तरह मौर्य साम्राज्यवाद के अधीन स्थानीय संसद और पंचायत का क्षेत्र काफी कम कर दिया गया, किस तरह 'लेखक' प्रारम्भिक काल में नहीं था और बाद में अस्तित्व में आया, किस तरह बड़ों की नियमित संसद बल्लभी काल तक नहीं थी इत्यादि। निष्कर्ष यह है कि इतिहास बतलाता है कि आन्तरिक और बाह्य दोनों कारक हमारे ग्रामीण समुदायों में परिवर्तन उत्पन्न कर रहे थे। मुस्लिम प्रभाव पर्याप्त शक्तिशाली नहीं था, इसलिये संस्थायें बनी रहीं, परन्तु उनकी वृद्धि रुक गई और क्षमता निर्बल हो गई। ब्रिटिश प्रभाव ने, जोरदार और सर्वांगीण होने के कारण अधिकतर ग्रामीण संस्थाओं को मार डाला। मुखिया का महत्व समाप्त हो गया, लेखक आनुवंशिक न रहा, ग्रामीण समिति अब नहीं दिखाई पड़ती, पंचायत का नाम भी सुनाई नहीं पड़ता, ग्रमीण कोष भी समाप्त हो गया है। ग्रामीण जीवन बड़ी हद तक वही है, लोग अब भी पुराने ढंग से अपने खेत जोतते और बोते हैं, परन्तु यहाँ भी परिवर्तन आ रहे हैं और काफी तेजी से आ रहे हैं। इसी प्रकार यह सिद्धान्त कि भारतीय ग्रामीण समुदाय परिवर्तित नहीं होते इतिहास की शिक्षाओं द्वारा पूर्णतः असिद्ध हो जाता है।''[1]

अभ्यास के लिए प्रश्न

प्रश्न 1. भारतीय ग्रामीण जीवन में परिवर्तन का वर्णन करो। इसमें कौन-सी प्रमुख प्रणालियाँ हैं?

प्रश्न 2. समकालीन भारतीय गाँवों में विकास के कौन से कार्यक्रम चल रहे हैं।

1. A. S. Altekar : '*A History of Village Communities in Western India*'. pp. 124-29.

14

नगरीकरण और औद्योगीकरण
(Urbanization and Industrialization)

भारत सरकार द्वारा प्रकाशित INDIA में शहरी क्षेत्र को निम्न प्रकार से परिभाषित किया गया है–

(अ) समस्त स्थान जहाँ पर नगरपालिका, अधिसूचित नगर क्षेत्र समिति, कैन्टोनमेंट बोर्ड आदि हैं।

(ब) अन्य समस्त स्थान जो कि निम्नलिखित मापदण्डों की पूर्ति करते हैं–

(i) न्यूनतम 5,000 की जनसंख्या,

(ii) कम से कम 75 प्रतिशत पुरुष जनसंख्या ऐसी हो जो कि गैर-कृषि कार्यों में लगी हो, और

(iii) कम से कम 400 व्यक्ति प्रति वर्ग कि0 मी0 का जनसंख्या घनत्व।

अन्य देशों से तुलना

भारत में नगरों के विकास की दर और स्वरूप के उपरोक्त विवेचन से यह स्पष्ट मालूम पड़ता है कि ये दोनों ही असन्तोषजनक हैं। आधुनिक अवस्थाओं में किसी भी राष्ट्र के जीवन के औद्योगीकरण की सर्वोत्तम कसौटी उस राष्ट्र में नगरों के विकास की दर और स्वरूप हैं। भारत में नगरों के विकास की दर और स्वरूप की अन्य देशों में नगरों के विकास की दर और स्वरूप से तुलना करने पर इस कथन की सत्यता स्पष्ट मालूम पड़ती है।

नगरों के विकास में औद्योगीकरण का महत्व

पीछे बतलाया जा चुका है कि नगरों के विकास का एक महत्वपूर्ण कारण औद्योगिक क्रान्ति है। परन्तु कुछ लोगों ने औद्योगीकरण को नगरों की उत्पत्ति का एक मात्र कारण माना है। इस मत की परीक्षा भी प्रासंगिक होगी। भारतवर्ष में नये नगरों में अधिकांश का विकास औद्योगीकरण के कारण हुआ है। भारतवर्ष में औद्योगिक राज्यों में अन्य राज्यों की अपेक्षा नगरीय जनसंख्या का अत्यधिक विकास हुआ है। नगरों की संख्या औद्योगिक क्षेत्रों से ही अधिक बढ़ी है। भारतवर्ष में सबसे अधिक नगर महाराष्ट्र में हैं जो कि देश में सबसे अधिक औद्योगिक राज्य है।

विभिन्न राज्यों की जनसंख्या के विकास को देखने से मालूम पड़ता है कि सबसे अधिक जनसंख्या महाराष्ट्र, उत्तर प्रदेश, आन्ध्र प्रदेश, पश्चिमी बंगाल, दिल्ली आदि उन्हीं राज्यों में बढ़ी है जिनमें बड़े-बड़े नगरों की संख्या बढ़ी और जिनमें औद्योगीकरण अधिक हुआ है। अत: यह कहा जा सकता है कि भारत में नगरों के विकास में औद्योगीकरण का बड़ा हाथ है। परन्तु इससे यह निष्कर्ष नहीं निकाला जा सकता कि नये नगरों के विकास का एक मात्र कारण औद्योगीकरण है। औद्योगीकरण के अलावा अन्य अनेक कारक भी भारत में नये नगरों के विकास के कारण हैं।

औद्योगीकरण और सामाजिक परिवर्तन

भारतवर्ष में औद्योगिकरण बढ़ रहा है यद्यपि अन्य देशों में औद्योगीकरण की प्रगति से तुलना करने पर उसको तीव्र नहीं कहा जा सकता। 1947 ई० में देश स्वतन्त्र होने के पश्चात् गणतन्त्र की सरकार ने देश में औद्योगीकरण के विकास को सहायता और प्रोत्साहन दिया है तथा विकसित देशों की सरकारों की सहायता से देश में भारी उद्योगों (Heavy Industries) के बहुत से कारखाने खोले गये हैं।

भारत में इस बढ़ते हुये औद्योगीकरण से देश में नगरों की जनसंख्या बढ़ी है जिससे सामाजिक जीवन पर बड़ा प्रभाव पड़ा है। औद्योगीकरण से केवल नगरों की जनसंख्या पर ही प्रभाव पड़ा हो ऐसी बात नहीं है, बड़े-बड़े उद्योगों के निकट के गाँवों के निवासियों के सामाजिक जीवन पर भी औद्योगीकरण का प्रभाव पड़ा है।

भारत में औद्योगीकरण के उपलक्षण

भारत में शीघ्र औद्योगीकरण के मुख्य उपलक्षण (Implications) निम्नलिखित हैं—

(1) **नगरीय जनसंख्या में वृद्धि** (Growth of Urban Population)—औद्योगीकरण के प्रभाव से देश में नगरीय जनसंख्या का अनुपात बराबर बढ़ा है।

औद्योगीकरण का विकास ही भारत में अधिकांश नगरीय जनसंख्या की वृद्धि का कारण है। अत: नगरीय जनसंख्या की वृद्धि के सामाजिक प्रभावों को भी अप्रत्यक्ष रूप से औद्योगीकरण के सामाजिक प्रभावों में गिना जायेगा। नगरीय जनसंख्या की वृद्धि के कुछ मुख्य सामाजिक प्रभाव निम्नलिखित हैं—

(i) **सामाजिक भावना का ह्रास**—देश में नगरीय जनसंख्या बढ़ने का सबसे पहला सामाजिक परिणाम सामाजिक भावना का उत्तरोत्तर ह्रास है। गाँव में सामाजिक भावना नगर से अधिक रहती है। अत: ग्रामीण जनसंख्या की कमी और नगरीय जनसंख्या की वृद्धि से सामुदायिक भावना (Community Sentiment) का ह्रास स्वाभाविक है। नगरों में हर एक व्यक्ति अपने या अपने साथियों के स्वार्थों की ही चिन्ता करता है, वह समुदाय की परवाह नहीं करता।

(ii) **सामाजिक नियन्त्रण में कमी**—सामुदायिक भावना के ह्रास से देश में सामाजिक नियन्त्रण बराबर घटता जा रहा है। ज्यों-ज्यों नगरीय जनसंख्या बढ़ती है त्यों-त्यों जातीय तथा सामाजिक संगठनों की नियन्त्रण शक्ति घटती जाती है। नगरों की देखा-देखी गाँव में भी जातीय पंचायतों का नियन्त्रण समाप्त हो रहा है। इससे व्यवहार में उच्छृंखलता बढ़ रही है।

(iii) **पारिवारिक नियन्त्रण में कमी**—नगरीय जनसंख्या की वृद्धि के साथ-साथ नगरों में पारिवारिक नियन्त्रण में भी बराबर कमी आई है। नगरों में जहाँ पर स्त्री-पुरुष दोनों काम पर जाते हैं, वहाँ पर बालकों पर कोई नियन्त्रण नहीं हो पाता। लाखों मजदूर शहरों में अपने परिवार के बिना अकेले रहते हैं जिससे धीरे-धीरे उन पर से परिवार का नियन्त्रण समाप्त हो जाता है। गाँव में पहुँच कर वहाँ भी वे परिवार के नियन्त्रण को नहीं मानते तथा उनकी देखा-देखी अन्य लोग भी वैसा ही करने लगते हैं। सिनेमा, आधुनिक शिक्षा, फैशनपरस्ती, शहरों का भड़कीला वातावरण और स्त्री-पुरुषों के सम्बन्धों में परिवर्तन आदि कारक नगरों में पारिवारिक नियन्त्रण को कम कर रहे हैं।

(iv) **धर्म के प्रभाव में कमी**—औद्योगीकरण बढ़ने से समाज और परिवार के साथ-साथ धर्म का प्रभाव भी कम होता जाता है। औद्योगिक नगरों में भौतिकवाद का बोलबाला होता है। अतः नास्तिकता को बल मिलता है। औद्योगिक नगरों के प्रभाव में आने वाले ग्रामीण समुदायों में भी क्रमशः धर्म का प्रभाव कम होता जा रहा है।

(v) **विवाह की संस्था में परिवर्तन**—नगरों की जनसंख्या की वृद्धि से विवाह की संस्था में भी कुछ परिवर्तन हुए हैं। क्रमशः विवाहों में जीवन-साथी चुनने में युवक-युवतियों की इच्छाओं का ख्याल रखा जाने लगा है। प्रेम-विवाहों (Love Marriages) की और साथ ही तलाकों की संख्या भी बढ़ रही है।

(vi) **परिवार की संस्था में परिवर्तन**—नगरीकरण ने परिवार की शक्ल ही बदल दी हैं। संयुक्त परिवार कम होते जा रहे हैं। परिवार छोटे होते जा रहे हैं। परिवार का विघटन हो रहा है।

(vii) **स्त्रियों की दशा में परिवर्तन**—नगरीकरण के साथ स्त्रियों की दशा में भी परिवर्तन हुआ है। उनको आर्थिक स्वन्तन्त्रता मिल रही है, उनमें शिक्षा का प्रचार बढ़ रहा है। उनमें अपने अधिकारों के प्रति जागृति बढ़ रही है, परन्तु साथ-ही-साथ उच्छृंखलता, अनुचित यौन-सम्बन्ध, तलाक, विवाह-पूर्व तथा विवाह से बाहर यौन-सम्बन्ध, फैशन, भोगवाद आदि भी बढ़ रहे हैं।

(2) **जनसंख्या में पुरुषों की अधिकता**—औद्योगीकरण का एक महत्वपूर्ण सामाजिक उपलक्षण नगरों की जनसंख्या में स्त्रियों की संख्या से पुरुषों की संख्या का अत्यधिक बढ़ना है। इसका कारण यह है कि नगरों में मकानों की अत्यधिक कमी होने के कारण लाखों मजदूर तथा अन्य नौकरी पेशा लोग शहरों

में अकेले रहने को बाध्य होते हैं। पुरुषों की अधिकता और स्त्रियों की कमी से व्यभिचार और वेश्यागमन के साथ-साथ विभिन्न प्रकार के अपराधों को भी प्रोत्साहन मिलता है।

(3) **व्यापारिक मनोरंजन**—औद्योगीकरण के कारण व्यापारिक मनोरंजन का खूब विस्तार हुआ है। नगरों में सिनेमा धनी-निर्धन सभी की जेबें खाली कर रहा है। वेश्यायें और नाचने वालियाँ दोनों हाथों से लूटती हैं।

(4) **निवास स्थान की कमी**—औद्योगीकरण से नगरों में निवास-स्थान की भयंकर कमी दिखाई पड़ती है। बम्बई, कलकत्ता, दिल्ली जैसे नगरों में हजारों लाखों परिवार एक-एक कमरे में रहने को मजबूर होते हैं जिससे विवाहित सदस्यों को निजत्व (Privacy) की कमी रहती है और अविवाहित सदस्यों पर उनके व्यवहार का बुरा प्रभाव पड़ता है तथा वे यौन-अपराधों की ओर प्रवृत्त होते हैं।

(5) **गन्दी बस्तियों का विकास**—औद्योगीकरण के कारण आवासों की अत्यधिक कमी होने से बड़े-बड़े नगरों में गन्दी बस्तियों (Slums) का विकास हुआ है। इनमें श्रमिक और गरीब लोग रहते हैं। इन गन्दी बस्तियों में रहने वालों का स्वास्थ्य बिगड़ता है, नैतिक चरित्र गिरता है और अपराधी प्रवृत्ति बढ़ती है। कानपुर के 'अहाते', दिल्ली की 'झुग्गियाँ', बम्बई की 'चाल' और मद्रास की 'चेरी' भारतीय सभ्यता पर कलंक हैं। इन गन्दे घरों में न हवा का, न पानी या रोशनी का प्रबन्ध होता है। देश के सभी विचारकों और नेताओं ने इन स्लमों के सुधार के लिए आवाज उठाई है। ''इन्हें जला दो, ये मनुष्य के अधिकतम पतन की परिचायक हैं। इस अवस्था के लिये जिम्मेदार व्यक्तियों को फाँसी दी जानी चाहिए।'' पं० जवाहरलाल नेहरू के ये रोषपूर्ण शब्द प्रत्येक सहृदय व्यक्ति की भावनाओं की पुकार हैं। डॉ० राधाकमल मुकर्जी ने ठीक ही लिखा है, ''भारत के औद्योगिक केन्द्रों की हजारों गन्दी बस्तियों में पुरुषत्व का निश्चय ही पाश्वीकरण किया जाता है, स्त्रियों को अपमानित किया जाता है और बचपन को उसके उद्गम में ही विष दे दिया जाता है।''[1]

(6) **औद्योगीकरण के सामाजिक परिणाम**—भारत में औद्योगीकरण धीरे-धीरे बढ़ रहा है। अतः उसके सामाजिक परिणाम भी क्रमशः दिखलाई पड़ रहे हैं। सबसे पहला सामाजिक परिणाम विघटन है। समाज में सामुदायिक भावना कम होती जा रही है। जात-पाँत का भेदभाव कम होता जा रहा है। जाति पंचायतों का प्रभाव बहुत कम हो गया है। सामाजिक नियन्त्रण के अन्य कारकों का प्रभाव भी कम होता दिखलाई पड़ता है क्योंकि व्यक्तिवाद बढ़ रहा है। जातीय संगठनों के समान ही परिवार का नियन्त्रण भी कम हो रहा है। संयुक्त परिवारों का विघटन हो रहा है और परिवार बराबर छोटे होते जा रहे हैं। परिवार में बालकों की संख्या बहुत

---

1. "In the thousand slums of India's Industrial centres manhood is, unquestionably brutalized, women dishonoured and childhood poisoned at its very source."
—R. K. Mukerjee, '*Indian Working Class*', p. 30.

कम होती जा रही है और पारिवारिक विघटन सब कहीं दिखलाई पड़ता हैं परिवार के साथ-साथ विवाह की संस्था में भी परिवर्तन हुआ है। विवाह अधिक आयु में होने लगे हैं। प्रेमविवाहों की संख्या बढ़ी है, साथ ही तलाकों की संख्या भी बढ़ी है। स्त्रियाँ आर्थिक दृष्टि से स्वतन्त्र हो गई हैं। अतः वे अन्य क्षेत्रों में भी स्वतन्त्रता और समानता माँगने लगी हैं। स्वतन्त्रता तथा भोगवाद व फैशन के प्रभाव से तथा सामाजिक मूल्यों में परिवर्तन से स्त्री-पुरुषों के सम्बन्धों में परिवर्तन आ गया है। अनुचित यौन-सम्बन्धों की संख्या बढ़ रही है। औद्योगीकरण तथा भौतिकवाद बढ़ा है और धर्म में आस्था कम हुई है। नगरों की जनसंख्या बढ़ने से आवास स्थानों की अत्यधिक कमी हो गई है। अतः गन्दी बस्तियों (Slums) का विकास हुआ है। इन सब कारणों से देश में दुर्व्यसन, अपराध, किशोरापराध, भ्रष्टाचार, शोषण, संघर्ष, प्रतिद्वन्द्विता आदि को प्रोत्साहन मिला है।

(7) **भारत में औद्योगीकरण के आर्थिक परिणाम**—औद्योगीकरण के फलस्वरूप भारत में निम्नलिखित आर्थिक परिणाम विशेष रूप से देखे जा सकते हैं—

(i) **पूँजीवाद का विकास**—औद्योगीकरण से एक ही व्यक्ति लाखों-करोड़ों का व्यापार सम्भाल लेता है और बड़े-बड़े कारखाने खड़े करके लाखों-करोड़ों की आमदनी कर सकता है। अतः अन्य देशों के समान भारत में भी औद्योगीकरण से पूँजीवाद (Capitalism) का विकास हुआ है।

(ii) **बड़े पैमाने पर उत्पादन**—औद्योगीकरण से भारत में भी बड़े पैमाने पर उत्पादन प्रारम्भ हो गया है। लोहा, इस्पात, सीमेण्ट, फर्टिलाइजर आदि कितनी ही चीजों को भारी पैमाने पर बनाने के लिए बड़े-बड़े कारखाने बन गए हैं जिनमें हजारों मजदूर दिन-रात काम करते हैं।

(iii) **व्यापार का विकास**—बड़े पैमाने पर उत्पादन से व्यापार का भी अभूतपूर्व विकास हुआ है। इस विकास में यातायात और सन्देशवहन के साधनों का भी बड़ा भारी हाथ है। भारत में रेल के डिब्बों, टेलीफोन, इंजन आदि का भी निर्माण होने लगा है। विदेशी व्यापार में बड़ी उन्नति हुई है।

(iv) **श्रम-विभाजन और विशेषीकरण**—औद्योगीकरण का एक अन्य आर्थिक परिणाम श्रम-विभाजन (Division of Labour) और विशेषीकरण (Specialisation) है। क्रमशः देश में विशेषज्ञों की संख्या बढ़ रही है।

(v) **जीवन के स्तर में विकास**—औद्योगीकरण से भारतवर्ष में लोगों के रहन-सहन तथा जीवन की सुविधाओं में विकास हुआ है। बिजली के पंखे, स्टोव, रेडियो, बिजली की इस्त्री आदि आराम के साधनों का प्रचार बढ़ता जा रहा है।

(vi) **आर्थिक संकट और बेकारी**—परन्तु जहाँ आराम और विलासिता की वस्तुएँ सुलभ हो गई हैं वहाँ आर्थिक संकट (Economic Crisis) भी अधिक दिखाई पड़ते हैं। बेरोजगारी और निर्धनता का बढ़ते जाना आर्थिक का संकट प्रतीक है।

(vii) **औद्योगिक झगड़े, रोग तथा दुर्घटनाएँ**—औद्योगीकरण से भारत में कारखानों की संख्या बढ़ी है। इसके साथ-साथ औद्योगिक झगड़ों (Industrial Disputes) और दुर्घटनाओं (Accidents) की संख्या भी बढ़ी है। बहुत से कारखानों में काम करने की दशाएँ स्वास्थ्यप्रद न होने के कारण श्रमिकों में विभिन्न रोगों की संख्या भी बढ़ी है।

(viii) **श्रमिकों की समस्याएँ**—औद्योगीकरण के साथ-साथ देश में श्रमिकों की समस्याएँ (Labour Problems) भी बढ़ी हैं। उदाहरण के लिए श्रमिकों की एक बड़ी समस्या अवकाश (Leisure) की समस्या है। एक तो श्रमिकों के काम करने के घण्टे इतने अधिक हैं कि उन्हें आवश्यक अवकाश नहीं मिल पाता, दूसरे जो अवकाश मिलता भी है उसमें स्वस्थ मनोरंजन नहीं मिल पाता। स्त्री तथा बाल-श्रमिकों की कुछ अपनी विशेष समस्याएँ हैं।

(ix) **व्यक्तिवाद और समाजवाद का प्रचार**—श्रमिकों की समस्याओं को लेकर श्रमिकों तथा मिल-मालिकों में झगड़े प्रारम्भ हुए जिनसे निबटने के लिए श्रमिकों ने अपनी यूनियनें बनाईं। राजनीतिक दलों ने भी श्रमिकों का पक्ष लिया और भारत में समाजवादी और साम्यवादी विचारधाराएँ बढ़ीं।

(x) **वर्गवाद और नए वर्गों की उत्पत्ति**—इन परस्पर विरोधी विचारधाराओं में समन्वय न होने के कारण भारत में वर्गवाद बढ़ा और अन्य देशों के समान यहाँ भी वर्ग-संघर्ष शुरू हुआ। मिल-मालिकों और पूँजीपतियों की शोषण की नीति से क्रमशः देश में एक जाग्रत श्रमिक वर्ग विकसित हुआ जो अपने संगठनों के द्वारा अपने अधिकारों की माँग करने लगा। हड़तालें और तालाबन्दी की घटनाएँ भी होने लगी।

(xi) **ग्रामीण उद्योगों का ह्रास**—औद्योगीकरण से भारत में दैनिक आवश्यकताओं की अधिकांश वस्तुएँ कारखानों में अच्छी और सस्ती बनने लगी और व्यापारी इनको धड़ाधड़ गाँवों में पहुँचाने लगे। इससे इन वस्तुओं को बनाने वाले ग्रामीण उद्योगों को बड़ा धक्का लगा। अधिकांश ग्रामवासी मिलों के हाथ कच्चा माल बेचना पसन्द करने लगे क्योंकि बने माल में वे मिलों से प्रतियोगिता नहीं कर सकते थे।

औद्योगीकरण के दुष्परिणामों को रोकने के उपाय

औद्योगीकरण के दुष्परिणाम—भारत में औद्योगीकरण के सामाजिक-आर्थिक परिणामों के उपरोक्त विवेचन से स्पष्ट है कि देश में औद्योगीकरण के बहुत से दुष्परिणाम हुए हैं जैसे नगरों में मकानों की कमी, श्रमिकों की समस्याएँ, शोषण में वृद्धि, अपराधों में वृद्धि, ग्रामीण उद्योगों का ह्रास, पारिवारिक और सामाजिक तथा वैयक्तिक विघटन, औद्योगिक झगड़े और दुर्घटनाएँ इत्यादि। भारत में औद्योगीकरण

के इन दुष्परिणामों को दूर करने के लिए भारत सरकार, राजनीतिक दल, श्रमिक संगठन तथा प्रगतिशील उद्योगपति प्रयत्न कर रहे हैं। इस विषय में निम्नलिखित उपाय सुझाए जा सकते हैं—

(1) **नगरों का सुआयोजन**—भारत में नगरीकरण तथा विशेषकर औद्योगिक नगरों की समस्याओं को सुलझाने के लिए नगरों का सुनियोजित होना अति आवश्यक है। गन्दी बस्तियाँ गिराकर फिर से बनाई जानी चाहिएँ। अधिकतर कारखाने शहर के बाहर होने चाहिएँ।

(2) **कारखानों का सुआयोजन**—नगरों के साथ-साथ कारखाने भी सुआयोजित होने चाहिएँ जिससे श्रमिकों का स्वास्थ्य न बिगड़े और दुर्घटनाएँ कम हों।

(3) **श्रमिक कानूनों का पारित होना**—श्रमिकों की समस्याओं को सुधारने के लिए श्रमिक कानूनों का पारित होना (Enactment of Labour Laws) आवश्यक है। उनके वेतन, काम करने के घण्टे, काम करने की दशाएँ, सामाजिक सुरक्षा के प्रबन्ध आदि के विषय में राज्य को कानून बना देनो चाहिएं।

(4) **ग्रामोद्योगों को प्रोत्साहन और सहायता**—सरकार को ग्रामोद्योगों को सब प्रकार से सहायता और प्रोत्साहन देना चाहिए। पूँजी, उत्पादन तथा विक्रय के लिए सहायक समितियाँ बनाई जानी चाहिए जिनको सरकार की ओर से सहायता मिलनी चाहिए।

(5) **उद्योगों का विकेन्द्रीकरण**—औद्योगीकरण के अनेक दुष्परिणाम बहुत से उद्योगों के किसी विशेष स्थान पर केन्द्रित होने से होते हैं। अतः सरकार को उद्योगों का विकेन्द्रीकरण करना चाहिए।

(6) **कुटीर उद्योगों का विकास**—औद्योगीकरण के बहुत से दुष्परिणाम अत्यधिक यन्त्रीकरण और विशेषीकरण का परिणाम हैं। कुटीर उद्योगों को प्रोत्साहन देकर इन दुष्परिणामों को दूर किया जा सकता है। इससे श्रमिकों के झगड़े सम्बन्धी कठिनाइयाँ भी दूर हो जाएँगी।

(7) **गृह निर्माण**—औद्योगीकरण के परिणामस्वरूप नगरों में आवास-स्थानों की कमी की समस्या और गन्दी बस्तियों की समस्या को सुलझाने के लिए बड़े पैमाने पर नए मकानों का निर्माण होना चाहिए।

(8) **स्वस्थ मनोरंजन की व्यवस्था**—औद्योगीकरण के परिणामस्वरूप अपराध, किशोरापराध, वेश्यागमन आदि में वृद्धि का एक कारण स्वस्थ मनोरंजन का अभाव भी है। अतः बालकों और वयस्कों सभी के लिए स्वस्थ मनोरंजन, खेल-कूद आदि का प्रबन्ध होना चाहिए।

औद्योगीकरण के दुष्परिणामों को दूर करने के उपरोक्त सभी सुझावों को भारत सरकार ने किसी न किसी रूप में स्वीकार किया है और उन पर अमल करने की

कोशिश बराबर की जा रही है। भारतवर्ष में औद्योगीकरण अभी अधिक विकसित दशा में नहीं है। अतः उसकी समस्याएँ अभी इतनी उग्र नहीं हैं। ये समस्याएँ अधिकतर बड़े-बड़े औद्योगिक नगरों जैसे कलकत्ता, बम्बई आदि में ही दिखाई पड़ती हैं। परन्तु इस स्तर पर भी इन समस्याओं को सुलझाने के लिए जो प्रयत्न किए जा रहे हैं वे अभी पर्याप्त नहीं हैं। औद्योगिक नगरों में स्लम सब-कहीं दिखाई पड़ते हैं। काम करने की दशाएँ अभी समुचित रूप से स्वस्थ नहीं हैं। स्वस्थ मनोरंजन का कोई विशेष प्रबन्ध नहीं किया गया है। सरकार को अभी इस ओर और भी ध्यान देने की आवश्यकता है। सरकारी प्रयत्न में गैर-सरकारी संस्थाओं, नगरपालिकाओं, श्रमिक संगठनों तथा प्रगतिशील उद्योगपतियों का भी सहयोग होना चाहिए क्योंकि जनतन्त्र में जनता के सहयोग के बिना अकेली सरकार अधिक काम नहीं कर सकती।

अभ्यास के लिये प्रश्न

1. भारत में बढ़ते हुए नगरीकरण का वर्णन करो।

2. भारत में औद्योगीकरण से नगरीकरण के लाभ बताओ।

3. औद्योगीकरण के उपलक्षण क्या हैं? उसके दुष्परिणामों को रोकने के उपाय बतलाइये।

15

सामाजिक आन्दोलन

(Social Movements)

सामाजिक आन्दोलन की परिभाषा

सामाजिक प्ररूपों में एक मुख्य प्ररूप सामाजिक आन्दोलन है। इसकी परिभाषा करते हुये हरबर्ट ब्लूमर ने लिखा है, "सामाजिक आन्दोलन जीवन की एक नई व्यवस्था स्थापित करने के लिए एक सामूहिक प्रयास माने जा सकते हैं।"[1] स्पष्ट है कि सामाजिक आन्दोलनों का उद्देश्य समाज के वर्तमान जीवन में कोई न कोई परिवर्तन लाना है। इस प्रकार सामाजिक आन्दोलन परिवर्तन करने का सामूहिक प्रयास है। आरनोल्ड एम० रोज के शब्दों में "सामाजिक आन्दोलन, व्यक्तियों की एक बड़ी संख्या के एक अनौपचारिक संगठन को कहते हैं जो सामाजिक लक्ष्य लिये होता है, अनेक व्यक्तियों का प्रभावशाली संस्कृति संकुलों, संस्थाओं अथवा विशिष्ट वर्गों को समाज में संशोधित या स्थानान्तरित करने का एक सामूहिक प्रयास है।"[2] इस प्रकार सामाजिक आन्दोलन सामाजिक लक्ष्य को लेकर किये जाते हैं। ये किसी एक व्यक्ति द्वारा नहीं बल्कि अनेक व्यक्तियों के सामूहिक प्रयास का परिणाम होते हैं। इनमें संस्कृति संकुलों, संस्थाओं अथवा विशिष्ट वर्गों को परिवर्तित करने का प्रयास किया जाता है।

सामाजिक आन्दोलन प्रारम्भ में एक छोटे रूप में शुरू होता है किन्तु क्रमशः बढ़ते हुए वह समस्त समाज पर छा जाता है, उसकी अपनी प्रथायें और परम्परायें होती हैं, उसमें एक संगठन होता है, उसमें नेता होते हैं और श्रम विभाजन होता है तथा उसमें कुछ सामाजिक नियम और मूल्य होते हैं। इस प्रकार प्रत्येक सामाजिक आन्दोलन की एक अपनी संस्कृति, एक सामाजिक संगठन और जीवन की एक

1. "Social movements can be viewed as collective enterprises to establish a new order of life" -Herbert Blumer, Collective Behaviour, A.M. Lee (Ed) *Outline of the Principles of Sociology,* New York, Barnes and Noble (1946), p 199.
2. "An informal organization of a large number of persons to gain social goal, the combined effort of many persons to modify or replace the dominant culture complexes, institutions or elites in a society"

—Rose, A. M. *Sociology : The Study of Human Relations.* New York, Alfred A, Knopf (1955). p. 728

योजना होती है। इस तथ्य को स्पष्ट करते हुए बेरी ने लिखा है, "जैसे-जैसे एक सामाजिक आन्दोलन विकसित होता है वह एक समाज का रूप ग्रहण कर लेता है। उसमें संगठन और रूप, प्रथाओं और परम्पराओं की व्यवस्था, स्थापित नेतृत्व और स्थायी श्रम विभाजन, सामाजिक नियम और सामाजिक मूल्य, संक्षेप में, एक संस्कृति, एक सामाजिक संगठन, और जीवन की एक नई योजना बन जाती हैं।"[1] बरनार्ड फिलिप्स के शब्दों में, "हम एक सामाजिक आन्दोलन की परिभाषा एक समूह द्वारा वर्तमान सामाजिक व्यवस्था को परिवर्तित करने अथवा प्रभावित करने के स्पष्ट उद्देश्य से एक सामूहिक कार्य के रूप में कर सकते हैं।"[2]

सामाजिक आन्दोलन की विशेषतायें

सामाजिक आन्दोलन की उपरोक्त परिभाषाओं से उसकी निम्नलिखित विशेषतायें स्पष्ट होती हैं–

(1) **सामाजिक लक्ष्य**–सामाजिक आन्दोलन, जैसा कि इनके नाम से स्पष्ट है, किसी न किसी सामाजिक लक्ष्य को लेकर उत्पन्न होते हैं और इस लक्ष्य को प्राप्त करने के लिए ही कार्य करते हैं। सामाजिक लक्ष्य से तात्पर्य सामाजिक संरचना, सामाजिक संस्था अथवा सामाजिक जीवन में परिवर्तन के लक्ष्य से है। जोसेफ गसफील्ड के अनुसार, सामाजिक आन्दोलन "सामाजिक व्यवस्था के किसी पहलू में परिवर्तन की माँग की ओर निर्देशित सामाजिक रूप से स्वीकृत क्रियायें और विश्वास हैं।"[3]

(2) **सामाजिक परिवर्तन**–सामाजिक आन्दोलन का उद्देश्य सामाजिक परिवर्तन लाना है। इस सामाजिक परिवर्तन का प्रकार और मात्रा भिन्न-भिन्न सामाजिक आन्दोलनों में भिन्न-भिन्न होती है। हार्टन और हन्ट के अनुसार, "समाजशास्त्री सामाजिक आन्दोलनों का परिवर्तन को आगे बढ़ाने या रोकने के प्रयास मानते हैं।"[4] इसी बात को भिन्न शब्दों में रखते हुए जेम्स मैक्की ने लिखा है "सामाजिक आन्दोलन जनसमुदाय के सामूहिक कार्य के द्वारा सामाजिक संरचना

---

1. "As a social movement develops it takes on the character of society. It requires organization and forms a body of customs and traditions, established leadership, and enduring division of labour, social rules and social values —in short, a culture, social organization, and a new scheme of life."
—Barry Mc Laughlin, *Studies in Social Movements. A Psychological Perspective,* New York, Free Press, (1969)
2. "We may define social movement as a collective action to change or influence the existing social system by a group which arises for this express purpose."
—Bernard S. Phillips, *Sociology, Social Structure and Change.* London, The Macmillan & Co. (1969), pp 395-96
3. "Social movements are socially shared activities and beliefs directed towards the demand for change in some aspect of social order."
—Joseph Gusfield, *Protest, Reform and Revolt,*
4. "Sociologists view social movements as efforts either to promote or to resist change."
—Hortan and Hunt, *Sociology* (1968)

में जान-बूझकर परिवर्तन लाने के चेतन प्रयास हैं।''[1] अचेतन रूप में सामाजिक परिवर्तन सदैव होता रहता है। सामाजिक आन्दोलनों के द्वारा जान-बूझकर परिवर्तन करने का प्रयास किया जाता है।

(3) **विरोधी प्रवृत्ति**—प्रत्येक सामाजिक आन्दोलन किसी न किसी वर्तमान स्थिति, सामाजिक व्यवस्था अथवा सामाजिक संस्था के रूप, प्रथा या परम्परा के विरोध में उत्पन्न होता है और उसमें परिवर्तन करना चाहता है। इस प्रकार सामाजिक आन्दोलन में विरोधी प्रवृत्ति होती है।

(4) **संगठन**—जैसा कि पीछे दी गयी अनेक परिभाषाओं से स्पष्ट किया गया है, सामाजिक आन्दोलन आरम्भ में छोटे रूप में शुरू होकर क्रमशः संगठित रूप ग्रहण कर लेते हैं। इस संगठन के बिना वे अपने लक्ष्यों को प्राप्त नहीं कर सकते। इस तथ्य को स्पष्ट करते हुये हाइम्स ने लिखा है, ''एक सामाजिक आन्दोलन सामूहिक व्यवहार की एक जटिल गतिशील व्यवस्था है जिसके सबसे अधिक विशिष्ट घटक एक सामाजिक समष्टि, एक सामाजिक विचारधारा, और एक सामाजिक संरचना होते हैं।''[2]

(5) **प्रासंगिक**—चूंकि सामाजिक आन्दोलन किसी न किसी बात के विरोध में उत्पन्न होते हैं इसलिए ये प्रासंगिक होते हैं। विशेष प्रसंग के कारण ही उनका जन्म होता है और यह प्रसंग बदल जाने पर ये समाप्त हो जाते हैं। अस्तु, किसी भी सामाजिक आन्दोलन को स्थायी नहीं माना जाना चाहिये।

(6) **भौगोलिक क्षेत्र**—न्यूनाधिक रूप से प्रत्येक सामाजिक आन्दोलन किसी न किसी विशिष्ट भौगोलिक क्षेत्र में सीमित होता है। उदाहरण के लिए भारतवर्ष में कुछ सामाजिक आन्दोलन किसी विशेष राज्य और कुछ सम्पूर्ण देश में सीमित रहे हैं। शायद ही कोई सामाजिक आन्दोलन समस्त विश्व में फैला हो।

(7) **कालावधि**—सामाजिक आन्दोलन क्रमशः विकसित होते हैं। इस प्रकार इनके विकास की एक कालावधि होती है। इस अवधि के समाप्त हो जाने के पश्चात् ये दिखायी नहीं पड़ते।

(8) **गतिशीलता**—सामाजिक आन्दोलन सामाजिक लक्ष्यों को लेकर उत्पन्न होते हैं। इन सामाजिक लक्ष्यों को प्राप्त करने के लिए ये आन्दोलन सदैव गतिशील रहते हैं और देशकाल के परिवर्तन के साथ-साथ बदलते जाते हैं। जो आन्दोलन इस प्रकार गतिशील नहीं होते वे अपने सामाजिक लक्ष्य को प्राप्त करने में असफल रहते हैं।

---

1. "Social movements are the conscious attempts of masses of people to bring about change deliberately in the social structure by collective action."
—James B. Mekee

2. "A social movement is a complex, dynamic system of collective behaviour whose most distinctive constituents are a social collectivity, a social ideology, and a social structure."
—The *Study of Sociology*.

(9) **नेता की भूमिका**—सामाजिक आन्दोलनों का जन्म आरम्भ में किसी न किसी नेता के विचार में होता है। बाद में प्रत्येक आन्दोलन में छोटे-बड़े अनेक नेतागण दिखायी पड़ते हैं। सामाजिक आन्दोलनों को निर्देशन देने के लिए इन नेताओं की भूमिका महत्वपूर्ण होती है।

(10) **साहित्य**—चूंकि सामाजिक आन्दोलन विशेष प्रकार की सामाजिक व्यवस्था स्थापित करने के लिए उत्पन्न होते हैं इसलिए वे अपने विचारों को किसी न किसी प्रकार के साहित्य के माध्यम से फैलाने का प्रयास करते हैं। इस साहित्य में जहां एक ओर वे अपना मत उपस्थित करते हैं वहां दूसरी ओर वे विरोधी मतों की आलोचना भी करते हैं।

सामाजिक आन्दोलन के तत्व

विभिन्न समाजशास्त्रियों ने सामाजिक आन्दोलन के जो विभिन्न तत्व बतलाये हैं उनसे भी सामाजिक आन्दोलन की विशेषतायें स्पष्ट होती हैं। वैन्डल किंग के अनुसार सामाजिक आन्दोलन में 5 मुख्य तत्व होते हैं— लक्ष्य (Goals), विचारधारा (Ideology), सामूहिक संश्लिष्टता, (Group Cohesion), संगठन और स्थिति व्यवस्था (Organization and Status System), तथा कार्यविधि (Tactics)। ब्रूल और सेल्जनिक ने सामाजिक आन्दोलन में तीन तत्व माने हैं—एक विशेष परिप्रेक्ष्य और विचारधारा (A Distinctive Perspective and Ideology) संगठन और आदर्शवाद की तीव्र भावना (A Strong Sense of Solidarity and Idealism), तथा कार्य की प्रवृत्ति (An Orientation Towards Action)। जेम्स गसफील्ड सामाजिक आन्दोलनों में 5 तत्व मानता है—सामूहिक प्रघटन (Group Phenomena) क्रियायें और विश्वास (Activities and Beliefs), माँग (Demand), परिवर्तन (Change) और सामाजिक व्यवस्था (Social Order)। इसी प्रकार अन्य समाजशास्त्रियों ने भी सामाजिक आन्दोलनों में विभिन्न तत्व दिखलाये हैं।

जैसा कि पीछे बतलाया जा चुका है, प्रत्येक सामाजिक आन्दोलन किसी विशेष स्थिति के विरोध में जन्म लेता है, क्रमशः संगठित रूप ग्रहण करता है, लम्बे समय तक निरन्तर गतिशील रहता है, सामाजिक लक्ष्यों को प्राप्त करता है और इसके बाद समाप्त हो जाता है। इस प्रकार सामाजिक आन्दोलन के जीवन में अनेक चरण अथवा अवस्थायें पाई जाती है। हाईम्स ने सामाजिक आन्दोलन के विकास में निम्नलिखित चार अवस्थायें मानी हैं—

(1) **प्राथमिक अवस्था** (Primary Stage)—यह प्राथमिक अवस्था जनप्रतिक्रियाओं (Mass Reactions) की अवस्था होती है। इसमें बेरोजगार और असन्तुष्ट तथा पीड़ित व्यक्ति अपने विचारों और शिकायतों के द्वारा गम्भीर स्थिति का दृश्य उपस्थित कर देते हैं।

(2) **द्वैतीयक अवस्था** (Secondary Stage)—वह भीड़ व्यवहार (Crowd Behaviour) की अवस्था है। इसमें आन्दोलन फैल जाता है, उत्तेजना बढ़ती है। जन

प्रदर्शन, जुलूस, सभायें और हड़तालें संगठित की जाती हैं और कभी-कभी हिसांत्मक दंगे भी होते हैं।

(3) **औपचारिक आन्दोलन** (Formal Movement)—यह लोक आचरण (Public Behaviour) की अवस्था है। इसमें सामूहिक असन्तोष के लक्ष्य परिभाषित होकर विचारधारा का रूप ले लेते हैं और आन्दोलन औपचारिक रूप से संगठित हो जाता है।

(4) **क्रान्ति** (Revolution)—आन्दोलन की अन्तिम अवस्था में वह क्रान्ति का रूप ग्रहण कर लेता है जिसमें एक ओर केन्द्रीय लक्ष्य घोषित किए जाते हैं और दूसरी ओर साधन के रूप में हिंसा के प्रयोग के लिए भी तैयारी होती है।

सामाजिक आन्दोलन की अवस्थायें

बैन्डल किंग ने सामाजिक आन्दोलन के विकास को दो अवस्थाओं में विभाजित किया है। आन्तरिक विकास की अवस्था में तीन अवस्थायें होती हैं—प्रारम्भिक अवस्था (Incipient Phase), संगठनात्मक अवस्था (Organization Phase) और स्थायी अवस्था (Stable Phase)। बाहरी विकास की अवस्था में भी तीन सोपान होते हैं—अन्वेषण (Innovation), चुनाव (Election), और एकीकरण (Integration)। इसी प्रकार अन्य समाजशास्त्रियों ने भी सामाजिक आन्दोलन में विभिन्न चरण दिखलाये हैं। यहाँ पर यह ध्यान रखा जाना चाहिए कि कोई भी दो आन्दोलन बिल्कुल एक से नहीं होते और न समान अवस्थाओं से गुजरते हैं। फिर भी सामान्य रूप से सामाजिक आन्दोलन के विकास में निम्नलिखित चरण अथवा अवस्थायें दिखलायी जा सकती हैं—

(1) **असन्तोष की स्थिति** (Unrest Stage)—प्रत्येक सामाजिक आन्दोलन किसी न किसी सामाजिक असन्तोष (Social Unrest) के कारण उत्पन्न होता है। जब लोग सामाजिक संरचना, संस्था, प्रथा, परम्परा अथवा नियम आदि में से किसी से अत्यधिक असन्तुष्ट हो जाते हैं तो किसी सामाजिक आन्दोलन के जन्म की भूमिका तैयार होती है।

(2) **सार्वजनिक उत्तेजना** (Popular Excitement)—सामाजिक आन्दोलन सामूहिक अथवा जन आन्दोलन होते हैं। अस्तु, आरम्भिक अशान्ति की स्थिति से वे शीघ्र ही सार्वजनिक उत्तेजना की स्थिति में आ जाते हैं। इसमें असन्तोष एक बड़े समूह में फैल जाता है, अनेक विषयों पर बहस होने लगती है, उत्साह दिखलायी पड़ता है और लोग भड़के हुए होते हैं।

(3) **औपचारिक संगठन** (Formalized Organization)—किन्तु उत्तेजित समूह सामाजिक लक्ष्यों को प्राप्त नहीं कर सकता। अस्तु, सामाजिक आन्दोलन में तीसरी अवस्था औपचारिक संगठन की अवस्था होती है। इसमें आन्दोलन कुछ नेताओं के नेतृत्व में एक औपचारिक संगठन प्राप्त करता है। इस संगठन के माध्यम से आन्दोलन को दूर-दूर तक फैलाने का प्रयास किया जाता है।

(4) **संस्थाकरण** (Institutionalization)—औपचारिक संगठन के पश्चात् सामाजिक आन्दोलन का संस्थाकरण होता है। अब वह एक स्थायी संस्था अथवा तंत्र का रूप धारण कर लेता है और उसके लक्ष्यों को सामाजिक स्वीकृति प्राप्त हो जाती है।

(5) **समापन** (Dissolution)—लक्ष्यों को प्राप्त करने के पश्चात् सामाजिक आन्दोलन समाप्त हो जाते हैं। इस स्थिति में कुछ आन्दोलन किसी विशेष मठ या सम्प्रदाय का रूप ग्रहण कर लेते हैं और उसी में सीमित होकर समाप्त हो जाते हैं। कुछ अन्य औपचारिक रूप से समाप्त कर दिए जाते हैं।

सामाजिक आन्दोलन के प्रकार

विभिन्न समाज शास्त्रियों ने सामाजिक आन्दोलनों को भिन्न-भिन्न प्रकारों में बांटा है। हैरी डब्लू॰ लेडलर (Hary W. Laidler) के अनुसार सामाजिक आन्दोलन 6 प्रकार के होते हैं— आदर्शवादी (Utopian), मार्क्सवादी (Marxist), फैबियनवादी (Fabian), साम्यवादी (Communist), समाजवादी (Socialist), और उपभोक्ता सहकारी (Consumers Cooperative) आन्दोलन। रिचार्ड टी. लापियर (Richard T. Lapiere) के अनुसार सामाजिक आन्दोलनों को चार वर्गों में बांटा जा सकता है—जन आन्दोलन (Mass Movement), शैक्षणिक (Educational), राजनैतिक (Political) आन्दोलन और धार्मिक (Religious) आन्दोलन। हायम्स ने क्रिया के क्षेत्र, परिवर्तन के विस्तार, परिवर्तन की दिशा, प्रकार्यात्मक क्षेत्र और सामाजिक व्यवस्था के आधार पर सामाजिक आन्दोलनों को विभिन्न प्रकारों में विभाजित किया है। एन्डरसन और पारकर (Anderson and Parker) ने सामाजिक आन्दोलनों को प्राथमिक मूल्यों तथा आदर्शों के आधार पर सुधारवादी (Reformative) और क्रान्तिकारी (Revolutionary) इन दो वर्गों में विभाजित किया है। रश (Rush) और डैनीसौफ (Denisoff) के अनुसार सामाजिक लक्ष्यों की दृष्टि से सामाजिक आन्दोलनों को 3 वर्गों में बांटा जा सकता है— क्रान्तिकारी (Revolutionary), प्रतिगामी (Progressive) और सुधारवादी (Reformative)। ब्लूमर के अनुसार सामजिक आन्दोलन के तीन प्रकार होते हैं—विशिष्ट उद्देश्य (Specific Purpose) आन्दोलन, सूचक (Expressive) आन्दोलन और सामान्य (General) आन्दोलन। संक्षेप में सामाजिक आन्दोलनों को निम्नलिखित प्रमुख वर्गों में बांटा जा सकता है—

(1) **सामान्य सामाजिक आन्दोलन** (General Social Movement)—सामाजिक आन्दोलनों के इस वर्ग में वे आन्दोलन आते हैं जो कि कुछ नवीन मूल्यों को जनसमुदाय में स्थापित करना चाहते हैं जैसे श्रमिक आन्दोलन, युवक आन्दोलन, महिला आन्दोलन, शान्ति आन्दोलन इत्यादि। ये आन्दोलन कुछ विशेष मूल्यों को लेकर सांस्कृतिक परिवर्तन करते हैं। सामान्य सामाजिक आन्दोलन असंगठित होते हैं। इनमें सदस्यता के नियम भी स्पष्ट नहीं होते। इनमें निर्देशन और नियन्त्रण का लगभग अभाव होता है। ये प्रासंगिक होते हैं और इनकी प्रगति बहुत

असमान होती है। कभी-कभी तो इनके नेता अज्ञात ही रहते हैं। इनमें साहित्य पाया जाता है। ये अनौपचारिक, अस्पष्ट और एक छोटे से भौगोलिक क्षेत्र में सीमित होते हैं। इनमें जन-व्यवहार की कार्य प्रणाली दिखायी पड़ती है।

(2) **विशेष सामाजिक आन्दोलन** (Specific Social Movements)—विशेष सामाजिक आन्दोलन, जैसा कि इनके नाम से स्पष्ट है, उन आन्दोलनों को कहा जाता है जिनका कोई विशेष उद्देश्य या लक्ष्य होता है। इस लक्ष्य को प्राप्त करने के लिये इनमें एक औपचारिक संगठन, एक स्वीकृत नेतृत्व, सदस्यता के नियम, हम भावना तथा एक जीवन दर्शन, मूल्य, परम्परायें और नियम पाये जाते हैं। प्रारम्भ में विशेष सामाजिक आन्दोलन किसी असन्तोष से उत्पन्न होते हैं। क्रमशः यह असन्तोष जन उत्तेजना का रूप ग्रहण कर लेता है और तब सामाजिक आन्दोलन का विशिष्ट संगठन निर्माण होता है। इस संगठन में विशिष्ट कार्य प्रणाली होती है और विशिष्ट लक्ष्यों को प्राप्त करने का प्रयास किया जाता है। विशिष्ट सामाजिक आन्दोलनों को निम्नलिखित दो वर्गों में बांटा गया है—

(अ) **समाज सुधार आन्दोलन** (Social Reform Movement)—सामाजिक आन्दोलनों के स्वरूप को स्पष्ट करते हुये डेविस ने लिखा है, "प्रत्येक सामाजिक आन्दोलन में परिवर्तन की एक प्रक्रिया होती है। इसमें सबसे पहले एक स्पष्ट आवश्यकता उत्पन्न होती है। कोई व्यक्ति अथवा समूह सार्वजनिक रूप से इस आवश्यकता का समर्थन करता है। दूसरे, इसके परिणामस्वरूप प्रचार बढ़ता है और उत्तेजना बढ़ती है। तीसरे, तब एक छोटे अथवा बड़े समूह में इस आवश्यकता के प्रति चेतना बढ़ने लगती है। चौथे, वह अपना एक संगठन बना लेते हैं। पांचवें इसके परिणामस्वरूप एक संगठित व्यवहार की रूपरेखा बन जाती है, एक दृढ़ नेतृत्व का विकास होता है और नये व्यक्ति भर्ती किये जाते हैं। छठे, आन्दोलन के सफल हो जाने पर उसका संस्थाकरण हो जाता है अर्थात् वह अधिकांश व्यक्तियों के लिये व्यवहार का एक स्वीकृत प्रतिमान बन जाता है और उसमें सामूहिक नियन्त्रण के साधन विकसित हो जाते हैं। सातवें, आखिर में इसमें नौकरशाही, गतिहीनता तथा प्रतिक्रियावाद जैसे प्रमुख तत्व विकसित हो जाते हैं।" सुधार आन्दोलन के उदाहरण भारतवर्ष में अठारहवीं शताब्दी के अन्त में दिखलायी पड़ने वाले समाज सुधार आन्दोलन हैं।

(ब) **क्रान्तिकारी आन्दोलन** (Revolutionary Movement)—क्रान्तिकारी आन्दोलन सदैव सरकार के विरुद्ध होते हैं। इनका उद्देश्य व्यापक होता है और वे वर्तमान अवस्था को पूरी तरह उखाड़कर उसकी जगह पर कोई नई व्यवस्था स्थापित करना चाहते हैं। क्रान्तिकारी आन्दोलन साधनों के विषय में हिंसा, आतंक और बल प्रदर्शन को अपनाने पर जोर देता है। यह प्रगतिशील आन्दोलन होता है और इसमें समाज के शोषित और पीड़ित वर्गों की सहायता ली जाती है। नारेबाजी, जनआन्दोलन, जनसंचार के साधनों का प्रयोग आदि क्रान्तिकारी आन्दोलन के लक्षण हैं किन्तु इसमें हिंसा का प्रयोग अनिवार्य नहीं है। जहाँ एक ओर अधिकतर क्रान्तिकारी आन्दोलन

हिंसक रहे हैं वहां दूसरी ओर अहिंसक क्रान्तिकारी आन्दोलनों के भी उदाहरण मिलते हैं। गैरो (Garrow) के अनुसार क्रान्तिकारी आन्दोलन 8 अवस्थाओं से गुजरते हैं— अशान्ति, बुद्धिजीवियों का अलग हो जाना, किसी आर्थिक लाभ अथवा सामाजिक मिथ्या विचार का प्रादुर्भाव, विस्फोट, मध्यमार्गियों का शासन, उग्रवादियों का उदय, आतंक छा जाना और अन्त में सामान्य स्थिति का लौटना और उसकी प्रतिक्रिया होना। कभी-कभी क्रान्तिकारी आन्दोलनों के दौरान भयंकर रक्तपात भी होता है।

सुधारवादी और क्रान्तिकारी आन्दोलनों की विशेषताओं की उपरोक्त व्याख्या से उनके निम्नलिखित अन्तर स्पष्ट होते हैं—

(1) **उद्देश्यों में अन्तर**—जबकि सुधारवादी आन्दोलन का उद्देश्य सामाजिक व्यवस्था के किसी विशेष पहलू या सीमित क्षेत्र में परिवर्तन लाना होता है, क्रान्तिकारी आन्दोलन सम्पूर्ण सामाजिक व्यवस्था को ही बदलना चाहता है। इस प्रकार क्रान्तिकारी आन्दोलन का उद्देश्य सुधारवादी आन्दोलन से कहीं अधिक व्यापक होता है।

(2) **वर्तमान रूढ़ियों की ओर प्रतिक्रिया में अन्तर**—सुधारवादी आन्दोलन वर्तमान सामाजिक रूढ़ियों की तीव्र आलोचना नहीं करता है। वह उनमें से कुछ को स्वीकार कर लेता है और कुछ अन्य की आलोचना करता है। दूसरी ओर क्रान्तिकारी आन्दोलन वर्तमान रूढ़ियों का पूर्ण रूप से और तीव्र विरोध करता है।

(4) **सामाजिक स्वीकृति**—इस कारण सुधारवादी आन्दोलन शीघ्र ही सामाजिक स्वीकृति प्राप्त कर लेता है क्योंकि वह वर्तमान सामाजिक व्यवस्था को उलटना नहीं चाहता, उसमें कुछ सुधार मात्र चाहता है। दूसरी ओर क्रान्तिकारी आन्दोलन को इतने शीघ्र सामाजिक स्वीकृति नहीं मिलती क्योंकि वह सामाजिक संरचना को पूर्णतया उलटना चाहता है। कभी-कभी क्रान्तिकारी आन्दोलन करने वालों को छिपकर काम करना पड़ता है क्योंकि उन्हें जनता का समर्थन प्राप्त नहीं होता।

(4) **कार्य विधि**—सुधारवादी आन्दोलन शिक्षा, विवाद, चर्चा आदि के उद्देश्यों के अनुकूल जनमत विकसित करने का प्रयास करता है। दूसरी ओर क्रान्तिकारी आन्दोलन हिंसा, आतंक, बल प्रदर्शन आदि साधनों के द्वारा जनमत का समर्थन प्राप्त किये बिना ही अपने उद्देश्यों को पूर्ण करने का प्रयास करता है।

(5) **क्रियाशील समूहों के प्रकार**—सुधारवादी और क्रान्तिकारी आन्दोलन में क्रियाशील समूह भिन्न-भिन्न प्रकार के होते हैं। सुधारवादी आन्दोलन पीड़ित और शोषित वर्गों की सहानुभूति प्राप्त करना चाहता है किन्तु वह उन्हें सक्रिय करने का कोई प्रयास नहीं करता। बहुधा वह मध्यम वर्ग द्वारा चलाया जाता है। दूसरी ओर क्रान्तिकारी आन्दोलन शोषित और पीड़ित वर्गों के सक्रिय सहयोग से चलाया जाता है।

(6) **कार्यों में अन्तर**—सुधारवादी आन्दोलन कुछ विशेष आदर्शों और मूल्यों में विश्वास उत्पन्न करना चाहता है। दूसरी ओर क्रान्तिकारी आन्दोलन समस्त सामाजिक संरचना को परिवर्तित करने का प्रयास करता है।

(7) **प्रकृति में अन्तर**—आन्दोलन की प्रकृति की दृष्टि से सुधारवादी आन्दोलन बहुत कुछ रूढ़िवादी आन्दोलन होता है जबकि क्रान्तिकारी आन्दोलन हर प्रकार से प्रगतिशील आन्दोलन होता है।

(स) **सूचक सामाजिक आन्दोलन**—जब कभी किसी समाज में सामान्य सामाजिक व्यवस्था अथवा संस्थाओं के स्वरूप कालान्तर में परिवर्तित नहीं होते तो उनकी अभिव्यक्ति धार्मिक आन्दोलन अथवा फैशन आन्दोलन जैसे सूचक आन्दोलनों के रूप में होती है। धार्मिक आन्दोलन, जैसा कि इनके नाम से स्पष्ट है, किसी विशेष सम्प्रदाय अथवा पन्थ के रूप में आरम्भ होते हैं। ये विशेषतया भावनात्मक होते हैं। इनमें व्यक्ति स्वतन्त्रता अनुभव करते हैं और आध्यात्मिक शक्ति अनुभव करते हैं। इनमें सामूहिक भावना होती है। इनमें सदस्यता के लिये सामाजिक स्थिति, पद, धन, शिक्षा आदि के अन्तर का विशेष महत्व नहीं होता। ये पन्थ के प्रत्येक आदेश का पालन करते हैं और उसके नेता को ईश्वर का अवतार मान लेते हैं। ये अपनी आलोचनाओं का प्रत्युत्तर देते हैं और एक विशिष्ट धर्मशास्त्र बना लेते हैं तथा अन्य लोगों को अपने विचारों के अनुकूल बनाना अपना धार्मिक कर्त्तव्य मानते है। इनका उद्देश्य विशेष प्रकार के धार्मिक सिद्धान्तों का प्रचार करना और समाज सुधार होता है।

दूसरी ओर फैशन आन्दोलन, कला, साहित्य, दर्शन तथा आचार व्यवहार के क्षेत्र में दिखायी पड़ता है। वास्तव में फैशन सम्बन्धी परिवर्तन सामाजिक जीवन के किसी भी पहलू में देखा जा सकता है। फैशन विभेदीकरण और प्रतिस्पर्धा पर आधारित होता है। उच्च वर्ग विशेष फैशन के माध्यम से अपने को निम्न वर्ग से अलग रखने का प्रयास करता है और निम्न वर्ग उसका अनुकरण करके उस जैसा बनने का प्रयास करता है। जब यह प्रयास सफल हो जाता है तो उच्च वर्ग फिर नये प्रतीक और चिह्न गृहण कर लेता है और इस प्रकार फैशन का यह चक्र चलता ही रहता है। वास्तव में फैशन की यह प्रक्रिया चेतन और सामूहिक रूप में न होने के कारण इसको आन्दोलन नहीं कहा जाना चाहिये। इसमें न कोई विचारधारा होती है, न संगठन होता है, न चेतन उद्देश्य होते हैं, न नेता होते हैं और न कोई विशिष्ट कार्यविधि होती है। अस्तु, फैशन आन्दोलन अन्य प्रकार के सामाजिक आन्दोलनों से भिन्न है। फिर भी यह सूचक आन्दोलन का सच्चा प्रतिरूप है क्योंकि यह विशेष प्रकार की मनोवैज्ञानिक दशा की अभिव्यक्ति है। यह समाज के सभी व्यक्तियों को कुछ न कुछ प्रभावित करता रहता है और नई रूचियों तथा प्रवृत्तियों की ओर ले जाता है।

(4) **पुनरुत्थान और राष्ट्रवादी आन्दोलन**—सामाजिक आन्दोलनों के इस वर्ग में वे आन्दोलन आते हैं जो कि किसी विचारधारा अथवा मूल्य को फिर से

स्थापित करने के लिये जन्म लेते हैं। यह विचारधारा और मूल्य राष्ट्रवादी होता है। इस प्रकार पुनरुत्थान आन्दोलन राष्ट्र के विगत वैभव और गौरव को फिर से स्थापित करने के लक्ष्य से कार्य करते हैं। ये आन्दोलन तब उत्पन्न होते हैं जबकि राष्ट्रीय गौरव को आघात पहुँचता है अथवा राष्ट्र का किसी प्रकार से अपमान होता है। ऐसी स्थिति में कुछ लोगों में तीव्र प्रतिक्रिया उत्पन्न होती है और क्रमशः यह प्रतिक्रिया बड़े क्षेत्र में फैल जाती है। संसार के सभी राष्ट्रों में गुलामी की स्थिति में इस प्रकार के आन्दोलन देखे जा सकते हैं। इन आन्दोलनों के परिणामस्वरूप ही देश को आजादी प्राप्त होती है और राष्ट्रवादी गौरव की फिर से स्थापना होती है। भारतवर्ष में भारतीय राष्ट्रीय कांग्रेस के आन्दोलन को राष्ट्रवादी आन्दोलन कहा जा सकता है। कांग्रेस के अतिरिक्त भारत में राष्ट्रीय आन्दोलन कांग्रेस से बाहर क्रान्तिकारियों के आन्दोलन में भी दिखायी पड़ता है किन्तु सबसे अधिक सफलता कांग्रेस के आन्दोलन को ही मिली है। इस राष्ट्रीय आन्दोलन के अतिरिक्त भारतवर्ष के निकट भूतकाल में समाज सुधार और धर्म सुधार आन्दोलन विशेष रूप से उल्लेखनीय हैं। राजा राम मोहन राय ने ब्रह्म समाज, स्वामी दयानन्द ने आर्य समाज, स्वामी विवेकानन्द ने रामकृष्ण मिशन और श्रीमती ऐनीबेसेन्ट ने थियोसोफिकल सोसाइटी के नाम से धार्मिक और सामाजिक सुधार आन्दोलन आरम्भ किये। बंगाल में ईश्वरचन्द्र विद्यासागर ने विधवाओं की दशा में सुधार के लिये आन्दोलन किया। रानाडे द्वारा स्थापित इण्डियन नेशनल सोशल रिफार्म कांग्रेस और गोपाल कृष्ण गोखले द्वारा स्थापित सर्वेन्ट ऑफ इन्डिया सोसायटी ने समाज सुधार की दिशा में महत्वपूर्ण कार्य किया। इन सार्वदेशिक आन्दोलनों के अतिरिक्त विभिन्न राज्यों में स्थानीय आन्दोलन भी दिखलायी पड़ते हैं जिन्हें संकीर्ण सामाजिक आन्दोलन कहा जा सकता है जैसे सिख सूबा आन्दोलन, भाषा आन्दोलन, विशाल हरियाणा आन्दोलन, तेलन्गाना आन्दोलन तथा मुल्की आन्दोलन इत्यादि।

सामाजिक आन्दोलन के कारण

सामाजिक आन्दोलनों की विशेषताओं और प्रकार के विवेचन से उनके कारण स्पष्ट होते हैं। साधारणतया सामाजिक आन्दोलनों के समाजशास्त्रीय, ऐतिहासिक और मनोवैज्ञानिक स्पष्टीकरण दिये जाते हैं। इन स्पष्टीकरणों में सामाजिक आन्दोलनों के सामाजशास्त्रीय, ऐतिहासिक और मनोवैज्ञानिक कारण पर बल दिया गया है। इनकी व्याख्या से सामाजिक आन्दोलन के कारण स्पष्ट होंगे।

(1) **समाजशास्त्रीय स्पष्टीकरण** (Sociological Explanation)—समाजशास्त्रियों ने सामाजिक आन्दोलनों के कारणों में निम्नलिखित को महत्वपूर्ण माना है—

(अ) **सामाजिक विघटन**—सामाजिक विघटन समाज के विभिन्न वर्गों की स्थितियों और कार्यों की अव्यवस्था को कहते हैं। इससे असन्तोष उत्पन्न होता है जिसके परिणामस्वरूप सामाजिक आन्दोलन जन्म लेते हैं।

(ब) **स्थिति की विषमता**—जब समाज में विभिन्न व्यक्तियों की स्थितियों में अत्यधिक विषमता दिखलायी पड़ती है तो निम्न स्थिति के लोगों में असन्तोष उत्पन्न होता है और वामपन्थी तथा दक्षिणपंथी आन्दोलन जन्म लेते हैं।

(स) **वर्ग चेतना**—कार्ल मार्क्स के अनुसार सामाजिक विकास का इतिहास वर्ग संघर्ष का इतिहास है। वह आन्दोलन को वर्ग संघर्ष कहता है जो कि वर्ग चेतना का परिणाम है। जब शोषित वर्ग में वर्ग चेतना तीव्र हो जाती है तो वह शोषक वर्ग के उन्मूलन के लिये क्रान्तिकारी आन्दोलन छेड़ देता है।

(द) **सामाजिक आदर्श**—जैसा कि पीछे अनेक स्थानों पर कहा गया है प्रत्येक सामाजिक आन्दोलन कुछ सामाजिक आदर्शों को स्थापित करना चाहता है। इस प्रकार सामाजिक आदर्श, सामाजिक आन्दोलन के महत्वपूर्ण कारण हैं।

उपरोक्त समाजशास्त्रीय स्पष्टीकरण सामाजिक आन्दोलन के समाजशास्त्रीय पहलू को स्पष्ट करता है किन्तु इससे अन्य पहलुओं की व्याख्या नहीं होती। अस्तु, यह स्पष्टीकरण संसार के सभी देशों में सभी आन्दोलनों की व्याख्या नहीं कर सकता।

(2) **ऐतिहासिक स्पष्टीकरण** (Historical Explanation)—इतिहासकार सामाजिक आन्दोलनों के मूल में किसी न किसी ऐतिहासिक घटना को कारण मानते हैं। इससे यह तो अवश्य पता चलता है कि कोई आन्दोलन किस प्रकार जन्म लेता है किन्तु इससे यह पता नहीं चलता कि एक सी परिस्थितियों में किसी समाज में विभिन्न प्रकार के आन्दोलन क्यों उत्पन्न होते हैं। अस्तु ऐतिहासिक स्पष्टीकरण आन्दोलन के कारणों की पर्याप्त व्याख्या नहीं है।

(3) **मनोवैज्ञानिक स्पष्टीकरण** (Psychological Explanation)—समाज मनोवैज्ञानिक आन्दोलनों के मूल में सामूहिक तनावों जैसे मनोवैज्ञानिक कारणों की ओर संकेत करते हैं। इसमें कोई सन्देह नहीं कि मनोवैज्ञानिक असन्तोष ही प्रत्येक प्रकार के आन्दोलन के जन्म में मुख्य कारण है किन्तु इसे आन्दोलन का पर्याप्त कारण नहीं कहा जा सकता।

वास्तव में सामाजिक आन्दोलनों के कारणों की व्याख्या करने के लिये समाजशास्त्रीय, ऐतिहासिक अथवा मनोवैज्ञानिक स्पष्टीकरणों में से कोई एक पर्याप्त नहीं है, इन सभी को ध्यान में रखने से सामाजिक आन्दोलन के कारण अधिक आसानी से समझ में आ सकते हैं। उदाहरण के लिये भारतवर्ष में भारतीय राष्ट्रीय कांग्रेस के रूप में जो राष्ट्रीय आन्दोलन प्रारम्भ हुआ उसके कुछ ऐतिहासिक कारण थे, उसके मूल में भारतवासियों में बढ़ता हुआ तनाव और निराशा थी किन्तु इनके अतिरिक्त उसके अनेक समाजशास्त्रीय कारण भी थे।

भारत में सुधार आन्दोलन
(Reformist Movement in India)

अठारहवीं शताब्दी के उत्तरार्द्ध में सामाजिक एवं धार्मिक क्षेत्र में भारत के विभिन्न क्षेत्रों में चेतना की एक नवीन लहर प्रस्फुटित हुई। इस समय जिस नवीन विचारधारा का उदय हुआ उसका भारतीय जन-जीवन के विभिन्न पहलुओं पर प्रभाव आज भी दृष्टिगोचर होता है। यह और भी आश्चर्य का विषय है कि यद्यपि इस समय राजनैतिक अव्यवस्था थी, तथापि एक बौद्धिक क्रान्ति सम्भव हो सकी जो कि भारत को वर्तमान युग में प्रविष्ट कराने में सफल हुई।

तत्कालीन परिस्थितियाँ

मुगल साम्राज्य के पतन होने के साथ भारतवर्ष में कोई ऐसी राजनैतिक सत्ता शेष नहीं रह गई थी जो कि ब्रिटिश साम्राज्यवादियों का डटकर सफलतापूर्वक विरोध कर सके। 1965 में बंगाल का शासन ईस्ट इण्डिया कम्पनी के हाथ में आ गया था। तत्पश्चात् कम्पनी दूसरे प्रदेशों में भी आन्तरिक कलह का लाभ उठाती रही और अपने विशेषाधिकार बढ़ाती रही। इस प्रकार भारत में 17वीं सदी के मध्य से 19वी सदी के मध्य तक निरन्तर विद्रोहों और युद्धों का वातावरण बना रहा। ऐसी अव्यवस्था और धार्मिक कठिनाइयों के मध्य में भारतीय विद्वानों और धार्मिक सुधारकों ने जन्म लिया। इसमें प्रभाव डालने वाले तत्वों में मुख्य रूप से पश्चिम के साथ सम्बन्ध स्थापित होना है। अंग्रेजों की भारत विजय के साथ-साथ भारतवर्ष में पश्चिमी संस्कृति का भी प्रसार हुआ। अठारहवीं शताब्दी तक भारतवासी अपनी प्राचीन संस्कृति को भुला बैठे थे। यही कारण था कि इस समय प्रेरणा, उत्साह एवं दूरदर्शिता का अभाव था। उनके स्थान पर रूढ़िवादिता आ गई थी। संस्कृति के क्षेत्र में आडम्बर बढ़ गया था। वाराणसी, जहाँ वेदों के पठन-पाठन और वेदांगों का अध्ययन मुख्य साधना थी, वहाँ की जनता वास्तविक वेदों को खो बैठी थी, यहाँ तक कि ऋग्वेद की एक भी सही प्रति प्राप्त नहीं थी। विदेशियों के सम्पर्क में आने से भारतीयों ने उनसे तर्क और विज्ञान सीखे, जिनको जीवन के सम्पूर्ण अंगों में प्रयोग करके अन्ध-विश्वासों से युद्ध आरम्भ किया। इस कार्य में पश्चात्य शिक्षा पद्धति का अत्यधिक योगदान रहा। परन्तु एक दुर्भाग्यपूर्ण स्थिति यह उत्पन्न हो गई कि पाश्चात्य शिक्षा प्राप्त व्यक्तियों में से अधिकतर पाश्चात्य रंग में रंग गये और पाश्चात्य संस्कृति का अन्धानुकरण प्रारम्भ हो गया। इससे भी अधिक बुरा प्रभाव यह हुआ कि यह वर्ग अपनी संस्कृति की अज्ञानता में उसको हेय मानने लगा। फलतः यह शिक्षित वर्ग भारतीय धार्मिक और सामाजिक व्यवस्था को निरर्थक समझने लगा। कुछ व्यक्तियों ने तो धर्म परिवर्तन तक कर लिया। इनमें कृष्ण मोहन बनर्जी, लाल बिहारी दे, कवियित्री तोरूदत्त के पिता गोविन्ददत्त आदि के नाम उल्लेखनीय हैं। परन्तु ऐसे समय में, जबकि भारतीय संस्कृति पर कुठाराघात हो रहा था, कुछ ऐसी महान् विभूतियाँ भी हुई जिन्होंने भारतीय धर्म एवं संस्कृति को अति उत्तम रूप में प्रस्तुत कर भारतीयों के ज्ञान-चक्षु खोल दिये। इस जागरण को हम धार्मिक पुनरुत्थान नाम देते हैं।

भारतीय समाज में धर्म का विशेष महत्व है। भारतीय धर्मशास्त्रों के अनुसार धर्म की परिभाषा इतनी विस्तृत रूप से दी गई है जिसमें कि मनुष्य के जीवन के प्रत्येक कार्यकलाप के लिए उचित नियमों का उल्लेख किया गया है। इस प्रकार से धर्म शब्द का अर्थ केवल पूजा अथवा उपासना से सम्बन्धित नियमों का उल्लेखमात्र ही नहीं है अपितु उसके अन्तर्गत सम्पूर्ण जीवन को धर्मानुसार व्यतीत करने के लिये नियमों का निरूपण किया गया है। 18वीं शताब्दी के उत्तरार्द्ध में पाश्चात्य शिक्षा-दीक्षा के प्रभाव से प्रभावित कुछ विद्वानों ने भारतीय संस्कृति की खोज प्रारम्भ की जिसके फलस्वरूप इस समय में बहुत से आन्दोलन इस क्षेत्र में प्रारम्भ हुये जिनको धार्मिक सुधार आन्दोलन का नाम दिया जाता है।

राजा राममोहनराय और ब्रह्म समाज

बंगाल में बर्दवान जिले में राधानगर ग्राम के ब्राह्मण जमींदार रमाकान्त राय के यहाँ 1774 ई० में राजा राममोहनराय ने जन्म लिया। इनकी प्रारम्भिक शिक्षा पटना में हुई जहाँ कि इन्होंने अरबी, फारसी और संस्कृत भाषाओं का अध्ययन किया। वहीं पर ये सूफी मतावलम्बियों के प्रभाव में आये जिसके कारण न केवल इनकी विचारधारा में परिवर्तन आया अपितु इनके वस्त्र तथा रूचि भी मुसलमानी हो गईं। इन्होंने कुरान का अध्ययन अरबी भाषा में किया। इसके पश्चात् एक समय इनका अपने पिता से वाद-विवाद बहुत अधिक बढ़ गया जिसके फलस्वरूप यह तीन वर्ष तक स्थान-स्थान पर घूमते फिरे। कुछ समय पश्चात् यह बनारस पहुँच गये और वहाँ रहकर ब्राह्मण और वैदिक धर्मशास्त्रों का मनोयोगपूर्वक अध्ययन व अनुशीलन किया। लगभग 1803 में वे वहाँ से मुर्शिदाबाद चले गये। वहाँ से इन्होंने एक धार्मिक लेख फारसी भाषा में निकाला जिसका शीर्ष ''तुहफत-उल-मुवाहिद्दीन'' (A Gift of Monotheists) था। इसमें मूर्ति-पूजा तथा समस्त धर्मों के अन्ध-विश्वासों के विरुद्ध मत प्रकट किया गया था। राजा राममोहनराय स्वयं एक विश्वबन्धुत्व धर्म की स्थापना करने का प्रयास कर रहे थे। तत्पश्चात् उन्होंने लैटिन, ग्रीक व हिब्रू भाषाओं की जानकारी भी प्राप्त की। इन्होंने उपनिषदों तथा वेदान्त का जो अध्ययन किया था वह इनकी प्रारम्भिक पुस्तकों में प्रकाशित किया गया है। सन् 1972 ई० के बाद जब वह कलकत्ता में आकर बस गये थे तभी उनमें तथा अन्य विद्वानों में धार्मिक तथा सामाजिक समस्याओं पर वाद-विवाद चल रहे थे। ये विवाद अधिकतर जैन, हिन्दू तथा मुस्लिम धर्मावलम्बियों के साथ होते थे। इसी समय में इन्होंने तन्त्र साहित्य का अध्ययन किया, इन्होंने पश्चिमी राजनीति और फ्रांस की क्रान्ति का अध्ययन किया। 1814 ई० में इन्होंने कम्पनी की नौकरी से अवकाश प्राप्त कर लिया था। सन् 1815 ई० में इन्होंने धार्मिक विषयों पर विचार-विनिमय के उद्देश्य से ''आत्मीय सभा'' की स्थापना की थी। सन् 1819 ई० में इन्होंने कलकत्ता ''यूनिटेरियन कमेटी'' की स्थापना की, 1825 ई० में इन्होंने वेदान्त कालिज की स्थापना की थी। बाइबिल के अध्ययन के प्रभाव से इन्होंने एक लेख ''दी प्रिसेप्ट्स ऑफ जीसस'' भी लिखा जिसमें बाइबिल के आधार पर शान्ति और प्रसन्नता का मार्ग दिखाया गया

था। इससे इनका अत्यधिक विरोध हुआ। सन् 1824 ई० में इन्होंने ब्रह्मसमाज की स्थापना की।

रामा राममोहनराय का सम्पूर्ण जीवन इस नवीन युग की आत्मा को प्रतिबिम्बित करता है। इन्हें आधुनिक भारतीय जागृति का पिता कहना सर्वथा उचित होगा। इन्होंने एकेश्वरवाद की शिक्षा दी। इन्होंने तत्कालीन प्रचलित हिन्दू विश्वासों तथा बहुत से देवी-देवताओं की मूर्तियों की आराधना करने तथा उनसे सम्बन्धित बहुत से संस्कारों का विरोध किया। इन्होंने इस बात को स्पष्ट करने की चेष्टा की कि इनके विचार प्राचीन हिन्दू-शास्त्रों पर आधारित हैं जिनके प्रयोग में वर्तमान समय के अन्धविश्वासों के कारण अन्तर आ गया है। राममोहन राय के विचारों ने हिन्दू समाज को झकझोर दिया। राममोहन राय ने बंगाली भाषा में प्राचीन सिद्धान्तों का प्रतिपादन प्रारम्भ किया जिसके द्वारा इन्हें अपनी विचारधारा को स्पष्ट करने में सहायता मिली। इन्होंने अपने इन धार्मिक विचारों को ब्रह्मसमाज के द्वारा देश में विभिन्न भागों में फैलाया। अप्रत्यक्ष रूप से बंगाली गद्य साहित्य और बंगाली पत्रकारिता को राजा राममोहनराय द्वारा प्रोत्साहन मिला।

डॉ० आर० सी० मजूमदार के अनुसार राजा जी अंग्रेजी शिक्षा के महान् प्रवर्तक थे। उन्होंने न केवल इस कार्य के लिए विभिन्न संस्थाओं की स्थापना की अपितु इस कार्य में दूसरों की भी सहायता की। 1823 ई० में इन्होंने कलकत्ता में संस्कृत कालिज की स्थापना का विरोध किया क्योंकि उससे विद्यार्थी केवल वे ही बातें सीख सकते थे जो कि हजारों वर्ष पहले प्रचलित थीं। इसके विपरीत यह चाहते थे कि भारतवर्ष में ऐसी उदारवादी शिक्षा का प्रबन्ध हो जिससे गणित, दर्शन, रसायनशास्त्र तथा और दूसरे आधुनिक विषयों का अध्ययन किया जाये।

समाज सुधार

राजा जी विशेष रूप से समाज की कुरीतियों को दूर करना चाहते थे। वह जाति प्रथा की जटिलता और स्त्रियों की गिरती हुई दशा में सुधार करना चाहते थे। वह सती प्रथा के विरुद्ध थे और इसके लिए उन्होंने ब्रिटिश सरकार से नियम बनाने का अनुरोध किया। वह स्त्रियों के उत्तराधिकार के नियमों में परिवर्तन लाना चाहते थे जिससे कि विधवा स्त्रियों की दशा में सुधार हो सके। वह स्त्रियों की शिक्षा भी उचित रूप से प्रदान करने के पक्ष में थे। वह केवल कुछ विशेष परिस्थितियों में ही विधवा विवाह होने के पक्ष में थे। संक्षेप में, यह कहा जा सकता है कि उन्होंने भारत के समाज सुधार की सही रूपरेखा प्रस्तुत की जिसमें कि स्त्रियों की दशा सुधारने का कार्य तथा जातिवाद के कठोर नियमों का विरोध मुख्य था।

राजनीति के क्षेत्र में राजा राममोहन राय संवैधानिक रूप से आन्दोलन करने के पक्ष में थे जिसके फलस्वरूप आगे चलकर भारतीय राष्ट्रीय कांग्रेस का जन्म हुआ। उनकी राजनीति का आधारभूत सिद्धान्त था ''स्वतन्त्रता प्रेम, जो कि आत्मा का सर्वोत्तम जोश हो'' ("Love of Freedom Amounting to the Strongest Passion of his Soul") । उनका दृढ़ विश्वास था कि भारतीय भी दूसरे उन्नत देशों के लोगों

के समान बन सकते हैं। राममोहन राय के जीवन चरित्र के लेखक भी इस बात को स्वीकार करते हैं कि उनके मस्तिष्क में सदैव ही अपने देशवासियों के राजनैतिक अधिकारों को बढ़ाने की चिन्ता रहती थी।

राजा जी प्रेस की स्वतन्त्रता भी चाहते थे। उन्होंने समय-समय पर प्रेस के बन्धन के नियमों के विरुद्ध सर्वोच्च न्यायालय और प्रिवी कौसिल में प्रार्थना-पत्र प्रस्तुत किया। उनकी मृत्यु के दो वर्ष पश्चात् सन् 1835 में उनका श्रम फलीभूत हुआ जबकि प्रेस पर से सभी प्रतिबन्धों को हटा दिया गया।

राजा राममोहनराय कानून और न्याय के क्षेत्र में भी सुधार के पक्ष में थे। वे यह नहीं चाहते थे कि धर्म के आधार पर न्याय किया जाये। इसके साथ ही वे हिन्दू, मुस्लिम, ईसाई इत्यादि धर्मावलम्बियों के लिए एक समान न्याय के पक्ष में थे।

वे जमींदारी प्रथा के विरोधी थे क्योंकि उससे धन का संचय केवल कुछ ही व्यक्तियों के हाथों में हो गया था और साधारण कृषक की स्थिति अत्यन्त दयनीय थी। इसके लिए उन्होंने भूमि पर किराया कम करने तथा किसानों द्वारा दिये जाने वाले लगान में कमी करने का अनुरोध किया। इससे उत्पन्न घाटे को पूरा करने के लिए उन्होंने ऐश्वर्य की वस्तुओं पर कर लगाकर अथवा यूरोपियन कलक्टरों के स्थान पर भारतीयों को कम वेतन पर नियुक्त करने की सलाह दी। इन सुधारों के अतिरिक्त उन्होंने ब्रिटिश-भारतीय सेना का भारतीयकरण, न्यायपालिका और कार्यपालिका के कार्यों का पृथक्करण और फौजदारी और दीवानी कानूनों के बनाये जाने तथा फारसी भाषा के स्थान पर न्यायालायों में अंग्रेजी के प्रयोग का अनुरोध किया। उपरोक्त सुधारों के लिए राजा राममोहन राय ने अपना सम्पूर्ण जीवन अर्पित कर दिया। उनकी मृत्यु सन् 1833 ई० में ब्रुसेल्स में हुईं। धार्मिक आन्दोलन के क्षेत्र में उनका स्थापित किया हुआ ब्रह्म समाज सर्वप्रथम सुधारवादी आन्दोलन था।

ब्रह्म समाज

राजा राममोहनराय के आन्दोलन के फलस्वरूप 1828 ई० में ब्रह्म समाज की स्थापना हुईं। उन्होंने सबसे पहले अन्तरावलोकन तथा विश्लेषण के द्वारा हिन्दू धर्म को काफी सीमा तक अन्धविश्वासों से मुक्त कर दिया। राजा जी द्वारा स्थापित सभा में वे सब व्यक्ति एकत्रित हो सकते थे जो कि एक ईश्वर में विश्वास रखते थे और मूर्ति पूजा के विरोधी थे। राजा जी ने स्वयं 1830 ई० में इस सभा के लिए एक भवन दिया जहाँ कि इस समाज की सभायें होती थीं। यह स्मरणीय है कि राममोहनराय अपने को हिन्दू के अतिरिक्त अन्य कुछ नहीं समझते थे। उन्होंने अन्त समय तक इस आक्षेप का विरोध किया कि उन्होंने किसी नवीन मत की स्थापना की है। उनके द्वारा स्थापित ब्रह्म सभा में प्रति सप्ताह ब्राह्मणों द्वारा वेदों का पाठ होता था। उस सभा मण्डल में ब्राह्मण के अतिरिक्त अन्य जाति का व्यक्ति नहीं जा सकता था।

देवेन्द्रकुमार ठाकुर

राजा राममोहनराय के इंग्लैण्ड चले जाने और वहीं पर उनकी मृत्यु हो जाने के कारण कुछ समय तक ब्रह्म समाज का कार्य ढीला पड़ गया, परन्तु शीघ्र ही देवेन्द्रनाथ ठाकुर ने इस सभा को नवजीवन प्रदान किया। इन्होंने एक नियमावली बनाई और इसका सदस्य बनने के लिए एक साधारण उत्सव भी प्रचलित किया। इस प्रकार से इस सभा को एक आध्यात्मिक भ्रातृत्व संस्था के रूप में परिवर्तित कर दिया गया। उन्होंने "तत्वबोधिनी" पत्रिका के द्वारा इनके सिद्धान्तों का प्रतिपादन किया। इसके अनुसार वेद ब्रह्म समाज के आधारभूत धार्मिक ग्रन्थ स्वीकार किये गये।

केशवचन्द्र सेन और नवीन ब्रह्म समाज

देवेन्द्रनाथ ठाकुर के साथ-साथ केशवचन्द्र सेन ने भी ब्रह्म समाज को प्रगतिशील बनाया। केशवचन्द्र सेन ईसाई धर्म से अधिक प्रभावित होने के कारण ब्रह्म समाज को ईसाई धर्म के अनुसार चलाना चाहते थे जिसके द्वारा ब्रह्म समाज दो दलों में विभक्त हो गया—(1) आदि ब्रह्म समाज, (2) साधारण ब्रह्म समाज। केशवचन्द्र सेन के सहयोगी अन्तर्जातीय विवाह तथा विधवा विवाह के पक्ष में थे और ब्राह्मण पुजारियों द्वारा मंच से उपदेश देने के विरुद्ध थे जिसके फलस्वरूप केशव को देवेन्द्र नाथ ठाकुर ने ब्रह्म समाज से पृथक् कर दिया था। आदि ब्रह्म समाज ने मूर्ति पूजा के स्थान पर केवल एक ईश्वर के सिद्धान्त को अपनाया था, परन्तु वे लोग हिन्दू समाज से पूर्णतया पृथक् नहीं होना चाहते थे। इस विभाजन से आदि ब्रह्म समाज ने समाज सुधार के सब कार्यक्रमों को त्याग दिया। डॉ० आर० सी० मजूमदार के अनुसार इससे राजा राममोहनराय द्वारा प्रारम्भ किया हुआ सुधार कार्य का युग समाप्त हुआ और अब सुधार आन्दोलन में नये युग का प्रारम्भ हुआ।

नवीन ब्रह्म समाज

केशवचन्द्र सेन द्वारा स्थापित नवीन ब्रह्म समाज ने ही सम्पूर्ण बंगाल और दूसरे प्रान्तों में स्थान-स्थान पर स्थानीय समाजों की स्थापना की। इनमें स्त्रियों को भी सदस्य बनाया गया और साथ ही समाज सुधार के लिए एक साधारण कार्यक्रम तैयार किया गया। केशवचन्द्र सेन प्रचार यात्राओं पर निकले जिससे बम्बई में प्रार्थना समाज और मद्रास में वेद समाज की स्थापना हुईं। इस समाज के प्रभाव का प्रतिफल यह हुआ कि ब्रिटिश सरकार ने 1872 में एक एक्ट बनाया जिसके द्वारा बाल-विवाह तथा बहु पत्नी प्रथा समाप्त कर दी गई, और अन्तर्जातीय तथा विधवा-विवाहों को कानूनी स्वीकृति हिन्दू और इस्लाम धर्म के अतिरिक्त दूसरे धर्मावलम्बियों को प्रदान कर दी गईं। इन्होंने इस धर्म के प्रचारार्थ कीर्तन इत्यादि भी प्रारम्भ कर दिया। धीरे-धीरे इस धर्म में गुरु का सम्मान इतना अधिक बढ़ गया कि वह पैगम्बर अथवा अवतार समझा जाने लगा।

क्रमशः अवतार रूप में मनुष्य की इस पूजा का बड़ा विरोध हुआ। विरोधी लोग स्त्री शिक्षा के पक्ष में थे और पर्दा प्रथा के तीव्र विरोधी थे। 1878 ई॰ में जब केशव की 14 वर्षीय बहन का विवाह कूँच बिहार के राजा से हुआ तो इन प्रगतिवादियों ने एक नवीन 'साधारण ब्रह्म समाज' की स्थापना की। शीघ्र ही केशव द्वारा स्थापित ब्रह्म समाज ने भी इस नवीन साधारण ब्रह्म समाज द्वारा प्रारम्भ किये गये आन्दोलन को स्वीकार किया।

यह नवीन समाज वैधानिक रास्ते पर चलते हुये सामाजिक सुधार के कार्यक्रम को आगे बढ़ाता रहा। वास्तव में सामाजिक सुधार के क्षेत्र में इसके प्रचार के फलस्वरूप पर्दा प्रथा की समाप्ति, विधवा विवाह का प्रचलन, बहु-विवाह तथा बाल-विवाह की समाप्ति और उच्च शिक्षा के लिए प्रबन्ध आदि भारतीय हिन्दू समाज द्वारा अपनाये जा सके। इसके प्रभाव से हिन्दू अन्य लोगों के साथ सामाजिक उत्सवों में सहयोग देने लगे और समुद्र द्वारा विदेशों को यात्रा के लिए जाने लगे। फिर भी, जैसा कि डॉ॰ मजूमदार लिखते हैं 'यह आन्दोलन एकेश्वरवाद को लेकर प्रारम्भ हुआ था और इसका मुख्य उद्देश्य मूर्ति पूजा का उन्मूलन था परन्तु अपने दोनों ही आदर्शों में यह सफलता नहीं प्राप्त कर सका।

प्रार्थना समाज

बंगाल से बाहर दूसरे प्रान्तों में ब्रह्म समाज आन्दोलन ने कुछ भिन्न रूप धारण किया। महाराष्ट्र में यह सबसे अधिक जोर पकड़ गया जहाँ कि एक प्रार्थना समाज की भी स्थापना हुईं। ब्रह्म समाज के समान इसके प्रमुख उद्देश्य थे– (1) विवेकपूर्ण उपासना करना, (2) जाति-प्रथा को अस्वीकार करना, (3) विधवा विवाह का प्रचार करना, (4) स्त्री शिक्षा को प्रोत्साहन देना, (5) बाल विवाह का बहिष्कार करना, (6) अन्य सामाजिक सुधार करना इत्यादि। केशवचन्द्र सेन ने 1867 में प्रार्थना समाज का प्रारम्भ किया था। उनके साथ नवीनचन्द्रराय, पी॰ सी॰ मजूमदार और महेन्द्रनाथ बोस जैसे प्रसिद्ध ब्रह्म समाजी भी थे। प्रार्थना समाज के अनुयायियों ने कभी भी हिन्दू समाज से बाहर किसी नवीन धर्म की स्थापना का विचार नहीं किया। वे भक्ति में विश्वास करते थे और महाराष्ट्र के सन्तों के प्रति भी उनकी गहरी आस्था थी। उनमें विशेष रूप से नामदेव, तुकाराम और रामदास का नाम लिया जा सकता है। प्रार्थना समाज ने विशेष रूप से धार्मिक सुधारों जैसे अन्तर्जातीय सहभोज और अन्तर्जातीय विवाह, विधवा विवाह और स्त्रियों की दशा में सुधार आदि को प्रोत्साहन दिया। इन्होंने पन्ढरपुर में एक अनाथालय की स्थापना की। इन्होंने विदेशी मिशनरियों के तरीके से सुधार कार्य किया।

महादेव गोविन्द रानाडे

प्रार्थना सभा की सफलता का मुख्य श्रेय जस्टिस महादेव गोविन्द रानाडे को है। उन्होंने अपना सम्पूर्ण जीवन प्रार्थना समाज की उन्नति में लगा दिया। उन्होंने 1861 में विधवा-विवाह संस्था बनाने में सहयोग दिया। उन्हीं के सहयोग से दक्खिन

शिक्षा समाज की स्थापना हो सकी थी। उनकी प्रतिभा व बुद्धि विलक्षण थी। उन्होंने ही सर्वप्रथम यह सुझाव दिया था कि सुधारकों को सम्पूर्ण मानव के उद्धार का प्रयास करना चाहिये न कि उसके एक पक्षीय सुधार का कार्यक्रम हो। उनके अनुसार धर्म और सामाजिक सुधार पृथक् नहीं किये जा सकते हैं। सी॰ एफ॰ एन्डज के शब्दों में "सुधारकों में रानाडे, राजाराम मोहन राय और सरसैयद अहमद खाँ के समीप आते हैं ... परन्तु वह दोनों से रचनात्मक उद्देश्य में बढ़कर थे, पाश्चात्य सभ्यता के आधारभूत सिद्धान्तों को भली-भाँति समझते थे और भारतीय परिस्थितियों में उनका प्रयोग भी जानते थे।"

प्रार्थना समाज भी ब्रह्म समाज के समान पाश्चात्य विचार एवं विवेकशीलता के प्रभावस्वरूप प्रारम्भ हुआ। इसमें प्रतिक्रियावादी तथा उग्र सुधारवादी व्यक्ति शामिल नहीं हुये थे। इस प्रकार के विचारों को जन्म देने वाले आन्दोलन आर्य समाज व रामकृष्ण मिशन थे।

थियोसोफिकल सोसाइटी

अंग्रेजी शिक्षा के प्रभाव एवं प्रसार के फलस्वरूप भारतवर्ष में एक ऐसी संस्था की भी स्थापना हुई जिसमें किसी प्रकार की साम्प्रदायिकता नहीं थी। ऐसी संस्था की स्थापना मद्रास के अडयार नामक शहर में हुई। इस संस्था का मुख्य उद्देश्य समस्त विश्व के धर्मों की मूलभूत एकता स्थापित करना था। आज भी यह संस्था आध्यात्मिक जीवन के महत्व और विश्व बन्धुत्व के सिद्धान्त का प्रचार करती है। न्यूयार्क में सर्वप्रथम 1875 ई॰ में एक महिला मैडम ब्लेवेटस्की और कर्नल एल॰ एस॰ आलकाट ने इस संस्था की स्थापना की थी। 1893 ई॰ में भारत में आकर डॉ॰ ऐनीबेसेन्ट ने इस संस्था को अनुपम शक्ति दी। इस संस्था ने भारत में हिन्दू धर्म को जागृति की प्रेरणा दी। इनका स्थापित किया हुआ वाराणसी का सेन्ट्रल हिन्दू कालिज विश्वविद्यालय में परिवर्तित हो गया। इस संस्था ने अपनी शाखायें भारतवर्ष के विभिन्न भागों में स्थापित कर उच्च शिक्षा के साथ-साथ वैज्ञानिक हिन्दू धर्म के अध्ययन को भी प्रोत्साहन दिया। इसी संस्था ने सर्वप्रथम अछूतों के लिये पाठशालायें निर्माण कर राष्ट्रीय कार्य की ओर दृढ़ कदम उठाये। इस संस्था के प्रचार स्वरूप भारतीयों में नवीन स्फुर्ति, अतीत के प्रति श्रद्धा और आत्म-विश्वास की भावना ने जन्म लिया। आत्म-विश्वास से आत्म-गौरव का बल मिलता है। थियोसोफिकल सोसायटी ने हिन्दू धर्म की प्राचीन रूढ़ियों, विश्वासों और कर्मकाण्ड को वैज्ञानिक स्वरूप में ढालकर प्राचीन भारतीय आदर्शों और परम्पराओं को बल दिया। आज भी भारतवर्ष में इस संस्था के चिह्न विद्यमान हैं।

आर्य समाज

स्वामी दयानन्द

आर्य समाज के संस्थापक महर्षि स्वामी दयानन्द सरस्वती थे। इनका बचपन का नाम मूलशंकर था। इनका जन्म् सन् 1824 ई॰ में एक ब्राह्मण परिवार में हुआ

था। यह गुजरात के रहने वाले थे। इनके पिता अम्बाशंकर एक धनी जमींदार थे। पांच वर्ष की आयु से मूलशंकर की पढ़ाई आरम्भ हुईं। आठवें वर्ष इनका यज्ञोपवीत् संस्कार हुआ। उसी समय इन्हें 'गायत्री' और संध्योपासन विधि सिखाई गई। पिता ही स्वयं इन्हें पढ़ाते थे। यह स्वयं सामवेदी ब्राह्मण थे, इससे मूलशंकर पर शिवमत के संस्कार डाले गये तथा इस मत के अनुसार व्रत रखना और शिव लिंग की पूजा करना भी सिखाया गया। मूलशंकर ने 14 वर्ष की आयु में यजुर्वेद संहिता कण्ठ कर ली थी।

इसी वर्ष मूलशंकर के पिता ने उनको शिवरात्रि व्रत करने की आज्ञा दी। पहले तो वह इसके लिये तैयार न हुए परन्तु इस व्रत का महात्म्य सुनने पर वह व्रत रखने को तैयार हो गये। व्रत के दिन उन्हें रात्रि जागरण का भी आदेश मिला। रात्रि की पूजा के उपरान्त सब लोग ऊंघने लगे परन्तु मूलशंकर अपनी आँखों पर पानी के छींटे दे-देकर जागते रहे। रात्रि के समय शांत वातावरण देख एक चूहा बिल से निकल कर शिव लिंग के चारों ओर घूमने लगा और उस पर पड़ी सामग्री खाने लगा। यह देखकर मूलशंकर की क्या मनोदशा हुई इसका चित्र खींचना अत्यन्त कठिन है। सम्भवतः उनके मस्तिष्क में विचार उमड़ रहे थे कि ''मूलशंकर उठ, विद्या पढ़, मेरे ज्ञान को प्राप्त कर वेदों, को ठीक-ठीक पढ़ और मनुष्यों को समझा, कि शिव सारी दुनिया की भलाई चाहने वाला होने से ईश्वर का एक नाम है। लोग दूसरों की भलाई के लिए अपने आराम और धन की भेंट देकर मेरे पूजक हो सकते हैं न कि केवल एक नियत रात्रि में जागरण कर और पाषाण लिंग पर चढ़ावा चढ़ाकर।'' इस घटना के दो वर्ष पश्चात् उनकी बहन की मृत्यु विशूचिका के कारण थोड़े ही समय में हो गईं। जब मूलशंकर की आयु 19 वर्ष की थी उस समय उनके चाचा भी इसी रोग में मृत्यु को प्राप्त हुये जिनका उन पर बहुत प्रभाव पड़ा।

शास्त्रों के अनुसार 8 वर्ष की आयु में पुत्र को गुरुकुल भेज देना चाहिए। इस विचार को मूलशंकर ने अपने पिता के समक्ष रखा। वह व्याकरण, ज्योतिष और वैद्यक पढ़ने के लिए वाराणसी जाना चाहते थे परन्तु उनके पिता उनका विवाह करना चाहते थे। फिर, उन्होंने अपने ग्राम से 3 कोस दूर एक वृद्ध पंडित से शिक्षा ग्रहण करने की इच्छा प्रकट की। 21 वर्ष की आयु में उन्हें विवाह बंधन में डालने का पूर्ण प्रबन्ध हो गया। इससे बचने का अन्य कोई उपाय न देखकर उन्होंने गृह त्याग दिया। पिता ने उन्हें ढूँढ निकाला, परन्तु वे रात्रि में फिर बच कर निकल भागे। यह उनकी पिता से अन्तिम भेंट थी।

ब्रह्मचारी मूलशंकर ने सन्यास आश्रम में प्रवेश किया। इन्होंने विभिन्न स्थानों का भ्रमण किया और वेदाध्ययन करते रहे। यह योगियों से भेंट करने आबू पर्वत भी गये। उसके पश्चात् यह बहुत से स्थानों पर घूमते हुए टीहरी पहुँचे जहाँ कि तंत्रवादियों की पुस्तकें देखकर इन्हें अत्यन्त घृणा हुई वहाँ से यह फिर श्रीनगर और केदार घाटी पहुँचे। यहाँ इन्होंने बहुत काल तक स्वामी विरजानन्द से शिक्षा ग्रहण की।

आर्य समाज द्वारा समाज सुधार

अध्ययन समाप्त करने के पश्चात् दयानन्द ने उपदेश देने का कार्य प्रारम्भ किया। अपने विचारों को फैलाने के लिए इन्होंने बम्बई में 1875 ई० में आर्य समाज की स्थापना की। इन्होंने अपना प्रसिद्ध ग्रंथ 'सत्यार्थ प्रकाश' प्रकाशित किया। इनके सुधार कार्यों की तुलना मार्टिन लूथर से की जा सकती है जिसने यूरोप में कैथोलिक चर्च के विरुद्ध सुधार कार्य का बीड़ा उठाया था। स्वामी जी ने हिन्दू धर्म को पवित्र वैदिक आधार पर स्थापित करने का कार्य किया। उनहोंने वेदों का अध्ययन सभी जातियों के लिए उचित बतलाया जिससे कि देश को जाति प्रथा से मुक्ति मिल सके। ऋषि दयानन्द द्वारा प्रस्तुत किया गया यह दृष्टिकोण कि वेद सम्पूर्ण ज्ञान का भण्डार है, अत्यधिक आलोचना का विषय बन गया। परन्तु धीरे-धीरे उनके इस मत में विद्वानों को बहुत कुछ सार दृष्टिगोचर हुआ। श्री अरविन्द ने लिखा है कि "ऋषि दयानन्द की इस विचारधारा में कोई ऊटपटाँग बात नहीं है कि वेद में विज्ञान तथा धर्म दोनों के सत्य निहित हैं। मेरा तो यहाँ तक विश्वास है कि वेद में विज्ञान के वे सत्य भी निहित हैं जो आधुनिक विश्व के पास बिल्कुल नहीं हैं और इसीलिये दयानन्द ने वैदिक ज्ञान की गहराई के विषय में अधिक नहीं बल्कि कम ही कहा है।" स्वामी जी ने अनेकेश्वरवाद, मूर्तिपूजा, अवतारवाद, जाति प्रतिबन्ध, रूढ़िवादिता, अशिक्षा, पर्दा-प्रथा, छुआछूत तथा समुद्र यात्रा निषेध के विरुद्ध उपदेश दिये। वे विधवा-विवाह तथा स्त्री-शिक्षा के पक्ष में थे। उन्होंने ही सबसे पहले शुद्धि आन्दोलन प्रारम्भ किया जिससे कि दूसरे धर्म में परिवर्तित हिन्दुओं को वापस हिन्दू समाज में लिया जा सके। उन्होंने हिन्दी भाषा के प्रसार में अत्यधिक योग दिया। वे प्रथम व्यक्ति थे जिन्होंने सम्पूर्ण भारत के लिए हिन्दी भाषा का प्रचार आवश्यक बतलाया था। उन्होंने बड़ी दृढ़ता से हिन्दुओं को अपने प्राचीन धर्म, गौरव और आदर्श का स्मरण दिलाया। इसके साथ ही उन्होंने अपने 'सत्यार्थ प्रकाश' नामक ग्रंथ में स्वधर्म, स्वभाषा व स्वदेश की भावना को प्रोत्साहित किया। यह उनके इस उपदेश का ही फल था कि कालान्तर में भारतवासियों ने स्वराज्य के लिए कार्य करना प्रारम्भ किया। श्री अरविंद घोष के शब्दों में "स्वामी जी, परमात्मा की इस विचित्र सृष्टि के एक अद्वितीय योद्धा तथा मनुष्य और मानवीय संस्थाओं का संस्कार करने वाले अद्‌भुत शिल्पी थे।"

प्रारम्भ में वह ब्रह्म समाज के साथ समझौता करना चाहते थे और इसी विचार से 1869 ई० में कलकत्ते में एक सभा में भाग लेने गये। परन्तु इसका कोई निष्कर्ष नहीं निकला। कालांतर में उनके द्वारा स्थापित किये हुए आर्य समाज की शाखायें सम्पूर्ण पंजाब, उत्तर प्रदेश, गुजरात, महाराष्ट्र और अन्य स्थानों में फैल गई जिससे कि ब्रह्मसमाज का प्रभाव लुप्तप्राय: हो गया। स्वामी दयानन्द जी की मृत्यु सन् 1883 ई० में दूसरे धर्मावलम्बियों के द्वारा दूध में काँच मिलाकर पिलाया जाने के कारण हो गईं। उनके कार्य को उनके शिष्य लाला हंसराज, पंडित गुरुदत्त, लाला लाजपतराय और स्वामी श्रद्धानन्द आदि ने आगे बढ़ाया। आर्य समाज ने स्थान-स्थान पर स्कूल

और कालिज प्रारम्भ किये जिनमें कि कुछ अंश तक वैदिक शिक्षा भी दी जाती है। 1902 ई० में हरिद्वार में गुरुकुल की स्थापना की गई जो कि वर्तमान समय में विश्वविद्यालय के रूप में वैदिक आदर्शों का जीवित स्तम्भ है।

सामान्य रूप से स्वामी दयानन्द सरस्वती ने आर्य समाज के निम्नलिखित 10 सिद्धान्त बतलाये हैं–

(1) सब सत्य विद्या और जो पदार्थ विद्या से जाने जाते हैं उन सबका आदि मूल परमेश्वर है।

(2) ईश्वर सच्चिदानन्द स्वरूप, निराकर, सर्वशक्तिमान, न्यायकारी, दयालु अजन्मा, अनन्त, निर्विकार, अनादि, अनुपम, सर्वाधार, सर्वेश्वर, सर्वव्यापक, सर्वान्तर्यामी, अजर, अमर, अभय, नित्य, पवित्र और सृष्टिकर्त्ता है। उसी की उपासना करना उचित है।

(3) वेद सब सत्य विद्याओं की पुस्तक है। वेद का पढ़ना-पढ़ाना और सुनना-सुनाना सब आर्यों का परम धर्म है।

(4) सत्य के ग्रहण करने और असत्य के छोड़ने में सर्वदा उद्यत रहना चाहिये।

(5) सब काम धर्मानुसार अर्थात् सत्य और असत्य को विचार करके करने चाहियें।

(6) संसार का उपकार करना अर्थात् शारीरिक, आत्मिक और सामाजिक उन्नति करना इस समाज का मुख्य उद्देश्य है।

(7) सबसे प्रीतिपूर्वक, धर्मानुसार, यथायोग्य बरतना चाहिये।

(8) अविद्या का नाश और विद्या की वृद्धि करनी चाहिये।

(9) प्रत्येक को अपनी ही उन्नति से सन्तुष्ट नहीं रहना चाहिये, किन्तु सबकी उन्नति में अपनी उन्नति समझनी चाहिये।

(10) सब मनुष्यों को सामाजिक सर्वहितकारी नियम पालने में परतन्त्र रहना चाहिये और प्रत्येक हितकारी नियम में सब स्वतन्त्र रहें।

इस प्रकार आर्य समाज ने मूर्ति-पूजा का खण्डन कर हिन्दू समाज को पतन से बचा लिया। ईसाई मिशनरियों के चुंगल से गरीब और पददलित जातियों को बचाने का मुख्य श्रेय आर्य समाज को ही है। यह समाज आज भी भारतीय सभ्यता के उत्थान में निरन्तर योगदान कर रहा है।

राधास्वामी मत

10वीं शताब्दी के धार्मिक आन्दोलन में राधास्वामी सत्संग का भी योगदान है। इस मत के प्रवर्त्तक राधास्वामी थे जिनके नाम पर इस मत का प्रचार हुआ। यह अपने को सन्त सतगुरु भी कहते थे। इस मत नें गुरु का महत्व सबसे अधिक माना

जाता है जो वास्तव में सच्चा पथ-प्रदर्शक समझा जाता है। इनके दूसरे गुरु ने 'राधास्वामी मत प्रकाश' नामक पुस्तक का प्रकाशन किया। उनके अनुसार, 'राधास्वामी' शब्द मौलिक आत्मा का प्रतीक है। इनके समय में भी गुरु की महत्ता बढ़ी और यह प्रचार किया गया कि मोक्ष की प्राप्ति गुरु की सहायता से ही हो सकती है। गुरु द्वारा बतलाये गये प्रगति के साधन को 'सुरत शब्द योग' के द्वारा प्रतिपादित किया गया। इसी को निरन्तर प्रयोग करने से मोक्ष की प्राप्ति का द्वार खुल सकता है। 'सुरत' शब्द का अर्थ है मानव, आत्मा, 'शब्द' का अर्थ है दैवी आत्मा और योग से तात्पर्य है पहले बताई गई दोनों आत्माओं का मिलन। इस मत के अनुयायियों द्वारा किसी भी मादक द्रव्य का सेवन और मांसाहार नहीं किया जा सकता।

राधास्वामी मत के प्रथम गुरु शिवदयाल साहब का जन्म एक क्षत्रिय परिवार में 1818 ई० में हुआ था। उन्होंने सन् 1861 ई० में सार्वजनिक रूप से अपने सिद्धान्तों की घोषणा की थी। यह आगरे के निवासी थे और वहीं से इन्होंने अपने कार्य को प्रारम्भ किया। आज राधास्वामी संस्थाएँ उत्तरी भारत के विभिन्न भागों में स्थापित हैं। शिवदयाल साहब की मृत्यु सन् 1878 ई० में हुई। इनकी समाधि आज भी राधास्वामी वाटिका में विद्यमान है।

इस मत के दूसरे गुरु राय सालिगराम सहाय हुये। इनका जन्म 1828 ई० में एक कायस्थ परिवार में हुआ था। ये उत्तर प्रदेश के पोस्ट मास्टर जनरल थे। पहले गुरु की मृत्यु के पश्चात् 1878 ई० में ये इस सम्प्रदाय के गुरु बन गये। इनके समय में इस मत का अधिक प्रसार हुआ। इन्होंने बहुत सी पुस्तकें भी लिखीं।

इस मत के तीसरे गुरु ब्रह्मशंकर मिश्र थे। इनका जन्म 1861 ई० में हुआ था। इन्होंने कलकत्ता में एम० ए० तक शिक्षा प्राप्त की थी। बाद में ये दयाल बाग में आकर बस गये थे और यहाँ रहते हुये इन्होंने इस मत के लिये बहुत ही महत्वपूर्ण कार्य किया। 1898 ई० में द्वितीय गुरु की मृत्यु होने के पश्चात् ये गुरु बन गये और 'महाराज साहब' की उपाधि धारण की। इन्होंने सत्संग का एक विधान भी बनाया और उसमें एक केन्द्रीय व्यवस्थापिका समिति के निर्माण का नियम बनाया। इस प्रकार से दयाल बाग समस्त देश की राधास्वामी सभाओं का केन्द्र स्थान बन गया। इनकी मृत्यु 1907 ई० में हो गई।

इनकी मृत्यु के पश्चात् राधास्वामी मत में कुछ फूट के लक्षण दिखाई पड़े परन्तु आज भी श्री आनन्दस्वरूप जी के प्रयासों के फलस्वरूप दयाल बाग ही इसका केन्द्र स्थान बना हुआ है। दयाल बाग में बहुत से सुधार कार्यों के अतिरिक्त सत्संगियों को आर्थिक सहयोग भी प्राप्त होता है। इन्होंने वहाँ रहने के लिये समुचित मकान इत्यादि बनवाये हैं जहाँ गृहहीन और असहाय मतावलम्बियों को सहायता देने का भी प्रबन्ध है। यहाँ पर इनके अपने स्कूल व कालिज हैं जिनमें विविध विषयों में शिक्षा दी जाती है। इन्होंने एक इन्जीनियर कालिज की भी स्थापना की। इससे पता चलता है कि ये वर्तमान प्रगति के साथ-साथ चलना चाहते हैं। इनके मत में किसी भी प्रकार के जातिगत नियमों का बन्धन नहीं है। जहाँ तक इनके सिद्धान्तों

का सम्बन्ध है वे गुप्त रूप से गुरु के द्वारा सत्संगी को बतलाये जाते हैं। यह मत मुख्यतः भक्ति से सम्बन्धित है, इसमें हिन्दू धर्म को नहीं छोड़ना पड़ता। इस मत के अनुयायियों को दान-धर्म के कार्य करने होते हैं और सदैव-सेवा भाव तथा प्रार्थना में रत रहने का उपदेश दिया जाता है। इसमें किसी प्रकार का हठयोग नहीं है और न ही इसमें गूढ़ उपदेश हैं। इसके अनुयायियों की दानशीलता के कारण इसके प्रचार कार्य में बहुत अधिक सहायता मिली। आज के युग में यह मत भारतवासियों में त्याग की भावना उत्पन्न करने में महत्वपूर्ण योगदान दे रहा है।

रामकृष्ण मिशन

रामकृष्ण परमहंस द्वारा स्थापित मिशन एक आध्यात्मिक आन्दोलन था। इस आन्दोलन को 18-19 वीं सदी में चल रहे दूसरे आन्दोलनों के वर्ग में रखना अनुचित होगा क्योंकि इन्होंने कोई पृथक सिद्धान्तों का प्रतिपादन नहीं किया। यह एक प्रकार से हिन्दू धर्म के ही अन्दर सुधार करने का एक प्रयास कहा जा सकता है। यह आत्म ज्ञान अथवा ईश्वरीय प्रेरणा से ओतप्रोत था। रामकृष्ण के द्वारा स्थापित मिशन के उद्देश्यों एवं शिक्षाओं का ज्ञान करने से पूर्व उनके जीवन का अध्ययन आवश्यक है।

रामकृष्ण

रामकृष्ण परमहंस का जन्म 18 फरवरी, 1835 ई० में हुगली के समीप कामारपुकुर ग्राम में हुआ था। इनका बाल्यकाल का नाम गजाधर था। बचपन से ही उनके विचारों में कल्पना शक्ति का अत्यधिक पुट था। इन्हें संगीत और कविता में अत्यधिक रुचि थी। कभी-कभी यह स्वयं धार्मिक नाटकों में अभिनय करते थे। शिव का अभिनय करते समय इन्हें परमानन्द की अनुभूति होती थी। इसी प्रकार से विशालाक्षी देवी अथवा किसी देवता की पूजा करते समय भी वे समाधिस्थ हो जाते थे। जिस समय इनकी आयु केवल 9 वर्ष की थी उसी समय से ही इन्हें पारिवारिक पूजा का भार सम्भालना पड़ा। उस समय के ब्राह्मण कुलों में पूजा का आडम्बर अत्यधिक था।

सन् 1856 ई० में ये कलकत्ते के दक्षिणेश्वर काली मन्दिर के मुख्य पुजारी बन गये थे और वहीं पर मृत्युपर्यन्त रहे। इस मन्दिर में एक कृष्ण मन्दिर था और शेष 12 मन्दिरों में शिव की मूर्ति थी। रामकृष्ण स्वयं काली के मन्दिर की देखभाल करते थे। यही इनकी इष्ट देवी थी। इसी के ध्यान और योग में ये निरन्तर अपना समय व्यतीत करते थे। कहा जाता है कि इन्होंने कितनी ही बार काली से साक्षात्कार किया। एक समय तो यह दो दिन तक अचेत अवस्था में रहे। कहा जाता है कि इनकी आत्मिक शक्ति इतनी अधिक बढ़ गई थी कि इन्होंने अपनी इच्छानुसार राम और कृष्ण के भी दर्शन किये। 1859 ई० में यह कुछ समय के लिये अपने गाँव चले गये और वहाँ उनका विवाह हो गया। परन्तु यह पुनः दक्षिणेश्वर मन्दिर में वापस चले आये। यहाँ आने पर ये वैष्णव धर्म, अद्वैतवाद, इस्लाम, ईसाई और बौद्ध

धर्म के सिद्धान्तों को नियम से प्रयोग में लाये, जिसके फलस्वरूप वे स्वयं रहस्यदर्शी बन गये। जो लोग इनके पास शिक्षा ग्रहण करने जाते थे उनको वह अपने उपदेशों से मोह लेते थे। इन्होंने कहानियों के माध्यम से दर्शनों की व्याख्या की। यह जीवमात्र में ईश्वर मानते थे और उसकी सेवा को ईश्वर सेवा मानते थे। इस प्रकार सारांश में इनका सिद्धान्त था 'पीड़ित मानव की सेवा के द्वारा ईश्वर की उपासना करना'। इनके सन्देश को स्वामी विवेकानन्द ने सम्पूर्ण संसार में फैलाया। रामकृष्ण परमहंस की मृत्यु 15 अगस्त, 1886 ई॰ में हो गई। इनके मुख्य सिद्धान्त थे– (1) ईश्वर को समझना, (2) ईश्वर के प्रति भक्ति अर्थात् मानव के प्रति भक्ति, (3) पवित्रता, (4) साधुता, (5) निस्वार्थता, (6) मानव प्रेम, (7) नम्रता।

सारांश में इनका धर्म सबको सम्मिलित करने वाली आध्यात्मिकता थी।

रामकृष्ण परमहंस के मुख्य शिष्य विवेकानन्द थे। सर्वप्रथम सन् 1881 ई॰ में रामकृष्ण से इनकी भेंट हुई थी। विवेकानन्द ने सबसे पहले एक ही प्रश्न रामकृष्ण से किया था–"क्या आपने ईश्वर को देखा है?" श्री रामकृष्ण ने तत्काल उत्तर दिया, "हाँ मैं ईश्वर को ठीक वैसे ही देखता हूँ जैसा कि तुम्हें यहाँ पर देख रहा हूँ।" उन्होंने आगे कहा, "ईश्वर पहचाना जा सकता है, मनुष्य उसे वैसे ही देख सकता है और उसके साथ बातचीत कर सकता है, जैसे कि मैं तुम्हारे साथ कर रहा हूँ। परन्तु ऐसा करने की कौन परवाह करता है। लोग अपने स्त्री-बच्चों, धन-सम्पत्ति के लिये आंसुओं की धार बांध देते हैं, परन्तु ईश्वर के लिये कौन ऐसा कर सकता है। यदि कोई मनुष्य सचमुच उसके लिये रोता या विलाप करता है तो ईश्वर निश्चय ही प्रकट हो जाता है।" इस वार्तालाप का नरेन्द्रनाथ (विवेकानन्द) पर बड़ा प्रभाव पड़ा। यह बहुत जल्द ही आध्यात्मिकता के "साधक" बन गये। अपने गुरु की मृत्यु के पश्चात् उन्होंने 1886 ई॰ में "रामकृष्ण मिशन" की स्थापना की। बहुत से लोग इस संस्था के सदस्य बन गये। विवेकानन्द अपने बहुत से साथियों के साथ भ्रमण के लिये बहुत से स्थानों को गये। इनके भाषण और तेज से प्रभावित होकर बहुत से राजकुमार भी इस संस्था के सदस्य बन गये। अपने प्रशंसकों की सहायता से यह शिकागो में होने वाली विश्व धर्म गोष्ठी में भाग लेने गये। वहाँ पर बड़ी कठिनाई से एक प्राध्यापक की सहायता से इन्हें गोष्ठी में भाग लेने की अनुमति मिल सकी। पाश्चात्य दार्शनिक इनके भाषण से मन्त्रमुग्ध हो गये। विश्वधर्म परिषद् में इन्होंने घोषणा की कि वेदान्त सभी का धर्म है। इन्होंने यूरोप व अमेरिका में भारत के दृष्टिकोण को प्रस्तुत करते हुये समस्त धर्मों की मूलभूत एकता, वेदान्त की महत्ता और धर्म में समन्वय की आवश्यकता पर उपदेश दिये। विवेकानन्द में उच्च राष्ट्रवादिता और आध्यात्मिकता थी। इनका विश्वास था कि वर्तमान समाज आध्यात्मिक शिक्षा से ही उन्नति कर सकता है और वह कार्य केवल भारत कर सकता है। इस प्रकार इन्होंने निर्भीक होकर भारत के बाहर विदेशों में भारतीय संस्कृति को दूसरी संस्कृतियों से उच्च बतलाने कार्य किया। इससे भारतीय जन जीवन को एक ऐसा सम्बल मिला जिससे अपनी सभ्यता को हेय समझने की भावना नष्ट होने लगी।

सर वेलेन्टाइन कीरोल के शब्दों में "विवेकानन्द पहले हिन्दू थे जिनके व्यक्तित्व से विदेशों में प्राचीन भारतीय सभ्यता और नवीन राष्ट्रीयता की विचारधारा को मान्यता प्राप्त हुई।"[1] इनके ही प्रयत्नों के फलस्वरूप भारत के विभिन्न भागों में रामकृष्ण मिशन की शाखायें हैं जिनके द्वारा मिशन परोपकारिता के दिव्य कार्य और देश हितकारी साधनों से समाज सेवा कर रहा है। बहुत से स्थानों पर इस मिशन के अस्पताल, अनाथालय, आश्रम और विद्यालय एवं वाचनालय हैं।

मुस्लिम समाज सुधार आन्दोलन

अंग्रेजों के आगमन के साथ-साथ ही भारतवर्ष में मुस्लिमों की शासन सत्ता लुप्त हो गई थी। अंग्रेजी राज्य में मुसलमानों को उच्च पद नहीं प्रदान किये गए और अंग्रेजों की व्यापारिक नीति के फलस्वरूप उनके कला कौशल भी समाप्त हो गए। आर्थिक व सामाजिक दशा के कारण ही मुसलमान अंग्रेजी शिक्षा से भी अछूते रहे। इस समय तक मुस्लिम समाज में अनेक कुप्रथायें भी प्रविष्ट हो चुकी थीं। जैसे बाल-विवाह, पर्दा-प्रथा, बहुविवाह इत्यादि। वर्तमान युग का प्रभाव मुस्लिम समाज पर भी पड़ा।

19वीं शताब्दी में अरब की ही भाँति भारत में भी मुस्लिम सुधार आरम्भ हुआ, इस सुधारवादी आन्दोलन के संचालक शाहअब्दुल अजीज, सैयद बरेलवी, शेख करामतअली व हाजी सरायतुल्ला थे। सामाजिक कुरीतियों को दूर करने का श्रेय सैयद-अहमद बरेलवी को दिया जाता है। इन्होंने ईश्वर की एकता पर पुनः बल दिया तथा प्रत्येक मुसलमान को इस्लाम धर्म की व्याख्या करने का अधिकार दिया और सन्त पूजा का विरोध किया। ये भारत को दारूलहर्म (युद्ध का घर) कहते थे और गैर मुसलमानों के विरुद्ध धार्मिक युद्ध करने का आदेश देते थे। इसके अलावा यह पाश्चात्य शिक्षा व संस्थाओं के भी पक्ष में नहीं थे। इन सब बातों से इन्होंने भारत में साम्प्रदायिकता का बीजारोपण किया।

शेख करामत अली ने भारतीय मुसलमानों को पाश्चात्य शिक्षा और विचारों को ग्रहण करने को कहा था। 19वीं शताब्दी के आखिरी वर्षों में मिर्जा गुलाम अहमद ने अहमदिया आन्दोलन चलाया। इन्होंने अपने को अल्लाह का पैगम्बर तथा फिर से विशुद्ध इस्लाम की स्थापना करने वाला बतलाया।

इस आन्दोलन का ध्येय यह था कि कुरान की आज्ञाओं का आध्यात्मिक तथा नैतिक दृष्टि से पालन किया जाये। इसने 'जिहाद' (धर्म युद्ध) पर बल नहीं दिया। इसके अलावा पर्दा प्रथा, तलाक तथा बहुविवाह प्रथा को ठीक माना। सन् 1914 में लाहौरी दल सम्मुख आया जिन्होंने मिर्जा गुलाम अहमद को सुधारक रूप में स्थान दिया।

---

1. Vivekanand was "the first Hindu whose personality won demonstrative recognition abroad for India's ancient civilisation and for her new-born claim to nationhood."
—Sri Valentine Chirol

इस क्षेत्र में महत्वपूर्ण आन्दोलन सर सैयद अहमद खाँ (1817-1898) और मौलवी चिरागअली (1844-1895) द्वारा चलाया गया। सर सैयद अहमद खाँ ने बुद्धिवाद, आधुनिक विज्ञान तथा पाश्चात्य शिक्षा पर बल देकर मुसलमानों के धार्मिक, सामाजिक व शिक्षात्मक विचारों को नया मोड़ दिया। इन्होंने पर्दा प्रथा का विरोध किया व स्त्री शिक्षा पर जोर दिया। इनका विचार था कि मुसलमानों की उन्नति के लिए पाश्चात्य विज्ञान तथा शिक्षा आवश्यक है। अतः शिक्षा प्रसार हेतु इन्होंने अलीगढ़ में मोहमेडन-एंग्लो-ओरियन्ट कालिज की नींव रखी जो मुस्लिम विश्वविद्यालय के नाम से पुकारा जाता है। सर सैयद अहमद खाँ कुरान के टीकाकार के साथ-साथ पत्रकार और उर्दू गद्य के प्रसिद्ध लेखक थे। उनहोंने स्वयं ही 'तहजीबुल अखलाक' नामक पत्रिका का संचालन किया। पानीपत के ख्वाजा अफ्ताफ हुसैनहाली, बिजनौर के मौलवी नजीर अहमद, आजमगढ़ के मौलवी शिबलीनुमानी ने सर सैयद अहमद खाँ की अत्यधिक सहायता की थी। मोलवी चिरागअली ने मुसलमानों को चरित्र तथा रीति-रिवाजों की उन्नति का उपदेश दिया। इसके साथ ही इन्होंने बहुविवाह, बाल-विवाह तथा पर्दे का विरोध किया। इसके अलावा उर्दू के प्रसिद्ध कवि इकबाल, लखनऊ के शेख अब्दुल हलीम तथा सैयद अकबर हुसैन ने भी सहयोग दिया। इतना होते हुए भी मुसलमानों की प्रगति धीमी ही रही।

20वीं शताब्दी में मुस्लिम लीग के निर्माण एवं मुहम्मद अली जिन्ना के प्रयत्नों के फलस्वरूप मुसलमानों में राजनैतिक चेतना दृष्टिगोचर हुई। परन्तु इस राजनैतिक चेतना का प्रभाव एक अभिशाप के रूप में सम्मुख आया जिसके कारण कटु साम्प्रदायिकता फैली और देश भारत और पाकिस्तान नामक दो राष्ट्रों में विभाजित हो गया।

सुधार आन्दोलनों के परिणाम

भारतवर्ष में पीछे बतलाये गये सामाजिक और धर्मिक सुधार आन्दोलनों के परिणामस्वरूप व्यापक परिवर्तन दिखलाई पड़े हैं। धर्म सुधार आन्दोलनों से धर्म के क्षेत्र में अनेक अविश्वास दूर हुए और विभिन्न धर्मों के प्रति आदर की भावना उत्पन्न हुई। भारतीय राष्ट्रीय कांग्रेस तथा आर्य समाज और रामकृष्ण मिशन ने देश में राष्ट्रीयता की भावना का प्रचार किया। विभिन्न आन्दोलनों के समर्थकों ने राष्ट्रीय शिक्षा संस्थाओं की स्थापना की। सती प्रथा, पर्दा प्रथा, बाल-विवाह प्रथा, मद्यपान, अस्पृष्यता, दहेज प्रथा आदि कुप्रथाओं को दूर करने की दिशा में महत्वपूर्ण सुधार हुआ। स्त्रियों और पिछड़े वर्गों की सामाजिक स्थिति में सुधार हुआ और वे समाज के अन्य वर्गों के समकक्ष आने लगे। ये आन्दोलन अपने उद्देश्यों को पूरी तरह प्राप्त नहीं कर सके क्योंकि इनमें से बहुत कम के पास पर्याप्त साधन थे। फिर भी इन्होंने जिस प्रक्रिया को आरम्भ किया वह प्रक्रिया देश को स्वतन्त्रता मिलने के बाद राष्ट्रीय सरकार के सहयोग और प्रयासों से आगे बढ़ रही है। इसमें जनता का सहयोग मिल

जाने से निश्चय ही वे उद्देश्य प्राप्त हो सकेंगे जिनको पूरा करने के लिए सामाजिक और धार्मिक सुधार आन्दोलनों का जन्म हुआ था।

अभ्यास के लिए प्रश्न

प्रश्न 1. किसी एक सामाजिक आन्दोलन का वर्णन कीजिए और यह दिखाइये कि इसने भारतीय समाज को किस प्रकार परिवर्तित किया।

प्रश्न 2. सामाजिक आन्दोलन की परिभाषा करो और उसकी विशेषताऐं बतलाओ।

प्रश्न 3. सामाजिक आन्दोलन में कौन से तत्व होते हैं? उसकी विभिन्न अवस्थायें बतलाओ।

प्रश्न 4. सामाजिक आन्दोलन के विभिन्न प्रकारों में अन्तर करो।

प्रश्न 5. सामाजिक आन्दोलन के कारणों का विश्लेषण करो।

प्रश्न 6. भारत में सुधार आन्दोलन पर एक निबन्ध लिखो।

16

राष्ट्रीय एकता

(National Integration)

किसी भी राष्ट्र की एकता इस बात पर निर्भर है कि राष्ट्र के सभी सदस्य भावात्मक रूप से अपने को एक ही समुदाय का सदस्य अनुभव करते हैं। राष्ट्रीय एकता केवल एक निश्चित भौगोलिक सीमाओं में रहने मात्र से नहीं होती, उसके लिये भावात्मक एकता आवश्यक है। भावात्मक एकता, जैसा कि इसके नाम से स्पष्ट है, भावों की एकता है। इसके कारण किसी भी प्रकार के बाह्य भेदभाव होते हुये भी लोग अपने को एक दूसरे से सम्बन्धित अनुभव करते हैं। परिवार के सदस्यों को संगठित रखने का आधार यह भावात्मक एकता ही है। विद्यालयों में भी सामुदायिक कार्यक्रमों से भावात्मक एकता निर्माण की जाती है। भावात्मक एकता बढ़ने से सामूहिक भावना बढ़ती है और विघटनकारी शक्तियों का प्रभाव कम होता है।

भारत एक विशाल देश है जहाँ पर रहन-सहन, भाषा, तौर-तरीके, वेशभूषा, धर्म और संस्कृति आदि अनेक बातों में देश के विभिन्न क्षेत्रों में रहने वाले लोगों में भारी अन्तर देखा जा सकता है। इस प्रकार जब कोई व्यक्ति देश में एक क्षेत्र से दूसरे क्षेत्र में पहुंचता है तो वहाँ के बहुत से लोगों को वह विदेशी सा मालूम पड़ता है। इससे क्षेत्रवाद की प्रवृत्ति बढ़ी है जिसके कारण लोग दूसरे क्षेत्रों को नुकसान पहुंचाकर भी अपने क्षेत्र को लाभ पहुंचाना चाहते हैं। भाषा के प्रसंग को लेकर क्षेत्रवादी प्रवृत्ति ने भयंकर रूप धारण कर लिया है। क्षेत्रवाद के अतिरिक्त देश में पाई जाने वाली भाषात्मक विविधता के कारण अनेक स्थानों पर भाषावाद दिखलाई पड़ता है जिससे कुछ लोग अपनी ही भाषा का विकास करना चाहते हैं और अन्य भाषाओं की ओर कोई ध्यान नहीं देते। इसके अतिरिक्त हिन्दू और मुस्लिम दोनों ही समाजों में जातिवाद के कारण सामाजिक विघटन फैला हुआ है। अस्पृश्यता की समस्या भी जातिवाद से ही उत्पन्न होती है। धार्मिक सम्प्रदायों को लेकर विभिन्न धर्मानुयायियों में समय-समय पर संघर्ष और रक्तपात होता रहता है। साम्प्रदायिकता की भावना के कारण एक धर्म के लोग दूसरे धर्म के लोगों से घृणा करते हैं। संक्षेप में, क्षेत्रवाद, भाषावाद, जातिवाद और सम्प्रदायवाद आदि अनेक प्रकार की विघटनकारी

भावनाओं के कारण समाज अनेक समूह में बंट गया है। भावात्मक एकता उत्पन्न किये बिना इनकी समस्याओं को हल नहीं किया जा सकता और इन समस्याओं के बने रहते देश में जनतन्त्र की स्थापना कोरा स्वप्न ही है।

विविधता में एकता

यूं तो भारतवर्ष में इतनी अधिक विविधता पाई जाती है कि यह देश, देश न रहकर छोटा-मोटा उपमहाद्वीप बन जाता है। किन्तु इससे यह नहीं कहा जा सकता कि यहाँ एकता स्थापित नहीं हो सकती। भारत में पूरब से पश्चिम और उत्तर से दक्षिण की जनता में रंग-रूप, आकार प्रकार आदि प्रजातीय लक्षणों की भारी विविधता दिखलाई पड़ती है। पंजाब से गंगा की घाटी और आसाम तक डील डौल बराबर छोटा होता चला गया है। यहां सभी वर्ग के लोग दिखलाई पड़ते हैं। उत्तरी भारत में रंग गहरा गेहुंआ, सांवला, पीला, लाल तथा इनके मिश्रण से बना हुआ पाया जाता है। अण्डमान के निवासियों का रंग घोर काला, दक्षिण के द्रविड़ों का दमकता हुआ काला और काश्मीरियों का रक्ताभ गोरा होता है। भारतीय संविधान में हिन्दी के अतिरिक्त उर्दू, बंगाली, आसामी, उड़िया, पंजाबी, गुजराती, मराठी और सिन्धी आदि आर्य भाषाओं को भी मान्यता प्रदान की गयी है। इनके अतिरिक्त चार द्रविड़ भाषाओं को भी मान्यता प्रदान की गयी है। ये हैं- तेलगू, कन्नड़, तमिल और मलयालम। दरद भाषा परिवार की काश्मीरी भाषा को भी मान्यता दी गयी है। इनके अतिरिक्त प्राचीन आर्य-भाषा संस्कृत को विशेष महत्व दिया गया है। भाषात्मक विविधता के अतिरिक्त देश में सवा दो करोड़ जनतन्त्रीय व्यक्तियों में वेशभूषा, धर्म, संस्कृति आदि का व्यापक भेद दिखलाई पड़ता है। जनजातियों के उत्तरी पूर्वी वर्ग, केन्द्रीय वर्ग और दक्षिणी वर्ग में इतना अधिक अन्तर देखा जाता है कि निवास पद्धति, सामाजिक तथा मनोवैज्ञानिक विशेषताओं के आधार पर भारतीय जनजातियों में अलग-अलग सांस्कृतिक और सामाजिक क्षेत्र देखे जा सकते हैं। पूर्व से पश्चिम और पश्चिम से पूर्व में चले आईये तो आपको थोड़ी-थोड़ी दूर पर रूप रंग, वेशभूषा, रीति-रिवाज, तौर-तरीके, खान-पान, आदि संस्कृति के विभिन्न अंगों में बराबर भेद दिखलाई पड़ेगा किन्तु क्षेत्र, प्रजाति भाषा, जनजाति तथा संस्कृति के विभिन्न अंगों की विविधता से भारत की एकता किसी भी प्रकार कम नहीं होती क्योंकि हिमालय से हिन्द महासागर और पूर्व में बर्मा की पहाड़ियों से लेकर पश्चिम में पाकिस्तान तक इस देश के लोगों में एक आंतरिक एकता पाई जाती है। यह आंतरिक एकता ही भावात्मक एकता का आधार है। कहना न होगा कि अन्य बातों में देश में चाहे कितनी भी विविधता क्यों न दिखलाई पड़े, भावात्मक एकता बनी रहने से इस विविधता से समृद्धि ही बढ़ती है, भेदभाव नहीं बढ़ता। इसी आन्तरिक एकता के लिये सर हर्बर्ट रिजले ने लिखा था, "भौतिक और सामाजिक प्रकार, भाषा, प्रथा और धर्म की अत्यधिक विविधता, जो कि भारत में आने वाले किसी भी प्रेक्षक को दिखलाई पड़ती है, के मूल में हिमालय से कुमारी अन्तरिप तक जीवन की कुछ न कुछ आंतरिक समानता फिर भी देखी जा सकती है।" यही आंतरिक

एकता ही भारतीय संस्कृति का मूलाधार है। भारत के ऋषि देश के विशाल आकार और विविधता के बावजूद भी उसकी आंतरिक एकता से पूर्णतया परिचित थे। इसलिये अति प्राचीनकाल से ही भारत को एक ईकाई माना जाता रहा है और विविध धर्मों, भाषाओं आदि के रहते हुये भी देश के विभिन्न भागों में रहने वाले भारतीय एक ही राष्ट्र माने जाते रहे हैं। वस्तुतः भारतवर्ष नाम ही देश की मौलिक एकता का प्रतीक है। यह नाम केवल भौगोलिक सीमाओं को ही लेकर नहीं रखा गया बल्कि ये चक्रवर्ती के आदर्श से भी सम्बन्धित रहा है। मध्यकालीन भारत में शासकों ने सदैव देश को ईकाई माना है। आज भी बंकिम के बन्दे मातरम से भारत की एकता की ध्वनि निकलती है। देश को भारत माता मानने के मूल में भी विभिन्न क्षेत्रों की अवयवीय एकता की भावना छिपी है।

भावात्मक एकता बढ़ाने के प्रयास

देश की इस आंतरिक एकता को लेकर ही सन् 1961 में भारतीय केन्द्रीय शिक्षा मंत्रालय द्वारा डॉ० सम्पूर्णानन्द की अध्यक्षता में संगठित भावात्मक एकता समिति ने देश में भावात्मक एकता बढ़ाने का बीड़ा उठाया। भावात्मक एकता बढ़ाने का यह आयोजन पीछे बतलाई हुई भिन्नता में आंतरिक एकता के ठोस आधार पर टिका हुआ है। आवश्यकता केवल इस बात की है कि विभिन्न कार्यक्रमों द्वारा नयी पीढ़ी को इस दिशा में शिक्षित किया जाए। भारतीय एकता समिति के उद्घाटन समारोह में शिक्षा के महत्व को स्पष्ट करते हुए तत्कालीन शिक्षा मंत्री कालू लाल श्रीमाली ने कहा था कि यदि हम भारत के नागरिकों में राष्ट्रीय चेतना का विकास करना चाहते हैं तो हमें इस उद्देश्य को पूरा करने की दृष्टि से अपनी शिक्षा प्रणाली का नियोजन करना होगा। शिक्षा ऐसी होनी चाहिए जो देश के नागरिकों में भारतीय राष्ट्र के महत्वपूर्ण अंग होने की भावना विकसित करे। शिक्षा के द्वारा नई पीढ़ी के बालक-बालिकाओं को यह आभास करा दिया जाना है कि बाह्य अन्तर के होते हुए भी भारत के सभी नागरिक आंतरिक भावात्मक दृष्टि से एक हैं।

उपरोक्त उद्देश्य को लेकर भावात्मक एकता समिति ने शिक्षा के विभिन्न क्षेत्रों में निम्नलिखित सुझाव उपस्थित किये :–

(क) **पाठ्यक्रम का पुनर्संगठन**–विद्यालयों तथा कॉलिजों के पाठ्यक्रम को राष्ट्र की आवश्यकताओं के अनुरूप पुनर्संगठित करने के लिये भावात्मक एकता समिति ने निम्नलिखित सुझाव दिये :–

(1) प्राथमिक स्तर पर कहानियों, कविताओं, राष्ट्रीय गीतों आदि पर बल दिया जाना चाहिए।

(2) माध्यमिक स्तर पर दूसरे विषयों के अतिरिक्त पाठ्यक्रम में भाषा और साहित्य का अध्ययन, सामाजिक अध्ययन, नैतिक तथा धार्मिक निर्देशन और पाठ्यक्रमेतर कार्यक्रमों को स्थान दिया जाना चाहिए।

(3) विश्वविद्यालय स्तर पर पाठ्यक्रम में विभिन्न सामाजिक विज्ञानों, भाषाओं, साहित्यों, संस्कृतियों और कलाओं को स्थान दिया जाना चाहिए। शिक्षकों और शिक्षार्थियों को देश में विभिन्न स्थानों पर भ्रमण करने की सुविधायें दी जानी चाहियें।

(ख) **पाठ्यक्रमेतर क्रियाओं को प्रोत्साहन**—किताबी शिक्षा के साथ-साथ शिक्षार्थियों को ऐसे कार्यक्रमों में भाग लेने का अवसर दिया जाना चाहिए जिनका भावात्मक एकता की दृष्टि से महत्व हो और जो सम्पूर्ण राष्ट्र का प्रतिनिधित्व करते हों। इस प्रकार के कार्यक्रमों से हम भावना, एकता की भावना और सहिष्णुता का विकास होगा। इस प्रकार के कार्यक्रमों का एक उदाहरण अर्न्तविश्वविद्यालय सांस्कृतिक कार्यक्रम हैं जिनमें देश के विभिन्न विश्वविद्यालयों से आये हुये शिक्षार्थियों और शिक्षकों को परस्पर मेलजोल का अवसर मिलता है।

(ग) **पाठ्य पुस्तकों में संशोधन**—भावात्मक एकता विकास के लिये पाठ्य पुस्तकों, विशेषतया इतिहास की पुस्तकों में राष्ट्रीय भावना को प्रोत्साहित करने की दृष्टि से आवश्यक संशोधन किये जाने चाहिएँ जिससे सम्प्रदायवादी प्रवृत्ति न बढ़े और इस भावना को प्रोत्साहन मिले कि सम्पूर्ण देश एक है। यहाँ यह ध्यान रखना आवश्यक है कि इस संशोधन के लिये घटनाओं की तोड़ मरोड़ नहीं होनी चाहिए क्योंकि वास्तव में देश की राष्ट्रीय एकता एक सत्य है और केवल उसे अभिव्यक्ति करने की आवश्यकता है।

(घ) **भाषा और लिपि सम्बन्धी सुधार**—इनके विषय में भावात्मक एकता समिति ने निम्नलिखित सुझाव उपस्थित किये हैं :—

(1) हिन्दी के ज्ञान की वृद्धि के लिये कुछ क्षेत्रों में रोमन लिपि के प्रयोग की अनुमति दी जानी चाहिए।

(2) समस्त देश में अन्तर्राष्ट्रीय अंकों का प्रयोग किया जाना चाहिए।

(3) अहिन्दी क्षेत्रों में देवनागरी लिपि सीखने का प्रबन्ध किया जाना चाहिए।

(4) हिन्दी की पाठ्य पुस्तकें क्षेत्रीय लिपि में भी प्रस्तुत की जानी चाहिएँ और क्षेत्रीय भाषाओं में हिन्दी के शब्द कोष बनाये जाने चाहिएँ।

(5) विश्वविद्यालय स्तर पर हिन्दी व अंग्रेजी साहित्य के अध्ययन को प्रोत्साहन दिया जाना चाहिए जिससे एकता बढ़े और क्षेत्रगत पृथकता को प्रोत्साहन न मिले।

(6) भाषा नीति के निर्धारण में अल्प संख्यकों के अधिकारों की रक्षा की जानी चाहिए।

उपरोक्त विशिष्ट सुझावों के अतिरिक्त भावात्मक एकता समिति ने कुछ अन्य सुझाव भी प्रस्तुत किये हैं जैसे—विद्यालयों में दैनिक कार्यक्रम, सामूहिक प्रार्थना के बाद प्रारम्भ किया जाये और उपस्थिति पुकार के उपरान्त प्रधानाध्यापक अथवा किसी अन्य विशिष्ट व्यक्ति के द्वारा दस मिनट की ऐसी वार्ता प्रस्तुत की जाए जो

भावात्मक एकता बढ़ाने में सहायक हो। वर्ष में एक बार एक विशिष्ट सभा करके समस्त विद्यार्थियों द्वारा भावात्मक एकता बढ़ाने के लिये शपथ लेने का भी महत्वपूर्ण प्रभाव हो सकता है। इसके अतिरिक्त शिक्षा के द्वारा उन समस्त क्रियाओं और विषयों को प्रोत्साहन दिया जाना चाहिये जिनसे विभिन्न प्रकार का भेदभाव दूर होता हो और यह भावना विकसित हो कि देश के सभी साधन सभी नागरिकों के लिये हैं। दूसरी ओर ऐसे तत्वों को नष्ट करने के लिये भी कदम उठाये जाने चाहिएँ जो इस उद्देश्य को प्राप्त करने के मार्ग में बाधक हों।

भावात्मक एकता बढ़ाने के सुझाव

भावात्मक एकता समिति के उपरोक्त सुझावों के अतिरिक्त देश में शिक्षा के द्वारा भावात्मक एकता उत्पन्न करने के लिये निम्नलिखित कदम उठाने का सुझाव दिया जा सकता है :–

(1) **अखिल भारतीय भाषा का विकास**–भारत में भावात्मक एकता स्थापित करने के लिये सबसे पहले यह आवश्यक है कि देश में एक अखिल भारतीय भाषा का विकास किया जाये। हिन्दी भाषा ही इस पद के योग्य है। अस्तु, प्रत्येक राज्य में प्रत्येक नागरिक को हिन्दी भाषा जानना अनिवार्य कर दिया जाना चाहिये। हिन्दी साहित्य के विकास को सब प्रकार से सरकारी सहायता मिलनी चाहिये। राष्ट्रीय भाषा के विकास से क्षेत्रगत भाषाओं को कोई धक्का नहीं लगेगा, उनका विकास अलग होना चाहिये किन्तु विभिन्न राज्यों में परस्पर पत्र व्यवहार तथा राज्यों के केन्द्र से पत्र व्यवहार में अखिल भारतीय भाषा का ही प्रयोग होना चाहिये। अखिल भारतीय सेवाओं में आने वाले छात्रों को हिन्दी भाषा का पर्याप्त ज्ञान होना चाहिये भले ही वे अपने राज्य की भाषा के माध्यम से परीक्षा दें।

(2) **अखिल भारतीय शिक्षा नीति**–राष्ट्रीय एकता का सबसे अधिक प्रभावशाली उपाय उपयुक्त शिक्षा है। इस सम्बन्ध में एक अखिल भारतीय राष्ट्रीय शिक्षा योजना बनाई जानी चाहिये। जिसमें देश भर में बाल बालिकाओं को राष्ट्र के महापुरुषों, कवियों, नेताओं, धार्मिक व्यक्तियों आदि के विचारों को जानने का अवसर मिले। केन्द्रीय सरकार की ओर से ही पाठ्यपुस्तकों की व्यवस्था होनी चाहिये ताकि नयी पीढ़ी में राष्ट्रीय भावनाओं का विकास हो। सम्पूर्ण देश में अध्यापकों के वेतनमान, उनके कार्य करने की परिस्थितियाँ और उनकी नियुक्ति के नियम एक से होने चाहियें। सम्पूर्ण देश में प्राथमिक, माध्यमिक और विश्वविद्यालय स्तर पर एक से पाठ्यक्रम होने चाहियें और सब कहीं एन॰ सी॰ सी॰, स्काऊटिंग, गर्ल गाइड जैसी अखिल भारतीय संस्थाओं को प्रोत्साहन दिया जाना चाहिये। विश्वविद्यालय शिक्षा का माध्यम सब कहीं राष्ट्र भाषा ही होनी चाहिये भले ही राज्य की भाषाओं में परीक्षा देने की छूट दी जाय। इस प्रकार एक अखिल भारतीय शिक्षा योजना को लागू करने से राष्ट्रीय एकता का लक्ष्य प्राप्त किया जा सकता है।

(3) **राष्ट्रीय एकता बढ़ाने के कार्यक्रम**–राष्ट्रीय एकता बढ़ाने के लिये अनेक प्रकार के आयोजन किये जा सकते हैं। उदाहरण के लिये चलचित्रों के

माध्यम से राष्ट्रीय एकता की भावनायें फैलायी जा सकती हैं। रेडियो और टेलीविजन भी इस दिशा में महत्वपूर्ण कार्य कर सकते हैं। राष्ट्रीय एकता बढ़ाने के लिये देश के विभिन्न क्षेत्रों में अखिल भारतीय प्रतियोगिताओं और सम्मेलनों का आयोजन किया जाना चाहिये जिससे देश के विभिन्न क्षेत्रों में रहने वाले व्यक्तियों को परस्पर मिलने-जुलने, विचार-विमर्श करने और एक दूसरे को समझने का अवसर मिले। सम्पूर्ण देश में आवागमन की सुविधायें दी जानी चाहियें और भ्रमण अभियानों को प्रोत्साहित किया जाना चाहिये। पिछले कुछ वर्षों में विभिन्न क्षेत्रों में किसानों, विद्यार्थियों और पार्लियामैंट के सदस्यों की स्पेशल ट्रेनों ने सम्पूर्ण देश का दौरा किया जिससे उनमें राष्ट्रीय एकता की भावना बढ़ी। इसी प्रकार के और भी अनेक कार्यक्रम अपनाये जा सकते हैं।

(4) **अन्तर्सांस्कृतिक भावना का विकास**—राष्ट्रीय एकता बढ़ाने के उपरोक्त कार्यक्रमों से अन्तर्सांस्कृतिक भावना का विकास होगा। अन्तर्सांस्कृतिक भावना बढ़ाने के लिये इस दिशा में अवबोध आवश्यक है। इससे लोगों में अन्य संस्कृतियों के प्रति सहिष्णुता की भावना बढ़ेगी जिससे एकता की भावना को प्रोत्साहन मिलेगा।

(5) **शिक्षकों द्वारा प्रयास**—भावात्मक एकता बढ़ाने के कार्यक्रमों की सफलता शिक्षकों पर निर्भर है। जब तक वे इस दिशा में कदम नहीं उठाते और स्वयं संकीर्णता से ऊपर उठकर ऊँचे आदर्श उपस्थित नहीं करते तब तक शिक्षार्थियों में भावात्मक एकता उत्पन्न करने की आशा नहीं की जा सकती। अस्तु सबसे पहले शिक्षकों में राष्ट्रीय भावना उत्पन्न की जानी चाहिए। इसके लिये देश के विभिन्न भागों के शिक्षकों को परस्पर मिलने-जुलने के अवसर बढ़ाये जाने चाहिएँ। यह कार्य अखिल भारतीय शिक्षक संगठन के द्वारा किया जा सकता है। यूँ भी देश में सब कहीं शिक्षकों की समस्यायें एक सी ही हैं और अखिल भारतीय मेल-मिलाप बढ़ाने से जहाँ उन्हें अपनी समस्याओं पर मिल जुलकर विचार करने का अवसर मिलेगा, वहाँ उनमें राष्ट्रीयता की भावना भी उत्पन्न होगी। किन्तु यह ध्यान रखना पड़ेगा कि एक वर्ग के रूप में शिक्षक संगठन को लेकर वर्गवादी भावना न बढ़ने लगे। शिक्षकों में राष्ट्रीय भावना बढ़ाने के लिये सरकार की ओर से समय-समय पर ऐसे भाषणों, साहित्य आदि का आयोजन किया जा सकता है जिनसे इस लक्ष्य को प्राप्त करने में सहायता मिले।

(6) **सरकार द्वारा प्रयास**—किन्तु जब तक उपरोक्त कार्यों को सरकार द्वारा सहयोग नहीं मिलेगा तब तक केवल शिक्षा के माध्यम से भावात्मक एकता स्थापित नहीं की जा सकती क्योंकि देश में अनेक समितियाँ इस उद्देश्य के विरुद्ध काम कर रही हैं। जब तक सरकार द्वारा भाषावाद, क्षेत्रवाद, प्रान्तीयवाद और सम्प्रदायवाद जैसे विघटनकारी तत्वों को फैलाने वाले लोगों की रोकथाम नहीं की जाएगी तब तक शिक्षा द्वारा किया हुआ प्रयास पूरा लक्ष्य प्राप्त नहीं कर सकेगा। इस दिशा में विघटनकारी राजनैतिक दलों पर रोकथाम सबसे अधिक आवश्यक है।

सब कहीं भाषावाद, सम्प्रदायवाद, प्रान्तीयवाद, क्षेत्रवाद, जातिवाद, प्रजातिवाद, अस्पृश्यता आदि के विरुद्ध कठोर कानून बनाये जाने चाहिएँ और उतनी ही कठोरता से इन कानूनों को लागू किया जाना चाहिए।

भावात्मक एकता बढ़ाने की दिशा में विभिन्न उपायों के उपरोक्त विवेचन से स्पष्ट है कि इसके लिये विधायक और निषेधात्मक दोनों ही ओर से प्रयास करना पड़ेगा। विधायक दृष्टि से जहाँ उपरोक्त उपाय अपनाये जायेंगे वहाँ निषेधात्मक पक्ष में भावात्मक एकता के मार्ग में आने वाली बाधाओं को हटाना भी उतना ही अधिक आवश्यक है। इसके लिये शिक्षकों, शासकों तथा संरक्षकों सब को मिल जुलकर प्रयास करना पड़ेगा।

अभ्यास के लिए प्रश्न

प्रश्न 1. भारत में आपसी सौहार्द्र तथा भावात्मक एकता बढ़ाने में पाठशालायें असफल रही हैं। आप इससे कहाँ तक सहमत हैं? इस विषय में पाठशालायें क्या कर सकती हैं? व्यावहारिक सुझाव दीजिये।

प्रश्न 2. राष्ट्रीय और भावात्मक एकीकरण से क्या तात्पर्य है? शिक्षा किस प्रकार एकीकरण में सहायक हो सकती है, समझाइये।

प्रश्न 3. विभिन्न शिक्षा संस्थायें हमारे छात्रों में राष्ट्रीय भावना जाग्रत करने में क्या योगदान कर सकती हैं?

प्रश्न 4. भारत में भावात्मक समाकलन (संमजन) की प्राप्ति में शिक्षा किस प्रकार योग दे सकती है?

17

निर्धनता

(Poverty)

निर्धनता भारतवर्ष की सबसे बड़ी सामाजिक आर्थिक समस्या है। मूल रूप से निर्धनता एक आर्थिक समस्या है परन्तु उसका सामाजिक पहलू भी कम महत्वपूर्ण नहीं है। प्रस्तुत अध्याय में इन्हीं दोनों पहलुओं पर दृष्टि रखकर निर्धनता की समस्याओं का विवेचन किया जायेगा।

निर्धनता की परिभाषा

दरिद्रता की परिभाषा करते हुए गिलिन और गिलिन ने लिखा है "दरिद्रता वह दशा है जिसमें व्यक्ति या तो अपर्याप्त आय या बुद्धिहीन खर्च के कारण अपने स्तर को इतना ऊँचा नहीं रख सकता कि उसकी शारीरिक और मानसिक क्षमता बनी रह सके और उसको तथा उसके प्राकृतिक आश्रितों को समाज के स्तर के अनुसार, जिसका कि वह सदस्य है, उपयोगी ढंग से काम करने योग्य बना सके।"[1] इस प्रकार दरिद्रता जीवन के स्तर का अत्यधिक नीचा गिर जाना है। उसमें जीवन की आवश्यक वस्तुओं तक का अभाव हो जाता है। गोडार्ड ने लिखा है कि "दरिद्रता उन वस्तुओं का अभाव है जो कि एक व्यक्ति और उसके आश्रितों को स्वस्थ और पुष्ट रखने के लिये आवश्यक हैं।"[2] इस प्रकार जब मनुष्य स्वयं और अपने परिवार को स्वस्थ रखने के साधन भी न जुटा पाये तब वह दरिद्र कहलायेगा। परन्तु दरिद्रता एक सापेक्ष शब्द है। वह कम या अधिक हो सकती है। उसका कम या अधिक होना इसी बात से जाना जाता है कि व्यक्ति तथा उसके परिवार को जीवन की आवश्यकताओं की वस्तुयें कितने कम या अधिक अनुपात में प्राप्त हैं। प्रसिद्ध अर्थशास्त्री एडम स्मिथ

1. "Poverty is that condition in which a person, either because of inadequate income or unwise expenditures, does not maintain a scale of living high enough to provide for his physical and mental efficiency and to enable him and his natural dependants to function usually according to the standards of society of which he is a member." --Gillin & Gillin.
Cultural Sociology, The Macmilian Co., New York (1950) p. 758.
2. "Poverty is insufficient supply of those things which are requisite for an individual to maintain himself and those dependant upon him in health and vigour." —Goddard, J. G. *Poverty, Its Genesis and Exodus*, p. 5.

के शब्दों में "एक व्यक्ति उन्हीं अंशों में धनी या निर्धन होता है जिन अंशों में उसे जीवन की आवश्यकतायें, सुविधायें एवं मनोरंजन के साधन उपभोग के लिये प्राप्त हो सकते हैं।"[1] इस प्रकार प्रत्येक देश में दरिद्रता की कसौटी अलग-अलग होगी। अमेरिका में 400 रु० की आय वाला भी निर्धन कहलाता है। भारत में 50 रु० की आय वाला भी निर्धन नहीं कहलायेगा। परन्तु वास्तव में जीवन की न्यूनतम आवश्यकताओं की पूर्ति के अभाव की अवस्था को सभी जगह निर्धनता ही कहना चाहिये। इस न्यूनतम आवश्यकताओं का स्वरूप देशकाल के अनुसार अवश्य बदलता है।

निर्धनता और अपर्याप्त पोषण

निर्धनता और अपर्याप्त पोषण में बड़ा घनिष्ठ सम्बन्ध है। अपर्याप्त पोषण निर्धनता का अवश्यम्भावी परिणाम है। निर्धन देशों में लोगों का पर्याप्त पोषण कभी नहीं हो पाता। भारतवर्ष का ही उदाहरण लीजिये। भारतवर्ष एक निर्धन देश है। यहाँ प्रति व्यक्ति आय अन्य देशों से बहुत कम है। इसका परिणाम यह होता है कि भारतवर्ष में साधारणतया पर्याप्त पोषण का अभाव है। Indian Council of Medical Research द्वारा कराये गये साधारण भारतीयों के भोजन के अनेक सर्वेक्षणों से यह ज्ञात हुआ है कि औसत भारतीय का भोजन मात्रा और गुण दोनों में ही पोषण के लिये अपर्याप्त है। भारतीयों के भोजन में प्रोटीन, विटामिनों और खनिजीय लवणों की कमी पाई गई है। उनके भोजन में हरी तरकारियों की बड़ी कमी होती है। गेहूँ की अपेक्षा चावल अधिक खाया जाने से प्रोटीन की कमी रहती है। फलों का प्रयोग तो बहुत ही कम होता है। दूध लगभग 1 छटांक प्रत्येक व्यक्ति पड़ता है, यद्यपि पोषण के लिये कम से कम आधा सेर दूध प्रति व्यक्ति जरूरी है। योजना कमीशन के अनुसार भारत में केवल 20 प्रतिशत परिवारों में ही दालें और सब्जियाँ उचित मात्रा में ली जाती हैं। संयुक्त राष्ट्र संघ के एक सांख्यिकीय सर्वेक्षण से यह ज्ञात हुआ कि भारत संसार में सबसे अधिक भूखा रहने वाला देश है साधारण स्वस्थ व्यक्ति को पोषण के लिये 3000 कैलोरी के भोजन की आवश्यकता पड़ती है, परन्तु भारत में मुश्किल से 2000 कैलोरी का भोजन ही प्राप्त होता है। एक स्वस्थ व्यक्ति के भोजन में सामान्य रूप से 40 ग्राम प्रोटीन होनी चाहिये परन्तु भारतीय के भोजन में केवल पांच ग्राम प्रोटीन होती है।

उपरोक्त विवरण से यह स्पष्ट है कि भारतीयों को पोषण के लिये पर्याप्त भोजन नहीं मिल पाता। इस अपर्याप्त पोषण का कारण भारत की निर्धनता है। 5 जनवरी सन् 1957 में कलकत्ते में भाषण देते हुए योजना आयोग के सदस्य श्री जे० सी० घोष ने इसी बात का समर्थन करते हुए कहा था, "इसी प्रकार भारतीय भोजन में रोगों से रक्षा करने वाले विटामिन आदि तत्वों की भारी कमी है। इसकी खास

1. "Man is rich or poor according to the degree in which he can afford to enjoy the necessaries, the conveniences and the amusements of life."
—Adam Smith. *Wealth of Nations*, Book 1.

बजह दरिद्र होने के कारण भारतीयों की दूध आदि पोषण तत्वों को खरीद सकने की असमर्थता है।'' इस प्रकार निर्धनता और अपर्याप्त पोषण में बहुत कुछ सम-सम्बन्ध है। निर्धनता बढ़ने के साथ-साथ अपर्याप्त पोषण भी बढ़ता है और निर्धनता कम होने के साथ-साथ कम होता है। भारत में अपर्याप्त पोषण कम करने का आवश्यक उपाय जनता की भयंकर निर्धनता दूर करना है।

अति जनसंख्या निर्धनता का मूल कारण

Food Planning for 400 Millions के लेखक डॉ॰ राधाकमल मुकर्जी, India's Teeming Millions के लेखक डॉ॰ ज्ञान चन्द तथा Population and Parenthood के लेखक एस॰ चन्द्रशेखर ने यह माना है कि अति जनसंख्या भारत की निर्धनता का मूल कारण है। इस विषय में दो बातों का ध्यान रखना आवश्यक है। एक तो भारतवर्ष में जनसंख्या के अनुपात से आर्थिक उन्नति में वृद्धि नहीं हुई है और दूसरे देश की आबादी में तीव्र गति से वृद्धि हुई है और स्वास्थ्य की सुविधायें बढ़ने से इस वृद्धि को प्रोत्साहन मिलेगा।

दूसरी ओर कुछ लोगों का कहना है कि भारतवर्ष की जनसंख्या की वृद्धि को यहाँ की निर्धनता का कारण नहीं बतलाया जा सकता। इस मत के मानने वालों में Dr. P. J. Thomas, Hutton और Mr. D. G. Karve उल्लेखनीय हैं। इन लोगों ने अपने-अपने पक्ष के समर्थन में निम्नलिखित तर्क दिये हैं—

(1) भारत में प्राकृतिक साधन बहुत अधिक हैं और यूरोपीय देशों की तुलना में जनसंख्या की सघनता बहुत कम है।

इसमें कोई सन्देह नहीं कि यह बात बिल्कुल सत्य है और यूरोपियन देशों की तुलना में भारत में प्रति वर्ग मील जनसंख्या बहुत कम है। भारत में प्राकृतिक साधन बहुत अधिक हैं और यह सत्य है कि यदि उनका समुचित उपयोग किया जाये तो देश की निर्धनता दूर हो जाये। परन्तु इससे यह बात असत्य सिद्ध नहीं होती कि देश की वर्तमान आर्थिक अवस्था को देखते हुये यहाँ की जनसंख्या की वर्तमान वृद्धि भी चिन्ताजनक है। यह ठीक है कि गरीबी को दूर करने के लिए देश की आर्थिक अवस्था उन्नत की जानी चाहिए और इससे कोई भी समझदार व्यक्ति इन्कार नहीं करेगा। परन्तु क्या इससे यह बात असत्य सिद्ध होती है कि आबादी की वृद्धि रोकने से भी देश की गरीबी कम होगी? वास्तव में देश की निर्धनता कम करने के लिये जहाँ एक ओर आर्थिक प्रगति आवश्यक है वहां दूसरी ओर जनसंख्या की वृद्धि पर नियन्त्रण भी उतना ही जरूरी है।

(2) भारत की राष्ट्रीय आय तथा प्रति व्यक्ति आय में वृद्धि इस बात की सूचक है कि भारत में जनसंख्या अधिक नहीं है।

भारत में राष्ट्रीय आय तथा प्रति व्यक्ति आय बढ़ी है। परन्तु इससे यह सिद्ध नहीं होता कि बढ़ती हुई जनसंख्या ने देश में गरीबी नहीं बढ़ाई है। भारत में अब भी गरीबी है और इस गरीबी का एक बड़ा कारण जनसंख्या की वृद्धि है। क्या इसमें

कोई सन्देह है कि यदि देश की जनसंख्या इस गति से न बढ़ती तो प्रति व्यक्ति आय और भी अधिक होती? क्या प्रति व्यक्ति आय की कमी का कारण बढ़ती हुई जनसंख्या नहीं है? स्पष्ट है कि देश की बढ़ती हुई जनसंख्या गरीबी का एक बड़ा कारण है। प्रति व्यक्ति आय में वृद्धि होते हुए भी जनसंख्या की वृद्धि के कारण ही भारतीय अन्य देशों की तुलना में अत्यन्त दरिद्र हैं।

(3) भारत में मजदूरों की कमी है अतः जनसंख्या की वृद्धि गरीबी का कारण नहीं है।

यह बात तथ्यों से पुष्ट नहीं होती। कृषि आयोग के मतानुसार भारत में आसाम को छोड़कर कहीं भी श्रम की कमी नहीं है। भारत में बेकारी की समस्या भयंकर रूप से वर्तमान है। अतः जनसंख्या बढ़ने से गरीबी में वृद्धि ही होगी।

विपक्षी मत के उपरोक्त विवेचन से स्पष्ट है कि भारत में जनसंख्या की वृद्धि देश की गरीबी का एक प्रमुख कारण है। इस विषय में यह भी स्मरणीय है कि देश की आबादी की वृद्धि के अनुरूप देश में आर्थिक उत्पादन में वृद्धि नहीं हुई है। यदि ऐसा होता तो फिर जनसंख्या के बढ़ने से निर्धनता क्यों बढ़ती है? 1951 की जनगणना रिपोर्ट से गोपालस्वामी. ने यह सिद्ध किया कि जनसंख्या की वृद्धि के कारण भारत में 1921 के बाद से प्रति व्यक्ति कृषि योग्य भूमि बराबर कम होती गई है।

इस प्रकार का ह्रास सिंचित भूमि के क्षेत्र में तथा दोहरी फसल वाले क्षेत्र में दिखाई पड़ता है। इसमें कोई संदेह नहीं कि पंचवर्षीय योजनाओं में देश में सिंचाई का क्षेत्र बढ़ाने तथा प्रति एकड़ उपज बढ़ाने की चेष्टा की गई है परन्तु इससे तभी लाभ होता जब कि देश की जनसंख्या पर समुचित नियन्त्रण रहता। ऐसा न होने पर तो यही होगा कि जहाँ एक ओर पंचवर्षीय योजनाओं से आर्थिक प्रगति हो वहाँ दूसरी ओर जनसंख्या बढ़ने से फिर वृद्धि का बंटवारा हो जाये और निर्धनता ज्यों की त्यों बनी रहे। भारत की भयंकर निर्धनता को दूर करने के लिये अभी बड़ी आर्थिक प्रगति की आवश्यकता है। परन्तु यदि जनसंख्या पर नियन्त्रण नहीं हुआ तो निर्धनता कम नहीं हो सकती। Food Planning for Millions में डॉ॰ राधाकमल मुकर्जी ने यह अनुमान लगाया है कि भारत में सामान्य फसलों वाले वर्षों में भी बहुत सी जनसंख्या के लिये खाद्यान्न की कमी रहती है। स्पष्ट है कि जब पहले से कमी उपस्थित है तो जनसंख्या बढ़ने से कमी और भी बढ़ेगी। फिर यदि खाद्यान्न की उपज में प्रगति के अनुपात से जनसंख्या बढ़े तब भी एक बात है। परन्तु भारत में तो जनसंख्या की वृद्धि दर खाद्यान्न की उपज दर से अधिक है। श्री पी॰ के॰ वत्तल के अनुसार भारत की जनसंख्या 1913-14 से 1935-36 तक प्रति वर्ष 1 प्रतिशत बढ़ी जबकि अन्न के उत्पादन में केवल 0.65 प्रतिशत की वृद्धि हुई। इसी प्रकार डॉ॰ ज्ञानचन्द के अनुसार सन् 1900 से 1934 के बीच भारत में 21 प्रतिशत जनसंख्या बढ़ी जबकि कृषि क्षेत्र में केवल 11 प्रतिशत वृद्धि हुई। इस प्रकार यह स्पष्ट है कि भारत में बढ़ती हुई जनसंख्या देश की निर्धनता को बढ़ा रही है। इस

कारण वर्तमान सरकार जहाँ एक ओर आर्थिक प्रगति के लिये प्रयत्नशील है वहाँ परिवार नियोजन के प्रचार द्वारा आबादी की वृद्धि रोकने की ओर भी कम ध्यान नहीं दे रही है। भारत में परिवार नियोजन की योजनाओं का उद्देश्य राष्ट्रीय अर्थव्यवस्था की आवश्यकताओं के अनुकूल स्तर पर (At a Level Consistent with Requirements of National Economy) जनसंख्या को स्थिर करना है।

परन्तु उपरोक्त विवेचन से यह नहीं सिद्ध होता कि भारत में निर्धनता का कारण जनाधिक्य है। जनाधिक्य भारत में निर्धनता का एक महत्वपूर्ण कारण अवश्य है, परन्तु वही एकमात्र कारण नहीं है। कृषि, उद्योग, व्यापार, शिक्षा आदि की शोचनीय अवस्था और भारी कमियाँ भी निर्धन्ता के उतने ही महत्वपूर्ण कारण हैं। अतः संक्षेप में केवल इतना ही कहा जा सकता है कि जनाधिक्य भी भारत में निर्धनता का एक महत्वपूर्ण कारण है।

भारत में निर्धनता के मुख्य कारण

विभिन्न सिद्धान्त

अब भारत में निर्धनता के मुख्य कारणों का विस्तृत विवेचन किया जा सकता है। भिन्न-भिन्न विचारकों ने निर्धनता के भिन्न-भिन्न कारण बतलाये हैं। हेनरी जार्ज के अनुसार दरिद्रता का मूल कारण भूमि पर व्यक्तिगत स्वामित्व और एकाधिकार है। वह लिखता है। ''बड़े नगरों में जहाँ भूमि इतनी मूल्यवान् है कि फुट से नापी जा सकती है, आप निर्धनता और विलासिता की चरम सीमायें पायेंगे और सामाजिक स्तर की दो चरम सीमाओं की अवस्था में यह असमानता सदैव भूमि के मूल्य से नापी जा सकती है।''[1] मार्क्स के अनुसार निर्धनता का कारण पूँजीपतियों का श्रमिकों की मजदूरी हड़प कर उनका शोषण करना है। कार्ल मार्क्स (Karl Marx) लिखता है ''वह (श्रमिक) अतिरिक्त मूल्य का सृजन करता है जो कि, पूँजीपति के लिए, शून्य से एक सृष्टि के सारे आकर्षण रखता है।''[2] माल्थस (Malthus) के अनुसार निर्धनता का कारण यह है कि जबकि खाद्य सामग्री समानान्तर वृद्धि (Arithmetrical Progression) से बढ़ती है, जनसंख्या गुणोत्तर वृद्धि (Geometrical Progression) के अनुसार बढ़ती है।

अनेक कारण

उपरोक्त सभी सिद्धातों में निर्धनता के किसी एक कारण पर अत्यधिक बल दिया गया है परन्तु आजकल अधिकांश विचारक निर्धनता को एक से अधिक

1. "In the great cities, where land is so valuable that it is measured by the foot, you will find the extremes of poverty and of luxury. And this disparity in condition between the two extremes of the social scale may always be measured by the price of the land." --Henry George, *Progress and Poverty,* Condensed Edition (1935) The Hogarth Press Ltd., London, p. 5.
2. "He creates surplus value which for the capitalist has all the charms of a creation out of nothing." --Karl Marx, *Capital,* (Eng. Edition). Vol I. Foreign Language Publishing House, Moscow (1954), p. 217.

कारकों के कारण मानते हैं। पहले व्यक्ति के भाग्य या व्यक्ति के कर्म को ही उसकी निर्धनता के लिये उत्तरदायी ठहराया जाता था। परन्तु आज का आर्थिक संसार इतना जटिल है कि निर्धनता का कारण केवल व्यक्ति को ही नहीं माना जा सकता। लैण्डिस और लैण्डिस (Landis and Landis) ने लिखा है "संसार में जहाँ आर्थिक खतरे इतने अधिक हैं, व्यक्ति को सदैव निर्धनता के लिये उत्तरदायी नहीं ठहराया जा सकता।"[1] अतः व्यक्तिगत कारणों के अतिरिक्त निर्धनता के भौगोलिक, आर्थिक, सामाजिक तथा अन्य कारण भी हैं। यद्यपि आजकल शायद सब लोग बात न मानें कि निर्धनता में भाग्य का भी कोई हाथ है परन्तु इस बात से कोई इन्कार नहीं कर सकता कि व्यक्ति की आर्थिक स्थिति पर उसके अपने गुणों और सामर्थ्य का बड़ा प्रभाव पड़ता है। कुछ लोगों की सामर्थ्य इतनी कम होती है कि भरसक प्रयास करने पर भी वे जीवन भर निर्धन बने रहते हैं।

व्यक्तिगत कारण

(1) **रुग्णावस्था** (Sickness)—हन्टर (Hunter) ने लिखा है "निर्धनता और बीमारी एक जटिल समझौता बना लेती हैं जिसमें कि मनुष्यों में सबसे अधिक अभागों के दुःखों को बढ़ाने में प्रत्येक दूसरे की सहायता करता है।"[2] रोग से जबकि एक ओर व्यक्ति काम नहीं कर सकता और उसकी आय कम हो जाती है, वहाँ दूसरी ओर उसकी आय का बहुत सा अंश रोग के उपचार और पथ्य के प्रबन्ध में खर्च हो जाता है। इस प्रकार बीमारी गरीबी बढ़ाती है। दूसरी ओर निर्धनता भी बीमारी बढ़ाती है। पौष्टिक भोजन के अभाव में भी कठोर परिश्रम करने वाले और गन्दी गलियों में रहने वाले निर्धन मजदूरों में क्षय आदि बीमारियाँ अधिक दिखाई पड़ती हैं। इस प्रकार निर्धनता और बीमारी दोनों एक दूसरे को बढ़ाती हैं।

(2) **मानसिक रोग** (Mental Diseases)—मानसिक रोगों के कारण भी व्यक्ति किसी काम के करने योग्य नहीं रहता। उसकी आय कम हो जाती है। निरन्तर अभाव से मन का सन्तुलन बनाये रखना बड़ा कठिन होता है। पाश्ले लिखता है "अकेले गरीबी ही प्रत्यक्ष रूप से जीविकाहीन गरीबों में पाये जाने वाले पागलपन के मामलों की सब संख्या का एक बड़ा भाग उत्पन्न करती है"[3]

(3) **दुर्घटना** (Accidents)—दुर्घटनाओं से अंग-भंग हो जाते हैं या सख्त चोट आती है और या तो व्यक्ति बिल्कुल बेकार हो जाता है या उसकी काम करने की सामर्थ्य बहुत कम हो जाती है। दूसरे उसकी रोटियों के भी लाले पड़ जाते हैं।

---

1. "In a world where economic hazards are so numerous, the individual cannot always be blamed for poverty". --Landis and Landis
2. "Poverty and sickness form a viscious partnership each helping the other to add to the miseries of the most unfortunate of mankind. -- R. Hunter, *Poverty,* p. 144.
3. "Poverty alone directly produces a very large proportion of the whole number of cases of insanity among the indigent poor." --Pashley R. *Pauperism and Poor Laws*, p. 124.

यदि दुर्घटना से घर का कमाने वाला बेकार हो जाता है तो पूरा घर निर्धन हो जाता है।

(4) **अशिक्षा** (Illiteracy)—निर्धनता और अशिक्षा का भी परस्पर सम्बन्ध है। अशिक्षा से निर्धनता बढ़ती है क्योंकि अशिक्षित व्यक्ति की धन कमाने की सामर्थ्य बहुत कम रहती है। दूसरी ओर बहुत से लोग निर्धनता के कारण पढ़-लिख नहीं पाते और अशिक्षित रह जाते हैं। इस प्रकार निर्धनता और अशिक्षा एक दूसरे की सहायता करके गरीबों के दु:ख बढ़ाती रहती हैं।

(5) **आलस्य** (Idleness)—आलस्य भी निर्धनता का एक कारण है। बहुत से लोग ऐसे हैं जो कि काम मिलने पर भी अधिक काम करके अपनी निर्धनता दूर करना नहीं चाहते और केवल उतना ही काम करते हैं जिससे जैसे-तैसे उनका पेट भारता है तथा बाकी समय सोने या इधर-उधर बैठने में ही गंवा देते हैं। गर्म देशों में आलस्य निर्धनता का एक बड़ा कारण है।

(6) **अपव्यय** (Extravagancy)—कहावत है कि अन्धाधुन्ध व्यय करने से तो काँरू का खजाना भी खत्म हो जाता है। वास्तव में निर्धनता का कारण आय का कम होना ही नहीं बल्कि खर्च का आय से अधिक होना भी है। बहुत से लोग ऐसे भी हैं जिनकी फजूल खर्ची इतनी अधिक बढ़ी होती है कि पर्याप्त पैसा आने पर भी वे निर्धन के निर्धन बने रहते हैं। भारतवर्ष में गांव वालों की निर्धनता का एक बड़ा कारण उनका असन्तुलित व्यय भी है। होली, दिवाली आदि त्यौहारों पर उनका जितना धन व्यय होता है उससे बहुत ही कम शिक्षा, सफाई, औषधि, प्रकाश आदि पर खर्च होता है।

(7) **नैतिक पतन** (Demoralisation)—नैतिक पतन में मनुष्य शराब, वेश्या, जुआ आदि दुर्व्यसनों में फंस जाता है। इससे अच्छी भली स्थिति वाले व्यक्ति भी गरीब बन जाते हैं। इस प्रकार का व्यक्ति कामचोर हो जाता है और उसकी कार्यक्षमता भी कम हो जाती है। इस प्रकार नैतिक पतन भी निर्धनता का एक कारण है।

(8) **अन्य कारण**—निर्धनता के उपरोक्त कारणों के अतिरिक्त और भी बहुत से व्यक्तिगत कारण ऐसे हैं जिनसे निर्धनता बढ़ती है। अधिक सन्तान होने पर उनका भरण पोषण करना कठिन हो जाता है और रहन-सहन कर स्तर गिर जाता है। इस प्रकार अधिक सन्तानोत्पत्ति निर्धनता का एक बड़ा कारण है। भारतवर्ष में यह कारण विशेष रूप से महत्वपूर्ण है। इसी प्रकार बुढ़ापा, अपराध, कमाने वाले की मृत्यु आदि से भी बहुत से परिवार और निर्धन हो जाते हैं। इसी प्रकार कई बार आग लग जाने या बाढ़ आदि से बहुत से परिवारों की सारी सम्पत्ति नष्ट हो जाती है और वे दाने दाने को मोहताज हो जाते हैं। भारतवर्ष में देश विभाजन के समय हुए साम्प्रदायिक दंगों में सम्पत्ति की भारी हानि हुई और हजारों लोग बेघरबार हो गये। असामान्य व्यक्तित्व भी निर्धनता का एक बड़ा कारण है। चिड़चिड़ा या झगडालू व्यक्ति कहीं

भी जम नहीं सकता और बहुधा बेकार रहता है। वास्तव में व्यक्तित्व के सभी दोष किसी न किसी रूप में निर्धनता बढ़ाते हैं।

भौगोलिक कारण

उपरोक्त व्यक्तिगत कारणों के अतिरिक्त निम्नलिखित भौगोलिक कारण (Geographical Factors) भी निर्धनता बढ़ाते हैं—

(1) **प्रतिकूल मौसम**—आर्थिक समृद्धि के लिये प्राकृतिक साधनों के साथ-साथ अनुकूल मौसम भी बड़ा आवश्यक है। ओले, अनावृष्टि, अतिवृष्टि आदि से अच्छी खासी खेती भी बर्बाद हो जाती है। इसी प्रकार भयंकर गर्मी या अत्यधिक शीत भी आर्थिक क्रियाओं में बाधायें डालते हैं।

(2) **प्राकृतिक साधनों की कमी**—अच्छी जमीन, पानी, खनिज पदार्थ आदि प्राकृतिक साधनों के अभाव में कोई भी देश समृद्ध नहीं बन सकता और गरीब ही बना रहता है। इस प्रकार रेगिस्तानों और ऊँचे पहाड़ों पर रहने वाले लोग अधिकतर दरिद्र होते हैं।

(3) **प्राकृतिक आपत्तियाँ**—प्रतिकूल मौसम के अतिरिक्त प्राकृतिक आपत्तियाँ जैसे ज्वालामुखी विस्फोट, भूकम्प, तूफान, बाढ़, बिजली आदि से भी खेती और सम्पत्ति को बड़ी हानि पहुँचती हैं। जापान में भूकम्पों से हजारों मकान चन्द मिन्टों में धराशायी हो जाते हैं। चीन में ह्यांगहो नदी की भयंकर बाढ़ से बहुत सी खेती नष्ट होती है। इन आपत्तियों से सम्पत्ति के साथ-साथ मानव शक्ति की भी हानि होती है और हजारों लोग दर-दर के भिखारी हो जाते हैं। इस प्रकार प्राकृतिक विपदाओं से निर्धनता बढ़ती जाती है।

(4) **नाशक कीड़े**—इन आपत्तियों के अतिरिक्त नाशक कीड़े भी सम्पत्ति को बड़ी हानि पहुँचाते हैं। टिड्डी आदि खड़ी खेती को चट कर जाते हैं। दीमक किताबें फर्नीचर आदि बहुत सी वस्तुओं को चाट जाती है।

आर्थिक कारण

भौगोलिक कारणों के अतिरिक्त आर्थिक कारण भी मनुष्यों में निर्धनता बढ़ाते हैं। मुख्य आर्थिक कारक निम्नलिखित हैं—

(1) **कृषि सम्बन्धी कारण**—कृषि सम्बन्धी आर्थिक कारण अच्छी खाद, सुधरे हुए औजारों, अच्छे बीजों, सिचाई के साधनों, अच्छे पशुओं आदि का अभाव, रोग नाशक कीड़ों तथा पशुओं से खेती की रक्षा का उचित प्रबन्ध न होना, अन्धविश्वास, जमींदारी द्वारा किसानों का शोषण, जमीन के छोटे-छोटे टुकड़े होना ऋणग्रस्तता आदि से किसान सदैव निर्धन बना रहता है।

(2) **असमान वितरण**—यदि उत्पादन काफी भी हो तब भी अनेक देशों में असमान वितरण के कारण लाखों किसान और मजदूर निर्धनता का जीवन बिताते हैं। पूँजीवादी व्यवस्था में धनिक और भी धनी होते हैं और निर्धन और भी निर्धन हो जाते हैं।

(3) **आर्थिक अपकर्ष** (Economic Depression)—आर्थिक अपकर्ष से व्यापार में मन्दी आ जाती है, सैकड़ों कारखाने बन्द हो जाते हैं और हजारों लाखों मजदूर तथा छोटा-मोटा धन्धा करने वाले बेकार हो जाते हैं।

(4) **बेकारी**—बेकारी दरिद्रता का सबसे बड़ा आर्थिक कारण है। अधिकतर दरिद्रता बेकारी के कारण है। भारतवर्ष जैसे देश में बेकारी दरिद्रता का सबसे बड़ा कारण है।

(5) **अनुत्पादक संचय**—यदि देश में बहुत सा धन सोने चाँदी के जेवरों आदि की शक्ल में और गड़े धन के रूप में बेकार रखा रहता है तो देश के व्यापार में बड़ी कठिनाई पड़ती है। भारतवर्ष में यह गरीबी का एक बड़ा कारण है। 7 मई 1958 के नेशनल हैराल्ड में यह छपा था कि हाल में प्रकाशित रिवर्ज बैंक ऑफ इण्डिया के बुलेटिन में यह छपा है कि इस देश का 110 करोड़ रुपया सोने चांदी के रूप में घरों में बेकार पड़ा है।

(6) **हानिकारक आर्थिक नीति**—कभी-कभी देश में साधन और श्रम सभी होने पर भी निर्धनता बनी रहती है क्योंकि सरकार की आर्थिक नीति हानिकारक होती हैं। उदाहरण के लिये भारत में अंग्रेजों के समय में सरकार की आर्थिक नीति ऐसी थी जिससे देशी उद्योगों को हानि पहुँचती थी, देश का बहुत सा धन बाहर चला जाता था और विदेशी माल देश में धड़ाधड़ खपता जाता था।

सामाजिक कारण

उपरोक्त आर्थिक कारणों के अलावा निम्नलिखित सामाजिक कारण भी निर्धनता बढ़ाते हैं:—

(1) **दोषपूर्ण शिक्षा प्रणाली**—शिक्षा प्रणाली का दोषपूर्ण होना निर्धनता का कारण है। उदाहरण के लिये भारत में प्रौद्योगिक प्रशिक्षण कम होने पर डिग्री वाली शिक्षा अधिक होने के कारण यहाँ लाखों शिक्षित व्यक्ति बेकार हैं और निर्धनता का जीवन बिताते हैं। शिक्षा प्रणाली का दूसरा दोष उसका कीमती होना है। इससे निर्धन लोग उसका लाभ नहीं उठा पाते।

(2) **मकानों की दुर्व्यवस्था**—गंदे और तंग स्लमों में रहने वाले लोगों का स्वास्थ्य खराब हो जाता है जिनसे उनकी कार्य करने की क्षमता घट जाती है और आर्थिक स्थिति खराब हो जाती है।

(3) **गृह शिक्षा का अभाव**—निर्धनता के लिये स्त्रियाँ भी उतनी ही उत्तरदायी हैं जितने पुरुष। घर की व्यवस्था स्त्रियों के ही हाथ में होती है। यदि वे घर का प्रबन्ध भली प्रकार नहीं कर पातीं तो पुरुष के पर्याप्त धन कमाने पर भी घर में निर्धनता बनी रहती है। इसका मुख्य कारण स्त्रियों की शिक्षा में गृह शिक्षा का अभाव है।

(4) **विवाह सम्बन्धी कुरीतियाँ**—भारतवर्ष में दहेज की प्रथा के कारण बहुत से परिवार जीवन भर निर्धन बने रहते हैं। लोग मर-मर कर कमाते हैं और पेट काट कर लड़कियों की शादी के लिए दहेज जोड़ने में सारा जीवन बिता देते हैं। शक्ति से अधिक दहेज देने वालों के परिवार बहुत निर्धन हो जाते हैं।

(5) **स्वास्थ्य रक्षा की अपर्याप्त व्यवस्था**—बीमारी निर्धनता का प्रमुख कारण है। अस्वास्थ्यकर पर्यावरण में रहने से व्यक्ति की कार्यक्षमता भी घटती है। बीमारी के कारण कमाने वाले की मृत्यु हो जाने या नौकरी छूट जाने से घर का घर दरिद्र हो जाता है। बीमारी से व्यक्ति की आय का एक बड़ा भाग उसके उपचार में लग जाता है। अतः स्वास्थ्य रक्षा की पर्याप्त व्यवस्था के अभाव में निर्धनता जड़ जमाकर बैठ जाती है।

(6) **युद्ध**—युद्ध भी निर्धनता का एक बड़ा कारण है। युद्ध से देश की मनुष्य शक्ति और सम्पत्ति की भारी हानि होती है। कार्यश्रम नवयुवकों में से हजारों लाखों युद्ध में काम आते हैं और उनके परिवार निर्धनता में डूब जाते हैं। इससे स्त्री-पुरुषों की संख्या का अनुपात बिगड़ जाता है। इससे नैतिक पतन बढ़ता है। युद्ध से सम्पूर्ण सामाजिक और आर्थिक व्यवस्था बिगड़ जाती है, जीवन स्तर गिर जाता है और अन्तर्राष्ट्रीय व्यापार को भारी क्षति पहुँचती है। युद्ध के बाद बहुधा महामारियां फैलती हैं और बहुत से लोगों का मानसिक सन्तुलन बिगड़ जाता है। इन सब कारणों से देश में दरिद्रता बढ़ती है।

उपरोक्त सामाजिक, आर्थिक, व्यक्तिगत तथा भौगोलिक कारणों के अतिरिक्त भी कुछ और कारण निर्धनता बढ़ाते हैं। इस प्रकार अनेक राजनैतिक कारणों जैसे अत्यधिक टैक्स लगाना आदि से देश की आर्थिक अवस्था खराब हो जाती है। जनसंख्या के अत्यधिक बढ़ जाने से सबकी आवश्यकताओं की भली प्रकार पूर्ति नहीं हो पाती और देश में निर्धनता फैलती है। यातायात के साधनों का अभाव आदि उद्योग और व्यापार की उन्नति में बाधक जितने भी कारक हैं उन सभी से निर्धनता बढ़ती है। अतः निर्धनता स्वयं निर्धनता बढ़ने का सबसे बड़ा कारण है। निर्धनता के उपरोक्त कारणों को अगले पृष्ठ पर दी गई तालिका से और भी अच्छी तरह से समझा जा सकता है।

(1) **कृषि की उन्नति**—भारतीय किसान बड़ा दरिद्र है क्योंकि भारत में प्रति एकड़ पैदावार अन्य देशों से बहुत कम है।

पुराने ढर्रे की खेती, गोबर को जला देना, सिंचाई की कमी, ऋणग्रस्तता, शादी विवाह आदि अवसरों पर अत्यधिक खर्च, अनावृष्टि, अतिवृष्टि, खेतों का छोटे-छोटे टुकड़ों में बंटा होना, किसान का अपने खेतों पर स्वामित्व न होना आदि भारत में कम उत्पादन के कारण हैं। सरकार को इन सभी कारणों को दूर करने के उपाय करने होंगे। प्रथम पंचवर्षीय योजना के अनुसार भूधारण (Tenancy) सम्बन्धी सुधार में तीन बातें होनी जरूरी हैं :— (1) लगान की दर में कमी हो, (2) भूमि का पट्टा सुरक्षित हो, (3) किसानों को भूमि खरीदने का अधिकार, हो। लगान के उपज से 1/4 या 1/5 से अधिक न होने की भी सिफारिश की गई है।

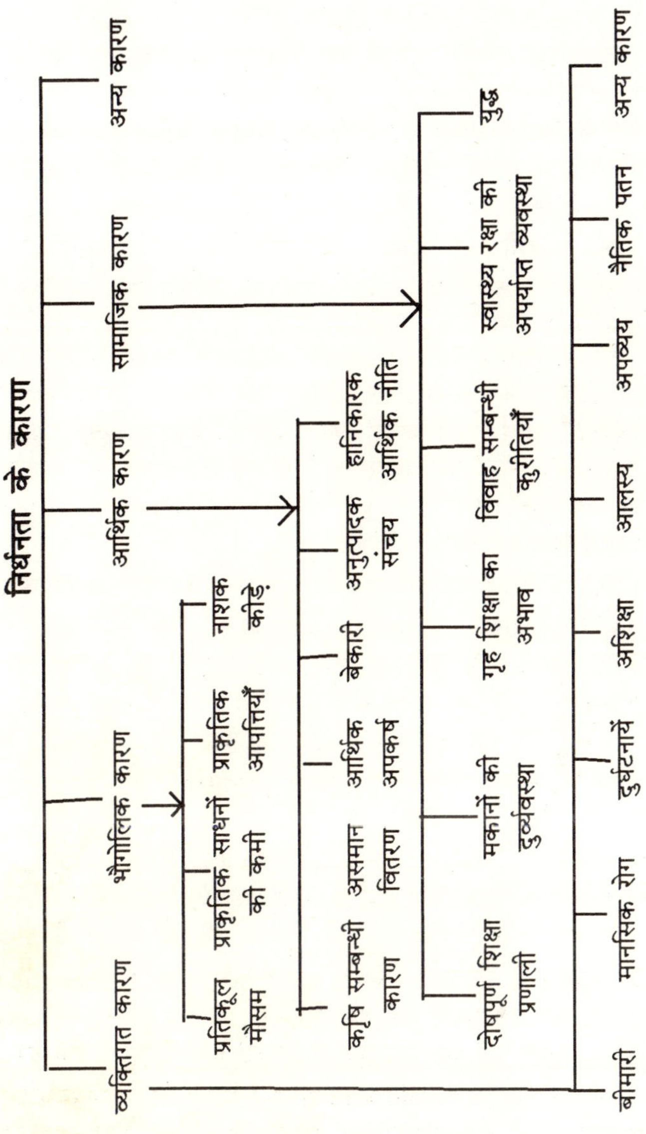
निर्धनता के कारण
व्यक्तिगत कारण
भौगोलिक कारण
आर्थिक कारण
सामाजिक कारण
अन्य कारण
प्रतिकूल मौसम
प्राकृतिक साधनों की कमी
प्राकृतिक आपत्तियाँ
नाशक कीड़े
कृषि सम्बन्धी कारण
असमान वितरण
आर्थिक अपकर्ष
बेकारी
अनुत्पादक संचय
हानिकारक आर्थिक नीति
दोषपूर्ण शिक्षा प्रणाली
मकानों की दुर्व्यवस्था
गृह शिक्षा का अभाव
विवाह सम्बन्धी कुरीतियाँ
स्वास्थ्य रक्षा की अपर्याप्त व्यवस्था
युद्ध
बीमारी
मानसिक रोग
दुर्घटनायें
अशिक्षा
आलस्य
अपव्यय
नैतिक पतन
अन्य कारण

(2) **शक्ति का विकास**—कृषि की उन्नति के साथ-साथ शक्ति का विकास करना भी आवश्यक है क्योंकि उसके बिना उद्योगों का विकास नहीं हो सकता और उद्योगों का विकास किये बिना केवल खेती के सहारे निर्धनता दूर करना असम्भव है। भारत में जल-विद्युत बनाने की सम्भावना बहुत अधिक है।

(3) **छोटे तथा कुटीर उद्योगों का विकास**—भारत की निर्धनता का एक बड़ा कारण अंग्रेजों के जमाने में कुटीर उद्योगों का नष्ट हो जाना भी है। भारत में किसान वर्ष में कई महीने कोई काम नहीं करता। काम के अभाव में अधिकतर लोग मजदूरी या नौकरी की तरफ भागते हैं। अतः छोटे तथा कुटीर उद्योगों के विकास तथा उनके उत्पादन के बेचने का समुचित प्रबन्ध होना आवश्यक है।

(4) **बड़े उद्योगों का विकास**—बड़े उद्योगों का विकास किये बिना छोटे उद्योगों का बढ़ाना भी कठिन हो जाता है। इस्पात, खनिज तेल, यातायात तथा सन्देशवहन के साधन तथा परमाणु शक्ति आदि के विकास के बिना आधुनिक युग में किसी भी देश की आर्थिक उन्नति असम्भव है। इनके अतिरिक्त लोहा, एल्यूमिनियम, सीमेंट, रेयान तन्तु, पैट्रोल, रेल के इन्जन, डीजल गाड़ियाँ, बाइसिकिल, बिजली की मोटरें, रासायनिक पदार्थ, सूती कपड़े, खाद, चीनी, पटसन, मशीनें, जलयान, पेन्सिलीन आदि की वस्तुओं के विकास के लिये बड़े उद्योगों की आवश्यकता है। इनसे राष्ट्रीय आय बढ़ेगी। राष्ट्रीय आय से प्रत्येक व्यक्ति आय बढ़ेगी। प्रति व्यक्ति आय बढ़ने से दरिद्रता दूर होगी।

(5) **शिक्षा**—गरीबी को दूर करने के लिए शिक्षा की बड़ी आवश्यकता है। इसमें भी औद्योगिक प्रशिक्षण (Technical Training) की ओर विशेष रूप में ध्यान देने की आवश्यकता है। इससे उत्पादन बढ़ेगा और निर्धनता दूर होगी।

(6) **बेकारी उन्मूलन**—भारत में निर्धनता का एक बड़ा कारण बेकारी है। यह बेकारी शिक्षित और अशिक्षित सभी लोगों में है। इससे देश की बहुत सी मनुष्य शक्ति व्यर्थ जा रही हैं और गरीबी बढ़ती जाती है। अतः बेकारी उन्मूलन निर्धनता को दूर करने की दिशा में अनिवार्य कदम है।

(7) **सामाजिक बीमा**—निर्धनता का एक बड़ा कारण असहायों, वद्धों, अनाथों और बेरोजगारों का बेसहारा होना है। अधिकतर निर्धनता इन्हीं लोगों में पाई जाती है। सामाजिक बीमा योजना से इनकी निर्धनता दूर की जा सकती है।

(8) **न्यायपूर्ण वितरण**—केवल उत्पादन बढ़ने से ही किसी देश की निर्धनता दूर नहीं की जा सकती जब तक कि राष्ट्रीय आय का न्यायपूर्ण वितरण न किया जाये। सरकार को इस ओर दृढ़ कदम उठाने की आवश्यकता है।

(9) **परिवार नियोजन**—यदि भारत की जनसंख्या इसी प्रकार से बढ़ती रही तो उत्पादन बढ़ने पर भी देश की आर्थिक अवस्था में अधिक सुधार न हो सकेगा भारत की निर्धनता का एक बड़ा कारण तेजी से बढ़ती हुई जनसंख्या है। अतः

परिवार नियोजन (Family Planning) द्वारा जनसंख्या को सन्तुलित करने की आवश्यकता है।

(10) **न्यनतम मजदूरी का निश्चय**—भारत में किसानों के साथ-साथ मजदूरों में भी घोर दरिद्रता है। इसका कारण मालिकों द्वारा उनका शोषण है। वे उनको कम से कम मजदूरी देकर उनसे अधिक से अधिक काम लेने की चेष्टा करते हैं। सरकार को न्यूनतम मजदूरी को निश्चित करके इस शोषण को रोकना चाहिये।

(11) **मद्य निषेद्य**—भारत में निर्धनता का एक कारण मद्यपान है। मद्य-निषेध के लिये सरकारी कानून और सामाजिक प्रचार द्वारा प्रयास होना चाहिये।

(12) **आवास की समुचित व्यवस्था**—भारत के नगरों में हजारों मजदूर रात को फुटपाथ पर जमीन पर सोते हैं। उनके रहने के लिये मकान नहीं हैं। मध्यवर्ग की आय का एक बड़ा भाग मकान के भाड़े के रूप में दे देना पड़ता है। इससे निर्धनता बढ़ती है। अत: रहने की समुचित व्यवस्था होनी आवश्यक है।

निर्धनता को रोकने के उपायों के उपरोक्त वर्णन से यह स्पष्ट होता है कि इसके लिये किसी एक दिशा में काम करना पर्याप्त नहीं होगा, बल्कि सभी दिशाओं में चेष्टा करनी पड़ेगी। हर्ष है कि भारत सरकार इस विषय में प्रयत्नशील है।

अभ्यास के लिये प्रश्न

(1) निर्धनता क्या है? भारत में निर्धनता के कारण बताओ।

(2) भारत में निर्धनता दूर करने के लिये कौन से उपाय किये जाने चाहियें।

18

आवास और गन्दी बस्तियाँ

(Housing and Slums)

औद्योगिक नगरों में गन्दी बस्तियाँ

गन्दी बस्तियों को साफ करने पर नियुक्त परामर्शदाता समिति (The Advisory Committee on Slum Clearance) के अनुसार भारत में औद्योगिक नगरों में 7 प्रतिशत से 60 प्रतिशत तक लोग गन्दी बस्तियों में रहते हैं। अकेले कलकत्ता नगर में 6 लाख जनता गन्दी बस्तियों में रहती है। देश में लगभग 115 लाख श्रमिक गन्दी बस्तियों में रहते हैं। कानपुर में इन्हें अहाता (Ahata), कलकत्ता में बस्ती (Basti), बम्बई में चाल (Chawl), दिल्ली में बस्ती तथा मद्रास में चेरी (Cherry) कहते हैं। देश के विचारवान लोगों ने इन गन्दी बस्तियों की भारी आलोचना की है। परन्तु जैसा कि डॉ० वी० अग्निहोत्री ने सन् 1950 तथा 1954 में कानपुर के अपने सर्वेक्षण में पता लगाया है, इन बस्तियों की दशा में कोई विशेष परिवर्तन नहीं हुआ है।

गन्दी बस्तियों के कारण

औद्योगिक नगरों में गन्दी बस्तियों के होने के मुख्य कारण निम्नलिखित हैं—

(1) **गरीबी**—गन्दी बस्तियों के नरक कुण्ड में कोई भी मनुष्य जान बूझकर नहीं रहना चाहेगा। फिर लाखों श्रमिक इनमें क्यों रहते हैं? इसका कारण उनकी गरीबी है। श्रमिकों की दैनिक आय इतनी कम होती है कि वे अपने आवास पर अधिक पैसा खर्च नहीं कर सकते और मजबूर होकर गन्दी बस्तियों में रहते हैं।

(2) **नगरों में मकानों की कमी**—गन्दी बस्तियों के बसने का दूसरा कारण शहरों में मकानों की भारी कमी है। मकानों की पूर्ति से उनकी माँग बहुत अधिक होने के कारण मकानों के किराये बढ़ जाते हैं। इससे जहाँ एक ओर जमींदारों और श्रमिकों को एक एक कोठरी वाले मकान बनाने की प्रेरणा मिलती है वहाँ श्रमिक भी इन मकानों में बसने को मजबूर हो जाते हैं क्योंकि उनसे अधिक किराये के मकानों में रहने के लिए उनके पास पर्याप्त पैसा नहीं होता।

(3) **शोषण की हृदयहीनता**—इस प्रकार श्रमिकों की गरीबी और जरूरत से लाभ उठाकर इन बस्तियों के मालिक उनको दयनीय दशाओं में रहने को

बाध्य करते हैं। श्रमिकों से किराया लेकर भी इन बस्तियों की सफाई कराना, पुताई कराना, रोशनी का प्रबन्ध कराना आदि वे अपने कर्तव्य नहीं समझते। इस प्रकार वास्तव में गन्दी बस्तियों के बसने का आधार शोषण और हृदयहीनता हैं। बंगाल के गवर्नर श्री केसी ने 1945 में ठीक ही कहा था, "I have been horrified by what I have seen. Human beings cannot allow other human beings to continue to exist under these conditions." अर्थात् ''मैंने जो कुछ देखा है उससे मैं भयभीत हो उठा हूँ। मानव-प्राणी अन्य मानव-प्राणियों को ऐसी अवस्थाओं में रहने नहीं दे सकते।'' इस प्रकार गन्दी बस्तियों का मूल कारण उनके मालिकों की अमानवीयता और हृदयहीनता तथा देशद्रोह है।

(4) नगर नियोजन की कमी— परन्तु गन्दी बस्तियों में विकास का उत्तरदायित्व नगरपालिकाओं पर भी है। यदि वे नगर के विकास सुआयोजित तौर पर होने के लिए कानून बनातीं और एक औसत स्तर से बुरे मकानों को जबर्दस्ती गिरवा देतीं तो औद्योगिक नगरों के काले दाग ये गन्दी बस्तियाँ आज कहीं दिखाई नहीं पड़तीं।

(5) सरकार द्वारा आवश्यक सुधारों का अभाव—अन्त में औद्योगिक नगरों में गन्दी बस्तियों के मौजूद होने की जिम्मेदारी सरकार पर भी कम नहीं है। यदि इन बस्तियों को साफ कराने के लिये उनके मालिकों को बाध्य किया जाये तो ये गन्दी ही क्यों रहें? यदि इस प्रकार शोषण के विरुद्ध कठोर कदम उठाये जायें और नवीन मकानों का तेजी से निर्माण किया जाये तो गन्दी बस्तियाँ साफ हो सकती हैं। हर्ष है कि भारत सरकार धीरे-धीरे इस विषय में समुचित कदम उठा रही है।

गन्दी बस्तियों को हटाने के लिये द्वितीय पंचवर्षीय योजना में 20 करोड़ रुपये की व्यवस्था की गई जिसको बाद में घटाकर 15 करोड़ कर दिया गया। यह निश्चय किया गया कि गन्दी बस्तियों को हटाने के लिए मकान बनवाने में जो रुपया खर्च होगा उसमें केन्द्रीय सरकार सहायता के तौर पर 25% और कर्ज के तौर पर 50 प्रतिशत देगी। यह कर्ज 30 वर्ष में चुकाया जायेगा। इस प्रकार राज्य की सरकारों को केवल 15 प्रतिशत खर्च करना पड़ेगा। The Planning Commission's Working Group on Social Welfare के अनुसार यह गति इतनी मन्द है कि इससे गन्दी बस्तियों के हटाने में 110 वर्ष लग जायेंगे। इस कार्य समूह ने यह सिफारिश की है कि तीसरी योजना में गन्दी बस्तियों को हटाने के लिए 45 करोड़ रुपये की व्यवस्था होनी चाहिये जिसमें से 32 करोड़ केन्द्रीय सरकार दे और 12 करोड़ राज्य सरकारें दें।

केन्द्रीय न्यायमन्त्री श्री ए० के० सेन की अध्यक्षता में नियुक्त गन्दी बस्तियों को हटाने की परामर्शदाता समिति ने यह सुझाव दिया है कि गन्दी बस्तियों को हटाने के कार्यक्रम को नगर विकास कार्यक्रम का ही अंग मान लिया जाना चाहिये और सबसे पहले कलकत्ता, बम्बई, मद्रास, दिल्ली, कानपुर और अहमदाबाद की गन्दी बस्तियाँ हटाई जानी चाहियें।

औद्योगिक आवास

(Industrial Housing)

भारत के नगरों में आवास की समस्या अत्यन्त विकट है। सन् 1921 के बाद से ही नगरीय क्षेत्रों में मकानों की माँग बढ़ती रही है जब कि उसकी पूर्ति नहीं हो सकी। नगरों में लगभग 46 प्रतिशत लोग अपने मकानों में रहते हैं। औद्योगिक श्रमिकों में से अधिकतर निम्न स्तर के आवासों में रहते हैं। चतुर्थ पंचवर्षीय योजना के आरम्भ में नगरीय क्षेत्रों में 1.19 करोड़ आवासों की कमी थी। औसत रूप से प्रति वर्ष देश में लगभग 20 लाख आवासों की माँग उत्पन्न होती है। पाकिस्तान से आये विस्थापितों को बसाने के लिये केन्द्र सरकार ने पहले बड़े पैमाने पर आवास योजनायें आरम्भ कीं। मई 1952 में संघ सरकार का आवास मन्त्रालय स्थापित हुआ। इसके बाद से आवास निर्माण को प्रोत्साहित करने तथा उसके लिये आर्थिक सहायता देने की योजनायें संगठित रूप से चलती रही हैं। सरकार ने व्यक्तियों, सहयोगी संस्थाओं, औद्योगिक सेवायोजकों तथा स्थानीय समितियों आदि को आवास के लिये आर्थिक सहायता प्रदान की है।

आवास बोर्डों का संगठन

आन्ध्र प्रदेश, बिहार, गुजरात, हरियाणा, हिमाचल प्रदेश, केरल, मध्य प्रदेश, महाराष्ट्र, मैसूर, उड़ीसा, राजस्थान, तमिलनाडु, उत्तर प्रदेश, गोवा, दमन और दीव, आसाम, पंजाब और पांडिचेरी में आवास के विकास के लिये आवास बोर्ड (Housing Boards) स्थापित किये गये हैं। इसके अतिरिक्त सरकार मकानों के निर्माण पर खर्च को नियन्त्रित और नीचा रखने के लिये बराबर प्रयत्नशील रही है। निर्माण में प्रयोग होने वाली वस्तुओं को उचित मूल्य पर उपलब्ध कराने का भी प्रयास किया गया है।

निजी क्षेत्र में प्रोत्साहन

सार्वजनिक क्षेत्र के अतिरिक्त निजी क्षेत्र में भी मिल मालिकों, बगीचे के मालिकों तथा अन्य सेवायोजकों ने अपने कर्मचारियों के लिये आवास की बेहतर दशायें उपलब्ध कराने का प्रयास किया है। किन्तु यह पर्याप्त नहीं सिद्ध हुआ है। आन्ध्र प्रदेश, मैसूर, तमिलनाडु, महाराष्ट्र और उत्तर प्रदेश में मध्यम और निम्न आय के समूहों के लिए सीमित रूप में आवास जुटाने के लिए सहकारी आवास समितियाँ बनायी गई हैं। भारत जीवन बीमा निगम की ओर से भी मकान बनाने वालों को कर्ज की सुविधा दी जाती है।

आवास और नगरीय विकास निगम

अप्रैल 1970 में एक सरकारी कम्पनी के रूप में आवास और नगरीय विकास निगम (Housing and Urban Development Corporation) का निर्माण किया गया। इसके लिए जीवन बीमा निगम, यूनिट ट्रस्ट ऑफ इण्डिया और बैंकों से उधार लिए धन के अतिरिक्त सरकार की ओर से 200 करोड़ रुपये की निधि का प्रबन्ध किया

गया। यह निगम राज्य सरकारों, राज्य बोर्डों तथा नगरीय प्रबन्ध समितियों को आवास निर्माण के लिए रुपया उधार देती है।

नगरीय सम्पत्ति पर सीमाबन्दी (Ceiling)

एक कांफ्रेस ने नगरीय क्षेत्र में अचल सम्पत्ति पर सीमा लगाने के विषय में केन्द्रीय कानून बनाने का सुझाव दिया। 9 जनवरी, 1972 को केन्द्र सरकार ने आवास मंत्रालय के सचिव श्री पी० सी० मैथ्यू की अध्यक्षता में 11 सदस्यों की समिति बनायी। इसका उद्देश्य नगरीय सम्पत्ति को सीमित करने के विधेयक के विषय में राज्य सरकारों के उत्तरों की जाँच करके उसमें संशोधन तथा परिवर्तन सम्बन्धी सुझाव देना था। 15 अप्रैल, 1972 को इस समिति ने सरकार को अपनी रिपोर्ट दे दी। इसके बाद से विभिन्न राज्य सरकारों ने अपने क्षेत्रों में नगरी सम्पत्ति की सीमा निश्चित करने के विषय में अधिनियम बनाने की ओर कदम उठाये हैं।

भवन निर्माण सामग्री की उपलब्धि

भारत सरकार ने उपरोक्त योजनाओं के अतिरिक्त भवन निर्माण की सामग्री उपलब्ध कराने के लिये भी अनेक योजनायें बनायी हैं। नई दिल्ली में स्थापित हिन्दुस्तान हाउसिंग फैक्ट्री व्यक्तिगत मकान बनाने वालों और भवन निर्माण की ऐजेन्सियों के लिये कुछ स्टैंडर्ड सामान बनाती है जैसे सीमेंट, कंकरीट का सामान, तरह-तरह के ब्लाक, फर्नीचर और लकड़ी का सामान इत्यादि। नेशलन बिल्डिंग कंस्ट्रक्शन कारपोरेशन सरकार और अन्य ऐजेन्सियों की ओर से भवन निर्माण का कार्य करती है। इसके पास अपना एक ईंट बनाने का यान्त्रिक कारखाना भी है।

राष्ट्रीय भवन संगठन

1954 में भवन निर्माण कला और तकनीक में विकास करने के लिये तथा निर्माण के व्यय को कम करने के लिये नेशनल बिल्डिंग आर्गनाईजेशन (National Building Organisation)) की स्थापना हुई। यह संस्था भवन निर्माण के विभिन्न पहलुओं जैसे विनियोग, वित्त, कर, किराये पर नियन्त्रण, भूमि के मूल्यों में वृद्धि इत्यादि पर अनुसंधान करती है। बंगलौर, कलकत्ता, आनन्द, चंडीगढ़ और नई देहली में इसके 5 क्षेत्रीय दफ्तर हैं। निर्माण भवन नई देहली में इस संस्था की एक स्थायी निर्माण प्रदर्शनी भी है जहाँ पर भवन निर्माण की नई-नई सामग्रियों और विधियों का प्रदर्शन किया जाता है। इस नुमायश में छोटे आकार के प्लाटों के लिये उपयुक्त मकानों के नक्शे भी मिलते हैं। इस संस्था के पास एक अच्छा पुस्तकालय और फिल्मी लायब्रेरी भी है। इसके अतिरिक्त यह अनेक प्रकाशनों, प्रशिक्षण पाठ्यक्रमों और सिम्पोजिया के द्वारा भी नई सामग्रियों और भवन निर्माण की नई प्रणालियों के विषय में सूचनायें प्रदान करती है। यह संस्था प्रयोगात्मक योजनाओं में निर्माण के व्यय का तीन चौथाई व्यय सरकारी समितियों को प्रदान करती है। यह संस्था संयुक्त राष्ट्र संघ के क्षेत्रीय आवास केन्द्र के रूप में भी काम करती है।

उपरोक्त योजनाओं से स्पष्ट मालूम पड़ता है कि भारत सरकार नगरों की भीड़ कम करने के लिये बराबर प्रयत्नशील है। उपरोक्त आँकड़ों में गन्दी बस्तियों को हटाने की योजनायें, भंगियों के मकान बनाने की योजनायें, अल्प आय वाले लोगों के लिये आवास योजनायें तथा औद्योगिक निवास योजना नगरों की भीड़-भाड़ को अवश्य कम करेंगी, परन्तु नगरों की बढ़ती आबादी को देखते हुये ये प्रयत्न नितान्त अपर्याप्त हैं। भारत सरकार के प्रयत्नों से समस्या का सन्तोषजनक सुलझाव नहीं हुआ है। नगरों में मकानों के किराये बराबर बढ़ते जा रहे हैं, गन्दी बस्तियों में कोई सन्तोषजनक कमी नहीं हुई है। बड़े नगरों की भीड़-भाड़ बढ़ती ही जाती है।

पंचवर्षीय योजनाओं में भारत सरकार ने सभी प्रकार के आवास बनाने के कार्यक्रमों का विस्तार करने का निश्चय किया है। आवास वित्त निगमों (Housing Finance Corporation) द्वारा मकान बनाने के लिये भी ऋण दिया जायेगा। आशा है कि इन प्रयत्नों से तथा राज्य सरकारों, सेवायोजकों, नगरपालिकाओं और स्वयं जनता के सहयोग से भविष्य में नगरों की भीड़भाड़ कम हो सकेगी।

नगरों की भीड़ भाड़ की समस्या को सुलझाने के सुझाव

अन्त में नगरों में भीड़ भाड़ की समस्याओं को सुलझाने के लिये सुझाव निम्नलिखित हैं–

(1) नगरों में नये बनने वाले मकान नगर नियोजन (Town Planning) की रूप-रेखा के अनुसार बनाये जाने चाहियें। पिछले बने नगरों में नगर नियोजन की रूप-रेखा के अनुसार परिवर्तन होने चाहियें।

(2) कारखाने नगर के बाहर बनाये जायें और श्रमिकों के मकान भी कारखानों के पास बनाये जायें। उनकी आत्वश्यकता की वस्तुयें सहकारी समितियों के द्वारा वहीं सुलभ होनी चाहियें। कारखानों से शहर तक पक्की सड़कें बनायी जायें।

(3) श्रमिकों के आवास का प्रबन्ध करना मिल मालिकों के लिए अनिवार्य कर दिया जाये और सरकार आवश्यक सहायता दे।

(4) नई-नई बस्तियाँ बसाकर नगरों को बढ़ाया जाये और मध्य वर्ग तथा निम्न आय के व्यक्तियों को सरकारी सहायता देकर निजी मकान बनाने को प्रोत्साहित किया जाये।

(5) नगरपालिकायें मकानों के बारे में नमूना निश्चित करें और उनमें नक्शा पास कराये बिना किसी को मकान न बनाने दिया जाये। नियम भंग करने पर मकान गिरा दिये जायें।

(6) मकानों की तकनीक (Techniques) उन्नत की जाये और सुधार किये जायें।

नगर नियोजन
(Urban Planning)

नगर और ग्राम आयोजन संगठन

शहरी क्षेत्रों के विकास को तेज करने के लिए केन्द्रीय निर्माण और आवास मंत्रालय का नगर और ग्राम आयोजन संगठन राज्य सरकारों को उनके नगर और ग्राम आयोजन विभागों को व्यवस्थित करने, शहरों और क्षेत्रों के विकास कार्यक्रमों को तैयार करने, नगर और ग्राम आयोजन के लिए व्यापक कानून बनाने, नगर आयोजन परियोजनाओं की प्रगति का मूल्याँकन करने, यातायात और परिवहन योजनाओं तथा सुन्दर प्राकृतिक दृश्य संबंधी योजनाओं को तैयार करने में मदद देता है। यह संगठन अन्तर्राज्य क्षेत्रीय योजनाओं और पिछड़े क्षेत्रों की विकास योजनाओं के निर्माण से भी सम्बद्ध है।

शहरी भूमि का समाजीकरण

20-सूत्री आर्थिक कार्यक्रम के अनुसार शहरी तथा शहरी बनाई जा सकने वाली भूमि के समाजीकरण के लिए शहरी भूमि (सीमा तथा नियमन) अधिनियम फरवरी 1976 से लागू हुआ। इस अधिनियम के द्वारा खाली पड़ी शहरी भूमि की मिलकियत की सीमा निर्धारित कर दी गई। शहरी समूह के आकार के अनुसार बनाई गयी श्रेणियों के अनुसार यह सीमा 500 वर्ग मीटर से 2,000 वर्ग मीटर तक हैं। इस अधिनियम से सरकार को यह भी शक्ति मिलती है कि वह निर्धारित सीमा से अधिक भूमि अधिकार में ले ले, उसके लिये दिया जाने वाला मुआवजा निर्धारित करे तथा जिन इमारतों के बनाने का सुझाव है उसके स्तंभपीठ क्षेत्र की भी सीमा निर्धारत करे।

महत्वपूर्ण कार्यक्रम

जिन महत्वपूर्ण कार्यक्रमों पर इस समय कार्य चालू है उनमें दिल्ली के इर्द-गिर्द क्रियान्वित हो रही राष्ट्रीय राजधानी क्षेत्र योजना है। इस योजना के अन्तर्गत दिल्ली, हरियाणा, राजस्थान तथा उत्तर प्रदेश के भागों का लगभग 30,000 वर्ग किलोमीटर क्षेत्र आता है। इस योजना के अन्तर्गत आने वाले समूचे क्षेत्र में पेय जल, जलमल निकास, बिजली, सामुदायिक सुविधाओं और सेवाओं का समन्वित क्षेत्रीय विकास कार्यक्रम लागू करने की व्यवस्था है।

जिस क्षेत्र के अन्तर्गत बिहार, मध्य प्रदेश, उड़ीसा और पश्चिम बंगाल के भाग आते हैं, वहाँ भी कार्य चालू है।

योजना आयोग के महानगर परिवहन दल ने दिल्ली के शहरी क्षेत्र के लिए व्यापक और तीव्र पारगमन प्रणाली का जाल बिछाने के कार्यक्रम की रूपरेखा निर्धारित की है। महानगर परिवहन परियोजना (रेलवे) की ओर से इस प्रणाली के सम्बन्ध में तकनीकी, आर्थिक और इन्जीनियरी संभाव्यता के अध्ययन किए जा रहे

हैं। इस प्रणाली के लिये यातायात अध्ययन, नगर और ग्राम आयोजन संगठन कर रहा है।

महानगरों का विकास

महानगरों और राष्ट्रीय महत्व के क्षेत्रों के विकास के लिए पांचवी पंचवर्षीय योजना में एक नयी योजना शामिल की गई है। इस योजना के अन्तर्गत केन्द्रीय सरकार राज्य सरकारों द्वारा उपर्युक्त दिशा में किए जा रहे प्रयासों में सहायता देती है। तमिलनाडु और पं० बंगाल सरकारों को उनके मुख्य शहरों के समेकित विकास के लिए किए गए निवेश की अनुपूर्ति तथा मध्य प्रदेश एवं पंजाब सरकारों को भोपाल, इन्दौर एवं लुधियाना शहरों के समेकित विकास के लिए किए गए निवेश की पूर्ति के लिये ऋण सहायता के रूप में दी गई। दिल्ली के क्षेत्र में तथा पर्यावरणियक डिजाइन को बनाये रखने, सुधारने तथा उसके सौन्दर्य को बनाये रखने के लिये दिल्ली में शहरी कला निगम बनाया गया है।

गंदी बस्तियों की सफाई और सुधार योजना

गन्दी बस्तियों की सफाई और सुधार योजना एक केन्द्र प्रेरित कार्यक्रम के रूप में 1956 में चालू की गई थी। इसके अन्तर्गत गन्दी बस्तियों की सफाई और सुधार तथा गन्दी बस्तियों के ऐसे निवासियों को जिनकी आय 350 रु० से अधिक नहीं है, स्वच्छ क्षेत्रों में मकान देने के लिए राज्यों और केन्द्र शासित प्रदेशों को वित्तीय सहायता दी जाती थी। 1 अप्रैल, 1969 से यह योजना राज्य सरकारों को सौंप दी गई।

गन्दी बस्तियों के वातावरण का सुधार

गंदी बस्तियों के वातावरण को सुधारने के लिए गंदी बस्ती वातावरण सुधार केन्द्रीय योजना कहलाने वाला एक कार्यक्रम 1972 में 10 शहरों में यानी अहमदाबाद, बम्बई, बंगलौर, दिल्ली, हैदराबाद, कानपुर, लखनऊ, मद्रास, नागपुर, और पुणे में शुरू किया गया। 1973-74 के दौरान 10 और शहर अर्थात् कलकत्ता, कोचीन, कटक, गौहाटी, इन्दौर, जयपुर, लुधियाना, पटना, रोहतक और श्रीनगर इस कार्यक्रम के अन्तर्गत आ गए। कलकत्ता की बस्ती सुधार योजना भी इस कार्यक्रम का अंग बना दी गई। गन्दी बस्तियों में पीने के पानी की व्यवस्था करने, जलमल निकास प्रबन्ध करने, गुसलखाने और शौचालय बनाने, सड़कों पर रोशनी का इन्तजाम करने और मौजूदा गलियों को चौड़ा और पक्का करने के लिए सम्बद्ध राज्य सरकारों को पूरी वित्तीय सहायता दी गई।

1 अप्रैल, 1974 से यह योजना केन्द्रीय क्षेत्र से हटाकर राज्य क्षेत्र के अन्तर्गत कर दी गयी है और राज्य सरकारों को इसे एक न्यूनतम आवश्यकता कार्यक्रम के रूप में लागू करना है।

झुग्गी-झोपड़ी हटाने की योजना

झुग्गी-झोंपड़ी हटाने की योजना का उद्देश्य उन लोगों के लिए वैकल्पिक आवास की व्यवस्था करना है, जिन्होंने दिल्ली और नई दिल्ली में सरकारी और सार्वजनिक भूमि पर कब्जा कर रखा है।

दिल्ली भूमि अधिग्रहण

दिल्ली में बड़े पैमाने पर भूमि का अधिग्रहण, विकास और निपटान करने की योजना लागू है।

अभ्यास के लिए प्रश्न

प्रश्न 1. गन्दी बस्तियों पर एक निबन्ध लिखिए।

प्रश्न 2. संक्षिप्त टिप्पणी लिखो—

नगर नियोजन।

19

मद्यपान और नशाखोरी
(Alcoholism and Drug Addiction)

यद्यपि मद्यपान सदैव व्यक्तिगत विघटन नहीं करता, परन्तु फिर भी मद्यपान व्यक्तिगत विघटन का एक बड़ा कारण माना जाता है। मजदूर वर्ग में मद्यपान से अनेक सामाजिक और आर्थिक समस्यायें उत्पन्न होती हैं। अत्यधिक मद्यपान से व्यक्ति को भले-बुरे की तमीज नहीं रहती और वह अनेक अनुचित काम कर गुजरता है। मद्यपान से व्यक्ति अनियन्त्रित हो जाता है। इस प्रकार मद्यपान सामाजिक विघटन भी उत्पन्न करता है। भारतवर्ष में निर्धन लोगों में मद्यपान उनकी दशा को और भी गिरी रखता है। इस प्रकार मद्यपान निर्धनता बढ़ाता है और उससे राष्ट्रीय सम्पत्ति का अपव्यय होता है। मद्यपान पारिवारिक विघटन का एक बड़ा कारण है। विशेषतया स्त्री और बच्चों पर उसका बहुत बुरा प्रभाव पड़ता है।

मद्यपान के रूप

मद्यपान करने वाले लोगों में कुछ तो मानसिक विकारों के कारण मद्यपान करते हैं, परन्तु बहुत से लोग ऐसे हैं जो मानसिक रूप से स्वस्थ रहते हुए भी मद्यपान की आदत डाल लेते हैं। मद्यमान के विभिन्न रूप निम्नलिखित हैं–

(1) **प्रातः मद्यपान**–कुछ बीमारियों की दशा को छोड़कर यह सदैव हानिकारक है।

(2) **पलायन मद्यपान** (Escape Drink)–कुछ लोग अपने दुःखों या परेशानियों को भूल जाने के लिये अथवा भगाने के लिए मद्यपान करते हैं। निर्धन और शोषित लोगों में इस तरह का मद्यपान बहुत पाया जाता है। स्थायी रूप से कुछ सन्तोष देते हुये भी इस तरह मद्यमान व्यक्तित्व को असन्तुलित बनाता है।

(3) **आदत के अनुसार मद्यपान**–प्रारम्भ में मद्यपान चाहे किसी भी कारण से किया जाये, क्रमशः वह एक आदत बन जाता है। मद्य की मात्रा भी धीरे-धीरे बढ़ती जाती है। इस प्रकार का मद्यपान रोकने में बड़ी कठिनता होती है, चाहे उससे व्यक्ति को कितनी भी हानि क्यों न होती हो।

भारतवर्ष में लगभग सभी राज्यों में किसी न किसी रूप में मद्यपान पाया जाता है। केवल नगरों में ही नहीं बल्कि गाँवों में भी तरह-तरह के नशे का प्रयोग काफी प्रचलित है। केवल शराब ही नहीं पी जाती, बल्कि गाँजा, चरस, भाँग आदि का भी खूब प्रयोग किया जाता है। मद्यपान के साथ-साथ मद्यपान सम्बन्धी अपराध भी अत्यधिक पाये जाते हैं।

मद्यपान से हानियाँ

मद्यपान या नशाखोरी किसी भी विकासमान अथवा उन्नत व्यक्ति अथवा समाज के लिये भौतिक, मानसिक तथा आध्यात्मिक सभी दृष्टिकोण से हानिकारक है। भारत एक विकासमान देश है। अभी देश की आर्थिक स्थिति बड़ी पिछड़ी हुई है। अतः यहाँ तो नशा एक भयंकर अभिशाप के समान है जिसके छूटे बिना देश की वास्तविक उन्नति नहीं हो सकती। नशाखोरी से कुछ मुख्य हानियाँ निम्नलिखित हैं—

(1) राष्ट्रीय सम्पत्ति का अपव्यय—अनुमान किया जाता है कि भारत में नशा निषेध से क्रय शक्ति 140 करोड़ रुपये तक बढ़ जायेगी जिनमें से 94 करोड़ रुपये उपयोगी और उत्पादक कामों में लगाये जा सकेंगे। स्पष्ट है कि मद्यपान से राष्ट्रीय आय का कितना भयंकर अपव्यय हो रहा है।

(2) स्वास्थ्य का निम्न स्तर—मद्यपान से सार्वजनिक स्वास्थ्य का स्तर गिर जाता है, क्योंकि मद्य से व्यक्तियों को शारीरिक हानि पहुँचती है और मद्य से पैसा बर्बाद हो जाने के बाद उनके पास पौष्टिक भोजन के लिए पर्याप्त पैसा नहीं बचता।

(3) कार्य कुशलता में कमी—मद्यमान से स्वास्थ्य का स्तर नीचा होता है। अतः उससे कार्य कुशलता में कमी आना भी अवश्यम्भावी है। कार्यकुशलता के लिये मेहनत, दृढ़ संकल्प, सावधानी आदि जिन गुणों की आवश्यकता है वे नशा करने वालों में बहुत कम दिखाई पड़ते हैं।

(4) निर्धनता में वृद्धि—भारतवर्ष में किसान, श्रमिक आदि अत्यन्त निर्धन हैं और दुर्भाग्य से नशे का दुर्व्यसन भी इन्हीं में सबसे अधिक है। इस प्रकार मद्यपान देश में निर्धनों को और भी निर्धन बनाता है।

(5) मानसिक असंतुलन—नशे की दशा में मानसिक सन्तुलन नहीं रहता। नशे से उत्पन्न रोगों से भी व्यक्ति का मानसिक सन्तुलन बिगड़ता रहता है। नशे के परिणामस्वरूप कार्यकुशलता आदि में कमी और गरीबी के बढ़ने से मानसिक संतुलन कम होता है।

(6) व्यक्तिगत विघटन—स्वास्थ्य और कार्यकुशलता का निम्न स्तर, निर्धनता, मानसिक असन्तुलन आदि मिलकर नशा करने वाले व्यक्तियों के विघटन के कारण होते हैं। शराबी आदमी कर्तव्य-अकर्तव्य का विवेक खो बैठता है। अफीमची में संकल्प शक्ति नहीं रहती।

(7) पारिवारिक विघटन—व्यक्तिगत विघटन होने पर विशेषतः जबकि वह परिवार के मुखिया और कमाने वाले पुरुष में हो, परिवार का विघटन (Family Disoraganisation) अनिवार्य है। जिस परिवार में मुखिया का सम्मान न रह जाये जहाँ खाने-पीने और जीवन की आवश्यकताओं की भी तंगी हो उसमें परिवार का सुख कैसे रह सकता है? नशेबाज लोग न स्त्री का सम्मान करते हैं और न बाल-बच्चों की परवाह करते हैं। अतः बालक-बालिकायें अपराध की राह पर चल देते हैं और पूरा परिवार विघटित हो जाता है।

(8) अपराध में वृद्धि—इस प्रकार नशाखोरी से देश में अपराध और किशोरापराध बढ़ते हैं, अनैतिकता, व्यभिचार, वेश्यागमन, कत्ल, मारपीट आदि में वृद्धि होती है।

(9) सामाजिक विघटन—उपरोक्त परिणामों से सामाजिक विघटन बढ़ता है। जिस समाज में व्यक्ति और परिवार विघटित हों वह संगठित रह ही कैसे सकता है?

मद्य-निषेध
(Prohibition)

मद्य-निषेध का अर्थ

मद्य अथवा नशे का अर्थ उन वस्तुओं से है जिनके सेवन से कृत्रिम उत्तेजना अथवा कृत्रिम अचेतना अथवा न्यून चेतनता की स्थिति उत्पन्न हो। उदाहरण के लिये शराब पीने से कृत्रिम उत्तेजना आती है, अफीम खाने से अचेतनता आती है, भाँग का सेवन करने से चेतना कम होती है। ये सब प्रभाव कृत्रिम रूप से उत्पन्न किये जाते हैं अतः इनकी प्रतिक्रिया शरीर के स्वास्थ्य के लिये हानिकारक होती है। नशे की दशा में व्यक्ति बौद्धिक विवेक खो बैठता है और बहुत से ऐसे काम कर बैठता है जो उचित नहीं हैं। अत्यधिक नशे से शरीर को स्थायी हानि होती है। अतः प्रगतिशील राज्यों में राज्य की ओर से नशे पर रोक लगा दी जाती है। यही रोक नशा-निषेध कहलाता है। परन्तु यह रोक पत्थर की लकीर नहीं है। यदि किसी नशीली वस्तु का किसी मात्रा में सेवन किसी व्यक्ति के लिये औषधि के रूप में आवश्यक है तो नशा निषेध में उस पर रोकथाम नहीं की जाती। इस प्रकार मद्य-निषेध एक गतिशील प्रत्यय है जो कि देश, काल तथा व्यक्ति विशेष की परिस्थितियों के अनुसार बदल सकता है। ठण्डे देशों में मद्य-निषेध हूबहू उसी रूप में लागू नहीं किया जा सकता जिस रूप में गर्म देशों में किया जाता है। मद्य-निषेध का अर्थ केवल नशे की वस्तुओं के सेवन पर रोक लगाना ही नहीं है। उसमें नशे की वस्तुओं के बनाने तथा बेचने पर भी रोक लगाई जाती है। सरकारी लाइसेन्स के बिना कोई व्यक्ति न तो नशे की वस्तुओं को बना सकता है और न बेच सकता है। नशा-निषेध पूर्ण भी हो सकता है और आंशिक भी। पूर्ण नशा-निषेध में सब प्रकार के नशे पर सब कहीं सेवन करने, बनाने और बेचने पर पूरी तरह रोक होती

है, आंशिक निषेध में केवल कुछ इनी-गिनी नशीली चीजों पर रोक होती है। निषेध स्थायी हो सकता है और अस्थायी भी हो सकता है। भारतवर्ष में कुछ राज्यों में पूर्ण नशा-निषेध है और कुछ में आंशिक नशा-निषेध है।

मद्य-निषेध से जनता को लाभ

मद्य-निषेध के विरोधियों का कहना है कि यह जनता के लिए लाभदायक नहीं है, क्योंकि नशा करने वालों को इससे कोई अन्तर नहीं पड़ता और नशा करने वाले नशे के बिना न रह सकने के कारण तलब उठने पर और भी हानिकारक उपाय अपनाते हैं जैसे शराब पीने वाला शराब न मिलने पर स्प्रिट ही पीने लगता है जिससे और भी भयंकर हानि होती है। दूसरे, मद्य-निषेध से सरकार की आय का एक अच्छा खासा साधन बन्द हो जाता है और मद्य-निषेध को लागू करने के लिये अतिरिक्त कर्मचारियों पर अलग पैसा खर्च करना पड़ता है। इसके अतिरिक्त मद्य-निषेध से जो काम पहले खुले आम होता था वही छिपकर होने लगता है अर्थात् गैर कानूनी रूप से शराब बनाना, बेचना आदि अपराध बढ़ जाते हैं। परन्तु वास्तव में मद्य-निषेध से होने वाले लाभों के सामने मद्य-निषेध के विरोधी ये तर्क नितान्त नगण्य मालूम पड़ते हैं। मद्य-निषेध से जनता को निम्नलिखित लाभ हैं—

(1) **आर्थिक बचत**—मद्य-निषेध का सबसे प्रत्यक्ष लाभ मद्य में व्यर्थ व्यय होने वाले पैसे की बचत है। मद्य-निषेध समिति ने अनुमान लगाया है कि 1945-46 में मद्रास राज्य में नशे की वस्तुओं पर प्रति व्यक्ति 108 रु० खर्च किया गया, जबकि औसत राष्ट्रीय आय 265 रु० थी। इस प्रकार आय का लगभग 40 प्रतिशत मद्य पर नष्ट होता था। मद्य-निषेध से यह पैसा बच जायेगा और शिक्षा, वस्त्र, पौष्टिक भोजन आदि किसी अच्छे काम में लग सकेगा।

(2) **निर्धनों के लिये वरदान**—इस प्रकार निर्धनों के लिए मद्य-निषेध वरदान के समान है। देखा गया है कि श्रमिक और निम्न स्तर के लोगों में मद्य का बड़ा प्रचार होता है। इससे जहाँ उनका स्वास्थ्य और कुशलता कम होती है वहाँ निर्धनता और भी बढ़ती है। स्त्री-बच्चों के भोजन वस्त्र से छीनकर ये लोग जो पैसा नशे में फूँकते हैं, उनकी बचत उनके परिवार के लिए वरदान के समान है। महाराष्ट्र राज्य की मद्य-निषेध जाँच की रिपोर्ट से यह बात भली प्रकार स्पष्ट होती है। कमेटी ने लिखा है कि, "शराब तथा अन्य नशीली वस्तुओं के न मिलने के कारण जो मजदूरों का रुपया बच जाता है उसके अच्छे परिणाम निकल रहे हैं। उस बचे हुये रुपये से मजदूर अपना कर्ज चुकाता है, मकान की मरम्मत करवाता है और मिट्टी के बर्तनों की जगह ताँबे और पीतल के बर्तन खरीदता है। जो अब तक नशा करते थे, वे नशा छोड़ने के बाद उत्तम भोजन पर पैसा खर्च कर रहे हैं, अच्छे कपड़े पहनने लगे हैं, परिवार में स्त्रियों के लिए जेवर बनवाने लगे हैं, बच्चों के लिए खिलौने लाते हैं और उनकी शिक्षा की व्यवस्था करते हैं।" इस प्रकार श्रमिक वर्ग के लिए मद्य-निषेध बड़ा लाभदायक सिद्ध हुआ है। भारतवर्ष में केवल श्रमिकों में ही नहीं बल्कि किसानों में भी मद्य का बड़ा प्रचार था जिससे इन दोनों वर्गों की आर्थिक

और सामाजिक दशा अत्यधिक हीन थी। मद्य-निषेध से किसानों की दशा भी सुधर गई है। मद्य-निषेध जाँच समिति (Prohibition Enquiry Committee) के शब्दों में, "जो किसान अब तक खेतों से नाता तोड़ बैठे थे, वे अब खेती के लिए नये औजार, नये हल बैल खरीद रहे हैं और खेती की उन्नति हो रही है।"

(3) सार्वजनिक स्वास्थ्य में सुधार—नशा करने से स्वास्थ्य का स्तर नीचे गिरता है और तरह-तरह की घातक बीमारियाँ उत्पन्न होती हैं जिससे लोग अकाल में ही काल कवलित हो जाते हैं। मद्य-निषेध से सार्वजनिक स्वास्थ्य का स्तर ऊँचा उठेगा और रोग कम होंगे तथा जीवन की अवधि भी बढ़ेगी।

(4) सार्वजनिक कार्य कुशलता में वृद्धि—नशा करने से कार्यकुशलता कम होती है क्योंकि एक तो स्वास्थ्य खराब होता है, दूसरे चरित्र भ्रष्ट होता है। नशेबाज लोग कमजोर और मेहनत से जी चुराने वाले बन जाते हैं। मद्य-निषेध से श्रमिकों और किसानों की ही नहीं बल्कि मानसिक काम करने वालों की भी कार्य-कुशलता बढ़ेगी जिससे देश में उत्पादन बढ़ेगा, राष्ट्रीय आय बढ़ेगी और सभी का जीवन स्तर ऊँचा उठेगा।

(5) पारिवारिक सुख में वृद्धि—नशा पारिवारिक विघटन का एक कारण है। एक तो नशेबाज व्यक्ति अपनी सन्तान को सही रास्ते पर नहीं रख सकता क्योंकि उसका अपना उदाहरण उन्हें बर्बाद करता है तथा वे दिल में उसका आदर नहीं करते। दूसरे, नशे में पैसा बर्बाद करने के कारण वह अपने स्त्री व बच्चों की आवश्यकताओं की ओर ध्यान नहीं देता बल्कि स्त्री के कपड़े, जेवर और बालकों की शिक्षा-दीक्षा तथा पौष्टिक भोजन तक से पैसा खींचकर नशे में व्यय करता है। नशेबाज पुरुष स्त्रियों पर नाना प्रकार के अत्याचार भी करने लगते हैं। शराब आदि ने सैकड़ों समृद्ध परिवारों की सुख-शान्ति नष्ट कर दी है और निर्धन परिवारों को नर्क के समान बना दिया है। मद्य-निषेध से परिवार की यह अशान्ति समाप्त होगी और पारिवारिक सुख बढ़ेगा।

(6) स्त्रियों की दशा में सुधार—जिन परिवारों में पुरुष शराब आदि नशों में फँस जाते हैं उनकी स्त्रियों को केवल अभाव ही नहीं बल्कि अपमान तथा मार भी सहन करनी पड़ती है। इससे उनकी दशा पशु के समान हो जाती है। नशेबाज की पत्नी से अधिक अभागी और दयनीय स्त्री की कल्पना नहीं की जा सकती। वह उसके जेवर ही नहीं बेचता बल्कि तनिक सा भी मुँह खोलने पर लात घूँसों से उसको मारता भी है। स्त्रियों को इस जीवित नर्क से छुटकारा दिलवाना ही मद्य-निषेध से इतना बड़ा लाभ है कि कोई भी समझदार व्यक्ति उसका विरोध नहीं कर सकता।

(7) भावी पीढ़ी की रक्षा—नशा केवल नशा करने वाले को ही बर्बाद नहीं करता बल्कि भावी पीढ़ी के सम्यक् विकास पर भी कुठाराघात करता है। अपराधशास्त्रियों ने पता लगाया है कि अपराधी बालकों, लड़के और लड़कियों में से एक बड़ी संख्या में शराबी माता-पिता की सन्तान होते हैं। मनोवैज्ञानिकों ने इस

बात पर जोर दिया है कि माता-पिता बालक के सामने आदर्श के समान होते हैं और बालक उनसे तादात्म्य करके उन्हीं के कामों का अनुसरण करता है, तब फिर एक नशेबाज पिता के सन्तान का चरित्र अच्छे होने की आशा ही क्या की जा सकती है? नशा निषेध से भावी पीढ़ी की रक्षा होगी, उसका अच्छी तरह पालन-पोषण हो सकेगा, उसको माता-पिता का प्यार मिल सकेगा, उनको पारिवारिक सुख मिल सकेगा और उनके सामने अच्छे आदर्श उपस्थित होंगे।

(8) व्यक्तिगत विघटन की रक्षा—नशा व्यक्तिगत विघटन का एक विशेष कारण है। नशे से व्यक्ति का जीवन असन्तुलित और विघटित हो जाता है। मद्य-निषेध से व्यक्तिगत विघटन कम होगा। इससे सामाजिक विघटन भी कम होगा। नशाबन्दी से व्यक्ति की सामाजिक, आर्थिक दशा में सुधार होगा। उनका सुख बढ़ेगा और साथ ही सम्मान की भी वृद्धि होगी।

(9) अपराधों में कमी—नशा बहुत से अपराधों का कारण है। अपराधियों में एक बड़ी संख्या नशेबाजों की होती है। जैसा कि टाल्सटाय ने लिखा है, "देखा जाता है कि अनेक अपराधी अपराध करने से पहले सिग्रेट पीते हैं। व्यभिचारियों में बड़ी संख्या में शराबी और नशेबाज लोग होते हैं। नशे की हालत में व्यक्ति अपना मानसिक सन्तुलन खो बैठता है और पशु के समान जघन्य से जघन्य अपराध करने से भी नहीं हिचकता।" अतः मद्य-निषेध से अपराधों की संख्या कम होगी, व्यभिचार घटेगा और सबसे अधिक नृशंसता कम होगी।

(10) ऋणग्रस्तता में कमी—भारत में निम्न-वर्ग में ऋणग्रस्तता का एक बड़ा कारण नशा भी है। शराब की लत पड़ जाने से गरीब तो क्या बड़े से बड़े अमीर भी दिवालिया हो जाते हैं। अतः मद्य-निषेध से देश में ऋणग्रस्तता कम होगी।

वास्तव में मद्य-निषेध के सभी लाभों को गिनने के लिये तो एक अलग ग्रन्थ की आवश्यकता होगी। नशे से व्यक्ति और समाज की शारीरिक, आर्थिक, सामाजिक, भौतिक, आध्यात्मिक सभी प्रकार की हानि होती है। मद्य-निषेध से इन सबसे रक्षा होगी।

मद्य-निषेध

मद्य-निषेध भारत में "राज्य की नीति के निर्देशक सिद्धान्त" का एक अंग है। संविधान के अनुच्छेद 47 में कहा गया है कि, "राज्य अपनी जनता के पोषण स्तर और जीवन स्तर को ऊँचा उठाने तथा जन-स्वास्थ्य के सुधार को अपने प्राथमिक कर्त्तव्यों में से मानेगा और विशेषकर स्वास्थ्य के लिए हानिकारक नशीले पेयों और औषधियों के औषधीय प्रयोजनों के अतिरिक्त उपभोग को रोकने का प्रयास करेगा।" देश के स्वतन्त्र हो जाने के बाद से भारत सरकार ने मद्य-निषेध की ओर विशेष ध्यान दिया। द्वितीय पंचवर्षीय योजना में प्रत्येक राज्य में मद्य-निषेध का कार्यक्रम बनाने को कहा गया। इस कार्यक्रम में मद्य विरोधी प्रचार, होटलों, क्लबों आदि में शराबखोरी पर रोकथाम तथा अन्य उपाय सम्मिलित थे। विभिन्न राज्यों के

मद्य-निषेध सम्बन्धी अनुभवों के प्रकाश में देश में मद्य-निषेध का कार्यक्रम बनाने के लिए 1956 में एक मद्य-निषेध जाँच समिति स्थापित की गई। सितम्बर सन् 1955 को इस समिति ने अपनी रिपोर्ट प्रस्तुत की। 31 मार्च, 1956 को लोक सभा में एक प्रस्ताव द्वारा सरकार ने समिति की इस सिफारिश को मान लिया कि मद्य-निषेध की योजनाओं को देश की विकास योजनाओं के साथ जोड़ लिया जाय। इस विषय में योजना आयोग ने एक कार्यक्रम बनाया है। इस कार्यक्रम में सामान्य दृष्टिकोण पर जोर देते हुये भी राज्यों को स्थानीय परिस्थितियों के अनुरूप योजनायें बनाने को कहा गया है। योजना आयोग ने यह सिफारिश की है कि शराबखोरी के विज्ञापनों और प्रचार को रोका जाये, सार्वजनिक स्थानों पर शराब पीने पर रोक लगाई जाये, क्रमिक कार्यक्रम बनाने के लिए तकनीकी समितियाँ स्थापित की जायें, सस्ते और स्वास्थ्यप्रद पेयों का उत्पादन किया जाय और सामुदायिक विकास खण्डों में मद्य-निषेध को रचनात्मक कार्यक्रम के रूप में लागू किया जाय।

मद्य-निषेध की प्रगति

भारत में बिहार, पश्चिमी बंगाल, जम्मू और काश्मीर के अतिरिक्त सब राज्यों में मद्य-निषेध के लिए क्रमिक कार्यक्रम लागू करने के लिए कदम उठाये हैं। अधिकाँश राज्यों में मद्य-निषेध बोर्ड स्थापित कर दिये गये हैं। विभिन्न राज्यों में निम्न काम हुआ है—

(1) **आन्ध्र प्रदेश**—नशाबन्दी को लागू करने का काम पुलिस को सौंप दिया गया है और सामुदायिक विकास अफसरों के कार्यक्रम में नशाबन्दी भी शामिल है। राज्य के 58·4 प्रतिशत क्षेत्र और 64 प्रतिशत जनसंख्या के जिलों में पूर्ण मद्य-निषेध है।

(2) **आसाम**—कामरूप, नौगाँग और गोलपाडा जिलों को सूखा क्षेत्र घोषित कर दिया गया है। अन्य जिलों में शराब की बिक्री में कमी, अन्य पेयों की व्यवस्था तथा लाइसेन्सों में कमी आदि को अपनाया गया है। अफीम 1947 से बन्द है। जुलाई 1949 से गाँजा और भाँग भी बन्द कर दिये गये हैं।

(3) **केरल**—मई, 1967 से केरल में 18 वर्ष से ऊपर की आयु के लोगों के हाथ मद्य बेचने पर से रोक हटा ली गई।

(4) **मध्य प्रदेश**—जुलाई 1937 से सारे राज्य में मद्य-निषेध हटा लिया गया है।

(5) **तमिलनाडु**—पूरा तमिलनाडु राज्य सूखा क्षेत्र है। मद्य-निषेध अपराधों की सजा बढ़ा दी गई है।

(6) **मैसूर**—थोड़े से जिलों को छोड़कर पूरे राज्य में मद्य-निषेध है।

(7) **गुजरात**—पूर्ण मद्य-निषेध है।

(8) **महाराष्ट्र**—पूर्ण मद्य-निषेध है।

(9) पश्चिमी बंगाल—पूर्ण मद्य-निषेध कहीं नहीं है किन्तु कुछ शर्तों का पालन आवश्यक है।

(10) उड़ीसा—1 अप्रैल, 1968 से मद्य-निषेध उठा लिया गया है।

(11) हरियाणा—रोहतक जिला सूखा क्षेत्र है और बाकी जिलों में नशाखोरी को निरूत्साहित करने के लिए कदम उठाये गये हैं।

(12) राजस्थान—क्रमशः मद्य-निषेध को लागू करने के लिए एक समिति बनाई गयी है और अनेक कार्यक्रम अपनाये गये हैं।

(13) उत्तर प्रदेश—1 दिसम्बर, 1962 से राज्य में अल्प मद्य-निषेध है। राष्ट्रीय दिवस और 57 दिन सूखे दिन हैं।

(14) हिमाचल प्रदेश—चौथाई क्षेत्रों में पूर्ण मद्य-निषेध है। अन्य क्षेत्रों में क्रमशः मद्य-निषेध की नीति अपनाई जा रही है।

(15) त्रिपुरा—क्रमशः मद्य-निषेध की नीति अपनाई जा रही है।

(16) संघीय क्षेत्र—संघीय क्षेत्रों में मद्य-निषेध की प्रगति निम्नलिखित है—

(i) ***अण्डमान निकोबार***—देशी शराब की दुकानें (Toddy Shops) बन्द कर दी गई हैं। देशी शराब का आयात बन्द कर दिया गया है। शराब की दुकानों सप्ताह में पाँच दिन खुली रहती हैं।

(ii) ***दिल्ली***—पच्चीस वर्ष से कम आयु के लोगों के हाथ शराब बेचने और शराब का विज्ञापन करने पर नियन्त्रण कर दिया है। क्लबों में शराब देने की मात्रा सीमित कर दी गई है। सूखो दिनों बढ़ा दिये गये हैं।

अन्य नशों का निषेध

1 अप्रैल, 1959 से सारे देश में रोग की दशा में, औषधीय कारणों से अथवा आदी होने के अतिरिक्त अफीम का प्रयोग निषिद्ध है। सन् 1946 से भारत में चरस पर पूर्ण प्रतिबन्ध है। 1 अप्रैल, 1956 से उत्तर प्रदेश में गाँजा की बिक्री बन्द कर दी गई है। सन् 1949-50 में मद्रास का सरकारी गाँजा स्टोर बन्द कर दिया गया। बम्बई राज्य में कच्छ और सौराष्ट्र में गाँजा और भाँग की बिक्री बन्द कर दी गई है और अन्य जिलों में परमिट व्यवस्था चालू कर दी गई है। मैसूर में गाँजे की खेती और आयात पर रोक लगा दी गई है। देश के अन्य राज्यों में गाँजा और भाँग का मूल्य बढ़ा दिया गया है।

मद्य-निषेध की सफलता

भारत में मद्य-निषेध कहाँ तक सफल हुआ है, यह नशीली वस्तुओं के उपभोग की लगातार गिरती मात्रा और नशा सम्बन्धी अपराधों की कमी से ज्ञात होता है। मद्य-निषेध वाले राज्यों में आबकारी कर की राशि घट रही है। अतः जिस सीमा तक देश में मद्य-निषेध लागू कर दिया गया है। उसको देखते हुए यह सफलता उत्साहवर्धक है। देश के अन्य राज्यों में पूर्ण मद्य-निषेध हो जाने पर वर्तमान सूखे

क्षेत्रों में चोरी-छिपे नशीली चीजों का आयात भी बहुत कम हो जायेगा। इससे उसमें मद्यपान और कम होगा। वास्तव में वर्तमान सूखे क्षेत्रों में मद्य-निषेध की पूर्ण सफलता तभी होगी जबकि देश में सब कहीं मद्य-निषेध को लागू किया जायेगा।

अभ्यास के लिए प्रश्न

प्रश्न 1. संक्षिप्त टिप्पणी लिखिये—मद्य-निषेध।

प्रश्न 2. संक्षिप्त टिप्पणी लिखिये—मद्यपान।

प्रश्न 3. निम्नलिखित पर टिप्पणी लिखिये—नशाखोरी।

प्रश्न 4. भारत में मद्यपान एवं बूटी सेवन पर एक संक्षिप्त निबन्ध लिखिये।

प्रश्न 5. मद्यपान की परिभाषा कीजिये तथा इसके प्रमुख कारकों की विवेचना कीजिये।

प्रश्न 6. मद्यपान क्या है? मद्य-निषेध के द्वारा इस समस्या को कहाँ तक सुलझाया जा सकता है?

20

किशोरापराध

(Juvenile Delinquency)

आधुनिक सभ्य देशों में अपराधियों को पापी या बुरा व्यक्ति न समझकर एक मानसिक रोगी और परिस्थिति से बाध्य व्यक्ति समझा जाता है। एक समय था जबकि अपराध करने पर छोटे-छोटे बालकों को भी कठोर दण्ड दिया जाता था। परन्तु जैसे-जैसे मनोवैज्ञानिकों ने किशोरापराध के कारणों की ओर सभ्य जगत का ध्यान आकर्षित किया, वैसे-वैसे किशोरापराधी को दण्ड देने का रिवाज कम हुआ और उसके सुधार का रिवाज बढ़ा। आजकल सभी सभ्य देशों में किशोरापराधी के सुधार की चेष्टा की जाती है। रिफार्मेट्री स्कूल, प्रोबेशन तथा अन्य उपायों से किशोरापराधियों को फिर से समाज के स्वस्थ नागरिक बनाने का प्रयत्न किया जाता है।

किशोरापराध की कानूनी परिभाषा

किशोरापराध की कानूनी परिभाषा उनकी मनोवैज्ञानिक परिभाषा से भिन्न है। कानून की दृष्टि से किशोरापराधी 15 से 21 वर्ष का वह बालक है जो कि समाज विरोधी काम करता है। ओहायो कोड (Ohio Code U. S. A.) ने किशोरापराधी की परिभाषा इस तरह की है, "किशोरापराधी वह है जो कानून भंग करता है, आवारा-गर्दी करता है, आज्ञा का उल्लंघन करने में अभ्यस्थ है, जिसके व्यवहार से उसका अपना तथा दूसरों का नैतिक जीवन खतरे में पड़ता है, अथवा जो अपने माता-पिता या अभिभावकों की अनुमति के बिना विवाह करने की कोशिश करता है।" यहाँ यह ध्यान रखने की बात है कि किशोरापराधी कहलाने वाले बालकों की आयु सभी देशों में एक सी निश्चित नहीं की गई है। कहीं यह आयु 18 वर्ष है तो कहीं 16 वर्ष, कहीं 20 है तो कहीं 21 वर्ष। साधारणतया 17 वर्ष की आयु के बालक किशोरापराधी माने जाते हैं। भारतवर्ष में प्रचलित किशोर अधिनियमों में किशोरापराधी की अधिकतम आयु 16 वर्ष निश्चित की गई है। ये अधिनियम उत्तर प्रदेश, मध्य प्रदेश, महाराष्ट्र, तमिलनाडू, मैसूर, देहली, पश्चिमी बंगाल, उड़ीसा तथा पंजाब में बनाये

जा चुके हैं। जिन राज्यों में किशोर अधिनियम नहीं बना है या लागू नहीं हुआ है उनमें 1897 का रिफार्मेंट्री स्कूल अधिनियम लागू है। इसमें किशोरापराधी की अधिकतम आयु 15 वर्ष निश्चित की गई है। महाराष्ट्र तथा मध्य प्रदेश में यह आयु 16 वर्ष है। रिफार्मेंट्री स्कूल अधिनियम के अनुसार 15 वर्ष से कम आयु का बालक जिसे किसी अपराध के कारण कारावास या काले पानी की सजा मिली है, युवक अपराधी (Youthful Offender) कहा जायेगा।

किशोरापराध की मनोवैज्ञानिक परिभाषा

जैसे कि पहले बतलाया गया है, किशोरापराध की मनोवैज्ञानिक परिभाषा उसकी कानूनी परिभाषा से भिन्न है, क्योंकि मनोविज्ञान ने किशोरापराध के कारणों पर जोर दिया है। कानून की दृष्टि से ऐसे अपराधी छूट जाते हैं जो पकड़े न जायें, परन्तु मनोवैज्ञानिक दृष्टिकोण से ये सभी अपराधी हैं। इस तरह किशोरापराध की मनोवैज्ञानिक परिभाषा उसकी कानूनी परिभाषा से अधिक विस्तृत है। मनोविज्ञान के अनुसार 15 से 18 वर्ष के वे सभी किशोर बालक-बालिकायें किशोरापराधी कहे जायेंगे, जिन्होंने कोई अपराध किया है चाहे वे पकड़े जायें या कानून से बच निकलें। इस तरह किशोरापराधी वह बालक है जो दूसरों की सम्पत्ति छीनता है, या उसे हानि पहुँचाता है, असामाजिक कार्य करता है, दूसरों की जिन्दगी के लिए खतरा पैदा करता है या दूसरों के कार्यों में बाधा डालता है। इस तरह किसी मोटर के शीशे में पत्थर मार कर भाग जाने वाला, कहीं आग लगा देने वाला, केवल हँसी के लिए किसी की जान को खतरा पैदा कर देने वाला, ये सभी बालक मनोवैज्ञानिक दृष्टिकोण से किशोरापराधी हैं।

किशोरापराधी की परिभाषा करते हुए डॉ॰ सेथना ने लिखा है, ''किशोरापराध में एक स्थान विशेष पर उस समय लागू कानून द्वारा निर्धारित एक निश्चित आयु के बालक अथवा युवक व्यक्ति द्वारा किये गये अनुचित कार्य सम्मिलित हैं।''[1] न्यूमेयर ने इस बात को इन शब्दों में लिखा है, ''एक किशोरापराधी निर्धारित आयु से कम आयु वाला वह व्यक्ति है जो समाज विरोधी कार्य करने का दोषी है और जिसका दुराचार कानून का उल्लंघन है।''[2]

अपराध और किशोरापराध में अन्तर

(1) आयु का अन्तर—किशोरापराध की उपरोक्त व्याख्या से प्रकट होता है कि किशोरापराधी और अपराधी में विशेषतया आयु का अन्तर है। दोनों ही समाज

1. "Juvenile delinquency involves wrong doing by a child or young person who is under an age specified by the law (for the time being in force) of the place concerned." --Dr. Sethna.
2. "A delinquent is a person under age who is guilty of antisocial act and whose misconduct is an infraction of law." --Newmeyer.

विरोधी काम करते हैं। दोनों ही के काम सामाजिक सम्बन्धों तथा कार्यों में बाधा डालते हैं। डॉ० हैकरवाल के शब्दों में, ''सामाजिक दृष्टिकोण से अपराध या किशोरापराध व्यक्ति का ऐसा व्यवहार है जो उन मानवीय सम्बन्धों की व्याख्या में बाधा डालता है जिनको समाज अपने अस्तित्व की मौलिक दशा मानता है। इस तरह यदि अपराधी एक निश्चित आयु से कम है तो किशोरापराधी कहा जायेगा और यदि कानून द्वारा निश्चित आयु से अधिक है तो वह अपराधी कहा जायेगा।

(2) कामों का अन्तर—परन्तु कभी-कभी अपराधी और किशोरापराधी में केवल आयु का नहीं, बल्कि कुछ विशेष कामों का भी अन्तर होता है। इस तरह कानून विरोधी काम न करने पर भी कुछ विशेष प्रकार के काम न करने वाले बालक किशोरापराधी मान लिये जाते हैं। आवारा, दुष्ट, उद्दण्ड और चोर, डाकू, गुण्डे तथा आवाराओं, वेश्याओं, शराबियों, जुआरियों आदि के साथ घूमने वाले तथा माता-पिता की आज्ञा के बिना घर से बहुत समय तक गायब रहने वाले अथवा बहुत रात बीतने पर सड़कों पर घूमने वाले बालक और युवक बहुधा किशोरापराधी मान लिये जाते हैं। यहाँ यह ध्यान रखने की बात है कि ये सब काम कानून के विरुद्ध नहीं है। अतः ऐसे काम करने वाला किशोरापराधी सामान्य अपराधियों की श्रेणी में नहीं आता। कभी-कभी तो बे-घरबार और व्यर्थ घूमने वाला या भीख माँगने वाला बालक भी किशोरापराधियों में सम्मिलित कर लिया जाता है और उसको किशोर न्यायालायों के सामने पेश करके उसके सुधार की चेष्टा की जाती है।

(3) विशेषताओं का अन्तर—कोहेन ने कुछ विशेषताओं के आधार पर अपराधियों और किशोरापराधियों में अन्तर किया है। ये विशेषतायें निम्नलिखित हैं—

(अ) किशोरापराध निरुपयोगी होता है। किशोरापराधी ऐसे-ऐसे काम करता है जिनसे उसका कोई लाभ नहीं होता जैसे सड़कों पर व्यर्थ घूमना-फिरना। दूसरी ओर अपराधी केवल ऐसे ही काम करता है। जिनसे उसे लाभ हो। कभी-कभी किशोरापराधी अपने कार्य के लक्ष्य तक को नहीं जानता।

(ब) कभी-कभी किशोरापराधी केवल हँसी के लिए अपराध करता है जैसे किसी मोटरकार का शीशे तोड़ देना, रेल की पटरी पर पत्थर रख देना या किसी को छल से पानी में ढकेल देना। अपराधी इस तरह के कार्य नहीं करता।

(स) किशोरापराधी अधिकतर योजना बनाकर अथवा संगठित रूप से कार्य नहीं करता। दूसरी ओर, अपराधी योजना बनाकर तथा संगठित रूप से कार्य करता है।

संक्षेप में, अपराधियों और किशोरापराधियों में मुख्य अन्तर आयु, कार्यों के प्रकार, कार्यों के उद्देश्य, कार्यों की विधि आदि का है। परन्तु आमतौर से उम्र के भेद से ही अपराधियों और किशोरापराधियों में अन्तर किया जाता है।

किशोरापराध के कारण

कारणों का वर्गीकरण

आधुनिक अपराधशास्त्र की नई विचारधारा के अनुसार किशोरापराध के कारणों को दो भागों में बाँटा गया है—व्यक्तिगत कारण और सामाजिक कारण। अपराध में दो विशेष कारक काम करते हैं—आन्तरिक और बाह्य। आन्तरिक कारकों में शारीरिक और मनोवैज्ञानिक कारक आते हैं तथा बाह्य कारकों में सामाजिक कारक गिने जाते हैं। अमरीकी अपराधशास्त्री लिण्ड स्मिथ (Lynd Smith) और डुनहैम (Dunhem) ने अपराधियों को दो भागों में बाँटा है—(1) सामाजिक अपराधी, (2) व्यक्तिगत अपराधी। सामाजिक अपराधी खासतौर से सामाजिक परिस्थिति के कारण पैदा होते हैं। व्यक्तिगत अपराधी असामाजिक और व्यक्तिगत कारकों से उत्पन्न होते हैं। वाल्टर रैकलैस (Walter Recklace) ने अपराध के दो विशेष कारण बतलाये हैं—(1) रचनात्मक, और (2) परिस्थिति सम्बन्धी। कुछ अन्य अपराधशास्त्रियों ने अपराध के कारणों को दो भागों में बाँटा है—समाज प्रेरित (Sociogenic), (2) मनोविज्ञान प्रेरित (Psychogenic)। यहाँ पर किशोरापराध के कारणों को तीन वर्गों में बाँटकर उनका अध्ययन किया जायेगा—(1) सामाजिक कारण, (2) मनोवैज्ञानिक कारण, और (3) आर्थिक कारण।

सामाजिक कारण

किशोरापराध के कारणों में से सबसे अधिक व्यापक सामाजिक कारण हैं। इनमें मुख्य कारण हैं—(1) परिवार, (2) स्कूल, (3) अपराधी क्षेत्र, (4) बुरी संगति, (5) मनोरंजन, (6) युद्ध, (7) सामाजिक विघटन, (8) स्थानान्तरण।

(1) परिवार—किशारापराध के कारणों में इलियट और मैरिल ने दूषित पारिवारिक प्रभाव को सबसे अधिक महत्वपूर्ण माना है। हीली और ब्रोनर ने शिकागो तथा बोस्टन के 4000 किशोरापराधियों में 50 प्रतिशत विशृंखलित घरों से आये हुए किशोरों को पाया। परिवार के सम्बन्ध में मुख्य परिस्थितियाँ हैं—(अ) भग्न परिवार, (ब) माता-पिता का रुख, (स) माता-पिता का चरित्र व आचार, (द) अपराधी भाई-बहनों का प्रभाव। किशोरापराध में परिवार के महत्व को पूरी तरह समझने के लिए इन सभी कारकों को समझना आवश्यक है।

(अ) भग्न परिवार (Broken Families)—किशोरापराध के अध्ययन से पता चला है कि अधिकतर किशोरापराधी भग्न परिवारों से आते हैं। भग्न परिवार, जैसा कि उसके नाम से स्पष्ट है, ऐसा परिवार है जिसमें पारिवारिक सम्बन्ध टूट चुके हैं। परिवार का अर्थ केवल कुछ व्यक्तियों का एकत्रित रहना मात्र नहीं है बल्कि उनका परस्पर घनिष्ट सम्बन्ध है। इस घनिष्टता की अनुपस्थिति में परिवार विशृंखलित हो जाता है और विशृंखलित परिवार में किशोरापराधी उत्पन्न होते हैं। भग्न परिवार में बालक की देखभाल नहीं हो पाती। कुछ विशेषज्ञों के अनुसार, विशृंखलित परिवार लड़कों की अपेक्षा लड़कियों में अपराधवृत्ति के लिए अधिक सहायक होता है।

1947 में बम्बई के बाल सहायता समाज के अधीन 386 लड़के तथा 169 अन्धी लड़कियाँ थीं। इनमें दो लड़के और और दो लड़कियों के माता-पिता किसी न किसी अपराध के कारण जेल में सजा काट रहे थे, 2 लड़के और 5 लड़कियाँ कठोर व्यवहार से ग्रसित थीं, 6 लड़के और 9 लड़कियाँ अनैतिक असुरक्षा के शिकार थे। भग्न परिवार में पति-पत्नी, माता-पिता और बालक तथा भाई-बहन के सम्बन्ध स्वस्थ नहीं थे। अतः यह स्वाभाविक है कि बालक-बालिकायें भ्रष्ट मार्ग पर चल पड़े।

(ब) माता-पिता का रुख—किशोरापराध की पारिवारिक परिस्थिति में बालक और माता-पिता के सम्बन्ध अत्यन्त महत्वपूर्ण हैं। Women of the Street नामक लन्दन की वेश्याओं पर किये गये एक खोजपूर्ण प्रबन्ध के भूमिका लेखक के अनुसार वेश्या की समस्या माता-पिता और बालक के सम्बन्ध से आरम्भ होती है। बहुधा जब बालक को माता-पिता का प्रेम नहीं मिलता और बात-बात में कठोर दण्ड मिलता है तो उसमें विद्रोह और क्षोभ बढ़ता जाता है। जिससे अवसर मिलने पर वह घर से भाग जाता है और अपराध में पड़ जाता है। माता-पिता के तिरस्कार से बच्चे असहाय और अकेला अनुभव करते हैं जिससे उनमें अनेक मानसिक ग्रन्थियाँ बन जाती हैं। यदि माता-पिता अपनी बहुत सी बातों को बालक से छिपाने की कोशिश करते हैं तो उससे भी बालक में अपराधवृत्ति बनती है। उदाहरण के लिए अधिकतर बालक बहुधा अपने माता-पिता से यह पूछते हैं कि वे कहाँ से आये अथवा उनके छोटे भाई-बहन कहाँ से आये। जब माता-पिता उनसे झूठ बोलते हैं और वे अपने साथियों अथवा घर के नौकरों से सही बात का पता पा जाते हैं तो उनमें असुरक्षा की भावना उत्पन्न होती है, उनको यह जानकर भारी आघात लगता है कि उनके माता-पिता बहुत से ऐसे काम करते हैं जो वे उनको बतलाना नहीं चाहते। यह असुरक्षा की भावना बहुधा बालकों को यौन अपराध की ओर ले जाती है।

(स) माता-पिता का चरित्र व आचार—माता-पिता के चरित्र व आचार का बालकों के व्यक्तित्व पर बड़ा प्रभाव पड़ता है। ऐसे बालक बहुत कम हैं जो अपने माता-पिता को झूठ बोलते और मक्कारीपूर्ण व्यवहार, यौन अनैतिकता तथा चोरी करते देखते हुए भी अपना व्यवहार सामाजिक मूल्यों और मान्यताओं के अनुसार बना पाते हैं। मिस इलियट के अध्ययन में 67 प्रतिशत विशृंखलित और 44 प्रतिशत अविशृंखलित परिवारों में माता-पिता अनैतिक व्यवहार में लगे हुए थे। यदि परिवार में माता वेश्यावृत्ति में लिप्त हो तो उसकी लड़कियों को भी उसका अनुसरण करने में संकोच न होगा और वे भी व्यभिचार की ओर बढ़ेंगी।

(द) भाई-बहनों का प्रभाव—केवल माता-पिता और बालकों के सम्बन्ध का ही नहीं बल्कि भाई-बहनों के व्यक्तित्व का भी बालकों के व्यक्तित्व पर बड़ा प्रभाव पड़ता है। वह प्रभाव लड़कियों पर अधिक देखा जाता है क्योंकि उन पर लड़कों की अपेक्षा बाहर के कारकों का प्रभाव पड़ने का अवसर बहुत कम आता

है। यदि घर के बड़े बालक अपराधी व्यवहार करते हैं तो उनका असर छोटे भाई-बहनों पर जरूर पड़ता है। यदि बड़ी बहन अपराधी हो या अनैतिक व्यवहार में लगी हुई हो तो उसकी छोटी बहन भी उसके अनुसार चलने लगती है।

उपरोक्त विस्तृत विवेचन से यह स्पष्ट है कि पारिवारिक परिस्थिति का बालकों को अपराधी बनाने में भारी हाथ है। परन्तु जैसा कि पहले बतलाया जा चुका है इससे यह निष्कर्ष नहीं निकालना चाहिए कि भग्न परिवार के सभी बालक अपराधी होते हैं। हीली और ब्रोनर के अध्ययन में 372 भग्न परिवार में केवल 20 प्रतिशत परिवारों में से एक बालक अपराधी था। 6 बच्चे वाले 336 परिवारों में केवल 12 प्रतिशत बालक अपराधी व्यवहार में लगे हुए थे।[1] इस अध्ययन में यह तो जान पड़ता है कि परिवार का विशृंखलन किशोरापराध का एक मात्र कारण नहीं है परन्तु कोई अपराधशास्त्री इस बात से इन्कार नहीं करता कि वह निश्चित ही सबसे बड़ा कारण है।

(2) **स्कूल**—परिवार के बाद बालक के व्यक्तित्व पर उसके स्कूल का प्रभाव पड़ता है। स्कूल से भाग जाना एक मुख्य किशोरापराध है। विलियमसन ने 1947 में अपने अध्ययन में यह देखा कि किशोरापराध में स्कूल से भागना, चोरियाँ तथा यौन अपराध सबसे मुख्य थे और इनमें भी स्कूल छोड़कर भाग जाना और स्कूल के बाहर नगर में घूमना-फिरना सबसे अधिक पाये गये। विलियमसन ने स्कूल से भागने के मुख्य कारण माता-पिता द्वारा उपेक्षा, अपराधियों के गिरोह में सम्मिलित होना, अध्यापक द्वारा दण्ड, विषय में कमजोरी तथा शिक्षा स्तर का योग्यता से अधिक होना पाये हैं। स्कूल से भागने वाले बालक अपना सारा समय बुरी संगति में बिताते हैं और तरह-तरह के अपराध करते हैं। आजकल अध्यापक के सामने यह एक बड़ी समस्या है। इसके लिए बड़े-बड़े नगरों में विद्यार्थियों को मैटनी शो में जाने से रोक दिया गया है। परन्तु इस तरह रोकने मात्र से समस्या हल नहीं होती। आजकल की बढ़ी हुई अनुशासनहीनता का मुख्य कारण यह है कि शिक्षा न तो मनोरंजक है और न रुचिकर तथा वह चरित्र निर्माण करने की अपेक्षा सूचनाओं को मस्तिष्क में भरने पर अधिक जोर देती है। कहना न होगा कि इन्हीं कारणों से बालक का स्कूल में मन नहीं लगता और वह स्कूल जाने से डरता है तथा नाना प्रकार के अपराधों में फँस जाता है।

(3) **अपराधी क्षेत्र**—क्लिफोर्ड, शॉ और मैक्के के अध्ययन के अनुसार कुछ क्षेत्र बालकों के स्वस्थ विकास के लिए उपयुक्त नहीं होते। यह एक सामान्य बात है कि पड़ोस और मुहल्लों का बालकों पर बड़ा प्रभाव पड़ता है। सांख्यिकी विधि का प्रयोग करके मालर ने यह निष्कर्ष निकाला कि न्यूयार्क शहर में किशोरापराधी उस क्षेत्र में अधिक थे जहाँ रहन-सहन का स्तर बहुत नीचा था, बाल मृत्यु अधिक होती थी, मनोरंजन का कोई साधन नहीं था, बस्ती अस्थिर थी तथा औद्योगिक केन्द्र

1. Healy and Bronner, *Delihquents and Criminals; Their Making and Unmaking,* The Macmillan Co. (New York), pp. 121-125.

था। अस्थिर बस्तियों में कोई स्थायी सामाजिक नियम नहीं होता। उदाहरण के लिए धर्मशालाओं, सरायों तथा होटलों के आसपास पाकेटमार अधिक पाये जाते हैं क्योंकि वहाँ आने-जाने वालों का क्रम बराबर लगा रहता है। क्लिफोर्ड, शॉ और मैक्के ने लगभग 35 शहरों में किशोरापराध का अध्ययन करके यह देखा कि अपराध की दरें नगर के केन्द्रीय भाग में सबसे अधिक और अन्तिम छोर पर सबसे कम थीं। इससे उन्होंने यह निष्कर्ष निकाला कि पिछड़े हुए और निम्न आर्थिक स्तर वाले क्षेत्र की सामाजिक परम्परायें अपराध के प्रतिमानों को साधारण समूह से अलग करती हैं। ये प्रतिमान किशोरापराध समूह में बनाये रखे जाते हैं। इस तरह बड़े-बड़े शहरों में कुछ क्षेत्र ऐसे हैं जहाँ अपराधियों की भरमार होती है। ये ही क्षेत्र अपराधी क्षेत्र कहलाते हैं। अपराधी क्षेत्र किशोरापराध का महत्वपूर्ण कारण हैं। यहाँ यह ध्यान रखने की बात है कि शॉ और उसके सहयोगी हेनरी मैक्के ने निवास-स्थान को अपराध का कारण नहीं माना है बल्कि यह दिखलाने की चेष्टा की है कि अपराधी वहाँ अधिक पाये जाते हैं जहाँ निर्धनता, मानसिक विकार, पारिवारिक विघटन, रोग, शिशु, मृत्यु आदि विघटन की परिस्थितियाँ बराबर बनी रहती हैं। अपराधी क्षेत्र में स्थानान्तरण की प्रवृत्ति भी अधिक पाई जाती है। शॉ और मैक्के ने शिकागो तथा अन्य नगरों के अध्ययन के आधार पर निम्नलिखित निष्कर्ष निकाले—

(अ) भिन्न-भिन्न बस्तियों में किशोरापराध की दरें भिन्न-भिन्न रहती हैं। कुछ क्षेत्रों में लड़के गिरफ्तार नहीं होते जबकि कुछ क्षेत्रों में वर्ष में कुल लड़कों की संख्या का पाँचवाँ भाग पकड़ा जाता है।

(ब) सर्दियों में अपराध की दरें नगर के केन्द्र के निकट कल और कारखाने वाले क्षेत्रों में सबसे अधिक पाई जाती हैं। केन्द्र से दूरी के अनुपात से अपराध की दूरी घटती जाती है।

(स) जिन क्षेत्रों में स्कूल छोड़कर भागने की प्रवृत्ति अधिक पाई जाती है वहाँ किशोरापराध की दरें भी अधिक होती हैं।

(द) सन् 1930 में जिन क्षेत्रों में अपराध की दरें अधिक थीं वहाँ सन् 1900 में भी अधिक अपराधी दर थी यद्यपि इन वर्षों में जनसंख्या के आकार और स्वरूप में बहुत परिवर्तन हुए हैं।

(4) बुरी संगत—प्रमुख अपराधशास्त्री एडविन एच० सदरलैंड के अनुसार अपराधी व्यवहार दूसरे व्यक्ति की अन्तःक्रिया द्वारा सीखे जाते हैं। सदरलैंड के शब्दों में, ''कानून के उल्लंघन करने में सहायक परिभाषाओं की कानून के उल्लंघन में बाधक परिभाषाओं की अपेक्षा अधिकता हो जाने के कारण एक व्यक्ति अपराधी हो जाता है''[1] बालकों में किसी को बुरी और किसी को अच्छी संगति मिलती है। बुरी संगति में पड़ने पर बालक अपराध की ओर बढ़ता है जबकि अच्छी संगति से

1. Sutherland, F. H. *Principles of Criminology*, New York (1955).

वह आगे चलकर समाज का योग्य सदस्य बनता है। मनुष्य के व्यवहार पर उसके साथियों का पर्याप्त प्रभाव पड़ता है। बालकों में वृहत् समुदाय की मान्यताओं और मूल्यों को मानने की भावना उत्पन्न करने के लिए उसके चारों ओर, एक ऐसे वातावरण की आवश्यकता है जहाँ उन्हें समाज के विरुद्ध काम करने की प्रेरणा कम से कम मिले।

(5) स्वस्थ मनोरंजन का अभाव–बालकों के विकास के लिए मनोरंजन के साधानों का भी बड़ा महत्व है। स्कूल के बाद शेष समय में स्वस्थ क्रियायें करने की प्रेरणा उन्हें अच्छे वातावरण में ही मिल सकती है। खाली समय का सदुपयोग न होना भी अपराधी व्यवहार को प्रेरित करता है। बालकों के सामाजीकरण और नैतिक प्रशिक्षण में खेलकूद प्रमुख तत्व हैं। अपर्याप्त और अनियन्त्रित मनोरंजन नगर में किशोरापराध का महत्वपूर्ण कारण है। थर्सटन के एक अध्ययन में 2507 किशोरापराधियों के खाली समय का दुरुपयोग हुआ था।

आधुनिक नगरों में छोटे-बड़े सभी के मनोरंजन का प्रमुख साधन सिनेमा है। सिनेमा किशोरापराध और समाज विरोधी व्यवहार के लिए बहुत कुछ उत्तरदायी है। एडवेंचर और रोमांस के दृश्यों के द्वारा सिनेमा अपराध के नये-नये प्रतिमान प्रस्तुत करता है। कुछ फिल्मों का किशोर बालकों पर इतना प्रभाव देखा गया कि उनको दिखाये जाने के बाद नगर में तरह-तरह के किशोरापराधों की दरें अत्यधिक बढ़ गई। परन्तु सिनेमा के प्रति बालकों की प्रतिक्रिया अधिकतर उनके पड़ोस के तथा घरेलू प्रतिमानों द्वारा निर्देशित होती है। भिन्न-भिन्न बालकों पर उसका प्रभाव भी भिन्न-भिन्न मात्रा में पड़ता है। वैज्ञानिक अध्ययनों से यह प्रमाणित हो चुका है कि बालकों के व्यवहार पर सिनेमा का प्रत्यक्ष प्रभाव बहुत कम होता है। वास्तव में सिनेमा से अधिक महत्वपूर्ण बालक की सिनेमा के प्रति प्रतिक्रिया होती है जो उसके पिछले अनुभवों और सामाजिक तथा सांस्कृतिक परिस्थितियों के प्रति प्रतिक्रिया के आधार पर काम करती रहती है।

(6) युद्ध–युद्धकाल और युद्धोत्तर काल में किशोरापराध की दरें बढ़ी पाई गई हैं। युद्ध में सम्मिलित होने वाले देशों के बालकों को स्कूल की पढ़ाई में बहुत सी बाधायें पड़ती हैं। बहुधा पिता लड़ाई के मैदान में रहता है और माता कारखाने में काम करती है। अतः बच्चे की देखभाल ठीक से नहीं हो पाती। नियन्त्रण के अभाव के कारण लड़के-लड़कियों के मिलने-जुलने की बहुत स्वतन्त्रता होती है जिसके कारण यौन-अपराध बढ़ते हैं। युद्धकाल में जहाँ बम गिराये जाते थे वहाँ टूटे-फूटे मकानों में किशोर व्यक्ति ही अधिक लूटमार करते थे। अतः युद्धकाल की स्थिति अपराधी प्रवृत्तियों को स्पष्ट रूप से बढ़ाती है।

(7) सामाजिक विघटन–सामाजिक विघटन से व्यक्ति का विघटन होता है। समाज के विघटित होने पर अपराधियों की संख्या बढ़ जाती है। अतः सामाजिक विघटन भी किशोरापराध का एक कारण है। आधुनिक औद्योगिक समाज में समन्वय और समानता का बड़ा अभाव होता है। इससे तनाव बढ़ता है और युवक-युवतियाँ अपराध की ओर बढ़ते हैं।

(8) स्थानान्तरण—स्थानान्तरण का भी किशोरापराध पर प्रभाव पड़ता है। स्टुअर्ट ने बर्कले नगर के अध्ययन में देखा कि किशोरापराधी ऐसे क्षेत्र में अधिक रहते थे जहाँ स्थानान्तरण अधिक था परन्तु अपने परिवार की अपेक्षा वे स्वयं बहुत कम गतिशील होते थे।

मनोवैज्ञानिक कारण

अब तक किशोरापराध के सामाजिक कारणों का वर्णन किया गया था। इस विषय पर अधिकतर खोज सांख्यिकीय विधि के आधार पर की गई है। किशोरापराध के कारणों की खोज करने की अन्य दो विधियों जीवनवृत्त विधि तथा मनोविश्लेषण विधि के आधार पर खोज से किशोरापराध के मनोवैज्ञानिक कारणों पर प्रकाश पड़ा है। अपराध के सम्बन्ध में मनोविश्लेषणवादी सिद्धान्त आइसलर ने विकसित किया है। अपराध के मनोवैज्ञानिक कारणों में मुख्य कारण निम्नलिखित हैं—

(1) बौद्धिक दुर्बलता, (2) मानसिक रोग, (3) व्यक्तित्व के लक्षण, (4) संवेगात्मक अस्थिरता।

इन मनोवैज्ञानिक कारणों का वर्णन करने से पहले इस मत की परीक्षा भी मनोरंजक होगी कि शारीरिक विशेषतायें अपराध का कारण हैं।

इटली के सैनिक डॉ॰ सीजर लोम्ब्रोसो ने कुछ शारीरिक विचारों के आधार पर अपराधी को एक विशेष टाइप या आदर्श माना है। लोम्ब्रोसो ने 5907 अपराधियों के शारीरिक अध्ययन के बाद निष्कर्ष निकाला कि अपराधों का कारण उनकी शारीरिक विशेषतायें होती हैं जो कि उन्हें वंश परम्परा से प्राप्त होती हैं। लोम्ब्रोसो के अनुसार ये शारीरिक लक्षण निम्नलिखित हैं[1]—

(अ) दबा हुआ पीछे की ओर झुका हुआ ललाट।

(ब) मोटी गोल पीठ।

(स) भारी जबड़ा।

(द) वन जातियों जैसी ठुड्डी।

(इ) शरीर पर अधिक बाल।

लोम्ब्रोसो के इस मत का परीक्षण और खण्डन किया जा चुका है। ब्रिटेन की राजकीय जेल के डॉ॰ चार्ल्स गोरिंग ने लगभग 300 कैदियों के शारीरिक निरीक्षण द्वारा यह निष्कर्ष निकाला कि शारीरिक बनावट अथवा लक्षणों को अपराध का कारण नहीं ठहराया जा सकता। 1939 में हूटन ने अपनी पुस्तक Crime and Man में लोम्ब्रोसो के सिद्धान्त को फिर से सिद्ध करने की चेष्टा की परन्तु उसका मत माननीय नहीं हो सका।[2] सदरलैंड ने इस मत का खण्डन करते हुये यह संकेत किया है कि इस परीक्षण में जिस प्रकार का नमूना लिया गया था। वह ठीक नहीं था और व्यक्तित्व के गुणों का वर्गीकरण भी दोषपूर्ण था।

---

1. Caesar Lombroso, *Cirme, Its Causes and Remedies*, Little Brown. and Co, Boston (1912).
2. Hootan, H. A., *Crime and the Man,* Harvard University Press, (1936)

(1) **बौद्धिक दुर्बलता**—डाक्टर गोरिंग ने लोम्ब्रोसो के मत का खण्डन करके यह मत उपस्थित किया कि अपराध का कारण बुद्धि दोष है। परन्तु बौद्धिक दुर्बलता को अपराध का कारण मानने वाले मत के मुख्य प्रवर्त्तक गोडार्ड थे। उन्होंने अपनी पुस्तक Mental Efficiency and Levels of Intelligence में लिखा है, "अपराध का सबसे बड़ा एक मात्र कारण बौद्धिक दुर्बलता है।"[1] हीली तथा ब्रोनर ने 4000 बालकों की बुद्धि परीक्षा के बाद यह निष्कर्ष निकाला कि 13 प्रतिशत बालकों की बुद्धि लब्धि 70 से नीची थी।[2] Unraveling Juvenile Delinquency नामक पुस्तक में ग्ल्यूक और ग्ल्यूक ने सन् 1934 में 1000 अपराधी बालकों के अध्ययन से यह निष्कर्ष निकाला कि 13 प्रतिशत बालकों की बुद्धि लब्धि 70 से कम थी।[3]

उपरोक्त मत में यह दोष दिखलाया गया है कि वह उन्हीं किशोरापराधियों के अध्ययन पर आधारित है जो न्यायालयों में उपस्थित किये जाते थे। कहना न होगा कि चतुर और बुद्धिमान किशोरापराधी मन्दबुद्धि किशोरापराधियों की अपेक्षा बहुत कम पकड़े जायेंगे। मैन और मैन ने अपने एक अध्ययन में इस तथ्य का समर्थन करते हुए यह दिखलाया है कि 90 से कम बुद्धि लब्धि वाले बालकों की तीव्र बुद्धि वाले बालकों की अपेक्षा पकड़े जाने की अधिक सम्भावना होती है। इन्होंने 1061 अपराधियों की बुद्धि लब्धि का मध्यमान निकाला। इनमें लड़कों की बुद्धि लब्धि 84.88 तथा लड़कियों की बुद्धि लब्धि 83.77 पाई गई।[4] सन् 1947 में मैरिल ने अपनी पुस्तक Problems of Child Delinquency में अपराधी बालकों की बुद्धि लब्धि को संशोधित किये बिना परीक्षण के आधार पर मध्यमान निकाला। यह मध्यमान 2.5 था। 2904 स्वस्थ बालकों की बुद्धि परीक्षा करने पर बुद्धि लब्धि 101.8 पाई गई। इन दोनों अध्ययनों से मैरिल ने यह निष्कर्ष निकाला कि कम बुद्धि को अपराध का कारण नहीं माना जा सकता, क्योंकि अपराधियों का बौद्धिक स्तर सामान्य बालकों से स्पष्ट रूप से अलग नहीं होता। इस बात से इन्कार नहीं किया जा सकता कि मन्द बुद्धि वाले बालक आसानी से बहकाये जा सकते हैं, परन्तु बुद्धिमान और चतुर बालक भी अपराधों में पड़ सकते हैं।

(2) **मानसिक रोग**—कुछ अपराधशास्त्रियों ने मानसिक रोग और अपराध से घनिष्ठ सम्बन्ध दिखाने की चेष्टा की है। किशोरापराधियों पर किये गये कुछ अध्ययनों से अनेक मानसिक रोगी भी पाये गये। इस मत के अनुसार अपराधी एक प्रकार का मानसिक रोगी है और उसके दण्ड की नहीं बल्कि इलाज की आवश्यकता

---

1. Goddard, H. H., *Mental Efficiency and Levels of Intelligence.* Princeton University Press, (1936)
2. Healy W., Bronner, A. F., *New Light on Delinquency and its Treatment,* Yale University Press (1936)
3. Glueck. S. T., and Glueck, E. T. *Unraveling Juvenile Delinquency,* Harvard University Press, (1940). p. 356,
4. Mann, C. W. & Mann H. P. *Age and Intelligence of Group of Juvenile Delinquents,* Journal of Abnormal & Social Psychology (1939) Vol. 34, pp. 310-360.

है। कुछ मानसिक चिकित्सक साइकोपैथिक व्यक्ति (Psychopathic Personality) को अपराध का कारण मानते हैं। साइकोपैथिक बालक ऐसे परिवार में उत्पन्न होते हैं जहाँ प्रेम और स्नेह और नियन्त्रण का अभाव है। साइकोपैथिक बालक के लिये टप्पन ने लिखा है, "वह अत्यधिक आसमाजीकृत, झगड़ालू प्रकृति तथा निर्दय, उद्दण्ड, शक्की, आत्म-केन्द्रित (Self Centred), मित्रता रहित, बदले की भावना से पूर्ण, पिछड़ा हुआ तथा अति यौनिक (Hyper-Sexual) अथवा यौन व्यवहार में अनियन्त्रित बालक होता है। अत्यधिक बढ़े हुये दोष में वह सहानुभूति की क्षमता में पूर्ण असमर्थता रखता है। अपने निर्दय कार्यों तथा दूसरों के कष्ट के प्रति वह पूर्णरूप से पश्चाताप रहित होता है।" यह साइकोपैथिक बालक अपने घर में एक बिना बुलाये मेहमान की तरह रहता है। उससे कोई प्रेम नहीं करता बल्कि सभी सदैव उसका तिरस्कार करते रहते हैं। ऐसे व्यवहार से यह स्वाभाविक ही है कि बालक में निर्बाध उद्दंडता और हिंसात्मकता के रूप में प्रतिक्रिया जागृत होती है। Juvenile Delinquency में टप्पन ने आइसाक नामक एक साइकोपैथिक बालक का वर्णन किया है। आइसाक 14 वर्ष का एक अत्यन्त बुद्धिमान बालक था। उस पर चोरी करने, स्कूल से भागने (Truancy), अप्राकृतिक यौन व्यवहार तथा अन्य सामान्य अनुशासनहीनता के दोष लगाये गये। वह एक सुन्दर बालक था जो पूर्णतया अजनबी व्यक्तियों को भी प्रभावित करता था। वह अपने परिवार में अकेला बालक था। उसक़े बचपन में ही उसकी माता की मृत्यु हो गई थी। उसके पिता ने उसे 2 वर्ष की आयु में ही छोड़ दिया था। कुछ समय वह एक सम्बन्धी से दूसरे सम्बन्धी के पास निरुत्साह से पाला जाता रहा। अन्त में वह एक अनाथालय में भर्ती कर दिया गया। इन सब कारणों से उसमें बाल्य अवस्था में ही बहुत से विकार दिखाई पड़ने लगे।

आइसाक ने दैनिक कार्यक्रम और अनुशासन का कभी पालन नहीं किया। अपने व्यवहार से वह सदैव कटुता और उद्दण्डता का परिचय देता था। उसने बहुत सी असम्भव और असंगत माँगें उपस्थित कीं। जिन दो व्यक्तियों को वह बहुत पसन्द करता था उनके प्रति भी उसका व्यवहार इसी तरह का था। इन दो व्यक्तियों में एक किसान और एक सामाजिक कार्यकर्त्ता ने उसके सुधार के लिए बहुत परिश्रम किया। धीरे-धीरे उसको उसके व्यवहार के बारे में सचेत किया गया। खेती में उसकी अभिरुचि को बढ़ावा दिया गया। कुछ समय के सहानुभूतिपूर्ण व्यवहार से ये दो व्यक्ति उसके निकट आ गये। ये किसान और सामाजिक कार्यकर्त्ता आगे चलकर उसके आदर्श बन गये यहाँ तक कि उन्होंने आत्मचेतना का रूप ले लिया। उसमें ग्लानि की भावना पैदा हो गई तथा उसने हर एक काम में इन दोनों व्यक्तियों की सलाह लेना आरम्भ कर दिया। जब आइसाक ने इस तरह समंजन (Adjustment) की प्रवृत्ति दिखानी शुरू की तो उसके सामने क्रमशः उच्चतर व्यवहार के आदर्शों को रखा जाने लगा। सुधारकों के आत्मविश्वास और लगे रहने के परिणमस्वरूप आइसाक अपने भविष्य का पुनर्गठन करने में क्रियाशील हो गया। 21 वर्ष की आयु में 1941 में वह संयुक्त राज्य की वायु सेना में भर्ती कर लिया गया।

कुछ अपराधशास्त्रियों और मनोवैज्ञानिक ने साइकोपैथिक अपराधियों के अध्ययन की आलोचना की है। सदरलैंड लिखता है कि मानसिक चिकित्सक ने इलीनौज राज्य के बन्दीगृह के कैदियों का अध्ययन किया। चिन्हों के आधार पर उसने 98 प्रतिशत कैदियों को साइकोपैथिक पाया। जब इसी बन्दीगृह का कुछ दूसरे मानसिक चिकित्सकों ने अध्ययन किया तो उन्होंने केवल 5 प्रतिशत बन्दी ही साइकोपैथिक पाए। वास्तव में विभिन्न मानसिक चिकित्सकों ने इस शब्द का प्रयोग इतने अधिक भिन्न-भिन्न रूपों और भिन्न-भिन्न चिन्हों के आधार पर किया है कि इनका कोई विशिष्ट अर्थ नहीं रह गया है जो वैज्ञानिक व्याख्याओं में प्रयोग किया जा सके।

(3) व्यक्तित्व के लक्षण—व्यक्तित्व के लक्षणों तथा अपराध प्रवृत्ति में भी बहुत निकट सम्बन्ध पाया गया। व्यक्तित्व व्यक्ति के परिवेश से अनुकूलन करने का ढंग है। अपराधी बालक इस अनुकूलन में अपराधी कार्यों का प्रयोग करते हैं अतः अपराधी बालकों में व्यक्तित्व के कुछ विशेष लक्षण पाये गये हैं जिनसे किशोरापराध के कारणों पर प्रकाश पड़ता है। ग्लयूक ने अपनी पुस्तक Unraveling Juvenile Delinquency में किशोरापराधियों में सामान्य बालक की अपेक्षा स्वच्छन्दता, विद्रोह, हिंसात्मक प्रवृत्ति, सन्देहशीलता, असंयम, दूसरों को दुःख देने में सुख लेना, संवेगात्मक और सामाजिक असमंजन, बहिर्मुखी स्वभाव आदि कहीं अधिक पाए। संवेग की परिपक्वता अथवा संवेगात्मक असंतुलन आदि सामान्य बालक की अपेक्षा आठ गुना अधिक पाया गया। सामान्य बालक नम्र, शांत, नियम पालन करने वाला तथा सामाजिक होता है। इसके विपरीत अपराधी बालक उद्दण्ड, अशान्त, नियम भंग करने वाला और असामाजिक पाया गया। ग्ल्यूक ने किशोरापराधी और सामान्य बालकों के मनोरंजन के साधनों में भी पर्याप्त अन्तर पाया। अपराधी बालक अधिकतर साहसिक कार्यों में रुचि लेता था, उनमें सिनेमा देखने की लत बहुत अधिक पाई गई। उनके पास मनोरंजन के प्रमुख साधन सिगरेट पीना, जुआ खेलना, घर से बाहर रहना, तोड़-फोड़ करना तथा सरकारी गाड़ियों में चुपके से चढ़ जाना आदि पाए गए। बहुधा वह किसी न किसी गिरोह का सदस्य होता था। इसके विपरीत सामान्य बालक खेलों से मनोरंजन करते देखे गए। ड्यूरिया और असम ने भी अपने अध्ययन से यह सिद्ध किया कि अपराधी बालिकाओं में संवेगात्मक अपरिपक्वता बहुत अधिक पाई गई।

(4) संवेगात्मक अस्थिरता—इस प्रकार संवेगात्मक अस्थिरता अपराध के मनोवैज्ञानिक कारणों में सबसे अधिक महत्वपूर्ण है। प्रेम और सहानुभूति की कमी, संवेगात्मक असुरक्षा, कठोर अनुशासन, अपर्याप्तता (Insufficiency) तथा हीनता की भावना और विद्रोह की प्रतिक्रिया बालक के व्यक्तित्व को असंतुलित बना देती है जिसमें उसे अपराधी व्यवहार की प्रेरणा मिलती है। हीली और ब्रोनर ने अपने अध्ययनों में 93 प्रतिशत किशोरापराधी ऐसे देखे जिनमें संवेगात्मक असंतुलन उपस्थित था। इन अपराधियों का विस्तार से विश्लेषण करने पर उन्हें जो संवेगात्मक

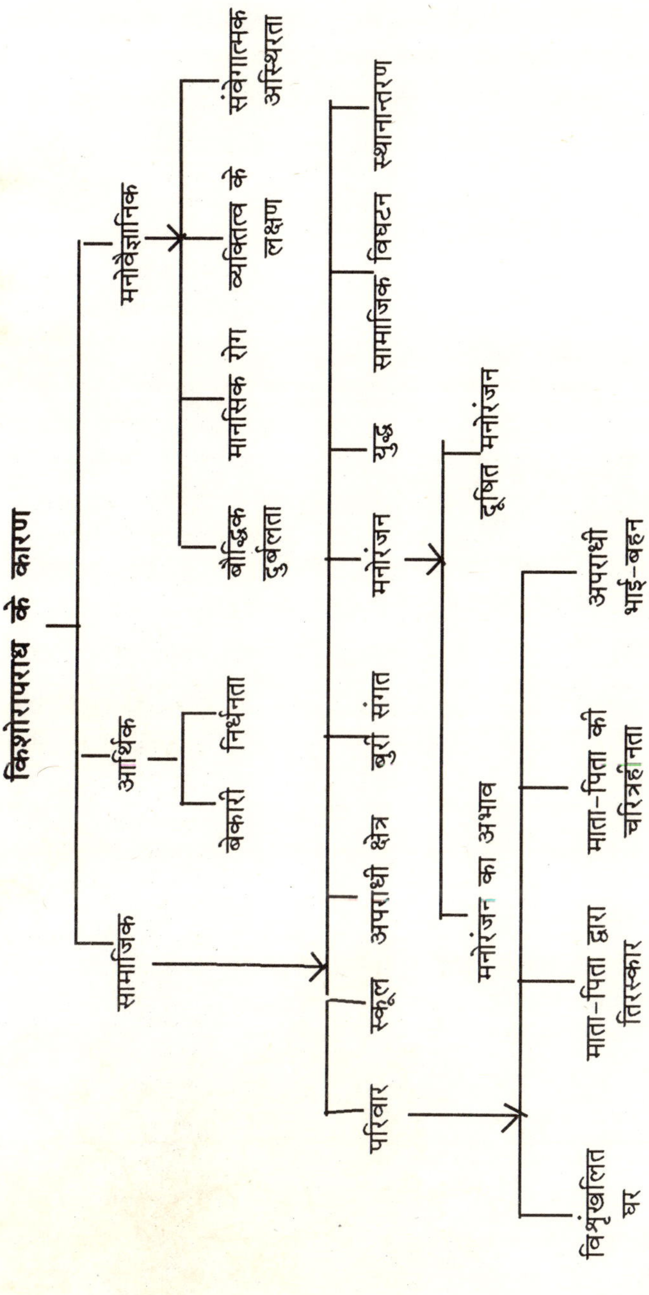
किशोरापराध के कारण
सामाजिक
आर्थिक
मनोवैज्ञानिक
बेकारी
निर्धनता
बौद्धिक दुर्बलता
मानसिक रोग
व्यक्तित्व के लक्षण
संवेगात्मक अस्थिरता
परिवार
स्कूल
अपराधी क्षेत्र
बुरी संगत
मनोरंजन
युद्ध
सामाजिक विघटन
स्थानान्तरण
मनोरंजन का अभाव
दूषित मनोरंजन
विशृंखलित घर
माता-पिता द्वारा तिरस्कार
माता-पिता की चरित्रहीनता
अपराधी भाई-बहन

प्रभाव देखने को मिले वे अग्रलिखित हैं—

(1) 46 अपराधियों में असुरक्षित, अस्वीकृत, अत्यधिक तिरस्कृत, हीनता की तथा ठीक न समझे जाने की भावना उपस्थित थी।

(2) 28 अपराधियों में स्नेह की कमी के कारण उनकी सामान्य और असामान्य इच्छाओं का विरोध किये जाने की भावना उपस्थित थी।

(3) 46 अपराधियों में स्कूल, पारिवारिक जीवन, साथियों या खेलकूद में हीनता अथवा अपर्याप्तता की भावना उपस्थित थी।

(4) 34 अपराधियों में माता-पिता के बुरे व्यवहार, पारिवारिक जीवन की परिस्थितियों अथवा माता-पिता की गलतियों और पारिवारिक संतुलन के कारण संवेगात्मक असंतुलन पाया गया।

(5) 31 अपराधियों में अन्य साथी बालकों के प्रति द्वेष की कटु भावना उपस्थित थी।

(6) 17 अपराधियों में प्रसन्न जीवन की भ्रान्ति पाई गई जिसके कारण कुछ पिछले अनुभव ही हो सकते हैं।

(7) 8 अपराधियों में पहले अपराधी व्यवहार के कारण चेतन या अचेतन रूप से आत्मग्लानि अथवा अपराधी भावना उपस्थित थी।

आर्थिक कारण

निर्धनता और अपराध का बड़ा घनिष्ट सम्बन्ध है। शॉ और मैके तथा इलियट के अध्ययन से यह ज्ञात हुआ कि किशोरापराधियों में अकुशल मजदूरों की सन्तान की संख्या बहुत अधिक थी। बोंगर तथा फोर्नासिरी डिवर्सी ने इस मत का समर्थन किया कि निर्धनता अपराध की प्रवृत्तियों को बढ़ावा देती है। इन किशोरापराधियों के बारे में मैरिल ने लिखा है कि परिवार की आय कम होने के कारण बालकों को भी काम करना पड़ता है और उनकी शिक्षा नहीं हो पाती। कारखानों का परिवेश बालक बालिकाओं को अपराध की राह पर ले जाता है। कभी-कभी बालकों को दूसरों के घर संदेश ले जाने का कार्य सौंपा जाता है जिससे उनको नाना प्रकार के यौन व्यवहार देखने को मिलते हैं। इसका उन पर बुरा प्रभाव पड़ता है और वे अपराध की ओर प्रवृत्त होते हैं। गणना से देखा गया है कि अपराधी बालकों में काम करने वालों की संख्या काम न करने वालों से लगभग 10 गुनी होती है। होटलों या उपहारगृहों में काम करने वाली लड़कियाँ यौन अपराध की ओर शीघ्र प्रवृत्त हो जाती हैं क्योंकि एक तो उनको वेतन बहुत कम मिलता है, दूसरे उनका निवास स्थान गन्दा तथा काम के घण्टे अधिक होते हैं तथा तीसरे उनको यौन अपराधों की ओर ले जाने वालों की संख्या कम नहीं होती। वास्तव में गरीब परिवार के बालक-बालिकाओं की अनेक इच्छाएँ अतृप्त रह जाती हैं जिनको तृप्त करने के लिये वे अपराधों का सहारा लेते हैं। निर्धनता से असंतोष और हीनता की भावना भी उत्पन्न होती है, जिससे

व्यक्ति अपराध की ओर बढ़ता है।

परन्तु इसका अर्थ यह नहीं निकाला जा सकता कि निर्धनता और अपराध में अनिवार्य सम्बन्ध है। वास्तव में अपराध का कारण निर्धनता नहीं है, बल्कि उसमें उत्पन्न वे मनोवैज्ञानिक कारक हैं जो बालक बालिकाओं को अपराध की ओर ले जाते हैं। Juvenile Delinquency में टप्पन ने लिखा है, ''निर्धनता अपराध से सम्बन्धित है, परन्तु मुख्यत: इस कारण से कि सामान्य से निम्नतर (Subnormal) आर्थिक परिस्थितियों के साथ-साथ बालक के प्रशिक्षण और अनुभवों के अन्य तत्व भी क्रियाशील रहते हैं जो चरित्र, मूल्यों और कानूनों के प्रति अनुक्रियाओं को निर्धारित करने में अधिक महत्वपूर्ण होते हैं। घरेलू लड़ाई-झगड़े अपराधी-समूह (Delinquent Gangs), अपर्याप्त शिक्षा और मनोरंजन की असुविधा, अवैधानिकता के उपस्थित प्रलोभन ये अधिकाधिक क्रियाशील तत्व होते हैं। ''साइरिल बर्ट ने अपने अध्ययन से यह दिखलाया है कि पकड़े हुए अपराधियों में निर्धनों की बड़ी संख्या होने का एक कारण यह भी है कि गरीब होने के कारण वे पुलिस तथा कानून से नहीं बच सकते जबकि धनिक अपराधी आसानी से बच सकते हैं। साइरिल बर्ट के अध्ययन में केवल 19 प्रतिशत किशोरापराधी ही बहुत अधिक निर्धन परिवार के सदस्य पाये गये। 37 प्रतिशत किशोरापराधी औसत रूप से निर्धन परिवारों के सदस्य थे। इस प्रकार आधे से अधिक किशोरापराधी निर्धन परिवारों से आये थे। परन्तु बर्ट के अनुसार इस बड़ी संख्या का मुख्य कारण निर्धनता न होकर यह था कि धनिक परिवारों के बालक अपनी सम्पन्नता के कारण पकड़े जाने से बच जाते हैं। निर्धन बालकों में किशोरापराधियों की अधिक संख्या के पाये जाने का चाहे कुछ भी कारण माना जाय, परन्तु इस बात पर सभी अपराधशास्त्री और मनोवैज्ञानिक एक मत हैं कि किशोरापराध का निर्धनता से घनिष्ठ सम्बन्ध है। जब निर्धन परिवार के बालक धनिक परिवार के बालकों को तरह-तरह की चीजों का इस्तेमाल करते देखते हैं तो वे भी वैसा ही करना चाहते हैं, परन्तु धन की कमी के कारण वे उन चीजों को प्राप्त नहीं कर सकते। फलस्वरूप उनमें द्वेष, लालच और जलन की भावनायें पैदा होती हैं जो उनको अपराधों की ओर ले जाती हैं।

किशोर अपराधों के सामाजिक, मनोवैज्ञानिक और आर्थिक कारणों के उपरोक्त विवचेन से यह स्पष्ट होता है कि इस विषय में विशिष्ट कारणवाद का सिद्धान्त ठीक नहीं है। वास्तव में आजकल कोई भी अपराधशास्त्री अथवा मनोवैज्ञानिक इस तथ्य से इन्कार नहीं कर सकता कि अपराध के कारण विविध हैं। व्यक्ति की क्रियायें परिवेश के प्रति समंजन करने का ढंग हैं। इस समंजन में जो व्यक्ति सामाजिक उपाय अपनाते हैं, वे स्वस्थ कहलाते हैं। इसके विपरीत जो व्यक्ति इस अनुकूलन में असामाजिक अथवा असमान्य उपायों का प्रयोग करते हैं वे अपराधी कहलाते हैं। इस तरह किसी बालक के अपराधी बनाने में सामाजिक और व्यक्तिगत, घरेलू, मनोवैज्ञानिक और आर्थिक सभी कारणों का हाथ है। अत: किशोर अपराधी को फिर से समाज का स्वस्थ नागरिक बनाने के लिये इन सब कारणों को समझकर इनको

दूर करने की जरूरत है। हर्ष है कि इस तथ्य को आजकल सभी प्रगतिशील देशों में अनुभव किया गया है और इसलिये सब कहीं किशोरापराधी को दण्ड देने के स्थान पर उसके सुधार करने की चेष्टा की जाती है।

किशोरापराध के सुधार के उपाय

जैसा कि पहले बतलाया जा चुका है, आधुनिक प्रगतिशील देशों में किशोरापराधियों को दण्ड नहीं दिया जाता, बल्कि उनके सुधार का उपाय किया जाता है। इस विषय में तीन उपाय सबसे अधिक प्रचलित हैं–(1) प्रवीक्षण (Probation), (2) सुधार स्कूल (Reformatory School), (3) मनोवैज्ञानिक उपचार (Psycho-therapy)।

(1) प्रवीक्षण

किशोरापराध के सुधार की सबसे प्रचलित विधि प्रवीक्षण है। इसमें किशोरापराध को एक प्रवीक्षण अधिकारी (Probation Officer) की संरक्षकता में रख दिया जाता है। अमेरिका में सन् 1841 ई० से 1859 ई० तक जॉन आगस्टस ने 203 युवकों तथा 149 युवतियों को यह विश्वास दिलाकर जमानत पर छुड़ाया कि वे दोबारा अपराध नहीं करेंगे और वास्तव में न तो उनमें से किसी ने दोबारा अपराध किया और न प्रोबेशन की शर्तों को तोड़ा। उस समय तक प्रोबेशन का कानून नहीं था। अतः इसको बेल बोंडिंग (Bail Bonding) कहा गया जिससे जमानत का तात्पर्य होता है। अमेरिका में सबसे पहले प्रोबेशन कानून 1876 में मेसाच्यूसैट्स राज्य में पास हुआ। उसके बाद धीरे-धीरे सभ्य देशों में प्रोबेशन या प्रवीक्षण का रिवाज हो गया।

प्रवीक्षण के उद्देश्य के बारे में अनेक प्रकार के मत मिलते हैं। अधिकतर लोग प्रवीक्षण को पहली बार अपराध करने वालों के प्रति गर्मी बरतने की एक विधि मानते हैं। एक अन्य मत यह है कि प्रवीक्षण का उद्देश्य चेतावनी देकर अथवा दण्ड का भय दिखलाकर अपराधी का सुधार करना है। कुछ नये अपराधशास्त्रियों के अनुसार प्रवीक्षण का उद्देश्य बालक की सामाजिक और मनोवैज्ञानिक आवश्यकताओं को पूरा करना है। कुछ लोगों ने प्रवीक्षण को एक उपचार विधि ही मान लिया है, जिसमें कि बालकों की मनोवृत्तियों और परिस्थितियों का अध्ययन करके उसके सुधार के उपाय किये जाते हैं। वास्तव में, प्रवीक्षण के उद्देश्य में उपरोक्त सभी बातें आ जाती हैं। प्रवीक्षण का उद्देश्य अपराधी की मानसिक प्रवृत्तियों तथा उनकी परिस्थितियों का सूक्ष्म अध्ययन करके कभी उसे दण्ड का भय दिखाकर और कभी नर्मी से समझाकर तथा उसकी सामाजिक और मनोवैज्ञानिक आवश्यकताओं को यथासम्भव सन्तुष्ट करने की चेष्टा करते हुए अपराधी को सही मार्ग पर लाना है।

भारत में सन् 1938 में उत्तर प्रदेश का प्रथम अपराधी प्रवीक्षण अधिनियम (First Offender's Probation Act) पास हुआ। इस अधिनियम के अनुसार पहली बार अपराध करने वाले बालक-बालिकाओं को प्रोबेशन पर रखने की व्यवस्था की गई। बड़े-बड़े नगरों में प्रोबेशन अधिकारियों की नियुक्ति की गई। यद्यपि अभी

प्रत्येक जिले में प्रोबेशन का प्रबन्ध नहीं है। उत्तर प्रदेश के इस अधिनियम के अनुसार 7 वर्ष से लेकर 24 वर्ष की आयु तक अपराध करने वाले युवकों को प्रवीक्षण अधिकारी की देखरेख में रखा जाता है।

उत्तर प्रदेश के अलावा भारत में तमिलनाडु और महाराष्ट्र की सरकारों ने भी प्रोबेशन के विषय में अधिनियम बनाये। कुछ अन्य राज्यों ने भी इस दिशा में कदम उठाये हैं, परन्तु सारे देश में प्रोबेशन की व्यवस्था होना अभी दूर की बात है। महाराष्ट्र, उत्तर प्रदेश, तमिलनाडु के प्रवीक्षण अधिनियमों में प्रवीक्षण अधिकारी के कामों के विषय में मुख्य निर्देश निम्नलिखित हैं–

(1) प्रोबेशनर (Probationer) में मित्रता स्थापित करना और उससे सहानुभूति का व्यवहार रखना।

(2) समय-समय पर प्रोबेशनर के घर जाकर उससे मिलना और कभी-कभी उसे अपने घर भी आमन्त्रित करना।

(3) इस बात की देखरेख करना कि प्रोबेशनर अदालत में दाखिल किये गये बौंड (Bond) की शर्तों का पालन कर रहा है या नहीं।

(4) अदालत को प्रोबेशन के व्यवहार के बारे में सूचित करते रहना।

(5) प्रोबेशनर को सलाह-मशविरा देना और उसके व्यवहार को उचित दिशा में ले जाने की कोशिश करना।

(6) प्रोबेशनर को काम-धन्धा दिलाने में सहायता देना।

प्रोबेशन व्यवस्था अपराधियों को और अधिक अपराधों के करने से रोकने में अधिक लाभदायक सिद्ध हुई है। मुख्य लाभ निम्नलिखित हैं–

(1) प्रवीक्षण व्यवस्था अपराधी को सुधरने का मौका देती है।

(2) प्रवीक्षण अधिकारी अपराधी को सहायता और निर्देश देता है।

(3) प्रोबेशन व्यवस्था अपराधी को जेल के दूषित वातावरण से बचाती है जिससे वह अनेक सामान्य प्रवृत्तियों का शिकार होने से बच जाता है।

(4) प्रवीक्षण व्यवस्था अपराध रोकने के अन्य व्यवस्थाओं से सस्ती भी है।

(5) प्रोबेशन व्यवस्था केवल अपराधी को अपराध करने से ही नहीं रोकती, बल्कि उसे समाज का एक उपयोगी अंग बनाने में भी सहायता करती है।

(2) सुधार संस्थायें

भारत में 1897 के रिफार्मेट्री अधिनियम के अनुसार सुधार स्कूल स्थापित किये गये। आजकल भारत में इस तरह के निम्नलिखित चार स्कूल हैं–

1. सुधार स्कूल

(अ) **हिसार रिफार्मेट्री स्कूल**–इसमें दिल्ली और पंजाब के 15 वर्ष से कम उम्र के किशोरापराधी भेजे जाते हैं। ये 3 से 5 वर्ष तक स्कूल में रखे जाते हैं। इन्हें मिडिल स्कूल तक की शिक्षा दी जाती है और साथ में प्रौद्योगिक शिक्षा दी जाती है। इसमें चमड़े का काम, सिलाई, लुहार का काम, बैंत का काम, बढ़ईगिरी

आदि आते हैं। इसके अलावा स्काउटिंग, प्राथमिक चिकित्सा, मनोरंजन आदि का भी प्रबन्ध है। अच्छा आचरण होने पर बालक को पुरस्कार दिया जाता है और घर के लिए 15 दिन की छुट्टी भी दी जाती है।

(ब) **लखनऊ रिफार्मेंट्री स्कूल**—इसमें उत्तर प्रदेश के 9 वर्ष से 15 वर्ष की आयु तक के किशोरापराधी रखे जाते हैं। ये 4 से 7 वर्ष तक स्कूल में रहते हैं। स्कूल में इनकी सामान्य और प्रौद्योगिकी शिक्षा का प्रबन्ध है। बालकों को जेब खर्च मिलता है और सादे कपड़ों में स्कूल से बाहर जाने दिया जाता है। स्कूल के बालकों का एक अपना बैंड भी है जो शहर में भेजा जाता है।

(स) **जबलपुर रिफार्मेट्री स्कूल**—इसमें मध्य प्रदेश के किशोर अपराधी रखे जाते हैं। स्कूल में बालकों को पूरी स्वतन्त्रता दी जाती है और उन्हें आत्म-निर्भरता सिखाई जाती है। स्कूल में सामान्य और औद्योगिक दोनों प्रकार की शिक्षा दी जाती है।

(द) **हजारी प्रसाद रिफार्मेंट्री स्कूल**—इसमें पश्चिमी बंगाल, बिहार, असम और उड़ीसा के किशोर अपराधियों को प्राथमिक शिक्षा दी जाती है। स्कूल से लगे औद्योगिक कक्ष में स्कूल के अतिरिक्त बाहर के विद्यार्थियों को भी प्रशिक्षण दिया जाता है। प्रतिभाशाली बालकों को बाहर की शिक्षा संस्थाओं में भेजा जाता है।

2. सर्टीफाइड स्कूल—रिफार्मेंट्री स्कूलों में भयंकर अपराध वाले किशोर अपराधियों को रखा जाता है। छोटे अपराध वाले बालक सर्टीफाइड स्कूलों मैं रखे जाते हैं। ये स्कूल भारत में उन सब राज्यों में पाये जाते हैं जिनमें बाल अधिनियम (Children Acts) पास किये जा चुके हैं। 14 वर्ष के बालक जूनियर सर्टीफाइड स्कूलों में रखे जाते हैं। 14 से 16 वर्ष तक के बाल-अपराधी सीनियर सर्टीफाइड स्कूलों में रखे जाते हैं। इन स्कूलों में 5 से 8वीं कक्षा तक की शिक्षा दी जाती है। तमिलनाडु राज्य में लड़कों के एक सीनियर और दो जूनियर तथा लड़कियों का एक सम्मिलित स्कूल है। राज्य द्वारा संचालित इन स्कूलों के अतिरिक्त 8 सर्टीफाइड स्कूल सार्वजनिक समितियों द्वारा संचालित हैं। महाराष्ट्र राज्य में राज्य सरकार द्वारा संचालित 19 सर्टीफाइड स्कूल हैं। केरल राज्य में एक सर्टीफाइड स्कूल है। इन सर्टीफाइड स्कूलों के अतिरिक्त महाराष्ट्र राज्य की 89 उपयुक्त व्यक्ति संस्थायें (Fit Person Institutions), बंगाल का आवारा बच्चों का शरणालय (Vagrant Children's Home), कलकत्ता का कलकत्ता विजिलेन्स समिति शरणालय (Calcutta Vigilance Association Home), आन्ध्र प्रदेश में कुट्टी नेल्लोड़ी का बाल शरणालय तथा दिल्ली का बाल शरणालय और मैसूर राज्य में बेलारी का सर्टीफाइड स्कूल संस्थायें किशोर अपराधियों के सुधार की दिशा में महत्वपूर्ण काम कर रही हैं।

3. सहायक गृह—सर्टीफाइड स्कूलों के लिये बच्चे लेने वाली संस्थायें सहायकगृह (Auxiliary Home) कहलाती हैं। सहायकगृह सरकारी और गैर-सरकारी दोनों प्रकार के होते हैं। इनमें सातवीं कक्षा तक की सामान्य शिक्षा और

बढ़ईगिरी, कताई, बुनाई, जिल्दसाजी, चटाई बुनना, राज और दर्जी का काम औद्योगिक शिक्षा दी जाती है। इसके अलावा स्काउटिंग, प्राथमिक चिकित्सा (First Aid), संगीत तथा खेती आदि की शिक्षा का भी प्रबन्ध होता है। सहायक गृहों से निकले हुए बालक बहुत कम संख्या में दुबारा अपराध करते हैं।

(4) **बोर्स्टल स्कूल**—टप्पन के अनुसार, Juvenile Delinquency के लेख में इंग्लैण्ड के गृह विभाग ने बोर्स्टल व्यवस्था के सिद्धान्तों की इस प्रकार व्याख्या की है—"इस व्यवस्था का लक्ष्य चरित्र और नैतिक, मानसिक, शारीरिक तथा व्यवसाय सम्बन्धी क्षमताओं का विशेष रूप से उत्तरदायित्व और आत्म-नियन्त्रण के विकास पर जोर देते हुए प्रगति के साथ बढ़ते हुये विकास द्वारा सर्वांगीण विकास करना है।"[1] बोर्स्टल संस्था में सदस्यों को दिनभर रुचिकर तथा मेहनत के कामों में लगाये रखा जाता है। सामान्य शिक्षा के साथ-साथ इनमें शारीरिक प्रशिक्षण तथा औद्योगिक प्रशिक्षण का विशेष ध्यान रखा जाता है। इस प्रकार का प्रशिक्षण सबसे पहले 1902 में इंग्लैण्ड में केन्ट प्रान्त में मैन्चेस्टर के निकट बोर्स्टल नामक स्थान पर स्थापित किया गया। अतः इसका नाम बोर्स्टल स्कूल पड़ा। बोर्स्टल स्कूल भारत में सबसे पहले मद्रास राज्य में 1926 में बने एक अधिनियम के अनुसार स्थापित हुआ। पश्चिमी बंगाल में बेहरामपुर में और बम्बई में धारावाड़ में भी मद्रास के समान बोर्स्टल स्कूल स्थापित किया गया। मैसूर और मध्य प्रदेश में भी इसी प्रकार एक-एक स्कूल बना।

बोर्स्टल स्कूल में 16 से 21 वर्ष की आयु के अपराधी रखे जाते हैं। 32 वर्ष की आयु के बाद इनको स्कूल से छोड़ दिया जाता है। साधारणतया बोर्स्टल स्कूल राज्य के जेल विभाग के अधीन होते हैं। तमिलनाडु राज्य का बोर्स्टल स्कूल कई खण्ड़ों में विभाजित है। इन खण्डों का निरीक्षक एक हाउस मास्टर (House Master) होता है। हाउस मास्टर खण्ड के काम और अनुशासन का उत्तरदायी होता है। हाउस समूहों (Groups) में बँटा होता है। बोर्स्टल स्कूल में अच्छा आचरण दिखलाने वाले अपराधी को स्टार श्रेणी दी जाती है। इस श्रेणी में बन्दी को उसकी पसन्द का काम मिलता है और साथ ही साथ बैज धन राशि (Badge Money) के रूप में कुछ धन भी दिया जाता है। स्टार श्रेणी में अच्छा आचरण दिखलाने वाले सदस्यों को विशेष स्टार श्रेणी में रखा जाता है। विशेष स्टार श्रेणी के सदस्यों को बिना निगरानी के बाहर जाने की सुविधा दी जाती हैं। वे परेड, वर्कशाप तथा मनोरंजन कक्ष आदि की देखरेख करते हैं और सन्तरी आदि का काम करते हैं। वे संस्था से बाहर खेल-कूद प्रतियोगिताओं में और स्काउट शिविरों में भाग लेने को भी भेजे जा सकते हैं।

---

1. "The object of the system is the all round development of character and capacities, moral, physical and vocational, with particular emphasis on the development of responsibility and self control, trust increasing with progress."
   --Quoted from P. W. Tappan, *Juvenile Delinquency,* p. 477.

5. किशोर बन्दीगृह—उत्तर प्रदेश में बरेली में बोर्स्टल व्यवस्था के अनुकूल एक किशोर बन्दीगृह (Juvenile Jail) स्थापित किया गया है। उड़ीसा में अंगुल और बिहार में पटना में भी इसी प्रकार के किशोर बन्दीगृह स्थापित किये गये हैं। किशोर बन्दीगृह में उन्नीस वर्ष की आयु तक के या अधिक से अधिक 21 वर्ष की आयु तक के अपराधी रखे जा सकते हैं। किशोर बन्दीगृह साधारण जेलों से भिन्न हैं। यह एक सुधार संस्था है। इसमें बन्दियों को सामान्य शिक्षा और औद्योगिक शिक्षा दी जाती है। बन्दी जेल से बाहर जाकर भी काम कर सकते हैं। वे समय-समय पर अपने परिवार से मिलने घर भी जा सकते हैं। जेल की पढ़ाई खत्म करने के बाद सदस्य आगे पढ़ने के लिए जेल से बाहर के स्कूलों में भी जा सकते हैं। बरेली जेल में कैदियों की अपनी देख-रेख में एक कैन्टीन भी है जिससे उनको अपनी आवश्यकता की वस्तुयें मिल जाती हैं। जेल में बन्दियों द्वारा चुनी हुई एक पंचायत भी होती है। यह पंचायत सफाई तथा भोजन की व्यवस्था की देखरेख करती है। यह कैदियों के अनुशासन भंग के मामलों में निर्णय देती है। किशोर बन्दीगृह अपराधियों के सुधार में बड़े सफल सिद्ध हुए हैं। बरेली के किशोर बन्दीगृह से पिछले बारह वर्षों में केवल एक ही कैदी भागा है। बन्दीगृह के सदस्यों की कमाई का धन उनके नाम जमा कर दिया जाता है और जेल छोड़ते समय उन्हें दे दिया जाता है ताकि वे कोई स्वतन्त्र व्यवसाय स्थापित कर सकें। जेल में खिलौने बनाने, चमड़े का काम, बुनाई, सिलाई, गलीचा बनाना, खेती, मुर्गी पालन, बैण्ड बजाना आदि विभिन्न उपयोगी काम सिखाये जाते हैं।

देश में विभिन्न प्रकार की सुधार संस्थाओं के उपरोक्त वर्णन से स्पष्ट है कि भारत सरकार तथा राज्य सरकारें इस ओर ध्यान दे रही हैं। यद्यपि यह काम खासतौर से राज्यों का ही है परन्तु भारत सरकार ने भी इस दिशा में काफी सहायता दी है।

अभ्यास के लिए प्रश्न

प्रश्न 1. अन्तर स्पष्ट कीजिए—अपराध और बाल अपराध।

प्रश्न 2. भारतवर्ष में बाल अपराध के क्या कारण हैं? बाल अपराध किस प्रकार रोका जा सकता है?

प्रश्न 3. किशोरापराध के कारणों का विवेचन कीजिए। उसके उपचार के लिए आप क्या सुझाव देंगे?

प्रश्न 4. क्या नगरीकरण और बाल अपराध के मध्य कोई सम्बन्ध है? अपने उत्तर के सहायतार्थ तर्क प्रस्तुत कीजिए।

प्रश्न 5. संक्षिप्त टिप्पणी लिखिए—बाल अपराध निरोध।

21

अनुसूचित जाति की समस्यायें
(Problems of Scheduled Caste)

अस्पृश्यता

सन् 1935 में भारत सरकार ने अस्पृश्य जातियों को कुछ विशेष सुविधायें देने के लिए एक अनूसूची तैयार की। इसमें लगभग 429 जातियाँ आईं जिनमें 1981 में साढ़े दस करोड़ लोग आते थे। सूची में सम्मिलित होने के कारण ये जातियाँ अनुसूचित जातियाँ (Scheduled Castes) कहलाने लगीं। ये अस्पृश्य कहलाते हैं और अस्पृश्यता की समस्या भारतीय गाँवों की भयंकर सामाजिक समस्या है।

अस्पृश्यता की परिभाषा करना बड़ा कठिन है। वास्तव में अस्पृश्यता का अर्थ उन निर्योग्यताओं से है जो कि हरिजन जातियों पर सवर्ण जातियों ने लादी हैं। 1955 के अस्पृश्यता अपराध विधेयक में अस्पृश्यता का यही अर्थ लिया गया था। इस प्रकार उक्त कानून के अनुसार, ''अस्पृश्यता के आधार पर किसी व्यक्ति को (अ) समान धर्म मानने वाले अन्य व्यक्तियों के लिये खुले सार्वजनिक पूजा के स्थान में प्रवेश से, किसी सार्वजनिक पूजा के स्थान में पूजा करने, (ब) प्रार्थना करने अथवा धार्मिक क्रियायें करने से जैसा कि समान धर्म के अनुयायियों को प्रयोग करने की अनुमति है और (स) दुकान, होटल, सार्वजनिक जलपान ग्रह, सार्वजनिक मनोरंजन स्थल या सार्वजनिक आवागमन के साधन, अस्पताल, औषाधालय, शैक्षणिक संस्था या दातव्य ट्रस्ट में पहुँचने या प्रयोग से रोकना अपराध है।''[1] महात्मा गाँधी और डॉ भीमराव अम्बेडकर ने भी कुछ निर्योग्यताओं के आधार पर ही अस्पृश्यता की व्याख्या की है। इस प्रकार ये निर्योग्यतायें ही अस्पृश्यता का चिन्ह हैं। डॉ॰ डी॰ एन॰ मजूमदार (Dr. D. N. Majumdar) ने लिखा है, ''अस्पृश्य जातियाँ वे हैं जो कि

1. "It is an offence to prevent any person on the ground of untouchability (a) from entering any place of public worship which is open to other persons, professing the same religion, (b) from worshipping or offering prayers or performing any religious service in any place of public worship or bathing in or using the water of any sacred tank, well, spring or water course in the same manner as is permissible to other persons professing the same religion, and (c) from accses to or use of a shop, hotel, public restaurant or place of public entertainment or public conveyance or hospital, dispensary or educational institution or charitable trust."

विभिन्न सामाजिक तथा राजनैतिक निर्योग्यताओं से पीड़ित हैं। जिनमें से बहुत सी उच्चतर जातियों के द्वारा परम्परागत रूप से निश्चित और सामाजिक रूप से लागू की गई हैं।''[1] संक्षेप में, ''अस्पृश्य वे जातियाँ हैं जो जीवन के प्रत्येक क्षेत्र सामाजिक, धार्मिक, आर्थिक और राजनैतिक में कुछ निर्योग्यताओं से पीड़ित हैं।'' इन निर्योग्यताओं के विस्तृत वर्णन से यह परिभाषा और भी स्पष्ट हो जायेगी।

हरिजनों की निर्योग्यतायें
(Disabilities of Harijans)

धार्मिक निर्योग्यतायें

भारत में हरिजनों के लिए समाज में अनेक प्रकार की धार्मिक निर्योग्यतायें थीं। उन्हें मन्दिरों, मठों तथा शमशान घाटों में प्रवेश करने तथा उनका उपयोग करने का अधिकार नहीं था, क्योंकि यह समझा जाता था कि उनके स्पर्श से ये स्थान अपवित्र हो जायेंगे। इस प्रकार हरिजन मन्दिरों में पूजा नहीं कर सकते थे। उनके दर्शन से भी देवता ही नहीं; बल्कि उनके भक्त तक अपवित्र होते थे।

परन्तु भारत में हरिजनों की निर्योग्यतायें प्रधान रूप से सामाजिक और आर्थिक हैं। सामाजिक और आर्थिक निर्योग्यतायें (Disabilities) दूर हो जाने पर हरिजनों का राजनैतिक पिछड़ापन समाप्त हो जायेगा। वास्तव में हरिजनों की धार्मिक निर्योग्यतायें भी उनकी सामाजिक निर्योग्यतायें ही हैं। सामाजिक क्षेत्र में हरिजनों की निर्योग्यतायें निम्नलिखित हैं–

सामाजिक निर्योग्यतायें

(1) सार्वजनिक मार्ग के उपयोग का निषेध–हाडसन ने लिखा है कि तमिलनाडु में एक अस्पृश्य जाति का दर्शन तक इतना अपवित्र करने वाला समझा जाता था कि उसके सदस्य दिन में सड़क पर नहीं चल सकते थे, उन्हें बाध्य होकर रात को ही अपना सब काम करना पड़ता था। ऊँची जाति के लोग उनकी छाया तक से अपवित्र होते थे। अतः ऊँची जातियों के लोगों को देखकर हरिजन सड़क पर लेट जाता था जिससे उसकी छाया उन पर न पड़े।

(2) सार्वजनिक कुओं पर चढ़ने का निषेध–कम या अधिक कठोरता के साथ भारत के लगभग सभी गाँवों में हरिजनों के कुओं पर चढ़ने तथा उससे पानी खींचने का निषेध था। बंगाल में वे कुएँ के पास तो आ सकते थे, परन्तु उससे पानी नहीं खींच सकते थे। कोई सवर्ण हिन्दू ही उसके लिये पानी खींच सकता था। कुछ अन्य राज्यों में तो अछूतों को कुएँ के पास भी नहीं आने दिया जाता था।

---

1. "The untouchable castes are those who suffer from various social and political disabilities, many of which are traditionally prescribed and socially enforced by higher castes."
Majumdar, D. N. : *Races and Cultures of India,* Asia Publishing House, Bombay, (1958), p. 326,

(3) विद्यालयों में प्रवेश का निषेध—हरिजन बालकों को विद्यालयों में प्रवेश करने का अधिकार नहीं था, क्योंकि उनके साथ बैठकर पढ़ने से सवर्ण बालकों के दूषित होने की सम्भावना थी, दूसरी ओर हरिजनों के लिये पृथक्-पृथक् स्कूल भी नहीं थे। वास्तव में हरिजनों के लिए शिक्षा आवश्यक नहीं समझी जाती थी। पढ़ने का आग्रह करने पर उन्हें कक्षा से बाहर धूप और धूल में बैठकर पढ़ना पड़ता था। अनेक धर्म-शास्त्रों में शूद्रों के लिये शिक्षा का निषेध किया गया है।

(4) अन्य सामाजिक प्रतिबन्ध—उपरोक्त निर्योग्यताओं के अतिरिक्त हरिजनों पर और भी अनेक सामाजिक प्रतिबन्ध थे। शादी-विवाह में हरिजन वर-वधू पालकी में नहीं बैठ सकते थे। चमारों में दूल्हे के घोड़े पर बैठने पर राजपूत उन्हें खूब सताते थे। हरिजनों को अच्छे वस्त्राभूषण धारण करने की भी स्वतन्त्रता नहीं थी। नाई उनके बाल नहीं बनाते थे। धोबी उनके कपड़े नहीं धोते थे। दूकानदार उन्हें खाना नहीं देते थे।

आर्थिक निर्योग्यतायें

सामाजिक के साथ-साथ हरिजनों की निर्योग्यतायें आर्थिक भी हैं। उनकी सामाजिक निर्योग्यताओं के कारण उन्हें अपने व्यवसायों में कोई रुचि तथा उत्साह नहीं रह जाता। सवर्ण जातियों के व्यवसाय करने की उनको अनुमति नहीं होती। यों भी उनके परम्परागत कार्य अधिकतर मैले और गन्दे होते हैं तथा उनकी आजीविका के साधन सीमित होते हैं। हरिजनों में शिक्षा लगभग नहीं के बराबर है। वे ऋण के बोझ से लदे रहते हैं। उनमें बड़ी निर्धनता और भुखमरी है। वे गन्दी बस्तियों में रहते हैं जिनसे आये दिन नई-नई बीमारियाँ उत्पन्न होती रहती हैं। उनके लिये औषधि का भी कोई प्रबन्ध नहीं होता, क्योंकि सवर्ण डाक्टर उनको छूने मात्र से अपवित्र होता है।

भारत में अस्पृश्यता के कारण

भारत में अस्पृश्यता के कारण प्रजातीय, धार्मिक तथा सामाजिक अनेक प्रकार के हैं। मुख्य कारण निम्नलिखित हैं—

(1) जाति प्रथा—अस्पृश्य जातियाँ हिन्दू-समाज की हजारों जातियों में सबसे नीची जातियाँ हैं। जाति-प्रथा के साथ-साथ ऊँच-नीच का भाव भी लगा हुआ है। यही ऊँच-नीच का भाव ही अस्पृश्यता का मूल कारण है। इसके अतिरिक्त दूसरा कारण जाति-प्रथा में प्रचलित अनेक निषेध (Taboos) हैं। जिस प्रकार उच्च जातियों को कुछ अन्य जातियों के साथ विवाह सम्बन्ध करने, खानपान रखने तथा उठने-बैठने के निषेध हैं, उसी प्रकार अनेक गन्दा काम करने वाली जातियों के प्रति ऊँच-नीच की भावना से उनके छूने और देखने तक का निषेध हो गया। ये ही जातियाँ अस्पृश्य अथवा अछूत कहलाने लगीं। इस प्रकार भारत में अस्पृश्यता बहुत कुछ जाति-भेद पर आधारित है। अस्पृश्यता जाति-प्रथा पर आधारित ऊँच-नीच के भाव और सामाजिक निषेध का ही भयंकर परिणाम है। 'Caste and Class in India'

में घुरिये ने लिखा है कि पूना में मराठों के शासन काल में अस्पृश्य जातियाँ महार और माँग शहर के दरवाजों के भीतर शाम के तीन बजे से सवेरे के नौ बजे तक प्रविष्ट नहीं हो सकती थीं, क्योंकि इस समय छाया बहुत लम्बी पड़ती है और उससे उच्च ब्राह्मणों के दूषित होने का भय है। महाराष्ट्र के महार अपने गले में लटके एक मिट्टी के पात्र में थूक सकते थे, क्योंकि सड़कों पर थूकने से वह किसी सवर्ण हिन्दू के पैर में लगकर उसे कलुषित कर सकता था। कई बार ब्राह्मण के महार वाले रास्ते से गुजरने पर महारों को काँटेदार पेड़ की टहनी से अपने पाँव के निशान मिटाकर दूर लेट जाना पड़ता था ताकि उनकी छाया ब्राह्मणों पर न पड़ सके। मालाबार के शानार को ब्राह्मण से 24 पग, तिया को 36 पग और सुलयन को 96 पग से अधिक दूरी पर रहना पड़ता था। स्पष्ट है कि जातिगत छूतछात ही अस्पृश्यता का सबसे बड़ा कारण है।

हट्टन का मत

परन्तु इन सब बातों का अर्थ यह नहीं है कि अस्पृश्यता केवल जाति-प्रथा के ही कारण है जाति-प्रथा नष्ट हो जाने से अस्पृश्यता नष्ट हो जायेगी। वास्तव में जाति-प्रथा के अतिरिक्त अस्पृश्यता के और भी कारण हैं। 'Caste in India' में जे० एच० हट्टन ने लिखा है, "बाहरी जातियों की स्थिति की उत्पत्ति अंशतः प्रजातीय, अंशतः धार्मिक और अंशतः सामाजिक प्रथा का विषय है।"[1]

इस प्रकार हट्टन के अनुसार अस्पृश्यता के मूल तीन कारक हैं-

(1) प्रजातीय, (2) धार्मिक, तथा (3) सामाजिक प्रथा

(1) प्रजातीय कारक-अस्पृश्यता का मूल कारण प्रजातीय कारक (Racial Factors) हैं। विजयी प्रजाति सदैव विजित प्रजाति को अपने से नीचा समझती है और उसके प्रभाव से बचना चाहती है। कुछ विद्वानों का कहना है कि आर्यों ने भारत में बसी अनार्य जातियों को दास, दस्यु आदि निन्दित नाम दिये और उन्हें अस्पृश्य समझा। आसाम्र में नागा जाति की आओ (Ao) नामक शाखा को दो भुजाओं पर हाथी दाँत के आभूषण पहनने का अधिकार नहीं है। हट्टन के अनुसार आओ लोगों पर प्रतिबन्ध इसलिये लगाया गया है क्योंकि वह प्रजातीय दृष्टि से अन्य नागा जातियों से भिन्न है। गढ़वाल में निम्न सामाजिक प्रतिष्ठा वाली शिल्पकार और हरिजन आदि जातियों को वर-वधू के लिये घोड़े, पालकी की सवारी प्रयोग करने का अधिकार नहीं था। कुछ समाजशास्त्रियों ने इसका कारण यह बतलाया है कि उच्चवर्ण मैदान से आई हुई जातियाँ हैं और शिल्पकार तथा हरिजन वहाँ के आदिवासी हैं। इन उदाहरणों से यह सिद्ध होता है कि प्रजातीय भेद का अस्पृश्यता की प्रथा की उत्पत्ति में कुछ न कुछ हाथ अवश्य है। डॉ० डी० एन० मजूमदार ने ठीक ही लिखा है,

---

1. "The origin of the position of exterior castes is partly racial, partly religious and partly a matter of social custom." --J. H. Hutton.

''तथाकथित दलित जातियों की निर्योग्यतायें संस्कार सम्बन्धी नहीं हैं बल्कि सम्भवतः प्रजातीय और सांस्कृतिक भेदों पर आधारित हैं।''[1]

(2) धार्मिक कारक–अस्पृश्यता का कारण धार्मिक विश्वास और परम्परायें भी हैं। धर्म में पवित्रता और शुद्धि को बड़ा महत्व दिया जाता है। शुद्धता के इस धार्मिक महत्व के परिणामस्वरूप दूषित व्यवसाय करने वाले लोगों से बचना भी आवश्यक माना गया। इस प्रकार धार्मिक कारकों (Religious Factors) से अस्पृश्यता की उत्पत्ति हुई। डॉ० घुरिये (Dr. Ghurye) के शब्दों में, ''पवित्रता का विचार, चाहे वह व्यवसाय सम्बन्धी हो या संस्कार सम्बन्धी जो कि जाति के उद्गम में एक कारक पाया गया है, अस्पृश्यता के विचार और व्यवहार की आत्मा ही है।''[2] शुद्धि की भावना से ही हिन्दू-समाज में भंगी, मेहतरों तथा चमारों को अस्पृश्य माना जाता है। शुद्धि के अतिरिक्त अस्पृश्यता की उत्पत्ति का एक धार्मिक कारण वर्जन (Taboo) है। जनजातियों में अन्तर्विवाह, टोटम के प्राणी या वस्तु का खाना, आघात पहुँचाना आदि वर्जित हैं। इसके अतिरिक्त अन्य प्रकार के वर्जनों का भी जातियों में रिवाज है जैसे धोबियों को न छूना, क्योंकि वे स्त्रियों के मासिक धर्म के स्राव से दूषित कपड़े धोते हैं। अतः 'Census of India' के Vol. I. में हट्टन ने लिखा है, ''इसमें बहुत कम सन्देह हो सकता है कि अस्पृश्यता का विचार वर्जन से उत्पन्न होता है।''[3]

(3) सामाजिक कारक–अस्पृश्यता की प्रथा की उत्पत्ति कुछ सामाजिक कारकों (Social Factors) से भी हुई। सामाजिक रूढ़ियों और परम्पराओं ने धार्मिक और प्रजातीय कारकों से अस्पृष्य मानी हुई जाति की अस्पृश्यता स्थिर रखने में हाथ बँटाया। सामाजिक परम्पराओं का इतना प्रभाव है कि स्वयं अस्पृश्य जाति के सदस्य भी अस्पृश्यता की रूढ़ियों को तोड़ने से घबराते हैं। मद्रास में तिन्नेवेली जिलों में बसी हुई पुरादवन्नन जाति के विषय में 1932 में 24 दिसम्बर के 'हिन्दू' में लिखा गया था, ''ये न केवल अस्पृश्य समझे जाते हैं बल्कि अदर्शनीय भी माने जाते हैं, वे दिन के समय अपनी बस्ती से बाहर नहीं आ सकते क्योंकि उनके दर्शन से अन्य जातियों के दूषित होने की आशंका है। वे अपने कपड़े धोने का कार्य रात के समय करते हैं। जब ठक्कर बापा इनसे मिलने गये तो वे अस्पृश्यता की सामाजिक रूढ़ि से इतने दबे हुए थे कि बहुत प्रेरणा के बाद ही वे उनसे मिलने आये और आते समय उनका सारा शरीर काँप रहा था।''

---

1. "The disabilities of the so-called 'depressed' castes are not ceremonial but probably founded on racial and cultural differences." --*Majumdar,* D. N,
2. "Idea of purity, whether occupational or ceremonial, which is found to have been a factor in the genesis of caste are the very soul of the idea and practice of untouchability." --*Ghurye*, G. S.
3. "There can be little doubt that the idea of untouchability originates in taboo." --*J. H. Hutton.*

इस प्रकार अस्पृश्यता की प्रथा की उत्पत्ति के अनेक कारकों में जातीय, प्रजातीय, धार्मिक तथा सामाजिक कारक प्रमुख हैं। अस्पृश्यता की प्रथा में इन सभी का हाथ है और इन सभी क्षेत्रों में अज्ञानता दूर किये बिना अस्पृश्यता की प्रथा का समूल उन्मूलन कठिन होगा।

अस्पृश्यता के उन्मूलन के लिए सुझाव

अस्पृश्यता उन्मूलन के उपाय अब सभी शिक्षित लोगों के सामान्य ज्ञान में आ चुके हैं। इस विषय में निम्नलिखित सुझाव दिये जा सकते हैं–

(1) **हरिजनों में शिक्षा का प्रसार**–हरिजनों में शिक्षा का प्रसार होना चाहिये। इसमें सामान्य शिक्षा के साथ-साथ औद्योगिक शिक्षा भी आ जाती है। शिक्षा निःशुल्क होनी चाहिये और छात्रवृत्तियों, पुस्तकों, लिखने की सामग्रियों, छात्रावास आदि की भी सुविधायें होनी चाहियें।

(2) **आर्थिक सुधार के कानून**–हरिजनों की आर्थिक दशा में सुधार के लिये सूदखोरी तथा बेदखली की रोकथाम के लिये कानून बनाने चाहियें।

(3) **आर्थिक निर्योग्यताओं की समाप्ति**– हरिजनों की आर्थिक निर्योग्यताओं को समाप्त करने के लिये उनको सब प्रकार की सहायता मिलनी चाहिये।

(4) **कृषि और गृहोद्योग में सहायता**–हरिजनों को कृषि के लिये जमीन, बैल, हल, बीज, खाद तथा खेती के लिये औजार मिलने चाहियें। गृहोद्योगों के लिये आर्थिक सहायता के साथ-साथ प्रोद्योगिक प्रशिक्षण भी मिलना चाहिये।

(5) **सामाजिक निर्योग्यताओं के विरुद्ध कानून**–हरिजनों की सामाजिक निर्योग्यताओं को रोकने के लिये कानून बनने चाहियें।

(6) **धार्मिक निर्योग्यताओं के विरुद्ध कानून**–कानून के द्वारा हरिजनों पर लादी हुई धार्मिक निर्योग्यताओं को समाप्त कर देना चाहिए।

(7) **अस्पृश्यता विरोधी प्रचार**– व्याख्यानों, रेडियो, समाचार पत्र तथा प्रेस आदि की सहायता से अस्पृश्यता के विरुद्ध प्रचार होना चाहिये।

(8) **नौकरियों में सुरक्षित स्थान**–उपर्युक्त सभी प्रयत्न करने पर भी अस्पृश्यों को सवर्ण जातियों के समकक्ष आने में अभी बड़ा समय लगेगा। अतः तब तक उनके लिऐ सरकारी नौकरियों में कुछ स्थान सुरक्षित (Reserve) रहने चाहियें।

(9) **विधान सभाओं (Legislatures) में सुरक्षित स्थान**–विधान सभाओं में भी कुछ वर्षों तक हरिजनों के लिए सुरक्षित स्थान रहना आवश्यक है। कुछ लोग इसको समता के जनतन्त्रीय सिद्धान्त के विरुद्ध समझते हैं, परन्तु जिन लोगों को सैकड़ों वर्षों से समता नहीं मिली उन्हें समता के स्तर पर लाने के लिए कुछ न कुछ विशेषाधिकार देना आवश्यक है। सवर्ण जातियों के समकक्ष आ जाने पर इन विशेषाधिकारों की आवश्यकता नहीं रहेगी।

(10) **जाति प्रथा का उन्मूलन**—अस्पृश्यता समाप्त करने के लिए जाति प्रथा का उन्मूलन होना अत्यन्त आवश्यक है। वास्तव में अस्पृश्यता के मूल में जाति प्रथा एकमात्र नहीं तो भी सबसे बड़ा कारण अवश्य है। अत: जाति प्रथा के उन्मूलन से अस्पृश्यता की प्रथा को भी भारी धक्का लगेगा।

(11) **सवर्ण हिन्दुओं और अस्पृश्यों का सम्पर्क**—उपर्युक्त सभी उपायों के साथ-साथ सभी हिन्दुओं के साथ अस्पृश्य जातियों का अधिक से अधिक सम्पर्क होना अत्यन्त आवश्यक है ताकि अस्पृश्यता की परम्परायें ही नष्ट हो जायें और सवर्ण हिन्दुओं के हृदय से अस्पृश्यों के लिए घृणा और अस्पृश्यों में से हीनता की भावना नष्ट हो जायें। आपस में सम्पर्क से परस्पर भेदभाव धीरे-धीरे कम होता जायेगा और अन्त में अस्पृश्य भी अन्य हिन्दू लोगों जैसे ही हो जायेंगे।

हर्ष का विषय है कि केन्द्रीय तथा प्रान्तीय सरकारें और देश की अनेक राजनैतिक तथा धार्मिक संस्थायें उपर्युक्त सुधारों की दिशा में भरसक प्रयत्न कर रही हैं। हरिजनों में भी जाग्रति फैल रही है। आशा है कि हरिजनों तथा सरकार और समाज की अन्य संस्थाओं के प्रयत्न से हरिजन सवर्ण जातियों के समकक्ष आ सकेंगे।

अभ्यास के लिए प्रश्न

प्रश्न 1. अस्पृश्यता की परिभाषा कीजिये। भारत में हरिजनों की क्या निर्योग्यतायें हैं ? भारत में अस्पृश्यता के कारण बतलाइए।

प्रश्न 2. हमारे ग्रामीण समाज में अस्पृश्यता की प्रकृति और उसके विस्तार का वर्णन कीजिये। भारत में अस्पृश्यता की रोकथाम के लिये व्यावहारिक उपायों का सुझाव दीजिये।

22

अनुसूचित जनजातियों की समस्यायें

(Problems of Scheduled Tribes)

भारत की जनजातियों की समस्यायें बहुत ही जटिल और विस्तृत हैं और उनके रीति-रिवाज, रहन-सहन, सभ्यता, आचार-विचार, संस्कृति, धर्म, ललित कला आदि सभी में क्रान्तिकारी सुधार की आवश्यकता है। प्रौद्योगिक केन्द्रों के अनेक प्रलोभनों से जनजातियों के सदस्य शराब, वेश्यावृत्ति आदि के शिकार बनते जा रहे हैं। निर्धनता के कारण उनके समाज में रुपये के लिये यौन व्यभिचार बढ़ रहे हैं। बाहरी संस्कृति के प्रभाव से वे अपनी संस्कृति को भूलते जा रहे हैं।

श्री मजूमदार और मदान के अनुसार जनजातियों की समस्याओं को निम्नलिखित दो भागों में बाँटा जा सकता है–

(अ) वे समस्यायें जो भारत की जनजातियों और दूसरे सभी ग्रामीण समुदायों में समान हैं। इन समस्याओं का विशेष विवरण यहाँ अनावश्यक है क्योंकि इस वर्ग की समस्यायें देश भर में एक सी हैं।

(ब) वे समस्यायें जो केवल मात्र जनजातीय समाज में ही पाई जाती हैं। यहाँ पर इन्हीं समस्याओं का विवेचन किया जायेगा। इस वर्ग की समस्यायें सांस्कृतिक, धार्मिक, सामाजिक और आर्थिक हैं।

(अ) सांस्कृतिक समस्यायें:

बाहरी संस्कृतियों के सम्पर्क से जनजातियों के जीवन में अनेक गम्भीर सांस्कृतिक समस्यायें उत्पन्न हो गई हैं जिनसे उनकी सभ्यता के सामने एक भारी संकट उपस्थित हो गया है। मुख्य सांस्कृतिक समस्यायें निम्नलिखित हैं–

(1) **भाषा सम्बन्धी समस्या**–बाहरी संस्कृति के सम्पर्क में आने से जनजातियों में प्रमुख समस्या ''दो भाषावाद'' उत्पन्न हो गई है। अपनी भाषा के साथ जनजाति के लोग बाहरी भाषा भी बोलने लगे हैं। कुछ लोग तो अपनी भाषा की ओर से इतना अधिक उदासीन हो गये हैं कि मानों उसे भूल ही गये हों। इससे विभिन्न जनजातियों के लोगों में सांस्कृतिक आदान-प्रदान में बाधा उत्पन्न होती है।

इस बाधा से सांस्कृतिक मूल्यों और आदतों का पतन होने लगता है और सामुदायिक भावना का ह्रास होता है।

(2) विभिन्न जनजातियों में सांस्कृतिक भिन्नता की समस्या—ईसाई मिशनरियों और हिन्दुओं के सम्पर्क से विभिन्न जनजातियों में आपस में भिन्नता उत्पन्न हो गई है। इससे सामाजिक और व्यक्तिगत दोनों प्रकार का विघटन उत्पन्न हो रहा है। ईसाई मिशनरियों के प्रभाव से कुछ लोग ईसाई बन गये हैं। कुछ लोगों ने हिन्दुओं की जाति प्रथा को अपना लिया। परन्तु ऐसा सबने नहीं किया जिसका स्वाभाविक परिणाम यह हुआ कि एक जनजाति के लोगों में आपसी सांस्कृतिक विभेद, तनाव और सामाजिक दूरी या विरोध उत्पन्न हुआ। अन्य संस्कृति को अपनाने वाले लोग अपने जातीय समूह और संस्कृति से दूर होते गये। वे अपनी संस्कृति को अन्य की अपेक्षा निम्न समझने लगे। साथ ही साथ वे उन संस्कृतियों को पूर्णतया अपना भी न सके जिनकी उन्होंने नकल की।

युवा गृहों का नष्ट होना—ईसाई तथा हिन्दू लोगों के सम्पर्क से जनजातियों की अपनी संस्थायें नष्ट होती जा रही हैं। युवा गृह जो कि जनजातीय सामाजिक जीवन के प्राण थे धीरे-धीरे खत्म होते जा रहे हैं।

(4) जनजातीय ललित कलाओं का ह्रास—बाहरी संस्कृतियों के प्रभाव से जनजातीय ललित कलाओं का ह्रास होता जा रहा है। नागाओं के युवागृह के लकड़ी के खम्भों पर बहुत सुन्दर काम किया जाता है। युवाग्रह के नष्ट होने पर यह कला भी अपने आप नष्ट होती जा रही है। नृत्य, संगीत, ललित कलायें, लकड़ी पर नक्काशी आदि का काम दिन प्रतिदिन घटता जा रहा है। बाह्य संस्कृतियों के सम्पर्क से जनजातियों के लोगों में इन ललित कलाओं के प्रति उदासीनता और अनादर बढ़ता जा रहा है।

(ब) धार्मिक समस्यायें :

जनजातियों पर हिन्दू और ईसाई धर्म का स्पष्ट प्रभाव पड़ा है। राजस्थान के भील लोगों में हिन्दू धर्म के प्रभाव के कारण एक धार्मिक आन्दोलन, 'भगत आन्दोलन' चला जिसने भीलों को भगत और अभगत दो वर्गों में विभाजित कर दिया। बिहार और आसाम की जनजातियाँ ईसाई धर्म से प्रभावित हैं। ईसाई धर्म के कारण एक ही समूह में नहीं, वरन् एक ही परिवार में धार्मिक भेदभाव दिखाई पड़ने लगे हैं। इससे सामुदायिक एकता और संगठन टूटने लगा है और पारिवारिक तनाव, भेदभाव, लड़ाई झगड़े बढ़ते जा रहे हैं। जनजाति के लोग धर्म को अपनी अनेक सामाजिक और आर्थिक समस्याओं को सुलझाने के लिये प्रयोग करते थे। नये धर्मों में नये विश्वास और संस्कार तो उन लोगों को मिल गये, परन्तु उनकी समस्याओं को सुलझाने के नये साधन न मिल सके। इससे जनजातियों में असंतोष पैदा होना स्वाभाविक है।

(स) सामाजिक समस्यायें :

सभ्य समाज के सम्पर्क में आकर जनजातियों में जो समस्यायें उत्पन्न हुई हैं उनमें से मुख्य सामाजिक समस्यायें निम्नलिखित हैं–

(1) **कन्या मूल्य**–हिन्दुओं के प्रभाव से जनजातियों में कन्या मूल्य रुपये के रूप में माँगा जाने लगा है और दिन प्रतिदिन यह मूल्य इतना अधिक बढ़ता जा रहा है कि सामान्य स्थिति के पुरुषों के लिये विवाह करना कठिन हो गया है। इस कारण कन्या हरण की समस्या बढ़ रही है।

(2) **बाल विवाह**–बाल विवाह की समस्या जनजातियों के हिन्दुओं के सम्पर्क में आने के कारण उत्पन्न हुई।

(3) **वैवाहिक नैतिकता का पतन**–सभ्य समाज के सम्पर्क से विवाह-पूर्व और विवाह के बाहर यौन सम्बन्ध बढ़ते जा रहे हैं जिससे कि विवाह विच्छेद की संख्या बढ़ रही है।

(4) **वेश्यावृत्ति, गुप्त रोग आदि**–जनजातियों की निर्धनता से लाभ उठाकर विदेशी व्यापारी, ठेकेदार, एजेण्ट आदि रुपयों का लोभ दिखाकर उनकी स्त्रियों के साथ अनुचित यौन सम्बन्ध स्थापित कर लेते हैं जिससे वेश्यावृत्ति, गुप्त रोग आदि सामाजिक समस्यायें बढ़ती जा रही हैं। औद्योगिक केन्द्रों में काम करने वाले जनजातीय श्रमिक वेश्यागमन आदि में फँस जाते हैं और गुप्त रोगों के शिकार बन जाते हैं। अपने गाँव लौटकर वे उन रोगों को अपनी स्त्रियों में भी फैला देते हैं।

(द) आर्थिक तथा अन्य समस्यायें :

इस प्रकार नई सभ्यता और औद्योगिक परिस्थितियों के प्रभाव से जनजातियों का आर्थिक, राजनैतिक, धार्मिक तथा सांस्कृतिक जीवन विघटित हो रहा है। उनकी आत्म-निर्भरता समाप्त हो चुकी है। ईसाई धर्म के प्रचार से उनका प्राकृतिक जीवन समाप्त होता जा रहा है और उसका स्थान विलासिता ले रही है। Races and Cultures of India में जनजातियों में व्यापार करने वाले एक एजेन्ट की रिपोर्ट का वर्णन करते हुये डॉ० डी० एन० मजूमदार लिखते हैं, "कान्तिवर्धक औषधियों, पाउडर, लिपिस्टिक, साबुन और तेल की माँग कम से कम 800 प्रतिशत अधिक बढ़ गई है और गर्भ निरोधक वस्तुओं की माँग तो इतनी बढ़ गई है कि सम्पूर्ण खासी भूमि में रबड़ की वस्तुओं का ब्लैक मार्केट होने लगा है।" बाहरी लोगों ने जनजातीय समाज में भ्रष्टाचार फैला रखा है। जनजातीय समाज के नेताओं का पतन हो रहा है। कारखानों तथा चाय बगीचों में स्त्री पुरुष के सभी मजदूरी करने से व्यभिचार बढ़ने लगा है और नये-नये रोग फैल रहे हैं। जनजातियों में साहूकार, जमींदार, पुलिस और व्यापारियों द्वारा शोषण बढ़ रहा है। लोग ऋण के बोझ से दबे जा रहे हैं। घूसखोरी, फूट, दलबन्दी, फैशन और भ्रष्टाचार का बाजार सब कहीं गर्म है। शराब का

दुर्व्यसन भी बढ़ता जाता है। कन्या मूल्य और कन्या हरण की प्रथा बढ़ रही है। सामूहिक जीवन का ह्रास हो रहा है।

जनजातीय समस्याओं के कारण

जनजातियों की वर्तमान समस्याओं के मुख्य कारण निम्नलिखित हैं—

(1) दुर्गम निवास स्थान—भारत की अधिकतर जनजातियाँ देश के पहाड़ी भागों तथा घने वनों में रहती हैं। संचार और यातायात के साधन आज भी आदिम दशा में ही हैं। इससे वे विज्ञान की सुविधाओं से लाभ नहीं उठा पा रहे हैं।

(2) बाहरी समूहों द्वारा शोषण—अनेक बाहरी समूह जैसे महाजन, ठेकेदार, व्यापारी आदि जनजातीय लोगों के पिछड़ेपन और अशिक्षा आदि से लाभ उठाकर उनका निरन्तर शोषण कर रहे हैं। इस शोषण के कारण जनजातियों में अनेक आर्थिक और सामाजिक समस्यायें उत्पन्न हो गई हैं।

(3) ईसाई मिशनरियों का प्रभाव—ईसाई मिशनरियों द्वारा आयोजित सेवा कार्यों ने भी जनजातियों में भिन्न-भिन्न प्रकार की समस्यायें उत्पन्न की हैं। उनके प्रभाव से जनजातियों का सामाजिक जीवन छिन्न-भिन्न हो गया है।

(4) नये उद्योग धन्धों का प्रभाव—आजकल जनजातीय क्षेत्रों या उनके आस पास मिलें, खान सम्बन्धी कार्य और अन्य उद्योग धन्धे पनपने लगे हैं। इन मिलों, खानों और चाय के बगीचों के प्रबन्धक जनजातियों की अज्ञानता का पूरा लाभ उठाते हैं और उनका शोषण कर रहे हैं। यह शोषणउनकी आर्थिक समस्याओं का एक प्रधान कारण है।

(5) नई शासन व्यवस्था—अंग्रेजों के शासन काल से ही बहुत से जनजातीय क्षेत्रों में नई शासन प्रणालियों को अपनाया जाने लगा जिससे अनेक प्रशासक, वनों के अफसर, कचहरी से सम्बन्धित अधिकारी, सुधार अधिकारी आदि जनजातीय क्षेत्रों में गये। इनमें से अधिकतर कर्मचारी ओर अधिकारी जनजातियों की संस्कृति से परिचित नहीं थे। अतः उन्होंने अपनी नासमझी और सहानुभूतिरहित व्यवहार से जनजातियों में असन्तोष का वातावरण उत्पन्न कर दिया।

(6) अन्य सभ्यताओं से अनुकूलन की आवश्यकता—जनजातियों के जीवन पर एक ओर हिन्दू सभ्यता और दूसरी ओर पाश्चात्य सभ्यता का बड़ा प्रभाव पड़ा है। ये दोनों ही जनजातियों के लिए विदेशी सभ्यतायें हैं। अतः उनके साथ सफल अनुकूलन की अनेक समस्यायें उत्पन्न हो गई हैं।

संवैधानिक संरक्षण

संविधान के अनुच्छेद 341 तथा 342 के उपबन्धों के अन्तर्गत राष्ट्रपति द्वारा जारी किये गये 15 आदेशों द्वारा अनुसूचित जातियों तथा अनुसूचित जनजातियों का

अलग-अलग उल्लेख किया गया है। 1981 की गणना के अनुसार देश की कुल आबादी में अनुसूचित जनजातियों की जनसंख्या लगभग 23.51 प्रतिशत थी। इसके अतिरिक्त कुछ राज्य सरकारों ने भी ''अन्य पिछड़े वर्गों' के नाम से अन्य वर्गों के लोगों तथा गैर-अधिसूचित जातियों, खाना बदोश तथा अर्द्ध-खानाबदोश समुदायों का उल्लेख किया है।

यद्यपि भारत के संविधान में इन श्रेणियों के लिए सुरक्षा उपायों की व्यवस्था की गई है, फिर भी पंचवर्षीय योजनाओं में इन जातियों के उत्थान को राष्ट्रीय नीति का एक मुख्य लक्ष्य माना गया है।

संविधान में अनुसूचित जातियों तथा अनुसूचित जनजातियों तथा अन्य पिछड़े वर्गों का शैक्षिक तथा आर्थिक दृष्टि से उत्थान करने और उनकी सामाजिक असमर्थताओं को दूर करने के उद्देश्य से उन्हें सुरक्षा तथा संरक्षण प्रदान करने की व्यवस्था की गई है। मुख्य संरक्षण इस प्रकार हैं—

(1) अस्पृश्यता का उन्मूलन तथा इसका किसी भी रूप में प्रचलन का निषेध [अनुच्छेद 17];

(2) इन जातियों के शैक्षिक और आर्थिक हितों की रक्षा और उनका सभी प्रकार के शोषण तथा सामाजिक अन्याय से बचाव [अनुच्छेद 46];

(3) हिन्दुओं के सार्वजनिक, धार्मिक संस्थाओं के द्वार समस्त हिन्दुओं के लिए खोलना [अनुच्छेद 25ख];

(4) दुकानों, सार्वजनिक भोजनालयों, होटलों तथा सार्वजनिक मनोरंजन के स्थानों में प्रवेश अथवा पूर्ण या आंशिक रूप से राज्य निधि से पोषित अथवा साधारण जनता के उपयोग के लिये समर्पित कुओं, तालाबों, स्नानघाटों, सड़कों, तथा सार्वजनिक समागम स्थानों के उपयोग के बारे में किसी भी निर्योग्यता, दायित्व, निबन्धन अथवा शर्त को हटना [अनुच्छेद 15(2)];

(5) किसी भी अनुसूचित जनजाति के हित में सभी नागरिकों के स्वतन्त्रता पूर्वक आने-जाने, बसने और सम्पत्ति अर्जित करने के सामान्य अधिकारों में विधि द्वारा कटौती करने की व्यवस्था [अनुच्छेद 19 (5)];

(6) राज्य द्वारा पोषित अथवा राज्य निधि से सहायता पाने वाली किसी शिक्षा संस्था में प्रवेश पर किसी भी तरह के प्रतिबन्ध का निषेध [अनुच्छेद 29(2)];

(7) राज्य के पिछड़े वर्गों के लिये उन सरकारी सेवाओं में, जहाँ उनका प्रतिनिधित्व अपर्याप्त है, आरक्षण करने का अधिकार देना तथा राज्य के लिये यह अपेक्षित करना कि वह सरकारी सेवाओं में नियुक्तियाँ करने के मामले में अनुसूचित जातियों तथा अनुसूचित जनजातियों के दावों को ध्यान में रखे [अनुच्छेद 16 तथा 335];

(8) अनुसूचित जातियों तथा अनुसूचित जनजातियों को 25 जनवरी, 1990 तक लोक सभा, राज्य विधान सभाओं में विशेष प्रतिनिधित्व देना [अनुच्छेद 330, 332 तथा 334];

(9) अनुसूचित जातियों तथा अनुसूचित जनजातियों के कल्याण तथा हितों की रक्षा के लिये राज्यों में जनजाति सलाहकार परिषदों तथा पृथक् विभागों की स्थापना करना और केन्द्र में एक विशेष अधिकारी की नियुक्ति करना [अनुच्छेद 164 तथा 338 और पंचम अनुसूची];

(10) अनुसूचित और जनजातीय क्षेत्रों के प्रशासन और नियन्त्रण के लिए विशेष उपबन्ध [अनुच्छेद 244 और पंचम अनुसूची तथा षष्ठ अनुसूची]; और

(11) मानव की देह व्यापार तथा जबरदस्ती किये गये श्रम का निषेध [अनुच्छेद 23]।

नागरिक अधिकार संरक्षण अधिनियम

नागरिक अधिकार संरक्षण अधिनियम की धारा 15क के अन्तर्गत किये गये उपबन्धों के अनुसरण में राज्य सरकारों तथा संघ राज्य क्षेत्रों को केन्द्र से सहायता दी जाती है। 18 राज्यों ने नागरिक अधिकारों के संरक्षण से सम्बन्धित मामलों से पीड़ित अनुसूचित जातियों के लोगों को कानूनी सहायता देने की व्यवस्था की है। नागरिक अधिकार संरक्षण अधिनियम के उपबन्धों का उल्लंघन करने के लिए मुकदमें दायर करने और उन पर निगरानी रखने के लिए 17 राज्यों ने विशेष कक्ष/दस्ते स्थापित किये हैं। दिसम्बर 1982 तक 18 राज्यों ने अस्पृश्यता की समस्याओं तथा इससे सम्बद्ध मामलों की आवधिक समीक्षा करने तथा नागरिक अधिकार संरक्षण अधिनियम को प्रभावी ढंग से लागू करने के लिए विभिन्न उपाय सुझाने हेतु विभिन्न स्तरों पर समितियाँ स्थापित की थीं। नागरिक अधिकार संरक्षण अधिनियम के उपबन्धों के प्रभावी क्रियान्वयन के लिए, जिसके लिए नागरिक अधिकार संरक्षण अधिनियम के क्रियान्वयन सम्बन्धी केन्द्र द्वारा प्रायोजित योजना के अर्न्तगत राज्यों को समतुल्य आधार पर केन्द्रीय सहायता दी जाती है, समय-समय पर राज्यों को आवश्यक दिशा-निर्देश तथा अनुदेश जारी किये जाते हैं। नागरिक अधिकार संरक्षण अधिनियम के क्रियान्वयन की केन्द्र द्वारा प्रायोजित योजना के अन्तर्गत विद्यमान शुष्क शौचालयों को बदल कर सफाई कर्मचारियों को मल उठाने के काम से मुक्त करने का कार्य भी आरम्भ किया गया है। इस योजना के अन्तर्गत अब तक दस राज्यों को 'समग्र नगर दृष्टिकोण' के आधार पर कुछ चुने हुए नगरों के लिए इस शर्त पर सहायता दी गई है कि वे मुक्त किये गये सफाई कर्मचारियों को वैकल्पिक रोजगार प्रदान करेंगे। बिहार में, बिहार शरीफ, पूर्णिया, चाईबासा, मधुबनी और डाल्टनगंज नगर केन्द्रीय सहायता से और रांची, सहरसा तथा देवधर राज्य निधि से सफाई करने से मुक्त किये गये हैं और इन नगरों में शुष्क शौचालयों को जल वाले शौचालयों में बदल दिया गया है। अन्य राज्यों के चुने हुए नगरों में यह कार्य प्रगति पर है।

विधान मन्डलों में प्रतिनिधित्व

संविधान के अनुच्छेद 330 तथा 332 के अन्तर्गत अनुसूचित जातियों तथा अनुसूचित जनजातियों की जनसंख्या के अनुपात में इनके लिए लोक सभा तथा राज्य विधान सभाओं में स्थान आरक्षित किये जाते हैं। आरम्भ में यह रियासत संविधान के लागू होने से 10 वर्ष तक की अवधि के लिए थी किन्तु संविधान में संशोधन करके इसे बढ़ा दिया गया है। संसदीय अधिनियमों में विधान मण्डल वाले संघ राज्य क्षेत्रों में इसी प्रकार का आरक्षण करने की व्यवस्था है। राज्य सभा तथा राज्य विधान परिषदों में कोई स्थान आरक्षित नहीं किये जाते।

पंचायती राज लागू होने पर अनुसूचित जातियों तथा अनुसूचित जनजातियों के लिए ग्राम पंचायतों तथा अन्य स्थानीय निकायों में स्थान आरक्षित करने की व्यवस्था है ताकि इनमें उनका समुचित प्रतिनिधित्व हो सके।

सेवाओं में आरक्षण

संविधान के अनुच्छेद 335 में यह व्यवस्था है कि केन्द्र अथवा राज्यों के कार्यों के सम्बन्ध में पदों तथा सेवाओं के लिये नियुक्ति करते समय प्रशासनिक कुशलता को बनाये रखने की संगति के अनुसार अनुसूचित जातियों तथा अनुसूचित जनजातियों के दावों पर विचार किया जायेगा। अनुच्छेद 16 (4) पिछड़े वर्गों के पक्ष में इन सेवाओं में, जिनमें उनका प्रतिनिधित्व पर्याप्त न हो आरक्षण करने की अनुमति देता है। इन उपबन्धों के अनुसरण में भारत सरकार ने अपने नियंत्रण के अधीन आने वाली सेवाओं में अनुसूचित जातियों तथा अनुसूचित जनजातियों के लिये आरक्षण किया है।

अखिल भारतीय आधार पर खुली प्रतियोगिता के द्वारा जिन पदों पर भर्ती की जाती है, उनमें अनुसूचित जातियों के लिये 15 प्रतिशत रिक्तियाँ आरक्षित की जाती हैं और किसी अन्य तरीके से की जाने वाली भर्ती के मामले में 16-2/3 रिक्त स्थान आरक्षित किये जाते हैं। दोनों मामलों में अनुसूचित जातियों के लिये 7-1/2 प्रतिशत रिक्त स्थान आरक्षित किये जाते हैं। समूह 'ग' तथा 'घ' पदों में, जिनमें आमतौर पर स्थानीय अथवा क्षेत्रीय उम्मीदवार आते हैं, सीधी भर्ती के मामले में सम्बन्धित राज्यों तथा संघ राज्य क्षेत्रों में अनुसूचित जातियों तथा अनुसूचित जनजातियों की जनसंख्या के अनुपात में स्थान आरक्षित किये जाते हैं।

समूह 'ख', 'ग' तथा 'घ' में विभागीय उम्मीदवारों के लिये सीमित प्रतियोगी परीक्षाओं के आधार पर की जाने वाली पदोन्नतियों तथा समूह 'ख', 'ग' तथा 'घ' और समूह 'क' के सबसे निचले स्तर के ग्रेडों अथवा उन सेवाओं में जिनमें सीधी भर्ती, यदि कोई हो, 66-2/3 प्रतिशत से अधिक न हो, जो अनुसूचित जातियों के

लिए 15 प्रतिशत और अनुसूचित जनजातियों के लिए 7-1/2 प्रतिशत की दर से रिक्त स्थान आरक्षित किये जाते हैं। समूह 'क', 'ख', 'ग' तथा 'घ' के पदों, उन ग्रेडों अथवा सेवाओं में, जिनमें सीधी भर्ती, यदि कोई हो, 66-2/3 प्रतिशत से अधिक न हो, वरिष्ठता तथा उपयुक्तता के आधार पर पदोन्नति के मामले में अनुसूचित जातियों तथा अनुसूचित जनजातियों के लिये आरक्षण की व्यवस्था की गई है।

समूह 'क' के 2,250 रुपये प्रतिमास या इससे कम वेतन वाले पदों पर चयन द्वारा पदोन्नति करने के मामले में अनुसूचित जातियों तथा अनुसूचित जनजातियों के उन अधिकारियों को जो वरिष्ठता के आधार पर विचार किये जाने योग्य हैं और जो पदोन्नति के लिये रिक्त स्थानों की निर्धारित संख्या के अन्दर आते हैं, पदोन्नति के लिये उपयुक्त पाये जाने पर चयन सूची में सम्मिलित कर लिया जाता है।

इन जातियों को पर्याप्त प्रतिनिधित्व देने की दृष्टि से कुछ रियायतें दी जाती हैं जो इस प्रकार हैं—(1) आयु सीमा में छूट; (2) उपयुक्तता के मानदण्ड में छूट; (3) पदों के लिये चयन बशर्ते वे अनुपयुक्त न पाये जायें; (4) जहाँ कहीं आवश्यक हो, अनुसूचित जातियों तथा अनुसूचित जनजातियों के उम्मीदवारों के लिये अनुभव सम्बन्धी योगयताओं में छूट; (5) अनुसन्धान के लिये अपेक्षित समूह 'क' के सबसे निचले स्तर के ग्रेड के वैज्ञानिक तथा तकनीकी पदों का भी आरक्षण योजना में सम्मिलित किया जाना। समूह 'ग' तथा 'घ' (श्रेणी तीन तथा चार) के पदों में अनुसूचित जातियों तथा अनुसूचित जनजातियों के लिये आरक्षित रिक्त स्थानों की रोजगार कार्यालयों को सूचना देने अथवा उनके बारे में अखबारों में विज्ञापन देने के साथ-साथ अनुसूचित जातियों तथा अनुसूचित जनजातियों की अधिक संख्या वाले क्षेत्रों में स्थित आकाशवाणी केन्द्रों से इन रिक्त स्थानों के बारे में प्रसारण किया जाता है, इनकी सूचना अनुसूचित जातियों तथा अनुसूचित जनजातियों की स्वयंसेवी संस्थाओं तथा राज्यों और संघ राज्य क्षेत्रों के अनुसूचित जाति/अनुसूचित जनजाति कल्याण निदेशकों को भेजी जाती है। संघ लोक सेवा आयोग के माध्यम से परीक्षा से भिन्न तरीके से भरे जाने वाले रिक्त स्थानों को पहली बार केवल अनुसूचित जातियों तथा अनुसूचित जनजातियों के लिये विज्ञापित किया जाता है और दूसरी बार, यदि आवश्यक हो, तब विज्ञापन दिया जाता है जबकि अन्य समुदायों के उम्मीदवारों पर भी विचार किया जाना हो और अनुसूचित जातियों/जनजातियों के उम्मीदवार उपलब्ध न हो रहे हों। अनुसूचित जातियों तथा अनुसूचित जनजातियों के लिये किये जाने वाले आरक्षण (जिनमें आगे ले जाये गये रिक्त पद भी सम्मिलित हैं) की अधिकतम सीमा कुल रिक्त स्थानों की संख्या का 50 प्रतिशत है। सरकारी क्षेत्र के उपक्रमों द्वारा भी आरक्षण योजना अपनाई जा रही हैं। सरकार से पर्याप्त मात्रा में

सहायता अनुदान प्राप्त करने वाली स्वयंसेवी एजेन्सियों के लिये भी एक शर्त के रूप में यह अपेक्षित है कि वे अपने प्रतिष्ठानों में आरक्षण योजना की कुछ विशिष्ट बातों को अपनायें।

आरक्षण लागू करने के लिये अखिल भारतीय आधार पर खुली प्रतियोगिता द्वारा की जाने वाली सीधी भर्ती और खुली प्रतियोगिता से भिन्न तरीके से की जाने वाली भर्ती तथा पदोन्नति के मामले में 40 प्वाइंट का आदर्श रोस्टर निर्धारित किया गया है तथा स्थानीय और क्षेत्रीय आधार पर की जाने वाली भर्ती के लिए 100 प्वाइंट का रोस्टर निर्धारित किया गया है। यदि किसी सेवा या सवंर्ग में रिक्त पदों की संख्या बहुत ही कम है तो इस प्रयोजन के लिए छुट-पुट पदों को सीधी भर्ती के साथ सम्मिलित किया जाता है। सरकार द्वारा जांच किये जाने के लिए भर्ती प्राधिकारियों के लिए यह अपेक्षित है कि वे वार्षिक विवरण प्रस्तुत करें। विशेष प्रतिनिधित्व आदेशों का क्रियान्वयन सुनिश्चित करने के लिए केन्द्र सरकार के विभिन्न मन्त्रालयों में सम्पर्क अधिकारी नियुक्त किये गये हैं।

राज्य सरकारों ने भी संविधान की सातवीं अनुसूची की मद संख्या 41 के तहत इन श्रेणियों के लिए राज्य सेवाओं में आरक्षण देने और उनका प्रतिनिधित्व बढ़ाने हेतु नियम बनाये हैं। परन्तु राज्य सरकार की सेवाओं के अन्तर्गत दिया जाने वाला आरक्षण एकाधिकारिक रूप से राज्य सरकारों के ही क्षेत्राधिकार में है।

अनुसूचित और जनजातीय क्षेत्रों का प्रशासन

आंध्र प्रदेश, बिहार, गुजरात, हिमाचल प्रदेश, मध्य प्रदेश, महाराष्ट्र, उड़ीसा तथा राजस्थान के कुछ क्षेत्र संविधान के अनुच्छेद 244 तथा पंचम अनुसूची के अन्तर्गत अधिसूचित किये गये हैं। सम्बन्धित राज्यों के राज्यपाल अपने राज्यों में अनुसूचित क्षेत्रों के प्रशासन के बारे में प्रतिवर्ष राष्ट्रपति को रिपोर्ट भेजते हैं।

असम, मेघालय तथा मिजोरम के जनजातीय क्षेत्रों का प्रशासन संविधान की छठी अनुसूची के उपबन्धों के अधीन किया जाता है। अनुसूची के अन्तर्गत उन्हें स्वायत्तशासी जिलों में बाँट दिया गया है। इस प्रकार के आठ जिले हैं—असम में उत्तरी कछार तथा मिकिर पहाड़ी जिले, मेघालय में संयुक्त खासी जयन्तिया, जबाई और गारो पर्वतीय जिले तथा मिजोरम में चकमा, लाखेर और पावी जिले। प्रत्येक स्वायत्तशासी जिले में एक जिला परिषद है जिसमें अधिक से अधिक 30 सदस्य होते हैं, जिनमें से अधिक से अधिक 4 सदस्य मनोनीत किये जाते हैं और शेष वयस्क मताधिकार के आधार पर चुने जाते हैं परिषदों को कुछ प्रशासनिक, विधायी तथा न्यायिक अधिकार दिये गए हैं।

कल्याण तथा सलाहकार एजेंसियाँ

भारत सरकार का गृह मन्त्रालय, अनुसूचित जातियों तथा अनुसूचित जनजातियों के विकास कार्यक्रमों की समग्र नीति बनाने, उनकी आयोजना तथा समन्वय करने के लिये प्रमुख मन्त्रालय है। प्रत्येक केन्द्रीय मन्त्रालय तथा विभाग अपने क्षेत्र के सम्बन्ध में प्रमुख मन्त्रालय अथवा विभाग है। गृह मन्त्रालय राज्य सरकारों तथा केन्द्रीय मन्त्रालयों के साथ सम्पर्क बनाये रखता है।

अगस्त 1978 में अनुसूचित जातियों तथा जनजातियों के लिये एक आयोग की स्थापना की गई थी जिसमें एक अध्यक्ष तथा चार सदस्य सम्मिलित थे। इन सदस्यों में एक विशेष अधिकारी भी था जिसे संविधान के अनुच्छेद 338 के अन्तर्गत नियुक्त किया जाता है तथा जिसे अनुसूचित जाति तथा अनुसूचित जनजाति आयुक्त के नाम से जाना जाता है। आयोग का कार्य संवैधानिक संरक्षणों, सरकारी सेवाओं में आरक्षण से सम्बन्धित सभी मामलों की जाँच पड़ताल करना, अस्पृश्यता तथा उससे उत्पन्न घृणित भेदभाव को समाप्त करने के उद्देश्य को ध्यान में रखते हुए नागरिक अधिकार संरक्षण अधिनियम, 1955 के क्रियान्वयन के बारे में अध्ययन करना और अनुसूचित जातियों तथा अनुसूचित जनजातियों के व्यक्तियों के प्रति किये जाने वाले अपराधों के लिये जिम्मेदार सामाजिक-आर्थिक तथा अन्य संगत परिस्थितियों का पता लगाना है ताकि समुचित उपचारात्मक उपाय सुझाये जा सकें।

संसदीय समितियाँ

भारत सरकार ने अनुसूचित जातियों तथा अनुसूचित जनजातियों के कल्याण के लिये संवैधानिक संरक्षणों के क्रियान्वयन की जाँच करने के लिये तीन संसदीय समितियाँ गठित कीं। पहली समिति 1968 में, दूसरी समिति 1971 में और तीसरी समिति 1973 में गठित की गई। एक स्थायी संसदीय समिति का गठन कर दिया गया है और इसके सदस्यों का कार्यकाल एक वर्ष है।

राज्यों में कल्याण विभाग

राज्य सरकारों तथा संघ राज्य क्षेत्र प्रशासनों ने अनुसूचित जातियों तथा अनुसूचित जनजातियों और अन्य पिछड़े वर्गों के कल्याण का कार्य देखने के लिए अलग विभाग बनाये हैं। विभिन्न राज्यों में इस सम्बन्ध में प्रशासनिक ढाँचा अलग-अलग है। बिहार, मध्य प्रदेश और उड़ीसा में संविधान के अनुच्छेद 164 में निर्धारित व्यवस्था के अनुसार जनजातीय कल्याण कार्य देखने के लिए पृथक् मन्त्री नियुक्त किये गये हैं। कुछ राज्यों ने केन्द्र की संसदीय समिति के अनुरूप राज्य विधान मण्डलों के सदस्यों की समितियाँ गठित की हैं।

अनुसूचित क्षेत्र वाले सभी राज्यों तथा तमिलनाडु और पश्चिमी बंगाल ने राज्य में अनुसूचित जनजातियों के कल्याण तथा उत्थान से सम्बन्धित मामलों के बारे में सलाह देने के लिये संविधान की पंचम अनुसूची में किये गये उपबन्धों के अनुसार जनजातीय सलाहकार परिषद स्थापित किये हैं।

स्वयं सेवी संगठन

कई स्वयं सेवी सगठन भी अनुसूचित जातियों तथा अनुसूचित जनजातियों के कल्याण के लिए कार्य किया करते हैं। अखिल भारतीय स्वरूप के महत्वपूर्ण संगठन इस प्रकार हैं—हरिजन सेवक संघ, दिल्ली; भारतीय दलित वर्ग संघ, नई दिल्ली; ईश्वर शरण आश्रम, इलाहाबाद; भारतीय रेडक्रास सोसाइटी, नई दिल्ली; हिन्द स्वीपर्स सेवक समाज, नई दिल्ली; रामकृष्ण मिशन, नरेन्द्र पुर पश्चिमी बंगाल; भारतीय आदिम जाति सेवक संघ, नई दिल्ली; आन्ध्र राष्ट्र आदिम जाति सेवक संघ, नेल्लौर; रामकृष्ण मिशन, चेरापूंजी, रांची, पुरी, सिलचर, और शिलांग; ठक्कर बापा आश्रम, उड़ीसा; सर्वेन्ट्स ऑफ इण्डिया सोसायटी, पुणे और समाज कार्य तथा अनुसन्धान केन्द्र, तिलीनिया, राजस्थान।

भारत सरकार, अनुसूचित जातियों तथा अनुसूचित जनजातियों के बीच कार्य कर रहे गैर-सरकारी स्वयं सेवी संगठनों को सहायता अनुदान देती है।

कल्याण योजनायें

केन्द्रीय तथा राज्य सरकारों द्वारा अनुसूचित जातियों तथा अनुसूचित जनजातियों के कल्याण पर विशेष ध्यान दिया जाता है। इसके कल्याण के लिये प्रत्येक पंचवर्षीय योजना में विशेष कार्यक्रम आरम्भ किये गये हैं और इन विशेष कार्यक्रमों पर किये गये निवेश की मात्रा में प्रत्येक योजना में वृद्धि होती जा रही है।

अनुसूचित जातियों के विकास के लिये नीति

अनुसूचित जातियों के विकास में तेजी लाने के लिए तीन सूत्री नीति तैयार की गई है।

(क) राज्यों तथा केन्द्रीय मन्त्रालयों की विशेष संघटक योजनायें।

(ख) राज्यों की अनुसूचित जातियों की विशेष संघटक योजनाओं के लिये विशेष केन्द्रीय सहायता।

(ग) राज्यों में अनुसूचित जाति विकास निगम।

विशेष संघटक योजनाओं में विकास के सामान्य क्षेत्रों के अन्तर्गत ऐसी योजनाओं को, जिनसे अनूसूचित जातियों को लाभ हो, निर्दिष्ट करने, प्रत्येक क्षेत्र के अन्तर्गत सभी विभाज्य कार्यक्रमों के लिये निधियों की मात्रा का निर्धारण करने तथा विशिष्ट लक्ष्य निर्धारित करने की व्यवस्था है। ताकि यह पता लग सके कि प्रत्येक क्षेत्र के अन्तर्गत इन कार्यक्रमों से कितने परिवारों को लाभ होगा। इस सबके

पीछे मूल उद्देश्य यह है कि अनुसूचित जाति के परिवारों की आमदनी पर्याप्त रूप से बढ़ाने में उनकी मदद की जाए। विशेष संघटक योजनाओं के अन्तर्गत बुनियादी सेवायें तथा सुविधायें उपलब्ध कराने और सामाजिक तथा शैक्षिक विकास के अवसर प्रदान कराने के कार्यक्रम भी शामिल किये जायेंगे।

विशेष केन्द्रीय सहायता

अनुसूचित जातियों के लिये राज्यों की विशेष घटक योजनाओं के लिए केन्द्र ने विशेष केन्द्रीय सहायता देना जारी रखा। अनुसूचित जातियों के लिये राज्यों की योजनाओं व कार्यक्रमों के लिये विशेष केन्द्रीय सहायता अतिरिक्त रूप से दी जाती है तथा विशिष्ट योजनाओं के सुनिश्चित ढाँचे के मुताबिक यह सहायता नहीं दी जाती। अनुसूचित जातियों के विकास के लिये किये जा रहे राज्यों के प्रत्यनों को उनकी सम्पूर्णता में आँक कर ही ऐसी सहायता दी जाती है। राज्यों द्वारा यह अतिरिक्त केन्द्रीय सहायता उनकी विशेष घटक योजनओं के परिव्यय के साथ जोड़ी जाती है और इसका उपयोग केवल आय वृद्धि करने वाली आर्थिक विकास योजनाओं में किया जाता है। अभिप्राय यह है कि गरीबी की रेखा से नीचे जितने भी अनुसूचित जातियों के व्यक्ति हैं उनमें से अधिक से अधिक लोगों की आर्थिक स्थिति में सुधार हो सके। राज्यों और संघ राज्य क्षेत्रों में अनुसूचित जातियों की जनसंख्या कितनी है, वहाँ पिछड़ेपन की क्या स्थिति है और इस दिशा में उनके क्या-क्या प्रयत्न हैं, इन बातों को ध्यान में रखकर ही विशेष केन्द्रीय सहायता की राशि का निर्धारण होता है।

अनुसूचित जाति विकास निगम

आर्थिक विकास से सम्बन्धित ऐसी योजनाओं में जिनमें बैंक की जरूरत होती है, अनुसूचित जाति के परिवारों को वित्तीय संस्थानों से आर्थिक सहायता प्राप्त होती है। अनुसूचित जाति विकास निगम भी इन परिवारों को अल्प-राशि वाली सहायता देकर वित्तीय संस्थानों से मिलने वाली सहायता में वृद्धि करते हैं।

जनजातीय विकास

पांचवीं पंचवर्षीय योजना के दौरान जनजातीय विकास के लिए भी एक नई योजना बनाई गई। इसके अनुसार जिन इलाकों में 50 प्रतिशत व इससे अधिक प्रतिशत जनजाति के लोग रहते हैं ऐसे इलाकों के लिये 19 राज्यों और संघ राज्य क्षेत्रों में उप-योजनायें बनाई गई। आंध्र प्रदेश, असम, बिहार, गुजरात, हिमाचल प्रदेश, कर्नाटक, केरल, मध्य प्रदेश, महाराष्ट्र, मणिपुर, उड़ीसा, राजस्थान, तमिलनाडु, त्रिपुरा, उत्तर प्रदेश, पश्चिमी बंगाल, अंदमान व निकोबार द्वीप समूह और गोवा, दमन व दीव ऐसे क्षेत्र हैं जिनमें ऐसी योजनायें बनाई गईं। सिक्किम में जनजाति उप-योजना क्षेत्र अगस्त 1980 में तय किए गये। कुछ राज्यों और संघ राज्य प्रदेशों में जनजातियों की संख्या बहुत अधिक है, जैसे अरुणाचल प्रदेश, मेघालय, मिजोरम, नागालैण्ड, लक्षद्वीप और दादरा और नागर हवेली। इन्हें उप-योजनाओं के अन्तर्गत नहीं लिया गया क्योंकि इन राज्यों की योजनायें वस्तुतः जनजाति विकास के लिये हैं।

जनजाति के लिए बनी उप-योजनाओं के मुख्य उद्देश्य हैं–

(1) जनजाति क्षेत्रों और अन्य क्षेत्रों के बीच विकास के अन्तर को कम करना।

(2) जनजातियों के रहन-सहन को ऊँचा उठाना।

इन उद्देश्यों की प्राप्ति के लिये जनजातियों का शोषण समाप्त करने विशेषकर भूमि, महाजनी, कृषि और वन की उपज में अनाचार समाप्त करने आदि को उच्च प्राथमिकता दी गई है। जनजाति क्षेत्रों के समेकित विकास के लिये जनजाति उप-योजनाओं के अधीन सम्पूर्ण भौतिक और वित्तीय उपायों की व्यवस्था है। इन क्षेत्रीय उप-योजनाओं को धनराशि राज्य योजनाओं, केन्द्रीय मन्त्रालयों और विभागों की मार्फत केन्द्रीय परिव्यय, संस्थागत वित्त तथा विशेष केन्द्रीय सहायता के द्वारा प्राप्त होती है।

19 राज्यों और संघ राज्य क्षेत्रों के जनजाति उप-योजना क्षेत्रों को 180 समेकित जनजाति विकास परियोजनाओं में विभाजित किया गया है।

छठी योजना के दौरान जनजातियों के ऐसे क्षेत्रों को, जिनकी कुल आबादी 10,000 तथा जनजातियों की आबादी 50 प्रतिशत अथवा उससे अधिक है, उप-योजना की नीति के अनुसार संशोधित क्षेत्र विकास कार्यक्रम के अन्तर्गत लिया जा रहा है। उपयोजना की नीति लचीली है ताकि उसे स्थानीय स्थिति के अनुरूप चलाया जा सके। कार्यक्रमों के अन्तर्गत कृषि, सिंचाई, हाट व्यवस्था और सहकारिता, शिक्षा आदि हैं। बहुत ही पिछड़े हुए जनजाति समूहों की ओर विशेष ध्यान देने के लिए अलग से योजनायें बनाई जाती हैं।

जनजाति विकास कार्यक्रम शुरू से ही दो नीतियों को ध्यान में रखकर चलाया जा रहा है–(1) इनके जीवन स्तर को उठाने के लिए विकास गतिविधियों को बढ़ावा देना; और (2) कानूनी तथा प्रशासनिक उपायों द्वारा इसके हितों का संरक्षण।

जनजाति अनुसंधान संस्थान

जनजाति अनुसंधान तथा प्रशिक्षण संस्थान, आंध्र प्रदेश, असम, बिहार, गुजरात, केरल, मध्य प्रदेश, महाराष्ट्र, उड़ीसा, राजस्थान, उत्तर प्रदेश और पश्चिमी बंगाल में काम कर रहे हैं। इन्होंने जनजाति उप-योजनाओं के निर्माण, परियोजना रिपोर्टें तैयार करने, अनुश्रवण सूचना और मूल्यांकन अनुसंधान, अध्ययन और कर्मचारियों को प्रशिक्षण के मामले में बड़ा उपयोगी काम किया है।

पिछड़े वर्ग

श्री बी॰ पी॰ मण्डल की अध्यक्षता में बने द्वितीय पिछड़ा वर्ग आयोग ने अपनी रिपोर्ट 31 दिसम्बर, 1980 को सरकार को दे दी थी। यह रिपोर्ट विचाराधीन है।

जनजातियों के पुनर्वास के लिये सुझाव

(अ) आर्थिक सुधार—जनजातियों के पुनर्वास के लिये सबसे पहले आर्थिक सुधार की आवश्यकता है। इस दिशा में आवश्यक आर्थिक सुधार इस प्रकार हैं—

(1) स्थायी खेती का प्रचार—जनजातियों में 'झूम' अर्थात् स्थान बदलने वाली खेती धर्म का अंग मानी जाती है। इस विधि में जमीन को सब प्रकार से साफ तथा ठीक करके बलिदान, यज्ञ और नृत्य के आयोजन के साथ बीज बो दिये जाते हैं। फसल के बाद अगले वर्ष अन्य स्थान पर झूम बनाया जाता है। इस प्रकार की बदलती हुई खेती आधुनिक काल में नहीं चल सकती क्योंकि सरकार वन सम्पत्ति को इस प्रकार नष्ट करने की छूट नहीं दे सकती। इस प्रकार की विधि से बहुत सी अन्य हानियाँ भी हैं। अतः भारतीय सेवा सम्मेलन ने यह सुझाव दिया है कि जनजातियों को स्थायी खेती का महत्व और उपयोगिता समझायी जाय। यद्यपि जनजातियों में स्थायी खेती का अभी बहुत विरोध है, परन्तु प्रचार से यह प्रथा अपनाई जा सकती है।

(2) वन सम्बन्धी कानून—वनों के रहने वाली जातियों के लिये वनों का बड़ा महत्व है। अतः वनों के प्रयोग के लिए समुचित कानून बनाने की बड़ी आवश्यकता है। राज्य की आर्थिक सहायता से सहयोगी वन उपयोग समितियाँ बनाई जा सकती हैं।

(3) गृह उद्योग धन्धों का विकास—आर्थिक सुधारों में गृह उद्योग धन्धों के विकास का बड़ा महत्व है। इसके लिए प्रौद्योगिक शिक्षा तथा सरकार द्वारा आर्थिक सहायता का भी प्रबन्ध होना चाहिये। इन उद्योग धन्धों से उत्पन्न वस्तुओं की बिक्री और निर्यात की समुचित व्यवस्था होना भी उतना ही आवश्यक है।

(4) ऋण तथा शोषण से मुक्ति—कृषि तथा उद्योग-धन्धों से वास्तविक लाभ के लिये जनजाति के सदस्यों को कर्ज तथा शोषण से मुक्त करना आवश्यक है। इसके लिये महाजनों की सूदखोरी रोकने और पिछला कर्ज चुकाने की सुविधाओं के विषय में कठोर कानून बनाने की आवश्यकता है। भूमि को साहूकारों के पंजे से बचाने के लिये विशेष कानून होने चाहियें। उधार देने के लिए सहयोगी उधार समितियाँ बनाने की भी आवश्यकता है। औद्योगिक क्षेत्रों, कारखानों तथा चाय के बगीचों आदि में काम करने वाले जनजातीय नर-नारियों की अज्ञानता के कारण उनका बड़ा शोषण किया जाता है। अतः इनमें काम के घण्टों, मजदूरी की दर तथा मजदूरी के तरीकों के सम्बन्ध में विशेष कानून बनाने की आवश्यकता है। नौकरियाँ स्थायी बनाई जायें तथा वेतन और काम के घण्टे निश्चित किये जाने चाहियें।

(ब) शिक्षा सम्बन्धी सुधार—परन्तु शिक्षा के अभाव में आर्थिक सुधारों को लागू करने में भारी कठिनाइयाँ पड़ेंगी। शिक्षा का समुचित प्रचार होने पर ही

जनजातीय लोग सुधार की योजनाओं को समझकर कार्यान्वित कर सकते हैं। शिक्षा के सम्बन्ध में सुझाव देते हुए टी॰ एन॰ मदान का कहना है कि सामाजिक रीति-रिवाजों में सुधार करने के पूर्व हमें जनजातीय लोगों के मस्तिष्कों में ज्ञान का प्रकाश पहुँचाना चाहिये। शिक्षा में लिखने-पढ़ने से अधिक व्यवहारिक और व्यावसायिक ज्ञान की आवश्यकता है। इसमें प्रौद्योगिक प्रशिक्षण का विशेष महत्व है। शिक्षा प्रसार में स्थानीय शिक्षकों तथा स्थानीय भाषाओं का प्रयोग होना चाहिये।

शिक्षा सम्बन्धी अन्य सुधारों के विषय में निम्नलिखित सुझाव महत्वपूर्ण हैं–

(1) जनजातियों में शिक्षा उन्हीं की भाषा और सांस्कृतिक पृष्ठभूमि के अनुसार होनी चाहिये। इससे भाषा सम्बन्धी समस्या सुलझ सकेगी।

(2) एलविन के अनुसार पश्चिमी अफ्रीका के अकीमोटा कालेज के समान भारत में भी जनजातीय ललित कलाओं की रक्षा हेतु कालेज की स्थापना होनी चाहिये।

(3) शिक्षा के साथ-साथ जनजातियों में हस्तकला तथा व्यवसायों के सम्बन्ध में प्रशिक्षण देने की भी व्यवस्था होनी चाहिये जिससे आगे चलकर उन्हें व्यवसायों के चुनाव में असुविधा न हो।

(4) शिक्षा के साथ ही साथ संगीत, नृत्य, खेल तथा अन्य मनोरंजन का भी प्रबन्ध होना चाहिये और स्कूलों की छुट्टियाँ जनजातीय त्यौहारों के अनुकूल और साप्ताहिक बाजार के दिन ही होनी चाहियें।

(5) शिक्षा के द्वारा जनजातीय लोगों में धार्मिक कट्टरता को दूर करके धर्म को एक वैज्ञानिक स्तर पर लाना चाहिये।

अभ्यास के लिए प्रश्न

प्रश्न 1. जनजातीय संस्कृति के परिवर्तन में कौन-कौन सी क्रियायें काम कर रही हैं? आधुनिक सभ्यता का उस पर क्या प्रभाव पड़ा है? यह प्रभाव कहाँ तक लाभदायक है? संक्षेप में विवेचन कीजिये।

प्रश्न 2. भारतीय जनजातीय समस्याओं का वर्णन कीजिये तथा उनके निराकरण के लिये सुझाव दीजिये।

प्रश्न 3. वास्तव में भारतीय जनजातियों की सामाजिक एवं आर्थिक प्रमुख समस्यायें क्या हैं? इन समस्याओं को सुलझाने के लिये आप विशेष सुझाव दीजिये।

प्रश्न 4. भारत में जनजातीय जीवन पर ईसाई मिशनरियों के प्रभाव का विवेचन कीजिए। यह कहाँ तक हानिकारक सिद्ध हुआ है?

प्रश्न 5. भारत में जनजातियों की वर्तमान गिरावट का संक्षिप्त वर्णन कीजिये और उनके पुनर्वास के लिये सुझाव उपस्थित कीजिये।

प्रश्न 6. भारत में आदिवासी कल्याण पर एक निबन्ध लिखिये।

प्रश्न 7. जनजातीय प्रशासन में मानवशास्त्र को लागू करने की सम्भावना का वर्णन कीजिये।

प्रश्न 8. क्या आप इस विचार से सहमत हैं कि आदिम जातियों को सभ्य जातियों से उन्हीं के हित में अलग रखना चाहिये। अपने उत्तर के समर्थन में तर्क प्रस्तुत कीजिये।

23

स्त्रियों की समस्यायें

(Problems of Women)

सामाजिक संगठन में स्त्रियों की स्थिति समाज की दशा की परिचायक है। जिस समाज में स्त्रियों की दशा जितनी ही अधिक गिरी हुई होगी, उनकी स्थिति जितनी ही नीची होगी वह समाज उतना ही अवनत माना जायेगा। समाज सामाजिक सम्बन्धों का तानाबाना है। इन सामाजिक सम्बन्धों में स्त्री पुरुष के सम्बन्ध सबसे अधिक व्यापक, गहरे और स्थायी होते हैं। माता, पत्नी, प्रिया, मित्र, बहन आदि विविध रूपों में स्त्री समाज में महत्वपूर्ण कार्य करती है। व्यक्ति के सामाजीकरण में उसके स्त्री से सम्बन्ध का बड़ा महत्व है। महान् व्यक्तियों पर उनकी माताओं का प्रभाव सर्वविदित है। पत्नी के व्यक्तित्व का पति के व्यक्तित्व पर अवश्य प्रभाव पड़ता है। प्रिया के रूप में स्त्री ने समाज के इतिहासों को बदल दिया है। राजस्थान के इतिहास में बहन की राखी ने वह कार्य किया जो कि अन्य कोई भी तत्व नहीं कर सकता था।

सामाजिक संगठन एक गतिशील प्रक्रिया है। उनमें भी हिन्दू सामाजिक संगठन विशेष रूप से गतिशील रहा है। इसी गतिशीलता में उसके जीवन का रहस्य है। इसी गतिशीलता के कारण वह सब तरह के परिवर्तनों के बीच में भी जीवित रहा। अत: हिन्दू सामाजिक संगठन तके स्त्रियों की स्थिति सदैव एक सी नहीं रही। स्त्रियों की स्थिति का अध्ययन एक गतिशील प्रक्रिया का अध्ययन है जिसमें कभी उन्नति है कभी अवनति, कभी आरोहण है कभी अवरोहण, इस अध्ययन से जहाँ उनकी अवनति के कारण ज्ञात होंगे वहाँ उनकी उन्नति के उपायों पर भी प्रकाश पड़ेगा।

बाल विवाह

शिक्षा के प्रचार के साथ-साथ भारतीय समाज से बाल विवाह की प्रथा उठती जा रही है। परन्तु कुछ ही वर्षों पूर्व यह एक भयंकर समस्या थी। बाल विवाह के प्रश्न के साथ विवाह की उचित आयु का प्रश्न भी लगा हुआ है जिसका निश्चय करना सभी देश काल में आवश्यक है। बाल विवाह के हानि लाभ के विवेचन से

देर से विवाह के हानि लाभ समझने में भी सहायता मिलेगी। अतः यहाँ बाल विवाह का विस्तृत विवचेन प्रासंगिक होगा।

बाल विवाह के पक्ष में युक्तियाँ

बाल विवाह के पक्ष में निम्नलिखित युक्तियाँ दी जाती हैं—

(1) पति पत्नी के स्वभाव में सामंजस्य—कुछ लोगों का कहना है कि बाल-विवाह से एक बड़ा लाभ यह है कि बचपन से साथ रहने के कारण पति पत्नी के स्वभाव में अच्छा सामंजस्य हो जाता है। बचपन में बुद्धि कोमल होती है और उसको मोड़ना सरल होता है। अतः बचपन में विवाह कर लेने से पति पत्नी धीरे-धीरे एक दूसरे के अनुकूल हो जायेंगे और उनमें संघर्ष कम होगा। बड़ी आयु में विवाह होने से पति पत्नी को एक दूसरे की आदतों के अनुकूल बदलना बड़ा कठिन हो जाता है और संघर्ष की सम्भावना बढ़ जाती है।

(2) अनैतिकता और भ्रष्टाचार का विरोध—बाल विवाह के पक्ष में दूसरी युक्ति यह है कि इससे समाज अनैतिकता और भ्रष्टाचार से बचा रहता है। बालक बालिकओं में साधारणतया 14, 15 वर्ष की आयु में काम-वासना जागती है। इस वासना की समुचित तृप्ति न होने के कारण ही समाज में अनैतिकता, व्यभिचार और भ्रष्टाचार फैलता है। इस भ्रष्टाचार से बचने का एक मात्र उपाय बाल विवाह है। अनेक आधुनिक पाश्चात्य समाजशास्त्रियों ने अधिक आयु में विवाह की हानियाँ बतलाकर छोटी आयु में विवाह का समर्थन किया है। कुछ लोगों का कहना है कि विवाह विद्यार्थी अवस्था में ही हो जाना चाहिये और इससे विद्याध्ययन में कोई बाधा नहीं पड़ती बल्कि और भी सुविधा रहती है क्योंकि युवक-युवतियों में हताशायें कम हो जाती हैं।

(3) उत्तरदायित्व के कारण प्रगति—बाल विवाह के पक्ष में तीसरी युक्ति यह दी जाती है कि इससे छोटी आयु में ही उत्तरदायित्व पड़ जाने से स्त्री पुरुष की आत्मोन्नति में अधिक प्रगति हो पाती है। विवाह से जीवन में स्थिरता आ जाती है। सन्तान उत्पन्न हो जाने पर पुरुष अपना उत्तरदायित्व अनुभव करके अपनी आर्थिक उन्नति की ओर विशेष ध्यान देने लगता है। विवाह से वह सब प्रकार की कुप्रवृत्तियों और उच्छृङ्खलताओं से बचा रहता है और उसके जीवन में शीघ्र ही स्थिरता और परिपक्वता आ जाती है। सर गुरूदास बैनर्जी ने बाल-विवाह के इस लाभ का विशेष समर्थन किया है। अपनी प्रसिद्ध बंगला पुस्तक 'ज्ञान और कर्म', में उन्होंने इसकी पुष्टि में एक सुन्दर उदाहरण दिया है। ''स्त्री पुत्र आदि के पालन का कोई उपाय ने देखकर अस्क्रिन साहब बैरिस्टरी करने लगे। पहले-पहल जो मुकदमा उन्होंने हाथ में लिया उसमें जब वे व्याख्यान देने लगे तब बीच में प्रधान न्यायाधीश मैंसफील्ड ने यह कह कर कि उनका अमुख विषय अप्रासंगिक है, उन्हें उसका जिक्र न करने

का संकेत किया। परन्तु वैरिस्टर ने उस संकेत पर ध्यान न देकर तेजी से खूब बहस की। उनका यह व्याख्यान इतना जोरदार और हृदय पर प्रभाव डालने वाला हुआ कि उसी दिन से उन्होंने उपने व्यवसाय में असाधारण यश और प्रतिष्ठा प्राप्त कर ली। व्याख्यान दे चुकने के बाद बैरिस्टर साहब के एक मित्र ने उनसे पूछा कि मैंसफील्ड जैसे प्रबल प्रधान न्यायाधीश के आदेश को न मानने का साहस वे कैसे कर सके? इस प्रश्न के उत्तर में अर्स्किन साहब ने कहा, ''उस वक्त मुझे ऐसा मालूम पड़ रहा था कि मानो भूख से पीड़ित मेरे बच्चे करुण स्वर में मुझ से कह रहे हैं—पिता इस सुयोग में अगर आप हमारे खाने-पीने का कुछ सुभीता कर सकेंगे तो कर सकेंगे, नहीं तो कुछ न होगा।''

बाल विवाह के विपक्ष में युक्तियाँ

बाल-विवाह के उपरोक्त लाभों के होते हुए भी उससे अनेक हानियाँ हैं जिनके कारण उसका घोर विरोध किया गया है। विपक्ष में मुख्य युक्तियाँ निम्नलिखित हैं—

(1) स्त्रियों की संख्या में कमी 'Social Service in India' में सर एडवर्ड ब्लन्ट ने बाल विवाह के पक्ष में यह सम्मति प्रकट की है कि इससे स्त्रियों के शीघ्र सन्तानें उत्पन्न होने लगती हैं और तरुणावस्था में प्रसव के समय 30-35 वर्ष की आयु होते-होते चार या छः बच्चे पैदा करके उनकी मृत्यु हो जाती है। सर ब्लन्ट के इस मत से प्रत्येक विचारवान व्यक्ति सहमत होगा। जनगणना के अनुसार भारत में हजार पुरुषों पर 947 स्त्रियाँ हैं। भारत में स्त्रियों की संख्या में कमी का एक मुख्य कारण बाल विवाह है।

(2) बाल विधवाओं की संख्या में वृद्धि—बाल-विवाह के कारण बाल विधवाओं की संख्या बढ़ती है जिनका पुनर्विवाह न होने के कारण समाज में व्यभिचार और भ्रूण हत्यायें बढ़ती हैं। इन असहाय स्त्रियों को पशुवत् जीवन व्यतीत करना पड़ता है।

(3) देश की जनसंख्या में अत्यधिक वृद्धि—वैज्ञानिकों के अनुसार विवाह छोटी आयु में होने पर सन्तान शीघ्र और अधिक होती है। इस प्रकार बाल विवाह से देश की जनसंख्या में अवांछित वृद्धि होती है जिससे भोजन, वस्त्र तथा बेकारी की समस्यायें बढ़ती हैं। बाल वर वधू परिवार नियोजन की आवश्यकता और तरीकों को भी नहीं समझते। अतः सन्तानोत्पत्ति पर कोई नियंत्रण नहीं हो पाता।

(4) उच्च शिक्षा में बाधा—बाल-विवाह से सन्तान आदि के चक्कर में पड़कर स्त्री-पुरुष दोनों की शिक्षा में बाधा पहुँचती है। साधारणतया यह देखा जाता है कि विवाह के बाद लड़के-लड़की सभी पढ़ाई छोड़ देते हैं क्योंकि उनका ध्यान दूसरी ओर चला जाता है। हाल में कुछ पाश्चात्य समाजशास्त्रियों ने यह मत व्यक्त किया है कि विवाह से विद्याध्ययन में कोई बाधा नहीं पहुँचती बल्कि सहायता मिलती

है। सम्भव है कि कुछ युवक युवतियों के विषय में यह मत ठीक हो परन्तु न तो यह मत सभी लोगों पर लागू होता है और न इससे बाल विवाह का औचित्य सिद्ध होता है।

(5) स्त्रियों के रोगों में वृद्धि—बाल विवाह से कच्ची आयु में ही सन्तानोत्पत्ति आदि के कारण स्त्रियों के स्वास्थ्य पर बुरा प्रभाव पड़ता है और वे नाना प्रकार के रोगों में फँसकर असमय में ही संसार से बिदा हो जाती हैं अथवा जीवन भर रोगिणी और निर्बल बनी रहती हैं। वैज्ञानिकों का कहना है कि स्त्री पुरुष के रज और वीर्य के पुष्ट होने तक दोनों को ब्रह्मचर्य का पालन करके उसकी रक्षा करनी चाहिये। समय से पूर्व रज और वीर्य क्षीण करने से बड़ी मानसिक और शारीरिक हानि होती है और शरीर तथा मस्तिष्क दोनों की वृद्धि कुंठित हो जाती है।

(6) प्रजाति की निर्बलता—बाल विवाह से निर्बल सन्तान उत्पन्न होती है जिससे प्रजाति निर्बल होती है। शरीर और बुद्धि से युवा होने से पूर्व विवाह करने से पुष्ट सन्तानें उत्पन्न नहीं हो सकतीं।

(7) अनुत्तरदायी विवाह—बाल विवाह का सबसे बड़ा दोष यह है कि वह एक अनुत्तरदायी विवाह है। छोटी आयु में विवाह के कारण वर वधू विवाह के उत्तरदायित्वों को नहीं समझते और कभी-कभी भयंकर गलतियाँ कर बैठते हैं जिससे जान तक पर आ बनती है। लड़के लड़कियों में पर्याप्त समझ न हाने के कारण माता पिता ही उनका विवाह निश्चित करते हैं जिससे यदि पति पत्नी विरोधी स्वभाव के मिल गए तो संघर्ष होता है और सारे वैवाहिक सुख समाप्त हो जाते हैं।

बाल विवाह के उपुर्यक्त गुण दोषों का विवेचन करने से स्पष्ट ज्ञात होता है कि उससे लाभ के स्थान पर हानियाँ अधिक हैं और उसकी प्रथा का बन्द होना नितान्त आवश्यक है।

बड़ी आयु में विवाह से हानि व लाभ

परन्तु बाल विवाह की प्रथा के खंडन से यह निष्कर्ष निकाला जा सकता है कि विवाह जितनी देर से किया जाये उतना ही अच्छा है। विवाह किस आयु में किया जाय यह एक विचारणीय प्रश्न है। वास्तव में बाल विवाह से जो लाभ होते हैं वे ही बड़ी आयु में विवाह की हानियाँ हैं। बड़ी आयु में विवाह होने से पति पत्नी के स्वभावों के परिपक्व हो चुकने के कारण उनमें वांछनीय सामंजस्य आसानी से नहीं हो पाता। दूसरे, देर से विवाह होने के कारण लड़के लड़कियाँ अनैतिक और भ्रष्ट उपायों से काम-वासना की तृप्ति करने की चेष्टा करते हैं जिससे समाज में भ्रष्टाचार फैलता है। अत्यधिक बड़ी आयु में विवाह होने पर अनेक कन्यायें तो आत्म-हत्या तक करती देखी जाती हैं। अधिक बड़ी आयु में विवाह होने पर वैवाहिक सुख का बहुत सा उन्माद जाता रहता है तथा शारीरिक और मानसिक क्षति अलग होती है। परन्तु बड़ी आयु में विवाह से अनेक लाभ भी हैं। ये लाभ वहीं हैं जो कि बाल विवाह

की हानियाँ हैं अर्थात् इनसे वर वधू विवाह का उत्तरदायित्व समझते हैं, पुष्ट सन्तान उत्पन्न होती है, सन्तानोत्पत्ति से स्त्री के स्वास्थ्य को धक्का नहीं लगता और उसकी अकाल मृत्यु नहीं होती। बड़ी आयु में विवाह होने पर उत्पादकता (Fertility) कम हो जाती है और स्त्री पुरुष परिवार नियोजन की आवश्यकतायें तथा रीतियाँ समझ सकते हैं। अतः सन्तानें अधिक नहीं उत्पन्न होतीं। इससे स्त्री पुरुष दोनों की शिक्षा निर्बाध रूप से पूर्ण हो जाती है और तन मन से परिपक्व होकर दोनों दाम्पत्य धर्म का समुचित रीति से पालन करते हैं।

मध्यम मार्ग उपयुक्त है—विवाह में लड़के-लड़की की उपयुक्त आयु के सम्बन्ध में मध्यम मार्ग ग्रहण करना ही सबसे अच्छा है। बाल-विवाह और अधिक आयु में विवाह दोनों से अपनी-अपनी हानियाँ और लाभ हैं। दोनों की हानियाँ बचाकर उनको लाभों का उपयोग करने के लिये विवाह की आयु ऐसी रखनी चाहिये कि लड़के लड़की की शिक्षा समाप्त हो जाए, वे शरीर और मन से पुष्ट हो जायें, विवाह के इच्छुक हों और उसके उत्तरदायित्व को समझते हों तथा यौन शिक्षा पा चुके हों। इस मध्य मार्ग में लड़के की आयु 18 वर्ष से पच्चीस और लड़की की 15 से 22 तक हो सकती है। इसके बाद दो तीन वर्ष तो कोई चिन्ताजनक बात नहीं परन्तु और अधिक देर होने पर युवक युवतियों की अशान्ति बढ़ जाती है और कभी-कभी भयंकर रूप धारण कर लेती है जिससे उनके कुमार्ग में जाने अथवा विक्षिप्त होने का भय है।

बालविवाह के कारण

आजकल भारत में बाल विवाह बहुत कम दिखाई पड़ते हैं। जहाँ इसका श्रेय समाज सुधारकों को है वहाँ राजकीय अधिनियमों की भी कमी नहीं है। बाल-विवाह के सुधार के विषय में जानने से पूर्व उसके कारणों का सर्वेक्षण करना भी लाभदायक होगा क्योंकि उससे सुधार की वांच्छित दिशाओं का भी संकेत मिलेगा। बाल-विवाह के कारणों में उन सब युक्तियों का हाथ है जो उसके पक्ष में दी जाती हैं। इनका वर्णन पीछे किया जा चुका है। बाल-विवाह के अन्य कारण निम्नलिखित हैं—

(1) **धार्मिक रूढ़िवाद**—बाल विवाह का सबसे बड़ा कारण धार्मिक रूढ़िवाद है। अनेक हिन्दू शास्त्रों ने बाल-विवाह का जबर्दस्त समर्थन किया है और बड़ी आयु तक कन्या के क्वांरी बैठाये रहने को पाप बतलाया गया है। अतः धर्मभीरू माता पिता अल्पायु में ही उसके हाथ पीले कर देते हैं।

(2) **अन्तर्विवाह**—हिन्दुओं में विवाह, जाति, गोत्र तथा प्रवर के बाहर होने का निषेध होने के कारण कन्या के माँ बाप को वर ढूँढने में बड़ी परेशानी होती थी। अंतः ज्यों ही कोई अच्छा लड़का मिल जाता था त्यों ही कन्या के संरक्षक चटपट उसका विवाह कर डालते थे।

(3) सती प्रथा—परोक्ष रूप से सती प्रथा भी बाल-विवाह का कारण थी। इससे पति की मृत्यु हो जाने पर उसकी पत्नी भी उसके साथ सती हो जाती थी। अतः बच्चों की सुरक्षा के विचार से बचपन में ही उनके विवाह कर दिये जाते थे ताकि माँ बाप के मरने पर लड़का लड़की श्वसुर के घर में सुरक्षा पा सकें।

(4) वर मूल्य प्रथा—बाल विवाह का एक बड़ा कारण वर मूल्य अथवा दहेज प्रथा है। इससे अनेक लोग वर मिल जाने से छोटी आयु में ही शीघ्र से शीघ्र कन्या का विवाह कर देना अच्छा समझते हैं।

(5) संयुक्त परिवार—संयुक्त परिवार में विवाह हो जाने पर भी लड़कों पर अपनी पत्नी और बच्चों का कोई उत्तरदायित्व नहीं होता था। अतः छोटी आयु में विवाह करने में कोई कठिनाई नहीं होती थी। इससे बाल-विवाह को प्रोत्साहन मिलता था।

दहेज को छोड़कर उपरोक्त सभी कारण अब क्रमशः समाप्त ही हो रहे हैं। अतः बाल-विवाह भी बहुत कम होता देखा जाता है। आजकल इसका कारण अशिक्षा और उसके परिणामस्वरूप रूढ़िवादिता अधिक है।

बाल-विवाह को रोकने के कानूनी उपाय

भारत में सबसे पहले 1860 में बाल-विवाह को रोकने के लिए एक अधिनियम बनाया गया, इसके अनुसार लड़कियों के विवाह की कम से कम आयु 10 वर्ष निर्धारित की गई परन्तु जनता ने इस कानून को न माना। 1891 में एक अधिनियम बनाकर लड़कियों की विवाह की आयु की सीमा 13 वर्ष कर दी गई। 1928 में आयु स्वीकृति समिति (Consent of Age Committee) ने बाल-विवाह का तीव्र विरोध किया और यह बतलाया कि अधिकतर लोग इस विषय में अब तक बने कानूनों को जानते नहीं हैं। 1929 में हर विलास सारदा ने एक विधेयक (Bill) उपस्थित किया जो बाल-विवाह निरोधक अधिनियम के नाम से स्वीकृत हुआ। इसके अनुसार विवाह की आयु लड़कों के लिये कम से कम 18 वर्ष और लड़कियों के लिए 14 वर्ष निर्धारित की गई। 1954 में विशेष विवाह अधिनियम ने सिविल मैरिज की आयु सीमा लड़कों और लड़कियों के लिये क्रमशः 21 और 18 वर्ष निश्चित की। 1955 के हिन्दु विवाह अधिनियम के अनुसार वैध विवाहों में लड़के लड़कियों की आयु सीमा 18 और 15 वर्ष निश्चित की गई।

कानूनी उपायों की विफलता के कारण—इन कानूनी उपायों से अभी देश से बाल-विवाह की बुराई पूरी तरह से दूर नहीं हुई है। कानूनी उपायों की इस विफलता के मुख्य कारण निम्नलिखित हैं—

(1) रूढ़िवाद—हिन्दुओं में बाल-विवाह के सबसे बड़े समर्थक कट्टर सनातनी और रूढ़िवादी लोग हैं। इनमें अभी पुराने हिन्दू शास्त्रों के विचार ही पल

रहे हैं और वे ही विवाह के विषय में आदर्श माने जाते हैं। ईसा के एक दो शताब्दी बाद भारत में यह धारणा जम चुकी थी कि कन्या का विवाह रजोदर्शन से पूर्व कर लेना चाहिये। ब्रह्मपुराण के रचयिता के अनुसार चार वर्ष की आयु के पश्चात् किसी भी लड़के लड़की का विवाह किया जा सकता है। याज्ञवलक्य कहते हैं कि कन्या का विवाह रजोदर्शन से पूर्व कर लेना चाहिये नहीं तो संरक्षकों को प्रतिमास एक भ्रूण हत्या का दोष लगेगा (अप्रयच्छंसमाप्नोति भ्रूण हत्या मृतौ ऋतौ)। ईसा के 100-500 वर्ष बाद तक के स्मृतिकारों में विवाह की आयु के सम्बन्ध में निम्नलिखित मत प्रचलित था।

अष्ट वर्षा भवेद् गौरी नववर्षा तु रोहिणी।
दशवर्षा भवेत्कन्या अत ऊर्ध्व रजस्वला।।
प्राप्तेतु दशमे वर्षे यस्तु कन्यां न यच्छति।
मासि-मासि रजस्तस्याः पिता पिबति शोणितम्।।

अर्थात् आठ वर्ष की लड़की गौरी, नौ वर्ष की रोहिणी तथा दस वर्ष की कन्या कहलाती है। इसके बाद लड़की रजस्वला हो जाती है। लड़की के दस वर्ष की हो जाने पर जो पिता उसका विवाह नहीं करता वह प्रति माह कन्या का खून पीता है। इतने जोरदार शब्दों में बाल-विवाह का आदेश होने पर धर्मभीरू लोग राजदंड से डरकर भी बाल-विवाह से नहीं रुक सकते क्योंकि उनको राज्य से अधिक तथाकथित धर्म का भय होता है।

(2) बाल-विवाह निरोधक कानूनों की अपूर्णता—रूढ़िवाद के साथ-साथ बाल-विवाह को रोकने में कानूनों की असफलता का एक बड़ा कारण स्वयं इन कानूनों की अपूर्णता है। इन कानूनों से बाल-विवाह ऐसा अपराध नहीं माना गया जिसकी रिपोर्ट मिलने पर पुलिस अपराधियों को गिरफ्तार करे या उन पर मुकदमा चलाये। इनमें बाल-विवाह की रिपोर्ट करने वाले को स्वयं मुकदमा चलाकर अपराध सिद्ध करना पड़ता है जो बड़े-बड़े समाज सुधारकों के लिये भी टेढ़ी खीर है।

वास्तव में बाल-विवाह अथवा शिशु-विवाह की प्रथा अब भारत में काफी कम हो गई है। इसमें शिक्षा का महत्वपूर्ण योगदान है। शिक्षा के प्रचार से जो सामाजिक जागृति हुई है उससे बाल-विवाह स्वभावतः खत्म हो रहे हैं। शिक्षा के प्रचार से धार्मिक रूढ़िवाद भी समाप्त हो रहा है। परन्तु बाल-विवाह निरोधक कानूनों को और अधिक कठोर बनाने की आवश्यकता है।

विधवा पुनर्विवाह

आधुनिक काल में शिक्षित समाज में विधवा पुनर्विवाह को बुरा नहीं समझा जाता परन्तु कट्टर धार्मिक लोगों और देहाती, अनपढ़ समाज में विधवाओं की दशा

अब भी बड़ी शोचनीय है। अतः विधवा पुनर्विवाह की समस्या किसी न किसी रूप में अब भी उपस्थित है।

वैदिक साहित्य में विधवा पुनर्विवाह का निरोध नहीं मिलता। अथर्ववेद में विधवा के पुनर्विवाह का उल्लेख है। अल्टेकर ने लिखा है "नियोग के साथ-साथ विधवा पुनर्विवाह भी वैदिक समाज में प्रचलित था।"[1] वशिष्ठ ने विधवा पुनर्विवाह को स्वीकृति दी है। कौटिल्य के अर्थशास्त्र में विधवा पुनर्विवाह को स्वीकार किया गया है। उच्छंग जातक की कथाओं में भी विधवा पुनर्विवाह का आभास मिलता है।

विधवा पुनर्विवाह की समस्या की ऐतिहासिक पृष्ठभूमि

अतः यह स्पष्ट है कि प्राचीन भारत में विधवा पुनर्विवाह का निषेध नहीं अथवा बहुत कम था। 300 ई० पू० से ईसा के 200 वर्ष पश्चात् तक के काल में विधवा पुनर्विवाह को अनुचित माने जाने के प्रमाण मिलते हैं। इस काल में विधवा पुनर्विवाह पर कठोर प्रतिबन्ध हो गये। परन्तु विधवा पुनर्विवाह का अधिक प्रबल विरोध ईसा के 600 वर्ष पश्चात् से प्रारम्भ हुआ और 1000 वर्ष बाद तो बाल विधवाओं का विवाह भी बन्द हो गया। विधवाओं का जीवन नर्क बन जाने के कारण अधिकाँश स्त्रियाँ पति के साथ जल मरना बेहतर समझती थीं। परन्तु विधवा पुनर्विवाह का यह निषेध भारत में सार्वभौम कभी नहीं रहा। नीची जातियों में विधवा पुनर्विवाह का निषेध है जो कि ऊँची जातियों में था। उनमें इसको घृणित ही नहीं बल्कि अवैध माना जाता था।

विधवा पुनर्विवाह निषेध के प्रभाव

विधवा पुनर्विवाह के इस निषेध के अनेक नैतिक तथा सामाजिक परिणाम दिखलाई पड़े। मुख्य नैतिक प्रभाव निम्नलिखित हैं–

विधवा पुनर्विवाह के निषेध के नैतिक प्रभाव

(1) **अनैतिकता की वृद्धि**–विधवा पुनर्विवाह के निषेध का सबसे पहला प्रभाव समाज में अनैतिकता और व्यभिचार का फैलना है। काशी में एक कहावत प्रचलित है "राँड़, सांड़, सीढ़ी, सन्यासी। इनसे बचे सो सेवे काशी।" यौवन की प्यास बुझाने के लिये कोई वैध उपाय न होने के कारण विधवायें अवैध सम्बन्ध स्थापित करती हैं। पर्दे की आड़ में व्यभिचार पलता है और बदनामी से बचने के लिये हजारों भ्रूण हत्यायें तथा गर्भपात होते हैं। आजकल गर्भ निरोधक औषधियों के आविष्कार से यह भ्रष्टाचार और भी सुलभ हो गया है। वास्तव में बाल विधवाओं से जीवन भर कठोर ब्रह्मचर्य के पालन की आशा रखना मानव मनोविज्ञान के प्रति

---

1. "Side by side with Niyoga, the widow remarriage also prevailed in Vedic Society."-
––A. S. Altekar, *The Position of Women in Hindu Civilization* (1956) p. 150.

अज्ञान का परिचायक है। विधवा पुनर्विवाह का विरोध एक अमनोवैज्ञानिक माँग है और समाज के लिये हानिकारक सिद्धान्त है।

(2) वेश्याओं की वृद्धि—विधवा पुनर्विवाह के विरोध का दूसरा अनैतिक दुष्परिणाम वेश्याओं की संख्या में वृद्धि है। भाषा विज्ञान की दृष्टि से रण्डी शब्द की उत्पत्ति रण्डा या रांड शब्द से हुई है जो कि विधवा के लिये प्रयोग किया जाता है। जब विधवाओं के व्यभिचार का पाप छिपाये नहीं छिपता तो क्रूर पुरुष उनको घर से निकाल देते हैं। असहाय और बदनाम विधवा के पास वेश्यावृत्ति के अतिरिक्त जीविकोपार्जन का कोई दूसरा सहारा नहीं रहता। अतः गुण्डों के चक्कर में आकर वे वेश्या बन जाती हैं। विधवा विवाह के विरोध के इन्ही भयंकर परिणामों को देखकर महात्मा गाँधी जी ने लिखा है कि वाधित वैधव्य भयंकर अभिशाप है।

विधवा पुनर्विवाह के निषेध के सामाजिक प्रभाव

सामान्यतया विधवा विवाह के निषेध के उपरोक्त दोनों प्रभाव सामाजिक प्रभावों में भी आ सकते हैं। केवल सुविधा की दृष्टि से उनका वर्णन अलग किया गया है। विधवा विवाह के निषेध के अन्य सामाजिक प्रभाव निम्नलिखित हैं—

(1) समाज की संख्या वृद्धि में कमी—बंगाल में विभाजन से पहले सन्तानोत्पादन में समर्थ विधवाओं की संख्या स्त्रियों की कुल संख्या का एक चौथाई थी। उनके पुनर्विवाह का निषेध होने के कारण हिन्दू समाज का भारी जातीय ह्रास हुआ है। 1881 से 1911 तक भारत में मुसलमानों की संख्या में 26.4 प्रतिशत की वृद्धि हुई। किन्तु हिन्दुओं में केवल 15.1 प्रतिशत की वृद्धि हुई। अतः विधवा पुनर्विवाह का निषेध हिन्दू समाज की संख्या वृद्धि में कमी करना है क्योंकि बहुत सी विधवायें विवाह करने के लिए मुसलमान बन जाती थीं अथवा मुसलमान युवकों के साथ घर से भाग जाती थीं।

(2) धर्म परिवर्तन—इस प्रकार विधवा पुनर्विवाह के निषेध का दूसरा बड़ा दुष्परिणाम उनके धर्म परिवर्तन के लिये बाध्य करने के रूप में सामने आया है। हिन्दू रहते किसी विधवा को पुनर्विवाह करने की अनुमति नहीं थी। अतः विवाह की तीव्र इच्छा होने पर उसको बाध्य होकर मुस्लिम या ईसाई होना पड़ता था। भारत की 1911 की जनगणना रिपोर्ट के अनुसार यद्यपि आजकल मुल्लाओं द्वारा मुसलमान बनाने की नियमबद्ध संस्थायें नहीं हैं परन्तु फिर भी कुछ लोग सदैव मुसलमान बनते रहते हैं। मुसलमानों के प्रेम में पड़कर अनेक विधवायें मुसलमान बनकर उनसे विवाह कर लेती हैं। इस प्रकार के प्रेम के खुल जाने पर भी यही परिणाम होता है।

विधवा पुनर्विवाह का औचित्य

आजकल अधिकांश शिक्षित व्यक्ति विधवा पुनर्विवाह को सर्वथा उचित मानते हैं परन्तु फिर भी कुछ लोग इसमें शंका उठाते हैं। अतः विधवा पुनर्विवाह के

औचित्य का विवेचन करना प्रासंगिक होगा। इसके लिये इस विषय के नैतिक तथा सामाजिक दोनों पक्षों पर विचार करना आवश्यक है।

विधवा पुनर्विवाह के नैतिक औचित्य के विषय में निम्नलिखित बातें कही जा सकती हैं।

विधवा पुनर्विवाह का नैतिक पक्ष

(1) **बाल विधवाओं का उद्धार**—इससे आये दिन के अत्याचार से बाल विधवाओं का उद्धार हो जायेगा। बाल विधवाओं को यह भी ज्ञात नहीं होता कि विवाह क्या है? उन्हें उसके सुख का कोई अनुभव नहीं होता। वे भी अपनी आयु की अन्य लड़कियों के समान खाना पहनना और शृंगार करना चाहती हैं। उनको इन सब निर्दोष कामों से बलात रोकना उन पर भारी अत्याचार है। यह उनके व्यक्तित्व के विकास को रोक कर उनको समाज की रूढ़ियों के सामने बलिदान कर देना है। अतः यह घोर अनैतिकता है। नैतिकता का तकाजा है कि जो विधवायें विवाह करना चाहें उन्हें इसकी स्वतन्त्रता दी जाए क्योंकि उनका वैधव्य स्वयं उनका अपराध नहीं है। उनके निर्दोष होते हुये भी उनसे मानस सुलभ अधिकार छीन लेना सर्वथा अनैतिक है और किसी भी व्यक्ति अथवा समाज को ऐसा करने का कोई अधिकार नहीं है।

(2) **अनैतिकताओं का उन्मूलन**—विधवा पुनर्विवाह के प्रचलित हो जाने पर समाज की बहुत सी अनैतिकता का उन्मूलन हो सकेगा। इससे विधवाओं को अपनी कामवासनाओं की तृप्ति के लिये लुक छिपकर अनुचित सम्बन्ध स्थापित करने की आवश्यकता नहीं करनी पड़ेगी, इससे वे भी पत्नी और माँ बन सकेंगी और उन्हें भ्रूण हत्या नहीं करनी पड़ेगी, वेश्या नहीं बनना पड़ेगा। इससे उनको आश्रय मिल जायेगा और उन्हें बेसहारा अपनी इज्जत बेचकर जीवन निर्वाह नहीं करना पड़ेगा। इससे विवाह की इच्छा होने पर वे विवाह कर सकेंगी, उसके लिये उनको मुस्लिम या ईसाई नहीं बनाना पड़ेगा। इससे वे दुष्ट और गुण्डे लोगों के चंगुल से बची रहेंगी और सुरक्षा तथा गौरव के साथ जीवन व्यतीत कर सकेंगी। विधवा पुनर्विवाह से विधवाओं को मनुष्य बनकर जीने का अधिकार मिलेगा, उनको समानता और स्वतन्त्रता मिलेगी तथा वे अच्छी पत्नियाँ और अच्छी मातायें बनकर देश और समाज की सेवा कर सकेंगी। इस प्रकार विधवा पुनर्विवाह से समाज से अनाचार, दुराचार, गर्भपात, भ्रूण हत्या तथा वेश्यावृत्ति को रोकने में बड़ी सहायता मिलेगी। अतः नैतिक दृष्टि से विधवा पुनर्विवाह सर्वथा न्यायोचित है।

विधवा पुनर्विवाह का सामाजिक पक्ष

विधवा पुनर्विवाह का एक सामाजिक पक्ष भी है। इस सामाजिक पक्ष में निम्नलिखित बातें उल्लेखनीय हैं—

(1) हिन्दू समाज की संख्या वृद्धि—विधवा पुनर्विवाह का सबसे पहला परिणाम यह होगा कि उन स्त्रियों से जो सन्तानें उत्पन्न होंगी उनसे समाज की संख्या बढ़ेगी। विधवा पुनर्विवाह न होने पर इतने बच्चों को गर्भ अथवा भ्रूण रूप में ही समाप्त कर दिया जाता अथवा वे मुस्लिम या ईसाई समाज की संख्या बढ़ाते।

(2) धर्म परिवर्तन का विरोध—विधवा पुनर्विवाह की छूट होने पर विधवाओं को विवाह की इच्छा होने पर मुस्लिम या ईसाई नहीं बनना पड़ेगा और इस प्रकार धर्म परिवर्तन की विभीषिका समाप्त हो जायेगी।

(3) अनैतिकता से समाज की रक्षा—विधवा पुनर्विवाह से उस अनैतिकता और व्यभिचार से समाज की रक्षा होगी जो उनके अविवाहित रहने पर फैलता है। इससे बाल विधवाओं पर होने वाले अमानुषिक अत्याचारों का अन्त हो जायेगा।

(4) समाज में वेश्याओं की कमी—विधवा पुनर्विवाह की छूट होने से समाज उन वेश्याओं से बच जायेगा जो वैधव्य के कारण वेश्यायें बनने पर बाध्य की जाती हैं। इससे समाज में अनैतिकता कम होगी।

विधवा पुनर्विवाह का कानूनी पक्ष

विधवा पुनर्विवाह के नैतिक तथा सामाजिक पक्षों के विवेचन के साथ-साथ उसके कानूनी पक्ष का विवेचन भी प्रासंगिक होगा। कानूनी पक्ष में महत्वपूर्ण बातें निम्नलिखित हैं—

(1) मृत पति की सम्पत्ति में अधिकार की समाप्ति—पुनर्विवाह कर लेने पर विधवा को गोत्रज, सपिण्ड अथवा किसी अन्य हैसियत से मृत पति की सम्पत्ति में गुजारे अथवा अन्य किसी भी काम के लिये किसी प्रकार की सम्पत्ति पाने का अधिकार नहीं रहता।

(2) नये परिवार में सब कानूनी अधिकार—पुनर्विवाह करने पर विधवा को नये पति के परिवार में सम्पत्ति तथा अन्य बातों के विषय में वे सब अधिकार प्राप्त होते हैं जो उसको परिवार में पहली बार विवाह करने में प्राप्त होते।

हिन्दू विधवा पुनर्विवाह अधिनियम

श्री ईश्वरचन्द्र विद्यासागर के प्रयत्नों से पास हुए सन् 1856 के हिन्दू विधवा पुनर्विवाह अधिनियम से विधवा विवाह को वैध घोषित कर दिया गया है। इस अधिनियम से इस विषय में निम्नलिखित बातें स्वीकार की गईं—

(1) धारा एक के अनुसार विधवा विवाह और उससे उत्पन्न सन्तान को वैध घोषित किया गया।

(2) धारा दो के अनुसार दूसरा विवाह करने पर विधवा को मृत पति की सम्पत्ति में किसी प्रकार से कोई भी हिस्सा पाने का अधिकार नहीं रहा।

(3) पुनर्विवाह करने के पहले धर्म परिवर्तन कर लेने से पहले पति की सम्पत्ति में अधिकार के प्रश्न पर हाई कोर्टों में मतभेद है। इलाहाबाद हाई कोर्ट के अनुसार उसे मृत पति की सम्पत्ति में अधिकार मिलना चाहये क्योंकि उसने हिन्दू विधवा पुनर्विवाह अधिनियम के अन्तर्गत विवाह नहीं किया है। बम्बई तथा अन्य भारतीय हाई कोर्टों के अनुसार धर्म-परिवर्तन करने के बाद भी उस पर यह कानून लागू होता है और इसलिए उसको मृत पति की सम्पत्ति में अधिकार नहीं मिलेगा।

(4) हिन्दू विधवा पुनर्विवाह अधिनियम की 5वीं धारा के अनुसार विधवा को पुनर्विवाह करने के बाद नये पति के परिवार में वे सब अधिकार प्राप्त होंगे जो कि उसे परिवार में पहली बार विवाह करने से होते।

(5) इस अधिनियम की 7वीं धारा के अनुसार यदि विधवा अवयस्क है और उसका पहला विवाह पूर्ण नहीं हुआ है तो वह पिता की अनुमति के बिना विवाह नहीं कर सकती। पिता के न होने पर दादा की, दादा के न होने पर माता की और माता के न होने पर बड़े भाई की सहमति लेनी पड़ेगी।

(6) उपरोक्त धारा 7 के विरुद्ध विवाह करने पर सिविल कोर्ट उसे अवैध (Void) घोषित कर सकता है। धारा 7 के विरुद्ध अर्थात् इन सम्बन्धियों की आज्ञा लिये बिना विधवा को विवाह करने को प्रोत्साहित करने वाले व्यक्ति को जेल और जुर्माना दोनों की सजा हो सकती है। परन्तु यदि विधवा वयस्क हो अथवा उसका विवाह पूर्ण हो चुका हो तो धारा 8 के अनुसार पुनर्विवाह को अवैध नहीं घोषित किया जा सकता।

विधवा पुनर्विवाह की वर्तमान स्थिति

कानूनी स्वीकृति के साथ-साथ समाज सुधारकों ने भी विधवा पुनर्विवाह को प्रोत्साहन दिया है। पिछली आधी शताब्दी में आर्य समाज तथा अन्य संस्थाओं ने इस विषय में जनता में जागृति उत्पन्न की है। आजकल हिन्दू समाज में एक बड़े वर्ग में विधवा पुनर्विवाह को बुरा नहीं समझा जाता। उत्तर प्रदेश की सामाजिक परिस्थिति का विश्लेषण करते हुए पिछली शताब्दी के अन्त में क्रुक ने लिखा था कि विधवा विवाह 76 प्रतिशत जातियों में प्रचलित है और उनमें इसे बढ़ावा दिया जाता है। केवल 24 प्रतिशत जातियाँ विधवा विवाह का निषेध करती हैं। वास्तव में आजकल लगभग सभी जातियों में विधवा विवाह को स्वीकार कर लिया गया है। कुछ ऊँची जातियों में कुछ रूढ़िवादी लोग इसे अब भी अनुचित समझते हैं अन्यथा अब यह बुरा नहीं माना जाता। उत्तरी बिहार में ब्राह्मणों, कायस्थों व राजपूतों को छोड़कर अन्य सभी में विधवा विवाह प्रचलित है। बिहार के बनियों तथा बंगाल के नाम शूद्रों में यह मान्य है। मेन ने लिखा है कि दक्षिणी भारत की अधिकतर नीची जातियों में विधवा विवाह की प्रथा है। उत्तरी भारत के जाटों में पति के मरने के बाद उसका भाई उसका पति बन सकता है। गूजर, अहीर, कुरमी, गड़रिया आदि सभी जातियों में विधवा

विवाह परम्परा से होता आया है। दार्जिलिंग तथा आसाम की कुछ इनी गिनी ऊँची जातियों को छोड़कर सब कहीं विधवा विवाह की प्रथा है, भाभी विवाह के रूप में यह भारत की बहुत सी जातियों में पाया जाता है। आजकल पाश्चात्य सभ्यता तथा आधुनिक शिक्षा के प्रभाव से पढ़े लिखे लोगों में विधवा विवाह का विरोध नहीं के बराबर है। शिक्षा के सार्वभौम प्रचार से यह बचा-कुचा विरोध भी शीघ्र समाप्त हो जायेगा।

दहेज

दहेज का अर्थ

आधुनिक हिन्दू समाज में विवाह से सम्बन्धित सबसे कठिन और भयंकर समस्या वरमूल्य अथवा दहेज की समस्या है। इसको बन्द करने के सरकारी और गैर सरकारी प्रयत्नों को अभी तक विशेष सफलता नहीं मिली है। यह दहेज क्या है? वरमूल्य का क्या अर्थ है? वरमूल्य जैसा कि शब्द से स्पष्ट है किसी युवक को वर बनने के बदले में दिया गया मूल्य अर्थात् धन सम्पत्ति है। इस प्रकार वरमूल्य कन्या मूल्य का उल्टा है। कन्या मूल्य में कन्या पक्ष को रुपया पैसा देकर कन्या से विवाह किया जाता है। वरमूल्य प्रथा में वर पक्ष को धन देकर विवाह किया जाता है। सच तो यह है कि वर मूल्य का अर्थ विवाह के लिये लड़के को खरीद लेना है। यही दहेज का वर्तमान असली रूप है। दहेज की अन्य परिभाषायें उसके इस वर्तमान रूप का स्पष्टीकरण नहीं करतीं।

दहेज की परिभाषा

दहेज की कुछ परिभाषायें निम्नलिखित हैं—

(1) **मैक्स रैडिन**—"साधारणतया दहेज वह सम्पत्ति है जो कि एक पुरुष विवाह करने पर अपनी पत्नी या उसके परिवार से पाता है।"[1] सामान्य रूप से यह परिभाषा ठीक है परन्तु यह दहेज की समस्या को स्पष्ट नहीं करती। यदि किसी पुरुष को विवाह करने पर अपनी पत्नी या उसके परिवार से कुछ सम्पत्ति मिले तो इसमें समस्या ही क्या है। समस्या तो यह है कि यह सम्पत्ति पत्नी या उसका परिवार देता नहीं बल्कि उसको देना पड़ता है।

(2) **वेबस्टर शब्द कोष**—"दहेज वह धन, सामान अथवा सम्पत्ति है जो विवाह में एक स्त्री अपने पति के लिये लाती है।"[2] दहेज की यह परिभाषा भी उसी प्रकार की है जिस प्रकार की पहली परिभाषा है।

---

1. "Ordinarily dowry is the property which a man receives when he marries, either from his wife or from her family." --Max Radin
Encylopaedia of Social Sciences, atricle `Dowry' Vol. V, p. 230.
2. "The money, goods or estate, which a woman brings to her husband in marriage." --Webster's New International Dictionary. Vol. I. p. 668.

(3) एन्साइक्लोपीडिया ब्रिटेनिका–"दहेज वह सम्पत्ति है जो कि एक स्त्री अपने साथ लाती है अथवा जो उसको विवाह के समय दी जाती है।"[1] दहेज की यह परिभाषा अनुपयुक्त है। दहेज कन्या को नहीं बल्कि वर अथवा वरपक्ष को दी गई सम्पत्ति है।

(4) चार्ल्स विनिक–दहेज "वे बहुमूल्य वस्तुयें हैं जो कि एक विवाह में किसी भी पक्ष के सम्बन्धी विवाह में देते हैं।"[2] दहेज की यह परिभाषा अनुपयुक्त है क्योंकि वरपक्ष से कन्या पक्ष को या विवाह में दी गई वस्तुयें दहेज नहीं कहलाती।

संक्षेप में "दहेज वह धन, सम्पत्ति या मूल्यवान वस्तुयें हैं जो कि विवाह के बदले में कन्या पक्ष को वर पक्ष को बाध्य होकर देनी पड़ती हैं।"[3] इस परिभाषा में दो बातें ध्यान देने की हैं एक तो यह है कि दहेज कन्या पक्ष वर पक्ष को देता है। दूसरे दहेज बाध्य होकर देना पड़ता है। यही दहेज का समस्यात्मक रूप है। दहेज की इस परिभाषा में 'विवाह में' शब्दों के स्थान पर जान बूझकर 'विवाह के बदले' शब्दों का प्रयोग किया गया है। इससे भी दहेज की समस्या पर प्रकाश पड़ता है। दहेज एक शर्त है जिसको पूरा किये बिना विवाह नहीं हो सकता। बहुधा दहेज की रकम पहले ही तय कर ली जाती है और कन्या पक्ष को 'विवाह के बदले में', उसको पूरा करना होता है अन्यथा कभी-कभी दूल्हा फेरों पर आकर भी बारात लौट जाती है। 'विवाह के बदले' शब्दों को प्रयोग करने का यह भी प्रयोजन है कि कभी-कभी कन्या पक्ष विवाह के बाद भी दहेज की रकम चुकाया करते हैं। कभी-कभी पूरी रकम न चुकाये जाने पर कन्या पर अमानुषिक अत्याचार होते हैं और कभी-कभी तो उसको उसके पिता के घर वापस भेज दिया जाता है या घर से निकाल दिया जाता है ताकि कन्या पक्ष दहेज की बाकी रकम पूरी करे। यह है दहेज की समस्या का वर्तमान भयंकर रूप जिसके लिए अल्टेकर ने ठीक ही लिखा है "यही समय है कि हिन्दू समाज इस दूषित प्रथा को समाप्त करे जिसने कि अनेक निरापराध कुमारियों को आत्म-हत्या पर बाध्य किया।"[4]

---

1. "Dowry is the property which a woman brings with her or is given to her at the

   --*Encyclopaedia Britannica*, Vol. VII. p. 565.
2. "Valuables that the relatives of either party to a marriage contribute to the marriage."

   --Charles Winick : *Dictionary of Anthropology*. p. 174.
3. "Dowry is that money, property or valuables which the bride-party has to give to the bride-groom party in exchange of marriage." —The Authors
4. "It is now high time for Hindu Society to put an end to this evil custom, which has driven many an innocent maiden to commit suicide."

   --A.S. Altekar, *The Position of Women in Hindu Civilisation*. (1956) p. 71.

दहेज से लाभ

परन्तु कुछ लोगों का कहना है कि दहेज की प्रथा से कुछ लाभ भी हैं। ये लाभ निम्नलिखित बतलाये जाते हैं–

(1) **नये घर के बसाने में सहायता**–दहेज की रकम और सम्पत्ति नव वर वधू के नये घर को बसाने में सहायक होते हैं। दहेज प्रथा से यह लाभ सब कहीं नहीं देखा जाता। बहुधा दहेज में दिया गया रुपया वर के पिता अथवा अन्य संरक्षक के ही हाथ लगता है और वर को उसमें से कुछ नहीं मिलता। हाँ जो कुछ बर्तन तथा अन्य वस्तुयें दी जाती हैं उनसे नया घर बसाने में सहायता अवश्य मिलती है। परन्तु दहेज की मुख्य विभीषिका इन वस्तुओं के कारण नहीं बल्कि उस नकद रकम को लेकर है जिसको वर का पिता हजम कर जाता है।

(2) **कुरूप कन्याओं के विवाह में सहायता**–दहेज की प्रथा का एक लाभ यह बतलाया जाता है कि इससे रुपया देकर कुरूप कन्यायें भी अच्छे वरों को ब्याह दी जाती हैं परन्तु यदि ध्यानपूर्वक सोचा जाय तो यह कोई लाभ नहीं है। जो व्यक्ति धन के लिये किसी कन्या से विवाह करता है न तो वह कन्या को प्यार ही देगा न कन्या को ही उससे सुख मिल सकता है। सच पूछा जाय तो दहेज के लाभ गिनने का प्रयास वैसा ही है जैसा कि रिश्वत या शराबखोरी, सट्टेबाजी, जुआ, डकैती आदि के लाभ गिनना। लाभ तो इनसे भी होता ही है परन्तु क्या उससे इनका पक्ष पुष्ट होता है? स्पष्ट है कि दहेज के लाभ गिनाना व्यर्थ है।

दहेज के दोष

दहेज प्रथा के दोष आज इतने स्पष्ट हैं कि दहेज लेने वाले भी उनसे इन्कार नहीं करते। अतः यहाँ पर इन दोषों का संक्षिप्त वर्णन ही पर्याप्त होगा। मुख्य दोष निम्नलिखित हैं–

(1) **कन्या वध**–दहेज की प्रथा का भयंकर परिणाम पहले नवजात कन्या के वध के रूप में दिखलाई पड़ता है।

(2) **कन्याओं का तिरस्कार**–आजकल कन्यावध तो नहीं होता परन्तु कन्याओं का भारी तिरस्कार होता है। कन्या उत्पन्न होने का समाचार सुनते ही घर वालों के मुँह लटक जाते हैं। 'डिग्री' कहकर उनको कोसा जाता है।

(3) **आत्म-हत्यायें**–वयस्क आयु में माता-पिता की चिन्ता और अपमान से मजबूर होकर अनेक कुमारियाँ आत्म-हत्या कर डालती हैं। इस प्रकार के समाचार आये दिन सुनाई पड़ते रहते हैं।

(4) **देर से विवाह**–दहेज की प्रथा के कारण निर्धन माता पिता बड़ी आयु तक अपनी कन्या के हाथ पीले नहीं कर पाते और कभी-कभी तो वे आजन्म कुँवारी ही रह जाती हैं।

(5) **बेमेल विवाह**—इस प्रकार दहेज की प्रथा के कारण जहाँ एक ओर धनी परिवार की कुरूप कन्या को भी अच्छा वर मिल जाता है वहाँ दूसरी ओर निर्धन परिवार की सुन्दर तथा सुसंस्कृत कन्यायें भी बूढ़े, कुरूप अथवा अनपढ़ व्यक्तियों से ब्याह दी जाती हैं।

(6) **विवाह टूट जाना**—दहेज की कुप्रथा का सबसे अधिक हृदय-द्रावण रूप वह होता है जबकि दहेज की बात को लेकर तय कराये विवाह टूट जाते हैं अथवा दूल्हा वेदी पर से उठ जाता है या बारात दरवाजे पर आकर लौट जाती है।

(7) **बाल विवाह**—दहेज की प्रथा बाल विवाहों को प्रोत्साहित करती है। अच्छा घर वर मिल जाने पर फिर कन्या के माता-पिता चटपट विवाह कर डालना चाहते हैं।

(8) **अपराधों को प्रोत्साहन**—कितने ही पिता अपनी कन्याओं के विवाह के लिये दहेज की रकम जुटाने के हेतु जालसाजी करते हैं, रिश्वत लेते हैं और चोरी तक करते हैं।

(9) **परिवार का जीवन स्तर गिरना**—परन्तु जिस व्यक्ति के घर में अनेक कन्यायें हों वह जीवन भर जान तोड़ परिश्रम करने पर भी परिवार के जीवन का स्तर ऊँचा नहीं कर पाता। अनेक परिवारों को दहेज के लिये ऋण लेना पड़ता है जिससे वे कठिनता से ही उऋण हो पाते हैं।

(10) **पारिवारिक कलह**—दहेज की प्रथा के कारण वर पक्ष कभी भी सन्तुष्ट नहीं रहता और कितना भी धन धान्य दिये जाने पर बहुधा कन्या को बड़े क्लेश में रहना पड़ता है।

(11) **अनैतिकता में वृद्धि**—दहेज की विभीषिका और बड़ी आयु तक विवाह न होने के कारण अनेक कन्यायें गलत राह पर पड़ जाती हैं, जिससे समाज में अनैतिकता बढ़ती है। कुछ घरों में माता-पिता स्वयं कन्या से प्रेम सम्बन्धों में प्रोत्साहित करते हैं जिससे बिना दहेज दिये विवाह हो सके परन्तु कभी-कभी इसमें उल्टे लेने के देने पड़ जाते हैं।

(12) **मानसिक रोगों में वृद्धि**—दहेज की प्रथा से माता-पिता सदैव चिन्ता में डूबे रहते हैं और लड़कियों की मानसिक दशा भी स्वस्थ नहीं रहने पाती। इस प्रकार मानसिक रोग बढ़ते हैं।

(13) **स्त्री शिक्षा में बाधा**—दहेज की प्रथा के कारण निर्धन माता-पिता अपनी लड़कियों को समुचित शिक्षा नहीं दे पाते क्योंकि उनके पास दहेज जुटाने को ही पैसा नहीं जमा होता पढ़ाई के लिये कहाँ से हो।

दहेज की प्रथा के कारण

दहेज की प्रथा के उपरोक्त दोषों से स्पष्ट है कि इसको समाज से शीघ्रातिशीघ्र उखाड़ फैंकने की आवश्यकता है। इस विषय में उपायों के सुझाव के पूर्व दहेज

की प्रथा के कारणों का विवेचन आवश्यक है। मुख्य कारण निम्नलिखित हैं–

(1) धन के महत्व में वृद्धि–आजकल धन ही समस्त मूल्यों का आधार बनता जा रहा है। अतः जीवन की अनेक बातें व्यावसायिक रूप लेती जा रही हैं। मूल्यों के इस परिवर्तन से विवाह में भी धन को लगभग सर्वोच्च मूल्य दिया जाने लगा है।

(2) बेकारी और निर्धनता–देश में फैली बेकारी और निर्धनता भी दहेज की प्रथा के इस भयंकर रूप के कारण हैं। शिक्षित बेकार युवक बाध्य होकर धनिक अथवा 'पहुँच वाले' व्यक्ति की कन्या से विवाह करने की तलाश में रहते हैं। गरीब या मध्यम स्थिति के माता-पिता लड़के की पढ़ाई में खर्च हुआ सारा रुपया परिस्थिति से लाभ उठाकर लड़की के पिता से ब्याज सहित वसूल कर लेना चाहते हैं।

(3) अन्तर्विवाह की प्रथा–हिन्दुओं में जाति अन्तर्विवाह की प्रथा के कारण वर के चुनाव का क्षेत्र अत्यन्त सीमित हो गया है। अतः माँग और पूर्ति के नियम से लड़कों के भाव बढ़ गये हैं और दहेज की माँग बढ़ती जाती है।

(4) कुलीन विवाह–दहेज की प्रथा का एक कारण यह भी है कि लड़की वाले शक्ति से अधिक रुपया खर्च करके भी धनिक परिवार में या ऊँची तनख्वाह पाने वाले युवक से ही अपनी कन्या का विवाह करना चाहते हैं। परन्तु कुलीन या धनिक परिवार अथवा ऊँची तनख्वाह वाले युवक तो अधिक नहीं होते। अतः लड़की वालों की प्रतियोगिता होती है जिसका लड़के वाले अनुचित लाभ उठाते हैं। अभी हाल का समाचार है कि पंजाब में एक युवक के पिता ने लड़की वालों के भाव ताव से तंग आकर उनसे दहेज के मुहरबन्द टेन्डर मंगवा लिये और जिसने सबसे अधिक रकम पेश की थी उसकी कन्या से अपने पुत्र का विवाह कर दिया।

दहेज प्रथा समाप्त करने के लिये सुझाव

दहेज प्रथा के कारणों का विवेचन करने के पश्चात् अब उसको समाप्त करने के उपायों पर विचार किया जा सकता है। इस विषय में कुछ मुख्य सुझाव निम्नलिखित हैं–

(1) दहेज के विरुद्ध कानून–दहेज प्रथा के अन्त के लिये कानून से रोकथाम करना नितान्त आवश्यक है चाहे इसमें कितनी ही कठिनाइयाँ क्यों न हों। इस विषय में 27 अप्रैल, 1959 को भारतीय लोक सभा में कानून मन्त्री ने जो दहेज निषेध विधेयक रखा था और जो बाद में कानून बन गया उसमें यह दोष था कि अपराध की तिथि के एक वर्ष बाद ही कानूनी कार्यवाही की जा सकती थी और अपराधियों के विरुद्ध जाँच पड़ताल की समुचित व्यवस्था न थी। इस व्यवस्था में अधिक प्रभावशाली कानून की आवश्यकता है। हर्ष है कि इस विषय में जोर शोर से प्रयास किया जा रहा है।

(2) स्त्री शिक्षा का प्रचार—स्त्री शिक्षा का प्रचार होने से स्त्रियों में दहेज के विरुद्ध जनमत तैयार होगा और वे स्वयं इसका सक्रिय विरोध करेंगी।

(3) अन्तर्जातीय विवाह—स्त्री शिक्षा से अन्तर्जातीय विवाह को भी प्रोत्साहन मिलेगा। अन्तर्जातीय विवाहों का प्रचार होने से वर के चुनाव का क्षेत्र बढ़ेगा, प्रतियोगिता कम होगी और दहेज के भाव गिरेंगे। लड़के-लड़की के परस्पर इच्छा से विवाह करने से दहेज का प्रश्न ही नहीं रह जायेगा।

(4) दहेज विरोधी प्रचार—उपरोक्त उपायों के अतिरिक्त सबसे बड़ी आवश्यकता इस बात की है कि दहेज प्रथा के विरुद्ध स्वस्थ जनमत बनाया जाये। इस विषय में युवक-युवतियों में प्रचार का बड़ा महत्व है। नई पीढ़ी को दहेज की प्रथा का सक्रिय विरोध करना चाहिये। स्वस्थ जनमत के साथ कानूनी उपायों के मिलने पर ही दहेज की विभीषिका का अन्त होगा।

विवाह-विच्छेद अथवा तलाक

भारतीय विवाह व्यवस्था से सम्बन्धित एक अन्य समस्या विवाह-विच्छेद अथवा तलाक की समस्या है। विवाह विच्छेद के विषय में भारत में हिन्दुओं, मुसलमानों, ईसाईयों तथा जनजातियों में भिन्न-भिन्न विधान हैं। इनमें मुस्लिम व्यवस्था का वर्णन मुस्लिम विवाह के प्रसंग में आगे किया जायेगा और जनजातीय व्यवस्था का वर्णन विवाह के प्रसंग में किया जायेगा। अतः यहाँ पर केवल ईसाई और हिन्दू तलाक व्यवस्थाओं का ही वर्णन किया जायेगा।

भारतीय ईसाइयों में विवाह विच्छेद

भारतीय ईसाइयों में तलाक व्यवस्था 1869 के भारतीय तलाक अधिनियम (Indian Divorce Act, 1869) और भारतीय ईसाई विवाह अधिनियम (Indian Christian Marriage Act, 1972) से निर्धारित की जाती है। ये कानून रोमन कैथोलिक ईसाइयों पर भी लागू होते हैं। 15 दिसम्बर सन् 1960 को लोक सभा में पेश हुई कानून कमीशन की रिपोर्ट में इन कानूनों में कुछ सुधारों की सिफारिश की गई है। इस सिफारिश के अनुसार ये कानून तभी लागू होने चाहियें जब स्त्री पुरुष दोनों ईसाई हों। अब तक स्त्री पुरुष में से किसी एक के ईसाई होने पर भी ये कानून दोनों पर लागू हो सकते हैं।

भारतीय तलाक अधिनियम में 10 से 17 तक धारायें विवाह विच्छेद से सम्बन्धित हैं। धारा 10 में उन कारणों का वर्णन है जिन पर पति या पत्नी विवाह विच्छेद के लिये प्रार्थना पत्र दे सकते हों। यह प्रार्थना पत्र जिला न्यायालय या हाई कोर्ट में ही दिया जा सकता है। जिला न्यायाधीश का फैसला हाई कोर्ट में प्रमाणित होना चाहिये। धारा 10 के अनुसार पत्नी के व्यभिचारिणी होने पर पति उसको तलाक दे सकता है। पत्नी निम्न धाराओं पर विवाह विच्छेद माँग सकती है-(1) पति का ईसाई धर्म त्याग दूसरा विवाह करना। (2) पति का निकट सम्बन्धियों से व्यभिचार

(Incest)। (3) बहु विवाह। (4) दूसरी स्त्री से विवाह कर लेना। (5) बलात्कार, पुरुष मैथुन या पशुमैथुन। (6) व्यभिचार के साथ क्रूरता। (7) व्यभिचार के साथ दो वर्ष तक अकारण स्त्री त्याग। न्यायालय प्रार्थना पत्र के आक्षेपों पर विचार करके तलाक का फैसला देता है।

हिन्दुओं में विवाह विच्छेद

आधुनिक काल में हिन्दुओं में विवाह विच्छेद सम्बन्धी नियमों की व्यवस्था विशेषतया हिन्दू विवाह अधिनियम द्वारा की गई है।

हिन्दू विवाह अधिनियम 1955 में पास हुआ। (1) इस अधिनियम से हिन्दू विवाहों को तीन श्रेणियों में बाँट दिया गया है-वैध (Valid), अवैध (Void) और अवैधनीय (Voidable)। (2) विवाह की आयु सीमा लड़कों के लिये कम से कम 18 और लड़कियों के लिए 15 निश्चित कर दी गई। (3) इससे एक महत्वपूर्ण सुधार एक विवाह (Monogamy) की व्यवस्था के रूप में हुआ। इसकी 5वीं धारा के अनुसार दो व्यक्तियों में विवाह तभी हो सकता है जबकि विवाह के समय किसी भी व्यक्ति का अन्य कोई जीवन-साथी जीवित न हो। इस प्रकार इस अधिनियम से स्त्री को पुरुष से समानता दी गई। (4) इस अधिनियम के अनुसार पिता के बाद माता को ही बालकों का संरक्षक माना गया। इस अधिनियम की सबसे बड़ी देन कुछ विशेष अवस्थाओं में विवाह विच्छेद की व्यवस्था थी। विवाह के पहले तीन वर्षों में तलाक नहीं दिया जा सकता। इसमें केवल न्यायानुकूल प्राथक्य (Judicial Separation) ही हो सकता है। इस कानून की 13वीं धारा के अनुसार कोई भी पति या पत्नी जिसका विवाह कानून के पास होने से पहले या बाद में कभी भी हुआ हो निम्नलिखित अवस्थाओं में न्यायालय में तलाक का प्रार्थना पत्र दे सकते हैं-(1) व्यभिचार। (2) धर्म परिवर्तन कर लेना। (3 से 5) आवेदन पत्र देने के तीन वर्ष पूर्व से असाध्य पागलपन, असाध्य कोढ़ से पीड़ित या किसी ऐसे यौन सम्बन्ध रोग से पीड़ित जो दूसरों को लग सकता हो। (6) किसी धार्मिक विश्वास के कारण संन्यासी आदि बनकर संसार से सम्बन्ध तोड़ चुका हो। (7) उसके जीवित रहने का समाचार सात वर्ष या इससे अधिक समय से उन लोगों को भी न मिला हो जो स्वाभाविक रूप से उनका समाचार जान सकते हों। (8) धारा 10 के अनुसार न्यायिक पृथक्करण की डिग्री मिलने के दो साल या उससे अधिक समय तक आवेदनकारी के साथ सहवास (Cohabitation) न किया हो। (9) धारा 9 के अनुसार हुई दाम्पत्य अधिकारों की डिक्री (Decree for Restitution of Conjugal Rights) का, डिक्री जारी होने के बाद दो वर्ष या उससे अधिक समय तक पालन न किया हो।

पत्नी को निम्नलिखित दो कारणों से भी पति को तलाक देने का अधिकार है। (1) आवेदन पत्र देने के समय पति की दूसरी पत्नी जीवित हो। (2) विवाह

के बाद पति बलात्कार (Rape), पुरुष मैथुन (Sodomy) या पशु मैथुन (Bestiality) का अपराधी हो। तलाक का आवेदन पत्र विवाह के तीन वर्ष बाद दिया जा सकता है। इस बीच में निम्नलिखित अवस्थाओं में न्यायिक पृथक्करण हो सकता है। (1) आवेदन की तिथि से दो वर्ष पहले से आवेदनकारी पक्ष का दूसरे पक्ष द्वारा परित्याग (Desertion)। (2) क्रूरता का व्यवहार। (3) आवेदन की तिथि से 1 वर्ष पूर्व से दूसरे पक्ष का प्रचण्ड कोढ़ से पीड़ित होना जो छूत से दूसरों को लग सकता है। (4) परन्तु यह रोग उसको आवेदनकारी से न लगा हो। (5) दूसरे पक्ष का आवेदन से दो वर्ष पहले से बराबर पागल होना। (6) विवाह के बाद पति या पत्नी में किसी का पत्नी या पति को छोड़कर अन्य किसी स्त्री या पुरुष से सहवास करना।

अदालत से तलाक की आज्ञा मिल जाने पर भी तलाक पाये हुए स्त्री या पुरुष एक वर्ष तक पुनर्विवाह नहीं कर सकते।

हिन्दू विवाह व्यवस्था में कानूनी सुधार

हिन्दू विवाह की समस्याओं को सुलझाने के लिए जहाँ समाज सुधारकों ने जनता में जागृति लाने का प्रयत्न किया वहाँ सरकार ने भी उनको हल करने के लिए कानून बनाये। सन् 1954 में विशेष विवाह अधिनियम पास हुआ। विशेष विवाह अधिनियम ने निम्नलिखित अवस्थाओं में हिन्दू विवाह की समस्याओं को सुलझाने में सहायता की है।—

(1) **सिविल मैरिज व्यवस्था**—विशेष विवाह अधिनियम द्वारा विभिन्न जातियों और धर्मों के वयस्क स्त्री पुरुष आपस में सिविल विवाह कर सकते हैं।

(2) **बाल विवाह पर प्रतिबन्ध**—इस प्रकार के सिविल विवाह में पुरुष की आयु कम से कम 21 वर्ष और स्त्री की आयु कम से कम 18 वर्ष होनी आवश्यक है।

(3) **तलाक की व्यवस्था**—विशेष विवाह अधिनियम के अनुसार धार्मिक रीतियों से किये गये विवाह भी इस कानून में रजिस्टर्ड कराये जा सकते हैं जिससे पति पत्नी में से प्रत्येक तलाक देने का अधिकारी हो जाता है। विवाह के तीन वर्षों तक तलाक का प्रार्थना पत्र नहीं दिया जा सकता।

हिन्दू कोड
(Hindu Code)

हिन्दू स्त्रियों तथा हिन्दू समाज पर प्रभाव डालने वाले भारतीय पार्लियामेंट के बनाये हुये नये सामाजिक कानून निम्नलिखित हैं—हिन्दू विवाहित स्त्रियों के पृथक निवास और निर्वाह व्यय का अधिनियम (Hindu Married Women's Rights to Separate Residence and Maintenance Act), हिन्दू विवाह अधिनियम (Hindu

Marriage Act), हिन्दू उत्तराधिकार अधिनियम (Hindu Succession Act), हिन्दू दत्तक पुत्र ग्रहण और निर्वाह व्यय अधिनियम (Hindu Adoption and Marriage Act), हिन्दू अल्पवयस्कता और संरक्षकता अधिनियम (Hindu Minority and Guardianship Act)। ये सब अधिनियम मिलाकर हिन्दू कोड (Hindu Code) कहलाते हैं।

हिन्दू विवाहित स्त्रियों के पृथक् निवास और निर्वाह व्यय का अधिनियम

सन् 1946 में भारत सरकार ने हिन्दू विवाहित स्त्रियों के पृथक् निवास और निर्वाह व्यय के अधिकारों का अधिनियम पास किया। इससे हिन्दू विवाहित स्त्री निम्नलिखित कारणों से पति से अलग रहते हुये अपने निर्वाह के लिये धन माँग सकती है—(1) यदि पति किसी घृणित (Loathsome) रोग से पीड़ित है और वह रोग उसे पत्नी से नहीं लगा। (2) यदि पति पत्नी के साथ ऐसा क्रूर व्यवहार करता है कि उसका पति के साथ रहना अवाँछनीय या जान के लिये खतरनाक है। (3) यदि पति उसकी इच्छा के विरुद्ध उसे त्याग देता है। (4) यदि पति दूसरा विवाह कर लेता है। (5) यदि पति हिन्दू धर्म छोड़कर दूसरा धर्म ग्रहण कर लेता है। (6) यदि पति रखैल रख लेता है। (7) अन्य उचित समझे जाने वाले (Justifiable) कारण। परन्तु सतीत्व भंग होने अथवा धर्म परिवर्तन की दशा में स्त्री पति से गुजारा नहीं माँग सकती है।

हिन्दू विवाह अधिनियम

भारत में हिन्दू विवाह में सुधार करने वाला दूसरा महत्वपूर्ण अधिनियम सन् 1955 में पास हुआ। यह हिन्दू विवाह अधिनियम था। हिन्दू विवाह अधिनियम हिन्दू समाज के सभी सदस्यों पर लागू होता है। इससे हिन्दू विवाह में निम्नलिखित महत्वपूर्ण सुधार हुए—

(1) हिन्दू विवाहों का वर्गीकरण—इस अधिनियम के अनुसार हिन्दू विवाह तीन श्रेणियों में रखे गये—(1) अवैध (Void); अवैधनीय (Voidable) तथा वैध (Valid)। हिन्दू विवाहों को इन तीन श्रेणियों में बाँटकर हिन्दू विवाह अधिनियम ने उनसे सम्बन्धित कानूनों को एकत्रित किया और सुधारा।

(2) विवाह की आयु का निश्चय—इस अधिनियम के अनुसार विवाह के लिये कम से कम आयु निश्चित कर दी गई। यह आयु सीमा लड़कों के लिए 18 वर्ष और लड़कियों के लिए 15 वर्ष रखी गई।

(3) एक विवाह की व्यवस्था—इस अधिनियम के अनुसार हिन्दू व्यक्तियों में विवाह सम्बन्ध तभी हो सकता है जबकि विवाह के समय दोनों में किसी का कोई

अन्य जीवन संगी (Spouse) जीवित न हो। इस प्रकार इस अधिनियम के सेक्शन 5 तथा धारा (Clause) 1 के अनुसार हिन्दू समाज में एक विवाह की व्यवस्था हुई।

(4) माता की संरक्षकता की व्यवस्था—इस अधिनियम के अनुसार पिता के बाद माता को सन्तान का संरक्षक माना गया।

(5) तलाक की व्यवस्था—इस अधिनियम के कुछ कारण उपस्थित होने पर तलाक की आज्ञा मिल सकती है। इन कारणों का वर्णन पीछे के प्रसंग में किया जा चुका है।

हिन्दू उत्तराधिकार अधिनियम

भारत सरकार ने सन् 1956 में हिन्दू उत्तराधिकार अधिनियम पास किया। इस कानून से पुत्री को भी पिता की सम्पत्ति में बराबर का अधिकार दिया गया। इसके अनुसार स्त्रियों को भी अपनी सम्पत्ति को चाहे जैसे उपभोग करने, गिरवी रखने, बेचने, दान करने आदि का अधिकार मिल गया।

हिन्दू दत्तक पुत्र ग्रहण तथा निर्वाह व्यय अधिनियम

1956 में भारत सरकार ने हिन्दू दत्तक पुत्र ग्रहण तथा निर्वाह व्यय अधिनियम पास किया। इसके अनुसार सन्तान गोद लेते समय पति को स्त्री की सहमति प्राप्त करना आवश्यक हो गया और सन्तानहीन होने पर विधवा स्त्री को संतान गोद लेने का अधिकार मिल गया। संतान गोद लेने के विषय में इस कानून ने निम्नलिखित व्यवस्थायें की हैं—(1) पति के मरने पर प्रत्येक स्वस्थ मानसिक स्थिति वाली वयस्क विधवा स्त्री को दूसरे का पुत्र गोद लेने तथा अपना पुत्र दूसरे द्वारा गोद लिए जाने के लिये देने का पूरा अधिकार है। (2) प्रत्येक स्वस्थ मानसिक स्थिति वाले वयस्क पुरुष को गोद लेने और देने का अधिकार होगा किन्तु पत्नी की सहमति के बिना गोद लेना कानूनी दृष्टि से वैध नहीं होगा। (3) अविवाहित स्त्री को भी गोद लेने का अधिकार होगा। (4) गोद लिया जाने वाला बालक 15 वर्ष से कम आयु का तथा साधारणतया अविवाहित होगा परन्तु उसी अवस्था में जब किसी जाति में अल्पायु में ही विवाह करने की प्रथा न हो।

इस कानून के अनुसार लड़की भी गोद ली और दी जा सकेगी। अविवाहित अथवा विधुर पुरुष तथा अविवाहित स्त्री अथवा विधवा के क्रमशः लड़की और लड़के को गोद लेने से कुछ दुष्परिणाम भी हो सकते हैं। अतः इस विषय में यह कानून है कि लड़की को गोद लेने वाला विधुर या अविवाहित व्यक्ति लड़की से कम से कम 21 वर्ष अधिक बड़ा होना चाहिये। इसी प्रकार लड़के को गोद लेने वाली अविवाहित या विधवा स्त्री उससे कम से कम 21 वर्ष अधिक बड़ी होनी चाहिये तथा गोद लेते समय पुत्र या पुत्री की आयु 15 वर्ष से कम होनी चाहिये।

असमर्थ, बूढ़े और अनाथों की व्यवस्था

पुत्र या पुत्री गोद लेने के नियम के साथ-साथ हिन्दू दत्तक पुत्र तथा निर्वाह व्यय कानून में पति द्वारा त्यागी हुई अथवा विधवा स्त्रियों तथा असमर्थ बूढ़े और निराश्रित व्यक्तियों के भरण पोषण की व्यवस्था भी की गई है। इस विषय में महत्वपूर्ण व्यवस्थायें निम्नलिखित हैं—(1) हिन्दू पत्नी, चाहे उसका विवाह कानून के बनने से पहले हुआ हो या बाद में, अपने जीवन काल में अपने पति द्वारा भरण की अधिकारिणी होगी। पति द्वारा छोड़ी हुई या पति से अलग रहने की इच्छा रखने वाली स्त्री कुछ विशेष अवस्थाओं में पति से अलग भी उससे अपने लिये निर्वाह व्यय प्राप्त कर सकेगी। यदि पति रखैल रख ले, धर्म परिवर्तन कर ले, पत्नी से पाशविक क्रूरता का व्यवहार करे, कोढ़ तथा घृणित यौन रोगों से पीड़ित हो तो इन सब दशाओं में पति से अलग रहते हुए भी स्त्री को उससे भरण पोषण पाने का अधिकार होगा।

(1) विधवा पुत्र-वधू और विधवा पौत्र-वधू भी श्वसुर द्वारा निर्वाह व्यय प्राप्त कर सकेंगी। (2) विधवा अथवा अविवाहित कन्या को पिता से भरण-पोषण पाने का अधिकार होगा। (3) अवयस्क बच्चे चाहे वे अवैध ही क्यों न हों अपनी अल्पवयस्कता की अवधि में माता-पिता से भरण पोषण पाने के अधिकारी होंगे।

1956 में भारत सरकार ने हिन्दू अल्पवयस्कता तथा अभिभावकता अधिनियम पास किया। इस कानून से अभिभावकता के विषय में निम्नलिखित व्यवस्थायें की गई—(1) बालक अपनी आयु के प्रथम पाँच वर्ष तक माता ही की अभिभावकता में रहेगा। इसके बाद ही पिता उसका कानूनी संरक्षक माना जायेगा। पिता की मृत्यु के पश्चात माता ही बालक की अभिभावक होगी। (2) अविवाहित कन्या या अवयस्क पुत्रों के विषय में माता ही अभिभावक होगी उसके बाद ही पिता को यह अधिकार मिल सकेगा। विवाहित कन्या का अभिभावक उसका पति होगा। (3) स्वाभाविक अभिभावक (Guardian) को वे सब काम करने का अधिकार होगा जो अल्पवयस्क के हित में आवश्यक और उचित है। परन्तु वह उनके हित के विरुद्ध कोई भी काम नहीं कर सकता। उसे अल्पवयस्क की सम्पत्ति के किसी भाग को गिरवी रखने, बेचने, खर्च करने या दान कर देने का अधिकार नहीं होगा। (4) 18 वर्ष से कम आयु का बालक अल्पवयस्क माना जायेगा।

नारी कल्याण

महिलाओं के कल्याण तथा विकास के लिये एक राष्ट्रीय कार्य-योजना 1976 में शुरु की गई जिसमें महिलाओं के विकास तथा उनकी सहभागिता के विभिन्न पहलू सम्मिलित हैं। महिलाओं के लिये नीतियों तथा कार्यक्रमों के क्रियान्वयन पर

निगरानी रखने के लिये एक राष्ट्रीय समिति, एक संचालन समिति और एक अन्तर विभागीय सहयोग समिति गठित की गई है।

1. प्रौढ़ महिलाओं के लिये कार्यात्मक साक्षरता—1975-76 में 15 वर्ष से 45 वर्ष की आयु की महिलाओं के लिये कार्यात्मक साक्षरता की योजना आरम्भ की गई थी। इस योजना के अन्तर्गत स्वास्थ्य तथा स्वच्छता, खाद्य तथा पोषाहार, गृह प्रबन्ध और बच्चों की देखभाल सम्बन्धी अनौपचारिक शिक्षा प्रदान की जाती है। यह योजना 620 समेकित बाल विकास परियोजना क्षेत्रों में चलाई जा रही है।

(2) महिला कर्मचारियों के लिए होस्टल—घर से बाहर कार्य करने के लिए महिलाओं को प्रोत्साहित करने की दृष्टि से होस्टलों का निर्माण/विस्तार करने हेतु स्वयंसेवी संगठनों को सहायता अनुदान देने के लिये 1972 में एक योजना आरम्भ की गई ताकि निम्न आय वर्ग की महिला कर्मचारियों के लिए सस्ता तथा सुरक्षित आवास उपलब्ध कराया जा सके। 1982-83 में, इस योजना में संशोधन किया गया ताकि ऐसी महिलाओं को जिनके कि 8 वर्ष की आयु के बच्चे हैं, अलग से छात्रावास सुविधायें दी जा सकें। योजना के अन्तर्गत अब ऐसी स्वयंसेवी इकाइयों को भी सहायता दी जाएगी जो कि छात्रावास चलाने के लिए नयी इमारतें खरीदना चाहती हैं। इस योजना के अन्तर्गत वित्तीय सहायता नारी कल्याण के क्षेत्र में कार्यरत पंजीकृत स्वयंसेवी संगठनों को लागत अंश के आधार पर दी जाती है। सरकार, निर्माण की कुल औसत लागत के 75 प्रतिशत के बराबर सहायता दे रही है।

(3) महिलाओं के पुनर्वास के लिए प्रशिक्षण केन्द्र—18 से 50 वर्ष तक की आयु की निस्सहाय महिलाओं को बिक्री योग्य दस्तकारी में प्रशिक्षण देने के उद्देश्य से 1977 में पुनर्वास केन्द्र स्थापित करने के लिये एक योजना आरम्भ की गई थी। प्रशिक्षण की अवधि के दौरान महिलाओं तथा उनके आश्रित बच्चों को रिहायश की सुविधायें प्रदान की जाती हैं तथा उनकी देखभाल की जाती है। यह योजना स्वयंसेवी संगठनों तथा ग्रामीण एजेन्सियों के माध्यम से क्रियान्वित की जाती हैं जिन्हें इस प्रयोजन के लिये 90 प्रतिशत सहायता मिलती है।

(5) रोजगार और आय उत्पादन करने वाली इकाइयाँ (1982-83)—इस कार्यक्रम की शुरूआत जरूरतमन्द महिलाओं को सहारा देने और आय उत्पन्न करने की परियोजनाओं को प्रारम्भ करने की दृष्टि से की गई थी। इस कार्यक्रम के अन्तर्गत सार्वजनिक क्षेत्रों के प्रतिष्ठानों और स्वायत्त संगठनों को अपनी परियोजनाओं के अन्तर्गत प्रशिक्षण के लिये सहायता प्रदान की जाती है। लाभकारियों में ग्रामीण गरीब स्त्रियाँ, कमजोर वर्गों की स्त्रियाँ, अनुसूचित जाति तथा जनजातियों की स्त्रियाँ, युद्ध में शहीद हुये सैनिकों की विधवाएँ और सम्बद्ध संगठनों के कर्मचारियों की विधवाएँ शामिल हैं।

(6) महिलाओं के लिए सामाजिक आर्थिक कार्यक्रम—जरूरतमन्द महिलाओं को पूर्णकालिक आधार पर कार्य के अवसर उपलब्ध कराने तथा उन्हें मजदूरी देने के लिए केन्द्रीय समाज कल्याण बोर्ड द्वारा 1958 में एक सामाजिक आर्थिक कार्यक्रम आरम्भ किया गया था। यह कार्यक्रम धीरे-धीरे जोर पकड़ रहा है और आने वाले वर्षों में बड़े पैमाने पर कृषि आधारित योजनाओं तथा स्वनियोजन योजनाओं को बढ़ावा देने का विचार है। इस समय लगभग 5,200 इकाइयों को सहायता दी जा रही है जिनमें लगभग 64,000 महिलाओं को लाभ मिल रहा है।

(7) प्रौढ़ महिलाओं के लिये व्यावसायिक प्रशिक्षण—विशेष रूप से ग्रामीण क्षेत्रों में योग्य तथा जरूरतमन्द महिलाओं को रोजगार के नए अवसर, उपलब्ध कराने तथा प्राथमिक स्कूल अध्यापिकाओं, बाल सेविकाओं, परिचारिकाओं, स्वास्थ्य निरीक्षकों, दाइयों और परिवार नियोजन कार्यकर्त्ताओं जैसे सक्षम तथा प्रशिक्षित कार्यकर्त्ताओं का वर्ग तैयार करने के लिये संक्षिप्त शिक्षा पाठ्यक्रम योजना आरम्भ की गई।

(8) अन्य कार्यक्रम—केन्द्रीय समाज कल्याण बोर्ड, राज्य सरकारों तथा स्वयंसेवी संगठनों द्वारा कई अन्य महिला कार्यक्रम चलाये जाते हैं। इनमें से महत्वपूर्ण कार्यक्रम स्थानीय ग्राम स्तर के महिला संगठनों (महिला मंडलों), व्यावसायिक प्रशिक्षण केन्द्रों को सहायता देना तथा निस्सहाय महिलाओं के लिये आश्रम स्थापित करता है। कुछ राज्यों ने महिलाओं द्वारा किये जा रहे आर्थिक क्रियाकलापों को बढ़ाने तथा सहायता देने हेतु महिला विकास निगम स्थापित किये हैं। कई स्वयंसेवी संगठन, बाल विवाह, दहेज प्रथा, लड़कियों को स्कूल से निकालना, आदि प्रथाओं को समाप्त करने के लिए सक्रिय रूप से जनमत तथा समर्थन प्राप्त करने के कार्य में लगे हुए हैं।

(9) विधायी उपाय—भारत में महिलाओं की स्थिति सम्बन्धी समिति की सिफारिशों के अनुसरण में सरकार ने पारस्परिक सहमति से विवाह-विच्छेद का सिद्धान्त स्वीकार कर लिया है और हिन्दू विवाह विधि में इस आशय का संशोधन कर दिया गया है। विवाह-विच्छेद के लिए क्रूरता और परित्याग को भी आधार माना गया है। केन्द्रीय सरकार के कर्मचारियों के मामले में दहेज लेने तथा दहेज देने को सेवा के आचरण नियमों का उल्लंघन घोषित कर दिया गया है। समान मजदूरी अधिनियम, 1976 पारित कर दिया गया है जिसमें पुरुषों तथा महिलाओं को समान मजदूरी देने तथा रोजगार के मामले में महिलाओं के प्रति भेदभाव बरतने को रोकने की विवाह व्यवस्था विधि संशोधन अधिनियम, 1976 द्वारा हिन्दू विवाह अधिनियम, 1955 तथा विशेष विवाह अधिनियम, 1954 में संशोधन किया गया जिसके अनुसार लड़की को यह अधिकार दिया गया है कि वह बालिग होने से पहले बचपन में की

गई अपनी शादी को रद्द करा सकती है, चाहे उसका पति के साथ सहवास हो या नहीं।

बाल विवाह प्रतिबन्ध (संशोधन) अधिनियम, 1978, में संशोधन करके लड़की की शादी की आयु 15 वर्ष से बढ़ाकर 18 वर्ष तक, लड़के की शादी की आयु 18 वर्ष से बढ़ाकर 21 वर्ष कर दी गई है। इस अधिनियम के अन्तर्गत किये गये अपराधों को संज्ञेय अपराध बना दिया गया।

फैक्टरी (संशोधन) अधिनियम, 1976 में ऐसी प्रत्येक फैक्टरी में शिशु गृह स्थापित करने की व्यवस्था है, जहाँ 30 महिलायें (जिनमें नैमित्तिक अथवा ठेके पर काम करने वाली महिलायें भी सम्मिलित हैं) काम करती हों। इससे पहले प्रत्येक 50 महिलाओं पर एक शिशु गृह खोलने की व्यवस्था थी। प्रसूति लाभ अधिनियम, 1961 में अप्रैल, 1976 में संशोधन करके उन महिलाओं को इसके अन्तर्गत लाया गया है जो कर्मचारी राज्य बीमा अधिनियम 1948 के क्षेत्राधिकार में नहीं आतीं। 1983 में संसद द्वारा दो अपराध कानून संशोधन बिल पारित किये गये, जिनके जरिए भारतीय दण्ड संहिता, भारतीय साक्ष्य अधिनियम, और अपराध प्रक्रिया संहिता में संशोधन किया गया ताकि बलात्कार और महिलाओं के प्रति होने वाले ऐसे ही अन्य अपराधों के कानून को और कठोर तथा प्रभावशाली बनाया जा सके। इसके द्वारा भारतीय दण्ड संहिता में नया प्रावधान भी जोड़ा गया जिसके द्वारा महिलाओं के विरुद्ध पति और अन्य सम्बन्धित को अमानुषिक कृत्यों के लिये दंडित किया जा सके।

कानूनी उपायों की विफलता के कारण—(1) रूढ़िवाद (2) बाल विवाह निरोधक कानूनों की अपूर्णता।

(2) विधवा विवाह

विधवा पुनर्विवाह की ऐतिहासिक पृष्ठभूमि—विधवा पुनर्विवाह का निषेध वैदिक युग में नहीं था। मध्य युग में इसका विरोध हुआ और 1000 ए० डी० से ये बिल्कुल बन्द हो गये यद्यपि नीची जातियों में इनका निषेध न था।

विधवा पुनर्विवाह के निषेध के प्रभाव—(1) नैतिक प्रभाव (अ) अनैतिकता की वृद्धि, (ब) वेश्याओं की वृद्धि। (2) सामाजिक प्रभाव—(अ) समाज की संख्या वृद्धि में कमी। (ब) धर्म परिवर्तन।

विधवा पुनर्विवाह का औचित्य—(1) नैतिक पक्ष—(अ) बाल विधवाओं का उद्धार, (ब) अनैतिकता का उन्मूलन। (2) सामाजिक पक्ष—(अ) हिन्दू समाज की संख्या वृद्धि, (ब) धर्म परिवर्तन का विरोध, (स) अनैतिकता से समाज की रक्षा, (द) समाज में वेश्याओं की कमी। (3) कानूनी पक्ष—(अ) मृत पति की सम्पत्ति में अधिकार की समाप्ति, (ब) नये परिवार में सब कानूनी अधिकार।

अभ्यास के लिए प्रश्न

प्रश्न 1. समाज में स्त्रियों की स्थिति के सम्बन्ध में प्राचीन भारतीय और आधुनिक पश्चिमी विचारों की तुलना कीजिये।

प्रश्न 2. आधुनिक भारतीय समाज में नारी के बदलते हुए स्थान की व्याख्या कीजिये।

प्रश्न 3. क्या भारत में स्वतन्त्रता के बाद स्त्रियों की सामाजिक स्थिति में परिवर्तन हुआ? अपने उत्तर की पुष्टि में तर्क दीजिये।

प्रश्न 4. विवाह और सम्पत्ति के विषय में स्त्रियों की माँगें बतलाइये। ये कहाँ तक सफल हुई हैं ?

प्रश्न 5. "भारतीय स्त्रियों का अधिकाँश भाग अब भी मध्य युग में रहता है और स्त्रियों का अन्यत्र कहीं ऐसा शोषण हुआ।" भारतीय स्त्रियों की स्थिति उन्नत करने के उपायों का वर्णन कीजिये।

प्रश्न 6. समाजशास्त्रीय दृष्टिकोण से स्त्रियों की उच्च्च शिक्षा के प्रश्न पर विचार कीजिये।

प्रश्न 7. हिन्दुओं और मुसलमानों में स्त्रियों की स्थिति का तुलनात्मक विवरण दीजिये।

प्रश्न 8. भारत में अभिनव सामाजिक अधिनियमों की संक्षिप्त रूपरेखा दीजिए तथा इनके भारतीय समाज पर हुए प्रभावों की विवेचना कीजिए।

प्रश्न 9. किस प्रकार से स्वतन्त्रता के उपरान्त लागू किये गये सामाजिक कानूनों के द्वारा जाति, विवाह एवं संयुक्त परिवार की संस्थायें प्रभावित हुई हैं?

प्रश्न 10. संक्षिप्त टिप्पणी लिखो—दहेज प्रथा।

प्रश्न 11. हिन्दू विवाह तथा विवाह विच्छेद अधिनियम, 1955 की प्रमुख व्यवस्थाओं की विवेचना कीजिए। इस अधिनियम की व्यवस्थाओं के कारण हिन्दू विवाह का संस्कारात्मक स्वरूप नष्ट हो गया है?

प्रश्न 12. हिन्दुओं में विधवा विवाह के पक्ष एवं विपक्ष में अपने तर्क प्रस्तुत कीजिये।

24

भारत में सामाजिक गतिशीलता

(Social Mobility in India)

सामाजिक गतिशीलता की परिभाषा

1. **बोगार्डस** (Bogardus)—"सामाजिक पद में कोई भी परिवर्तन सामाजिक गतिशीलता है।"[1]

2. **फिचर** (Fitcher)—"सामाजिक गतिशीलता व्यक्ति, समूह या श्रेणी (Category) के एक सामाजिक पद या स्तृत (Startum) से दूसरे में गति करने को कहते हैं।"[2]

3. **हार्टन तथा हण्ट** (Horton and Hunt)—"सामाजिक गतिशीलता का तात्पर्य उच्च या निम्न सामाजिक प्रस्थितियों में गमन करना है।"[3]

4. **सोरोकिन** (Sorokin)—"सामाजिक गतिशीलता से हमारा तात्पर्य सामाजिक समूहों तथा स्तरों के झुण्ड में एक सामाजिक पद से दूसरे सामाजिक पद में परिवर्तन होना है।"[4]

5. **फेयरचाइल्ड** (H. P. Fairchild)—"इन्होंने लोगों के एक सामाजिक समूह से दूसरे सामाजिक समूह में गमन को ही सामाजिक गतिशीलता कहा है।"[5]

---

1. "Social Mobility is any change in social position."
--Bogardus, Sociology, p. 395.
2. "Social Mobility is movement of person, group or category from one social position or stratum to another." --Fitcher, Sociology, p. 319.
3. "Social Mobility refers to movement up or down, in social status."
--Horton and Hunt, Sociology, p. 291.
4. "By Social Mobility is meant any transition of an individual from one social position to another in a constellation of social groups and strata."
--P. A. Sorokin, *Society, Culture and Personality, Harper*, 1947, p. 405.
5. H. P. Fairchild, *Dictionary of Sociology*, p. 286.

6. एस॰ एम॰ दुबे (S. M. Dubey)—"सामाजिक गतिशीलता एक बहुत ही विस्तृत शब्द है जिसके अन्तर्गत या तो व्यक्ति या सम्पूर्ण समूह की आर्थिक, राजनीतिक या व्यावसायिक प्रस्थिति में ऊपर या नीचे की ओर परिवर्तन को सम्मिलित किया जाता है।"[1]

7. प्रो॰ पीटर (Peter)—" समाज के सदस्यों के सामाजिक जीवन में होने वाली स्थिति, पद, पेशा या/और निवास-स्थान सम्बन्धी परिवर्तनों को सामाजिक गतिशीलता कहते हैं।

इन परिभाषाओं से निम्नलिखित स्पष्ट होता है कि—

(i) सामाजिक गतिशीलता का सम्बन्ध व्यक्ति या समूह के पद या प्रस्थिति से है,

(ii) सामाजिक गतिशीलता में व्यक्ति या समूह की सामाजिक प्रस्थिति में परिवर्तन होता है,

(iii) यह परिवर्तन एक समूह या समाज की संरचना के अन्तर्गत ही होता है,

(iv) सामाजिक गतिशीलता की कोई निश्चित दिशा नहीं है, यह ऊपर व नीचे की ओर तथा समानान्तर भी हो सकती है।

उपरोक्त परिभाषाओं से स्पष्ट है कि जब किसी व्यक्ति या समूह की सामाजिक स्थिति में परिवर्तन होता है तो उसे सामाजिक गतिशीलता कहते हैं।

सामाजिक गतिशीलता के प्रकार

सोरोकिन ने सामाजिक गतिशीलता के दो प्रमुख प्रकारों का उल्लेख किया है—

(1) क्षैतिज या समरैखिक सामाजिक गतिशीलता (Horizontal Social Mobility),

(2) उदग्र या रैखिक गतिशीलता (Vertical Social Mobility)।

1. क्षैतिज या समरैखिक सामाजिक गतिशीलता (Horizontal Social Mobility)—इसकी परिभाषायें निम्नलिखित हैं—

(i) **गोल्ड** एवं **कॉब** (Gould and Colb)—"बिना सामाजिक वर्ग पद में परिवर्तन किये प्रस्थिति एवं भूमिकाओं के विशेष रूप से व्यावसायिक क्षेत्र में परिवर्तन को क्षैतिज गतिशीलता कहते हैं।"[2]

(ii) **फिचर**—"क्षैतिज गतिशीलता का अर्थ एक ही सामाजिक स्तर के एक ही प्रकार के सामाजिक समूह या स्थिति से दूसरे में आगे या पीछे गमन करना है।"[3]

---

1. S. M. Dubey, *Social Mobility Among the Profession*, p. 14.
2. J. Gould and W. L. Kolb. *Dictionary of Social Science*, p. 434.
3. "Horizontal Mobility means movement back or forth on the same social level from one similar social group or situation to another." --*Fitcher, op. cit.*, p. 319

(iii) **बर्ट्राण्ड** "सामाजिक संस्तरण को बिना परिवर्तित किये एक सामाजिक पद से दूसरे में गमन करना क्षैतिज सामाजिक गतिशीलता के रूप में जाना जाता है।"[1]

(iv) **सोरोकिन** –"क्षैतिज सामाजिक गतिशीलता का अर्थ एक व्यक्ति या सामाजिक वस्तु का एक ही स्तर में स्थित एक समूह से दूसरे समूह में स्थानान्तरण है।"[2]

उपर्युक्त परिभाषाओं से स्पष्ट है कि क्षैतिज सामाजिक गतिशीलता में एक व्यक्ति समान सामाजिक स्तर के समूहों या पदों में गमन करता है, उदाहरण के लिए, एक व्यक्ति का एक गाँव छोड़कर दूसरे गाँव में चले जाना, श्रमिक का एक फैक्ट्री छोड़कर दूसरी फैक्ट्री में काम करना, एक प्रोफेसर का एक विश्वविद्यालय से दूसरे विश्वविद्यालय में एवं एक इन्जीनियर का एक मिल से दूसरे मिल में उसी वेतन और पद पर काम करना इत्यादि। क्षैतिज सामाजिक गतिशीलता में गमन करने वाले व्यक्ति या सामाजिक समूह की स्थिति में कोई उल्लेखनीय परिवर्तन नहीं होता है।

सोरोकिन ने क्षैतिज या समरैखिक सामाजिक गतिशीलता के निम्नांकित प्रकारों का उल्लेख किया है–

(i) **प्रजातीय, लैंगिक तथा आयु-समूहों में क्षैतिज गतिशीलता**–प्रजाति, लिंग एवं आयु के आधार पर सामाजिक गतिशीलता का विचार कठिन प्रतीत होता है क्योंकि ये शारीरिक वंशानुगत विशेषताएँ हैं, इसलिए इनमें परिवर्तन सम्भव नहीं है। किन्तु प्रजाति, लिंग और आयु-समूह जब सामाजिक समूहों के रूप में संगठित हो जाते हैं तो इनके सन्दर्भ में सामाजिक गतिशीलता पर विचार किया जा सकता है।

(ii) **क्षेत्रीय समूहों में गतिशीलता**–एक क्षेत्र या समुदाय को छोड़कर दूसरे में निरन्तर आना-जाना, गाँव छोड़कर नगरों में जाकर बसना क्षेत्रीय गतिशीलता है। नगरीकरण एवं औद्योगीकरण के कारण वर्तमान में यह गतिशीलता खूब बढ़ रही है।

(iii) **अन्तःपारिवारिक एवं अन्तःनातेदारी गतिशीलता**–विवाह या तलाक के बाद स्त्री का एवं गोद लेने पर लड़के का एक परिवार एवं नातेदारी समूह में प्रवेश इस प्रकार की गतिशीलता के उदाहरण हैं।

(iv) **अन्तःव्यवसायी तथा बाह्य व्यवसायी गतिशीलता**–एक ही प्रकार के एक व्यवसाय को त्यागकर दूसरे को ग्रहण करना अन्तःव्यवसायी गतिशीलता है। जब एक मजदूर एक कपड़े की मिल को छोड़कर दूसरे कपड़े की मिल में काम करने चला जाता है तो यह अन्तःव्यवसायी गतिशीलता है। एक व्यवसाय को छोड़कर दूसरे भिन्न प्रकार के व्यवसाय में काम करना बाह्य व्यवसायी गतिशीलता कहलाती है। उदाहरण के लिए, यदि कृषि मजदूर खेती करना छोड़कर कारखाने

1. A. L. Bertrand, *Basic Sociology*, p. 186.
2. P. A. Sorokin, *Social and Cultural Mobility* p. 133.

में मजदूरी करने लगें तो यह गतिशीलता इसी श्रेणी के अन्तर्गत आयेगी। भारत जैसे जाति-प्रधान समाज में जहाँ प्रत्येक जाति का एक परम्परागत व्यवसाय होता है, वर्ग व्यवस्था पर आधारित समाजों की तुलना में इस प्रकार की गतिशीलता कम पायी जाती है।

(v) **अन्तःराज्यीय गतिशीलता**—इस प्रकार की गतिशीलता में व्यक्ति एक राज्य को छोड़कर दूसरे राज्य में जाकर निवास करने लगता है और वहाँ की नागरिकता ग्रहण कर लेता है।

(vi) **अन्तःधार्मिक गतिशीलता**—इस प्रकार की गतिशीलता उन समाजों में पायी जाती है जहाँ धार्मिक स्वतन्त्रता प्राप्त होती है। इसमें व्यक्ति एक धर्म को त्यागकर दूसरे धर्म को ग्रहण कर लेता है। भारत में जनजातियों के लोगों द्वारा ईसाई धर्म को ग्रहण करना इसका उदाहरण है।

(vii) **अन्तर्दलीय गतिशीलता**—किसी भी एक राजनीतिक दल की सदस्यता त्यागकर दूसरे राजनीतिक दल की सदस्यता प्राप्त करना अन्तर्दलीय गतिशीलता कहलाती है।

(viii) **अन्तर्राष्ट्रीय गतिशीलता**—एक भाषा एवं संस्कृति वाले समूह या व्यक्ति द्वारा दूसरी भाषा या संस्कृति वाले राष्ट्र की सदस्यता ग्रहण करना अन्तर्राष्ट्रीय गतिशीलता का उदाहरण है।

2. उदग्र या रैखिक सामाजिक गतिशीलता (Vertical Social Mobility)—इसकी परिभाषायें निम्नलिखित हैं—

(i) **गोल्ड एवं कॉब** लिखते हैं, —''यदि किसी प्रस्थिति एवं भूमिका में ऐसा परिवर्तन जिसमें सामाजिक वर्ग में भी परिवर्तन सम्मिलित हो तो उसे उदग्र या रैखिक गतिशीलता कहते हैं जिसके उपवर्ग में ऊपर एवं नीचे की ओर गतिशीलता सम्मिलित है।''[1]

(ii) **बर्ट्राण्ड**—''एक सामाजिक स्तर (Strata) से दूसरे में ऊपर या नीचे की ओर गमन की उदग्र सामाजिक गतिशीलता कहते हैं।''[2]

(iii) **फिचर**—''उदग्र गतिशीलता को लोगों का एक सामाजिक प्रस्थिति से दूसरी एवं एक सामाजिक वर्ग से दूसरे में गमन के रूप में परिभाषित किया जा सकता है।''

---

1. "If change in status and role does involve a change in social class position, it is called vertical mobility with its sub-classes of upward mobility and downward mobility."
--Gould and Kolb, *op. cit.*, p. 434.
2. "Movement up or down from one social strata to another is termed vertical mobility."
--Bertarnd, *op. cit.*, p. 186.

(iv) **सोरोकिन**—ये भी एक व्यक्ति या सामाजिक वस्तु के एक स्तृत से दूसरे में स्थानान्तरण को उदग्र सामाजिक गतिशीलता कहते हैं।

उपरोक्त परिभाषाओं से स्पष्ट है कि उदग्र या रैखिक सामाजिक गतिशीलता में व्यक्ति या समूह एक सामाजिक स्तर से दूसरे सामाजिक स्तर में चले जाते हैं। यह सामाजिक स्तर पहले वाले से ऊँचा या नीचा हो सकता है। सोरोकिन ने गतिशीलता की दिशा के आधार पर उदग्र या रैखिक सामाजिक गतिशीलता को भी दो उप-भागों में बाँटा है। (i) **ऊर्ध्वगामी** (Upward or Ascending), (ii) **अधोगामी** (Downward or Descending) । इसे वह क्रमश: सामाजिक उत्थान (Social Climbing) तथा सामाजिक पतन (Social Sinking) भी कहते हैं। ऊर्ध्वगामी व अधोगामी सामाजिक गतिशीलता के उदाहरण राजीनतिक, आर्थिक एवं व्यावसायिक क्षेत्र में स्पष्ट रूप से देखे जा सकते हैं।

(i) **ऊर्ध्वगामी उदग्र सामाजिक गतिशीलता**—ऊर्ध्वगामी उदग्र सामूहिक सामाजिक गतिशीलता का सर्वश्रेष्ठ उदाहरण भारतीय जाति-व्यवस्था में देखा जा सकता है। कई बार मध्यम वर्ग की जातियाँ जाति व्यवस्था में ऊँचा उठने का प्रयास करती है। श्रीनिवास ने संस्कृतीकरण की प्रक्रिया द्वारा जातियों की ऊर्ध्वगामी गतिशीलता को व्यक्त किया है।

फिचर ने ऊर्ध्वगामी गतिशीलता के लिए निम्नांकित कारकों को उत्तरदायी माना है।[1]

(i) **अप्रवास** (Immigration)—अप्रवास के कारण बाहर से आने वाले व्यक्ति स्थानीय लोगों को ऊपर की ओर धकेल देते हैं। ग्रामीण लोग जब शहरों में व्यवसाय की खोज में आते हैं तो वहाँ निम्न स्थिति एवं व्यवसायों को ग्रहण कर लेते हैं। इसी प्रकार से शरणार्थी और बाहर से आने वाले लोग भी मूल निवासियों की तुलना में निम्न स्थिति को ग्रहण करने को तैयार हो जाते हैं। इस प्रकार अप्रवास स्थानीय लोगों में ऊर्ध्वगामी गतिशीलता उत्पन्न करता है।

(ii) **उच्च वर्ग में कम प्रजनन क्षमता**—सभी समाजों में उच्च वर्ग के लोगों की संख्या कम होती है तथा उनमें प्रजनन क्षमता भी कम होती है, इसलिए उसकी पूर्ति के लिए उनमें निम्न वर्ग के व्यक्ति समय-समय पर सम्मिलित होते रहते हैं। इससे उनकी सामाजिक स्थिति ऊँची उठ जाती है।

(iii) **संघर्ष**—जब समाज में अपनी ही योग्यता एवं प्रयत्नों से बने व्यक्तियों (Selfmade Man) एवं प्रतिस्पर्द्धा को महत्व दिया है तब भी ऊर्ध्वगामी गतिशीलता बढ़ती है।

---

1. J. H. Fitcher, pp. 323-24.

(iv) **अवसर की उपलब्धि**—जब समाज में शिक्षा प्राप्त करने तथा व्यवसाय एवं कार्यों में योग्यता बढ़ने के अवसर उपलब्ध होते हैं तब भी लोग अपने गुणों, योग्यता और क्षमता वृद्धि करके ऊँचा उठाने का प्रयास करते हैं।

(v) **समानता और विषमता के प्रतिमान**—यदि किसी समाज धर्म, प्रजाति आदि के आधार पर भेदभाव किया जाता है या आयु और लिंग के आधार पर असमानता पायी जाती है तब उसमें ऊर्ध्वगामी गतिशीलता की सम्भावना कम होती है लेकिन जब किसी समाज में निम्न वर्ग में वृद्धि होती है तो ऊर्ध्वगामी गतिशीलता की सम्भावना अधिक होती है क्योंकि यह वर्ग ऊँचा उठने के लिए संघर्ष एवं प्रतिस्पर्धा में भाग लेता है।

सोरोकिन ने उदग्र गतिशीलता के निम्नांकित सामान्य सिद्धान्तों का उल्लेख किया है—

(i) शायद ही कोई ऐसा समाज है जो पूर्णतया बन्द हो और जिसमें आर्थिक, राजनीतिक और व्यावसायिक उदग्र गतिशीलता विद्यमान न हो। सामान्य रूप से जनजातीय समाजों एवं जाति पर आधारित समाजों को बन्द समाजों की श्रेणी के अन्तर्गत रखा जाता है। इसमें व्यक्ति अपनी योग्यता और गुणों में वृद्धि करके सामाजिक स्थिति को ऊँचा नहीं उठा सकता किन्तु वास्तव में वर्तमान में संस्कृतीकरण के द्वारा निम्न जातियों ने अपनी सामाजिक स्थिति को ऊँचा उठाया है।

(ii) ऐसा कोई भी समाज कभी नहीं रहा है जिसमें उदग्र सामाजिक गतिशीलता बिल्कुल अबाध या बे-रोकटोक हो और एक संस्तरण से दूसरे संस्तरण में जाने पर कोई प्रतिबन्ध न हो। लगभग सभी समाजों में उच्चता और निम्नता का एक क्रम देखने को मिलता है, साथ ही, वहाँ कुछ ऐसे नियम भी पाये जाते हैं जो निम्न वर्ग के लोगों को ऊँचा उठाने पर प्रतिबन्ध लगाते हैं क्योंकि इससे समाज में व्यवस्था और सन्तुलन बना रहता है।

(iii) उदग्र सामाजिक गतिशीलता की तीव्रता, मात्रा एवं व्यापकता प्रत्येक समाज में अलग-अलग होती है। चूँकि प्रत्येक समाज की अपनी आर्थिक, राजनीतिक, सामाजिक एवं धार्मिक परिस्थितियाँ भिन्न-भिन्न होती हैं, अतः उदग्र गतिशीलता की दर भी भिन्न-भिन्न होती है। जाति-व्यवस्था की अपेक्षा वर्ग-व्यवस्था में और गाँवों की अपेक्षा नगरों में उदग्र गतिशीलता अधिक पायी जाती है।

(iv) एक ही समाज में विभिन्न समयों में आर्थिक, राजनीतिक और व्यावसायिक उदग्र गतिशीलता की दर एवं व्यापकता में अन्तर पाया जाता है। उदाहरण के लिए, प्राचीन भारत में कठोर जाति-व्यवस्था के कारण प्रत्येक जाति की आर्थिक एवं राजनीतिक स्थिति लगभग निश्चित थी किन्तु प्रजातन्त्र की स्थापना के बाद तथा औद्योगीकरण व नगरीयकरण के कारण वर्तमान में भारत में आर्थिक और राजनीतिक गतिशीलता में वृद्धि हुई है।

(v) ऐतिहासिक एवं अन्य प्रकार के उपलब्ध तथ्य यह दिखलाते हैं कि उदग्र

गतिशीलता की तीव्रता तथा मात्रा में वृद्धि या कमी की कोई निश्चित और शाश्वत प्रवृत्ति नहीं देखी जा सकती। यही कारण है कि इसके सन्दर्भ में निश्चयपूर्वक भविष्यवाणी नहीं की जा सकती।

(vi) उदग्र सामाजिक गतिशीलता लगभग सभी समूहों में धीरे-धीरे आती है तथा इसमें एक निश्चित व्यवस्था पायी जाती है। इसको सामाजिक चुनावों तथा व्यक्तियों के वितरण द्वारा नियन्त्रण में रखा जाता है।

सोरोकिन[1] ने सामाजिक, आर्थिक एवं राजनीतिक क्षेत्र में उदग्र सामाजिक गतिशीलता के लिए निम्नलिखित स्रोतों का उल्लेख किया है–

(i) **सेना** (Army)–सैनिक शासन, गृह युद्ध एवं अन्तर्राष्ट्रीय युद्ध आदि के समय सेना सामाजिक गतिशीलता को बढ़ावा देती है। युद्ध में साहस, शौर्य व वीरता दिखाने वाले सैनिकों एवं अधिकारियों को शीघ्र पदोन्नतियाँ प्रदान की जाती हैं, उन्हें विभिन्न पदक एवं पदवियों से सम्मानित किया जाता है। युद्ध में विजय प्राप्त करने वाले राष्ट्र में यह स्थिति विशेष रूप से देखी जा सकती है। किन्तु युद्ध में हारने वाले राष्ट्र की स्थिति गुलाम जैसी हो जाती है और विजेता राष्ट्र उन पर जुर्माना एवं कई प्रकार की शर्तें थोप देता है। सैनिक शासन में सेना के अधिकारियों को अपनी स्थिति को ऊँचा उठाने का अच्छा अवसर मिलता है।

(ii) **धार्मिक संस्था** (Religious Institution)–जिन समाजों में धर्म का अधिक महत्व है, वहाँ धर्म सामाजिक गतिशीलता को बढ़ावा देने में महत्वपूर्ण भूमिका निभाता है।

(iii) **स्कूल** (School)–शिक्षण एवं प्रशिक्षण के द्वारा भी लोगों को अपनी सामाजिक स्थिति ऊँची उठाने एवं उदग्र गतिशीलता का अवसर प्राप्त होता है। वर्तमान युग में तो शिक्षा और प्रशिक्षण व्यक्ति को उच्च पद दिलाने का लाइसेन्स कहा जा सकता है।

(iv) **राजनीतिक संस्थाएँ** (Political Institutions)–सरकारी नौकरी एवं राजनीतिक दल भी उदग्र सामाजिक गतिशीलता में सहायक हैं। सरकारी नौकरी से विभागीय परीक्षाएँ पास करने पर तथा वरिष्ठता क्रम के अनुसार कर्मचारियों को पदोन्नतियाँ प्रदान की जाती हैं। राजनीतिक दल भी व्यक्ति की सामाजिक स्थिति को ऊँचा उठाते हैं। जब कोई राजनीतिक दल चुनाव हार जाता है तो उसके नेता एवं कार्यकर्त्ताओं की स्थिति में गिरावट आती है।

(v) **व्यावसायिक संगठन** (Professional Organisation)–व्यावसायिक संगठन भी उदग्र सामाजिक गतिशीलता में सहायक होते हैं। एक व्यक्ति अपनी व्यावसायिक योग्यता एवं कुशलता बढ़ाकर भी समाज में ऊँचा पद ग्रहण कर सकता

1. P. A. Sorokin, *Social and Cultural Mobility*, 1959, pp. 164-180.

है। विभिन्न प्रतिष्ठित व्यावसायिक संगठनों की सदस्यता ग्रहण करके भी व्यक्ति समाज में ऊँचा उठ सकता है।

(vi) **सम्पत्ति उत्पादक संगठन** (Welth-Making Organisation)—समाज में ऐसे कई उत्पादन संगठन हैं जो लोगों को धन कमाने का अवसर प्रदान करते हैं। चायबागान, मिल, कारखाने, खानें, फैक्ट्रियाँ, वस्त्र उद्योग, जूट उद्योग एवं ऐसे ही हजारों संगठन हैं जो समाज में सम्पत्ति अर्जन करने की दृष्टि से महत्वपूर्ण हैं। इन संगठनों की सफलता व्यक्ति को समाज में उच्च आर्थिक एवं राजीतिक स्थिति प्रदान करती है।

(vii) **परिवार** (Family)—सामाजिक प्रस्थिति इस बात पर भी निर्भर है कि व्यक्ति ने किस परिवार में जन्म लिया है। राजघराने में जन्म लेने वाले व्यक्ति की सामाजिक स्थिति अन्य लोगों की तुलना में सामान्यतः ऊँची होती है।

2. अन्तः तथा अन्तर पीढ़ी गतिशीलता
(Intra and Intergenerational Mobility)

पीढी को आधार मानकर गतिशीलता के दो प्रकारों का उल्लेख किया जा सकता है—(i) अन्तर पीढ़ी गतिशीलता, तथा (ii) अन्तः पीढ़ी गतिशीलता।

(i) **अन्तर पीढ़ी गतिशीलता** (Intergenerational Mobility)—पीढ़ी शब्द की कई व्याख्याएँ की गई हैं। कई बार हम एक व्यक्ति के सम्पूर्ण जीवन काल को एक पीढ़ी कहते हैं और उसकी सन्तति को विभिन्न पीढ़ियों द्वारा सम्बोधित करते हैं। पीढ़ी शब्द का प्रयोग एक आयु समूह के लोगों के लिए भी किया जाता है। अन्तर पीढ़ी गतिशीलता का तात्पर्य है एक पीढ़ी में धारण किये गये पद को त्यागकर दूसरी पीढ़ी के पदों को ग्रहण करना। यह प्राकृतिक एवं स्वाभाविक है। अन्तर पीढ़ी गतिशीलता का एक उदाहरण आश्रम व्यवस्था है। जिसमें एक व्यक्ति ब्रह्मचर्य आश्रम, गृहस्थ आश्रम, वानप्रस्थ आश्रम और सन्यास आश्रम से गुजरता है। यह गतिशीलता व्यवस्थित, सरल तथा जटिलताओं से मुक्त है। विवाह करके व्यक्ति द्वारा पति व पिता का तथा स्त्री द्वारा पत्नी व माँ का पद ग्रहण करना भी अन्तर पीढ़ी गतिशीलता ही है।

(ii) **अन्तः पीढ़ी गतिशीलता** (Intragenerational Mobility)—यदि एक व्यक्ति एक पीढ़ी में एक पद को त्यागकर दूसरा पद ग्रहण करता है तो उसे हम अन्तः पीढ़ी गतिशीलता कहेंगे। प्रत्येक समाज में हमें अन्तः पीढ़ी और अन्तर पीढ़ी गतिशीलता देखने को मिलती है। गतिशीलता के उदग्र एवं क्षैतिज स्वरूपों की व्याख्या हम अन्तः और अन्तर पीढ़ी गतिशीलता के सन्दर्भ में कर सकते हैं।

(3) मुक्त (खुली) एवं बन्द गतिशीलता
(Open and Closed Mobility)

सामाजिक स्तरीकरण के आधार पर गतिशीलता के दो प्रमुख स्वरूप हैं—मुक्त एवं बन्द गतिशीलता। गतिशीलता के ये दोनों ही प्रमुख स्वरूप एक-दूसरे के विपरीत हैं।

(i) **मुक्त (खुली) गतिशीलता** (Open Mobility)—इस प्रकार की गतिशीलता वाले समाजों में विभिन्न स्तर समूहों की सदस्यता का आधार जन्म या आनुवंशिकता न होकर व्यक्ति के गुण, योग्यता एवं उपलब्धियाँ होती हैं। व्यक्ति की किसी भी स्तर समूह की सदस्यता का निर्धारण जीवन भर के लिए नहीं होता है। वह एक स्तर एवं पद से दूसरे स्तर एवं पद में गमन कर सकता है। आज जो व्यक्ति एक स्थिति समूह (Status-Group) का सदस्य है, वह आगे आने वाले समय में अपनी योग्यता, गुणों एवं परिश्रम के आधार पर उपलब्धियों को बढ़ाकर किसी उच्च स्तर, पद या समूह की सदस्यता ग्रहण कर सकता है। मुक्त व्यवस्था वाले समाजों में गतिशीलता को स्वीकार किया जाता है, और बढ़ावा दिया जाता है। एक व्यक्ति अपनी प्रस्थिति और पद में वृद्धि और प्रगति के लिए स्वतन्त्र होता है। इसलिए ही इसे खुली या मुक्त गतिशीलता के नाम से पुकारा जाता है। मुक्त गतिशीलता वर्ग व्यवस्था पर आधारित संस्तरण की व्यवस्था वाले समाजों में देखने को मिलती है। यूरोप के अधिकतर समाजों एवं अमेरिका में मुक्त गतिशीलता अधिक पायी जाती है क्योंकि वहाँ सामाजिक संस्तरण वर्ग के आधार पर निर्मित है। वहाँ वर्ग की सदस्यता का निर्धारण प्रमुखतः व्यक्ति की आर्थिक स्थिति के आधार पर होता है। राजनीतिक सत्ता या शक्ति तथा सांस्कृतिक क्षेत्र में प्राप्त विशिष्ट उपलब्धियाँ भी व्यक्ति में गतिशीलता उत्पन्न करने में योग देते हैं।

(ii) **बन्द गतिशीलता** (Closed Mobility)—इस प्रकार की गतिशीलता बन्द स्तरीकरण वाली समाज व्यवस्था की विशेषता है जिन में व्यक्ति के पद एवं स्तर समूह का निर्धारण जन्म या आनुवंशिकता के आधार पर होता है जिसे वह अपने जीवनकाल में नहीं बदल सकता है। अतः एक समूह को त्यागकर दूसरे समूह की सदस्यता ग्रहण करने का प्रश्न ही नहीं उठता है। बन्द स्तरीकरण वाली व्यवस्था का उदाहरण भारत की जाति प्रथा है। इसके अन्तर्गत व्यक्ति की जाति का निर्धारण जन्म के समय ही हो जाता है। व्यक्ति आजीवन उसी जाति का सदस्य बना रहता है जिसमें उसका जन्म हुआ है। प्रत्येक जाति की समाज में स्थिति, अधिकार, दायित्व एवं कार्य निश्चित होते हैं। व्यक्ति की गतिशीलता के अवसर नगण्य होते हैं। किन्तु वर्तमान में नगरीयकरण, औद्योगीकरण, पाश्चात्य सभ्यता, शिक्षा और संस्कृति, नवीन संविधान, प्रजातन्त्र एवं कानूनों के प्रभावों के कारण जातीय कठोरता कम हुई है और एक जाति के व्यक्ति दूसरी जातियों के व्यवसायों, मूल्यों, व्यवहारों, प्रथाओं आदि

को अपना रहे हैं। डॉ० एम० एन० श्रीनिवास का मत है कि भारत में निम्न जातियाँ 'संस्कृतीकरण' की प्रक्रिया द्वारा अपनी सामाजिक स्थिति ऊँची उठा रही हैं और अपने को उच्च जातियों में सम्मिलित करने के लिए प्रयत्नशील हैं।

सामाजिक गतिशीलता को निश्चित करने वाले कारक

(क) **बर्ट्रांण्ड की अवधारणा**—बर्ट्रांण्ड[1] ने सामाजिक गतिशीलता की दर को प्रभावित करने वाले निम्नलिखित चार कारकों का उल्लेख किया है। अवसर, संरचना, जनांकिकी प्रक्रियाएँ, स्वचालित यन्त्रों का प्रभाव एवं महत्वाकांक्षा का स्तर।

(1) **अवसर संरचना** (The Opportunity Structure)—होजेज[2] (Hodges) का मत है कि किसी भी समाज में सामाजिक गतिशीलता की मात्रा एवं दर समाज में विद्यमान अवसर-संरचना पर निर्भर करती है। कुछ समाजों में सामाजिक-वर्ग-व्यवस्था की प्रकृति ही ऐसी होती है कि वह सामाजिक गतिशीलता को रोकती है। सरल सामाजिक संरचना भी गतिशीलता में बाधक है। जाति-व्यवस्था वाले समाज में तो उदग्र सामाजिक गतिशीलता को हतोत्साहित किया जाता है। दूसरी ओर जटिल समाजों में व्यापार, शिक्षा, सेना एवं अन्य क्षेत्रों में नौकरशाही ही व्यापक व्यवस्था होने के कारण सामाजिक गतिशीलता के अवसर अधिक होते हैं।

(2) जनांकिकी प्रक्रियाएँ (Demorgraphic Processes)—सामाजिक गतिशीलता के लिए उत्तरदायी दूसरा कारक जनसंख्यात्मक है। इसके दो तरीके हैं—

(i) **अप्रवास** (Immigration)—जब किसी देश में समाज या दूसरे समाज से लोग आकर बसते हैं तो वे वहाँ के मूल निवासियों को सामाजिक संस्तरण में ऊपर की ओर ढकेलते (Push) हैं क्योंकि नवआगन्तुक समाज एवं व्यवसाय में निम्न स्थिति को स्वीकार करने के लिए तैयार हो जाते हैं। अमरीका, यूरोप एवं एशिया के कई देशों में ऐसा ही हुआ है।

(ii) **आन्तरिक गतिशीलता** (Internal Migration)—ग्रामीण लोग अपनी सामाजिक स्थिति को ऊँचा उठाने के लिए नगरों में आकर बस जाते हैं। इसी प्रकार से नौकरी में पदोन्नति होने पर अथवा अधिक वेतन पाने के लिए भी लोग एक क्षेत्र से दूसरे क्षेत्र एवं शहरों में चले जाते हैं।

(iii) **जन्म-दर में भिन्नता**—कुछ समाजों में उच्च वर्ग के लोग इतनी सन्तानें पैदा नहीं करते जितनी मात्रा में उनमें स्थान रिक्त होते हैं। इससे समाज में शून्यता

1. Alwin L. Bertrand Basic sociology : An Introduction to Theory and Method . pp. 186-188.
2. H. M. Hodges Jr., Soical Stratification, p. 253, Quoted by Bertrand, *op. cit.*, p. 187

की स्थिति पैदा हो जाती है। अतः रिक्त स्थानों की पूर्ति के लिए निम्न वर्गों से लोग भर्ती किये जाते हैं।

(3) स्वचालित यन्त्रों का प्रभाव (The Impact of Automation)—स्वचालित यन्त्रों के कारण बड़ी मात्रा में उत्पादन होने लगा है। एक तरफ इसने श्रमिक वर्ग में बेकारी उत्पन्न की है दूसरी ओर इसने नये श्वेत वस्त्रधारी व्यवसायों (White Collar Jobs) को जन्म देकर उदग्र सामाजिक गतिशीलता के द्वार खोल दिये हैं। ज्यों-ज्यों स्वचालित यन्त्रों का प्रयोग एवं विकास होगा, उसके साथ-साथ इस प्रकार की गतिशीलता में भी वृद्धि होगी।

(4) महत्वाकांक्षा का स्तर (Aspirations Levels)—खुले वर्ग वाले समाजों में सामाजिक गतिशीलता इस बात पर भी निर्भर करती है कि वहाँ लोगों में महत्वाकांक्षाएँ कितनी ऊँची हैं और उन्हें पूरा करने के लिए वे कितना प्रयत्न करते हैं। उच्च महत्वाकांक्षाएँ होने पर व्यक्ति उन्हें प्राप्त करने के लिए कठोर प्रयत्न भी करते हैं। यही कारण है कि अमरीका में मध्यम वर्ग में सामाजिक गतिशीलता अधिक पायी जाती है क्योंकि उनकी महत्वाकांक्षाएँ उच्च हैं उनके लिए वे प्रयत्नशील भी रहते हैं।

(ख) ब्रूत तथा सेल्जनिक[1] ने सामाजिक गतिशीलता को प्रभावित करने वाले पाँच कारकों का उल्लेख किया है—

(1) व्यावसायिक एवं आर्थिक संरचना में परिवर्तन—जब नये व्यवसाय खुलते हैं तो नये पदों का सृजन किया जाता है एवं पुराने पद समाप्त हो जाते हैं।

(2) सन्तानोत्पत्ति की दर में अन्तर आना—जब कोई वर्ग सन्तानोत्पत्ति के द्वारा रिक्त पदों की पूर्ति नहीं कर सकता है तो अन्य वर्गों द्वारा उनकी पूर्ति की जाती है।

(3) प्रवासी लोगों का केन्द्रीयकरण—जब लोग एक ही स्थान पर बस जाते हैं तो वहाँ भी गतिशीलता उत्पन्न हो जाती है।

(4) शिक्षा में वृद्धि—इससे भी उदग्र गतिशीलता बढ़ती है।

(5) लोगों की महत्वाकांक्षा में वृद्धि—इससे भी सामाजिक गतिशीलता बढ़ती है।

सामाजिक गतिशीलता के प्रभाव

सोरोकिन ने सामाजिक गतिशीलता के तीन प्रभावों का उल्लेख किया है—

(i) इससे समाज की प्रजातीय संचरना परिवर्तित होती है,

1. Broom and Selznick, Sociology, 1955, p. 207.

(ii) इससे मानव व्यवहार एवं मनोविज्ञान में परिवर्तन आता है,

(iii) इससे सामाजिक प्रक्रियाएँ जैसे सहयोग, सामंजस्य, प्रतिस्पर्द्धा, प्रतियोगिता एवं एकीकरण तथा सामाजिक संगठन प्रभावित होता है।

दुर्खीम ने 'आत्म-हत्या' के अध्ययन के दौरान सामाजिक गतिशीलता का उल्लेख करते हुए लिखा है कि ऊर्ध्वगामी एवं अधोगामी गतिशीलता समाज में नियमहीनता को जन्म देती है जिसके परिणामस्वरूप आत्म-हत्या की दर बढ़ जाती है।

होलिंन्सहेड (Holingshed), ऐलिस, ऐरबी आदि ने अपने अध्ययन में पाया कि सामाजिक गतिशीलता बीमारियों एवं नसों के टूटने के लिए उत्तरदायी है।

सामाजिक संगठनों पर प्रभाव

सामाजिक गतिशीलता का सामाजिक संगठनों पर भी प्रभाव पड़ता है। गतिशीलता वैयक्तिकता एवं प्रतियोगिता की भावना को विकसित करती है। गतिशीलता की दर बढ़ने पर प्राथमिक समूहों की दृढ़ता (Solidarity) समाप्त होने लगती है जो कि गतिशील समाज में सामाजिक नियन्त्रण की व्यवस्था को भी प्रभावित करती है। सामाजिक गतिशीलता प्राथमिक समूहों की संरचना विशेषत: परिवार एवं मित्रता को विघटित करती है जबकि द्वैतीयक समूह पर इसका प्रभाव कम पड़ता है सामाजिक गतिशीलता प्रस्थिति प्रतिमान, राजनीतिक व्यवस्था, आय उपभोग प्रतिमान एवं मूल्य व्यवस्था को प्रभावित करती है।

सीमान्त मानव—वर्तमान समय में समाजशास्त्रियों ने सामाजिक गतिशीलता की समस्या को सीमान्त मानव (Marginal Man) के परिपेक्ष्य में देखने का प्रयास किया है। आज के गतिशील समाजों में जब एक व्यक्ति एक प्रस्थिति या व्यवसाय से दूसरी प्रस्थिति या व्यवसाय को अपनाता है तो उसे नये व्यवहारों एवं मूल्यों का सामना करना पड़ता है। ऐसा व्यक्ति अपने पूर्व प्रभावों एवं आदतों से पूरी तरह मुक्ति नहीं पा सकता। दूसरी ओर उसे नयी परिस्थितियों से भी अनुकूलन करना होता है। ऐसा व्यक्ति पूरी तरह से न तो पुराने समूह का और न ही नये समूह का सदस्य रह पाता है। वह इन दोनों के बीच की स्थिति में होता है; इस स्थिति को '**सीमान्तता** (Marginality) एवं ऐसे व्यक्ति को '**सीमान्त मानव**' (Marginal Man) कहा गया है।

सन्दर्भ समूह—गतिशीलता व्यक्ति की समूह-सदस्यता में परिवर्तन के लिए भी उत्तरदायी है। इस समस्या के दो पक्ष हैं—(i) व्यक्ति अपने प्राथमिक समूह को त्याग देता है या त्यागने की इच्छा रखता है। (ii) व्यक्ति दूसरे समूह की सदस्यता की कामना करता है। यहीं '**सन्दर्भ समूह**' (Reference Group) की अवधारण उत्पन्न होती है। हेमेन, स्टोफर सचमेन, मज्जफर शेरीफ एवं कई विद्वानों ने व्यक्ति पर सन्दर्भ समूहों के प्रभावों का उल्लेख किया है। सीमान्त मानव एवं सन्दर्भ समूह

की अवधारणाएँ परस्पर सम्बन्धित हैं और आधुनिक औद्योगिक समाजों में सामाजिक गतिशीलता का परिणाम हैं।

मनोवैज्ञानिक प्रभाव—सामाजिक गतिशीलता व्यक्ति को उच्च प्रस्थिति प्राप्त करने एवं प्रतिस्पर्द्धा के लिए प्रेरित करती है। ये स्थितियाँ व्यक्ति में तनाव एवं निराशा उत्पन्न करती हैं। यह आवश्यक नहीं है कि प्रतिस्पर्द्धा में सदैव ही योग्य व्यक्तियों को पुरस्कृत किया जाता हो। जब अयोग्य व्यक्ति उच्च पद पा जाते हैं तो योग्य व्यक्तियों में तनाव एवं निराशा पैदा होती है। इसी प्रकार से जब समाज-व्यवस्था व्यक्ति से ऊँचा उठने की माँग करती है और वह ऐसा नहीं कर सकता तब भी व्यक्ति में निराशा एवं तनाव उत्पन्न होता है। समाज में अधिक महत्वपूर्ण पद पाने के लिए व्यक्ति अपनी अन्य भूमिकाओं की अवहेलना करके कठोर प्रयत्न करता है जिससे उस के व्यक्तित्व में असन्तुलन पैदा होता है। अधोगामी गतिशीलता भी व्यक्ति में निराशा, तनाव एवं उदासीनता पैदा करती है और वह समाज में सामंजस्य बनाये रखने में कठिनाई महसूस करता है।

सामाजिक गतिशीलता एवं सामाजिक परिवर्तन

सामाजिक गतिशीलता सामाजिक परिवर्तन की सामान्य एवं विस्तृत प्रक्रिया का ही अंग है। क्षैतिज या उदग्र सामाजिक गतिशीलता सामाजिक संरचना में परिवर्तन लाती है। इसके द्वारा परितर्वन की गति एवं मात्रा तीव्र होती है। सामाजिक परिवर्तन में समाज की संरचना, समूहों, संगठनों, संस्थाओं एवं सम्बन्धों में परिवर्तन आता है जबकि सामाजिक गतिशीलता में व्यक्ति या समूह के पदों में परिवर्तन आता है।

सामाजिक गतिशीलता एवं सामाजिक परिवर्तन में घनिष्ठ सम्बन्ध है। परिवर्तन एवं गतिशीलता को प्रोत्साहित एवं हतोत्साहित करने वाले कारकों में भी समानता है। सामाजिक परिर्वतन का क्षेत्र व्यापक है। उसमें सामाजिक व्यवहारों, प्रथाओं, सम्बन्धों, संगठनों एवं भूमिकाओं आदि में परिवर्तन को सम्मिलित किया जाता है जबकि सामाजिक गतिशीलता में केवल व्यक्ति या समूह की स्थिति में होने वाले परिवर्तन को गिना जाता है। इन दोनों में निम्नांकित अन्तर हैं—

(1) **व्यापकता**—सामाजिक परिवर्तन सामाजिक गतिशीलता की अपेक्षा अधिक व्यापक और विस्तृत है। सामाजिक गतिशीलता में व्यक्ति या समूह की प्रस्थिति या पद में होने वाले परिवर्तन को ही सम्मिलित करते हैं जबकि सामाजिक परिवर्तन में सामाजिक ढाँचे एवं प्रकार्य में होनें वाले परिवर्तनों को।

(2) **सम्बन्ध**—सामाजिक परिवर्तन एक व्यापक अवधारणा है; सामाजिक गतिशीलता उसका एक अंग है। इनके सम्बन्ध को हम सम्पूर्ण तथा अंग (Whole and Part) के रूप में प्रकट कर सकते हैं।

(3) क्षेत्र—सामाजिक परिवर्तन का सम्बन्ध किसी समूह, समाज या समाज के बहुत बड़े भाग में परिवर्तन से है न कि किसी व्यक्ति के व्यक्तिगत सम्बन्धों या व्यवहारों में परिवर्तन से। सामाजिक गतिशीलता में अपेक्षतया व्यक्ति पर अधिक जोर दिया जाता है। सम्पूर्ण जाति-व्यवस्था में परिवर्तन सामाजिक परिवर्तन है जबकि एक व्यक्ति द्वारा एक व्यवसाय छोड़कर दूसरा व्यवसाय ग्रहण करना सामाजिक गतिशीलता है।

(4) कार्य-कारण—सामाजिक परिवर्तन सामाजिक गतिशीलता को सम्भव बनाता है। सामाजिक परिवर्तन गतिशीलता का कारण है और सामाजिक गतिशीलता परिवर्तन का परिणाम है। किन्तु कई बार सामाजिक गतिशीलता भी सामाजिक परिवर्तन की गति को तीव्र कर देती है।

(5) गति—सामाजिक परिवर्तन की अपेक्षा सामाजिक गतिशीलता की गति धीमी होती है। जाति-व्यवस्था वाले समाजों में गतिशीलता का विरोध किया जाता है। यदि कोई व्यक्ति अपनी जाति छोड़कर उच्च जाति की सदस्यता ग्रहण करना चाहता है तो लोग उसका विरोध करते हैं।

भारतीय समाज में सामाजिक गतिशीलता एवं सामाजिक परिवर्तन

क्षैतिज गतिशीलता—भारतीय समाज में भी क्षैतिज और उदग्र दोनों ही प्रकार की गतिशीलता पायी जाती है। एक परम्परागत समाज होने के नाते उदग्र गतिशीलता के उदाहरण यहाँ कम ही दिखायी देते हैं। इसके स्थान पर क्षैतिज गतिशीलता एवं उसके विभिन्न प्रकारों जैसे क्षेत्रीय, अन्तः पारिवारिक एवं अन्तः नातेदारी, अन्तः एवं बाह्य व्यावसायिक, अन्तःप्रान्तीय, अन्तः-धार्मिक, अन्तर्दलीय एवं अन्तर्राष्ट्रीय गतिशीलता आदि का प्रचलन भारत में अपेक्षतया अधिक है। आजादी के बाद भारत में प्रजातन्त्र की स्थापना की गयी जिससे सामाजिक गतिशीलता में वृद्धि हुई है। शिक्षा के प्रसार, औद्योगीकरण एवं नगरीकरण ने लोगों में गतिशीलता उत्पन्न की। ग्रामीण लोग नगरीय उद्योगों में काम करने के लिए आने लगे। फलस्वरूप नगरीयकरण में वृद्धि हुई। वर्तमान में लगभग 27 प्रतिशत जनसंख्या नगरों में रह रही है। गाँवों की अपेक्षा नगरों में, सामाजिक गतिशीलता अधिक पायी जाती है क्योंकि नगरों में शिक्षा, आर्थिक सफलता और व्यावसायिक उन्नति के अवसर अधिक पाये जाते हैं तथा व्यवसाय पर जाति का प्रभाव भी कम है। गाँवों में प्रदत्त प्रस्थिति का अधिक महत्व है जो गतिशीलता में बाधा उत्पन्न करती है। दूसरी ओर नगरों में अर्जित प्रस्थिति का महत्व अधिक है। वहाँ व्यक्ति का मूल्यांकन उसकी जाति, परिवार, गोत्र आदि से न करके उसकी शिक्षा, योग्यता और गुणों के आधार पर किया जाता है। व्यक्तियों में उच्च महत्वाकांक्षाएँ पायी जाती हैं

और उन्हें पाने के लिए वे प्रयत्नशील भी रहते हैं। नगरों में घटित होने वाले सामाजिक परिवर्तन की शक्तियाँ भी सामाजिक गतिशीलता उत्पन्न करने के लिए उत्तरदायी हैं। नगर के लोगों में सामाजिक संस्तरण की सीढ़ियों को लाँघकर ऊँचा उठने की तीव्र इच्छा होती है जिससे कि वे अधिक धन एवं प्रतिष्ठा प्राप्त कर सकें।

रैखिक गतिशीलता—भारत में उदग्र एवं रैखिक गतिशीलता अपेक्षतया कम पायी जाती है। जाति-व्यवस्था के प्रचलन के कारण हमारे समाज में इस प्रकार की गतिशीलता के अवसर नहीं पाये जाते। फिर भी समय-समय पर मध्य स्तर की जातियों ने जाति संस्तरण में ऊँचा उठने का प्रयत्न किया है। उनके अनुसार इस प्रक्रिया को डॉ॰ एम॰ एन॰ श्रीनिवास ने 'संस्कृतीकरण' की संज्ञा दी है। ''संस्कृतीकरण वह प्रक्रिया है जिसके द्वारा कोई निम्न जाति या जनजाति या और दूसरा समूह अपने से ऊँचे विशेषकर द्विज जाति के संस्कारों, विश्वासों, विचारों तथा रहन-सहन के ढंग को अपना लेता है।'' जो जाति संस्कृतीकरण करती है, वह अपने आस-पास की दूसरी जातियों की तुलना में ऊँची उठ जाती है। संस्कृतीकरण करने वाली जाति की स्थिति में परिवर्तन आ जाता है। संस्कृतीकरण के कई प्रारूप हैं। कई बार ब्राह्मणों की जीवन-विधि को अपनाया जाता है तो कहीं पर क्षत्रिय, वैश्य या प्रभुजाति को आदर्श मानकर उनकी जीवन-विधि को अपनाया गया है। संस्कृतीकरण करने वाली जाति माँस-मदिरा का त्याग कर देती है, जनेऊ पहनने लगती है, विधवा पुनर्विवाह निषेध का पालन करती है, बाल-विवाह करना प्रारम्भ कर देती है, मन्दिर जाना, हरि-कथा में भाग लेना और विवाह सम्पन्न कराने के लिए ब्राह्मणों को आमन्त्रित करती है, उच्च जातियों के देवी-देवता जैसे राम, कृष्ण, हनुमान, सत्यनारायण, सीता, राधा, पार्वती आदि की पूजा करने लगती है। वह एक या दो पीढ़ी पूर्व से अपना सम्बन्ध किसी उच्च जाति से जोड़ती है और इस प्रकार भी कहानियाँ गढ़ती है जिनमें वह अपनी उत्पत्ति किसी उच्च जाति के पूर्वज से बताती है। इस प्रकार संस्कृतीकरण की प्रक्रिया द्वारा एक निम्न जाति जातीय संरचना में ऊपर उठने का प्रयत्न करती है। श्रीनिवास ने दक्षिण में कुर्ग में तथा पश्चिमी भारत के भीलों एवं मध्य भारत के गोंड एवं उराँव लोगों में सामाजिक गतिशीलता के रूप में संस्कृतीकरण की प्रक्रिया की चर्चा की है। विभिन्न समाजशास्त्रियों ने भारत के अन्य भागों में भी इस प्रक्रिया के घटित होने का उल्लेख किया है।

अभ्यास के लिए प्रश्न

प्रश्न 1. सामाजिक गतिशीलता को परिभाषित कीजिए एवं इसके प्रकारों का उदाहरण सहित वर्णन कीजिए।

प्रश्न 2. भारत में सामाजिक गतिशीलता पर एक निबन्ध लिखिए।

प्रश्न 3. सामाजिक गतिशीलता से आप क्या समझते हैं? इसके कारकों एवं

प्रभावों का उल्लेख कीजिए।

प्रश्न 4. सामाजिक गतिशीलता के बारे में सोरोकिन के विचारों का उल्लेख कीजिए।

प्रश्न 5. निम्नांकित पर संक्षिप्त टिप्पणियाँ लिखिए:

(i) सामाजिक परिवर्तन एवं सामाजिक गतिशीलता, (ii) संस्कृतीकरण एवं सामाजिक गतिशीलता, (iii) सामाजिक गतिशीलता, (iv) अन्त: पीढ़ी तथा अन्तर पीढ़ी गतिशीलता, (v) मुक्त एवं बन्द व्यवस्था वाली गतिशीलता।

प्रश्न 6. सामाजिक गतिशीलता का सामाजिक परिवर्तन की दृष्टि से महत्व बताइये।

25

कृषक आन्दोलन एवं सामाजिक परिवर्तन

(Peasant Movement and Social Change)

वर्तमान समय में कृषक क्षेत्र में व्याप्त सामाजिक असमानताओं और इनके सम्बन्ध में जागरूकता के बढ़ने के कारण कृषक असन्तोष बढ़ता जा रहा है। छोटे किसानों, काश्तकारों, पट्टेदारी में खेती करने वालों और भूमिहीन श्रमिकों के जीवन में अनेक अभाव पाये जाते हैं। अतः उनमें असन्तोष पाया जाता है। इनमें अपने अस्तित्व की दशाओं के प्रति जागरूकता उत्पन्न करने में राजनैतिक आन्दोलनों ने विशेष भूमिका निभायी है।

कृषि असन्तोष सम्पूर्ण देश में समान रूप से वितरित नहीं है। कुछ क्षेत्र ऐसे है जहाँ कृषि असन्तोष विशेष रूप से पाया जाता है, जबकि अन्य क्षेत्र इससे मुक्त हैं। पूर्व और दक्षिण भारत के चावल उत्पादक क्षेत्रों में, विशेषतः आन्ध्र प्रदेश तथा तमिलनाडु में कावेरी के डेल्टा, पश्चिम बंगाल तथा केरल के काफी क्षेत्रों में, कृषि असन्तोष व्याप्त है। ये वे क्षेत्र हैं जहाँ भूमि पर जनसंख्या का काफी दबाव पाया जाता है। इन क्षेत्रों में और देश के अन्य भागों में भी कृषि जनसंख्या में भूमिहीन और उन लोगों का अनुपात काफी ऊँचा है जिनके पास बहुत ही थोड़ी मात्रा में भूमि है।

भारत में कृषि श्रमिकों की संख्या बराबर बढ़ती जा रही है। जहाँ 1921 में कृषि-श्रमिकों की संख्या 2·10 करोड़ थी वहाँ 1981 में यह संख्या बढ़ कर 5·5 करोड़ हो गयी जो देश की कुल श्रम-शक्ति का 25·2 प्रतिशत तथा कुल जनसंख्या का 7·8 प्रतिशत है। यदि इसमें बटाईदारी में खेती करने वालों और उन लोगों को सम्मिलित कर लिया जाय जिनके पास भूमि के अनार्थिक प्रकार के छोटे-छोटे टुकड़े हैं, तो कृषि-श्रमिकों का प्रतिशत काफी बढ़ जायेगा। इन तथ्यों से समस्या के आकार के सम्बन्ध में कुछ संकेत मिलता है।

उपरोक्त विवरण से स्पष्ट है कि ग्रामीण क्षेत्रों में कृषक असन्तोष व्याप्त है। कृषि क्षेत्र में पायी जाने वाली समस्याएं इस असन्तोष का प्रमुख कारण हैं।

कृषकों में असन्तोष के कारण

(1) **ग्रामीण स्त्रोतों का असमान वितरण** (Unequal Distribution of Rural Resources)–भारतीय ग्रामों में दो शक्तिशाली श्रेणियों के लोग मिलते हैं जिनमें से एक में साहूकार और व्यापारी आते हैं और दूसरी में बड़े भूस्वामी और आर्थिक किसान आते हैं। यद्यपि ये लोग ग्रामीण जनसंख्या का 10 से 15 प्रतिशत भाग बनाते हैं परन्तु ये आर्थिक, सामाजिक और राजनैतिक दृष्टि से काफी सबल हैं। स्त्रोतों के असमान वितरण का सीधा सम्बन्ध आय की असमानता और जीवन की भौतिक दशाओं से हैं। जिन लोगों के पास भूमि नहीं है और जो या तो दूसरों की भूमि जोतते हैं या जो भूमिहीन श्रमिकों के रूप में कार्य करते हैं, वे आर्थिक दृष्टि से अभावमय जीवन व्यतीत करते हैं। अनेक भूमि-सुधार अधिनियमों के बावजूद भी काश्तकारी और बटाईदारी में खेती करने वालों को अनिश्चितता और असुरक्षा का सामना करना पड़ता है। इन लोगों द्वारा उत्पादित वस्तुओं के अधिकांश भाग पर भूस्वामियों और साहूकारों का अधिकार हो जाता है। अपनी आवश्यकताओं की पूर्ति के लिए इनके पास उपज का बहुत थोड़ा भाग ही शेष बचता है। कृषि श्रमिकों की हालत तो इनसे भी खराब है। उपज का अधिकांश भाग उन लोगों के लिए सुरक्षित रहता है जिनका कृषि कार्यों में किसी भी रूप में कोई सक्रिय योगदान नहीं होता। स्वयं भूमि पर काम करने वाले किसान के पास इतना नहीं बच पाता कि वह उन्नत किस्म के उपकरण, खाद और बीज आदि खरीद सके। अतः उसे उत्पादन बढ़ाने की कोई वास्तविक प्रेरणा नहीं मिलती जहाँ कृषकों में अपनी कार्य क्षमता या कुशलता को बढ़ाने के लिए कोई प्रेरणा नहीं पायी जाती है। स्पष्ट है कि आय के स्त्रोतों के असमान वितरण के कारण मालिक या भूस्वामी तथा किसान और भूमिहीन श्रमिक की आय और जीवन की भौतिक दशाओं या रहन-सहन के स्तर में भारी अन्तर पाये जाते हैं। यह परिस्थिति कृषक असन्तोष के लिए उत्तरदायी है।

(2) **बेकारी तथा अर्द्ध-बेकारी** (Unemployment and Quasi Unemployment)–ग्रामीण क्षेत्रों में कृषक असन्तोष का अन्य कारण बेकारी एवं अर्द्ध-बेकारी (Unemployment and Underemployment) है। पिछले 70 या 80 वर्षों में भूमि पर जनसंख्या का दबाव बढ़ा है। जनसंख्या जिस गति से बढ़ी है, उस गति से देश में व्यापार और उद्योग-धन्धों का विकास नहीं हुआ है। परिणामस्वरूप ग्रामीण क्षेत्रों में कृषि पर लोगों की निर्भरता बढ़ी है। कृषकों को पूरे वर्ष कठिनता से ही काम मिल पाता है। वर्ष में कई महीनों तक इन्हें बेकार रहना पड़ता हैं अतः ग्रामों में जनसंख्या के एक बहुत बड़े भाग के लिए कार्य की सुविधाएँ या नौकरी

के अवसर प्राप्त करना कठिन है। ग्रामीण क्षेत्रों में सामाजिक निर्योग्यताओं को दूर करने की प्रक्रिया उस समय तक आंशिक और अधूरी ही रहेगी जब तक काम करने के सभी इच्छुक व्यक्तियों के लिए रोजगार की सुविधाएँ उपलब्ध नहीं करा दी जातीं।

(3) **कृषकों में जागरूकता** (Awareness among Peasants)—कृषि क्षेत्र में व्याप्त असन्तोष का एक अन्य प्रमुख कारण निम्न, दलित या शोषित वर्ग के लोगों में अपने जीवन की भौतिक दशाओं और सामाजिक क्षेत्र में व्याप्त निर्योग्यताओं के प्रति जागरूकता है। अधिकतर भूमिहीन श्रमिक पिछड़ी या अनुसूचित जातियों या जनजातियों से सम्बन्धित हैं। इनमें से काफी लोग हरिजन जातियों के सदस्य हैं। अभी तक समाज में यह विश्वास प्रचलित था कि लोग जन्म से ही असमान पैदा होते है। अपने पूर्वजन्म के कर्मों के कारण कुछ लोग ब्राह्मण, ठाकुर, राजपूत, भूस्वामी और पूँजीपति हैं। अन्य लोग शोषित हैं, और उनके पूर्व जन्म के कर्म के कारण ही दलित, हरिजन, भूमिहीन श्रमिक ही हैं। आज लोगों के इस विश्वास में अन्तर आया है। वे लोग महसूस करने लगे हैं कि इस स्थिति में परिवर्तन सम्भव है और परिवर्तन किया जाना चाहिए। राजनैतिक संगठनों के प्रयत्नों से लोगों में जागरूकता आयी है। ग्रामीण क्षेत्रों में जो लोग आर्थिक और सामाजिक दृष्टि से निम्नतम स्थिति में हैं, उनमें असन्तोष बढ़ा है। पिछले 40 वर्षों में उनकी आकांक्षाएँ काफी बढ़ी हैं परन्तु उनके अनुरूप उनकी भौतिक दशाओं में कोई उल्लेखनीय या महत्वूपर्ण परिवर्तन नहीं लाया जा सका है।

(4) **राजनैतिक कारक** (Political Factors)—आन्दोलनात्मक राजनीति ने लोगों के दृष्टिकोण को बदलने में विशेष योगदान दिया। आज बहुत से लोग यह मानने को तैयार नहीं कि उन्हें पूर्व जन्म के कर्मों के कारण इस जन्म में निम्न स्थिति प्राप्त हुई हैं। अब वे समझते हैं कि उनकी इस स्थिति के लिए स्वयं समाज-व्यवस्था उत्तरदायी है जिसे बदला जा सकता है। अस्तु भूमिहीन लोगों में अधिकाअधिक भूमि प्राप्त करने की मांग बढ़ती जा रही है। यद्यपि देश में भूमि सुधार के प्रयत्न हुए हैं परन्तु इससे सम्बन्धित अधिनियमों का उल्लंघन भी हुआ है। भूमि सुधार के द्वारा जो कुछ इच्छित और सम्भव था तथा जो कुछ वास्तव में प्राप्त किया जा सका उसके बीच काफी खाई है। वर्तमान में भूमि हड़प आन्दोलन (Land Grab Movement) की ओर लोगों का झुकाव बढ़ा है। यद्यपि इससे भूमि वितरण से सम्बन्धित असमानताएँ कम नहीं हुई हैं। इसके लोगों की अपेक्षाओं को ओर बढ़ा दिया है जिनका निकट भविष्य में पूर्ण होना सम्भव प्रतीत नहीं होता।

(5) **हरित क्रान्ति** (Green Revolution)—हरित क्रान्ति के अन्तर्गत कृषि में उत्पादन के परम्परागत साधनों एवं यन्त्रों के स्थान पर नवीन साधनों जैसे ट्रैक्टर, हल आदि तथा नवीन खादों एवं कीटनाशक औषधियों का उपयोग किया जाता है। इससे उत्पादन में वृद्धि होती है। हरित क्रान्ति का लाभ गांवों में बड़े भूस्वामियों एवं

किसानों को हुआ है। छोटे किसान एवं भूमिहर मजदूरों को इससे लाभ नहीं मिलता है। हरित क्रान्ति ने गांवों की आर्थिक असमानता को और बढ़ा दिया है। इससे भी कृषक असन्तोष में वृद्धि हुई है।

कृषक आन्दोलन
(Peasant Movement)

सन् 1918 के पूर्व विभिन्न वर्षों में पड़ने वाले अकालों के परिणामस्वरूप किसानों और कृषि-श्रमिकों को आर्थिक दृष्टि से काफी कठिनाइयों का सामना करना पड़ रहा था। समय-समय पर आने वाली आर्थिक मन्दी ने भी इन लोगों की स्थिति को बिगाड़ने में योग दिया। अस्तु कृषि-श्रमिकों तथा किसानों ने जमींदारों, साहूकारों तथा सरकार के विरुद्ध समय-समय पर आन्दोलन छेड़े। बंगाल तथा सन्थाल ग्रामीण क्षेत्रों में इस प्रकार की स्थिति उत्पन्न हुई। महाराष्ट्र, पंजाब तथा देश के अन्य भागों में भी समय-समय पर कृषक असन्तोष बढ़ने के कारण आन्दोलन हुए।

सन् 1905 से 1930 तक– सन् 1905 से 1911 की अवधि में किसानों व कृषि-श्रमिकों के लिए भारतीय राष्ट्रीय कांग्रेस के द्वारा कोई विशेष प्रयास नहीं किये गये। 1917-18 से महात्मा गांधी के द्वारा इन लोगों के लिए सत्याग्रह किया गया। अहिंसात्मक संघर्ष का मार्ग अपनाया गया। अनेक स्थानों पर गांधी जी ने फसल नष्ट हो जाने की स्थिति में भूमि-कर वसूल किये जाने के विरुद्ध आन्दोलन किये। उन्होंने असहयोग आन्दोलन चलाया जिसमें प्रथम बार किसानों व कृषि-श्रमिकों ने यह समझ कर भाग लिया कि इससे भूमि-कर कम हो सकेगा और उनकी आर्थिक स्थिति सुधर सकेगी। सर्वप्रथम सन् 1923 में किसान संगठनों व कृषक श्रम-संघों का निर्माण हुआ। 1926-27 में पंजाब, बंगाल तथा संयुक्त प्रान्त के कुछ भागों में किसान सभाएँ बनायी गयीं। प्रथम 1928-29 में, तथा द्वितीय, 1930-31 में गुजरात में बारदोली जिले में किसानों व कृषि श्रमिकों के दो संघर्ष हुए प्रथम संघर्ष का नेतृत्व सरदार बल्लभ भाई पटेल के द्वारा किया गया और इस संघर्ष के परिणामस्वरूप सरकार को इन लोगों की अनेक मांगों को मानना पड़ा। इससे इन लोगों के आन्दोलन को काफी बल मिला।

सन् 1930 से 1940 तक—सन् 1929 में विश्वव्यापी कृषक तथा सामान्य आर्थिक संकट ने भारतीय किसानों व कृषि-श्रमिकों की आर्थिक स्थिति को शोचनीय बना दिया। वे कुछ कर-गुजरने के लिए आतुर थे। उनमें से कई लोगों ने कांग्रेस द्वारा संचालित प्रदर्शनों तथा सभाओं में भाग लिया। इस समय संयुक्त प्रान्त, आन्ध्र प्रदेश, गुजरात, मैसूर तथा देश के अन्य भागों में इन लोगों के कई आन्दोलन हुए। किसानों व कृषि-श्रमिकों में यह चेतना जाग्रत होने लगी कि यदि

अपनी स्थिति को सुधारने के लिए कुछ करना है तो उन्हें स्वयं का संगठन बनाना होगा, स्वयं का नेतृत्व विकसित करना होगा। विभिन्न राजनीतिक संगठनों जैसे कांग्रेस, समाजवादी दल आदि ने देश में किसान व कृषि-श्रमिक संगठनों के निर्माण की आवश्यकता पर जोर दिया। सन् 1930 से 1940 की अवधि में देश के किसान आन्दोलन जोर पकड़ते गये। 1927 में बिहार किसान सभा की स्थापना हुई, 1934 के पश्चात् वह आकार में काफी विस्तृत और मजबूत होती गयी। सन् 1935 में संयुक्त प्रान्त में प्रदेश किसान सभा का निर्माण किया गया जिसने जमींदारी-प्रथा के उन्मूलन की मांग रखी। सन् 1935 में प्रथम अखिल भारतवर्षीय किसान कांग्रेस का लखनऊ में सम्मेलन हुआ जिसमें यह निश्चय किया गया कि देश के सर्वोच्च किसान संगठन के रूप मे किसान कांग्रेस की स्थापना की जानी चाहिए। इस प्रकार एक ऐसे संगठन की स्थापना की गयी जिसने किसानों व भूमिहीन श्रमिकों की आकांक्षाओं को मूर्त रूप देने का प्रयास किया। परिणामस्वरूप ग्रामीण क्षेत्रों में और अधिक जागृति आयी।

सन् 1937 में देश के विभिन्न भागों में कांग्रेस सरकारों की स्थापना हुई परन्तु ये कृषि-क्षेत्र में कार्यरत निचले स्तर के लोगों की आकांक्षाओं की पूर्ति नहीं कर सकीं। छोटे किसानों व भूमिहीन श्रमिकों में असन्तोष बढ़ता गया तथा उन्होंने विरोध-सभाओं, सम्मेलनों तथा प्रदर्शनों के माध्यम से अपना रोष व्यक्त किया।

स्वतन्त्रता प्राप्ति के बाद

स्वतनत्रता प्राप्ति के पश्चात् समाजवादियों ने हिन्द किसान पंचायत की स्थापना की। क्रान्तिकारी समाजवादी पार्टी ने प्रसिद्ध क्रान्तिकारी श्री जोगेश चन्द्र चटर्जी की अध्यक्षता में संयुक्त किसान सभा की स्थापना की। अखिल भारतवर्षीय किसान सभा की शक्ति स्वतन्त्र भारत में बढ़ती जा रही थी। 1946 से 1950 के बीच कुछ बहुत बड़े किसान व कृषि-श्रमिक संघर्ष हुए। ट्रावनकोर में किसानों व श्रमिकों में सेना से अलग हुए व्यक्ति भी सम्मिलित हो गये। इन सब लोगों ने मिल कर भूस्वामी वर्ग के विरुद्ध संघर्ष-छेड़ दिया। उन्होंने महाराजा की सेना के साथ सशस्त्र झड़पें कीं, परिणामस्वरूप असंख्य व्यक्तियों की मृत्यु हुई। मालाबार में भी किसान संगठन शक्तिशाली हो गया तथा कई किसान संघर्ष हुए। जिनमें सर्वाधिक हिंसात्मक संघर्ष तेलंगाना, त्रिपुरा तथा मणिपुर में हुए। तेलंगाना में किसानों ने रजाकारों के विरुद्ध और तत्पश्चात् भारत सरकार की सेना के विरुद्ध गुरिल्ला संघर्ष किया। इन्होंने करीब 2500 गांवों में अपनी सरकार बना ली। करीब 10 लाख एकड़ भूमि भूस्वामी वर्ग से छीन ली गयी और उसे कृषक-श्रमिकों और गरीब किसानों में बांट दिया गया।

साम्यवादी आन्दोलन

साम्यवादी सदैव इस पक्ष में रहे कि कृषकों एवं कृषक-श्रमिकों का अपना एक पृथक संगठन होना चाहिए। उन्होंने किसान सभाओं में गरीब किसानों के संगठन बनाये जाने पर विशेष जोर दिया। साम्यवादियों ने अनुभव किया कि शोषित और वास्तव में अभावग्रस्त गरीब किसान अपने स्वामियों से इतने दबे हुए हैं कि वे एक स्वतन्त्र शक्ति के रूप में नहीं उभर सकते हैं। अतः साम्यवादी दलों ने भी किसानों के स्वयं के द्वारा आन्दोलन चलाये जाने के बजाय किसानों से सम्बन्धित सरकारी नीति को प्रभावित करने का प्रयत्न किया। साम्यवादियों के प्रयासों से स्थानीय स्तर पर किसानों व कृषि-श्रमिकों के अपने स्वामियों के साथ काफी संघर्ष हुए।

द्वितीय महायुद्ध के पश्चात्

युद्ध की समाप्ति के पश्चात् दो प्रमुख कृषक आन्दोलन हुए जिनका नेतृत्व साम्यवादियों ने किया। इन दोनों ही आन्दोलनों में गरीब किसानों व कृषि-श्रमिकों ने महत्वपूर्ण भूमिका निभायी।

प्रथम आन्दोलन

यह तिभागा आन्दोलन (Tebhaga Movement) के नाम से जाना जाता है। यह उस क्षेत्र में हुआ जो आजकल पाकिस्तान में है। तिभागा का तात्पर्य भूस्वामियों को फसल का आधा भाग देने के बजाय घटा कर एक-तिहाई भाग देने से है। भूस्वामियों या जोतदारों की जमीन को बटाईदारी में खेती करने वाले छोटे किसान जोतते थे। बटाईदारी में खेती करने वाले और कृषि-श्रमिकों की आर्थिक दशा अत्यन्त दयनीय थी। इनमें दृढ़ता एवं एकता के भाव जाग्रत हुए। सन् 1945 के आसपास तिभागा आन्दोलन कुछ जोर पकड़ रहा था। स्थानीय साम्यवादी तथा किसान सभा के लोगों ने इस आन्दोलन में भाग लिया। वास्तव में यह आन्दोलन 1946 के पहले प्रारम्भ नहीं हुआ। समय-समय पर पड़ने वाले अकालों में विद्यार्थियों ने सेवा कार्य किया। इसके परिणामस्वरूप छोटे किसान और कृषक-श्रमिक इनके सम्पर्क में आये। इस सम्पर्क ने भी आन्दोलन को तीव्रता प्रदान करने में योग दिया। अकाल के परिणामस्वरूप लाखों कृषि श्रमिकों की मृत्यु हो चुकी थी और बहुत से कृषि श्रमिक और छोटे किसान काम की तलाश में नगरों को जा चुके थे। इनमें से थोड़े बहुत जो गांवों में बच गये थे उनकी शक्ति में वृद्धि हुई तथा उनकी आर्थिक स्थिति में भी सुधार हुआ। सन् 1947 की गर्मियों में यह आन्दोलन समाप्त हो गया। इस आन्दोलन के नेता भोवानी सैन ने किसानों को कहा कि अब उन्हें इस आन्दोलन को चलाने की दृष्टि से कोई प्रत्यक्ष क्रिया इस वर्ष नहीं करनी चाहिए क्योंकि हाल ही में स्वतन्त्र हुए देश की नवीन सरकार को शासन चलाने का समुचित अवसर दिया जाना चाहिए। उनकी इस बात को ध्यान में रखते हुए इस सबसे बड़े

जन-आन्दोलन को समाप्त कर दिया गया। यह आन्दोलन इसलिए असफल रहा क्योंकि इसे मध्यम वर्ग और श्रमिक वर्ग का सही अर्थों में समर्थन नहीं मिला।

द्वितीय आन्दोलन

इस समय चलने वाला दूसरा प्रमुख आन्दोलन तेलंगाना आन्दोलन था। राजनीतिक उद्देश्यों की दृष्टि से यह एक क्रान्तिकारी कृषक आन्दोलन था। यह आन्दोलन सन् 1946 में हैदराबाद के नालगोण्डा जिले में प्रारम्भ हुआ। इसके पश्चात् यह आन्दोलन वारंगल तथा बीदर जिलों में भी फैल गया। इस समय हैदराबाद राज्य पर पिछड़े हुए और आततायी लोगों का शासन था। यह तेलंगाना आन्दोलन सम्पूर्ण कृषक समाज की मांगों के समर्थन में था जिसे नवाब तथा उसके लोगों ने दबा रखा था। इस आन्दोलन का एक प्रमुख नारा यह था कि किसानों व कृषि श्रमिकों के कर्जों को पूर्णतया माफ किया जाये। जागीरदारों, जमींदारों, नवाबों और उनकी सरकारों का कृषक समाज के लोगों ने दृढ़ता से मुकाबला किया और उनके विरुद्ध हथियार भी उठाये। स्थानीय साम्यवादियों ने भी इस आन्दोलन में सक्रिय रूप से भाग लिया। सन् 1947 में तेलंगाना आन्दोलन के पास करीब पांच हजार लोगों की गुरिल्ला सेना थी। किसानों ने भूस्वामियों को या तो मार दिया या भूमि से खदेड़ दिया तथा उनकी जमीन छीन कर गरीबों में बांट दी। उन्होंने स्थान-स्थान पर कृषकों की सरकारों की स्थापना की और उन सबका एक समन्वित संगठन बनाया। करीब डेढ़ लाख वर्ग मील जमीन पर रहने वाले 40 लाख लोगों पर कृषक राज्य की स्थापना की गयी। कृषकों का यह आन्दोलन और उनकी सरकार 1950 तक चली। इस प्रकार छोटे किसानों और कृषि श्रमिकों का यह क्रान्तिकारी आन्दोलन देश के विभिन्न भागों में सफल नहीं हो सका। यद्यपि स्वतन्त्र भारत में सरकार के द्वारा भी छोटे किसानों और कृषि श्रमिकों की दशा को सुधारने के काफी प्रयास किये गये फिर भी उन प्रयासों से उनकी स्थिति में कोई उल्लेखनीय परिवर्तन नहीं हुए। इसका मूल कारण यह है कि जो लोग सत्ता में हैं उनमें से अधिकांश के पास राजनीतिक शक्ति के साथ-साथ आर्थिक शक्ति भी है, उनमें से कई भूस्वामी भी हैं और बहुत से भूस्वामियों से निकट रूप से सम्बन्धित हैं। ऐसी स्थिति में किसानों और कृषि श्रमिकों की दशा को सुधारने में वे कोई अहम भूमिका नहीं निभा सकते। निहित स्वार्थ उन्हें ऐसा करने से रोकते हैं। वर्तमान सन्दर्भ में आवश्यकता इस बात की है कि व्यक्ति अपने शुद्ध स्वार्थों से ऊपर उठकर छोटे किसानों, सीमान्त किसानों तथा कृषि श्रमिकों के लिए सही दृष्टिकोण अपनाते हुए काम करे। कृषि श्रमिकों की समस्या का मूल कारण उनका असंगठित होना है।

सरकार द्वारा 20 सूत्री कार्यक्रमों के अन्तर्गत किसानों के लिए न्यूनतम कृषि मजदूरी, अथवा फसल में जमींदार के अधिकतम हिस्से की सीमा निर्धारित करके या भूमिहीनों को भूमि का वितरण करने के नियम बनाकर विधान सभाएँ और संसद

कृषि-श्रमिकों एवं किसानों के प्रति अपनी उदारता का परिचय देती हैं। किन्तु उन्हें सच्चे अर्थों में कभी लागू नहीं किया जाता। मिर्डल कहते हैं कि "सारी राजनीतिक, कानूनी और प्रशासकीय प्रणाली गरीब लोगों के व्यापक जनसमुदाय के विरुद्ध इस प्रकार खड़ी दिखायी देती है कि ऐसे कानूनों को व्यावहारिक रूप से लागू ही नहीं कर सकते।"[1]

कृषक आन्दोलन एवं सामाजिक परिवर्तन

कृषिक आन्दोलनों के फलस्वरूप कृषकों, श्रमिकों एवं भूस्वामियों के सामाजिक जीवन में अनेक परिवर्तन हुए।

(1) **चेतना**—सबसे पहला परिवर्तन तो इन लोगों में यह आया कि इनमें अपने अधिकारों के प्रति चेतना जाग्रत हुई। जहाँ सदियों से ये लोग अपनी गिरी हुई स्थिति के लिए अपने भाग्य या कर्म को कोसते रहे, वहाँ अब वे यह समझने लगे कि इस स्थिति के लिए समाज व्यवस्था, जागीरदार, जमींदार, सेठ-साहूकार आदि उत्तरदायी हैं।

(2) **संगठन**—इस चेतना के परिणामस्वरूप कृषि श्रमिकों, सीमान्त किसानों, छोटे भूस्वामियों आदि के अपने-अपने संगठन बनने लगे। इन संगठनों में नगरों में काम करने वाले राजनीति में सक्रिय लोग तथा राजनीतिक दल भी काम करने लगे। धीरे-धीरे ये संगठन दबाव-समूहों के रूप में अपनी भूमिका निभाने लगे। इन्होंने समय-सयम पर अपने अधिकारों के लिए आन्दोलन किये और परिणामस्वरूप सरकारों को भी इनके हितों की तरफ ध्यान देने के लिए बाध्य होना पड़ा।

(3) **कृषि अधिनियम**—सरकार ने कृषकों के हितों के रक्षण के लिए अनेक अधिनियम बनाये। प्रारम्भ में इन अधिनियमों का कोई उल्लेखनीय प्रभाव नहीं पड़ा। जब कृषक आन्दोलनों में और तीव्रता आती गयी और सदस्यों में वर्ग चेतना जाग्रत होने लगी तो ऐसी स्थिति में सरकार ने कुछ कारगर कदम उठाने का निश्चय किया। अलग-अलग राज्यों में भूमि की अधिकतम सीमा निर्धारित की गई। सीलिंग एक्ट के परिणामस्वरूप सरकार ने एक निर्धारित सीमा से अधिक भूमि को भूस्वामियों से छीन लिया तथा उसका वितरण भूमिहीनों एवं छोटे किसानों में कर दिया। इसके फलस्वरूप अनेक अनुसूचित जातियों एवं जनजातियों को भी पहली बार भूस्वामी की स्थिति प्राप्त करने का अवसर मिला। यह सामाजिक परिवर्तन की दृष्टि से एक महत्वपूर्ण परिवर्तन था। क्योंकि अब सामाजिक संरचना में उनकी स्थिति पहले की तुलना में कुछ ऊपर उठी।

(4) **विभिन्न कार्यक्रम**—सरकार ने ग्रामों के सर्वांगीण विकास की ओर विभिन्न कार्यक्रमों के माध्यम से ध्यान दिया, जैसे सामुदायिक विकास कार्यक्रम, बीस-सूत्री कार्यक्रम, समन्वित ग्रामीण विकास कार्यक्रम, पंचायती राज एवं

1. गुन्नार मिर्डल, विश्व निर्धनता की चुनौती, पृ० 195.

लोकतांत्रिक विकेन्द्रीकरण तथा जवाहर रोजगार कार्यक्रम आदि। यद्यपि इन विकास कार्यक्रमों का लाभ अधिकांशतः बड़े भूस्वामियों को मिला है लेकिन इन लाभों से निम्न वर्ग के लोग जैसे भूमिहीन श्रमिक, सीमान्त किसान, बटाईदारी में खेती करने वाले पूर्णतः अप्रभावित नहीं रहे।

(5) **असंतोष**—परन्तु भूमि पर जनसंख्या का दबाव निरन्तर बढ़ता जा रहा था तथा उत्तराधिकार सम्बन्धी नियमों के परिणामस्वरूप भूमि का विभाजन और अपखण्डन होता रहा था। परिणामस्वरूप खेत अनार्थिक होते जा रहे थे। इसके अतिरिक्त सिंचाई के अपर्याप्त साधनों एवं वर्षा की कमी के कारण समय-समय पर अकाल भी पड़ते रहे। छोटे किसानों को बाध्य होकर अपनी जमीनें सेठ-साहूकारों के यहाँ गिरवीं भी रखनी पड़ीं और ब्याज के भार के बढ़ जाने से उन जमीनों के मालिक वे ही बन गये और कृषक पुनः मजदूरों की श्रेणी में आ गये। यह प्रक्रिया निरन्तर चलती रही और कृषि क्षेत्र में असन्तोष बढ़ता गया। स्वतन्त्र भारत में लोगों की आकांक्षाओं का स्तर अनेक कारणों से काफी ऊँचा हो गया था किन्तु समाज व्यवस्था ने उन आकांक्षाओं की पूर्ति का लोगों को समुचित अवसर नहीं दिया। परिणामस्वरूप यदा कदा कृषकों के क्रान्तिकारी आन्दोलन भी होने लगे, रक्तपात और हिंसा का सहारा भी लिया गया। इसके अलावा ग्रानीणों में साक्षरता बढ़ती जा रही है।

(6) **वोट की राजनीति**—देश की प्रजातन्त्रीय प्रणाली ने लोगों को अपने अधिकारों के प्रति सजग बनाया। कृषक लोग भी वोट की राजनीति को समझने लगे। अब धीरे-धीरे शक्ति संरचना में परिवर्तन आने लगा। आरक्षण के परिणामस्वरूप अनुसूचित जातियों और जनजातियों के लोगों को पंचायतों, ग्राम पंचायतों, जिला परिषदों, विधान मण्डलों एवं लोक सभा तक में पहुँचने का अवसर मिला।

(7) **कृषक आन्दोलन**—इसके परिणामस्वरूप इन जातियों के भूमिहीन श्रमिक या छोटे किसान आन्दोलन व क्रान्ति के लिए उतावले होने लगे। फलस्वरूप देश के विभिन्न भागों में अनेक कृषक आन्दोलन हुए जिनका उल्लेख पूर्व में किया जा चुका है। इन आन्दोलनों के कारण कई लोगों को भूस्वामित्व के अधिकार प्राप्त हुए हैं। बटाईदारी में खेती करने वाले लोगों की स्थिति में सुधार हुआ है। कृषि को उद्योग का दर्जा देने की दृष्टि से सरकार सोच रही है। ये सभी परिवर्तन मूलतः कृषक आन्दोलनों का ही परिणाम है।

(8) **सामाजिक स्तरीकरण में परिवर्तन**—इन आन्दोलनों के परिणामस्वरूप एक ओर गांवों की वर्ग संरचना में परिवर्तन आया है तो दूसरी ओर प्रदत्त के स्थान पर अर्जित प्रस्थिति का महत्व बढ़ा है। साथ ही यद्यपि व्यक्ति की जाति तो नहीं बदली है किन्तु जाति सम्बन्धी नियमों में शिथिलता आयी है। आज निम्न जातियों के लोग भी अपने पद के कारण समाज में प्रतिष्ठा प्राप्त करने लगे हैं। ये सभी

परिवर्तन स्वतः ही नहीं हुए हैं वरन् कृषकों के आन्दोलनों के दबाव के फलस्वरूप भी हुए हैं।

अभ्यास के लिए प्रश्न

1. भारत में कृषक आन्दोलन एवं उनके कारणों का उल्लेख कीजिए।

2. कृषक आन्दोलनों ने किन सामाजिक परिवर्तनों को जन्म दिया है? स्पष्ट कीजिए।

3. कृषक आन्दोलन एवं सामाजिक परिवर्तन में सह-सम्बन्ध दिखलाइये।

26

नियोजित सामाजिक परिवर्तन
(Planned Social Change)

परिवर्तन प्रकृति का नियम है। तीव्र अथवा धीमी गति द्वारा यह प्रत्येक समाज में होता रहता है। प्रत्येक परिवर्तन सामाजिक परिवर्तन नहीं है क्योंकि परिवर्तन भौतिक जगत अथवा जैवकीय व्यवस्था में भी होता रहता है। भौतिक जगत में हो रहे परिवर्तन भी सामाजिक परिवर्तन के स्रोत हो सकते हैं। सामाजिक परिवर्तन, सामाजिक सम्बन्धों, सामाजिक संगठन अर्थात् सामाजिक संरचना एवं प्रकार्यों तथा विशिष्ट सामाजिक संस्थाओं और उनके परस्पर सम्बन्धों में होने वाला परिवर्तन है। किंग्स्ले डेविस (Kingsley Davis) के अनुसार सामाजिक परिवर्तन में केवल वही परिवर्तन सम्मिलित किये जाते हैं जो सामाजिक संगठन अर्थात् सामाजिक संरचना और प्रकार्यों में घटित होते हैं। टी० बी० बॉटोमार (T. B. Bottomore) के अनुसार सामाजिक परिवर्तन से अभिप्राय सामाजिक संरचना में परिवर्तन, विशिष्ट सामाजिक संस्थाओं में परिवर्तन अथवा संस्थाओं के परस्पर सम्बन्धों में परिवर्तन है। मैकाइवर तथा पेज (MacIver and Page) ने सामाजिक सम्बन्धों में होने वाले परिवर्तनों को ही सामाजिक परिवर्तन कहा है।

नियोजित सामाजिक परिवर्तन की परिभाषा

1. **ओडम** (Odum) —इनके अनुसार नियोजन द्वारा सामाजिक परिवर्तन वह परिवर्तन है जिसके द्वारा प्राकृतिक व सामाजिक शक्तियों तथा परिणामतः विकसित सामाजिक व्यवस्था पर नियन्त्रण प्राप्त किया जाता है।[1]

2. **मिड्रल** (Mydral) —''नियोजन किसी देश की सरकार द्वारा किये गये वे जागरूक प्रयास हैं जिसके द्वारा लोक-नीतियों को अधिक तार्किक ढंग से समन्वित किया जाता है ताकि अधिक तेजी व पूर्णता से भावी विकास के उन लक्ष्यों पर पहुँचा

---

1. Odum, quoted by Koenig, *Sociology*, p. 329.

जा सके जो कि विकसित होती हुई राजनीतिक प्रक्रिया द्वारा निर्धारित किये गये हैं।''[1]

3. **एंडरसन तथा पार्कर**–''सामाजिक-नियोजन या चेतन रूप से निर्देशित सामाजिक परिवर्तन एक उस कार्यक्रम का विकास है जो कि किसी समाज के लिये या उसके किसी भाग के लिए पूर्व निर्धारित लक्ष्यों की प्राप्ति के लिये तैयार किया जाता है।''[2] उपरोक्त विद्वानों ने निम्न प्रश्नों द्वारा नियोजित सामाजिक परिवर्तन की व्याख्या की है– नियोजन में यह निर्णय लेना पड़ता है कि हमें क्या करना है? कैसे करना है और कौन करेगा? तथा ये भी, कि इससे प्रभावित होने वाले व्यक्तियों को इसमें कैसे शामिल किया जायेगा? संक्षेप में नियोजित सामाजिक परिवर्तन वह सामाजिक परिवर्तन है जो पूर्व निर्धारित लक्ष्यों के अनुसार सचेतन और योजनाबद्ध रूप से सामाजिक व्यवस्था में लाने का प्रयास किया जाता है। इस व्याख्या के अनुसार नियोजित सामाजिक परिवर्तन के मूल तत्व हैं : (i) स्पष्ट व निर्धारित लक्ष्य; (ii) विचारपूर्वक बनाया गया समयबद्ध प्रोग्राम; और (iii) जिन समूहों पर प्रभाव पड़ता है उनकी सहभागिता ।

नियोजित सामाजिक परिवर्तन बनाम निर्देशित सामाजिक परिवर्तन

(Planned Social Change *Versus* Directed Social Change)

नियोजित सामाजिक परिवर्तन पूर्व निर्धारित लक्ष्यों के अनुसार सचेतन और योजनाबद्ध रूप से सामाजिक व्यवस्था में परिवर्तन लाने का प्रयास है। कई बार हमें किसी विशिष्ट समस्या के समाधान के लिए अलग से नियोजन करना पड़ता है। इस प्रकार का नियोजन सम्पूर्ण सामाजिक व्यवस्था से सम्बन्धित न होकर समाज की किसी एक समस्या या पहलू से सम्बन्धित होता है। इसी को निर्देशित सामाजिक परिवर्तन कहते हैं। इस प्रकार निर्देशित सामाजिक परिवर्तन नियोजित सामाजिक परिवर्तन का ही एक अंग है तथा उससे सीमित क्षेत्र वाली अवधारणा है। उदाहरण के लिये मान लीजिये कि वेश्यावृत्ति की समस्या के समाधान के लिये या दहेज प्रथा की समस्या को दूर करने के लिये या लोगों को गरीबी रेखा से ऊपर उठाने के लिये कोई योजना बनाई जाये जो उसी समस्या विशेष से सम्बन्धित हो तो उसे निर्देशित सामाजिक परिवर्तन कहा जाता है। निर्देशित सामाजिक परिवर्तन का उद्देश्य समाज में पायी जाने वाली समस्याओं का समाधान करना है जबकि नियोजित सामाजिक परिवर्तन का उद्देश्य पूरे समाज का नियोजन लक्ष्यों के आधार पर करना है। दोनों के साधन या कारक ही एक जैसे नहीं है। अपितु दोनों में एक जैसी बाधायें भी उपस्थित होती हैं।

1. Mydral, *Beyond the Welfare State*, p. 15.
2. Anderson and Parker, Society, 1966, p. 402

नियोजित सामाजिक परिवर्तन बनाम सामाजिक परिवर्तन

(Planned Social Change *Versus* Social Change)

सामाजिक परिवर्तन एवं नियोजित सामाजिक परिवर्तन दोनों एक नहीं हैं। प्रत्येक सामाजिक परिवर्तन को नियोजित सामाजिक परिवर्तन नहीं कहा जा सकता। नियोजित सामाजिक परिवर्तन वास्तव में सामाजिक परिवर्तन का ही एक विशिष्ट प्रकार है जिसमें परिवर्तन की दिशा का पूर्वानुमान होता है और जिनमें निश्चित लक्ष्यों की प्राप्ति के लिये जागरूक रूप से प्रयास करने पड़ते हैं।

संक्षेप में अपनी निम्नांकित विशेषताओं के कारण नियोजित सामाजिक परिवर्तन सामाजिक परिवर्तन से पृथक् किया जा सकता है—

(1) **दिशा**—नियोजित सामाजिक परिवर्तन निश्चित दिशा की ओर और उस दिशा की ओर बढ़ने का जागरूक प्रयास है जिसे समाज ने तार्किक एवं विवेकशील रूप से निर्धारित किया है।

(2) **उद्देश्य**—नियोजित सामाजिक परिवर्तन का उद्देश्य समाज को पुनर्गठित अथवा पुनर्व्यवस्थित करना है।

(3) **प्रकृति**—यह स्वतः होने वाली प्रक्रिया न होकर चेतन रूप से किया जाने वाला प्रयास है।

(4) **निर्णय**—सामाजिक परिवर्तन की अपेक्षा जो कि एक प्रक्रिया मात्र है, नियोजित सामाजिक परिवर्तन एक निर्णय है।

(5) **समस्या समाधान**—नियोजित सामाजिक परिवर्तन में वर्तमान समाज में पायी जाने वाली सामाजिक, सांस्कृतिक, आर्थिक, शैक्षणिक एवं अन्य प्रकार की समस्याओं के समाधान की ओर विशेष ध्यान रखा जाता है।

(6) **अनेक पहलू**—नियोजित सामाजिक परिवर्तन के अनेक पहलू हो सकते हैं जैसे, आर्थिक नियोजन, सामाजिक नियोजन, शैक्षणिक नियोजन, ग्रामीण विकास इत्यादि।

(7) **परम्परागत संस्थाओं में परिवर्तन**—नियोजित सामाजिक परिवर्तन का उद्देश्य उन परम्परागत संस्थाओं में परिवर्तन करना भी है जो कि वांछनीय लक्ष्य की प्राप्ति में किसी प्रकार की बाधा उत्पन्न करती हैं।

(8) **समयबद्धता**—नियोजित सामाजिक परिवर्तन एक समयबद्ध परिवर्तन है अर्थात् निश्चित एवं वांछनीय लक्ष्य की प्राप्ति धीरे-धीरे समयबद्ध योजनाओं के परिणामस्वरूप की जाती है।

(9) **सर्वांग विकास**—नियोजित सामाजिक परिवर्तन का सम्बन्ध समाज का सर्वांग विकास करना है।

(10) **सभी राजनैतिक व्यवस्थाओं में संभव**—नियोजित सामाजिक

परिवर्तन प्रत्येक प्रकार की राजनीतिक व्यवस्था में सम्भव है अर्थात् यह किसी विशेष प्रकार की राजनीतिक व्यवस्था वाले देश तक ही सीमित नहीं है।

सामाजिक बनाम आर्थिक नियोजन
(Social *Versus* Economic Planning)

आर्थिक नियोजन से कुछ लोग केवल देश को आर्थिक समृद्धि की ओर समयबद्ध योजनाओं द्वारा ले जाना समझते हैं। परन्तु यह आर्थिक नियोजन को संकुचित रूप से परिभाषित करना है। वास्तव में जितनी भी आर्थिक योजनायें बनाई जाती हैं, उनका उद्देश्य आर्थिक विकास के साथ-साथ सम्पूर्ण समाज का विकास करना होता है। आर्थिक विकास अन्तिम रूप से देश में रहने वाले व्यक्तियों के जीवन, रहन-सहन एवं सम्बन्धों को प्रभावित करता है। अर्थ-व्यवस्था में परिवर्तन से समाज की अन्य व्यवस्थाओं में भी परिवर्तन हो जाता है। इस प्रकार आर्थिक नियोजन सामाजिक नियोजन का ही दूसरा नाम है क्योंकि आर्थिक नियोजन द्वारा जो आर्थिक विकास होता है उसका अन्तिम उद्देश्य लोगों के जीवन स्तर में सुधार करना होता है। परन्तु इसका यह अभिप्राय नहीं है कि सामाजिक नियोजन एवं आर्थिक नियोजन पर्यायवाची शब्द हैं। दोनों के महत्व एवं प्रकृति में अन्तर है। सामाजिक नियोजन का उद्देश्य प्रत्यक्ष रूप से सामाजिक जीवन की समस्याओं, सामाजिक मूल्यों एवं सामाजिक सम्बन्धों से है। सामाजिक क्षेत्र में योजनाबद्ध रूप से परिवर्तन लाना ही सामाजिक नियोजन है। वह सामाजिक कुरीतियों, जैसे अपराध, बाल-अपराध, वेश्यावृत्ति, भिक्षावृत्ति, जाति प्रथा, अस्पृष्यता आदि को योजनाबद्ध रूप से समाप्त करना है। आर्थिक नियोजन का मुख्य उद्देश्य आर्थिक व्यवस्था में सुधार लाना है यद्यपि इसका प्रभाव व्यक्तियों पर पड़ता है। आर्थिक नियोजन एवं विकास भी व्यक्तियों के सहयोग के बिना सम्भव नहीं है। वास्तव में सामाजिक नियोजन तथा आर्थिक नियोजन, नियोजित सामाजिक परिवर्तन के दो महत्वपूर्ण पहलू हैं।

नियोजित सामाजिक परिवर्तन बनाम सामाजिक नियोजन
(Planned Social Change *Versus* Social Planning)

नियोजित सामाजिक परिवर्तन एवं सामाजिक नियोजन को पर्यायवाची शब्द मान लेना उचित नहीं है। नियोजित सामाजिक परिवर्तन एक विस्तृत एवं व्यापक अवधारणा है जबकि नियोजन एक सीमित एवं संकुचित अवधारणा है। वास्तव में सामाजिक नियोजन नियोजित सामाजिक परिवर्तन का एक भाग है जिसके साथ में ये सामाजिक मूल्य जुड़े होते हैं कि समाज में पायी जाने वाली सामाजिक समस्याओं का निराकरण सामाजिक प्रगति के लिए अनिवार्य है। सामाजिक नियोजन का

सम्बन्ध मुख्य रूप से सामाजिक व्यवस्था में मानवीय विकास की वृद्धि करना, विभिन्न सामाजिक समस्याओं को सुलझाना तथा ऐसे साधन उत्पन्न करना है जिनसे मानव जीवन अधिक समृद्धिशाली एवं समन्वित हो सके। सामाजिक नियोजन नीति का एक महत्वूपर्ण अंग होने के कारण एक प्रकार का सामूहिक निर्णय है। इसके विपरीत नियोजित सामाजिक परिवर्तन केवल समाज को चेतन रूप में निश्चित दिशा की ओर ले जाने वाला प्रयास है जो कि प्रत्येक प्रकार की राजनीतिक प्रणाली वाले समाज में सम्भव है।

सामाजिक नियोजन की भाँति नियोजित सामाजिक परिवर्तन को आर्थिक नियोजन, राजनीतिक नियोजन, धार्मिक नियोजन, जनसंख्या नियोजन तथा ग्रामीण या नगरीय नियोजन से भी सम्बद्ध माना जाता है। नियोजित सामाजिक परिवर्तन का उद्देश्य समाज में रहने वाले व्यक्तियों एवं विविध प्रकार के समूहों की आवश्यकताओं की पूर्ति करना, विभिन्न प्रकार की समस्याओं का समाधान करना, सामाजिक कुरीतियों को दूर करना तथा मानवीय मूल्यों को प्राप्त करने के लिये सचेतन प्रयास करना है। अतः यह एक विस्तृत अवधारणा है। सामाजिक नियोजन, आर्थिक नियोजन, परिवार नियोजन, ग्रामीण नियोजन इत्यादि नियोजित सामाजिक परिवर्तन लाने में सहायता तो प्रदान करते हैं परन्तु इन्हें नियोजित सामाजिक परिवर्तन के पर्यायवाची शब्द नहीं कहा जा सकता है।

नियोजित सामाजिक परिवर्तन के उद्देश्य

(1) **सामाजिक संरचना में परिवर्तन**—नियोजित सामाजिक परिवर्तन का उद्देश्य समाज की संरचना को इस प्रकार से परिवर्तित करना है कि तार्किक एवं विवेकशील ढंग से निर्धारित लक्ष्यों की प्राप्ति की जा सके।

(2) **आर्थिक समृद्धि**—नियोजित सामाजिक परिवर्तन का उद्देश्य व्यक्तियों को अपनी आवश्यकताओं की पूर्ति के लिये अधिक अवसर प्रदान करना है ताकि वे अधिक समृद्धिशाली जीवन व्यतीत कर सकें।

(3) **जन कल्याण**—नियोजित सामाजिक परिवर्तन जन समूह के कल्याण का एक मार्ग है। इसका उद्देश्य समाज को और अधिक कल्याणकारी बनाना है। डूब (Doob) ने जन समूह के कल्याण को नियोजित सामाजिक परिवर्तन का प्रमुख आधार माना है। इनके अनुसार नियोजित सामाजिक परिवर्तन का उद्देश्य व्यक्तियों की अधिकतर इच्छाओं की पूर्ति करना तथा उन्हें कम से कम निराश एवं हतोत्साहित करना है।

(4) **साधनों का अधिकतम प्रयोग**—समाज में उपलब्ध भौतिक एवं मानवीय शक्तियों का अधिकतम प्रयोग करने की क्षमता में वृद्धि करना भी नियोजित सामाजिक परिवर्तन का ही एक मुख्य उद्देश्य है।

(5) **बाधाओं को हटाना**—नियोजित सामाजिक परिवर्तन का एक अन्य उद्देश्य समाज को निश्चित दिशा की ओर ले जाने के मार्ग में आने वाली बाधाओं को दूर करना भी है।

(6) **मूल्यों, मनोवृत्तियों और विश्वासों में परिवर्तन**—नियोजित सामाजिक परिवर्तन का उद्देश्य जनता के मूल्यों, मनोवृत्तियों एवं विश्वासों में परिवर्तन लाना है ताकि लोग समयानुकूल समाज के परिवर्तित लक्ष्यों से तालमेल रख सकें।

(7) **शान्तिपूर्ण परिवर्तन**—नियोजित सामाजिक परिवर्तन का उद्देश्य युद्ध, क्रान्ति या बिना संकट के वांछनीय परिवर्तन लाना है। यह परिवर्तन विविध प्रकार की सांस्कृतिक, मान्यताओं, जैसे सांस्कृतिक एकता, परिवार नियोजन, शिक्षा की समुचित व्यवस्था, व्यवसायों की बहुलता, समान एवं अधिकाअधिक अवसर प्रदान करके एवं तकनीकी का विकास करके लाया जा सकता है। नियोजित सामाजिक परिवर्तन का उद्देश्य व्यक्तियों में सहयोग, सहकारिता एवं सामाजिक सुरक्षा की भावनायें विकसित करना तथा प्रतिस्पर्द्धा एवं संघर्ष जैसे विघटनकारी शक्तियों को नियमित करना भी है।

अमरीका के राष्ट्रीय साधन नियोजन बोर्ड (The National Resources Planning Board) के अनुसार नियोजित सामाजिक परिवर्तन के प्रमुख उद्देश्य निम्नांकित हैं—

(1) न्याय, एकता, स्वतन्त्रता और अधिकारों के बीच व्यक्ति के व्यक्तित्व को यथाशक्ति विकसित होने का पूर्ण अवसर प्रदान करना।

(2) सभी प्रकार के भौतिक एवं जन-साधनों का विकास करना, लोगों को सम्पूर्ण रोजगार के अवसर उपलब्ध करना, आय में निरन्तर वृद्धि करना, आर्थिक एवं राजनीतिक स्थिरता तथा आर्थिक ढांचे में सन्तुलन बनाये रखना।

(3) साम्राज्यवाद और अन्तर्राष्ट्रीय संघर्षों की समाप्ति तथा सभी देशों का विकास करना।

नियोजित सामाजिक परिवर्तन के कारक, साधन अथवा विधियाँ

(1) अल्पकालीन एवं दीर्घकालीन उद्देश्यों के स्पष्ट निर्धारण एवं वितरण द्वारा;

(2) सभी प्रकार के प्रशासनात्मक एवं संगठनात्मक साधन उपलब्ध करवा कर;

(3) साधनों की उपलब्धि एवं इनके उचित प्रयोग के सम्बन्ध में ज्ञान में वृद्धि द्वारा;

(4) उन सभी परिस्थितियों का विश्लेषण करके जहाँ समायोजन तथा संशोधन की आवश्यकता है;

(5) विशिष्ट समस्याओं के सांस्कृतिक, सामाजिक तथा भौगोलिक पहलुओं का विश्लेषण करके;

(6) सामाजिक विकास के अधिक अवसर प्रदान करके ;

(7) सामाजिक आन्दोलनों द्वारा;

(8) वांछित लक्ष्यों की प्राप्ति के बारे में एक विस्तारपूर्ण परियोजना बनाकर;

(9) सरकारी, अर्द्ध-सरकारी तथा गैर-सरकारी संगठनों के सामाजिक संचालन द्वारा;

(10) विशिष्ट जनों द्वारा जनसाधारण में जागरूकता में वृद्धि करके;

(11) शिक्षा, संचार तथा आवागमन के साधनों का विकास करके; तथा

(12) जन-सहयोग एवं इससे सम्बन्धित विभिन्न योजनाओं जैसे सामुदायिक विकास कार्यक्रम इत्यादि के विकास द्वारा।

निम्न साधनों की नियोजित सामाजिक परिवर्तन में अत्यधिक महत्वपूर्ण भूमिका है–

(1) सरकार तथा सरकार द्वारा पारित अधिनियम;

(2) राजनीतिक दल;

(3) समाज सुधारक;

(4) सहकारिता एवं सहयोग पर आधारित विभिन्न संगठन;

(5) शिक्षा; तथा

(6) प्रचार।

भारत में नियोजित सामाजिक परिवर्तन

(Planned Social Change in India)

नियोजित सामाजिक परिवर्तन आज प्रत्येक समाज में सर्वांगीण विकास के लिये पाया जाता है। भारत जैसे, विकासशील देश के लिए इसका महत्व और भी अधिक है क्योंकि यहाँ नागरिकों की अनिवार्य आवश्यकताओं की पूर्ति एवं उनमें समानता लाने के लिये तथा विकसित देशों के बराबर पहुँचने के लिये अभी काफी रास्ता तय करना है।

अंग्रेजी शासन में नियोजित सामाजिक परिवर्तन

अंग्रेजी शासन काल में भारत में नियोजित सामाजिक परिवर्तन पर अधिक

ध्यान नहीं दिया गया। फिर भी अंग्रेजी शासनकाल में भारतीय समाज में विविध प्रकार के सामाजिक एवं आर्थिक परिवर्तनों की श्रृंखला शुरू हुई। अंग्रेज अपने साथ विकसित तकनीकी तथा पश्चिमी मूल्य एवं संस्कृति लाये थे। इसलिये पश्चिमी संस्कृति एवं तकनीकी के विकास के कारण भारतीय सामाजिक व्यवस्था में महत्वपूर्ण परिवर्तन होने शुरू हुए। सामाजिक-आर्थिक परिवर्तन की शुरूआत अंग्रेजी शासनकाल में हुई, यद्यपि वास्तव में ये परिवर्तन अंग्रेजों के अपने हितों की पूर्ति के लिए किए गये थे। परिवर्तन करते समय यह बात ध्यान में नहीं रखी गई थी कि इन नवीन मूल्यों एवं परिवर्तनों से परम्परागत व्यवस्था सामंजस्य में रह पायेगी अथवा नहीं। अतः अनेक प्रकार के परिवर्तनों को हमारे समाज में रहने वाले लोगों ने बिना किसी सूझबूझ एवं तर्क के स्वीकार कर लिया।

स्वतन्त्र भारत में नियोजित सामाजिक परिवर्तन

स्वतन्त्रता प्राप्ति के पश्चात् भारत सरकार का प्रथम लक्ष्य भारत को एक नवीन एवं शक्तिशाली राष्ट्र के रूप में विकसित करना था। उसने भारत की परम्परा एवं ऐतिहासिकता तथा नवीन समाज की स्थापना के लक्ष्यों को स्पष्ट रूप से परिभाषित किया एवं इनमें तालमेल रखकर ऐसे लक्ष्य निर्धारित किये जिनसे नागरिकों की न्यूनतम आवश्यकतायें अधिकाधिक पूरी हो सकें। भारत के सामने पूँजीवाद, साम्यवाद तथा समाजवाद जैसे विविध मार्ग थे जिन पर चल कर समाज का विकास किया जा सकता था। प्रजातान्त्रिक पद्धति की शासन प्रणली को अपनाकर भारत ने देश में समाजवाद लाने का संकल्प लिया। भारतीय सरकार ने भारत को प्रजातान्त्रिक समाजवाद का आदर्श देकर नागरिकों में आर्थिक, सामाजिक एवं राजनीतिक दृष्टि से समानता लाने तथा सभी को सुरक्षा प्रदान करने वाली सामाजिक व्यवस्था के निर्माण के प्रयास शुरू किये।

भारतीय संविधान

भारतीय संविधान इस ढंग से बनाया गया है कि यह भारत को समाजवादी एवं कल्याणकारी राज्य बनाने में सहायता दे।

(i) अनुच्छेद 29 — इसमें यह कहा गया है कि राज्य अपनी नीति को इस प्रकार से कार्यान्वित करेगा कि स्त्री और पुरुष सभी को समान रूप से जीविकोपार्जन के साधन प्राप्त हों, सम्पत्ति के स्वामित्व नियन्त्रण को इस प्रकार से वितरित किया जाये कि सभी नागरिकों का हित हो।

(ii) अनुच्छेद 41 — इसमें बेकारी, बीमारी, वृद्धावस्था में सहायता व सुरक्षा प्रदान करने की व्यवस्था की गई है।

(iii) अनुच्छेद 43 — इसमें श्रमिकों के शिष्ट व उच्च जीवन स्तर को बनाये रखने की व्यवस्था की गई है।

(iv) अनुच्छेद 45 – इसमें सभी बच्चों को निःशुल्क एवं अनिवार्य शिक्षा की व्यवस्था की गई है।

पंचवर्षीय योजनायें

भारत में नियोजित सामाजिक परिवर्तन लाने के लिये समयबद्ध पंचवर्षीय योजनायें बनाई गईं, पंचायती राज का पुनर्गठन किया गया तथा सामुदायिक विकास जैसी योजनाओं की शुरूआत की गई। भारत सरकार ने समाजवादी समाज की स्थापना करना अपना लक्ष्य निर्धारित किया। इसके लिए प्रजातान्त्रिक राजनीतिक प्रणाली एवं मिश्रित अर्थव्यवस्था को साधनों के रूप में स्वीकार किया गया। भू-दान, ग्राम-दान तथा सर्वोदय जैसे गैर-सरकारी प्रयासों द्वारा भी इस लक्ष्य की प्राप्ति की ओर कदम बढ़ाने में सहायता मिली है।

समाज कल्याण

पंचवर्षीय योजनाओं में समाज कल्याण विशेष रूप से पिछड़े वर्गों के कल्याण की ओर काफी ध्यान दिया गया है। भारत में 1966 में समाज कल्याण विभाग की स्थापना की गई तथा केन्द्रीय समाज कल्याण बोर्ड बनाया गया जो निम्नलिखित बातों के बारे में विशेष ध्यान देता है–

(1) सामान्य कल्याण;

(2) शिशु कल्याण;

(3) अनाथ बच्चों की देखरेख;

(4) भिखारी, किशोर, अपराधी अन्य ऐसे लोगों को पुनर्विस्थापन के लिए प्रशिक्षण प्रोग्राम;

(5) अन्तर्राष्ट्रीय शिशु शिक्षा धन;

(6) अपाहिजों की शिक्षा का प्रबन्ध;

(7) स्त्रियों का नैतिक उद्धार एवं वेश्यावृत्ति की समाप्ति;

(8) सामाजिक सुरक्षा का कार्य;

(9) मद्य निषेध;

(10) ग्रामीण स्त्रियों को शिक्षा; तथा

(11) अनुसन्धान एवं प्रशिक्षण।

भारत सरकार द्वारा समाज कल्याण के लिए किये गए कार्यों में उल्लेखनीय हैं मद्य निषेध, अनैतिक व्यापार पर रोक, बाल अपराधियों का सुधार, भिखारियों का सुधार, जेलों में समाज कल्याण, विस्थापित व्यक्तियों की सहायता एवं पुनर्वास,

शारीरिक एवं मानसिक दृष्टि से अयोग्य व्यक्तियों का कल्याण, मातृत्व एवं बाल कल्याण संस्थाओं का विकास तथा पिछड़े वर्गों के कल्याण के लिए शुरू की गई विविध योजनायें।

नियोजन का लक्ष्य और विधियाँ

भारत में नियोजन का केन्द्रीय लक्ष्य एक ऐसे विकास की प्रक्रिया का प्रारम्भ करना है जो लोगों के रहन-सहन के स्तर को ऊँचा उठा सके और उनके लिये अधिक समृद्ध और विभिन्नतापूर्ण जीवन की व्यवस्था कर सके। यह नियोजन तार्किक ढंग से भारतीय समाज की विभिन्न समस्याओं का हल ढूँढता है; यह भारतीयों के बीच व्याप्त आर्थिक और सामाजिक असमानताओं को दूर करता है। नियोजन के अभाव में उपरोक्त लक्ष्यों की प्राप्ति सम्भव नहीं है। योजना में विभिन्न क्षेत्रों में विकास सम्बन्धी वरीयतायें रखी गई हैं। यह नियोजन प्रजातान्त्रिक ढंग से राजकीय निर्देशन में हो रहा है। नियोजन में निम्न प्रविधियों का प्रयोग हुआ है : (1) संगठनात्मक संरचना में परिवर्तन; (2) मूल्य-नीति (Price Policy) के द्वारा साधनों का वितरण; (3) पूँजी संग्रह व साख-व्यवस्था का विकास; (4) वित्तीय नीति (Fiscal Policy) का एक यन्त्र के रूप में प्रयोग; और (5) विभिन्न स्तरों पर नियन्त्रण।

(1) **प्रथम पंचवर्षीय योजना**—इसमें कृषि, सिंचाई, ऊर्जा एवं यातायात के साधनों पर विशेष जोर दिया गया ताकि औद्योगिक क्रान्ति की नींव डाली जा सके। सहकारिता को समाज के विकास के नियम के रूप में स्वीकार किया गया। यातायात और शक्ति के विकास को विकास की नींव के रूप में निर्मित करने का प्रयास किया गया। मिश्रित-अर्थव्यवस्था को विकास की स्वीकृत व्यवस्था माना गया।

(2) **द्वितीय पंचवर्षीय योजना**—इसमें समाजवादी विकास प्रारूप को अपनाने की घोषणा की गई। भारी उद्योगों के विकास को वरीयता प्रदान की गई। जनसंख्या के नियन्त्रण के गहन प्रयास किये गये। लोक क्षेत्र को विकास का प्रमुख दायित्व सौंपा गया।

(3) **तृतीय पंचवर्षीय योजना**—इसमें 'आत्म-निर्भर अर्थव्यवस्था' के निर्माण का लक्ष्य रखा गया। विकास के अवसरों में समानता का विकास और आय की असमानताओं को दूर करने का संकल्प लिया गया। चीन के आक्रमण (1962) और पाकिस्तान के साथ संघर्ष (1965) के परिणामस्वरूप तीसरी योजना के बाद चौथी योजना तुरन्त न बन सकी और न उसे क्रियाशील किया जा सका। राष्ट्र एक आपातकालीन स्थिति से गुजर रहा था। विकास के कार्यक्रम वार्षिक योजनाओं के आधार पर तीन वर्ष तक चले।

(4) **चौथी योजना**—इसमें विकास की प्रक्रिया में सामाजिक न्याय व समानता के लक्ष्यों के लिये साहसिक कार्यक्रम अपनाये गये। ग्राम विकास और सन्तुलित भोजन तथा पोषक भोजन के प्रसार के कार्यक्रम नवीन ढंग से बनाये गये। इस योजना में नियोजन का प्रमुख उद्देश्य 'स्थायित्व के साथ वृद्धि' (Growth with Stability) रखा गया।

(5) **पाँचवी पंचवर्षीय योजना**—इस योजना में 'गरीबी हटाओ' और 'आत्म-निर्भरता' के लक्ष्यों की प्राप्ति का संकल्प रखा गया। गरीबी हटाओ उद्देश्य की पूर्ति के लिये कुछ विशिष्ट लक्ष्य भी रखे गये। मूल्य-स्थायित्व, आय तथा उपभोग की असमानताओं में कमी इसके अन्य लक्ष्य रहे। इस योजना में विज्ञान व प्रौद्योगिकी के विकास को प्रथम बार वरीयताओं में सम्मिलित किया गया है। पाँचवीं योजना कुछ देर से प्रारम्भ की गई थी और 6 महीने में ही कांग्रेस सरकार का पतन हो गया। 1977 में जनता सरकार केन्द्र में सत्तारूढ़ हुई। जनता सरकार ने इस योजना को रद्द कर दिया और इसके स्थान पर नियोजन के लिये एक नवीन अवधारणा 'रोलिंग प्लान' (Rolling Plan) राष्ट्र के सम्मुख रखी। जिसका आशय प्रत्येक वर्ष की योजना का मूल्यांकन करना और इसके अनुभवों के आधार पर अगले वर्ष के लिए योजना बनाना था। वास्तव में यह विस्तार नियोजन की विचारधारा थी यह योजना 1978-79 वार्षिक योजना के रूप में चालू की जा सकी।

(6) **छठी योजना**—यह योजना पिछले तीन दशकों के अनुभवों को सामने रखकर बनाई गई। यह प्रयास किया गया कि दोषों की पुनरावृत्ति न हो। इन्दिरा गांधी के नेतृत्व में कांग्रेस पुनः सत्ता में लौट आई थी। गरीबी हटाओ का तीव्र अभियान छेड़ा गया।

(7) **सातवीं योजना**—इसमें खाद्यान में आत्म-निर्भरता की वरीयता बनाये रखी गई। तिलहन, दालों, सब्जियों और फलों के अधिक उत्पादन पर भी जोर दिया गया। उद्योग के लिए आधुनिकीकरण और उच्च्व तकनीकी लक्ष्य के रूप में रखे गये। इस योजना की प्रमुख विशेषता मानव संसाधन का विकास। शिक्षा, स्वास्थ्य, विज्ञान एवं प्रौद्योगिकी में नवीन तरीकों को अपनाने पर जोर दिया गया। इसी भांति, रोजगार के अवसरों को भी बढ़ाने का प्रयास किया गया।

(8) **आठवीं योजना**— इसमें पहली बार नियोजन की पद्धति में भी परिवर्तन किया गया है। इस योजना में प्रत्येक क्षेत्र के लिए कार्य क्षमता बढ़ाने के लिये लक्ष्य निर्धारित किये गये हैं। कृषि क्षेत्र में प्रतिशत वृद्धि दर निर्धारित की गई है। औद्योगिक क्षेत्र के लिये यह लक्ष्य 12 प्रतिशत है। इसी भांति, निर्यात के लिंये 10 प्रतिशत वृद्धि दर निर्धारित की गई है।

पंचवर्षीय योजनाओं के अतिरिक्त अनेकों और प्रयास किये गये हैं, जैसे पंचायती राज की स्थापना, सामुदायिक विकास योजनायें आदि। इन सरकारी प्रयासों के अतिरिक्त भूदान, ग्राम दान तथा सर्वोदय जैसे गैर-सरकारी प्रयासों द्वारा भी भारत में समाजवादी समाज के लक्ष्य की ओर कदम बढ़ाने में सहायता मिली है।

भारत में नियोजन का मूल्यांकन

भारत में पंचवर्षीय योजनायें आर्थिक योजनायें मात्र नहीं हैं। ये विभिन्न समूहों के मध्य आय और विकास के अवसरों का वितरण भी हैं। सामाजिक सम्बन्धों की व्यवस्था पर इनका प्रभाव होना स्वाभाविक ही है। सन् 1970 में विश्व बैंक की रिपोर्ट में लिखा गया था, "भारतीय अर्थव्यवस्था में जो कि जीवन निर्वाह के सीमान्त पर ही क्रियाशील होती है, पैदावार सारा ही अन्तर पैदा कर देती है।" भारतीय किसान आज भी अपनी वार्षिक फसल पर आश्रित है; फसल अच्छी हो गई तो सब कुछ ठीक अन्यथा सारी अर्थव्यवस्था ही डावांडोल हो जाती है। सन् 1972-73 में भारत की निम्न श्रेणी की 30 प्रतिशत जनसंख्या का प्रति व्यक्ति उपभोग 25 रु० प्रतिमाह आता रहा है। आज यह गाँव में 130 रु० तथा नगर में 140 रु० है। यह जीवन निर्वाह से भी नीचे का स्तर है। भारत में नियोजन की असफलता उपरोक्त तथ्यों से ही प्रकट हो जाती है।

भारतीय नियोजन के दोष निम्नलिखित हैं—

(i) **स्पष्ट वैचारिकी का अभाव**— शुरू में 'हम मिश्रित व्यवस्था' से आगे चले, दूसरी योजना में हिचकते हुए 'समाजवादी प्रतिमान' को आदर्श के रूप में स्वीकार किया अब खुलकर 'समाजवाद' को वैचारिकी के रूप में घोषित कर पाये हैं। यह भी 'नकारात्मक समाजवाद' है कुछ क्षेत्रों में राष्ट्रीयकरण करके या भूतपूर्व राजाओं के प्रीवी-पर्स समाप्त करके ही इसे नहीं लाया जा सकता। इसके लिए रचनात्मक समाजवाद की आवश्यकता है। कठोर अनुशासन और बलिदान पर आधारित योजना, आवश्यकताओं की वरीयता के साथ बनानी होगी। विलास, शानोशौकत के उद्योगों के स्थान पर भोजन-वस्त्र के उद्योग लगाने होंगे।

(ii) **भौतिक विकास का लक्ष्य**—इसके कारण मानव के चरित्र सम्बन्धी रूपान्तर का लक्ष्य उपेक्षित रहा। यही कारण है कि बेइमानी, रिश्वतखोरी, भाई-भतीजावाद, चोर बाजारी व मिलावट जैसी चारित्रिक-कमजोरियाँ व्यापक रूप से भारतीय जनता में आ गई हैं। नियोजित सामाजिक परिवर्तन का प्रमुख उद्देश्य तो मनुष्य के व्यक्तित्व के निर्माण का ही है।

(iii) **आधारों की उपेक्षा**—नियोजन के आधार राष्ट्रीय स्तर पर नवीन शिक्षा प्रणाली व मध्यश्रेणी के उद्योग बनाये जाने चाहियें। भारतीय योजनाओं में इस ओर पर्याप्त ध्यान नहीं दिया गया है।

सामाजिक परिवर्तन की दृष्टि से नियोजन का प्रभाव

(1) **जनसंख्या-वृद्धि की रोकथाम**—परिवार-नियोजन के प्रोग्राम के अन्तर्गत जनसंख्या वृद्धि रोकने का प्रयास किया गया है। इसका प्रभाव परम्परागत यौन नैतिकता पर भी पड़ा है। अनेक बातें, जो पहले पूर्णतया व्यक्तिगत और गोपनीय थीं, अब सार्वजनिक चर्चा का विषय बन गई हैं; गर्भपात को कानूनी रूप दिया गया है।

(2) **संयुक्त परिवार का विघटन**—बढ़ते हुए रोजगार के स्तर, यातायात के साधनों और नगरीकरण के परिणामस्वरूप संयुक्त परिवारों का रूप बदला है। अब केन्द्रक परिवारों का विकास हो रहा है।

(3) **जाति-व्यवस्था में परिवर्तन**—नियोजित प्रयासों ने सामाजिक-संस्तरण का मूलभूत आधार, व्यक्ति की कुशलता व उपलब्धि को बना दिया है। जन्म के आधार पर उच्च सामाजिक स्तर की प्राप्ति का नियम शिथिल होता जा रहा है। अतः जाति व्यवस्था में परिवर्तन हो रहा है।

(4) **शक्ति और सत्ता के परम्परागत प्रतिमान**— ये पहले आयु जाति या धर्म के आधार पर थे आज बदल रहे हैं। सत्ता का प्रजातान्त्रिक विकेन्द्रीकरण हुआ है। नेतृत्व उपलब्धि के आधार पर होता जा रहा है।

(5) **ग्रामीण समुदाय का विकास**—सामुदायिक विकास योजनाओं के अन्तर्गत गाँवों के सर्वांगीण विकास का प्रयास हुआ है। ग्रामीण समुदाय अपनी 'परम्परागत पृथकता' के दायरे से निकले हैं। वे खण्ड, जिले व राज्य के स्तर पर सम्बन्धित हो गये हैं।

(6) **नगर-ग्राम सम्पर्क**—नगर-ग्राम एकीकरण एवम् अन्तःक्रिया भी बढ़ी है।

(7) '**वि-जनजातीयकरण**'(Detribalisation) —अनेक जनजातियों के व्यक्ति खानों, कारखानों व शहरों की ओर आ गये हैं। वे अपनी परम्परागत प्रथाओं व विश्वासों में आस्था छोड़ते जा रहे हैं।

(8) **लौकिकीकरण**— 'धार्मिक व्यवस्था' उतनी कट्टर नहीं रही है। लौकिकीकरण बढ़ा है। विकास के लिए आवश्यक विज्ञान व प्रौद्योगिकी के प्रसार ने धार्मिक विश्वासों को हिलाया है।

(9) **औद्योगीकरण व नगरीकरण**—इन दोनों ही प्रक्रियाओं को बल मिला है।

(10) **कुछ सामाजिक समस्यायें**—नियोजन ने कर्मचारीतन्त्र के महत्व को

बढ़ा दिया है। हर कदम पर लाल-फीता शाही और भ्रष्टाचार पनपा है।

सारांश में, नियोजन भारतीय समाज में एक वास्तविकता है और इसके प्रभाव विभिन्न सामाजिक क्षेत्रों में स्पष्ट देखे जा सकते हैं।

भारत में नियोजित सामाजिक परिवर्तन में प्रमुख बाधायें

(1) **अशिक्षा**—नियोजित सामाजिक परिवर्तन द्वारा देश को आगे बढ़ाने के लिए जनता का सक्रिय सहयोग आवश्यक है। परन्तु भारत में अधिकांश जनसंख्या अशिक्षित है जिसके कारण वे नियोजन का अर्थ ही नहीं समझते तथा विकास को केवल सरकार का उत्तरदायित्व मानते हैं और इसलिये अपना सक्रिय सहयोग नहीं देते।

(2) **गुटबन्दी**—भारतीय राजनीति गुटबन्दी पर आधारित है। अतः यदि शासक दल कोई योजनाबद्ध कार्य शुरू करता है तो विरोधी दल वाले उसे समर्थन नहीं देते। इससे योजनाबद्ध कार्यक्रमों को समय पर पूरा करने में कठिनाई होती है।

(3) **रूढ़िवादिता एवं अन्धविश्वास**—नियोजित सामाजिक परिवर्तन एक वैज्ञानिक दृष्टिकोण है। वह लक्ष्य एवं साधनों की तार्किक गणना से सम्बन्धित है। भारत परम्परागत रूप से परम्परावादी एवं रूढ़िवादी देश रहा है। आज भी अधिकांश भारतीय जनता इन परम्परागत विश्वासों के कारण ही कुरीतियों को समाप्त करने में सरकार को सहयोग नहीं देती है। उदाहरण के लिए दहेज प्रथा कानूनी रूप से समाप्त कर दी गई है परन्तु जनता का सहयोग न मिलने के कारण यह कुरीति आज भी भारत में प्रचलित है।

(4) **व्यावहारिकता का अभाव**—भारत में अनेक योजनायें राजनीति से प्रेरित होती हैं और उनका उद्देश्य किसी विशेष राज्य या क्षेत्र में मतदाताओं को ही प्रभावित करना होता है। चुनाव के समय घोषित अनेक योजनाओं के व्यावहारिक पक्ष पर विस्तृत रूप से विचार विमर्श तक नहीं किया जाता। चुनाव के बाद अनेक ऐसी योजनायें अव्यावहारिक होने के कारण प्रायः समाप्त हो जाती हैं।

(5) **साधनों की कमी**—भारतवर्ष में योजनाओं में लक्ष्य निर्धारित करते समय कई बार उपलब्ध साधनों की मात्रा को ध्यान में नहीं रखा जाता। इसका परिणाम यह होता है कि साधनों के अभाव में अनेक कार्यक्रम अधूरे रह जाते हैं।

(6) **ग्रामीण विशिष्टजन वर्ग की उदासीनता**—प्रो॰ एस॰ सी॰ दुबे ने सामुदायिक विकास योजनाओं की असफलता का कारण ग्रामों में रहने वाले प्रभावशाली वर्ग विशिष्टजन वर्ग (Elite) द्वारा इन योजनाओं को सफल बनाने में सहयोग न देना बताया है। ये विशिष्ट जन ग्रामवासियों को कई बार इनका विरोध करने तक को प्रेरित करते हैं।

(7) **सामान्य जनता की उदासीनता**– भारत में नियोजित सामाजिक परिवर्तन की धीमी गति का एक प्रमुख कारण विकास कार्यक्रमों के प्रति, सरकार के प्रति तथा राष्ट्र के प्रति सामान्य जनता की उदासीनता है। आज सभी अपने व्यक्तिगत हितों में इतने उलझे हुये हैं कि सम्पूर्ण राष्ट्र के बारे में कोई सोचता ही नहीं।

(8) **राजनीतिज्ञों एवं बुद्धिजीवियों में असहयोग**–भारत में राजनीतिक नेता जो कि विकास योजनाओं का निर्माण करते हैं तथा इन्हें कार्यान्वित करते हैं तथा बुद्धिजीवियों में प्रत्यक्ष सम्पर्क का अभाव है। विभिन्न विकास योजनाओं के बारे में बुद्धिजीवियों की राय की उपेक्षा की जाती है। सामाजिक वैज्ञानिकों से इन योजनाओं के बारे में सलाह नहीं ली जाती। अतः इनमें अनेक कमियाँ रह जाती हैं।

नियोजित सामाजिक परिवर्तन विषयक भ्रान्तियां

'नियोजित सामाजिक परिवर्तन' परिवर्तन की एक प्रक्रिया है जिसमें योजनाबद्ध रूप से निर्धारित लक्ष्यों को प्राप्त करने का प्रयास किया जाता है। इसके विषय में निम्नलिखित भ्रान्तियाँ है जिन्हें दूर कर देना अनिवार्य है।

(1) यह अवधारणा केवल सुनियोजित रूप से होने वाले परिवर्तनों को ही समझने में सहायक है अन्य परिवर्तनों को इस अवधारणा की सहायता से नहीं समझा जा सकता।

(2) यह एक विस्तृत अवधारणा है, अतः इसके साथ 'आर्थिक', 'राजनीतिक', 'धार्मिक', जनसंख्यात्मक', 'नगरीय', 'ग्रामीण' आदि विविध प्रकार के शब्द जोड़ना उचित नहीं है। वास्तव में आर्थिक नियोजन, धार्मिक नियोजन, जनसंख्यात्मक नियोजन, 'नगरीय या ग्रामीण नियोजन' अथवा 'सामाजिक नियोजन' पर्यायवाची शब्द नहीं हैं अपितु नियोजित सामाजिक परिवर्तन की प्रमुख विधियाँ हैं। अतः सामाजिक परिवर्तन के साथ इन शब्दों को जोड़ना एक भ्रान्ति है।

(3) 'नियोजित सामाजिक परिवर्तन' एवं 'सामाजिक नियोजन' को एक नहीं समझा जाना चाहिए क्योंकि 'सामाजिक नियोजन' वास्तव में 'नियोजित सामाजिक परिवर्तन' का ही एक भाग है।

(4) नियोजित सामाजिक परिवर्तन का साधन केवल सरकार ही नहीं है अपितु कोई गैर-सरकारी संगठन अथवा समाज सुधारक संस्था भी इसका साधन हो सकते हैं। उपरोक्त भ्रान्तियों को दूर करके भारत में नियोजित सामाजिक परिवर्तन को सफल बनाया जा सकता है।

अभ्यास के लिये प्रश्न

1. नियोजित सामाजिक परिवर्तन से आप क्या समझते हैं?

2. भारत में सामाजिक परिवर्तन के रूप में नियोजन के महत्व पर प्रकाश डालिये।

3. अभी तक नियोजित और क्रमबद्ध सामाजिक परिवर्तन प्राप्त करने में भारतवर्ष की असफलता के कारण बताइये।

4. विकास तथा नियोजित सामाजिक परिवर्तन में क्या अन्तर तथा सम्बन्ध है?

5. नियोजित सामाजिक परिवर्तन से भारत के ग्राम समाज में क्या परिवर्तन हुए हैं?

6. भारत में सामाजिक नियोजन से उत्पन्न सामाजिक परिवर्तनों को स्पष्ट कीजिये।

7. नियोजित सामाजिक परिवर्तन तथा सामाजिक नियोजन में अन्तर कीजिये। सामाजिक नियोजन तथा आर्थिक नियोजन में भी भेद कीजिये।

8. क्या आपकी राय में भारतीय समाज में सामाजिक नियोजन के द्वारा सामाजिक परिवर्तन लाना सम्भव है? कैसे, तर्क दीजिये?

9. नियोजित सामाजिक परिवर्तन का तर्कसम्मत मूल्यांकन कीजिये।

10. भारत में नियोजित सामाजिक परिवर्तन के क्या-क्या उद्देश्य एवं समस्यायें हैं?